SEGUNDA EDIÇÃO

Coordenadores
Anderson Schreiber • Bruno Terra de Moraes
Chiara Spadaccini de Teffé

Direito e Mídia
Tecnologia e Liberdade de Expressão

Responsabilidade por Compartilhamento de Mensagens por WhatsApp • Memes e Direitos Autorais • Acesso à Cultura • Manchetes que Induzem a Erro • Direito ao Esquecimento • Sigilo de Fonte • Vazamento Seletivos • Deveres do Colunista • Direito de Resposta na Internet • Retificação da Notícia • Colisão entre Liberdade de Expressão e Direitos da Personalidade • Direito à Imagem • Controle de Qualidade da Notícia • Censura • Direito de Sátira • Responsabilidade Civil dos Provedores • Mídia e Democracia

2022 © Editora Foco

Coordenadores: Anderson Schreiber, Bruno Terra de Moraes e Chiara Spadaccini de Teffé
Autores: Anderson Schreiber, Beatriz Capanema Young, Bruno Terra de Moraes, Cássio Monteiro Rodrigues, Chiara Spadaccini de Teffé, Danielle Fernandes Bouças, Diego Brainer de Souza André, Felipe Ramos Ribas Soares, Felipe Schvartzman, Felipe Zaltman Saldanha, Guilherme de Mello Franco Faoro, João Quinelato de Queiroz, José Eduardo Junqueira Ferraz, Júlia Costa de Oliveira, Livia Teixeira Leal, Marcella Campinho Vaz, Mariana Ribeiro Siqueira, Marina Duque Moura Leite, Micaela Barros Barcelos Fernandes, Rafael Mansur de Oliveira, Roberta Leite, Tayná Bastos de Souza, Thiago Ferreira Cardoso Neves e Thiago Junqueira

Diretor Acadêmico: Leonardo Pereira
Editor: Roberta Densa
Assistente Editorial: Paula Morishita
Revisora Sênior: Georgia Renata Dias
Capa Criação: Leonardo Hermano
Diagramação: Ladislau Lima
Impressão miolo e capa: FORMA CERTA

Dados Internacionais de Catalogação na Publicação (CIP) de acordo com ISBD

D598

Direito e mídia: tecnologia e liberdade de expressão / Anderson Schreiber ... [et al.] ; coordenado por Anderson Schreiber, Bruno Terra de Moraes, Chiara Spadaccini de Teffé. - 2. ed. - Indaiatuba, SP : Editora Foco, 2022.

416 p. : 17cm x 24cm.

Inclui bibliografia e índice.
ISBN: 978-65-5515-350-7

1. Direito. 2. Mídia. 3. Tecnologia. 4. Liberdade de expressão. I. Schreiber, Anderson. II. Young, Beatriz Capanema. III. Moraes, Bruno Terra de. IV. Rodrigues, Cássio Monteiro. V. Teffé, Chiara Spadaccini de. VI. Bouças, Danielle Fernandes. VII. André, Diego Brainer de Souza. VIII. Soares, Felipe Ramos Ribas. IX. Schvartzman, Felipe. X. Saldanha, Felipe Zaltman. XI. Faoro, Guilherme de Mello Franco. XII. Queiroz, João Quinelato de. XIII. Ferraz, José Eduardo Junqueira. XIV. Oliveira, Júlia Costa de. XV. Leal, Livia Teixeira. XVI. Vaz, Marcella Campinho. XVII. Siqueira, Mariana Ribeiro. XVIII. Leite, Marina Duque Moura. XIX. Fernandes, Micaela Barros Barcelos. XX. Oliveira, Rafael Mansur de. XXI. Leite, Roberta. XXII. Souza, Tayná Bastos de. XXIII. Neves, Thiago Ferreira Cardoso. XXIV. Junqueira, Thiago. XXV. Título.

2021-2952 CDD 340 CDU 34

Elaborado por Vagner Rodolfo da Silva – CRB-8/9410
Índices para Catálogo Sistemático:
1. Direito 340   2. Direito 34

DIREITOS AUTORAIS: É proibida a reprodução parcial ou total desta publicação, por qualquer forma ou meio, sem a prévia autorização da Editora FOCO, com exceção do teor das questões de concursos públicos que, por serem atos oficiais, não são protegidas como Direitos Autorais, na forma do Artigo 8º, IV, da Lei 9.610/1998. Referida vedação se estende às características gráficas da obra e sua editoração. A punição para a violação dos Direitos Autorais é crime previsto no Artigo 184 do Código Penal e as sanções civis às violações dos Direitos Autorais estão previstas nos Artigos 101 a 110 da Lei 9.610/1998. Os comentários das questões são de responsabilidade dos autores.

NOTAS DA EDITORA:

Atualizações e erratas: A presente obra é vendida como está, atualizada até a data do seu fechamento, informação que consta na página II do livro. Havendo a publicação de legislação de suma relevância, a editora, de forma discricionária, se empenhará em disponibilizar atualização futura.

Erratas: A Editora se compromete a disponibilizar no site www.editorafoco.com.br, na seção Atualizações, eventuais erratas por razões de erros técnicos ou de conteúdo. Solicitamos, outrossim, que o leitor faça a gentileza de colaborar com a perfeição da obra, comunicando eventual erro encontrado por meio de mensagem para contato@editorafoco.com.br. O acesso será disponibilizado durante a vigência da edição da obra.

Impresso no Brasil (09.2021) – Data de Fechamento (09.2021)

2022

Todos os direitos reservados à
Editora Foco Jurídico Ltda.

Rua Nove de Julho, 1779 – Vila Areal
CEP 13333-070 – Indaiatuba – SP

E-mail: contato@editorafoco.com.br
www.editorafoco.com.br

SUMÁRIO

APRESENTAÇÃO
Anderson Schreiber V

LIBERDADE DE EXPRESSÃO E TECNOLOGIA
Anderson Schreiber 1

A TESE DA POSIÇÃO PREFERENCIAL DA LIBERDADE DE EXPRESSÃO FRENTE AOS DIREITOS DA PERSONALIDADE: ANÁLISE CRÍTICA À LUZ DA LEGALIDADE CONSTITUCIONAL
Felipe Ramos Ribas Soares e Rafael Mansur 29

MANCHETES NO DIVÃ: UMA INTRODUÇÃO AO EXAME DOS TÍTULOS NOTICIOSOS
Thiago Junqueira e José Eduardo Junqueira Ferraz 55

LIBERDADE DE EXPRESSÃO E DIREITO À IMAGEM: CRITÉRIOS PARA A PONDERAÇÃO
Chiara Spadaccini de Teffé 79

RESPONSABILIDADE CIVIL PELO COMPARTILHAMENTO DE MENSAGENS PELO *WHATSAPP* E O CASO MARISA LETÍCIA
Livia Teixeira Leal e Mariana Ribeiro Siqueira 113

MEMES E DIREITO AUTORAL: DA SUPERAÇÃO DA LÓGICA PROPRIETÁRIA À TUTELA DO ELEMENTO CULTURAL
Diego Brainer de Souza André e Cássio Monteiro Rodrigues 131

DIREITOS AUTORAIS E ACESSO À CULTURA
Micaela Barros Barcelos Fernandes 153

MÍDIA DEMOCRÁTICA: CONTROLE DE QUALIDADE DA NOTÍCIA A SERVIÇO DA PLENITUDE DO DIREITO À INFORMAÇÃO
Bruno Terra de Moraes.. 181

DIREITO AO ESQUECIMENTO
   Anderson Schreiber 217

DIREITO AO ESQUECIMENTO E O CASO *RICHTHOFEN*: QUAL DEVE SER O FUTURO DO PASSADO?
   Júlia Costa de Oliveira e Roberta Leite.. 231

RESPONSABILIDADE CIVIL DO JORNALISTA POR DIVULGAÇÃO DE MATERIAL SIGILOSO: OPERAÇÃO LAVA JATO E VAZAMENTOS SELETIVOS
   Beatriz Capanema Young, Marcella Campinho Vaz e Tayná Bastos de Souza 263

DEVERES DO COLUNISTA: HÁ LIMITES À LIBERDADE DE OPINAR?
   Guilherme de Mello Franco Faoro e Felipe Zaltman Saldanha........................ 283

RESPONSABILIDADE CIVIL SOLIDÁRIA ENTRE PROVEDORES E AUTORES DE CONTEÚDO OFENSIVO À LUZ DO MARCO CIVIL: CRITÉRIOS OBJETIVOS NA PERSPECTIVA CIVIL CONSTITUCIONAL
   João Quinelato de Queiroz 303

RESPONSABILIDADE CIVIL DE EMPRESAS JORNALÍSTICAS POR COMENTÁRIOS DE TERCEIROS NA INTERNET: ANÁLISE DA DISTINÇÃO ENTRE PROVEDORES DE CONTEÚDO FEITA PELO STJ NO JULGAMENTO DO RESP 1.352.053
   Felipe Schvartzman 337

A PROIBIÇÃO JUDICIAL DE VEICULAÇÃO DE NOTÍCIAS E O PROBLEMA DA CENSURA SOB A ÓTICA DO CASO DA CHANTAGEM À EX-PRIMEIRA DAMA
   Thiago Ferreira Cardoso Neves 357

RETIFICAÇÃO DE INFORMAÇÃO ATRAVÉS DO DIREITO DE RESPOSTA: PROPOSTAS PARA O SEU RECONHECIMENTO
   Danielle Fernandes Bouças e Marina Duque Moura Leite 383

DIREITO DE SÁTIRA X LIBERDADE RELIGIOSA: DEZ MANDAMENTOS PARA EVITAR UM NOVO CASO PORTA DOS FUNDOS
   Anderson Schreiber 405

APRESENTAÇÃO

É com grande honra e alegria que apresento este novo volume de estudos sobre as relações entre o direito e a comunicação, especialmente em face das novas tecnologias. O surgimento de novos ambientes comunicativos, estruturados de modo inteiramente diverso das chamadas mídias tradicionais, trouxe novos desafios e uma enxurrada de novos conflitos que os tribunais têm sido chamados a solucionar. Tais soluções não podem, de um lado, prescindir do conhecimento técnico acerca dos instrumentos comunicativos aos quais se aplicam – sob pena de gerar respostas inexequíveis ou ineficientes –, mas também não podem, de outro lado, se distanciar do firme compromisso da ordem jurídica brasileira com a tutela e promoção dos direitos fundamentais, crescentemente ameaçadas por práticas como *online hate speech, cyberbullying, shaming, fake news* e assim por diante. Daí porque se torna cada vez mais urgente e necessário o estreitamento do diálogo entre os estudiosos do direito e da comunicação. É preciso diminuir o abismo que se estabeleceu historicamente entre estes dois campos tão relevantes da atuação humana, não raro por força de estigmas e pré-conceitos que identificam juristas como censores de toga e comunicadores como pessoas absolutamente indiferentes aos direitos das pessoas retratadas em sua atividade. Nenhum dos dois extremos encontra amparo na realidade atual, em que profissionais dessas duas áreas de conhecimento têm interagido cada vez mais na busca de soluções que se revelem, a um só tempo, justas e eficientes.

O conjunto de estudos que o leitor tem agora em mãos procura contribuir para esse esforço, construindo, a partir de casos controvertidos, a ponte necessária entre a aplicação das normas jurídicas e as novas formas de comunicação em um mundo "digital". A obra é fruto de intensos debates travados nos encontros periódicos do *Grupo de Pesquisa em Direito e Mídia* que tenho a honra de coordenar, desde 2012, no âmbito do Programa de Pós-graduação em Direito da UERJ. O referido grupo de pesquisa inclui diferentes gerações de estudiosos, que expõem, nos artigos aqui reunidos, suas reflexões sobre alguns dos problemas mais palpitantes da realidade atual, como a responsabilidade civil por compartilhamento de mensagens por *WhatsApp* e por administração de grupos no mesmo aplicativo; a discussão sobre a incidência de direitos autorais sobre *memes* e outras manifestações típicas do mundo digital; o problema dos vazamentos seletivos de informações sigilosas na rede; o direito de resposta em publicações *online*; o direito de retificação de notícia equivocada na internet; o direito ao esquecimento; a discussão sobre o atual conceito de censura; entre tantas outras matérias que têm exigido uma resposta jurídica previsível e consistente. De fato, o leitor encontrará neste livro não apenas um utilíssimo repertório de casos concretos, mas propostas de soluções para os problemas apresentados, sempre em linguagem didática e acessível.

Registro, por fim, meus agradecimentos aos doutorandos em Direito Civil da UERJ Bruno Terra de Moraes e Chiara Spadaccini de Teffé, que me auxiliaram imensamente na organização deste volume, tanto no que tange à revisão dos artigos quanto à coordenação dos trabalhos entre os diferentes coautores. Agradeço também a Rafael Mansur, que encontrou tempo, entre as múltiplas pesquisas que coordena em nosso escritório, para revisar os originais deste livro. Devo, ainda, um muito obrigado especial a Roberta Densa, que contribuiu decisivamente, há quase dez anos, para a edição do volume original *Direito Mídia* e, agora, mais uma vez, dedicou seu tempo e esforço à publicação desta obra, juntamente com os demais integrantes da Editora Foco. A todos, minha gratidão.

Anderson Schreiber

Professor Titular de Direito Civil da UERJ. Professor da Fundação Getúlio Vargas – FGV. Coordenador do Grupo de Pesquisa em Direito e Mídia. Procurador do Estado do Rio de Janeiro. Advogado.

LIBERDADE DE EXPRESSÃO E TECNOLOGIA

Anderson Schreiber

Professor Titular de Direito Civil da UERJ. Professor da Fundação Getúlio Vargas – FGV. Coordenador do Grupo de Pesquisa em Direito e Mídia. Procurador do Estado do Rio de Janeiro. Advogado.

1. A AMBÍGUA RELAÇÃO ENTRE LIBERDADE DE EXPRESSÃO E TECNOLOGIA

A sucessão de avanços tecnológicos ligados à internet, às redes sociais, aos *smartphones* e à cultura digital não resultou apenas na abertura de espaços inteiramente novos para o intercâmbio de informações e ideias, mas também em uma alteração na própria forma de se comunicar. Em todo o mundo, especialistas registram, há tempos, o crescimento continuado de um *"movimento internacional de jovens ávidos para experimentar, coletivamente, formas de comunicação diferentes daquelas que as mídias clássicas nos propõe."*[1] Trata-se de uma alteração profunda de mentalidade e de hábitos, que exprime um sentimento de insuficiência em relação não apenas ao conteúdo, mas à própria estrutura *"unilateral"* dos meios tradicionais de comunicação de massa, preferindo-se meios que permitam aos indivíduos participar ativamente não apenas da seleção, mas da própria construção e difusão das informações que recebem.[2]

Essa mudança de papel do público – que deixa de ser mero destinatário para se transformar, agora, em uma espécie de coautor do discurso comunicativo – assume, na história da comunicação, tom genuinamente *"revolucionário"*. Até poucos anos atrás, essa revolução era vista principalmente sob o prisma positivo: o estabelecimento de canais de comunicação autênticos e diretos entre pessoas situadas nas mais diferentes regiões do globo prometia uma espécie de *olimpo da liberdade de expressão*, no qual a interatividade permanente contribuiria para a livre circulação de ideias, para o aumento dos níveis informacionais e, consequentemente, para a redução da intolerância e dos preconceitos, a partir do estímulo irresistível ao contato com *"o outro"*.[3]

---

1. LÉVY, Pierre. *Cibercultura*. São Paulo: Ed. 34, 1999, p. 11.
2. Sobre a estrutura "unilateral", por vezes referida como "autoritária", dos meios tradicionais de comunicação, especialmente a televisão, ver RODOTÀ, Stefano. *Intervista su Privacy e Libertà*. Bari: Laterza, 2005, p. 125: *"Alcune tecnologie hanno in sé una forza che spinge, per esempio, a rafforzare un potere. La stessa televisione tradizionale resta, a mio avviso, una tecnologia sostanzialmente autoritaria: c'è chi parla, chi si esprime e chi semplicemente assiste in modo passivo, senza altra possibilità di reazione che spegnere il televisore o passare su un altro canale, dove, tuttavia, si ritrova nella stessa condizione di dipendenza. La tv può essere usata da un leader democratico come da un dittatore, e la distinzione tra l'uno e l'altro è affidata ai contenuti: ma resta il fatto comune dell'intima essenza autoritaria della televisione tradizionale."*
3. Nessa direção, ver Pierre Lévy: "O ciberespaço, interconexão dos computadores do planeta, tende a tornar-se a principal infraestrutura de produção, transação e gerenciamento econômicos. Será em breve o principal equipamento coletivo internacional da memória, pensamento e comunicação. Em resumo, em algumas dezenas de anos, o ciberespaço, suas comunidades virtuais, suas reservas de imagens, suas simulações interativas, sua irresistível proliferação de textos e de signos, será o mediador essencial da inteligência coletiva da humanidade." (*Cibercultura*. São Paulo: Ed. 34, 1999, p. 167)

Mais recentemente, contudo, o entusiasmo tem cedido espaço a algum ceticismo, provocado pela intensificação do chamado *online hate speech* e pela disseminação de práticas lesivas, como o *shaming*[4] e o *cyberbullying*,[5] além de outros fenômenos que exprimem uma espécie de "*dark side*" das redes sociais[6] e sugerem que novos ambientes comunicativos podem, em certas situações, estar servindo mais à frustração da liberdade de expressão que à sua consagração – e, pior, frequentemente em prejuízo das minorias. A própria estrutura dos novos ambientes eletrônicos, erigida quase sempre sobre a construção de "*perfis*" aos quais se atrelam "*grupos*" de "*amigos*", "*seguidores*" etc., ao mesmo tempo em que pode reforçar laços de identidade, tem se revelado, não raro, como elemento que intensifica o sectarismo e a exclusão de outras visões de mundo.

Contribui também para esse cenário a estrutura limitada na qual se deve "encaixar" o discurso na internet – usualmente, com limites diminutos de caracteres ou tempo de exposição –, que acabam incentivando um elevado grau de superficialidade nas manifestações na rede. Assim, usuários são estruturalmente estimulados a permanecer em uma espécie de círculo de pares, onde o discurso acaba se dirigindo mais à obtenção de "*likes*" e "*curtidas*", que ao estabelecimento de um efetivo diálogo sobre os temas tratados.[7] As mensagens divulgadas em redes sociais, por exemplo, acabam assumindo, muitas vezes, um caráter ensimesmado, quase publicitário, de autoafirmação da identidade criada pelo emissor, que as fazem soar tão pouco abertas ao debate quanto "*as mensagens iconoclásticas coladas nos vidros dos carros*".[8]

---

4. Em definição básica, *shaming* consiste no "ato de criticar e chamar a atenção de alguém publicamente, especialmente na internet" (definição disponível em: https://dictionary.cambridge.org/pt/dicionario/ingles/shaming). Para um estudo mais aprofundado sobre o fenômeno do *shaming*, ver LAIDLAW, Emily B. *Online Shaming and the Right to Privacy*. In: *Laws* 6, n. 1, 2017, pp. 2-3: "*At its best, shaming can enforce rules of civility in online communities. It can be a facilitative force for positive change. Indeed, shaming is entrenched in our culture, particularly to address social wrongs seen as outside the reach of the law. Naming and shaming is a core regulatory tool to address human rights abuses. Shame campaigns against corporations for violating a perceived social or moral wrong is common, such as campaigns against sweat shops or concerning environmental standards. It is a common strategy to address regulation of internet-based companies, such as the campaign against Facebook for its refusal to shut down a rape joke group or boycott of the internet registration authority GoDaddy for supporting the Stop Online Privacy Act (SOPA) and the PROTECT IP Act (PIPA) or creation of fake Facebook groups to publicly test the quality of Facebook's application of its community standards. At its worst, shaming is a brutal form of abuse, causing, among other things, social withdrawal, depression and anxiety.*"
5. Seja consentido remeter a SCHREIBER, Anderson. *Cyberbullying: Responsabilidade civil efeitos na família*. Disponível em: www.cartaforense.com.br: "Mas, afinal, o que é exatamente o cyberbullying? Trata-se da prática de intimidação sistemática a alguém por meio da internet ou tecnologias relacionadas. O cyberbullying consiste, em suma, na utilização do espaço cibernético para intimidar e hostilizar uma pessoa de modo continuado."
6. CLARKE, Tom. *Social Media: the new frontline in the fight against hate speech*. Disponível em: *minorityrights.org*. Publicado em: 30.10.2013.
7. "Na busca da auto-identificação bem sucedida, os indivíduos auto-manipuladores mantêm uma relação bastante instrumental com seus interlocutores. Estes últimos só são admitidos para certificar a existência do manipulador – ou, mais exatamente, para permitir que os manipuladores façam seus 'eus virtuais' caírem na realidade." (JAURÉGUIBERRY, Francis. *Hypermodernité et manipulation de soi*. In: AUBER, Nicole (org.). *L'individu hypermoderne*. Toulouse: Érès, 2004, pp. 155-168).
8. BAUMAN, Zygmunt. *Vida para Consumo – A Transformação das Pessoas em Mercadorias*. Rio de Janeiro: Zahar, 2008, p. 138.

Daí porque se identifica, hoje, uma certa ambiguidade na relação entre liberdade de expressão e tecnologia. Ao mesmo tempo em que os avanços tecnológicos abriram novos espaços de comunicação e suscitaram a esperança de criação de uma espécie de olimpo da liberdade de expressão, tal esperança não parece ter, ainda, se concretizado, tornando-se cada vez mais corriqueiros os exemplos de *silenciamento de vozes* na internet, por meio de práticas grupais de opressão genérica ou específica que soterram o exercício da liberdade de expressão ou estimulam um crescente desinteresse pela exposição e intercâmbio de ideias em ambientes virtuais.[9]

2. O PAPEL DO DIREITO NA TUTELA DA LIBERDADE DE EXPRESSÃO

Essa ambiguidade reflete-se também no plano jurídico. Ao mesmo tempo em que se instituiu um verdadeiro ativismo da liberdade de expressão na internet, ao qual todos parecem querer se associar de algum modo – afinal, ninguém quer ser rotulado como "um inimigo da liberdade" –, torna-se, por outro lado, cada vez mais evidente que, muitas vezes, a defesa da liberdade de expressão no universo digital surge em defesa de interesses econômicos ligados à preservação de um espaço de autorregularão na rede. Nesse contexto, o Direito é quase sempre visto com aversão, porque constitui, em larga medida, a palavra do Estado e, em última análise, do Estado-juiz, que representa, no plano simbólico, uma ameaça ao *"território livre"* da internet. Nesse contexto, uma decisão judicial que se aventure, por exemplo, a interferir na publicação de conteúdo no campo das redes sociais, dos motores de busca ou dos aplicativos de mensagens é quase sempre taxada como *"censura"* ou, no mínimo, (des)qualificada como uma intervenção imprópria em um universo que seria, por definição, governado pela liberdade absoluta.

Essa visão é, a meu ver, falaciosa. As violações a direitos e os conflitos entre indivíduos podem se estabelecer em qualquer campo da atuação humana e, na internet, como em qualquer outro contexto, impedir a intervenção do Direito em absoluto acaba significando, quase sempre, deixar que esses conflitos se resolvam pela força – não necessariamente a força física, mas a força daqueles que detêm, por razões culturais, sociais ou econômicas, o poder de ditar regras. Imaginar que a internet é um *"mundo sem regras"* talvez signifique, nesse sentido, um pensamento excessivamente ingênuo. Se uma decisão judicial que ordena a retirada de certo conteúdo de uma rede social devesse ser tratada como *censura*, o que se deveria dizer da ação da própria sociedade empresária gestora da rede social que suprime certo conteúdo publicado por um usuário com base em regras ou termos de uso criadas por si própria? Uma decisão judicial, ao menos em tese, precisa estar amparada em normas jurídicas, emitidas democraticamente, e ser fundamentada (motivação das decisões judiciais) em razões jurídicas controláveis por diferentes graus de jurisdição a que se pode recorrer, no

---

9. Era já o alerta de Bauman, para quem "a 'rede' parece, de maneira perturbadora, uma duna de areia soprada pelo vento e não um canteiro de obras onde se poderão estabelecer vínculos sociais confiáveis" (*Vida para Consumo*, cit., p. 137).

âmbito de procedimentos que asseguram à vítima a ampla defesa e o contraditório, enquanto a supressão de conteúdo promovida por uma companhia privada em um universo que fosse eventualmente imune ao Direito estaria baseada somente em suas regras internas, cuja emissão não é necessariamente "democrática" ou aberta à participação dos usuários e que podem, ademais, ser aplicadas sem necessidade de motivação ou de respeito ao contraditório e a ampla defesa dos usuários. Pior: normalmente as regras privadas são aplicadas por meio de instrumentos autômatos (como robôs) que buscam, identificam e suprimem conteúdos considerados ofensivos a partir de certos parâmetros gerais, sem que haja necessariamente uma análise específica do caso concreto (como ocorre necessariamente, por razões estruturais, na atuação do Poder Judiciário).

Vejamos um exemplo: tornou-se célebre, há alguns anos, a polêmica atitude do Facebook de retirar do ar a conhecida imagem da jovem Kim Phuc, queimada por napalm em um ataque ocorrido no âmbito da Guerra do Vietnam.[10] Pode-se lembrar também da exclusão pela mesma companhia da imagem da capa do álbum *Nevermind*, da banda Nirvana, que expunha a fotografia de um bebê nu em uma piscina: a supressão ocorreu logo após a imagem ser postada em comemoração pelos vinte anos do lançamento do icônico álbum.[11] Esses são apenas alguns dos numerosos exemplos que demonstram que o perigo da censura e a ameaça à liberdade de expressão não restam afastados em um universo que se pretenda alheio ou imune ao Direito. Ao contrário, o Direito, como conjuntos de normas que regem a vida social, é o único parâmetro efetivamente democrático para a solução dessas controvérsias e o único instrumento que assegura que uma efetiva tutela da liberdade de expressão não restará comprometida por práticas de mercado que, porventura, se dissociem da proteção dos valores fundamentais consagrados no texto constitucional.

3. A TUTELA DA LIBERDADE DE EXPRESSÃO NOS TRIBUNAIS BRASILEIROS

Evidentemente, pode-se contra-argumentar que há decisões judiciais ruins, pouco fundamentadas, algumas com viés autoritário. Convém examinar esse ponto

---

10. "O Facebook voltou atrás, nesta sexta-feira (9), em sua decisão de censurar uma foto icônica da Guerra do Vietnã de uma menina nua tentando escapar de um bombardeio de napalm, depois de que a medida desencadeou uma onda de indignação, inclusive da primeira-ministra da Noruega. 'Por causa do seu status como uma imagem icônica de importância histórica, o valor de permitir o compartilhamento supera o valor de proteger a comunidade com a remoção, então, decidimos restabelecer a imagem no Facebook, onde sabemos que ela foi removida', disse um porta-voz da rede social em um e-mail à agência France Presse." Para mais detalhes, confira a reportagem do site g1.com, disponível em http://g1.globo.com/tecnologia/noticia/2016/09/facebook-volta-atras-na-decisao-de-censurar-foto-da-guerra-do-vietna.html.
11. "O Facebook censurou a capa do álbum Nevermind, do Nirvana. A foto mostra um bebê sem roupa, dentro da água, e foi postada na página da banda para promover o lançamento de uma edição de luxo do disco, que comemora 20 anos em setembro. O site alega que proibiu a foto porque ela se enquadra no aviso: 'o Facebook não permite fotos que ataquem um indivíduo ou grupo, ou que contenham nudez, uso de drogas, violências ou outras violações dos Termos de Uso'." Para mais detalhes, confira a reportagem do site terra.com.br, disponível em: https://www.terra.com.br/diversao/musica/facebook-censura-capa-do-album-nevermind-do-nirvana,891024f4d865a310VgnCLD200000bbcceb0aRCRD.html

com atenção. De fato, não faltam exemplos de excessos do Poder Judiciário, tanto mais em um país como o Brasil, em que, no afã de assegurar a necessária celeridade processual, tem-se investido em ampliar o poder decisório monocrático mesmo em órgãos colegiados, gerando frequentes mudanças de posicionamento mesmo no âmbito das mais altas cortes do país, como se viu, recentemente, no episódio envolvendo a *Revista Crusoé*.[12] O fato de existirem decisões judiciais ruins não deve, contudo, conduzir à conclusão de que a atuação do Poder Judiciário é sempre uma atuação *contrária* à liberdade de expressão. Há muitos exemplos em que os tribunais atuaram *em defesa* da liberdade de expressão.

Veja-se, por exemplo, o recente caso do Especial de Natal do Porta dos Fundos, intitulado "A Primeira Tentação de Cristo". Ali, após a propositura de ação judicial por uma associação religiosa pleiteando a suspensão da exibição do vídeo, em razão do modo supostamente ofensivo como determinados personagens bíblicos eram retratados,[13] o STF decidiu pela manutenção do filme, argumentando, em síntese, que *"não se descuida da relevância do respeito à fé cristã (assim como de todas as demais crenças religiosas ou a ausência dela). Não é de se supor, contudo, que uma sátira humorística tenha o condão de abalar valores da fé cristã, cuja existência retrocede há mais de 2 (dois) mil anos, estando insculpida na crença da maioria dos cidadãos brasileiros."*[14]

Aliás, os tribunais brasileiros têm sido, de modo geral, bravos defensores do direito de sátira, como se pode ver, a título ilustrativo, da decisão em que o Tribunal de Justiça do Rio de Janeiro negou pedido de indenização por danos morais formulado pelo atual Presidente da República Jair Bolsonaro em face do jornal *O Dia*, em razão da publicação de charge que retratava o político com seus membros retorcidos de modo a formar uma suástica, tudo acompanhado pela frase "*... e ninguém vai fazer nada?*" Concluiu, acertadamente, o Tribunal fluminense que "*a charge publicada estava inserida no notório contexto de que, em toda a sua carreira política, o apelante, à época Deputado Federal e reconhecido pré-candidato à Presidência da República, sempre se apresentou assertivamente como um político conservador e de direita, com declarações, muitas vezes, polêmicas, e passíveis das mais diversas interpretações. Ao que se extrai*

---

12. Para mais detalhes sobre as idas e vindas do episódio envolvendo a *Revista Crusoé*, ver *Alexandre de Moraes revoga decisão que censurou reportagens de 'Crusoé' e 'O Antagonista'*. Disponível em: https://g1.globo.com/politica/noticia/2019/04/18/alexandre-de-moraes-revoga-decisao-que-censurou-reportagens-de-crusoe-e-antagonista.ghtml. Seja, ainda, consentido remeter a SCHREIBER, Anderson. *O retorno de Crusoé*. Disponível em: https://www1.folha.uol.com.br/opiniao/2019/04/o-retorno-de-crusoe.shtml.
13. Segundo a petição inicial apresentada pela Associação Centro Dom Bosco de Fé e Cultura no âmbito da ação 0332259-06.2019.8.19.0001, ajuizada perante o Tribunal de Justiça do Rio de Janeiro: "*Jesus é retratado como um homossexual pueril, Maria como uma adúltera desbocada e José como um idiota traído*".
14. STF, Rcl 38782, decisão monocrática proferida pelo Min. Dias Toffoli, j. 9.1.2019. A decisão reverteu a tutela antecipada concedida pelo TJRJ para a remoção do vídeo, sob o fundamento de ser "*mais adequado e benéfico, não só para a comunidade cristã, mas para a sociedade brasileira, que é majoritariamente cristã, até que se julgue o mérito do Agravo, recorrer-se à cautela, para acalmar os ânimos*" (TJRJ, Decisão Monocrática proferida nos autos do Agravo 0083896-72.2019.8.19.0000, j. 7.1.2020). Para uma análise crítica do caso, oferecendo parâmetros a serem seguidos em situações similares, seja consentido remeter a SCHREIBER, Anderson. *De Moisés para Jesus: Dez Mandamentos para evitar um novo caso Porta dos Fundos*. Publicado originalmente em: https://www.jota.info.

da charge, por conseguinte, sua intenção, mais se aproximou da intenção de fazer uma crítica humorística (animus jocandi), do que do objetivo de atingir a reputação e a honra do político (animus difamandi)."[15]

Na mesma direção, o Supremo Tribunal Federal, no julgamento da ADI 4451, ocorrido em 2018, decidiu unanimemente pela inconstitucionalidade dos incisos II e III do artigo 45 da Lei das Eleições (Lei 9.504/1997), que, respectivamente, impediam as emissoras de rádio e TV de *"usar trucagem, montagem ou outro recurso de áudio ou vídeo que, de qualquer forma, degradem ou ridicularizem candidato, partido ou coligação, ou produzir ou veicular programa com esse efeito"* e de *"veicular propaganda política ou difundir opinião favorável ou contrária a candidato, partido, coligação, a seus órgãos ou representantes"*. O voto do Ministro Relator Alexandre de Moraes registrou que seria *"realisticamente falso assumir que o debate eleitoral, ao perder em liberdade e pluralidade de opiniões, ganharia em lisura ou legitimidade"*, concluindo que *"a previsão dos dispositivos impugnados é inconstitucional, pois consiste na restrição, subordinação e forçosa adequação programática da liberdade de expressão a mandamentos normativos cerceadores durante o período eleitoral, pretendendo diminuir a liberdade de opinião e de criação artística e a livre multiplicidade de ideias, com a nítida finalidade de controlar ou mesmo aniquilar a força do pensamento crítico, indispensável ao regime democrático; tratando-se, pois, de ilegítima interferência estatal no direito individual de criticar."*[16]

Recorde-se, ainda, o importante precedente judicial proferido no caso do filme *Tropa de Elite*, cujo lançamento esteve ameaçado por ação judicial promovida por policiais militares que pretendiam obter a suspensão da veiculação, comercialização e exibição do filme, ao argumento de que a obra violava sua honra, sua dignidade e trazia até mesmo risco à sua integridade física. A decisão da 1ª Vara Cível da Comarca da Capital do Tribunal de Justiça do Rio de Janeiro que indeferiu o pedido de suspensão da liminar destacou o caráter ficcional do filme, como importante critério para aferição da efetiva violação à honra: *"recorde-se que se trata de peça de ficção, por mais que no início apareça referência de que a mesma estaria baseada em relatos verídicos. No entanto, os fatos, ao se traduzirem em palavras, recebem sempre uma versão. Será fidedigna? Será falaciosa? Será hiperbólica? Cada espectador que julgue por si. Certamente a prática profissional dos autores, se incongruente com o que o filme retrata, demonstrará que ele não passa de peça de (má) ficção. Caso contrário, estar-se-á presente a uma dramatização contundente da realidade."*[17]

Por fim, vale mencionar o caso julgado pelo Tribunal de Justiça de São Paulo, no qual a Sociedade Beneficente Muçulmana moveu ação contra o Google, pleiteando a retirada do ar do vídeo intitulado *"Passinho do Romano"*, porque a letra do *funk* ali ouvido continha trechos do Alcorão. Tanto a sentença quanto o acórdão rechaçaram o pleito, registrando a decisão colegiada que *"a inserção de trecho do Alcorão na*

---

15. TJRJ, Apelação 0171549-17.2016.8.19.0001, j. 26.2.2018.
16. STF, ADI 4.451, Rel. Min. Alexandre de Moraes, j. 21.6.2018.
17. TJRJ, 1ª Vara Cível, Processo 2007.001.146746-3, j. 12.9.2007.

música e nos vídeos pode ser conduta rechaçada pela religião islâmica e um desrespeito aos preceitos subjetivos dos muçulmanos, mas não é um desrespeito à liberdade de crença religiosa ou ao sentimento religioso, nem ato que rompe os limites do exercício da liberdade artística. Aliás, como os direitos fundamentais se estendem a todos, a insatisfação da comunidade religiosa pode se manifestar no próprio campo do exercício da liberdade de expressão, sobretudo por meio da crítica, o que é inerente ao jogo democrático de uma sociedade plural."[18]

Como se vê, não é verdadeira a afirmação – por vezes repetida irrefletidamente – segundo a qual o Poder Judiciário brasileiro representa uma ameaça à liberdade de expressão, atuando como uma espécie de *"censor de toga"*. Os tribunais brasileiros aplicam, não raro, soluções que privilegiam a liberdade de expressão, mesmo quando, de outro lado, há invocações de violações a outros direitos fundamentais. Por vezes, tais invocações não se sustentam substancialmente ou exprimem um sacrifício demasiadamente genérico ou indireto do direito fundamental que se contrapõe à liberdade de expressão (como ocorre, frequentemente, com a liberdade religiosa, por vezes referida como ofensa ao "sentimento religioso"). Outras vezes, contudo, o sacrifício imposto a este direito fundamental pode ser desproporcional em relação à proteção da liberdade de expressão.

Veja-se um exemplo: a maior parte das pessoas concordará que, se um terapeuta escreve, para se promover, um livro que relata detalhes de suas sessões com um cliente famoso identificado por seu nome completo na obra, o exercício da liberdade de expressão do autor, ainda que possa não ser ilícito (a depender da categoria profissional do referido terapeuta, que pode não estar legalmente sujeita a dever de sigilo), sacrifica de modo desproporcional o direito fundamental à privacidade do retratado. Em tais casos, deve prevalecer a liberdade de expressão? Ou deve prevalecer a privacidade? A ordem jurídica fornece uma resposta prévia a essa questão ou competirá ao Poder Judiciário analisar o caso concreto e decidir?

4. COLISÃO DE DIREITOS FUNDAMENTAIS NA INTERNET

Em qualquer campo da atividade humana, direitos fundamentais podem entrar em colisão. A internet não é uma exceção. Consiste, neste sentido, em um ambiente como qualquer outro. É certo que há quem sustente que violações a direitos fundamentais na internet configuram uma espécie de *"risco inerente"* a estar conectado.[19]

---

18. TJSP, Apelação 1024271-28.2015.8.26.0100, j. 5.4.2016.
19. Um exemplo bastante emblemático dessa postura está na decisão da 4ª Turma do Superior Tribunal de Justiça no Recurso Especial 844.736/RJ, em que se concluiu que o envio de spam após expressa solicitação de não-recebimento não configura dano moral, competindo ao usuário contratar um serviço de antispam (restou vencido, com voto substancioso, o Min. Luis Felipe Salomão). Um dos Ministros que acompanhou o entendimento vencedor chegou a afirmar: "O *spam* é algo a que se submete o usuário da internet. Não vejo, a esta altura, como nós possamos desatrelar o uso da internet do *spam*." (notícia do julgamento disponível no *site* oficial do Superior Tribunal de Justiça sob o título *Quarta Turma não Reconhece Dano Moral por Envio de SPAM Erótico a Internauta*, 3.11.2009).

Em uma espécie de reedição da velha e revelha visão voluntarista do "*contratou porque quis*", sustenta-se que quem se conectou se conectou porque quis. Trata-se de uma perspectiva ultrapassada: estar conectado, hoje, não é mais um ato de livre escolha ou de diletantismo, como pode ter sido nos primórdios da internet. Estar conectado, hoje, é praticamente imprescindível para a realização de atos corriqueiros como comprar um ingresso de cinema ou fazer certas operações bancárias, sem falar no consumo de produtos ou serviços, que vão desde o transporte urbano até a hospedagem em países estrangeiros.

Nesse contexto, a internet não pode ser vista como um ambiente em que seus usuários toleram ou aceitam violações a direitos fundamentais, sob pena de, em pouco tempo, tais violações estarem preenchendo a maior parte de sua vida cotidiana. Vale dizer: enxergar a internet como ambiente imune a todo o arcabouço jurídico construído, desde o fim de Segunda Guerra Mundial, em defesa dos direitos fundamentais representaria grave retrocesso na evolução da ciência jurídica contemporânea. A internet não é imune à incidência das normas constitucionais que estabelecem, claramente, a proteção da liberdade de expressão (art. 5º, IV e IX),[20] mas também, e em igual medida, de outros direitos fundamentais, como se vê do artigo 5º, inciso X, no qual se lê: "*são invioláveis a intimidade, a vida privada, a honra e a imagem das pessoas, assegurado o direito a indenização pelo dano material ou moral decorrente de sua violação*".

Parece evidente, portanto, que nem o legislador infraconstitucional, nem o Poder Judiciário podem, entre nós, criar uma preferência abstrata e geral em favor de um ou de outro direito fundamental. Todos devem ser tutelados em sua máxima medida, admitindo-se tão-somente sacrifícios recíprocos à luz da ponderação que se imponha, concretamente, diante de uma situação de colisão de direitos fundamentais igualmente protegidos pelo texto constitucional. É certo que a técnica da ponderação impõe desafios e dificuldades, consistindo a maior delas em uma imprevisibilidade latente quanto ao resultado do julgamento que será proferido em caso de colisão de direitos fundamentais. Tal imprevisibilidade, no Brasil, como em numerosos outros países – incluindo a Alemanha e os Estados Unidos da América – resolve-se pela construção de parâmetros doutrinários e jurisprudenciais que vão se formando, com o tempo, a partir de precedentes proferidos pelas cortes nos diferentes campos da vida. Em outras palavras, a imprevisibilidade latente do método ponderativo não representa uma razão para *não o aplicar*, mas sim uma razão para *aplicá-lo mais*. É a repetição dos casos – e especialmente o exame dos gêneros de conflitos pela Corte Constitucional – que assegura a todos a previsibilidade esperada.

A doutrina desempenha, aí, importantíssimo papel, propondo parâmetros seguros para o uso judicial. E os juristas brasileiros têm se desincumbido desta mis-

---

20. "Art. 5º. (...) IV – é livre a manifestação do pensamento, sendo vedado o anonimato; (...) IX – é livre a expressão da atividade intelectual, artística, científica e de comunicação, independentemente de censura ou licença".

são fornecendo sugestões para o julgamento de diferentes hipóteses de colisão de direitos fundamentais nos mais distintos campos.[21] Também o legislador ordinário pode contribuir para essa tarefa, indicando, a partir da regulação de determinadas hipóteses ou atividades, parâmetros que possam ser empregados nessa ponderação. O que o legislador não pode fazer, sob pena de violação à nossa Constituição, é eleger um direito fundamental que prevaleça sobre os demais.

Também nesse aspecto, a internet não constitui uma exceção. Ao contrário, o desenvolvimento dos espaços de interação na internet – em especial, o advento das redes sociais – trouxe novos desafios à tutela dos direitos fundamentais. Primeiro, porque a lesão aos direitos fundamentais perpetrada na rede amplifica-se de modo extraordinário, podendo alcançar escala mundial em poucas horas. Segundo, porque a lesão se eterniza, sendo certo que mesmo a remoção do conteúdo ofensivo não interrompe integralmente a ocorrência do dano, em virtude da capacidade de reprodução do conteúdo ofensivo em diferentes sítios eletrônicos. Terceiro, porque frequentemente a origem da lesão é anônima, seja porque (a) o ofensor se vale deliberadamente de nomes falsos, *IPs* públicos[22] e outros estratagemas, seja porque (b) mesmo que não empregue qualquer artifício para se disfarçar, o usuário é identificado quase sempre por um mero apelido ou *"nickname"*, não dispondo a vítima do seu endereço físico ou eletrônico ou de qualquer outro meio que permita a adoção de medidas protetivas de seus direitos. E, mesmo quando localizável, o ofensor revela-se não apenas frequentemente inapto, sob o prisma econômico, a arcar com indenização, mas sobretudo tecnicamente inapto a adotar alguma outra medida capaz de mitigar os efeitos da lesão sofrida pela vítima, como o rastreamento da reprodução do conteúdo ofensivo e sua supressão.

Nesse cenário, resta à vítima dirigir-se à sociedade empresária que é proprietária da rede social ou ambiente virtual em que a lesão se propaga. Todavia, por razões inerentes à sua própria atividade empresarial, tal sociedade não tem qualquer incentivo de mercado para analisar tal conteúdo e suprimi-lo, pois esse ato contraria, de certo modo, a própria natureza do seu negócio que consiste na oferta de um espaço de comunicação aos usuários. Mesmo que tenha interesse em agir, argumenta-se que seria impossível para tais sociedades analisar todas as reclamações que chegam

---

21. A título ilustrativo ver: SARLET, Ingo. *O Direito ao "Esquecimento" na Sociedade da Informação*. Porto Alegre: Livraria do Advogado, 2019, pp. 183-205; BODIN DE MORAES, Maria Celina. *Honra, Liberdade de Expressão e Ponderação*. In: *Civilistica.com*, a.2, n.2, 2013. Disponível em: www.civilistica.com.br; COELHO, Ivana Pedreira. *Direito de Sátira: Conflitos e parâmetros de ponderação*. In: SCHREIBER, Anderson (coord.). *Direito e Mídia*. São Paulo: Atlas, 2013, pp. 98-117; CASTRO NEVES, José Roberto de. *Os Direitos da Personalidade e a Liberdade de Expressão: Parâmetros para ponderação*. In: *Revista da EMERJ*, vol. 62, 2013, pp. 110-118; MAGALHÃES, Fabiano Pinto de. *Privacidade, Imagem-Atributo e Liberdade de Expressão. Colisão e Parâmetros de Ponderação. Comentários ao acórdão no REsp 1.235.926/SP*. In: *Civilistica.com*, a.3, n.1, 2014. Disponível em: www.civilistica.com.br.

22. "O IP (*Internet Protocol*) é o principal protocolo de comunicação da Internet. Ele é o responsável por endereçar e encaminhar os pacotes que trafegam pela rede mundial de computadores. Pacotes são os blocos de informações enviados na Internet e podem ser considerados como as cartas enviadas pelo serviço de correios." Definição disponível em: https://www.techtudo.com.br/artigos/noticia/2012/05/o-que-e-ip.html.

a si acerca de conteúdos ofensivos. E, *last, but not least*, pode haver efetivo receio de ferir a liberdade de expressão daquele usuário que – ainda que de forma anônima – produz o conteúdo ofensivo.

Seja por falta de incentivo, por impossibilidade técnica ou por receio de violar direitos, o fato é que as proprietárias de redes sociais e ambientes virtuais acabam, muitas vezes, mantendo-se inertes em relação a reclamações quanto à veiculação de conteúdo ofensivo aos direitos fundamentais, por mais gritantes que se afigurem. O Superior Tribunal de Justiça analisou, por exemplo, o caso de uma psicóloga, empregada em uma grande companhia, que teve seu nome inserido, à sua revelia, em um site de encontros românticos, com a criação de um perfil falso. Ao lado do seu nome completo e do seu verdadeiro número de telefone de trabalho, o site veiculava a seguinte informação sobre a usuária: *"pessoa que se propõe a participar de programas de caráter afetivo e sexual"*. Para obter a retirada do seu nome do site, a psicóloga precisou propor ação judicial, no âmbito da qual chegou a afirmar, em depoimento pessoal, que receava perder o emprego por conta da constrangedora exposição que vinha sofrendo.[23]

Em outro precedente, julgado pelo Tribunal de Justiça de São Paulo, analisou-se a situação de uma mulher que viu fotos verdadeiras tiradas para um *"book"* irem parar na rede, em um perfil falso criado em uma rede social, que, ao lado seu verdadeiro número de celular, apresentava a informação de que se tratava de *"garota de programa"*. A referida mulher passou, então, a receber ligações telefônicas de *"clientes"* interessados em contratar seus supostos serviços e passou a ser vista com suspeita por pessoas que a conheciam. Tentou, de toda forma, que o conteúdo falso fosse retirado do ar, enviando comunicações à rede social, mas não obteve nem sequer uma resposta. Restou-lhe a via judicial, com todos os custos e dispêndios envolvidos, além da propagação no tempo da lesão à sua personalidade, com efeitos multiplicadores evidentes.[24]

Exemplos assim pululam na nossa jurisprudência, com lesões que derivam ora da criação de perfis falsos que desabonam a vítima, ora de ofensas racistas ou homofóbicas que se proliferam na rede, ora da exposição não-autorizada da intimidade dos autores das demandas. É evidente que abordar o tema sob a perspectiva da responsabilidade exclusiva do ofensor não estimula qualquer alteração neste quadro – como dito, os ofensores são muito frequentemente anônimos ou não podem ser localizados ou não tem aptidão econômica ou técnica para reparar ou mitigar os danos causados. Ademais, não resta dúvida de que a ofensa perpetrada amplifica-se em virtude do próprio meio em que é veiculada, a exemplo do que já se reconhece, há muito, no campo das publicações em jornais ou em revistas, em que a sociedade

---

23. STJ, REsp 566.468/RJ, 4ª Turma, Rel. Min. Jorge Scartezzini, j. 23.11.2004.
24. TJSP, Apelação Cível 0173842-95.2012.8.26.0100, Rel. Des. Beretta da Silveira, j. 21.1.2014. Confira-se também a reportagem "'Fui motivo de piada na rua' diz usuária que ganhou processo contra Facebook", publicada em fevereiro de 2014 no site *JusBrasil* (www.jusbrasil.com.br). O nome da autora foi, também aqui, alterado para evitar sua identificação.

proprietária do veículo de imprensa é chamada a responder solidariamente pelo dano causado na hipótese de restar comprovada a ofensa a um direito fundamental da vítima[25] – entendimento que, de resto, nossas cortes aplicam também à publicação em sites que contêm as versões *online* de jornais e revistas.[26]

Não bastasse tudo isso, é inegável que as redes sociais consubstanciam um serviço oferecido ao usuário, remunerado indiretamente por meio do fornecimento de dados e da exposição a publicidade de maneira mais ou menos aberta, conforme já decidiram nossos tribunais,[27] de modo que se submetem à incidência do Código de Defesa do Consumidor, que estabelece expressamente a responsabilidade solidária dos fornecedores de serviços por danos decorrentes de sua prestação defeituosa, assim entendida aquela que não oferece a devida segurança ao consumidor, sujeitando-o a danos (art. 14).[28] Ainda que se afastasse, por mero amor ao debate, a incidência da legislação consumerista, não se poderia deixar de concluir que a gestão de redes sociais configura atividade de risco, nos termos do artigo 927, parágrafo único, do Código Civil, tendo em vista o elevado potencial de danos inerente à criação de um espaço onde o conteúdo inserido assume dimensão pública, de amplitude global, sem qualquer espécie de filtragem prévia.

Baseando-se nestas razões, os tribunais brasileiros vinham formando seu entendimento no sentido de que as sociedades empresárias que exploram redes sociais são responsáveis por danos perpetrados naquele ambiente. Tais decisões fundavam-se ora no defeito do serviço prestado (CDC, art. 14), ora na configuração da exploração da rede social como uma atividade de risco (Código Civil, art. 927, parágrafo único).[29] Sem desconhecer, nem desconsiderar a dificuldade técnica de monitoramento de todo o conteúdo postado, os tribunais brasileiros vinham apontando medidas que

---

25. Conforme dispõe a Súmula 221 do Superior Tribunal de Justiça: "*São civilmente responsáveis pelo ressarcimento de dano, decorrente de publicação pela imprensa, tanto o autor do escrito quanto o proprietário do veículo de divulgação.*" Reconhecendo a natureza solidária desta responsabilidade, ver, por todos, STJ, REsp 210.961/SP, j. 21.9.2006.
26. A título exemplificativo, ver: TJSP, Apelação Cível nº 1117467-18.2016.8.26.0100, j. 17.6.2019, em que se examinou ofensa aos direitos à honra e à imagem perpetrada nos sites do Uol e da Folha de S. Paulo, em razão da divulgação e disseminação de notícia com informações inverídicas. Confira-se, também, a Apelação Cível nº 1056747-51.2017.8.26.0100, j. 23.10.2019, na qual se condenou a Carta Capital e sua editora a retirarem do ar publicação feita no site da revista imputando ao autor da ação a prática de condutas delituosas das quais fora absolvido na esfera criminal, maculando sua honra.
27. Nessa direção, a 3ª Turma do Superior Tribunal de Justiça decidiu, ainda em 2012, que: "O fato de o serviço prestado pelo provedor de serviço de internet ser gratuito não desvirtua a relação de consumo, pois o termo 'mediante remuneração', contido no art. 3º, § 2º, do CDC deve ser interpretado de forma ampla, de modo a incluir o ganho indireto do fornecedor" (Recurso Especial 1.308.830/RS, j. 8.5.2012).
28. "Art. 14. O fornecedor de serviços responde, independentemente da existência de culpa, pela reparação dos danos causados aos consumidores por defeitos relativos à prestação dos serviços, bem como por informações insuficientes ou inadequadas sobre sua fruição e riscos. § 1º O serviço é defeituoso quando não fornece a segurança que o consumidor dele pode esperar, levando-se em consideração as circunstâncias relevantes, entre as quais: I – o modo de seu fornecimento; II – o resultado e os riscos que razoavelmente dele se esperam; III – a época em que foi fornecido."
29. Ver, a título ilustrativo, TJRJ, Apelação Cível 0006047-50.2009.8.19.0040, Rel. Des. Benedicto Abicair, j. 1.12.2009.

poderiam ser adotadas pelas proprietárias de redes sociais para prevenir ou atenuar os danos causados, como a identificação do indivíduo que divulga o conteúdo falso ou difamatório. Em caso envolvendo vítima de perfil falso no *Orkut*, o Tribunal de Justiça do Rio de Janeiro concluiu:

> "Ainda que se considere a dificuldade de se fiscalizar os conteúdos de tudo o que é lançado nas páginas do Orkut, como sustenta a empresa ré, é possível verificar a procedência das informações, conforme, inclusive, foi feito após a apresentação desta apelação (...) logo, se a ré possui meios, como comprovou tardiamente, de identificar o autor da ofensa, e não o fez, responderá pelo anonimato deste, restando claro o dever de compensar o dano sofrido."[30]

Em outro caso de perfil falso – envolvendo, desta vez, uma vítima que, ao lado da exibição do seu número verdadeiro de telefone, foi descrita como uma mulher "*na idade da loba, faminta por sexo*" – o mesmo Tribunal de Justiça do Rio de Janeiro foi mais longe, concluindo que a identificação do terceiro que divulga o conteúdo lesivo não exime de responsabilidade a empresa proprietária do site:

> "A indicação, pelo demandado, do usuário que promoveu a inclusão do aludido falso perfil não afasta sua responsabilidade que, *in casu*, é objetiva. Cabe ao fornecedor desenvolver mecanismos de proteção com vistas a evitar fraudes, notadamente quando as ocorrências, como a descrita nestes autos, tornam-se frequentes, retirando-lhes o caráter de caso fortuito."[31]

Em suma, nossas cortes vinham entendendo, de modo geral, que as sociedades empresárias que criam e exploram de algum modo redes sociais devem ser consideradas responsáveis pelos danos causados às vítimas de conteúdo lesivo. Não apenas porque proporcionam, como aspecto inerente à sua atividade, um espaço de propagação das mensagens dos seus usuários, mas também porque obtêm ganhos e vantagens econômicas a partir da exploração direta ou indireta desse espaço comunicativo. Confira-se, nesse sentido, a tônica dada à matéria pelo Superior Tribunal de Justiça:

> "Quem viabiliza tecnicamente, quem se beneficia economicamente e, ativamente, estimula a criação de comunidades e páginas de relacionamento na internet é tão responsável pelo controle de eventuais abusos e pela garantia dos direitos da personalidade de internautas e terceiros como os próprios internautas que geram e disseminam informações ofensivas aos valores mais comezinhos da vida em comunidade, seja ela real, seja virtual."[32]

---

30. TJRJ, Apelação Cível 2009.001.14165, Rel. Des. Alexandre Câmara, j. 8.4.2009. Trecho extraído do voto do Relator, acompanhado por seus pares.
31. TJRJ, Apelação Cível 2009.001.41528, Rel. Des. Ernani Klausner, DJe 3.9.2009.
32. STJ, Recurso Especial 1.117.633/RO, Rel. Min. Herman Benjamin, j. 9.3.2010. A situação, note-se, é análoga ao que já ocorre fora do mundo virtual, na prestação de serviços que podem ser manipulados por terceiros para gerar danos a usuários, como no caso da inscrição nos serviços de proteção ao crédito por dívida contratada com documentação falsa, hipótese que o STJ já decidiu recair dentro da esfera de responsabilidade da instituição financeira contratante, ainda que só tardiamente venha tal instituição a ter conhecimento da falsificação documental: "Tem-se tornado fato corriqueiro a ação de pessoas inescrupulosas especializadas na contratação de cartões de crédito com o CPF de pessoas já falecidas. Esses estelionatários utilizam-se do número do CPF de pessoa falecida para adquirir um cartão de crédito e utilizá-lo até a sua suspensão pelo inadimplemento de faturas. (...) A administradora de cartão de crédito, que normalmente celebra seus contratos via telefone ou internet, sem exigir a presença física do consumidor usuário do cartão de crédito,

Mesmo as decisões que prestigiavam a dificuldade técnica de monitoramento prévio do conteúdo postado nas redes sociais não concluíam, em sua maioria, pela irresponsabilidade das empresas, mas sim por uma espécie de responsabilidade *condicionada*, deflagrada tão-somente a partir do momento em que, comunicada da existência do material lesivo, deixava de adotar providências para retirar o referido material de seu site. Confira-se nessa direção o seguinte acórdão proferido pela 4ª Câmara Cível do Tribunal de Justiça do Rio de Janeiro em outro caso versando sobre perfil falso no *Orkut*:

> "No caso vertente e numa primeira análise, comungo do entendimento da douta magistrada no sentido da impossibilidade de o provedor hospedeiro proceder à devida verificação prévia das 40 milhões de páginas existentes no *Orkut*. Isto numa primeira análise. No entanto, se assim é, não há dúvida de que, sendo solicitada a exclusão do perfil, aí então tem o provedor a obrigação de excluí-lo se falso e ofensivo à honra do retratado."[33]

Por essa via jurisprudencial, começou a adentrar a realidade brasileira a chamada teoria do *notice and takedown*.

5. A CORRETA COMPREENSÃO DA TEORIA DO *NOTICE AND TAKEDOWN*

Inspirada no *Digital Millennium Copyright Act*, a teoria do *notice and takedown* nasce umbilicalmente vinculada ao campo dos direitos autorais. Surge, essencialmente, com o propósito de criar uma espécie de exceção à responsabilidade por violação de direitos autorais na internet, assegurando imunidade aos provedores que atendessem prontamente à notificação do ofendido para a retirada do material impróprio.[34] Com a notificação, o controvertido dever geral de monitoramento permanente da rede transforma-se em uma *obrigação específica de agir*, que não poderia mais ser afastada pelo argumento da inviabilidade prática de monitoramento e que, se atendida, isentaria o notificado de responsabilidade civil.[35]

---

só toma conhecimento da fraude quando deflagra os procedimentos de cobrança extrajudicial. A jurisprudência desta Corte é tranquila no sentido de que o apontamento indevido do nome de consumidores em órgãos de proteção ao crédito produz danos morais, gerando obrigação de indenizar por quem procede à inscrição." (STJ, Recurso Especial 1.209.474/SP, Rel. Min. Paulo de Tarso Sanseverino, j. 10.9.2013).

33. TJRJ, Apelação Cível 2008.001.04540, Rel. Des. Horácio dos Santos Ribeiro Neto, j. 25.3.2008.
34. Para uma breve apresentação do sistema de *notice and takedown* na experiência norte-americana, confira-se: GIBSON, James. *Notice and Takedown, Here and Abroad*. In: The Media Institute (Sept. 15, 2011). Disponível em: http://www.mediainstitute.org/IPI/2011/091511.php. Um substancioso estudo empírico sobre o funcionamento do mecanismo de *notice and takedown* encontra-se em: URBAN, Jennifer M.; KARAGANIS, Joe; SCHOFIELD, Brianna L. *Notice and Takedown in Everyday Practice* (March 22, 2017). UC Berkeley Public Law Research Paper n. 2755628. Disponível em: https://ssrn.com/abstract=2755628.
35. O *Digital Millenium Copyright Act* regulamenta minuciosamente, em seu Título II (denominado ele próprio como *Online Copyright Infringement Liability Limitation*), o procedimento de notificação e contranotificação, além de providências que devem ser seguidas pelos provedores para fazerem jus à limitação de responsabilidade. Ver especialmente a *section 202*, que traz substanciosa modificação ao §512 do Capítulo 5 do Título 17 do *United States Code*, compilação das normas federais de caráter geral e permanente.

A teoria do *notice and takedown* possui vantagens e desvantagens. Entre as desvantagens, destaca-se o fato de que o dano sofrido pela vítima durante o período anterior à notificação permanece sem ressarcimento (ou somente poderia ser ressarcido perante o terceiro ofensor, quase sempre anônimo ou, mesmo quando identificado, não localizável, conforme já destacado). Cria-se, nesse sentido, uma espécie de *"imunidade parcial"* da pessoa jurídica proprietária do site até o momento da notificação, deixando sem reparação, ao menos, uma parte do dano sofrido pela vítima, o que poderia suscitar, no direito brasileiro, alegações de afronta ao princípio da reparação integral.[36]

Por outro lado, a importação do mecanismo do *notice and takedown*, se realizada com as necessárias cautelas, poderia trazer vantagens relevantes: poderia, em especial, incentivar uma atuação mais proativa das sociedades empresariais proprietárias de redes sociais e outros ambientes virtuais, as quais teriam, no momento da notificação, a oportunidade de avaliar o conteúdo postado pelo terceiro e decidir se seria ou não o caso de adotar medidas para sua retirada. Tem-se aí algum equilíbrio entre o dever geral de monitoramento e a necessidade de evitar a propagação de danos na rede. O incentivo à ação específica poderia contribuir para um universo virtual mais sadio, respeitador dos direitos fundamentais do ser humano, sem a necessidade de impor à vítima o recurso ao Poder Judiciário, que, além de custoso, requer tempo incompatível com a rápida difusão do conteúdo ofensivo pelo mundo virtual e a extraordinária abrangência que assume o dano causado. Em outras palavras, a principal vantagem do *notice and takedown*, em sua versão original, consistia justamente em *evitar a via judicial*, considerada inadequada à tutela dos direitos na internet, pela velocidade e abrangência com que as violações se propagam.

Quando se iniciaram, no Brasil, as discussões em torno do Projeto de Lei do Marco Civil da Internet, muitos esperavam que o Poder Legislativo incorporasse o mecanismo do *notice and takedown*, detalhando seu funcionamento de modo a criar um efetivo e célere mecanismo de solução de conflitos para a internet no Brasil. Infelizmente, o que acabou ocorrendo, neste particular, foi justamente o contrário.

6. O CONTRAEXEMPLO BRASILEIRO: ARTIGO 19 DO MARCO CIVIL DA INTERNET

A promulgação do Marco Civil da Internet (Lei 12.965/2014) trouxe numerosos avanços na disciplina jurídica do uso da internet no Brasil, como, por exemplo, a con-

---

36. Confira-se, sobre esse aspecto em particular, voto vencedor em acórdão do Tribunal de Justiça do Rio de Janeiro, no qual se afirmou que a doutrina do *notice and takedown* desvia-se da tradição jurídica brasileira, para a qual "o dano acontece no momento da publicação, não valendo a tese do douto voto vencido de que a parte autora deveria primeiro pedir a retirada da página, pois essa simples providência não ilide o prejuízo já sofrido, inexistindo em nosso Direito fato ilícito não indenizável" (TJRJ, Apelação Cível 2008.001.56760, Rel. Des. Otávio Rodrigues, j. 3.12.2008).

sagração do princípio da neutralidade da rede.[37] Tais avanços devem ser aplaudidos. Falhou, todavia, a referida lei no tocante à regulação da responsabilidade civil por danos derivados de conteúdos ofensivos veiculados na rede. A aludida falha precisa ser corrigida, evitando-se os diferentes problemas e injustiças que tem gerado no tocante à tutela dos direitos fundamentais na rede.

O problema concentra-se, especialmente, no artigo 19 do Marco Civil da Internet, que assim determina:

> "Art. 19. Com o intuito de assegurar a liberdade de expressão e impedir a censura, o provedor de aplicações de internet somente poderá ser responsabilizado civilmente por danos decorrentes de conteúdo gerado por terceiros se, após ordem judicial específica, não tomar as providências para, no âmbito e nos limites técnicos do seu serviço e dentro do prazo assinalado, tornar indisponível o conteúdo apontado como infringente, ressalvadas as disposições legais em contrário."

A norma importa o mecanismo do *notice and takedown*, mas o faz de modo deturpado, convertendo a notificação extrajudicial em uma *"ordem judicial específica"*. A alteração não cria apenas uma jabuticaba, mas golpeia de morte a principal utilidade do *notice and takedown*, que consistia precisamente em assegurar uma solução célere, capaz de interromper desde logo a propagação do dano, sem prejuízo de uma eventual e posterior discussão, em juízo ou não, acerca da legitimidade da veiculação do conteúdo ofensivo. O *notice and takedown*, em sua versão original, possui um efeito de incentivo à participação dos proprietários das redes sociais na preservação de um ambiente sadio, incentivo que restou suprimido na versão brasileira do mecanismo.

Com efeito, ao converter a notificação em *"ordem judicial específica"*, o artigo 19 do Marco Civil da Internet cria verdadeira norma de *blindagem* das sociedades empresárias que exploram redes sociais. No cenário mundial, trata-se de uma proteção muito maior à indústria da internet que a existente em outros países, pois tais sociedades passam a responder apenas em caso de descumprimento de ordem judicial específica. Internamente, o artigo 19 representa um retrocesso na proteção dos direitos fundamentais em relação à orientação que já vinha sendo seguida por diversos tribunais brasileiros, qual seja, impor a responsabilização quando a inércia persistisse após notificação extrajudicial, solução que, de resto, já representava uma espécie de *"caminho intermediário"*. Aliás, incluir no Marco Civil da Internet um dispositivo que alude a responsabilidade civil apenas após o descumprimento de ordem judicial não faz nenhum sentido, pois o descumprimento de ordem judicial sempre foi, entre nós, fonte do dever de indenizar e, mais que isso, crime de desobediência (Código Penal, art. 330).

Assim, o artigo 19 do Marco Civil da Internet acabou não tratando nem de *notice*, nem de *takedown*. Ao suprimir a notificação extrajudicial, ofereceu um contraestímulo à retirada do material ofensivo, pois tornou muito mais seguro que

---

37. "Art. 3º A disciplina do uso da internet no Brasil tem os seguintes princípios: (...) IV – preservação e garantia da neutralidade de rede".

adotar qualquer postura proativa simplesmente aguardar a propositura de uma ação judicial, o desenvolvimento das diferentes etapas processuais e, por fim, a emissão de uma ordem judicial específica para supressão antes de pensar sobre o que pode ser feito em benefício da vítima. A limitação legal que o artigo 19 institui no tocante à responsabilidade civil dos chamados *"provedores de aplicações"* – assim o Marco Civil denomina aquele que oferece um *"conjunto de funcionalidades que podem ser acessadas por meio de um terminal conectado à internet"* (art. 5º, VII), consagrando uma terminologia que, não se pode deixar de notar, abstrai o sujeito proprietário e, portanto, o responsável – não encontra paralelo no nosso ordenamento e desafia uma explicação sistemática à luz da dogmática da responsabilidade civil brasileira.

Com efeito, a partir da entrada em vigor do artigo 19 do Marco Civil da Internet, a propositura de ação judicial deixou de ser instrumento de proteção dos direitos da vítima para se tornar uma condição *sine qua non* da responsabilidade civil. Trata-se de situação inédita: a vítima, que antes propunha ação judicial como seu último recurso, para obter a responsabilização do réu, agora *precisa* propor a ação judicial e pleitear a emissão de uma ordem judicial específica, para que, só então, e apenas em caso de descumprimento da referida ordem judicial, a proprietária do site ou rede social possa ser considerada responsável. Em uma realidade cada vez mais consciente do abarrotamento do Poder Judiciário, o Marco Civil da Internet enveredou na contramão de todas as tendências de *desjudicialização* dos conflitos e transformou o ingresso em juízo em uma medida imprescindível à tutela dos direitos da vítima no ambiente virtual, ambiente no qual, pela sua própria celeridade, dinamismo e amplitude global, os remédios judiciais tendem a ser menos eficientes e adequados.

7. O CHAMADO *CHILLING EFFECT* E A OPORTUNIDADE PERDIDA PELO LEGISLADOR BRASILEIRO

Para justificar tamanha proteção, os defensores do artigo 19 do Marco Civil da Internet argumentam que a preservação das feições originárias do *notice and takedown*, com a exigência de notificação extrajudicial, causaria um *"efeito resfriador"* (*chilling effect*) da liberdade de expressão. Em outras palavras, se mantida a referência à notificação extrajudicial, o incentivo à supressão de conteúdo poderia ser grande demais, estimulando que as sociedades proprietárias de redes sociais e outros ambientes virtuais promovessem interferências indevidas no exercício da liberdade de expressão de seus usuários e clientes.

Mais uma vez, é preciso enxergar as ideias em seu devido lugar. O argumento do *chilling effect* nasce, na sua pátria de origem, no campo das notificações fundadas na proteção de direitos autorais, notificações que foram empregadas de modo sistemático pela indústria do entretenimento, na defesa de seus próprios interesses e, por vezes, minando formas de expressão artísticas típicas do ambiente digital, como *mélanges*, sampleamentos, colagens, *remixes, memes* etc. Em matéria de tutela dos direitos fundamentais à privacidade, à intimidade, à imagem e à honra da pessoa humana, o argumento do *"efeito resfriador"* da liberdade de expressão não é apenas menos usual, mas também menos convincente, pelo simples fato de que os indivíduos não se organizam para promover atitudes sistemáticas em larga escala com vistas à supressão de conteúdos veiculados na rede. Ademais, a imensa maioria dos casos envolvendo a violação de direitos fundamentais diz respeito a hipóteses de flagrante ilicitude ou abuso, como a criação de perfis com informações falsas sobre determinada pessoa humana, a divulgação não-autorizada de imagens íntimas, ofensas racistas e homofóbicas etc. Em situações de *flagrante violação a direitos fundamentais*, a eventual verificação de um *"chilling effect"* seria, a rigor, bem-vinda e compatível com a tutela dos direitos fundamentais imposta pela Constituição da República.

Onde o *chilling effect* mostra-se efetivamente nocivo é naquele grupo de situações *duvidosas*, em que não se pode identificar, em um primeiro olhar, se há ou não violação a direitos fundamentais. Daí porque o mecanismo do *notice and takedown*, em sua versão original, afigura-se vantajoso: separa o joio do trigo, permitindo que as sociedades empresárias que controlam redes sociais retirem do ar conteúdos flagrantemente ofensivos, cumprindo seu dever de cuidado, como, de resto, ocorre em diferentes ambientes virtuais em que a atuação de um moderador já exerce esse papel (*v.g.*, seção de comentários dos leitores em sítios eletrônicos de jornais ou revistas). Acreditar que as sociedades empresárias – que são proprietárias e legitimamente lucram com suas redes sociais e outros ambientes comunicativos na internet – passariam a retirar indiscriminadamente conteúdos do ar diante do mero recebimento de notificações extrajudiciais para evitar responsabilização parece, mais uma vez, uma crença ingênua, na medida em que tal atitude atingiria o *core business* de tais sociedades.

De todo modo, ainda que houvesse risco de um efeito resfriador, tal risco poderia ter sido afastado na confecção do Marco Civil da Internet, justamente por meio do detalhamento pelo legislador brasileiro do mecanismo do *notice and takedown*. Nos Estados Unidos, por exemplo, a legislação prevê expressamente que a notificação deve conter requisitos mínimos, como identificação do conteúdo violador de direitos e os dados de contato do notificante, por exemplo. Isso, por si só, já não torna as notificações tão comuns. Há, ainda, expressa previsão de possibilidade de contranotificação por parte do alegado violador dos direitos, além de prazos expressamente estipulados para a atuação do proprietário do site.[38] Tudo isso poderia ter sido contemplado pelo legislador brasileiro no Marco Civil da Internet, em um desenho normativo do *notice and takedown* que afastasse os riscos de um efeito resfriador. Poderia mesmo o legislador brasileiro ter previsto, por exemplo, que os provedores de aplicações não respondem se, embora notificados, deixarem de retirar do ar um conteúdo cujo caráter ofensivo se afigura *"duvidoso"*, tomando por empréstimo a noção de *"reasonable*

---

38. Ver *U.S. Code, Title 17, Chapter 5, Section 512*, especialmente *Section 512 (c) (3)* – sobre os requisitos da notificação –; e *Section 512 (g) (2) e (3)* – sobre contranotificação e prazos de atuação.

doubt" originária também do direito norte-americano.[39] Haveria, em suma, muitos caminhos possíveis, mas o artigo 19 do Marco Civil da Internet preferiu a via fácil de uma blindagem absoluta, que, ao remeter a discussão ao Poder Judiciário, contraria a própria ideia de uma lei destinada a tutelar direitos na internet.

8. EXCEÇÕES À IMUNIDADE PREVISTAS PELO MARCO CIVIL DA INTERNET

O Marco Civil da Internet apresenta duas exceções à imunidade estampada no seu artigo 19. A primeira exceção está contida no § 2º do próprio artigo 19 e diz respeito aos direitos autorais:

> "Art. 19 (...)
>
> § 2º A aplicação do disposto neste artigo para infrações a direitos de autor ou a direitos conexos depende de previsão legal específica, que deverá respeitar a liberdade de expressão e demais garantias previstas no art. 5º da Constituição Federal."

A aplicação da norma de blindagem dos provedores – que determina a limitação da sua responsabilidade civil aos casos de descumprimento de ordem judicial específica – não se aplica, como se vê, às infrações de direitos autorais ou conexos, hipótese que fica a depender de *"previsão legal específica"*, a qual deverá respeitar não apenas a liberdade de expressão, mas também as *"demais garantias previstas no art. 5º da Constituição Federal* (sic)". É curioso notar que tais garantias não são mencionadas no *caput* do artigo 19, em que o legislador ordinário menciona apenas a liberdade de expressão, parecendo eleger um direito fundamental em detrimento de todos os demais. O objetivo parece ter sido remeter ao inciso XXVII do artigo 5º da Constituição, segundo o qual *"aos autores pertence o direito exclusivo de utilização, publicação ou reprodução de suas obras, transmissível aos herdeiros pelo tempo que a lei fixar"*.

O fato é que a lei específica a que remete o § 2º do artigo 19 do Marco Civil da Internet jamais foi promulgada. Daí decorre que, se o conteúdo postado por terceiro em uma rede social viola direitos autorais ou conexos, a proprietária da rede social não poderá invocar o artigo 19, valendo, portanto, as normas gerais de responsabilidade civil, segundo as quais a responsabilidade é integral – e não limitada às hipóteses de inação após ordem judicial específica. Em outras palavras, a proteção aos direitos autorais afigura-se, hoje, mais intensa que aquela reservada à tutela dos direitos fundamentais do ser humano à intimidade, privacidade, honra e imagem,

---

39. "(...) *the phrase, 'belief beyond a reasonable doubt', directs the attention of the factfinder to the degree of persuasion which must be induced to secure a favorable finding, rather than the amount of evidence which must be produced by the proponent. The conclusion, accordingly, is inescapable, as this analysis has endeavored to demonstrate, that the reasonable doubt standard of persuasion plays a vital role in the due process equation for cogent reasons*" (MASCOLO, Edward Gregory. *Procedural Due Process and the Reasonable Doubt Standard of Proof in Civil Contempt Proceedings*. In: *New England Journal on Criminal and Civil Confinement*, 245, 1988, p. 274).

pois esta última depende de recurso ao Poder Judiciário e emissão de ordem judicial específica, antes da qual nenhuma responsabilidade pode ser imputada.

Tem-se aí verdadeira inversão axiológica, na medida em que os direitos autorais e conexos – que incluem, portanto, aqueles de conteúdo exclusivamente patrimonial – passam a contar com um instrumento de tutela mais forte, célere e efetivo que os direitos fundamentais do ser humano, aos quais a Constituição brasileira atribui maior importância hierárquica, como se vê da expressa consagração da cláusula geral de proteção da dignidade da pessoa humana como fundamento da República (CF, art. 1º, III). Tal inversão de valores afronta a Constituição, resultando, de modo inequívoco, na inconstitucionalidade do artigo 19 do Marco Civil da Internet.

Há quem defenda a redação do § 2º do artigo 19 do Marco Civil da Internet, sustentando que as violações a direitos autorais seriam mais claras e evidentes que as violações aos direitos fundamentais à intimidade, privacidade, honra e imagem – e, por essa razão, os primeiros teriam sido mantidos de fora da imunidade instituída pelo *caput* do artigo 19. Nada pode ser, contudo, mais distante da realidade: há violações extremamente duvidosas no campo dos direitos autorais, especialmente na internet, como se pode ver daqueles já mencionados *mélanges*, sampleamentos, colagens e *remixes*. O que dizer, por exemplo, do famoso caso da versão funk de *Asa Branca* produzida por um MC de Belo Horizonte?[40] Há ali violação de direitos autorais? O que dizer dos *memes* que "viralizam" por aplicativos de mensagens, misturando imagens protegidas por direitos autorais com frases cômicas?[41] Onde está a clareza ou a evidência destas supostas violações? Bem ao contrário, o debate, hoje, no campo dos direitos autorais é intensíssimo, especialmente em torno de manifestações proporcionadas pela internet.

De outro lado, a violação aos direitos fundamentais à intimidade, privacidade, honra e imagem afigura-se, muitas vezes, flagrante, como ocorre no caso de perfis falsos nas redes sociais, na agressão racista ou homofóbica ou na veiculação de imagens íntimas. Estes exemplos revelam que o caráter flagrante ou evidente da violação a direitos – quer se trate de direitos autorais, quer se trate de direitos da personalidade – não decorre da natureza do direito violado, mas de outras características atreladas à própria prática lesiva. Vale dizer: há violações flagrantes a direitos autorais e há violações flagrantes a direitos da personalidade, podendo, em ambos os casos,

---

40. "Uma letra de um funk pornô no ritmo da música 'Asa Branca', de Luiz Gonzaga, criou polêmica entre a família do Rei do Baião e um MC de São José do Rio Preto (SP). (...) A letra no ritmo da famosa 'Asa Branca' foi reprovada pela família de Luiz Gonzaga. Por tal motivo, em retratação ao desconforto causado, [o cantor] retirou a música dos seus canais de comunicação, visando minimizar qualquer consequência dela decorrente, não se tratando aqui da discussão sobre a fonte de inspiração de sua melodia." Para mais detalhes sobre a polêmica, confira-se a reportagem *Versão funk de 'Asa Branca' cria polêmica entre família de Luiz Gonzaga e MC de Rio Preto*, disponível em: https://g1.globo.com/sao-paulo/sao-jose-do-rio-preto-aracatuba/noticia/versao-funk-de-asa-branca-cria-polemica-entre-familia-de-luiz-gonzaga-e-mc-de-rio-preto.ghtml.

41. Sobre o tema, ver o artigo *Memes e Direito Autoral: Da superação da lógica proprietária à tutela do elemento cultural*, de autoria de Diego Breiner de Souza André e Cássio Monteiro Rodrigues, publicado nesta mesma obra.

haver violações de caráter menos evidente, duvidoso, incerto. Nesse contexto, não há qualquer dúvida de que o Marco Civil da Internet não poderia ter eleito aleatoriamente *temas* aos quais reserva tratamento mais favorecido – como acontece com os direitos autorais – sem atentar para a tábua axiológica instituída pela Constituição brasileira. Também é certo que, à luz das normas constitucionais, se algum direito houvesse de ser protegido com maior intensidade, não seriam os direitos autorais (especialmente, os direitos autorais patrimoniais), mas sim os direitos da personalidade, que integram o núcleo conceitual da dignidade humana, valor fundamental da República (art. 1º, III).

A segunda exceção instituída pelo Marco Civil da Internet à imunidade que reserva aos chamados provedores de aplicações situa-se no artigo 21 da lei, em que se lê:

> "Art. 21. O provedor de aplicações de internet que disponibilize conteúdo gerado por terceiros será responsabilizado subsidiariamente pela violação da intimidade decorrente da divulgação, sem autorização de seus participantes, de imagens, de vídeos ou de outros materiais contendo cenas de nudez ou de atos sexuais de caráter privado quando, após o recebimento de notificação pelo participante ou seu representante legal, deixar de promover, de forma diligente, no âmbito e nos limites técnicos do seu serviço, a indisponibilização desse conteúdo.
>
> Parágrafo único. A notificação prevista no caput deverá conter, sob pena de nulidade, elementos que permitam a identificação específica do material apontado como violador da intimidade do participante e a verificação da legitimidade para apresentação do pedido."

Também aí a previsão do Marco Civil da Internet, embora calcada na proteção da intimidade, soa casuística e pouco sistemática. Primeiro, não se compreende por qual razão o dispositivo se limita a "*cenas de nudez*" ou "*de atos sexuais de caráter privado*". Há outros atos evidentemente íntimos, que mereceriam igual proteção, como a divulgação não-autorizada de cenas de tratamento médico invasivo, de uma agressão física sofrida ou de outros eventos cuja veiculação pública pode lesar a mesma intimidade ou outros direitos de igual hierarquia no tecido constitucional brasileiro. Por exemplo, a falsa rotulação de certa pessoa como "*garota de programa*", como aconteceu no precedente judicial examinado anteriormente, dependeria, de acordo com o Marco Civil da Internet, da emissão de uma ordem judicial específica porque, embora veiculando informação falsa que se relaciona à sexualidade, não configura veiculação de "*cena de nudez ou de atos sexuais de caráter privado*" nos termos da literalidade do artigo 21. Durante todo o tempo necessário à emissão da ordem judicial, a mulher em questão continuaria sendo falsamente rotulada como "*garota de programa*" nas redes sociais. A eleição do sexo ou nudez, sem a menção a outras violações flagrantes à intimidade – e também aos demais direitos fundamentais – revela notável inconsistência sistemática, sugerindo que certas violações foram pinçadas casuisticamente pelo Marco Civil da Internet sem muita atenção à tábua de valores consagrada na Constituição, norma fundamental do sistema jurídico brasileiro.

Além disso, o artigo 21 do Marco Civil da Internet institui, mesmo na hipótese de "*cenas de nudez*" ou "*de atos sexuais de caráter privado*", uma responsabilidade meramente "*subsidiária*". Tal opção legislativa afigura-se tecnicamente insustentável e bastante reveladora da excessiva proteção concedida pelo Marco Civil da Internet às sociedades empresárias que atuam na internet. Vale dizer: se, mesmo notificada de modo específico, com "*elementos que permitam a identificação específica do material apontado como violador da intimidade do participante e a verificação da legitimidade para apresentação do pedido*", a sociedade proprietária da rede social mantiver no ar vídeo contendo "*atos sexuais de caráter privado*", ainda assim, sua responsabilidade será meramente subsidiária em relação ao terceiro – usualmente anônimo – que postou o conteúdo flagrantemente ofensivo. Mais uma vez, tem-se uma exceção injustificada ao regime geral da responsabilidade civil, reduzindo-se a proteção da vítima sem qualquer razão sustentável à luz do sistema jurídico brasileiro.

9. INCONSTITUCIONALIDADE DO ARTIGO 19 DO MARCO CIVIL DA INTERNET

O artigo 19 do Marco Civil da Internet é, em uma palavra, inconstitucional. Ao condicionar a reparação de danos decorrentes da violação a direitos fundamentais ao descumprimento de uma ordem judicial específica, o dispositivo legal viola, em primeiro lugar, o artigo 5º, X, da Constituição brasileira, que não se limita a consagrar os direitos fundamentais à intimidade, privacidade, honra e imagem, mas também determina seja "*assegurado o direito a indenização pelo dano material ou moral decorrente de sua violação*". Nesse contexto, o estabelecimento por lei ordinária de qualquer condicionante à reparação desses danos – e especialmente uma condicionante tão severa quanto a prévia emissão de ordem judicial específica, até a qual esses danos permanecem sem reparação – representa indevida restrição à tutela que o Constituinte pretendeu plena e integral, a ponto de mencioná-la expressamente na parte final do inciso X do artigo 5º sem qualquer menção à atuação ulterior do legislador infraconstitucional.

O contra-argumento de que a condicionante se aplica apenas às empresas proprietárias de sites e redes sociais, conservando a vítima o direito de pleitear reparação perante o terceiro que divulga inicialmente o conteúdo, afigura-se, como já se viu, verdadeiramente "ficcional", na medida em que, como já destacado, o terceiro é frequentemente anônimo. E, mesmo quando identificado, a chance efetiva de que venha a reparar os danos causados afigura-se reduzida seja porque não pode ser localizado, seja porque não dispõe de recursos econômicos, seja, ainda, porque não dispõe de meios técnicos que se mostram bem mais eficazes para a reparação (v.g., supressão do conteúdo lesivo, desidentificação da vítima, desindexação) que o pagamento de uma indenização em dinheiro.

O artigo 19 da Lei 12.965 viola, portanto, o artigo 5º, X, da Constituição brasileira, o que já bastaria para concluir pela sua inconstitucionalidade. Há, todavia, outras divergências entre o artigo 19 do Marco Civil da Internet e o tecido constitucional. Por exemplo, a exigência do descumprimento de "*ordem judicial específica*" acaba por resultar na imposição forçada de uma ação judicial como requisito para que o dano sofrido se torne juridicamente relevante. Nesse sentido, o artigo 19 do Marco Civil da Internet fere também o inciso XXXV do artigo 5º da Constituição,[42] na medida em que a garantia de acesso ao Judiciário tem sido interpretada como um *direito* da vítima, nunca um *dever*. Ao impor o recurso ao Poder Judiciário como condição imprescindível para que o dano sofrido gere, mesmo em abstrato, responsabilidade civil, o artigo 19 do Marco Civil da Internet afronta a garantia de acesso à Justiça em sua dimensão substancial.

O artigo 19 do Marco Civil da Internet viola, ainda, o chamado *"princípio da vedação de retrocesso"*, na medida em que, ao condicionar a tutela de direitos fundamentais ao recebimento de *"ordem judicial específica"*, promove retrocesso em relação ao grau de proteção que já era assegurado aos direitos fundamentais pela jurisprudência brasileira, pois, como já visto, nossas cortes vinham considerando os réus responsáveis por tais violações se deixassem de agir após comunicação de qualquer espécie (incluindo, a notificação extrajudicial física ou até eletrônica).[43] A diminuição do grau de proteção dos direitos fundamentais encontra obstáculo na vedação de retrocesso, noção já amplamente desenvolvida no campo do Direito Público,[44] mas também aplicável ao Direito Privado, especialmente na experiência jurídica brasileira, que se desprende progressivamente da dicotomia entre Direito Público e Direito Privado para encontrar na máxima realização dos valores constitucionais o norte reunificador do seu sistema jurídico.[45]

Há, ainda, a questão relativa à inversão axiológica que o próprio artigo 19 do Marco Civil da Internet promove, ao fornecer proteção mais intensa, célere e efetiva aos direitos autorais e conexos (incluindo, portanto, aqueles de conteúdo exclusivamente patrimonial) que a proteção reservada aos direitos fundamentais do ser humano, aos quais a Constituição brasileira atribui maior importância hierárquica e valorativa, como se vê da expressa consagração da cláusula geral de proteção da dignidade da pessoa humana como fundamento da República (CF, art. 1º, III). Tal inversão de valores afronta a Constituição, resultando, igualmente, na inconstitucionalidade do artigo 19 do Marco Civil da Internet.

Pode-se, por fim, vislumbrar inconstitucionalidade no artigo 19 do Marco Civil da Internet por afronta aos princípios da razoabilidade e da proporcionalidade – princípios (*rectius*: postulados) que a doutrina constitucionalista brasileira tem

---

42. "Art. 5º. (...) XXXV – a lei não excluirá da apreciação do Poder Judiciário lesão ou ameaça a direito."
43. Nesse sentido, é de se registrar que o Decreto 7.962, de 15 de março de 2013, que disciplina o comércio eletrônico, determinou que *"os sítios eletrônicos ou demais meios eletrônicos utilizados para oferta ou conclusão de contrato de consumo devem disponibilizar, em local de destaque e de fácil visualização: (...) II – endereço físico e eletrônico, e demais informações necessárias para sua localização e contato."*
44. Ver DERBLI, Felipe. *O Princípio da Proibição de Retrocesso Social na Constituição de 1988*. Rio de Janeiro: Renovar, coleção de teses, 2007.
45. TEPEDINO, Gustavo. Premissas Metodológicas para a Constitucionalização do Direito Civil. In: *Temas de Direito Civil*. Rio de Janeiro: Renovar, 2004, pp. 1-22.

alçado ao nível de normas constitucionais.[46] Com efeito, o condicionamento da responsabilidade civil dos chamados provedores de aplicações ao descumprimento de ordem judicial específica afigura-se desproporcional, na medida em que exige imenso esforço da vítima para que obtenha a tutela de seus direitos da personalidade, ao mesmo tempo em que nenhuma concessão exige à liberdade econômica das sociedades proprietárias de redes sociais e outros ambientes virtuais. Embora ambos os interesses sejam constitucionalmente protegidos – direitos da personalidade e liberdade econômica –, é certo que a eventual ponderação entre tais interesses não se pode dar em sacrifício exclusivamente de um deles, mas sim mediante concessões recíprocas.

10. UMA PROPOSTA DE SALVAÇÃO PARA O ARTIGO 19 DO MARCO CIVIL DA INTERNET: INTERPRETAÇÃO CONFORME A CONSTITUIÇÃO

Conclui-se, por diferentes razões, que o artigo 19 do Marco Civil da Internet consiste em norma inconstitucional.[47] Para salvar o artigo 19 da inconstitucionalidade, seria necessário interpretá-lo em conformidade com a tutela plena e integral dos direitos fundamentais, assegurada no artigo 5º, X, da Constituição e na cláusula geral de proteção à dignidade humana (art. 1º, III), e, ainda, com a garantia de acesso ao Poder Judiciário, consagrada no inciso XXXV do mesmo artigo 5º. O único modo de fazê-lo parece consistir em interpretar o artigo 19 do Marco Civil da Internet de modo a deflagrar a responsabilidade civil dos chamados provedores de aplicação em caso de descumprimento não apenas de ordem judicial específica, mas também de *notificação extrajudicial* da vítima ou de seu representante, sempre que (a) se estiver diante de uma violação a direitos fundamentais e (b) desde que tal notificação preencha o mesmo requisito que a referida lei exige da ordem judicial, qual seja, contenha *"a identificação clara e específica do conteúdo apontado como infringente, que permita a localização inequívoca do material"*.

Com efeito, não há qualquer razão legítima para fazer distinção, ali, entre a ordem judicial e a notificação extrajudicial. O principal argumento que levou à redação restritiva do artigo 19 do Marco Civil da Internet – qual seja, aquele segundo

---

46. "(...) abrem-se duas linhas de construção constitucional, uma e outra conducentes ao mesmo resultado: o princípio da razoabilidade integra o direito constitucional brasileiro, devendo o teste de razoabilidade ser aplicado pelo intérprete da Constituição em qualquer caso submetido ao seu conhecimento. A primeira linha, mais inspirada na doutrina alemã, vislumbrará o princípio da razoabilidade como inerente ao Estado de direito, integrando de modo implícito o sistema, como um princípio constitucional não escrito. De outra parte, os que optarem pela influência norte-americana, pretenderão extraí-lo da cláusula do devido processo legal, sustentando que a razoabilidade das leis se torna exigível por força do caráter substantivo que se deve dar à cláusula" (BARROSO, Luís Roberto. *Interpretação e Aplicação da Constituição*. São Paulo: Saraiva, 2009, p. 244).
47. Era já o posicionamento defendido em SCHREIBER, Anderson. *A Responsabilidade Civil por Dano Derivado do Conteúdo Gerado por Terceiro*. In: LUCCA, Newton de; SIMÃO FILHO, Adalberto; LIMA, Cíntia Rosa Pereira de (orgs.). *Direito e Internet III: Marco Civil da Internet (Lei 12.965/2014)*. t. II. São Paulo: Quartier Latin, 2015, pp. 277-304.

o qual seria impossível para as sociedades empresárias fiscalizar previamente tudo que os usuários inserem na rede – cai por terra com a notificação extrajudicial, que aponta especificamente o conteúdo ofensivo. Tampouco se pode argumentar que tais sociedades não teriam condições de analisar todas essas notificações extrajudiciais, pois, se cada reclamação contra material ofensivo aos direitos fundamentais pode, em teoria, gerar uma ação judicial, afirmar que não é possível lidar com o número de notificações extrajudiciais equivaleria a confessar uma inusitada aposta de que as vítimas, por força do dispêndio de recursos e tempo, não ingressariam em juízo – ou, no mínimo, transferir ao Poder Judiciário um dever de cuidado que recai sobre o prestador de serviço, transformando juízes em uma espécie de serviço de atendimento ao consumidor de serviços oferecidos por redes sociais e outros ambientes virtuais.

A referida interpretação conforme a Constituição eliminaria, ademais, a incoerência sistemática do Marco Civil da Internet, que contrapõe o artigo 19 ao artigo 21 da mesma lei ordinária. Neste último dispositivo, relembre-se, o legislador ordinário dispensou a ordem judicial, contentando-se apenas com a notificação extrajudicial nas hipóteses de material "*contendo cenas de nudez ou de atos sexuais de caráter privado*", mas elegeu, como insólito resultado, a responsabilidade subsidiária. A interpretação proposta para o artigo 19 eliminaria tal inconsistência, na medida em que seu significado mais abrangente acabaria por abarcar a hipótese contida no artigo 21, contornando o caráter meramente subsidiário da responsabilidade civil, caráter que não se justifica diante de uma omissão específica na tutela dos direitos fundamentais.

Vale dizer: em se tratando de direitos fundamentais de igual hierarquia (e, nos casos citados, até dos mesmíssimos direitos fundamentais), os mecanismos de tutela devem ser idênticos ou, ao menos, igualmente eficientes, sob pena de se instituir uma diferenciação normativa que não encontra amparo no texto constitucional, fundada em casuísmos ou construções importadas de ordenamentos jurídicos estrangeiros sem a devida reflexão e adaptação ao sistema jurídico nacional.[48] Se a intimidade sexual é tutelada por meio de mera notificação extrajudicial, outras formas de intimidade devem ser tuteladas de igual maneira, assim como outros direitos da vítima que ostentem igual importância à luz da Constituição. Esse acesso aos mesmos remédios afigura-se indispensável para a máxima realização dos valores constitucionais, expressos nos direitos fundamentais do ser humano, além da preservação da isonomia, também assegurada constitucionalmente.

Vale dizer: a salvação do artigo 19 do Marco Civil da Internet somente pode ser alcançada por uma interpretação conforme a Constituição da República, que dispense a ordem judicial específica, contentando-se com a notificação extrajudicial específica sempre que o conteúdo em questão lese direitos da personalidade – seja

---

48. É sintomático que muitos autores se refiram ao artigo 21 do Marco Civil da Internet como o dispositivo dedicado à "*pornografia de vingança*", termo extraído da expressão da língua inglesa "*revenge porn*", quando, em verdade, o artigo 21 trata da divulgação de "*cenas de nudez*" e "*atos sexuais de caráter privado*", sem exigir necessariamente a intenção maliciosa que aquela expressão revela.

a intimidade sexual, como já reconhece o artigo 21 da lei em questão, seja qualquer outro atributo da personalidade humana que se afigure igualmente merecedor de tutela à luz do texto constitucional.

Nem se argumente que seria difícil às sociedades empresárias que exploram serviços na internet se adaptar a tal entendimento, na medida em que cada ordenamento jurídico tem suas próprias regras enquanto a atuação de tais grupos assume caráter global pela própria abrangência dos seus produtos. O argumento *provaria demais*, porque, em sendo aceito, o próprio Marco Civil da Internet, como um todo, perderia sua razão de ser, na medida em que não competiria aos ordenamentos nacionais a disciplina jurídica da internet. Ao contrário, o uso do ambiente digital, onde numerosas violações a direitos podem ser perpetradas, não pode, conforme já demonstrado, consistir em bolha de imunidade às normas jurídicas democraticamente aprovadas em cada país. E o que se tem visto, mundo afora, é a atuação das instituições jurídicas de diversos países para prevenir tais violações e assegurar a reparação dos danos que daí derivem, em diferentes setores.[49]

11. CONCLUSÃO

Como qualquer setor da vida, a internet precisa de regras. E as tem necessariamente. Defender a liberdade absoluta na internet não leva a uma internet sem regras ou a um "território livre", como se costuma sustentar, mas sim a uma internet governada exclusivamente por regras instituídas por cada agente privado, sem nenhuma garantia de que tais regras serão construídas de modo transparente ou que respeitarão, no fim do dia, os direitos fundamentais. Não se pode privar o usuário da internet de recorrer ao ordenamento jurídico, composto por normas aprovadas democraticamente e em vigor no país. Nesse cenário, o direito não deve ser visto

---

49. A título exemplificativo, confira-se a reportagem "União Europeia rejeita propostas do Facebook para regulamentação online – Companhia terá de assumir mais responsabilidade pelo material ilegal veiculado em plataformas", publicada na Folha de S. Paulo em 17.2.2020. Ali, destaca-se que o documento proposto pelo Facebook "sugeria que fossem adotadas políticas mundiais, e não nacionais, sobre o que é permissível, e que as companhias de internet não deveriam enfrentar qualquer responsabilidade judicial pelo conteúdo veiculado em suas plataformas, ou a liberdade de expressão se veria restringida (...) Thierry Breton, o comissário francês que supervisiona a estratégia da União Europeia quanto aos dados, rejeitou os planos depois de uma reunião com Zuckerberg, dizendo que o Facebook demorava demais a apresentar ideias sobre como remover o conteúdo ilegal, e advertindo que a União Europeia estava se preparando para agir. 'Não é suficiente. O processo seria lento demais, eles assumem pouca responsabilidade e a regulamentação seria insuficiente', disse Breton, acrescentando que o Facebook não havia citado seu domínio sobre o mercado." Não faltam exemplos de atuações concretas das instituições jurídicas de diferentes países em relação às companhias de internet: em 20 de março de 2019, por exemplo, a Comissão Europeia condenou o Google a pagar multa de 1,49 bilhão de euros por violação às normas concorrenciais no âmbito da publicidade online (notícia disponível em www.dw.com). Em outro exemplo, o Escritório do Comissário de Informação do Reino Unido condenou o Facebook ao pagamento de 500 mil libras esterlinas pelo conhecido caso *Cambridge Analytica* (notícia disponível em www.epocanegocios.globo.com, em 31.10.2019). Ainda a título meramente ilustrativo, a agência de proteção de dados da França multou o Google em 50 milhões de euros por violação de regras de privacidade da União Europeia (notícia publicada em 21.1.2019 em www.g1.globo.com).

como inimigo da liberdade de expressão na internet, mas, bem ao contrário, como instrumento imprescindível para garantir sua tutela e promoção.

Tal constatação não deve ser confundida com uma imposição de ingresso em juízo para solucionar cada conflito que se instaure na internet ou nos novos ambientes comunicativos inaugurados pelos avanços tecnológicos. Ao revés, o Poder Judiciário, pela própria estrutura de um processo judicial, não detém a celeridade necessária para tutelar os direitos fundamentais e a liberdade de expressão no universo dinâmico e difuso da rede. Daí a importância de se pensar em instrumentos que incentivem a participação dos próprios agentes econômicos que atuam na internet.

Na questão relativa à responsabilidade por conteúdo ofensivo aos direitos fundamentais veiculado na rede, o legislador brasileiro poderia ter incorporado o mecanismo do *notice and takedown*, mantendo a principal vantagem que o instituto oferece em sua construção originária, qual seja, a possibilidade de notificação extrajudicial por parte daquele que está tendo seus direitos fundamentais violados. Poderia, ainda, o legislador ter detalhado a disciplina deste instituto entre nós, exigindo a identificação do conteúdo violador de direitos e os dados de contato do notificante, por exemplo, como já ocorre nos Estados Unidos. Na mesma direção, poderia ter contemplado expressamente a possibilidade de contranotificação por parte do alegado violador dos direitos e estipulado prazos para a resposta e para a atuação do proprietário do site.[50]

Poderia até mesmo o legislador brasileiro ter previsto, por exemplo, que os provedores de aplicações não respondem civilmente caso, embora notificados, não retirem do ar um conteúdo cujo caráter ofensivo aos direitos fundamentais se afigure consideravelmente *duvidoso*, em oposição às violações *flagrantes* aos direitos fundamentais.

O artigo 19 do Marco Civil da Internet preferiu, entretanto, promover verdadeira blindagem aos chamados provedores de aplicações, engessando sobremaneira a tutela dos direitos fundamentais e acarretando a inconstitucionalidade da norma, conforme já demonstrado. Daí porque um sem-número de casos continua batendo às portas do Poder Judiciário, culminando na discussão, hoje submetida ao STF, sobre a constitucionalidade do artigo 19 do Marco Civil da Internet.[51] A interpretação conforme a Constituição revela-se possível, como sustentando neste texto, mas exige flexibilização da exigência de ordem judicial na tutela dos direitos fundamentais. Somente o tempo dirá como nossa Suprema Corte irá se posicionar e qual ambiente virtual será possível, finalmente, construir.

Nada disso significa, contudo, que se deva *demonizar* as redes sociais ou os grupos empresariais que atuam na internet. Exercem, bem ao contrário, atividade

---

50. Remeta-se, ainda uma vez, ao *U.S. Code, Title 17, Chapter 5, Section 512*, especialmente *Section 512 (c) (3)* – sobre os requisitos da notificação –; e *Section 512 (g) (2) e (3)* – sobre contranotificação e prazos de atuação.
51. Recomenda-se acompanhar o andamento no STF do Recurso Extraordinário 1037396/SP, de relatoria do Min. Dias Toffoli.

legítima, que, além de oferecer muitas conveniências práticas oferece aos usuários, contribui, em diversas situações, para o exercício dos direitos fundamentais. Não devem, contudo, ser os exclusivos emissores de suas próprias regras, mas se adaptar – como, de resto, ocorre com qualquer outra atividade empresarial – às regras de cada ordenamento jurídico, respeitando as escolhas fundamentais de cada sociedade às quais dirigem seus serviços. Devem, em suma, e com o perdão da obviedade ululante, respeitar as normas jurídicas.

Do ponto de vista legislativo, afigura-se extremamente relevante que tais normas não sejam emitidas com base em casuísmos, importações acríticas de construções estrangeiras ou buscadas em um "direito da internet" que, incidindo frequentemente no equívoco de considerar que a tecnologia é razão das escolhas normativas e não mero objeto de incidência dessas escolhas (que são, antes de tudo, jurídicas), se pretende universal e, nesse sentido, inteiramente independente dos valores fundamentais de cada ordenamento. Tal universalismo deve ser buscado por meio dos instrumentos que o próprio direito oferece, como tratados e convenções internacionais, nunca por meio da criação de conjuntos normativos nacionais dissociados da Constituição de cada país. Cada opção do legislador ordinário precisa estar amparada na tábua axiológica da Constituição e a internet não é um campo de exceção. A tutela e promoção da liberdade de expressão e de todos os demais direitos fundamentais não se alcança por meio do afastamento do direito, mas por meio de seu continuado desenvolvimento técnico e de sua efetiva aplicação.

A TESE DA POSIÇÃO PREFERENCIAL DA LIBERDADE DE EXPRESSÃO FRENTE AOS DIREITOS DA PERSONALIDADE: ANÁLISE CRÍTICA À LUZ DA LEGALIDADE CONSTITUCIONAL

Felipe Ramos Ribas Soares
Doutorando e Mestre em Direito Civil pela UERJ. Professor Substituto de Direito Civil da UFRJ. Advogado.

Rafael Mansur
Mestre em Direito Civil pela UERJ. Pós-graduado pela EMERJ. Advogado.

1. INTRODUÇÃO: DIREITOS DA PERSONALIDADE *VERSUS* LIBERDADE DE EXPRESSÃO

Em 2016, o então governador da Paraíba viu-se diante de notícias espalhadas por sua ex-esposa em redes sociais sobre seu suposto envolvimento no assassinato de um jovem que havia prometido levar ao público informações sobre esquemas ilícitos que envolveriam o político. Após a justiça estadual conceder tutela provisória para determinar a retirada do conteúdo do ar, o Ministro Luís Roberto Barroso suspendeu a liminar, afirmando que a "liberdade de expressão desfruta de uma posição preferencial no Estado democrático brasileiro, por ser uma pré-condição para o exercício esclarecido dos demais direitos e liberdades", aduzindo, ainda, que "eventual uso abusivo da liberdade de expressão deve ser reparado, preferencialmente, por meio de retificação, direito de resposta ou indenização. Ao determinar a retirada de matéria de sítio eletrônico de meio de comunicação, a decisão reclamada violou essa orientação."[1]

Este é apenas um dos numerosos casos que poderiam ser lembrados como exemplo de colisão entre liberdade de expressão e direitos da personalidade. Tais colisões não são particularidades do direito brasileiro e possuem, em cada experiência, diferentes respostas dadas pelos ordenamentos jurídicos,[2] a revelar, de antemão, grande dificuldade de se alcançar algum consenso nesta matéria.

---

1. STF, Rcl 24.760 MC, rel. Min. Luís Roberto Barroso, j. 26.10.2016. A cautelar foi posteriormente confirmada por decisão proferida em 26.4.2018.
2. "O modo de enfrentamento e de solução acerca do problema central do presente texto, qual seja a solução de colisões (conflitos) entre a liberdade de expressão e outros direitos fundamentais e/ou bens constitucionalmente protegidos é de fato bastante diversificada, o que também diz com a posição, função e alcance outorgada à liberdade de expressão em cada ordem jurídico-constitucional, seja por força do direito constitucional positivado nos textos constitucionais, seja pela obra do legislador infraconstitucional, mas também

A colisão entre direitos fundamentais envolve, de um lado, a chamada liberdade de expressão, noção que se exprime por meio de diversas nomenclaturas, adotando-se no presente artigo uma noção ampla, de modo a contemplar o direito fundamental de todo cidadão a "manifestar livremente o próprio pensamento, ideias e opiniões através da palavra, escrito, imagem ou qualquer outro meio de difusão, bem como no direito de comunicar ou receber informação verdadeira, sem impedimentos nem discriminações."[3] Desse modo, a liberdade de expressão funciona como uma espécie de "direito mãe",[4] abarcando também as ideias de liberdade de informação[5] e liberdade de imprensa.[6] Este grupo de direitos é por vezes referido também pela expressão "liberdades comunicativas".[7]

---

e especialmente pela jurisprudência e, em especial, pelos Tribunais que exercem a guarda da constituição." (SARLET, Ingo; ROBL FILHO, Ilton. *Estado Democrático de Direito e os Limites da Liberdade de Expressão na Constituição Federal de 1988, Com Destaque para o Problema da sua Colisão com Outros Direitos Fundamentais, em Especial, com os Direitos de Personalidade*. In: *Constituição, Economia e Desenvolvimento: Revista da Academia Brasileira de Direito Constitucional*. vol. 8, n. 14, Curitiba, 2016, pp. 117-118).

3. FARIAS, Edilsom Pereira de. *Colisão de Direitos: Honra, Intimidade, Vida Privada e Imagem versus s Liberdade de Expressão e Informação*. Porto Alegre: Sergio Antonio Fabris, 1996, p. 131.
4. SARLET; ROBL FILHO, cit., p. 118, na esteira da lição de Jónatas Machado.
5. "A liberdade de informação, por sua vez, engloba, a um só tempo, o direito individual de comunicar fatos de forma objetiva (direito de informar), quanto o direito subjetivo de receber informações verdadeiras. Os indivíduos têm não só a liberdade como o direito de ser informados a respeitos dos fatos da vida, para que possam deliberar no espaço público." (KOATZ, Rafael Lorenzo-Fernandez. *As Liberdades de Expressão e Imprensa na Jurisprudência do STF*. In: SARMENTO, Daniel; SARLET, Ingo Wolfgang (coords.). *Direitos Fundamentais no Supremo Tribunal Federal: Balanço e Crítica*. Rio de Janeiro: Lumen Juris, 2011, p. 398). Luís Roberto Barroso reconhece que a doutrina brasileira comumente distingue liberdade de informação e de expressão, mas destaca que a liberdade de informação se insere num conceito amplo da liberdade de expressão: "A doutrina brasileira distingue as liberdades de informação e de expressão, registrando que a primeira diz respeito ao direito fundamental de comunicar livremente fatos e ao direito difuso de ser deles informado; a liberdade de expressão, por seu turno, destina-se a tutelar o direito de externar ideias, opiniões, juízos de valor, em suma, qualquer manifestação do pensamento humano. (...) É fora de dúvida que a liberdade de informação se insere na liberdade de expressão em sentido amplo" (*Colisão Entre Liberdade de Expressão e Direitos da Personalidade. Critérios de Ponderação. Interpretação Constitucionalmente Adequada do Código Civil e da Lei de Imprensa*. In: *Revista de Direito Administrativo*, vol. 235, Rio de Janeiro, 2004, p. 19).
6. "Por sua vez, a liberdade de imprensa consiste numa das formas de exteriorização das liberdades de expressão e de informação conferidas aos meios de comunicação em geral, abrangendo tanto a liberdade de informação (fatos) quanto a liberdade de expressão em sentido estrito (ideias, pensamentos, etc.)" (CHEQUER, Cláudio. *A liberdade de expressão como direito fundamental preferencial prima facie (análise crítica e proposta de revisão ao padrão jurisprudencial brasileiro)*. 2. ed. Rio de Janeiro: Lumen Juris, 2017, pp. 16-17).
7. Esta abordagem, em que pese amplamente majoritária, foi objeto de pertinente crítica de SCHREIBER, Anderson, *Manual de Direito Civil Contemporâneo*. 2. ed. São Paulo: Saraiva, 2019, pp. 147-148: "A liberdade de informação – indevidamente chamada de 'liberdade de imprensa', pois não se trata de uma prerrogativa exclusiva de jornalistas ou entidades jornalísticas – caracteriza-se como direito de receber, acessar ou difundir informações. A liberdade de informação consiste em um direito fundamental na ordem jurídica brasileira. Sua importância, reconhecida pelo Constituinte, não diz respeito apenas ao campo das liberdades individuais, mas também ao interesse da sociedade como um todo. A liberdade de informação é indispensável, por exemplo, para a preservação da democracia. Isso não significa dizer que a liberdade de informação seja uma liberdade absoluta ou ilimitada. A liberdade de informação subordina-se, em primeiro lugar, a um controle de legitimidade do seu exercício, fundado na veracidade da informação. Quem produz uma notícia falsa não exerce legitimamente a liberdade de informação. Incorre, ao contrário, em abuso do direito, que, como tal, não merece proteção. *Essa é uma das razões pelas quais considero tecnicamente imprecisa a reunião da liberdade de expressão e da liberdade de informação sob o rótulo das 'liberdades comunicativas'*. A

No outro polo da colisão enunciada, encontram-se os direitos da personalidade, que são atinentes à tutela da pessoa humana e essenciais à sua dignidade e integridade.[8] Os direitos da personalidade são "atributos essenciais da pessoa humana, cujo reconhecimento jurídico resulta de uma contínua marcha de conquistas históricas."[9] Denominados direitos da personalidade pelo Código Civil, são também direitos fundamentais garantidos pela Constituição da República (*e.g.* art. 5°, X).[10]

Diante das inúmeras situações envolvendo conflitos entre estes grupos de direitos, e na ausência de parâmetros expressos na Constituição (e, em geral, nas leis ordinárias) aptos a guiar o intérprete, a doutrina procurou oferecer diretrizes que auxiliassem o procedimento hermenêutico. Neste contexto, diversos autores passaram a defender, influenciados principalmente pelo direito norte americano, que a liberdade de expressão gozaria de uma preferência *prima facie* em relação a outros direitos fundamentais, inclusive os direitos da personalidade.[11]

Não só em doutrina tal posicionamento tem encontrado eco. Como demonstrado no exemplo introdutório, diversos Ministros do Supremo Tribunal Federal têm se manifestado em seus votos no sentido de acolher a posição preferencial da liberdade de expressão. No julgamento da ADPF 130, o voto do Ministro Carlos Ayres Britto destacou que "a Constituição brasileira se posiciona diante de bens jurídicos de personalidade para, de imediato, cravar uma primazia ou precedência: a das liberdades de pensamento e de expressão *lato sensu* (que ainda abarca todas as modalidades de criação e de acesso à informação, esta última em sua tríplice compostura, conforme reiteradamente explicitado)."[12] O Ministro Luís Roberto Barroso, por sua vez, asseverou em seu voto na ADI 4.815 que, embora não se possa falar em hierarquia de direitos fundamentais, não se obsta "que o sistema constitucional atribua proteção privilegiada a alguns bens jurídicos e estabeleça posição de preferência *prima facie* em relação a determinados princípios ou valores dotados de elevado valor axiológico. Este é precisamente o caso da liberdade de expressão."[13] Mais recentemente, o Ministro Luiz Fux fez constar o acolhimento da posição preferencial da liberdade

---

liberdade de informação dirige-se, por definição, a uma finalidade específica: informar a sociedade. Qualquer exercício da liberdade de informação que se distancie desse fim, desinformando a sociedade, perde seu merecimento de tutela" (grifou-se). Optou-se, contudo, por preservar no texto a abordagem mais difundida do tema, no intuito de facilitar o diálogo com a doutrina constitucionalista.

8. TEPEDINO, Gustavo. *A Tutela da Personalidade no Ordenamento Civil-Constitucional Brasileiro*. In: TEPEDINO, Gustavo. *Temas de Direito Civil*. 4. ed. Rio de Janeiro: Renovar, 2008, p. 26.
9. SCHREIBER, Anderson. *Direitos da Personalidade*. 3. ed. São Paulo: Atlas, 2014, p. 13.
10. A distinção das denominações direitos da personalidade, direitos fundamentais e direitos humanos é bem explicada por Anderson Schreiber, que, sintetiza serem todas as expressões mecanismos de proteção da dignidade da pessoa humana: "Trata-se, como se vê, do mesmíssimo fenômeno encarado por facetas variadas. O valor tutelado é idêntico e unitário: a dignidade da pessoa humana." (SCHREIBER, *Direitos da Personalidade*, cit., p. 13).
11. Ver, por todos, BARROSO, *Colisão Entre Liberdade de Expressão e Direitos da Personalidade*, cit., p. 20.
12. STF, ADPF 130, rel. Min. Carlos Ayres Britto, j. 30.4.2009.
13. STF, ADI 4.815, rel. Min. Cármen Lúcia, j. 10.6.2015.

de expressão para, então, concluir pela inconstitucionalidade de parte do art. 254 do Estatuto da Criança e do Adolescente (Lei 8.069/90).[14]

Diante da difusão – e parcial aceitação – da tese da posição preferencial da liberdade de expressão na doutrina e seu reflexo, em especial, no âmbito do Supremo Tribunal Federal, o presente artigo investiga, à luz da unidade do ordenamento, pressuposto fundamental da metodologia civil-constitucional,[15] se é cabível sua adoção no ordenamento jurídico brasileiro. Em outros termos, o presente artigo visa a analisar a adequação da *posição preferencial* da liberdade de expressão à função do intérprete de identificar, diante da multiplicidade das fontes, a solução que melhor se coaduna com a os valores constitucionais.[16]

2. A DOUTRINA DA POSIÇÃO PREFERENCIAL E OS VALORES CONSTITUCIONAIS

Verdadeiro pressuposto da tese em exame é a noção de que determinados direitos constitucionais gozam de uma posição preferencial (*preferred position*) quando em conflito com outros. Esta ideia tem berço na jurisprudência da Suprema Corte dos Estados Unidos da América, construída a partir do final do século XIX e ao longo do século XX, por meio de diversas decisões. Inicialmente aplicada às liberdades econômicas, a doutrina da posição preferencial posteriormente seria transportada para as demais liberdades individuais, notadamente a liberdade de expressão. Segundo a Suprema Corte, as leis que veiculassem restrições a estes direitos preferenciais se submeteriam a um escrutínio mais estrito na análise de sua conformidade constitucional.[17]

---

14. Trecho do voto do Min. Luiz Fux: "Ainda permanece na nossa memória, neste ponto, as experiências não tão passadas e ainda presentes de manipulação e de inibição de imprensa livre pelas ditaduras latino-americanas. Foi com os olhos nesses riscos, e com o fim de assegurar a posição preferencial da liberdade de expressão do sistema das liberdades fundamentais, que a Constituição de 1988 conferiu à atividade de classificação do conteúdo dos programas de rádio e televisão o caráter, pelo Estado, exclusivamente indicativo, como resulta da previsão expressa do artigo 21, inciso XVI, do texto constitucional (...)" (STF, ADI 2.404, rel. Min. Dias Toffoli, j. 31.8.2016). Com relação ao mencionado artigo 254 do Estatuto da Criança e do Adolescente, a ementa da ADI assim destacou: "Ação direta de inconstitucionalidade. Expressão 'em horário diverso do autorizado', contida no art. 254 da Lei nº 8.069/90 (Estatuto da Criança e do Adolescente). Classificação indicativa. Expressão que tipifica como infração administrativa a transmissão, via rádio ou televisão, de programação em horário diverso do autorizado, com pena de multa e suspensão da programação da emissora por até dois dias, no caso de reincidência. Ofensa aos arts. 5º, inciso IX; 21, inciso XVI; e 220, *caput* e parágrafos, da Constituição Federal. Inconstitucionalidade."
15. "*I principali presupposti teorici della dottrina del diritto civile nella legalità costituzionale – concepita quale conseguenza ineluttabile della incidenza del costituzionalismo contemporaneo sul fenomeno delle legislazione e delle codificazioni in particolare – concernono: a) la natura normativa della Costituzioni; b) la complessità e unitarietà dell'ordinamento giuridico ed il pluralismo delle fonti del diritto; c) una rinnovata teoria dell'interpretazione giuridica a fini applicativi.*" (PERLINGIERI, Pietro. *La dottrina del diritto civile nella legalità costituzionale*. In: Revista Trimestral de Direito Civil, vol. 31. Rio de Janeiro: Padma, 2007, p. 75).
16. PERLINGIERI, Pietro. *O Direito Civil na Legalidade Constitucional*. Rio de Janeiro: Renovar, 2008, p. 619.
17. É possível encontrar um bom panorama sobre o debate histórico em MARTEL, Letícia de Campos Velho. *Hierarquização de Direitos Fundamentais: a doutrina da posição preferencial na jurisprudência da Suprema Corte norte-americana*. In: Revista Seqüência, n. 48, jul. 2004, pp. 91-117.

É preciso, porém, verificar a compatibilidade da referida tese com o direito brasileiro, evitando o risco de importação imprópria de institutos estrangeiros.[18] Em uma primeira mirada, a doutrina da posição preferencial aparenta colidir com o postulado da unidade da Constituição e, mais especificamente, com a ausência de hierarquia normativa entre os preceitos constitucionais, impedindo que uma disposição constitucional seja considerada inválida por contrastar com outra.[19] No entanto, a ausência de hierarquia normativa não impede o reconhecimento de uma prioridade axiológica a determinadas normas constitucionais, em razão do papel mais relevante que ocupam no sistema jurídico.[20]

Em certos casos, a Constituição textualmente atribui uma relevância especial a determinados preceitos. Basta verificar a epígrafe atribuída ao seu Título I, "*Dos Princípios Fundamentais*", que bem expressa a função central desempenhada pelas normas ali alocadas na ordem constitucional, uma vez que "precedem, topográfica e interpretativamente, todos os demais capítulos constitucionais. Vale dizer, a Constituição não teria um rol de princípios fundamentais não fosse para, no plano hermenêutico, condicionar e conformar todo o tecido normativo".[21] Outro exemplo se extrai da redação do artigo 227, que atribui "*absoluta prioridade*" ao dever da família, da sociedade e do Estado de "assegurar à criança, ao adolescente e ao jovem, (...) o direito à vida, à saúde, à alimentação, à educação, ao lazer, à profissionalização, à cultura, à dignidade, ao respeito, à liberdade e à convivência familiar e comunitária, além de colocá-los a salvo de toda forma de negligência, discriminação, exploração, violência, crueldade e opressão".

A metodologia civil-constitucional, inclusive, tem entre seus postulados a primazia da categoria do *ser* sobre a do *ter*, ou seja, das situações subjetivas existenciais sobre as patrimoniais.[22] Traduzido para o linguajar típico da doutrina constitucionalista, isso significa, *grosso modo*, atribuir uma posição de preferência ao princípio da dignidade da pessoa humana (e às demais normas constitucionais nele diretamente fundadas) em relação ao direito de propriedade, mesmo este assumindo no ordenamento jurídico brasileiro o *status* de direito fundamental (art. 5º, XXII).[23]

---

18. Sobre esta espécie de importação, adverte Gustavo Tepedino: "Aliás, a adoção de modelos jurídicos estrangeiros, cada vez mais intensa com a globalização do mundo contemporâneo, se não for precedida de rigorosa metodologia comparatista, no sentido de se buscarem soluções de *equivalência funcional* nos sistemas em cotejo, gerará resultados absurdos e, por vezes, aberrantes" (TEPEDINO, Gustavo. *Novos Princípios Contratuais e Teoria da Confiança: a exegese da cláusula to the best knowledge of the sellers*. In: TEPEDINO, Gustavo. *Soluções Práticas de Direito Civil*, v. II. São Paulo: Revista dos Tribunais, 2012, pp. 435-436).
19. Ressalvada a hipótese de violação aos limites do poder de reforma à Constituição.
20. BARROSO, Luís Roberto. *Interpretação e Aplicação da Constituição*. 7. ed. São Paulo: Saraiva, 2009, pp. 209-210.
21. TEPEDINO, Gustavo. *A Incorporação dos Direitos Fundamentais pelo Ordenamento Brasileiro: sua eficácia nas relações jurídicas privadas*. In: TEPEDINO, Gustavo. *Temas de Direito Civil*, t. III. Rio de Janeiro: Renovar, 2009, p. 63.
22. PERLINGIERI, *O Direito Civil na Legalidade Constitucional*, cit., pp. 121-123.
23. Em sentido próximo, BODIN DE MORAES, Maria Celina. *O Princípio da Dignidade da Pessoa Humana*. In: BODIN DE MORAES, cit., p. 114: "pode-se dizer que, em todas as relações privadas nas quais venha a ocorrer um conflito entre uma situação jurídica subjetiva existencial e uma situação jurídica patrimonial,

Nessa linha, não é incompatível com o sistema constitucional pátrio, antes dele decorre (por vezes expressamente), a atribuição de um peso maior para determinadas normas no âmbito da ponderação, diretriz que deve ser observada pelo intérprete comprometido não apenas com a hierarquia formal das fontes, mas também, e principalmente, com a concretização do projeto constitucional.[24]

3. A SUPOSTA POSIÇÃO PREFERENCIAL DA LIBERDADE DE EXPRESSÃO

"Eu desaprovo o que dizes, mas defenderei até a morte teu direito de dizê-lo". A frase, comumente atribuída a Voltaire,[25] e repetida à exaustão quando o assunto é liberdade de expressão, é ilustrativa do caráter polarizador (e não raramente apaixonado) que envolve os debates sobre o tema. Há quem defenda, nessa esteira, que "a Constituição fez uma ponderação radical: ou se absolutiza o direito de expressão ou se absolutiza o poder estatal de controlá-lo. Não há meio-termo."[26] A tese da posição preferencial, contudo, não se confunde com esta concepção mais radical, francamente incompatível com o perfil compromissório assumido pela Constituição,[27] não excluindo a necessidade de sopesamento da liberdade de expressão com outros valores constitucionais, apenas lhe atribuindo um peso maior neste procedimento.

Tal preferência decorreria, principalmente, da relação indissociável entre a liberdade de expressão e o princípio democrático. A liberdade para divulgar e a possibilidade de acesso a informações de interesse público é fundamental para munir a população de um instrumental que lhe permita compreender questões essenciais

---

a primeira deverá prevalecer, obedecidos, dessa forma, os princípios constitucionais que estabelecem a dignidade da pessoa humana como valor cardeal do sistema."

24. PERLINGIERI, *O Direito Civil na Legalidade Constitucional*, cit., p. 324: "A hierarquia das fontes não responde apenas a uma razão de certeza formal do ordenamento para resolver os conflitos entre normas colocadas por diversas fontes, mas é inspirada, sobretudo, em uma lógica substancial, isto é, aos valores e à sua correspondência à filosofia da vida presente no modelos constitucional: é o instrumento mediante o qual o sistema normativo assegura a efetivação dos próprios princípios."

25. Em verdade, trata-se de trecho escrito pela escritora inglesa Evelyn Beatrice Hall, publicado sob o pseudônimo S. G. Tallentyre, na obra *The Friends of Voltaire*, Londres: Smith, Elder & Co., 1906, p. 199. Interessante notar que, em seu contexto original, a frase não procura sintetizar as reflexões filosóficas do pensador francês sobre a liberdade de expressão, mas apenas retratar o seu posicionamento em relação à recepção extremamente negativa da publicação do livro "*De l'Espirit*", escrito por seu amigo Claude-Adrien Helvétius, propondo que o egoísmo seria a única razão das ações humanas. Voltaire, embora crítico do conteúdo da obra, julgou sua repercussão desproporcional. Confira-se o trecho original: "*What the book could never have done for itself, or for its author, persecution did for them both. 'On the Mind' became not the success of a season, but one of the most famous books of the century. The men who had hated it, and had not particularly loved Helvétius, flocked round him now. Voltaire forgave him all injuries, intentional or unintentional. 'What a fuss about an omelette!' he had exclaimed when he heard of the burning. How abominably unjust to persecute a man for such an airy trifle as that! 'I disapprove of what you say, but I will defend to the death your right to say it,' was his attitude now*".

26. A frase é do Ministro aposentado do STF Carlos Ayres Britto. Luciano Pádua, *Ayres Britto: "liberdade de expressão é direito absoluto"*, in *Jota*, publicado em 5.12.2017, disponível em: https://www.jota.info/justica/ayres-britto-liberdade-de-expressao-e-direito-absoluto-05122017.

27. Na conclusão precisa de Carlos Roberto Siqueira Castro, a consagração dos direitos da personalidade e de mecanismos para sua tutela no rol do artigo 5º teria eliminado "qualquer pretensão absoluta ao direito de manifestação do pensamento" (*A Constituição Aberta e os Direitos Fundamentais: ensaios sobre o constitucionalismo pós-moderno e comunitário*. 2. ed. Rio de Janeiro: Forense, 2010, p. 503).

acerca da realidade na qual está inserida, bem como fiscalizar a atuação do Poder Público.[28] A partir das informações obtidas, as pessoas podem externar suas opiniões e visões de mundo, em um contexto de livre circulação de ideias, participando do debate público essencial à construção de democracias saudáveis.[29] Daí se afirmar uma verdadeira "relação de interdependência de sentido" entre democracia e liberdade de expressão.[30] Um relevante desdobramento desta ideia é o reconhecimento de um caráter instrumental à liberdade de expressão para a garantia de todos os demais direitos, uma vez que o seu exercício permite a reivindicação na esfera pública de posições jurídicas ainda não reconhecidas pelo ordenamento ou cuja previsão não seja observada.[31]

Aduz-se, ainda, que a liberdade de expressão constitui garantia do livre desenvolvimento da personalidade humana. Com efeito, a possibilidade de expressar livremente opiniões, convicções, sentimentos e crenças integraria o conteúdo da própria autonomia privada no âmbito existencial, não apenas em perspectiva individual, como também na dimensão coletiva, solidarista, sendo certo que "a possibilidade de cada indivíduo interagir com seu semelhante, tanto para expressar as próprias ideias e sentimentos como para ouvir aquelas expostas pelos outros, é vital para a realização existencial."[32]

A estes fundamentos de caráter mais dogmático costuma-se acrescentar ainda um elemento histórico, pelo qual a especial proteção conferida às liberdades comunicativas decorreria da conturbada trajetória da matéria no Brasil, marcada por sucessivos períodos nos quais a livre manifestação do pensamento era intensamente reprimida pelo Poder Público, podendo-se identificar na ditadura militar que perdurou de 1964 até meados da década de 80 o exemplo mais recente desta tendência.[33] A

---

28. "A informação, em uma sociedade democrática, representa o fundamento da participação do cidadão na vida do País e, portanto, do próprio correto funcionamento das instituições" (PERLINGIERI, *O Direito Civil na Legalidade Constitucional*, cit., p. 855.
29. "A tendência contemporânea da teoria democrática é a de valorizar o momento comunicativo e dialógico que se instaura quando governantes e cidadão procuram justificar seus pontos de vista sobre as questões de interesse público. O fundamental para a perspectiva democrático-deliberativa é compreender a democracia além da prerrogativa majoritária de tomar decisões políticas. A democracia deliberativa implica igualmente a possibilidade de se debater acerca de qual é a melhor decisão a ser tomada. A legitimidade das decisões estatais decorre não só de terem sido aprovadas pela maioria, mas também de terem resultado de um amplo debate público em que foram fornecidas razões para decidir. É nesse debate que as diversas posições, defendidas pelas mais variadas doutrinas filosóficas, morais e religiosas, se confrontam, e, na sua busca por uma adesão que vá além de seu círculo de adeptos, procuram se sustentar em argumentos centrados no campo do que é amplamente compartilhado. O debate público possui, por isso, um potencial legitimador e racionalizador" (SOUZA NETO. Cláudio Pereira de. *Teoria Constitucional e Democracia Deliberativa: um estudo sobre o papel do direito na garantia das condições para a cooperação na deliberação democrática*. Rio de Janeiro: Renovar, 2006, pp. 86-87).
30. CHEQUER, cit., p. 240.
31. SARMENTO, Daniel. *Liberdades Comunicativas e 'Direito ao Esquecimento' na Ordem Constitucional Brasileira*. In: *Direitos, Democracia e República: escritos de Direito Constitucional*. Belo Horizonte: Fórum, 2018, p. 232.
32. SARMENTO, Daniel. *Comentário ao Art. 5º, IV*. In: J. J. Gomes Canotilho [et. al.] (coords.). *Comentários à Constituição do Brasil*. São Paulo: Saraiva/Almedina, 2013, p. 255.
33. BARROSO, *Colisão entre Liberdade de Expressão e Direitos da Personalidade*, cit., pp. 33-34.

interpretação histórica foi essencial para a controvertida decisão do STF de declarar a não recepção da totalidade da Lei de Imprensa (Lei 5.250/67), sob o argumento de que haveria uma completa incompatibilidade axiológica entre o tratamento conferido à matéria pela lei e a ordem constitucional superveniente.[34]

Por fim, invoca-se o próprio texto constitucional como indicativo da alegada primazia. No afã de romper definitivamente com o autoritarismo que marcara o regime antecedente, o constituinte optou por positivar a liberdade de expressão (em suas diversas manifestações) em múltiplos dispositivos constitucionais, evidenciando a relevância que lhe foi conferida na tábua de valores constitucionais.[35] Nesse sentido, pode-se listar: art. 5º, incisos IV, VI, IX e XIV, art. 206, incisos II e III, e art. 220, especialmente §§1º, 2º e 6º.[36] Neste último artigo, seria particularmente eloquente a redação utilizada, afirmando-se que "a manifestação do pensamento, a criação, a expressão e a informação, sob qualquer forma, processo ou veículo *não sofrerão qualquer restrição*" e vedando "*toda e qualquer censura* de natureza política, ideológica e artística". Quanto à topologia, a inserção da liberdade de expressão no artigo 5º, que prevê o rol dos direitos e deveres individuais e coletivos que integram os "Direitos e Garantias *Fundamentais*" (Título II da CR), seria igualmente indiciária de seu relevo no panorama constitucional.

Em síntese, a posição preferencial da liberdade de expressão decorreria de uma multiplicidade de fatores, quais sejam: (i) sua conexão com o princípio democrático; (ii) seu papel instrumental na tutela dos demais direitos; (iii) sua conexão com o princípio da dignidade humana; (iv) sua importância em face da censura historicamente praticada no Brasil; e (v) a relevância que lhe confere o próprio texto constitucional.

---

34. Nas palavras do relator da ação, Min. Carlos Ayres Britto: "A atual Lei de Imprensa foi concebida e promulgada num prolongado período autoritário da nossa história de Estado soberano, conhecido como 'anos de chumbo' ou 'regime de exceção' (período que vai de 31 de março de 1964 a princípios do ano de 1985). Regime de exceção escancarada ou vistosamente inconciliável com os arejados cômodos da democracia afinal resgatada e orgulhosamente proclamada na Constituição de 1988. E tal impossibilidade de conciliação, sobre ser do tipo material ou de substância (vertical, destarte), contamina toda a Lei de Imprensa" (STF, Tribunal Pleno, ADPF 130/DF, j. 30.4.2009).
35. CLÈVE, Clèmerson Merlin; LORENZETTO, Bruno Meneses. *Pequeno Discurso sobre as Liberdades de Informação e de Expressão*. In: *Governo Democrático e Jurisdição Constitucional*. Belo Horizonte: Fórum, 2016, pp. 202-203.
36. "Art. 5º (...) IV – é livre a manifestação do pensamento, sendo vedado o anonimato. (...) VI – é inviolável a liberdade de consciência e de crença, sendo assegurado o livre exercício dos cultos religiosos e garantida, na forma da lei, a proteção aos locais de culto e a suas liturgias. (...) IX – é livre a expressão da atividade intelectual, artística, científica e de comunicação, independentemente de censura ou licença. (...) XIV – é assegurado a todos o acesso à informação e resguardado o sigilo da fonte, quando necessário ao exercício profissional. (...) Art. 206. O ensino será ministrado com base nos seguintes princípios: (...) II – liberdade de aprender, ensinar, pesquisar e divulgar o pensamento, a arte e o saber; III – pluralismo de ideias e de concepções pedagógicas, e coexistência de instituições públicas e privadas de ensino. (...) Art. 220. A manifestação do pensamento, a criação, a expressão e a informação, sob qualquer forma, processo ou veículo não sofrerão qualquer restrição, observado o disposto nesta Constituição. § 1º Nenhuma lei conterá dispositivo que possa constituir embaraço à plena liberdade de informação jornalística em qualquer veículo de comunicação social, observado o disposto no art. 5º, IV, V, X, XIII e XIV. § 2º É vedada toda e qualquer censura de natureza política, ideológica e artística. (...) § 6º A publicação de veículo impresso de comunicação independe de licença de autoridade."

4. CONTRAPONTO: POSIÇÃO PREFERENCIAL DOS DIREITOS DA PERSONALIDADE

Os argumentos expostos em prol da tese da preferência das liberdades comunicativas se revelam eloquentes. Não parece haver dúvida, portanto, de que a liberdade de expressão efetivamente goza de um peso diferenciado, em razão do seu inequívoco destaque na ordem constitucional. A indagação que se impõe, e que configura o cerne da questão que se pretende analisar, é a seguinte: esta preferência atribuída à liberdade de expressão pode ser invocada mesmo em face dos direitos da personalidade?

Os direitos da personalidade são aqueles que recaem sobre os atributos essenciais da pessoa humana, como sua vida, integridade psicofísica, identidade pessoal, privacidade, honra, imagem, entre outros. Após um conturbado desenvolvimento histórico, esta categoria passou não só a ser reconhecida, como a gozar de amplo destaque na ordem jurídica dos mais diversos países, justamente em razão de sua absoluta essencialidade para a proteção e promoção da dignidade da pessoa humana, núcleo axiológico do ordenamento jurídico.[37] Nas palavras de Maria Celina Bodin de Moraes:

> Quanto à proteção dos direitos da personalidade, é fato que a partir da mudança de perspectiva constitucional, passando o ordenamento a estar a serviço da pessoa humana, conforme a determinação do art. 1º, III, da Constituição, consolidou-se definitivamente a prevalência das relações não patrimoniais (pessoais e familiares) face às relações patrimoniais (contratuais e proprietárias).[38]

Este aspecto por si só é suficiente para ilustrar o peso elevado que se deve conferir a estes direitos no procedimento de ponderação. Não obstante, a preferência à liberdade de expressão ainda assim seria justificável, para parcela da doutrina, em razão dos múltiplos fundamentos – além da própria dignidade humana – que lhe servem de base. Ampliado o espectro de análise, contudo, parece ser possível angariar outros elementos capazes de robustecer a posição conferida aos direitos da personalidade.

Tal qual a liberdade de expressão, os direitos da personalidade gozam de intrínseca conexão com o princípio democrático, raramente explorada. Embora se aduza com frequência a existência de um "livre mercado de ideias",[39] as informações que integram o debate público não transitam num limbo, deslocando-se com autonomia em uma plataforma situada em algum plano metafísico. Ao contrário, são emanadas por e direcionadas às pessoas que compõem a comunidade política. Evidente, nesta direção, que a agressão à esfera existencial dos indivíduos é capaz de prejudicar a sua

---

37. Por todos: TEPEDINO, *A Tutela da Personalidade...*, cit., pp. 25-62.
38. BODIN DE MORAES, Maria Celina. *Ampliando os Direitos da Personalidade*. In: BODIN DE MORAES, Maria Celina. *Na Medida da Pessoa Humana: estudos de direito civil-constitucional*. Rio de Janeiro: Renovar, 2010, p. 124.
39. "Segundo [John Stuart] Mill, o mercado de ideias funciona como um lugar onde se põe a prova uma afirmação mediante a sua competição com ideias contrárias, e desse debate surge a verdade, possibilitando que o público possa informar-se para decidir e se autogovernar" (TOLLER, Fernando M. *O Formalismo na Liberdade de Expressão*. São Paulo: Saraiva, 2010, p. 26).

participação no processo deliberativo, seja afetando sua capacidade de refletir sobre as matérias postas ao debate, em razão do grave abalo psíquico que pode derivar deste tipo de violação, seja minando sua credibilidade perante a comunidade, nos casos de lesão à honra, fazendo com que os demais membros as excluam ou rejeitem, desconsiderando *a priori* qualquer argumento que ofereçam. Esta perspectiva goza de considerável aceitação na temática do *hate speech*, reconhecendo-se o seu efeito deletério sobre a democracia em razão de sua repercussão negativa sobre as vítimas e, por via reflexa, em toda a esfera pública.[40] Tal efeito, porém, não se limita às agressões a grupos minoritários, produzindo-se igualmente quando a lesão se opera no âmbito estritamente individual: a distinção entre as situações, ao menos sob este prisma, é mais quantitativa que qualitativa. Não é crível supor que um ambiente marcado pelo desrespeito generalizado à integridade psíquica, à honra e à privacidade das pessoas seja o *locus* adequado para o desenvolvimento do debate democrático.

O papel instrumental dos direitos da personalidade não se limita à garantia de participação substancial dos cidadãos no processo democrático. Os mesmos efeitos negativos da violação à esfera pessoal que obstaculizam a participação no debate público também podem gerar embaraços ao exercício de todos os demais direitos da pessoa. Uma adequada inserção social da pessoa humana pressupõe a higidez de sua esfera existencial, cuja ruptura pode afetar suas relações familiares, laborais, negociais, dentre outras. Pense-se na divulgação não autorizada de um vídeo íntimo, deflagrando um quadro depressivo na vítima do qual resulta seu divórcio e perda do emprego, com o consequente despejo do imóvel locado no qual residia. O exemplo, embora possa soar hiperbólico, retrata situação cada vez mais comum com a ampla difusão dos aparelhos *smartphone*.[41]

Ademais, numa perspectiva histórica, o regime ditatorial militar instaurado em 1964 não era caracterizado exclusivamente pelo seu desapreço pela liberdade de imprensa. Para além da prática da tortura, mais evidente exemplo de agressão aos direitos da pessoa humana, a ditadura perpetrava toda sorte de abusos, inclusive violações à privacidade dos cidadãos, sendo notória a ampla utilização de grampos telefônicos para controle das comunicações.

Este quadro de violações sistemáticas foi considerado pelo constituinte originário ao atribuir intensa proteção aos direitos da personalidade no texto constitucional.[42] Não bastasse a positivação da dignidade da pessoa humana como fundamento da República –verdadeira cláusula geral de tutela da pessoa humana, da qual já se poderia

---

40. SARMENTO, Daniel. *A Liberdade de Expressão e o Problema do "Hate Speech"*. In: *Livres e Iguais: estudos de Direito Constitucional*. Rio de Janeiro: Lumen Juris, 2006, pp. 238-239.
41. Apenas a título ilustrativo: "A mãe da garota Júlia Rebeca, de 17 anos, encontrada morta em seu quarto após ter um vídeo íntimo compartilhado na internet, diz que a exposição das imagens da filha configura uma 'violação'." Notícia disponível em: http://g1.globo.com/pi/piaui/noticia/2013/11/mae-de-jovem-achada--morta-apos-video-intimo-reclama-de-violacao.html. Acesso em 30 mar. 2018.
42. SCHREIBER, Anderson. *Direito à Privacidade no Brasil: avanços e retrocessos em 25 anos de Constituição*. In: CLÈVE, Clèmerson Merlin; FREIRE, Alexandre (coord.). *Direitos Fundamentais e Jurisdição Constitucional*. São Paulo: Revista dos Tribunais, 2014, p. 200.

extrair todos os direitos da personalidade[43] –, o constituinte originário consagrou expressamente os direitos à intimidade, à vida privada, à honra e à imagem no artigo 5º, inciso X, como direitos fundamentais, estabelecendo uma série de garantias à sua efetividade, como o direito de resposta, a indenização por dano moral e à imagem, e a inviolabilidade da casa e do sigilo das comunicações (incisos V, X, XI e XII do artigo 5º). Ressalte-se, ainda, a significativa redação conferida ao inciso X, que não apenas protege os direitos da personalidade ali arrolados, mas também os adjetiva como "*invioláveis*".

Considerados todos estes aspectos, não surpreende a afirmação encontrada em decisão do Superior Tribunal de Justiça, ao reconhecer e aplicar o assim chamado direito ao esquecimento, de que

> a explícita contenção constitucional à liberdade de informação, fundada na inviolabilidade da vida privada, intimidade, honra, imagem e, de resto, nos valores da pessoa e da família, prevista no art. 220, § 1º, art. 221 e no § 3º do art. 222 da Carta de 1988, parece sinalizar que, *no conflito aparente entre esses bens jurídicos de especialíssima grandeza, há, de regra, uma inclinação ou predileção constitucional para soluções protetivas da pessoa humana*, embora o melhor equacionamento deva sempre observar as particularidades do caso concreto. Essa constatação se mostra consentânea com o fato de que, a despeito de a informação livre de censura ter sido inserida no seleto grupo dos direitos fundamentais (art. 5º, inciso IX), a Constituição Federal mostrou sua vocação antropocêntrica no momento em que gravou, já na porta de entrada (art. 1º, inciso III), a dignidade da pessoa humana como – mais que um direito – um fundamento da República, uma lente pela qual devem ser interpretados os demais direitos posteriormente reconhecidos.[44]

O que se constata, portanto, é que, tal qual ocorre com a liberdade de expressão, os direitos da personalidade também possuem ampla relevância no contexto de valores cuja guarida é conferida pela Constituição, uma vez que não só se relacionam com a democracia como também, e fundamentalmente, ligam-se intimamente à dignidade da pessoa humana.

---

43. A tese, defendida com vigor pela doutrina civilista (cf. TEPEDINO, *A Tutela da Personalidade...*, cit., pp. 54-55; BODIN DE MORAES, Maria Celina. *O Princípio da Dignidade da Pessoa Humana*. In: BODIN DE MORAES, cit., pp. 112-119), veio a ser igualmente aceita entre os constitucionalistas: SARLET, Ingo Wolfgang. *Dignidade da Pessoa Humana e Direitos Fundamentais na Constituição Federal de 1988*. 9. ed. Porto Alegre: Livraria do Advogado, 2011, pp. 103-104.
44. STJ, 4ª Turma, REsp 1.334.097/RJ, Rel. Min. Luis Felipe Salomão, j. 28.5.2013. Confira-se, na doutrina, a ponderação de Anderson Schreiber: "Tratando-se de atributos essenciais da personalidade humana, ocorre justamente o oposto: o individual é que deve, salvo exceções muito específicas, prevalecer sobre o coletivo, a fim de se preservar efetivamente a esfera de autonomia existencial do ser humano, que não pode sofrer intervenções fundadas no suposto interesse coletivo. Assim, *se fosse possível, por interpretação da Constituição, extrair alguma preferência, haveria de ser necessariamente em favor da dignidade humana e de seus desdobramentos individuais, não já do interesse informativo da sociedade*. Repito, contudo, que o texto constitucional tratou dos direitos da personalidade e da liberdade de informação como direitos de igual hierarquia, não sendo possível ao intérprete, a meu ver, extrair interpretativamente da nossa Constituição uma preferência *a priori* por qualquer dos interesses quando em colisão" (*Manual de Direito Civil Contemporâneo*, cit., p. 149).

5. SUPERAÇÃO DA TESE DA PREFERÊNCIA E A NECESSIDADE DE UMA VERDADEIRA PONDERAÇÃO À LUZ DO CASO CONCRETO

Uma vez aceita a possibilidade de se realizar uma valoração abstrata dos princípios constitucionais enquanto expediente útil a guiar o intérprete no processo interpretativo-aplicativo, encontram-se razões relevantes para atribuir tanto às liberdades comunicativas quanto aos direitos da personalidade uma posição extremamente privilegiada no quadro de valores constitucionais. Mais que isso: por tudo que se expôs, é possível concluir que *todas* as razões invocadas para conferir às liberdades comunicativas uma posição preferencial em nossa ordem constitucional são igualmente aplicáveis, *mutatis mutandis*, aos direitos da personalidade.

É possível extrair do próprio texto constitucional elementos que colocam em xeque a ideia de uma preferência *prima facie* da liberdade de expressão. Neste sentido, o parágrafo primeiro do artigo 220, logo após consagrar a "plena liberdade de informação jornalística", determina que se observe o disposto no artigo 5º, IV, V, X, XIII e XIV, sendo certo que, conforme exposto, os incisos V e X são normas voltadas à tutela da personalidade. Na sequência, o artigo 221, V, prevê que a "produção e a programação das emissoras de rádio e televisão" deverá observar o princípio de "respeito aos valores éticos e sociais da pessoa e da família".[45] No âmbito do artigo 5º, o constituinte, ao consagrar expressões das liberdades comunicativas (art. 5º, IV e IX), se apressa em tutelar, logo em seguida, a dignidade das potenciais vítimas de um exercício abusivo destas liberdades (art. 5º, V e X).

Este arranjo, longe de apontar para uma preferência constitucional por qualquer dos valores contrapostos, evidencia a busca de um justo equilíbrio entre valores de igual hierarquia, normativa e axiológica. A Constituição antecipa a possibilidade de colisão entre os referidos princípios e se limita a impor que, em todas as situações, ambos sejam mutuamente considerados, sem estabelecer qualquer preferência, em silêncio que deve ser interpretado como eloquente. As arrojadas tentativas de atribuir a algum destes direitos uma posição preferencial, sem qualquer apoio no dado normativo, do qual o intérprete deve sempre partir, revelam, em última instância, não uma preferência da ordem constitucional, mas sim preferência de índole subjetiva que, embora possa perfeitamente compor a esfera política ou filosófica de cada um, afigura-se inidônea enquanto diretriz hermenêutica. Na oportuna advertência de Gustavo Tepedino:

> Certo é que ao intérprete, independentemente de sua boa intenção em favor de certos direitos fundamentais, não é dado julgar conforme a sua consciência, encontrando-se vinculado à ordem jurídica como um todo, em cujo contexto caberá construir solução para os casos concretos a partir

---

45. Afastadas, a partir de uma interpretação sistemática, leituras moralistas que poderiam ser extraídas de tal disposição, em razão de sua incompatibilidade com o pluralismo constitucional, resta reconhecer que tais valores éticos e sociais coincidem com o valor da dignidade humana, densificado pelos direitos da personalidade.

do conjunto de princípios constitucionais, o mais das vezes veiculados por meio da técnica das cláusulas gerais.[46]

Em síntese, aceitar a ideia de que a liberdade de expressão teria uma primazia em relação aos direitos da personalidade implicaria verdadeira subversão da ordem constitucional, transformando, pela via interpretativa, direitos tidos pelo constituinte como "*invioláveis*" (art. 5º, X) em direitos não só *violáveis*, mas merecedores de proteção reduzida quando conflitantes com interesses da coletividade, ou seja, direitos *particularmente violáveis*.[47] Trata-se de perigosa reedição, em matéria de direitos fundamentais, da já superada tese autoritária da supremacia do interesse público sobre o particular,[48] ainda que com tintas mais suaves.

É preciso reconhecer que a excessiva preocupação de parcela da doutrina com a efetividade da proteção às liberdades comunicativas não é desprovida de razão. A jurisprudência nacional é pródiga em decisões que, diante do conflito entre os direitos fundamentais, praticamente desconsideram a liberdade de expressão diante da alegação de violação a direitos da personalidade. Como visto no exemplo que abre o presente artigo, já foram apreciadas reclamações ao Supremo Tribunal Federal justamente em razão de decisões judiciais que impedem a circulação de notícias de forma arbitrária, sem maiores cuidados.[49] A tentativa de reverter esse quadro pela bem-intencionada afirmação de uma prevalência abstrata da liberdade de expressão, contudo, tende a apenas inverter a violação. Nenhuma das duas soluções se afigura consentânea à ordem constitucional.[50] Atentando para estas questões, aprovou-se,

---

46. TEPEDINO, Gustavo. *O Papel Atual da Doutrina do Direito Civil entre o Sujeito e a Pessoa*. In: TEPEDINO, Gustavo; TEIXEIRA, Ana Carolina Brochado; ALMEIDA, Vitor (coord.). *O Direito Civil entre o Sujeito e a Pessoa: estudos em homenagem ao Professor Stefano Rodotà*. Belo Horizonte: Fórum, 2016, p. 25.
47. No mesmo sentido, o entendimento de Ingo Sarlet: "Por mais que se seja simpático também a tal linha de entendimento, *a atribuição de uma função preferencial à liberdade de expressão não parece, salvo melhor juízo, compatível com as peculiaridades do direito constitucional positivo brasileiro*, que, neste particular, diverge em muito do norte-americano e mesmo inglês. Aliás, o nosso sistema, nesse domínio, está muito mais afinado com o da Alemanha, onde a liberdade de expressão não assume uma prévia posição preferencial na arquitetura dos direitos fundamentais. Mesmo uma interpretação necessariamente amiga da liberdade de expressão (indispensável num ambiente democrático) não poderia descurar o fato de que a CF expressamente assegura a inviolabilidade dos direitos à privacidade, intimidade, honra e imagem (artigo 5º, inciso X), além de assegurar expressamente um direito fundamental à indenização em caso de sua violação e consagrar já no texto constitucional o direito de resposta proporcional ao agravo. Importa sublinhar, ainda no contexto, que a vedação de toda e qualquer censura por si só não tem o condão de atribuir à liberdade de expressão a referida posição preferencial" (SARLET, Ingo. *Liberdade de expressão e biografias não autorizadas — notas sobre a ADI 4.815*. In: *Consultor Jurídico*. Disponível em: https://www.conjur.com.br/2015-jun-19/direitos--fundamentais-liberdade-expressao-biografias-nao-autorizadas. Acesso em 9 abr. 2018).
48. "O argumento de que o interesse da sociedade pela livre informação prevalece sobre interesses individuais reedita perigosamente uma equação típica das posturas autoritárias, que defendem o coletivo como superior ao individual" (SCHREIBER, Anderson. *Direito ao Esquecimento*. In: SALOMÃO, Luis Felipe; TARTUCE, Flávio (Coord.). *Direito Civil: diálogos entre a doutrina e a jurisprudência*. São Paulo: Atlas, 2018, p. 78). Sobre o tema, indispensável a leitura dos ensaios contidos em SARMENTO, Daniel (org.). *Interesses Públicos versus Interesses Privados: desconstruindo o princípio da supremacia do interesse público*. Rio de Janeiro: Lumen Juris, 2007, *passim*.
49. Para um panorama da crítica em sede doutrinária, ver, por todos, CHEQUER, cit., pp. 203-232.
50. "Por fim, e em quarto lugar, esse primeiro modelo procura excluir a possibilidade de o Judiciário apreciar efetivamente os conflitos envolvendo a liberdade de informação, circunscrevendo sua atuação apenas à

na VIII Jornada de Direito Civil, promovida pelo Conselho da Justiça Federal, o Enunciado n. 613, que assim dispõe: "*A liberdade de expressão não goza de posição preferencial em relação aos direitos da personalidade no ordenamento jurídico brasileiro.*" O verbete sintetiza, de modo simples e direto, a conclusão que se extrai dos argumentos até aqui analisados.

Desconstruída a tese da preferência *prima facie* da liberdade de expressão, desvela-se o verdadeiro papel do intérprete no caso de colisão entre a liberdade de expressão e os direitos da personalidade: encontrar na relação concreta estabelecida entre as partes, na materialidade do fato social, os elementos capazes de apontar para a prevalência, naquela específica situação, de um ou de outro direito, em um genuíno esforço ponderativo. Impõe-se, na célebre expressão de Pietro Perlingieri, individuar "*o ordenamento do caso concreto*".[51]

Apenas diante do real contexto de incidência das normas será possível verificar a efetiva presença daquelas razões invocadas, em tese, para justificar o maior peso a ser conferido a cada princípio. Nessa esteira, embora se afirme abstratamente que a liberdade de expressão contribui para o processo democrático, isto não se verifica no caso das chamadas *fake news*, que são "'notícias' inventadas e manipuladas com o intuito de viralizar na rede mundial de computadores, atraindo com um pretenso verniz jornalístico, a atenção do público e o resultado financeiro derivado dos cliques e visitas na página."[52] Os efeitos nocivos da divulgação de notícias falsas à democracia levaram o Tribunal Superior Eleitoral a formar um Conselho Consultivo para elaborar propostas sobre a matéria.[53] Também não se vislumbra qualquer efeito promocional sobre o regime democrático pela publicação de que "Caetano estaciona carro no Leblon nesta quinta-feira".[54] Por outro lado, nem sempre a invocação dos

---

definição de uma eventual e futura condenação pecuniária. Aparentemente, uma das razões subjacentes a essa opção é uma séria desconfiança acerca da capacidade do Judiciário de proteger adequadamente a liberdade de informação. Ocorre que, como se acaba de observar, a tentativa de excluir da apreciação judicial a possibilidade de emprego de uma tutela específica no caso não é compatível com as opções constitucionais acerca do papel institucional do Poder Judiciário. Não se trata propriamente de confiar ou não no Poder Judiciário: trata-se da opção constitucional de atribuir ao Judiciário a decisão de conflitos em matéria de direitos, quaisquer que sejam eles" (BARCELLOS, Ana Paula de. *Intimidade e Pessoas Notórias. Liberdades de Expressão e de Informação e Biografias. Conflito entre Direitos Fundamentais. Ponderação, Caso Concreto e Acesso à Justiça. Tutelas Específica e Indenizatória.* In: *Direito Público* (Porto Alegre), v. 55, 2014, p. 73).

51. PERLINGIERI, *O Direito Civil na Legalidade Constitucional*, cit., p. 657.
52. SOUZA; Carlos Affonso Pereira de; PADRÃO, Vinicius. *Quem lê tanta notícia (falsa)? Entendendo o combate contra as "fake News"*. Disponível em: https://itsrio.org/wp-content/uploads/2017/04/Quem-l%C3%AA-tanta-not%C3%ADcia.pdf, p. 2, acesso em 17 mar. 2018.
53. "*Fake news e regras para a propaganda eleitoral na internet são temas de reunião no TSE*". Disponível em: http://www.tse.jus.br/imprensa/noticias-tse/2018/Janeiro/fake-news-e-regras-para-a-propaganda-eleitoral-na-internet-sao-temas-de-reuniao-no-tse, acesso em17 mar. 2018.
54. Trata-se de "matéria" publicada em 10 de março de 2011 na seção Famosos do site Terra, desprovida de qualquer texto, a não ser a chamada e as legendas das três fotos que a compõem: "Caetano Veloso se prepara para atravessar uma rua do Leblon"; "Caetano olha para o fotógrafo enquanto atravessa a rua no Leblon"; e "Caetano espera no estacionamento carioca nesta quinta-feira (10)" (Disponível em: https://www.terra.com.br/diversao/gente/caetano-estaciona-carro-no-leblon-nesta-quinta-feira,41d3399ae915a310Vgn-CLD200000bbcceb0aRCRD.html). O flagrante posteriormente viralizaria na internet, sendo anualmente comemorado o aniversário da data. Em 2017, segundo o blog do jornalista Ancelmo Góis, no jornal O Globo,

direitos da personalidade estará efetivamente funcionalizada à tutela da dignidade humana. Imagine-se a situação de pessoa famosa que invoca seu direito à imagem para pleitear retirada de uma fotografia sua de determinada revista, por não gostar de um profissional que nela trabalha, embora permita a autorização da mesma imagem em outros veículos.

Este ponto não passa despercebido pelos defensores da tese da preferência que, todavia, o contornam por meio de solução artificiosa. Assim, afirma-se que a liberdade de expressão goza de primazia "apenas se o conteúdo da manifestação for considerado pertinente ou relevante", ou seja, "deve-se verificar se o fato noticiado é de interesse público."[55] Ora, a verificação sobre se a informação atende ou não um interesse público não pode ser realizada em abstrato, tratando-se de inequívoco critério de ponderação concreta. Ao se elevar o interesse público a condição da preferência da liberdade de expressão o que se faz é pinçar, com um certo grau de arbitrariedade, entre os diversos elementos potencialmente relevantes, aquele que o intérprete subjetivamente prefere. Admitida essa possibilidade, poderíamos construir uma preferência *prima facie* dos direitos da personalidade *quando a lesão for irreversível*, ou da liberdade de informação *quando esta for verdadeira*, ou outras tantas combinações possíveis, em procedimento que, em vez de auxiliar, resultaria em verdadeiro tumulto argumentativo na busca da solução mais adequada.

Importante notar que se encontra entre os autores que defendem a preferência da liberdade de expressão um largo consenso no sentido de que esta primazia não afasta a possibilidade (*rectius*, necessidade) de ponderação, sendo possível que no exame casuístico os direitos da personalidade venham a prevalecer.[56] Todavia, este tipo de afirmação, desprovida da indicação de parâmetros que auxiliem o intérprete a determinar em que circunstâncias essa prevalência dos direitos da personalidade poderá ocorrer[57] acaba tendo efeito puramente retórico.

---

  o cantor teria se manifestado em sua conta do Instagram, declarando: "Vi essas fotos com certo atraso. Pessoas amigas me mostraram e rimos sempre muito com o absurdo. Havia um pouco de indignação também nesse riso. Depois percebi que um número imenso de pessoas ria e se indignava com esse show de banalidade. Achei que há suficiente consciência do ridículo dessas coisas" ("*Seis anos depois de estacionar o carro no Leblon, Caetano Veloso entra na brincadeira*", disponível em: http://blogs.oglobo.globo.com/ancelmo/post/seis-anos-depois-de-estacionar-o-carro-no-leblon-caetano-veloso-entra-na-brincadeira.html).

55. SCHREIBER, Simone. *Liberdade de Expressão: Justificativa Teórica e a Doutrina da Posição Preferencial no Ordenamento Jurídico*. In: BARROSO, Luís Roberto (org.). *A Reconstrução Democrática do Direito Público no Brasil*, Rio de Janeiro: Renovar, 2007, pp. 250-251. No mesmo sentido: CHEQUER, cit., p. 275.

56. CHEQUER, cit., pp. 233-235; SARMENTO, *Liberdades Comunicativas*..., cit., pp. 234-235; KOATZ, cit., p. 402; BARCELLOS, cit., p. 91.

57. Excetuando-se, conforme já destacado, o sempre lembrado critério do interesse público. Todavia, é evidente que este não se revela como o único critério relevante, sob pena de se entender que, sempre que exista algum interesse público em uma informação, ela poderá ser divulgada, ainda que se refira às esferas mais íntimas de uma pessoa. Pense-se, por exemplo, em biografia não-autorizada que divulgue detalhes da vida sexual de personalidade ainda viva, e que tenha sempre se portado com notável discrição em relação ao tema: embora possa-se reconhecer um interesse historiográfico, de índole pública, este não pode prevalecer sobre a tutela da privacidade, ao menos como regra. Nesse sentido: "O aspecto público da vida das pessoas notórias integra a história, de modo que não há dificuldade nesse ponto, mas o que dizer da intimidade dessas pessoas? A presença do interesse histórico autorizaria a invasão da intimidade e vida privada das pessoas notórias (e

A identificação e sistematização doutrinária dos aspectos relevantes para a ponderação somente pode ser efetivada pela análise verticalizada de cada grupo de casos nos quais o conflito entre direitos fundamentais se manifesta (ex: biografias não autorizadas, direito ao esquecimento, responsabilidade do jornalista por divulgação de notícia falsa etc.).[58] Na contramão deste esforço, a afirmação abstrata da preferência de um dos direitos em colisão desestimula o intérprete de realizar tal investigação: ao invés de analisar as circunstâncias de modo a determinar a situação subjetiva que deve prevalecer, fundamentando analiticamente os aspectos considerados e sua relevância na ordem jurídica, o hermeneuta recorre ao argumento da preferência abstrata (que, conforme já se viu, pode ser direcionada tanto à liberdade de expressão como aos direitos da personalidade, a depender da inclinação pessoal do intérprete), ignorando as particularidades da situação fática que demanda tutela por parte do ordenamento.[59] A preferência abstrata convola-se em supremacia concreta, fadando um dos direitos fundamentais contrapostos a um permanente estado de subjugo.

Em sentido contrário, a defesa do abandono da tese da preferência *prima facie* reavive o espírito de deferência que se impõe a todos os direitos fundamentais no sistema constitucional e convoca o intérprete a assumir sua responsabilidade no processo interpretativo, despindo-se de preferências aprioristicas que dificilmente poderiam ser justificadas à luz do dado normativo e fundamentando cuidadosamente as soluções construídas, de modo a viabilizar seu controle pela comunidade científica e pela sociedade civil.[60] Assume-se, desse modo, postura transparente e comprometida com a democracia e a unidade do ordenamento.

---

também das não notórias)? A resposta é negativa, ao menos de acordo com as opções normativas da Constituição de 1988, e igualmente com as opções valorativas que lhes são subjacentes, que atribuem dignidade ao ser humano, limitando sua funcionalização em prol de interesses coletivos" (BARCELLOS, cit., p. 57). Sobre o ponto, oportuno lembrar a tutela constitucional ao sigilo de fonte (art. 5º, XIV), cuja proteção se manifesta justamente naqueles casos em que há interesse público no conhecimento da fonte. Sobre o tema, confira-se: SCHREIBER, Anderson. *Sigilo de Fonte do Jornalista*. In: *Carta Forense*. Disponível em: http://www.cartaforense.com.br/conteudo/colunas/sigilo-de-fonte-do-jornalista/17636. Acesso em 8.4.2018.

58. Na lição de Anderson Schreiber: "Toda ponderação, como se sabe, deve ser efetuada à luz da hipótese fática subjacente. Assim, deve-se resistir à tentação de traçar parâmetros supostamente aplicáveis a todos os casos em que se contraponham direito ao esquecimento e liberdade de informação. Cada hipótese fática apresenta circunstâncias relevantes distintas, conforme os diversos interesses que se conjugam concretamente. A título de auxílio ao julgador, contudo, é possível formular parâmetros específicos para certos gêneros mais comuns de situações fáticas que ensejam a colisão entre direito ao esquecimento e liberdade de informação" (SCHREIBER, *Direito ao Esquecimento*, cit., p. 72).

59. Este problema tem sido notado inclusive na doutrina norte-americana, conforme relatado por Ana Paula de Barcellos: "Parte da doutrina norte-americana destaca ainda que essa preponderância generalizada impede que elementos essenciais – como por exemplo a distinção entre informações obtidas legal e ilegalmente – sejam levados em consideração" (BARCELLOS, cit., p. 75).

60. "Uma vez que o intérprete tem a liberdade – e o dever – de cotejar as potencialidades linguísticas do texto do enunciado normativo com os demais enunciados, em especial com os princípios fundamentais do sistema, e confrontar circularmente esses enunciados com as peculiaridades juridicamente relevantes da realidade concreta a que se destinam as normas, não há possibilidade de conceber sua atividade sob o modelo formal da subsunção, que mascara as escolhas como se fossem necessárias e neutras. As escolhas do intérprete devem ser assumidas expressamente, não como forma de libertá-lo do direito institucionalizado, mas exatamente para permitir o debate argumentativo acerca da sua adequação ao ordenamento: trata-se da responsabilidade do intérprete" (KONDER, Carlos Nelson. *Distinções Hermenêuticas da Constitucionalização do Direito Civil*.

6. CONSEQUÊNCIAS DA REJEIÇÃO À POSIÇÃO PREFERENCIAL

Para além dos problemas teóricos envolvidos na afirmação da tese da preferência e das dificuldades que dela decorrem para a realização de um adequado procedimento de ponderação, é preciso também considerar suas ramificações. Com efeito, a ideia de que a liberdade de expressão teria um peso abstrato maior quando cotejada com os direitos da personalidade tem dado amparo a diversas construções doutrinárias nesse campo. Negada tal preferência, impõe-se revisitar estas proposições, aferindo sua compatibilidade com o controle concreto aqui propugnado.

6.1 Possibilidade de restrição à publicação e/ou circulação de informações

Com base na adoção da posição preferencial da liberdade de expressão, sustenta-se a restrição da tutela dos direitos da personalidade, caso necessária, a momento posterior à lesão, por meio de indenização, retratação, direito de resposta, ou outros mecanismos *ex post facto*.[61] Assim, na posição defendida pelo Ministro Luís Roberto Barroso, "a opção pela composição do dano posterior tem a vantagem de não sacrificar totalmente nenhum dos valores envolvidos, realizando a ideia de ponderação."[62] Em síntese, nos casos de conflitos entre esses dois grupos de direitos fundamentais, não seria possível, por força da posição preferencial das liberdades comunicativas, conferir aos direitos da personalidade tutela preventiva ou inibitória, mas apenas tutela repressiva.

Esta posição seria confirmada pela vedação constitucional à censura, constante dos artigos 5º, IX e 220, §2º, da Lei Maior. Afirma-se, nesta direção, que permitir tutelas preventivas no tocante à circulação de informações equivaleria a permitir a censura. Parte da doutrina acaba, portanto, incluindo no conceito de censura a denominada *censura judicial prévia*, que seria realizada por magistrados a fim de impedir a difusão de determinadas opiniões ou informações.[63] Esta concepção, embora polêmica, restou

---

In: SCHREIBER, Anderson; KONDER, Carlos Nelson (coord.). *Direito Civil Constitucional*. São Paulo: Atlas, 2016, p. 45).

61. Conforme relatado por Fernando M. Toller: "Uma das soluções que tradicionalmente se tem dado a estas questões consiste em afirmar que a imprensa só é suscetível de responsabilidade civil ou penal *a posteriori* ou ulterior com relação ao momento da difusão ou publicação da expressão que engendra o dano, com absoluta exclusão da censura prévia ou das medidas prévias. Tal solução, de corte claramente formalista, tem sido denominada 'doutrina das restrições prévias' – *prior restraint doctrine*. A mesma engendra uma forte distinção constitucional entre restrições prévias e responsabilidades ulteriores – *prior restraints e subsequent punishments* –, englobando nas primeiras todas as medidas oficialmente impostas à expressão antes de sua emissão, publicação ou difusão, ao passo que se agrupam nas segundas as respostas jurídicas a expressões já realizadas, as quais não proíbem envolver-se numa atividade expressiva futura nem requerem obter uma aprovação prévia para qualquer atividade de expressão" (TOLLER, cit., pp. 23-24).
62. Rcl 18.638/MC, decisão de 17/09/2014.
63. SAGÜÉS, Néstor Pedro. *Censura judicial previa a la prensa. Posición de la Corte Interamericana de Derechos Humanos*. In: *Anuario de derecho constitucional latinoamericano*, 2006, p. 965. De acordo com Daniel Sarmento: "Em sua acepção mais tradicional e estrita, a censura consiste em restrição prévia ao exercício da liberdade de expressão realizada por autoridades administrativas. Ela é realizada através do exercício de um controle preventivo sobre aquilo que se pretende comunicar. Tal prática foi peremptoriamente vedada

consignada na ementa da ADPF 130, ao proclamar que a "crítica jornalística, pela sua relação de inerência com o interesse público, não é aprioristicamente suscetível de censura, mesmo que legislativa *ou judicialmente intentada*."[64]

Nada obstante, esta leitura não se coaduna com o texto constitucional. O contexto histórico do qual emerge a Constituição de 1988 justifica a preocupação do constituinte em rechaçar qualquer forma de censura, mas também oferece pistas sobre a delimitação semântica do vocábulo empregado. No âmbito da ditadura militar, a censura consistia na atuação de órgãos da Administração Pública no sentido de impedir a divulgação de informações ou expressões artísticas invocando o interesse público e os bons costumes.[65] Este o sentido que se deve atribuir à palavra "censura" no texto constitucional.

Deste modo, seria possível traçar as distinções entre a censura constitucionalmente proibida e a tutela judicial preventiva (equivocadamente referida como censura judicial):[66] (i) quanto ao sujeito que a efetiva, embora em ambos os casos o controle seja realizado pelo Estado: a censura é usualmente fruto da atuação do Estado-Administrador ou Estado-Governo, enquanto a tutela preventiva é decretada pelo Estado-Juiz; (ii) quanto ao parâmetro de controle: a censura submete a informação a fórmulas autoritárias como o interesse público (traduzido como os interesses do governo) e os bons costumes, já a tutela jurisdicional é voltada para a proteção de direitos fundamentais, normalmente individuais; (iii) e, por fim, quanto à iniciativa: a censura é realizada em regra *ex officio*, enquanto a tutela preventiva depende de deflagração pelos legitimados por lei (em geral, os próprios ofendidos).

Tal conclusão não decorre apenas da interpretação histórica. O acolhimento do conceito de "censura judicial" esbarra em pelo menos duas normas constitucionais, ambas qualificadas como direitos fundamentais. A primeira delas é o art. 5º, X, que proclama a inviolabilidade dos direitos da personalidade ali listados, conforme adverte Gilmar Mendes:

---

pela Constituição e esta proibição não comporta quaisquer relativizações. Porém, pode-se falar em censura em sentido mais amplo, para incluir também as restrições posteriores ao exercício das liberdades comunicativas, bem como aquelas que impedem a divulgação de ideias, fatos ou mensagens, mas que não provêm de autoridades administrativas, e sim de outras fontes, como decisões judiciais e até condutas privadas" (SARMENTO, Daniel. *Comentários ao art. 220*. In: CANOTILHO, José Joaquim Gomes [et. al.] (coords.). *Comentários à Constituição do Brasil*. São Paulo: Saraiva/Almedina, 2013, p. 2039).

64. STF, ADPF 130, rel. Min. Carlos Ayres Britto, j. 30.4.2009.

65. Trata-se da acepção tradicional de censura, referida por Daniel Sarmento, conforme trecho transcrito em nota anterior.

66. Confira-se, nessa esteira, a lição de Anderson Schreiber: "Censura é restrição à liberdade de expressão realizada por terceiro em situação de poder (estatal ou de outra natureza) que resulta na proibição de veiculação de determinado conteúdo em razão de divergência ideológica. A restrição imposta por decisão judicial a certo exercício da liberdade de expressão não representa, nesse sentido, censura, embora não seja incomum, na experiência brasileira, que protestos de censura sejam deflagrados por conta da atuação judicial em defesa de outros direitos, de igual hierarquia, como a honra e a privacidade" (*Comentários ao Art. 5º, IX*. In: *Constituição Federal Comentada*. Rio de Janeiro: Forense, 2018, p. 66).

Afirma-se, muitas vezes de forma categórica, que, tendo a Constituição estabelecido a proibição da censura, não poderia a autoridade pública, no caso, órgão do Poder Judiciário, intervir para evitar a divulgação de notícias ou obra artística lesiva aos direitos de personalidade de qualquer cidadão. Sustenta-se que, neste caso, eventual abuso haveria de resolver-se em perdas e danos. Significa dizer que, após a *violação* do direito tido pela Constituição como *inviolável*, poderá o eventual atingido pedir a reparação pela lesão sofrida. Diante dos termos peremptórios em que se encontra formulado o art. 5°, X, da Constituição – *são invioláveis à intimidade, à vida privada, à honra e à imagem das pessoas* [...] – parece evidente que o constituinte não pretendeu assegurar apenas eventual direito de reparação ao eventual atingido. A referência que consta na parte final do dispositivo – *assegurado o direito a indenização pelo dano material ou moral decorrente da sua violação* – somente pode dizer respeito aos casos em que não foi possível obstar a divulgação ou a publicidade da matéria lesiva aos direitos de personalidade.[67]

A segunda é o art. 5°, XXXV, que consagra o princípio do acesso à justiça ou da inafastabilidade da jurisdição, pelo qual não serão excluídos da apreciação do Poder Judiciário "lesão" ou "ameaça a direito". Pode-se notar, portanto, que "a Constituição é clara ao prescrever a tutela reparatória e a tutela preventiva".[68] A tutela jurisdicional inibitória ou preventiva é aquela que se volta ao futuro, não ao passado, servindo tanto para impedir a prática do ilícito como para impedir sua continuação, obstando a perpetuação da violação à ordem jurídica.[69] Esse mecanismo de tutela dos direitos materiais atua em complemento às chamadas tutelas ressarcitórias, que ocorrem em momento posterior à verificação do dano.[70]

A doutrina processualista brasileira tem convergido no sentido de reconhecer a essencialidade da tutela preventiva no que se refere à garantia da mais ampla proteção a direitos. Esta seria, a rigor, a única modalidade de tutela capaz de proteger integralmente o bem jurídico atacado, revelando-se particularmente relevante em relação a direitos tidos como invioláveis.[71] Daí afirmar Luiz Guilherme Marinoni que

---

67. MENDES, Gilmar Ferreira. *Colisão de Direitos Fundamentais: liberdade de expressão e comunicação e direito à honra e à imagem*. In: *Revista de Informação Legislativa*, Brasília, a. 31, n. 122, mai./jul. 1994, p. 297.
68. DIDIER JR., Fredie. *Das Normas Fundamentais do Processo Civil*. In: CABRAL, Antônio do Passo; CRAMER, Ronaldo (coord.). *Comentários ao Novo Código de Processo Civil*. 2. ed. Rio de Janeiro: Forense, 2016, p. 6.
69. Nesse sentido: "A tutela inibitória possui três modalidades. A primeira, já referida, visa a impedir a prática do ilícito, podendo atuar antes que qualquer ilícito tenha sido praticado. As outras duas visam a inibir a repetição e a continuação ilícito, nos casos de ilícito já praticado." (PITERMAN, Marcel. *Direito e Processo: Tutela dos Direitos e Tutela Jurisdicional na Perspectiva dos Direitos Fundamentais*. In: *Revista Jurídica*, n. 472, 2017, p. 45).
70. MARINONI, Luiz Guilherme. *Técnica Processual e Tutela de Direitos*. 3. ed. São Paulo: Revista dos Tribunais, 2010, pp. 307-308: "A tutela de remoção do ilícito toma em consideração apenas o ato contrário ao direito (ilícito), objetivando restabelecer a situação que lhe era anterior. Mas, se o ato contrário ao direito produziu dano, e assim é necessária sua reparação, passa a importar a tutela ressarcitória."
71. "Como o direito material depende – quando pensado na perspectiva da efetividade – do processo, é fácil concluir que a ação preventiva é consequência lógica das necessidades do direito material. Basta pensar, por exemplo, na norma que proíbe algum ato com o objetivo de proteger determinado direito, ou algum direito que possui natureza absolutamente inviolável, como o direito à honra ou ao meio ambiente. Lembre-se, aliás, que várias normas constitucionais afirmam a inviolabilidade de direitos, exigindo, portanto, a correspondente tutela jurisdicional, que somente pode ser aquela capaz de evitar a violação" (MARINONI, cit., p. 194).

a mais importante das tutelas específicas é aquela que se destina a impedir ou a remover o ato contrário ao direito. Trata-se de tutela anterior ao dano, e que assim é capaz de dar efetiva proteção ao direito, seja quando o ato contrário ainda não foi praticado (tutela inibitória), seja quando o ato contrário já ocorreu, mas, diante de sua eficácia continuada, é preciso removê-lo para evitar a produção de danos (tutela de remoção do ilícito).[72]

A tutela jurisdicional, seja ela preventiva ou repressiva, passa pelo crivo do Poder Judiciário, ao qual é imposto absoluto respeito às garantias constitucionais processuais. Interpretar medidas judiciais de restrição à circulação de informações como censura importa desconsiderar a necessidade que o Judiciário tem de se submeter aos ditames constitucionais do devido processo legal, da ampla defesa e do contraditório. O respeito procedimental necessário a qualquer tutela conferida pelo Poder Judiciário aproxima as medidas – sejam preventivas ou repressivas – garantidas pelos órgãos jurisdicionais:

> Para concluir este ponto dedicado ao modo de operação e aos efeitos das restrições prévias e das responsabilidades subsequentes, deve-se assinalar que a prevenção judicial não é uma típica restrição prévia, mas guarda similitude com um sistema legal de responsabilidades *ex post facto*: ambos só se ativam em casos concretos, contam com a intervenção de um juiz e de garantias processuais, procuram evitar ou penalizar expressões não protegidas e o fazem em virtude de critérios jurídicos relativos ao dano a direitos fundamentais ou a bens públicos.[73]

Portanto, se a Constituição prevê expressamente a possibilidade de se buscar a proteção do Poder Judiciário diante da ameaça de lesão a direitos, a vedação à censura não deve ser interpretada de modo tão elástico, desviando-se de sua justificativa histórica, a ponto de frustrar a eficácia do direito fundamental de acesso à jurisdição. Revela-se pertinente, mais uma vez, a lição de Gilmar Mendes:

> Se a constituição assegura não só a inviolabilidade do direito, mas também a efetiva proteção judiciária contra lesão, ou ameaça de lesão a direito (CF, Art. 5º, XXXV), não poderia o Judiciário intervir para obstar a configuração da ofensa definitiva, que acaba acarretando danos efetivamente irreparáveis? Que significaria a garantia da proteção judiciária efetiva contra lesão ou ameaça a lesão a direito se a intervenção somente pudesse se dar após a configuração da lesão? Pouco, certamente muito pouco![74]

Aliás, seria um verdadeiro contrassenso excluir do âmbito de proteção do art. 5º, XXXV, que se refere a ameaça "a direito", de modo genérico, justamente os direitos da personalidade, caracterizados pela sua indissociável conexão com a dignidade humana.[75] Os direitos da personalidade garantidos constitucionalmente não podem

---

72. MARINONI, cit., p. 118.
73. TOLLER, cit., p. 81.
74. MENDES, cit., p. 297-298. Na jurisprudência: "Eu entendo, com todo o respeito, que, neste princípio, compreende-se, sim, o poder de cautela do juiz, sobretudo porque esse dispositivo faz menção à ameaça de lesão de direitos, portanto, o juiz deve ter instrumentos para impedir a mera ameaça de lesão" (voto do Ministro Ricardo Lewandowski na ADI 4.815).
75. "Ademais, a inafastabilidade do controle judicial, nos termos da garantia constitucional, abarca a proteção de qualquer direito, não havendo qualquer razão para excluir da categoria 'direito' os direitos fundamentais à inviolabilidade e a vida privada" (BARCELLOS, cit., p. 73).

ter sua tutela restrita ao momento patológico da relação, o que os revestiria de contornos "característicos do direito subjetivo, limitando-se à reação do ordenamento contra a lesão – o dano injusto –, através do mecanismo da responsabilidade civil."[76] A tutela da pessoa humana "não se satisfaz com as técnicas ressarcitória e repressiva (binômio lesão-sanção), exigindo, ao reverso, instrumentos de proteção do homem, considerado em qualquer situação jurídica de que participe".[77]

Aí reside um dos grandes desafios nesta matéria: superar a equivocada noção de que a preferência por remédios jurídicos posteriores à lesão (em especial, a reparação pecuniária) seria uma solução de meio-termo, compondo adequadamente os interesses em jogo, ao menos em regra.[78] Apesar dos esforços doutrinários no sentido de se buscar meios não pecuniários de reparação,[79] a grande parte das responsabilizações pelos danos extrapatrimoniais sofridos reverte-se, na prática, em compensações pecuniárias. Dessa forma, tutelar os direitos da personalidade apenas no momento patológico acabaria por subverter completamente a hierarquia dos valores constitucionais, admitindo-se uma inaceitável mercantilização dos direitos da personalidade. O eventual responsável pela lesão poderia mensurar a medida de possível indenização pecuniária – por um estudo dos precedentes, por exemplo – para realizar juízo de valor meramente econômico sobre o caráter vantajoso ou não de se perpetrar tal lesão. Em outras palavras, estaria autorizada a violação a direitos fundamentais da pessoa humana, desde que o ofensor fosse capaz de pagar por eles. O equívoco deste raciocínio é bem demonstrado por Anderson Schreiber:

> A tese da indenização, note-se, não representa um meio-termo porque, em última análise, permite que a privacidade seja violada por quem quer que se disponha a pagar o preço da violação. Ora, o que a Constituição assegura a todo cidadão não é o direito a ser indenizado por violações à privacidade; é o direito à privacidade em si. A indenização é um remédio subsidiário, para quando nada mais funciona; não pode ser o remédio principal para a violação de um direito fundamental, protegido pelo Constituinte.[80]

---

76. TEPEDINO, Gustavo. *A Tutela da Personalidade...*, cit., p. 28.
77. TEPEDINO, Gustavo. *A Tutela da Personalidade...*, cit., p. 52.
78. "O uso abusivo da liberdade de expressão e de informação pode ser reparado por mecanismos diversos, que incluem a retificação, a retratação, o direito de resposta e a responsabilização, civil ou penal, e a interdição da divulgação. Somente em hipóteses extremas se deverá utilizar a última possibilidade. Nas questões envolvendo honra e imagem, por exemplo, como regra geral será possível obter reparação satisfatória após a divulgação, pelo desmentido – por retificação, retratação ou direito de resposta – e por eventual reparação do dano, quando seja o caso. Já nos casos de violação da privacidade (intimidade ou vida privada), a simples divulgação poderá causar o mal de um modo irreparável. Veja-se a diferença. No caso de violação à honra: se a imputação de um crime a uma pessoa se revelar falsa, o desmentido cabal minimizará a sua consequência. Mas no caso da intimidade, se se divulgar que o casal se separou por disfunção sexual de um dos cônjuges – hipótese que em princípio envolve fato que não poderia ser tornado público – não há reparação capaz de desfazer efetivamente o mal causado" (BARROSO, *Colisão Entre Liberdade de Expressão e Direitos da Personalidade*, cit., p. 27-28).
79. Ver, nesse sentido: SCHREIBER, Anderson. *Novos Paradigmas da Responsabilidade Civil*. 6. ed. São Paulo: Atlas, 2015, pp. 195-203.
80. SCHREIBER, Anderson. *Biografias, Privacidade e Indenização*. In: *Carta Forense*, disponível em: http://www.cartaforense.com.br/conteudo/artigos/biografias-privacidade-e-indenizacao/12635, acesso em 17 mar. 2018. Na precisa conclusão do autor: "a indenização nada resolve". No mesmo sentido, a lição de Ana

A tese que veda adoção de tutela preventiva ou inibitória em prol dos direitos da personalidade em conflitos com a liberdade de expressão pode, inclusive, ter efeitos nefastos, como o fomento da disseminação das já referidas *fake news*. Imagine-se, ilustrativamente, que determinado jornal divulgue uma notícia inventada, sabidamente falsa, para alavancar suas vendas. Na tese de impossibilidade de retirada de circulação da informação falsa, eventuais proveitos extraídos da publicação e disseminação de um dado falso poderiam ser maiores do que a possível indenização que venha a ser paga ao indivíduo retratado na notícia mentirosa.[81] Esse indivíduo, ao reverso, terá sofrido imensos prejuízos de ordem extrapatrimonial – e, possivelmente, também prejuízos patrimoniais –, decorrentes de uma conduta notadamente abusiva, mas, pela tese da posição preferencial, não teria remédios para interromper sua circulação.

Neste ponto, é preciso superar a visão quase romântica pela qual se retrata a imprensa na literatura jurídica brasileira. Na esteira da superação do regime ditatorial militar, caracterizado, como já exposto, pela forte censura exercida pelo Estado, a doutrina passou a enaltecer a relevância de uma imprensa livre no novo regime democrático, tão duramente conquistado, sem maiores problematizações. Não há, propriamente, um equívoco nesta postura. Todavia, é preciso reconhecer que os principais meios de informação do país se estruturam sob a forma de sociedades, ou seja, pessoas jurídicas que exercem atividade com intuito de lucro. Não se verifica uma efetiva incompatibilidade entre o escopo de lucro e a finalidade informativa, mas também não é possível ignorar que a perspectiva de grandes proveitos patrimoniais é fator capaz de influenciar o modo pelo qual a atividade informativa é exercida. Isto pode se dar, dentre outras maneiras, pelo já mencionado cálculo do custo-benefício entre a tomada de diligências necessárias e a publicação precipitada de uma notícia, ou entre imprimir-lhe um tom sensacionalista e adotar uma postura deferente aos direitos da personalidade das pessoas retratadas. Não se pode ignorar, ainda, o potencial lesivo da atividade desenvolvida pela imprensa: as violações a direitos personalíssimos ocorridas no âmbito de notícias jornalísticas se propagam com intensa velocidade e possuem alcance global, especialmente com o advento da internet.

Com estes apontamentos não se quer, de forma alguma, negar o imprescindível papel da imprensa para o Estado Democrático de Direito, mas sim destacar que, justamente em razão desta importância, suas atividades devem se submeter não a um regime de liberdade tendencialmente ilimitada, mas a um regime que permita um

---

Paula de Barcellos: "O art. 5º, X, da Constituição faz menção à *inviolabilidade* da intimidade e da vida privada, expressão indicativa de que o objetivo do constituinte não é admitir violação, contanto que haja uma indenização posterior. (...) Nesse contexto, não parece consistente afirmar, como pretende esse primeiro modelo, que, ao levar a cabo uma ponderação entre os direitos em questão, o Judiciário jamais poderia optar pela tutela específica e determinar a eventual proibição no todo ou em parte de uma obra biográfica" (BARCELLOS, cit., pp. 71-72).

81. Neste cenário, uma solução que poderia ser cogitada seria o recurso ao instituto do lucro da intervenção. Sobre o tema, a pioneira obra de SAVI, Sérgio. *Responsabilidade Civil e Enriquecimento Sem Causa – o Lucro da Intervenção*. São Paulo, Atlas, 2012.

controle funcional e balizado pelo devido processo legal – em nada diverso, registre-se, do que se garante a todos os outros entes e pessoas no sistema jurídico brasileiro.

Concluindo, diante da constatação de que a liberdade de expressão não goza de uma preferência *prima facie*, impõe-se transplantar esta noção para o campo dos efeitos jurídicos, excluindo a preferência apriorística por soluções que ofereçam uma maior proteção a tal liberdade. Desse modo, admite-se perfeitamente a possibilidade de restrição – inclusive com a determinação de retirada de informações de circulação – à liberdade de expressão, obedecendo-se ao devido processo legal e à necessária ponderação de interesses. Esta interpretação, registre-se, não exime o magistrado de agir com cuidado ao implementar medidas que dificultem ou impeçam a circulação de informações: tal cuidado, contudo, não deriva de qualquer preferência abstrata, mas sim do rigor hermenêutico que se exige do intérprete no processo de ponderação, fundamentando cuidadosamente qualquer decisão adotada, de modo a explicitar sua conformidade com o ordenamento e adequação ao caso em exame.[82]

6.2 O reconhecimento do chamado direito ao esquecimento

Originado no direito europeu, notadamente em casos envolvendo ex-detentos, como o rumoroso *caso Lebach*,[83] o direito ao esquecimento tem tido seu reconhecimento posto em xeque, como consequência da preferência da liberdade de expressão. De acordo com parcela da doutrina, o direito ao esquecimento "não está consagrado em qualquer norma jurídica, constitucional ou infraconstitucional" por ser "claramente incompatível com nosso sistema constitucional", pois "o esquecimento sobre fatos que envolvem interesse público não pode ser visto como um direito fundamental, em regime constitucional que se preocupa tanto com o acesso à informação, garante a memória coletiva e valoriza a História."[84]

---

82. "Todo magistrado deve evitar ceder à tentação de uma decisão simples e ampla, que impeça a circulação de filmes ou livros ou reportagens; cumpre-lhe especificar, ao máximo, mesmo que em sede liminar, qual o conteúdo ou dado pessoal sensível cuja exposição entende injustificada à luz da ordem jurídica, diante do grave dano que pode ser gerado à contraparte. O dever de fundamentação da decisão judicial não se limita, ademais, às razões jurídicas que conduzem à restrição da liberdade de informação naquele caso concreto, mas abrange também a especificação do modo como essa restrição deve se aplicar à realidade fática, sempre com o menor sacrifício possível aos interesses que, embora abstratamente merecedores de igual proteção jurídica, duelam em concreto" (SCHREIBER, Anderson. *Privacidade e Censura*. In: *Carta Forense*, disponível em: http://www.cartaforense.com.br/conteudo/colunas/privacidade-e-censura/17410, acesso em 17 mar. 2018).
83. SARLET, Ingo Wolfgang. *Do caso Lebach ao caso Google vs. Agencia Espanhola de Proteção de Dados*. Disponível em https://www.conjur.com.br/2015-jun-05/direitos-fundamentais-lebach-google-vs-agencia-espanhola-protecao-dados-mario-gonzalez. Acesso em 17 mar. 2018: "No 'Caso Lebach' cuidava-se da condenação, em 1970, dos autores do assassinato de quatro soldados durante o sono, ao passo que outro ficou gravemente ferido. Os autores principais foram condenados à prisão perpétua e o partícipe a seis anos de reclusão. Dois anos depois, uma emissora de televisão editou um documentário sobre o caso, inclusive uma reconstituição com referência aos nomes dos envolvidos, o que levou o partícipe, que estava a prestes a lograr livramento condicional, a requerer provimento judicial para impedir a divulgação do programa, o que foi recusado pela instância ordinária, resultando em interposição de reclamação constitucional ao TCF."
84. SARMENTO, *Liberdades Comunicativas*..., cit., p. 235.

Esta lógica influenciou decisivamente o Supremo Tribunal Federal no julgamento do Recurso Extraordinário 1.010.606/RJ,[85] em fevereiro de 2021, no qual restou fixada a seguinte tese de repercussão geral: *"É incompatível com a Constituição a ideia de um direito ao esquecimento, assim entendido como o poder de obstar, em razão da passagem do tempo, a divulgação de fatos ou dados verídicos e licitamente obtidos e publicados em meios de comunicação social analógicos ou digitais. Eventuais excessos ou abusos no exercício da liberdade de expressão e de informação devem ser analisados caso a caso, a partir dos parâmetros constitucionais — especialmente os relativos à proteção da honra, da imagem, da privacidade e da personalidade em geral — e as expressas e específicas previsões legais nos âmbitos penal e cível"*.

Nota-se, contudo, o equívoco da própria premissa assentada pela tese aprovada pelo plenário do STF, uma vez que, em uma leitura compatível com o princípio democrático, o direito ao esquecimento não pode ser compreendido como um *"poder de obstar, em razão da passagem do tempo, a divulgação de fatos ou dados"*, muito menos como um *"direito de não ser lembrado contra sua vontade"*, como definido, anteriormente, pelo Superior Tribunal de Justiça.[86] Conforme defende a melhor doutrina, o direito ao esquecimento consiste no *"direito da pessoa humana de se defender contra uma recordação opressiva de fatos pretéritos, que se mostre apta a minar a construção e reconstrução da sua identidade pessoal, apresentando-a à sociedade sob falsas luzes, de modo a fornecer ao público uma projeção do ser humano que não corresponde à sua realidade atual."*[87] Não se trata, portanto, da possibilidade de se fazer esquecer, ou de apagar dados do passado,[88] mas de preservar a dignidade humana diante da recordação de fatos pretéritos que atinjam direitos fundamentais como a privacidade, a integridade psíquica ou a identidade pessoal.[89]

Compreender o direito ao esquecimento como um instrumento de preservação da dignidade humana não implica conceber tal direito como uma prerrogativa absoluta e arbitrária, sendo fruto, a rigor, de um juízo realizado sempre *in concreto*, por meio da ponderação entre o direito à liberdade de expressão e os direitos da personalidade.[90] E foi exatamente isso que reconheceu o próprio STF – ainda que por linhas tortas – ao consagrar, na tese de repercussão geral, que *"eventuais excessos ou*

---

85. De acordo com Otavio Luiz Rodrigues Júnior, "visto em retrospecto, o RE 1.010.606/RJ poderia ser considerado um 'ponto culminante', embora a expressão traga em si um certo tom hiperbólico, de uma construção jurisprudencial de mais de uma década em ordem a conferir esse caráter anabolizado à liberdade expressão" (*Esquecimento de um direito ou o preço da coerência retrospectiva? (Parte 2)*. Disponível em https://www.conjur.com.br/2021-mar-04/direito-comparado-esquecimento-direito-ou-preco-coerencia-parte. Acesso em 15 mai. 2021).
86. Recurso Especial 1.334.097 (Chacina da Candelária).
87. SCHREIBER, *Direito ao Esquecimento*, cit., pp. 69-70.
88. ALBERS, Marion. *A Imprensa Também tem Limites*. In: *Revista PUC-RS*, v. 173, 2015, p. 31.
89. "O direito ao esquecimento, portanto, permite que os homens escapem às pressões de conformação social que impõem uma intensa ameaça à individualidade humana, escravizando a alma, na feliz expressão de John Stuart Mill." (CASTRO, Júlia Ribeiro de. *O Direito ao Esquecimento na Sociedade da Informação*. Dissertação (Mestrado). UERJ: Rio de Janeiro, 2015, p.77).
90. SCHREIBER, *Direito ao Esquecimento*, cit., p. 71.

abusos no exercício da liberdade de expressão e de informação devem ser analisados caso a caso".[91] E a adequada realização desta ponderação requer o abandono da suposta preferência da liberdade de expressão em prol de uma análise criteriosa dos elementos do caso concreto que indiquem o direito que deverá prevalecer em cada conflito.

7. CONCLUSÃO: EM DEFESA DA LEGALIDADE CONSTITUCIONAL

Direitos da personalidade e liberdade de expressão são direitos fundamentais que constantemente entram em choque na sociedade contemporânea. Esta colisão pode criar a ilusão de que refletem interesses antagônicos. No entanto, como se demostrou, ambos encontram seu fundamento na dignidade da pessoa humana e no princípio democrático. As tentativas de soluções aprioristicas, através de uma preferência abstrata de um dos direitos (em verdade, efetiva hierarquização), apesar de criarem um falso senso de segurança, não fornecem respostas adequadas aos problemas que se apresentam. Muitas vezes, na verdade, servem de subterfúgio ao dever de fundamentação do intérprete, já que a atribuição abstrata de preferência indicaria, de imediato, a solução do caso, sem a necessária atenção às circunstâncias, interesse e valores concretamente envolvidos.

Questões dotadas de tamanha complexidade demandam soluções mais engenhosas, atentas a todos os aspectos, normativos e fáticos, potencialmente relevantes para se alcançar um resultado justo. Esta valoração deve ter por parâmetro não preferências subjetivas do intérprete, mas sim elementos objetivamente extraídos da ordem jurídica. Aí reside o grande desafio dos juristas na atualidade: renunciar ao conforto das soluções simplistas e se comprometer com a tarefa artesanal de cunhar, para cada caso, a solução que melhor concretize os valores do ordenamento.

---

91. Para uma análise mais detida da decisão do STF no RE 1.010.606/RJ, seja consentido remeter a MANSUR, Rafael. *Decisão do STF não é 'pá de cal' no direito ao esquecimento*. Disponível em https://www.conjur.com.br/2021-fev-24/mansur-stf-nao-jogou-pa-cal-direito-esquecimento. Acesso em 15 mai. 2021, onde se concluiu que "o Supremo nada mais fez que endossar aquilo que já era defendido pela doutrina favorável ao direito ao esquecimento, que jamais postulou uma exclusão automática de notícias ou um direito absoluto ao apagamento de informações a partir de meros caprichos individuais, enfatizando, sempre, a necessidade de uma criteriosa ponderação entre os direitos colidentes, examinando-se os elementos do caso concreto a partir de parâmetros que indiquem a prevalência pontual de um dos princípios contrastantes. A tese consagrada pelo Supremo Tribunal Federal, portanto, longe de expurgar o direito ao esquecimento de nosso ordenamento, acaba por referendar (ainda que por linhas tortas) a compreensão prevalente no âmbito da doutrina civilista, favorável ao direito ao esquecimento e à sua aplicação via sopesamento de interesses." Na mesma direção, cf. o artigo de Júlia Costa de Oliveira e Roberta Leite, *Direito ao Esquecimento e o Caso Richthofen: qual deve ser o futuro do passado?*, também publicado neste livro.

MANCHETES NO DIVÃ:
UMA INTRODUÇÃO
AO EXAME DOS TÍTULOS NOTICIOSOS

Thiago Junqueira

Doutor em Direito Civil pela UERJ. Mestre em Direito Civil pela Faculdade de Direito da Universidade de Coimbra. Membro do Grupo de Pesquisa Direito e Mídia (UERJ). Professor do IDS América Latina e do Programa de MBA da Escola Nacional de Seguros. Advogado.

José Eduardo Junqueira Ferraz

Doutor e Mestre em Direito Civil pela UERJ. Professor dos Cursos de Pós-Graduação da Fundação Getúlio Vargas – FGV/RJ e da Escola da Magistratura do Estado do Rio de Janeiro – EMERJ. Articulista responsável pelo blog "Esporte Legal", do site globoesporte.com. Advogado.

> URGENTE: Metade dos urgentes em manchetes no Facebook não são urgentes.
> Site: Sensacionalista

1. INTRODUÇÃO

Diante do imenso conteúdo produzido pelos diferentes tipos de mídia, parece natural a conclusão de que a manchete ocupa, hoje, provavelmente mais do que nunca, lugar de destaque. Esse privilegiado espaço vem sendo utilizado para fins diversos, que se situam entre dois extremos: a informação, resumida, porém impecável, dos fatos e a sua total distorção.

Com efeito, há certa convicção entre os meios de comunicação social de massa de que o título noticioso não deve ter como prioridade informar ao leitor em potencial sobre a temática da matéria – tal qual uma espécie de síntese do que será abordado –, mas sim despertar a sua curiosidade, atraindo interesse à imediata leitura.

Um exemplo fictício ajuda a ilustrar: em diálogo presente no filme *The Shipping News*, o editor de um jornal para o qual o protagonista começa a trabalhar aconselha-o sobre o que torna uma pessoa repórter. Após dizer que o aprendiz deveria começar criando algumas – curtas, arrematadoras e dramáticas – manchetes, o editor mira o dedo às nuvens escuras e pede que seja feita uma manchete para retratar a situação. "Horizonte repleto de nuvens escuras?", pergunta o protagonista, no que é respondido: "Tempestade iminente ameaça a vila". Com feição de intrigado, o subordinado questiona seu superior sobre o que fazer se a tempestade não viesse, sendo prontamente respondido pelo que seria a manchete do dia seguinte: "Vila se livra de tempestade mortal".[1]

Esse tipo de abordagem, realizada por parte dos veículos informativos visando impulsionar a venda de exemplares, número de cliques e, consequentemente, anunciantes, deve ser alvo de problematização. Se é certo que grande parte da receita da mídia é oriunda justamente do comércio de espaço publicitário – que, por sua vez, tem um valor de negociação influenciado pela repercussão e número de leitores envolvidos –, também não deixa de ser necessário que a informação repassada o seja de maneira fidedigna e leal, sem induzir o leitor a consumir algo que não condiz com a realidade, com o corpo do texto da matéria ou que simplesmente não lhe interesse.

A questão ganha ainda mais importância quando se tem em vista o fato de que grande parte da audiência atual, diante da referida enxurrada de conteúdo produzido ininterruptamente, restringe-se, em especial no ambiente on-line, a ler a manchete das notícias,[2] podendo, dessa feita, tê-las como corretas e repassar informações incompletas – ou, pior, errôneas.[3]

Especialmente nos últimos anos, tem-se assistido ao avanço vertiginoso da elaboração técnica sobre o entorno dos títulos. Geralmente, o objetivo das pesquisas é voltado à compreensão do que faz uma notícia viralizar, de como as manchetes – do seu comprimento até as palavras e números inseridos nelas – influenciam na repercussão de uma publicação.[4] Psicologia, marketing, linguística e jornalismo têm contribuído, por meio de diferentes enfoques, na busca da assimilação do que se encontra por trás da manchete ética e comercialmente "ideal".

A propósito, impõe-se a seguinte pergunta: qual tem sido a atuação do Direito nesse contexto? Não obstante exista considerável literatura acerca dos efeitos da cobertura

---

1. O diálogo transcrito não consta do livro homônimo, ganhador do Prêmio Pulitzer (1994), que inspirou o filme (PROULX, E. Annie. *The Shipping News*. Charles Scribner's Sons: Nova Iorque, 1993). Curiosamente, a película, lançada no ano de 2001, chegou ao mercado brasileiro com título totalmente diverso: "Chegadas e Partidas".
2. Sublinhe-se que a palavra "manchete" está a ser utilizada em seu sentido lato, abarcando não apenas o título da notícia principal, disposta na primeira página de jornal ou revista, mas o título de qualquer notícia, inclusive on-line. Para se evitar repetição, utilizar-se-ão os termos "manchetes jornalísticas" (ou, simplesmente, "manchetes") e "títulos" no mesmo sentido. Caso haja necessidade de diferenciação, chamar-se-á, tempestivamente, a atenção para tanto.
3. A leitura circunscrita e os possíveis efeitos deletérios oriundos de manchetes pouco acuradas já eram apontados em 1980: "Muitos leitores de jornais leem as manchetes e baseiam-se apenas nelas para formar suas opiniões sobre os acontecimentos do dia". MARQUEZ, F. T. How Accurate Are the Headlines? *Journal of Communication*. Medford, v. 30, n. 3, p. 30, set. 1980. A questão ganha contornos dramáticos no âmbito digital: pense-se na eventualidade do compartilhamento de uma notícia com manchete capciosa em redes sociais, como o *Facebook*; a correta interpretação dos fatos nela expostos dependeria de o usuário, ao ter contato com a manchete em seu *feed* de notícias, clicar e ler o texto por inteiro, algo que frequentemente não acontece.
4. Cfr. KILGO, Danielle; SINTA, Vinicio. Six things you didn't know about headline writing: Sensational form in viral news of traditional and digitally native news organizations. *ISOJ*. Austin, v. 6, n. 1, primavera 2016, com amplos elementos; e os demais estudos referidos no tópico 2.

da imprensa no sistema penal,[5] a verdade é que falta diálogo entre Direito e Mídia.[6] Essa ausência é sentida em relação a várias matérias, inclusive no que tange ao artesanal e algo enigmático processo de escolha das manchetes e suas repercussões práticas.

A necessidade da análise jurídica da questão sob o prisma civil-constitucional é notada, por exemplo, quando um leitor se sente enganado pelo título de notícia que não entrega o prometido, quando um envolvido em determinada notícia sofre lesão a algum atributo de sua personalidade em virtude da forma como é retratado na manchete ou mesmo do descompasso entre esta e os fatos, apresentados apenas no decorrer da exposição.

É com esse rico pano de fundo que será desenvolvido o presente exame; buscar-se-á abordar os principais aspectos relativos às manchetes jornalísticas e, ao fim, responder às seguintes perguntas: os membros da imprensa estão vinculados a seguir uma linha coerente entre a manchete e o corpo do texto por ela ementado, de modo a não fomentar interpretações equivocadas? Como deve ser feita, na manchete, a abordagem, em especial quando ligada a fatos negativos, de pessoas retratadas nas notícias? Quais seriam os parâmetros de aferição e as consequências de possíveis abusos na liberdade de informação nessa seara?

Para levar a cabo tal desiderato, percorrer-se-á o seguinte trajeto: análise das manchetes, suas características e peculiaridades (*infra*, 2). Em seguida, expor-se-ão alguns casos que demonstram os conflitos gerados nesse contexto e como os tribunais pátrios vêm examinando-os (*infra*, 3). Por fim, procurar-se-á enfrentar o direito à informação por parte dos veículos informativos e os direitos da personalidade dos retratados, essencialmente a honra, sugerindo critérios capazes de harmonizá-los (*infra*, 4).

2. MANCHETE: ESTRUTURA E FUNÇÃO

A compreensão e equacionamento dos problemas jurídicos, que abundam na matéria, requer, como medida preliminar, uma análise atenta dos aspectos estruturais e funcionais da manchete jornalística. Além disso, convém abordar, ainda que *en passant*, os demais elementos integrantes da notícia e o processo de sua formação.

---

5. Efeitos, esses, muitas vezes tidos como perniciosos, por serem capazes de causar o desrespeito ao devido processo legal e influenciar o veredito dos julgamentos, conforme advogam, entre diversos, PALIERO, Carlo Enrico. La maschera e il volto (percezione sociale del crimine ed 'effetti penali' dei media). *Rivista Italiana di Diritto e Procedura Penale*. Milão, fasc. 2, pp. 468 e ss., abr./jun. 2006; BASTOS, Márcio Thomaz. Júri e Mídia. In: TUCCI, Rogério Lauria (coord.). *Tribunal do Júri*: Estudo sobre a mais democrática instituição jurídica brasileira. São Paulo: Revista dos Tribunais, 1999. pp. 112 e ss.; ANDRADE, Fábio Martins. *Mídia e Poder Judiciário*: A Influência dos órgãos da Mídia no Processo Penal Brasileiro. Rio de Janeiro: Lumen Juris, 2007. pp. 18 e ss. Sobre o papel determinante da mídia para que fosse colocado em pauta e houvesse o julgamento da ação penal 470 pelo Supremo Tribunal Federal (2013), consulte-se: FALCÃO, Joaquim. Direito, mídia e opinião pública. In: FALCÃO, Joaquim (coord.). *Mensalão*: Diário de um Julgamento – Supremo, Mídia e Opinião Pública. Rio de Janeiro: Elsevier, 2013. pp. 9-11. Ademais, para recente análise da cobertura da imprensa relativamente à Operação Lava Jato: GOMES, Marcus Alan de Melo. Crítica à cobertura midiática da Operação Lava Jato. *Revista Brasileira de Ciências Criminais*. São Paulo, a. 24, v. 122, pp. 229 e ss., ago. 2016.
6. Com honrosas exceções, cfr., por todos: SCHREIBER, Anderson (coord.). *Direito e Mídia*. São Paulo: Atlas, 2013.

Pois bem. O universo da imprensa escrita é marcado por dois principais gêneros textuais:[7] a notícia, que se insere no âmbito do jornalismo informativo, e a reportagem, que se conecta ao jornalismo opinativo. As características, como conteúdo temático, estilo e construção composicional de cada um dos gêneros são distintas.

Por um lado, a notícia é marcada pela utilização de abordagem mais técnica, com fortes traços de objetividade e imparcialidade, com vista, por meio do uso de discurso indireto, a descrever e/ou narrar fatos ou acontecimentos sociais que estão na ordem do dia. Justamente pela ausência do caráter opinativo, geralmente não são assinadas pelos autores. Dispostas em jornais, revistas ou publicações na internet, as notícias, basicamente, procuram informar os leitores acerca de fatos reais tendencialmente relevantes. Por outro lado, a reportagem, que, de regra, vem subscrita, caracteriza-se por uma linguagem mais subjetiva, livre para expor juízos de valor inerentes ao repórter. Por meio da junção entre o discurso direto e indireto, possui função que extravasa a de passar informação.

Centralizando as lentes na notícia, são quatro os elementos que usualmente compõem a sua estrutura: (i) título, (ii) título auxiliar, (iii) lide e (iv) corpo da notícia. Não obrigatório, o *título auxiliar* visa complementar o título principal, acrescentando algumas informações e o enfoque da notícia. O *lide* é o elemento, disposto no primeiro ou nos dois primeiros parágrafos, que objetiva a dar as instruções essenciais e a guiar – *lead*, em inglês – o leitor no processo de leitura da notícia. Para tanto, costuma trazer respostas às seguintes perguntas: "O quê?", "Quem?", "Quando?", "Onde?", "Como?", "Por quê?". Já o *corpo da notícia* traz o detalhamento dos fatos expostos no lide e informações extras.

A *manchete jornalística*, elemento que particularmente interessa à presente abordagem, é tradicionalmente referida como o *título* disposto na primeira página de jornal ou revista concernente à mais relevante entre as notícias inclusas na edição. Entretanto, é possível que a palavra seja utilizada em sentido amplo, designando, genericamente, o título de qualquer notícia.

Tendo em vista o exponencial aumento das notícias on-line, que, em rigor, são publicadas de forma autônoma, tem-se percebido uma tendência de aproximação no uso das palavras *manchete* e *título*. Conforme referido alhures, no presente estudo deve-se considerar como manchete o elemento inaugural – a parte de maior destaque, quase sempre escrita em negrito e com fonte maior – da notícia. Ressalte-se:

---

7. Após dar nota da diferença entre os gêneros literário e jornalístico, Maria Benassi afirma: "O jornalismo se propõe processar informação em escala industrial e para consumo imediato. As variáveis formais devem ser reduzidas, portanto, mais radicalmente do que na literatura". BENASSI, Maria Virginia Brevilheri. O gênero "notícia": uma proposta de análise e intervenção. *CELLI – Colóquio de estudos linguísticos e literários*: Anais Colóquio de estudos linguísticos e literários. Maringá, p. 1793, 2009. De toda forma, cabe apontarem-se outros possíveis gêneros presentes nos veículos informativos, *e.g.*: editorial, resenha crítica, texto de opinião, artigo, crônica e carta de leitor. O presente estudo tem como objeto de investigação os títulos noticiosos.

de qualquer notícia (pouco importando se constante em jornal, revista, site, etc.), e não apenas da principal.[8]

Feita essa consideração terminológica, cabe iniciar a análise do aspecto funcional da manchete, que servirá de base para moldar o estrutural. Nesse sentido, podem ser apontados como funções das manchetes: (i) sumariar a notícia, (ii) atrair atenção do leitor (iii) e, nas notícias publicadas on-line, sobressair no motor de buscas. O equilíbrio na observância de cada função, resultando em manchete que informe os fatos da notícia e, simultaneamente, seduza o leitor a consumi-la, e o(s) algoritmo(s) do motor de busca (por exemplo, do Google) a indicá-la, não é tarefa simples. Por isso mesmo, a prática demonstra constante negligência do elo comercialmente mais fraco, qual seja, o ligado ao repasse da informação (i).

Cientes de que cada título noticioso permanece diante do leitor ordinário por um curtíssimo lapso temporal, jornalistas procuram aproveitar ao máximo esse tempo para despertar o interesse pela leitura instantânea. Em outras palavras, há um constante processo de busca de convencimento do leitor em potencial de que vale a pena ele gastar o seu tempo lendo a notícia. Mais do que introduzir, percebe-se um desejo de se fazer consumir.

De acordo com a característica editorial do jornal/revista, e até mesmo da seção ou conteúdo da notícia, a manchete tende a ser feita de determinada maneira. Apesar de o método de sua confecção ser variável, costumam-se seguir algumas fórmulas. A realização após o término da escrita da notícia, muitas vezes por pessoa distinta da que fez o próprio texto, é um exemplo.[9] Além disso, podem ser citados os cuidados com as palavras utilizadas e o número de caracteres.[10]

Entre os interessantes dados a respeito do tema, salta aos olhos o apontamento de que, a cada dez pessoas, em média, oito tão somente leem o título, ao passo que apenas duas dão atenção ao texto por completo. A chave para tentar aumentar essa taxa de conversão, segundo especialistas, é procurar despertar alguma emoção no leitor: curiosidade, medo, orgulho, solidão, preguiça, luxúria e até mesmo raiva são alguns dos exemplos referidos.[11]

---

8. Apesar de não se ignorar a necessidade da constante busca na precisão linguística, vale ressaltar-se que as questões jurídicas incidentes sobre os títulos noticiosos e manchetes (no seu sentido clássico, como o "título dos títulos") são praticamente idênticas.
9. Principalmente nos grandes veículos informativos, que, frequentemente, possuem uma pessoa encarregada para tal missão.
10. O comprimento do título é importante para o repasse da mensagem de forma eficiente: "Pesquisas sobre usabilidade mostram que as pessoas não apenas leem com pouca atenção o corpo das notícias, mas também as manchetes – e tendem a absorver apenas as primeiras e as últimas 3 palavras. Isso sugere que o tamanho ideal de uma manchete é de 6 palavras". BEGG, Remington. *Web Headline Writing Made Easy*. Disponível em: <https://www.impulsecreative.com/blog/web-headline-writing-made-easy-with-headline-swipe-file>. Adverte-se, desde já, que o acesso ao referido endereço eletrônico, bem como aos demais, mencionados em seguida, ocorreu pela última vez em 07 dez. 2019. Avisa-se, outrossim, por oportuno, que todos os trechos originários de outros idiomas e transcritos no presente estudo foram livremente traduzidos pelos autores.
11. BIRD, Drayton. *Why "Good" Headlines Fail Miserably*. Disponível em: <https://draytonbird.com/articles/good-headlines-fail-miserably/>.

Em especial no ambiente on-line, a manchete tem significativo peso nos indicativos de resultado das notícias – tais quais os números de cliques, leituras, comentários e compartilhamentos em mídias sociais. Intimamente ligadas à técnica de despertar emoção, várias outras se fazem presentes nessa sede. A utilização da tática do "como" (*how to*), por exemplo, é bem conhecida;[12] o mesmo se diga em relação à proposição de perguntas e menção de números.[13] Tamanho é o sucesso dos títulos que envolvem números que foi criado, na língua inglesa, substantivo específico para os textos resultantes da união de listas (*lists*) e artigos (*articles*): "*listicles*".[14]

Embora a mídia tradicional esteja menos inclinada a utilizar essas táticas estruturais, muitas das notícias que viralizaram na internet em um passado recente valeram-se delas.[15] De alguma forma isso acaba impactando todos os atores da comunidade jornalística. E reflete, bem vistas as coisas, fenômeno mais amplo: o incremento do sensacionalismo na sociedade.

Esse processo será referido adiante (*infra*, 3.1). Por ora, é oportuno demonstrar haver motivos para recear o uso de manchetes sensacionalistas, mais direcionadas ao entretenimento do que ao repasse de informação. Nesse sentido, basta destacar as inúmeras vezes em que as manchetes são lidas desacompanhadas das notícias.

Em pesquisa empírica sobre o tema, identificou-se que 70% das pessoas que frequentaram as bancas de jornal durante um certo período de tempo leram apenas as manchetes dos jornais e acabaram optando por não comprar nenhum – sendo que, dos 30% restantes, 27% leram as manchetes e efetuaram a compra e 3% compraram diretamente, sem exame das manchetes.[16]

Os referidos números demonstram claramente o comum hábito da leitura restrita às manchetes das notícias, já tendo sido assinalada a figura do "leitor de manchete", ou

---

12. Basicamente, ela apela à necessidade ou ao desejo de as pessoas melhorarem as suas vidas de alguma maneira. O segredo, aqui, seria sublinhar no título os benefícios ou resultados, não o processo em si envolto. Note-se a diferença entre "Como começar um negócio de informática em tempo integral em sua casa" e "Como ganhar dinheiro trabalhando em casa com o seu computador". RIECK, Dean. *9 Proven Headline Formulas That Sell Like Crazy*. Disponível em: <https://www.copyblogger.com/proven-headline-formulas>.
13. "Paradoxos, *quizzes*, recompensas ou perigos implícitos, ou mesmo perguntas simples podem inflamar o imediatismo de uma manchete, atraindo a curiosidade do seu leitor – quase forçando-o a ler a notícia". BEGG, Remington. *Web Headline Writing Made Easy*, op. cit.
14. A resposta para o sucesso de títulos como "7 hábitos das pessoas altamente eficazes" (*best-seller* de autoria de Stephen Covey, publicado originalmente em 1989) pode ser encontrada na psicologia, mais especificamente no desejo dos seres humanos de previsibilidade: "Números funcionam bem em manchetes porque as pessoas gostam de previsibilidade e reprovam incertezas. (...) Os números podem ajudar, proporcionando uma gestão das expectativas, a fim de que saibamos exatamente o que vai acontecer. Essas podem ser algumas das razões pelas quais um estudo (...) constatou que o público prefere manchetes com números a qualquer outro tipo". SEITER, Courtney. *8 Winning Headline Strategies and the Psychology Behind Them*. Disponível em: <https://blog.bufferapp.com/headline-strategies-psychology>.
15. Cfr. KILGO, *Danielle*; SINTA, *Vinicio*. *Six things you didn't know about headline writing*, op. cat. p. 11.
16. GINDRI, Clarissa; MENDES, Luana; MAZZAROTTO, Marco André. *A influência das manchetes dos jornais diários na decisão de compra do consumidor*. XIII Congresso de Ciências da Comunicação na Região Sul. Chapecó, p. 6, 2012. Disponível em: <http://www.intercom.org.br/papers/regionais/sul2012/resumos/R30-1656-1.pdf>.

seja, o sujeito que se restringe a escanear títulos das notícias.[17] Indo além, os números corroboram outra conclusão: por ocasionar interpretação equivocada em grande parte dos receptores, as manchetes inadequadas devem ser vistas como problemas.

No âmbito das mídias sociais on-line, por exemplo, já têm sido tomadas algumas providências que visam ao combate de manchetes censuráveis.[18] Em mais de uma oportunidade, o Facebook anunciou estar implementando medidas técnicas para diminuir o impacto das designadas manchetes "caça-cliques" ("*clickbait headlines*") em sua rede.[19] Para tanto, a empresa passou a analisar, entre outros fatores, quanto tempo o usuário gasta lendo o conteúdo da notícia e retorna para a página do Facebook, bem como o índice de leitores que clicam no link dela e, em seguida, interagem, seja discutindo, seja compartilhando-a com amigos.[20]

Nesse ponto, ressurge a indagação feita em sede introdutória: como tem sido a atuação do Direito na matéria?

3. A MANCHETE SOB UM OLHAR JURÍDICO: ANÁLISE DA CASUÍSTICA

Passadas em revista as características das manchetes e os aspectos considerados no processo de suas escolhas, revela-se medida de bom grado examinar os pontos que ensejam debates jurídicos na matéria. Para tanto, nada melhor do que trazer à ribalta casos concretos analisados pelos tribunais pátrios, temperando-os com algumas observações.

O exame será dividido em dois subtópicos: o primeiro, sob o espectro do lesado, que pode vir a sofrer dano injusto pela forma – degradante à sua dignidade – com que é retratado na manchete (*infra*, 3.1); na sequência, será posto em evidência o

---

17. Conforme referência ao gênero "leitor de manchete", "cujo espécime mais radical é o poupador 'leitor de banca'". BARROS FILHO, Clóvis de. *Ética na comunicação*. 6ª ed. atual. Sérgio Praça. São Paulo: Summus, 2008. p. 41.
18. Na sugestiva expressão de Kiro, manchetes que vendem "a alma ao diabo para conquistar visitas". *L'etica ai tempi della rete*: i titoli degli articoli. Disponível em: https://www.melamorsicata.it/2013/05/22/letica-ai-tempi-della-rete-i-titoli-degli-articoli/.
19. Sobre as manchetes caça-cliques: "Manchetes que retêm informações intencionalmente, omitem detalhes cruciais ou enganam as pessoas, forçando-as a clicar para descobrir a resposta. Por exemplo, 'Quando ela olhou embaixo das almofadas do sofá e viu ISTO...' Manchetes que exageram os detalhes de uma história com uma linguagem sensacionalista e tendem a fazer com que a história pareça mais importante do que realmente é. Por exemplo, 'UAU! Chá de gengibre é o segredo para a juventude eterna. Você PRECISA ver isto!'" BABU, Arun; LIU, Annie; ZHANG, Jordan. *News Feed FYI*: New Updates to Reduce Clickbait Headlines. Disponível em: <https://newsroom.fb.com/news/2017/05/news-feed-fyi-new-updates-to-reduce-clickbait-headlines/>. No referido comunicado, postado em seu blog, o Facebook anunciou ter passado a verificar separadamente se um título retém informações ou exagera em detalhes da história e, também, ter expandido os recursos para enfraquecer a disseminação das *clickbait headlines* em outras línguas e países. Conforme notícia do site G1, tais recursos passaram a ser utilizados no Brasil em maio de 2017: ARAUJO, Bruno. *Facebook começa a esconder links que possam ser 'caça-clique'*. Disponível em: <https://g1.globo.com/tecnologia/noticia/facebook-comeca-a-esconder-links-que-possam-ser-caca-clique.ghtml>.
20. EL-ARINI, Khalid; TANG, Joyce. *News Feed FYI*: Click-baiting. Disponível em: <https://newsroom.fb.com/news/2014/08/news-feed-fyi-click-baiting/>.

problema do descompasso entre o título noticioso e o restante do texto, de modo a franquear interpretações equivocadas por parte dos leitores (*infra*, 3.2).

Antes de avançar, traçam-se algumas notas para situar o leitor. Os exemplos referidos adiante, por motivos metodológicos, refletem hipóteses, em sua grande maioria, que acarretaram a responsabilidade civil dos veículos informativos. Porém, sublinhe-se, não será essa a solução de regra.

Justamente pela liberdade de informação ter um grande peso na matéria, crê-se que o método proposto permitirá uma melhor delimitação da fronteira entre o uso merecedor de tutela e seu abuso. De toda forma, anote-se, não se perderá de vista, durante o decorrer do estudo, o seguinte alerta de Gustavo Tepedino:

> No âmbito das atividades jornalísticas, revelam-se numerosas as hipóteses nas quais o exercício das liberdades de informação e de expressão atinge a personalidade do retratado, sem, contudo, causar dano injusto, precisamente por veicular notícias sérias, de interesse público, relacionadas a pessoas notórias, sem o intuito de ofender, de modo a configurar exercício regular de direito, em preponderância das liberdades sobre a personalidade do indivíduo.[21]

3.1 A abordagem aviltante à dignidade humana do retratado

A matéria-prima, por excelência, do jornalismo são fatos que geram notícias. Na maior parte das vezes, eles envolvem pessoas, sedentas ou avessas à retratação, e dados ou eventos socialmente significativos. Quando relacionado a questões negativas, como participação em crimes e escândalos, é comum que o retratado nessa situação se sinta contrariado com a exposição. Mas isso, por si só, não enseja qualquer tipo de dano moral reparável.

A situação pode alterar-se conforme a maneira da retratação. Exemplo comum nessa seara é o excesso no *animus narrandi*, levando a exposição desnecessária e constrangedora de retratados na notícia. Cite-se, a título de ilustração, a manchete, "DESALMADO – abandonado, filho do governador sofre com problemas psicológicos", publicada no dia 29 de julho de 2006 pelo periódico "Veja agora" – que faz parte da sociedade empresária "Jornal do Povo do Maranhão".

Além do título apelativo, o caso é marcado pela revelação de ação judicial que corria em segredo de justiça – relativa a pagamento de pensão alimentícia – entre os envolvidos, o então governador do Estado do Maranhão, José Reinaldo Carneiro Tavares, e seu filho. Ao rejeitar o Recurso Especial que visava à revisão da condenação do jornal pelo TJMA, asseverou o Ministro Sidnei Beneti:

> Ofende a *intimidade e a honra*, produzindo dano moral indenizável, a veiculação jornalística de reportagem, *estampando "manchete" com adjetivo indicativo de ofensivo juízo negativo de*

---

21. TEPEDINO, Gustavo. Liberdade de informação e de expressão: reflexão sobre as biografias não autorizadas. *Revista da Faculdade de Direito* – UFPR. Curitiba, v. 61, n. 2, p. 36, mai./ago. 2016. A liberdade de informação e a sua harmonização com os direitos da personalidade (em especial, o direito à honra) dos envolvidos nas notícias serão analisadas no último tópico do estudo (*infra*, 4).

valor, seguida de narrativa em termos críticos de fatos "sub judice" da vida pessoal e de familiares, extraídos de processo judicial protegido por sigilo de justiça.[22]

O referido caso, como se nota, traz dois aspectos da personalidade da vítima que foram lesados, quais sejam, a intimidade e a honra. Naturalmente, não será necessária tal conjugação para que haja a configuração da responsabilidade civil por parte do(s) ofensor(es) (leia-se, o veículo de comunicação e/ou o próprio jornalista).[23] Como são direitos da personalidade autônomos, a violação injusta a qualquer um deles, bem como a qualquer outro direito que se encaixe naquela categoria,[24] gerará danos morais passíveis de compensação.[25]

Tome-se como exemplo o caso que envolveu um pecuarista chamado Hélio, morador da cidade de Passos/MG, que foi preso por acusação de tráfico de drogas no dia 10 de abril de 1997. No dia seguinte, a manchete do jornal "Folha da Manhã" estampava: "Hélio Bicha é preso a 550 km de Passos". O periódico, que possui ampla circulação na região dos fatos, repetiu ainda o adjetivo por mais duas vezes ao longo do corpo da matéria.

A questão, posta sob o crivo do Judiciário, visava definir se Hélio possuía ou não razão ao alegar que a forma como o jornal noticiou a sua prisão, com referência a cognome ofensivo na manchete e dando ampla publicidade à sua identificação como homossexual – até então restrita a alguns círculos sociais –, tinha-lhe causado

---

22. STJ, 3ª Turma, REsp nº 1.420.285/MA, Min. Rel. Sidnei Beneti, j. 20/05/2014, DJe 02/06/2014. (Destacou-se).
23. De acordo com a Súmula nº 221 do STJ, editada em 1999, mas em pleno vigor: "São civilmente responsáveis pelo ressarcimento de dano, decorrente de publicação pela imprensa, tanto o autor do escrito quanto o proprietário do veículo de divulgação". Possuem legitimidade passiva, portanto, os jornalistas e os veículos informativos; geralmente, as ações são endereçadas aos veículos informativos, tendo em vista a maior capacidade financeira deles. Sobre o tema: "a ação por danos morais advindos de matéria jornalística pode ser deflagrada, individualmente ou concomitantemente, à escolha do autor, tanto contra a empresa titular do veículo de comunicação, como ao jornalista diretamente responsável pela matéria". STJ, 4ª Turma, REsp nº 210.961/SP, Min. Rel. Massami Uyeda, j. 21/09/2006, DJe 12/03/2007. Para julgado que defende a inocorrência de responsabilidade civil aos meros colaboradores para a confecção da notícia, como estagiários que ajudam na coleta de dados: STJ, 4ª Turma, REsp nº 1.504.833/SP, Min. Rel. Luis Felipe Salomão, j. 01/12/2015, DJe 01/02/2016.
24. A propósito da estreita ligação entre os direitos da personalidade e os direitos fundamentais, JUNQUEIRA, Thiago Villela. A (in)disponibilidade dos direitos da personalidade na civilística portuguesa. In: LIRA, Ricardo César Pereira; AGUIAR, Roger Silva (orgs.). *O Direito Privado interpretado pela Academia Brasileira de Direito Civil*. Belo Horizonte: Editora D'Plácido, 2015. p. 287.
25. De acordo com Maria Celina Bodin de Moraes, afigura-se como dano moral a "lesão a algum dos substratos que compõem, ou conformam, a dignidade humana, isto é, a violação a um desses princípios: i) liberdade, ii) igualdade, iii) solidariedade e iv) integridade psicofísica de uma pessoa". Após trazer essa definição, remata a autora: "Em uma situação concreta, porém, estes princípios podem entrar em colisão entre si. Neste caso, será preciso sopesá-los, através do exame dos interesses em conflito, em relação a seu fundamento, isto é, com vistas à própria dignidade humana". MORAES, Maria Celina Bodin de. Dano Moral: conceito, função, valoração. *Revista Forense*. Rio de Janeiro, a. 2011, v. 107, n. 413, jan./jun, p. 371. Apesar de geralmente haver uma compensação por meio de quantia monetária fixada pelo magistrado competente, vale ressaltar que cada vez mais ganha força a instituição de meios não pecuniários de reparação dos danos morais, como, por exemplo: o direito de resposta, a retratação do ofensor, o pedido de desculpas e a publicação de sentença condenatória. Não obstante, por óbvio, a questão tem de ser analisada caso a caso; para se ficar no exemplo de escola, não faz sentido a reparação por meio de publicação de sentença condenatória em lesão causada à privacidade do ofendido, uma vez que, dessa forma, o dano apenas se potencializaria.

dano moral. Após ter tido o pleito negado pelo TJMG, que, em sua decisão, acatou o argumento da defesa, de que o jornal havia tão somente reverberado informações obtidas no próprio boletim de ocorrência policial, conseguiu o autor reverter o julgamento do caso no Superior Tribunal de Justiça.

Em trecho que merece transcrição, afirma a Ministra Nancy Andrighi:

> Com o delineamento dos fatos, ficou evidenciado que a recorrida, ao reproduzir na manchete do jornal o cognome – 'apelido' – do autor, atitude que redundou em manifesto proveito econômico, feriu o direito do recorrente ao segredo de sua vida privada, divulgando desnecessariamente o 'apelido' repugnado, e, portanto, atuou com abuso de direito, exsurgindo como consequência do ferimento ao direito de todo cidadão manter a vida privada distante do escrutínio público.[26]

Para a resolução da demanda foi de fundamental importância a apreciação da maneira como o jornal reproduziu as informações constantes nos documentos oficiais sobre o episódio. Uma análise atenta demonstra que, ao ecoar, no título da notícia que retratava a prisão do suspeito, apelido que, ofensivamente, revelaria à comunidade a sua opção sexual, de fato o jornal abusou da liberdade de informação que possui.

Ora, apesar de ser incontroverso que a revelação da homossexualidade de determinada pessoa não poderá ser tida como ofensiva à sua honra, é, sim, possível que, a depender da forma que ela seja feita – e, sobremaneira, quando por meio de adjetivos tidos como pejorativos –, haja o ataque a outro bem da personalidade do envolvido, a saber, a sua privacidade.[27]

Questão diversa, embora intrinsecamente relacionada, é a que se refere à simples retratação da condição de suspeito de práticas criminosas em notícias. Parece indubitável, nesse contexto, que um mero suspeito, ainda em fase de inquérito policial ou denúncia, não possa ser apresentado como culpado pelo crime de que é alvo de investigação. O motivo para se chegar a tal conclusão é simples: o juízo negativo embutido no público em relação à responsabilidade criminal do acusado e o próprio abalo emocional que será por ele sofrido, mesmo que posteriormente reste comprovada a sua inocência, dificilmente serão desfeitos.

Ao sublinhar a posição de investigado, por outro lado, alforria-se o veículo informativo por ter noticiado a investigação de crime que pairava, à época, sobre a pessoa, mesmo que na sequência se revele infundada a suspeita.[28] Daí o porquê de

---

26. STJ, 3ª Turma, REsp nº 613.374/MG, Min. Rel. Nancy Andrighi. j. 17/05/2005, DJ 12/09/2005. Não se olvide a advertência feita, em seguida, pela Ministra: "impõe-se ressaltar que a simples reprodução, por empresa jornalística, de informações constantes na denúncia feita pelo Ministério Público, ou no boletim policial de ocorrência, consiste em exercício do direito de informar, contudo, a causa de pedir da presente ação guarda especificidade, porque indica como fundamento do pedido, não a simples veiculação da informação constante de documentos oficiais, mas a forma como essa informação foi veiculada".
27. Quando a revelação for incorreta, há ainda a possibilidade de ofensa ao denominado direito à identidade pessoal, conforme as lições de SCHREIBER, Anderson. *Direitos da personalidade*. São Paulo: Atlas, 2011. pp. 14-15 e 205-206.
28. Em bom rigor, a doutrina especializada aponta, ainda, outros critérios que devem ser observados na solução do conflito entre o direito à honra e à liberdade de informação presente na divulgação de suspeitas de

se afirmar que, ao tomar o referido cuidado, o jornalista se projeta numa situação duplamente favorecida.[29]

Faltou tal cautela, entretanto, à equipe do jornal "O São Gonçalo", que, ao noticiar a prisão de alguns acusados de roubos na zonal sul da cidade de Niterói/RJ, publicou a seguinte manchete: "Uma 'seleção' a serviço do crime". Entre os suspeitos estava um inocente que se viu posto como servo do crime, ou seja, que fora condenado sumariamente pelo veículo informativo.

A prisão, ressalte-se, apesar de ocorrida, não permitia que os envolvidos fossem taxados como culpados pelos crimes. Exatamente nesse sentido foi decidida a ação de responsabilidade civil por danos morais em virtude de ofensa à honra ajuizada pelo suspeito absolvido:

> Ainda que na matéria interna os fatos narrados sejam verídicos, tem-se que a manchete tem cunho sensacionalista, evidenciando verdadeiro excesso no dever de informação, já levando o leitor a crer que o autor era criminoso, e não apenas suspeito.[30]

A referência ao cunho sensacionalista da manchete no julgado é oportuna. Isso porque trata de ponto fundamental da análise, não apenas do tema, mas da própria sociedade atual. Nota-se, hoje, o "triunfo do espetáculo" nos mais diversos setores culturais: esporte, cinema, televisão, moda, arquitetura e gastronomia são alguns exemplos. No que particularmente interessa, o influxo desse processo na mídia é a busca da conjugação entre o repasse da informação e o entretenimento.[31]

Tal fusão, apesar de possuir aspectos positivos, pode acarretar evidentes distorções. Há uma linha muito tênue entre a busca por tornar uma notícia mais saborosa – eventualmente, utilizando-se de técnicas de enredos, como a divisão dos retratados entre heróis e vilões, ou com emprego de manchetes ruidosas – e a deturpação dos

---

práticas criminosas. Para além do (i) realce da qualificação do retratado como mero suspeito, são elencadas as seguintes cautelas necessárias por parte dos meios informativos: (ii) consulta a fontes fidedignas, (iii) apresentação dos indícios recolhidos e, sempre que possível, (iv) oitiva do acusado e do seu advogado. Cfr. Ibid., pp. 82-83. Sobre o tema, consulte-se, ainda: STJ, 3ª Turma, REsp nº 984.803/ES, Min. Rel. Nancy Andrighi, j. 26/05/2009, DJe 19/08/2009.

29. Cabe, aqui, a justa ressalva de que considerável parte da mídia, em especial os grandes veículos informativos, já se atentou e tem-se preocupado em apontar a mera condição de suspeito por parte dos retratados que se encaixem nessa hipótese fática. O mesmo se diga em relação à citação de fontes, quando não sigilosas, e a observância da possibilidade de o retratado oferecer, ainda que por vezes seja ofertado um demasiado curto lapso temporal para elaboração, a sua versão sobre os fatos.
30. TJRJ, 8ª Câmara Cível, Apelação Cível nº 0116452-39.2010.8.19.0002, Des. Rel. Mônica Maria Costa, j. 29/09/2015, pub. 01/10/2015. Diversos são os julgados que confirmam o abuso na veiculação de notícias que retratam suspeitos como criminosos; cfr., por exemplo, o seguinte pronunciamento do TJSP, 28ª Câmara Extraordinária de Direito Privado, Apelação Cível nº 1039229-11.2014.8.26.0114, Des. Rel. Enio Zuliani, j. 07/06/2017, pub. 20/06/2017.
31. Cfr. KELLNER, Douglas. A cultura da mídia e o triunfo do espetáculo. Trad. Rosemary Duarte. *Líbero*, a. VI, v. 6, n. 11, 2004, que chega a afirmar: "As formas de entretenimento invadem a notícia e a informação, e uma cultura tabloide, do tipo *infoentretenimento,* se torna cada vez mais popular" (p. 5). A palavra "infoentretenimento", destacada no original, foi utilizada para traduzir a expressão *"infotainment",* versada no texto em inglês. Conforme consta na nota do tradutor, ela se "reporta à forma como a informação e o entretenimento se fundem num mesmo universo comunicacional" (p. 15).

fatos. A abordagem sensacionalista, nesse sentido, acaba por ensejar reservas por parte de algumas pessoas ao denominado "infoentretenimento".

Entre os critérios de aferição de possíveis abusos da liberdade de informação, inclusive oriundos de abordagens com vieses sensacionalistas, ganha relevo a observação das características e linha editorial da mídia sob exame. Jornais populares, destarte, geralmente se comunicam com uma linguagem mais informal e despretensiosa, diferentemente do que ocorre com outros tipos de periódicos, marcados por uma seriedade maior e compromisso com o uso da norma culta.

Hipotética revista de conteúdo especializado em Direito Penal, nessa linha de pensamento, deveria ser avaliada de modo mais rigoroso por eventual confusão entre conceitos jurídicos, como furto e roubo, presente numa notícia do que um jornal popular.[32] O que não significa dizer que não seja exigível de qualquer veículo de comunicação tratamento condizente com a dignidade humana dos retratados. Afinal, conforme a doutrina aponta, esse é um limite inarredável à liberdade de informação.[33]

Na prática, advirta-se, muitas vezes não é o que se vê.

"Preso mais um 'MONSTRO' acusado de decapitar mulher". Essa foi a manchete do jornal "Hora H", veiculado na cidade de Nova Iguaçu/RJ, em notícia que tratava da prisão de suspeito de envolvimento em crime hediondo. Abordagens semelhantes à feita, independentemente do tipo de mídia, devem ser combatidas. Note-se que, apesar da ressalva da condição de acusado, o termo "monstro", com letras grandes e vistosas, já havia condenado o retratado – sem qualquer direito de defesa.

Lesada, portanto, a sua honra, ensejando direito à compensação pelos danos morais:

> Na verdade, seja um jornal popular ou não, a liberdade de expressão há de se pautar por uma atividade séria, ética e profissional. Nessa trilha, não se tem como deixar de reconhecer que a manchete referida faz uma indução aos leitores, que vai além do direito de bem informar, redimen-

---

32. "Não há texto em jornal, revista ou *site* noticioso da internet (exceção quanto aos produzidos pelas instituições especializadas), nem há reportagem radiofônica ou televisiva que resista à análise apurada de um especialista". TÚLIO, Caio. Ética e mídia. In: MOREIRA, Marcílio Marques et al. (coord.). *Cultura das transgressões no Brasil*: visões do presente. São Paulo: Saraiva, 2009. p. 94. O erro em questões mais técnicas realmente é muito difícil de ser evitado, sobretudo tendo em vista a constante luta contra o tempo presente nas redações para a publicação das notícias. Todavia, isso não permite aos meios de comunicação se escudarem nos seus desconhecimentos, principalmente no que toca a erros crassos.
33. "Com efeito, as formas de expressão são protegidas na medida em que delas se deduz o valor da dignidade da pessoa humana e dos princípios gerais de liberdade, igualdade e solidariedade". BARBOSA, Fernanda Nunes; CASTRO, Thamis Dalsenter Viveiros de. Dilemas da liberdade de expressão e da solidariedade. *Civilistica.com*. Rio de Janeiro, a. 6, n. 2, p. 20, 2017. Disponível em: <http://civilistica.com/dilemas-da-liberdade-de-expressao/>. Exorbita do horizonte deste trabalho uma análise do princípio da dignidade da pessoa humana, presente no art. 1°, inc. III da CF; entre a rica literatura nacional sobre o tema, recomenda-se: BODIN DE MORAES, Maria Celina. *Na Medida da Pessoa Humana*: Estudos de direito civil-constitucional. Rio de Janeiro: Renovar, 2010. pp. 71 e ss.; SARMENTO, Daniel. *Dignidade da pessoa humana*: conteúdo, trajetórias e metodologia. Belo Horizonte: Fórum, 2016; e BARROSO, Luís Roberto. *A dignidade da pessoa humana no direito constitucional contemporâneo*: a construção de um conceito jurídico à luz da jurisprudência mundial. Belo Horizonte: Fórum, 2012.

sionando o fato e a pessoa do Autor como suspeito, ou seja, a utilização da palavra "MONSTRO", em letras garrafais, fez incutir em quem leu o jornal que a condição dele no episódio fora algo muito mais profundo do que a mera suspeita.[34]

Nesse passo, cumpre mencionar o paradoxo ético apontado por Márcio Thomaz Bastos ao tratar dos embates entre a liberdade de imprensa e a presunção de inocência, mas que bem serviria de provocação para introduzir o tópico subsequente. Aduz o autor, em estudo específico sobre o Tribunal de Júri e Mídia, que, apesar de a imprensa cobrar, incessante e implacavelmente, ética da sociedade e de seus componentes, muitas vezes, ela acaba por dispor de "pouca ou nenhuma ética na sua conduta".[35]

O não raro desencontro entre a informação transmitida pelo título e o restante da notícia, permitindo equívocos interpretativos em busca de audiência, de certa maneira confirma o paradoxo aludido. Além da questão ética, particularmente interessa ao presente estudo investigar as respostas jurídicas que devem ser fornecidas a esses casos.

É o que se inicia a seguir.

3.2 O problema do descompasso entre o título e o restante da notícia

É certo que o título se caracteriza por ser um dos elementos da notícia. Ao conjugá-lo com os demais – relembre-se, lide, corpo do texto e, eventualmente, título auxiliar –, tem-se a notícia em sua completude. À semelhança do que ocorre no Direito – conforme a clássica advertência de que não se deve interpretá-lo em tiras –,[36] a correta interpretação da notícia abarca uma análise complementar dos elementos nela contidos, ou seja, em sua unidade.

Todavia, diferentemente do exemplo dado no âmbito do Direito, incide sobre a atividade jornalística um *dever de informar adequadamente*. Ao se levar em conta o fato de a realidade demonstrar que, inúmeras vezes, a leitura integral da notícia simplesmente não se consuma,[37] bem como a influência que o título pode causar na compreensão e recordação da notícia pelo leitor, cabe questionar: deve-se considerar merecedor de tutela, em virtude da liberdade de informação, título feito de maneira

---

34. TJRJ, 15ª Câmara Cível, Apelação Cível n.º 0049597-09.2006.8.19.0038, Des. Rel. Jacqueline Lima Montenegro, j. 21/06/2011.
35. BASTOS, Márcio Thomaz. Júri e Mídia, op. cit. p. 114.
36. GRAU, Eros Roberto. *Ensaio e discurso sobre a interpretação/aplicação do Direito*, 3º ed. São Paulo: Malheiros, 2005. p. 131.
37. Cfr. *supra*, 2. Sobre o tema, WINQUES, Kérley. "Tem que ler até o fim?": o consumo da grande reportagem multimídia pelas gerações x, y e z nas multitelas. Dissertação de mestrado submetida ao Programa de Pós-graduação em Jornalismo da Universidade Federal de Santa Catarina. Florianópolis, 2016, *passim*; e, na literatura estrangeira, VIGNATI, Paola. Titologia e media: il caso delle esequie di Papa Giovanni Paolo II. *CULTURE*: Annali del Dipartimento di Lingue e Culture Contemporanee della Facoltà di Scienze Politiche dell'Università degli Studi di Milano, 2005-2006. Milão: Montedit, 2007. p. 289: "Muitos especialistas no assunto argumentam que os títulos têm o maior público de leitores por ser o primeiro passo para a leitura do artigo que vem na sequência".

tal a levar o leitor a crer em algo que não condiz com os fatos, sendo esses retratados de forma exata apenas no decorrer da notícia?

Em vanguardista estudo, já referido, o Professor Marquez, do Departamento de Jornalismo da Universidade de Temple, após apontar o fenômeno da leitura parcial dos jornais e a necessidade de que fosse feito algo para mitigar seus efeitos negativos, propôs a divisão dos títulos (*headlines*) em três tipos, nomeadamente: "precisos", "ambíguos" e "enganadores".[38] Enquanto os títulos "precisos" se caracterizariam pela congruência, os "enganadores" evidenciaria(m) diferença(s) com o conteúdo da notícia. Já os "ambíguos", tipicamente omissivos em relação a pontos fundamentais da notícia, seriam os títulos obscuros – que, dessa forma, franqueariam mais de um sentido compreensivo.

No presente tópico, enfrentar-se-ão os títulos que se enquadrariam nas categorias "ambíguos" e "enganadores".[39] Manifesta-se particularmente relevante esse enfrentamento quando se leva em conta as lições de outras áreas de saber, sobremaneira da Psicologia.

Alguns estudos nesse campo têm demonstrado que os títulos influenciam a forma como os fatos são compreendidos, afetando o processamento das informações, a memória, o raciocínio e intenções comportamentais dos leitores da notícia.[40] Na síntese esclarecedora de Maria Konnikova:

> Ao chamar a atenção para determinados detalhes ou fatos, uma manchete pode influir o prévio conhecimento que é ativado em sua cabeça. A maneira como uma frase é formulada em uma manchete pode influenciar sua mentalidade à medida que você lê, fazendo-o lembrar detalhes que coincidem com o que você estava esperando. Por exemplo, a manchete deste artigo que eu escrevi – "Um gene que faz você precisar dormir menos?", – não é de modo algum imprecisa. Porém, ela provavelmente sugere um foco em uma parte específica do todo. Se eu a tivesse formulado do seguinte modo "Por que precisamos de oito horas de sono?", as pessoas se lembrariam dela de maneira diferente.[41]

Daí a constatação de que a primeira impressão causada pelo título da notícia,[42] assim com a primeira impressão que se tem ao conhecer uma pessoa, muitas vezes

---

38. No original: "*accurate*", "*ambiguous*" e "*misleading ones*". MARQUEZ, F. T. How Accurate Are the Headlines? op. cit. pp. 31 e ss.
39. Insta destacar que a referida divisão não é estanque, havendo alguns pontos de contato entre as categorias. Por isso mesmo, embora se reconheça o seu valor didático, durante o enfrentamento elas não serão particularizadas.
40. "Nós demonstramos que manchetes enganosas têm impacto sobre a memória dos leitores, seu raciocínio inferencial e intenções comportamentais, bem como sobre as impressões que as pessoas formam sobre rostos. Em um nível teórico, argumentamos que esses efeitos ocorrem não apenas porque as manchetes limitam o processamento de informações, direcionando os leitores para uma determinada interpretação, mas também porque os leitores buscam atualizar sua memória a fim de corrigir equívocos iniciais". ECKER, Ullrich K. H.; LEWANDOWSKY, Stephan; CHANG, Eel Pin; PILLAI, Rekha. The effects of subtle misinformation in news headlines. *Journal of Experimental Psychology*: Applied, Volume 20, 4, Dec 2014, p. 323.
41. KONNIKOVA, Maria. How Headlines Change the Way We Think. Disponível em: https://www.newyorker.com/science/maria-konnikova/headlines-change-way-think.
42. Mormente no ambiente on-line, conforme se vem destacando. Para uma investigação específica sobre o tema, veja-se, REIS, J. C. S.; BENEVENUTO, F.; MELO, P. O. V.; PRATES, R.; KWAK, H.; AN, J. Breaking the News: First Impressions Matter on Online News. *The 9th International AAAI Conference on Web and Social Media*, 2015, Oxford. ICWSM, 2015.

é a que fica. E, ainda, que a própria lembrança da notícia por parte do leitor é em alguma medida afetada pelo título dela.

O exemplo disposto no trecho reproduzido acima é definitivo: uma notícia quase idêntica, apenas com títulos diversos ("Um gene que faz você precisar dormir menos?", e "Por que precisamos de oito horas de sono?"), a depender do título, provavelmente seria lida, interpretada e recordada de formas distintas. Sublinhe-se, mesmo que ela contivesse todos os outros elementos iguais. O título faria a diferença, pois, na hora da leitura, seriam ativadas diferentes partes do cérebro, envolvendo distintos conhecimentos prévios – que, por sua vez, poderiam influenciar a leitura, inclusive no intuito de obterem uma confirmação ao seu fim.[43]

Eis aqui o grande perigo. Já se percebeu que a ênfase, no título, sobre determinado conteúdo pode alterar toda a compreensão da notícia. O destaque a aspecto secundário, visando direcionar a atenção do leitor para uma questão lateral da notícia, com efeito, pode ser realizado de forma dolosa e com fins espúrios. No limite, constituindo até mesmo um mascaramento de informações.

Pense-se na seguinte manchete publicada no jornal britânico "*Daily Express*", na edição do dia 17 de outubro de 2013: "A poluição do ar é agora a principal causa do câncer de pulmão".[44] Ainda que lida, acompanhada de seu subtítulo, "A poluição do ar foi apontada como a principal causa do câncer de pulmão, disse a Agência Internacional de Pesquisa sobre Câncer, da Organização Mundial da Saúde", a referida manchete induz o leitor a crer que a poluição do ar passou a ser a principal causa de câncer de pulmão na atualidade.

O corpo da notícia, todavia, traz um ponto crucial: na verdade, a poluição do ar trata da principal causa "ambiental" para a provocação do câncer de pulmão, e não a principal causa dentre todas as possíveis – como, por exemplo, a derivada do hábito de fumar. Conquanto não se desconsidere o fato de que, se as pessoas lessem a notícia inteira, acabariam por ter acesso ao conteúdo preciso, não se pode negar que manchetes semelhantes a essas prestam um desserviço à sociedade.[45]

Como antídoto a eventuais desvirtuamentos, poderia se falar na utilização de conhecimentos pretéritos por parte do leitor, bem como de seu senso crítico, atenção e prudência. Numa larga escala, poderia mesmo se cogitar na utilização das mídias

---

43. Dá-se o nome de "viés de confirmação" à tendência de as pessoas examinarem, interpretarem e recordarem as informações de forma a confirmarem suas pré-compreensões. Apesar de constituir um erro de raciocínio, ele não deve ser ignorado durante a análise do tema.
44. A versão on-line da notícia continua disponível no endereço eletrônico do jornal, cfr.: https://www.express.co.uk/life-style/health/437473/Air-pollution-now-leading-cause-of-lung-cancer. O exemplo em tela foi alvo de menção pretérita por, KONNIKOVA, Maria. How Headlines Change the Way We Think, op. cit.
45. Não seria exagero supor que alguns leitores que não conferissem a matéria por completo, e outras pessoas que viessem a receber informações delas, poderiam se sentir desmotivados, por exemplo, a parar de fumar, tendo em vista que o simples ato de respirar o poluído ar de suas cidades já lhes colocariam – até mesmo em maior proporção quando comparado com o hábito de fumar – diante do risco concreto de câncer de pulmão. Além disso: o que se diria se um dos anunciantes de jornal que publicasse notícia nesse estilo fosse justamente uma marca fabricante de cigarros?

sociais e outros meios para denunciação de más-condutas por parte de determinados veículos informativos. Porém, soa utópico acreditar que, a maior parte dos leitores, no seu dia a dia, aplicaria tais medidas e filtros.

Tudo isso demonstra a necessária conscientização dos veículos informativos acerca dos perigos envoltos na utilização de técnicas discursivas capazes de ensejar interpretações equivocadas. Em rigor, não apenas a conscientização, mas a não utilização. Entre os vários efeitos negativos que podem ser citados, além do perigo à saúde, salta aos olhos o estímulo a conflitos sociais, xenofobias e discriminações.

A propósito, permita-se o relato de um caso emblemático. O jornal francês "*Libération*", no dia 11 de fevereiro de 2014, trazia, em determinado título noticioso, o seguinte enunciado: "República ácida para os ciganos". Ao se examinar a matéria, ficava nítido que ela tinha como objetivo expor o julgamento de um cidadão suspeito de ter despejado, em Paris, produto corrosivo no colchão de um casal de ciganos romenos que se encontrava em um alojamento. Lida desacompanhada da notícia, entretanto, a manchete abria leque para interpretações variadas, em especial no sentido de que a República Francesa dispensava tratamento hostil aos referidos imigrantes.[46]

Para que não fique a impressão de que o problema não se apresenta no Brasil, incumbe trazer-se à estampa caso que envolve conhecida figura da política nacional. Disposta em notícia do jornal "O Estado de São Paulo", que, baseada em relatório de auditoria da Prefeitura e da Empresa Municipal de Urbanização (EMURB), relatava a suspeita de irregularidades durante administração anterior da Prefeitura de São Paulo, a manchete expunha a seguinte assertiva: "Auditoria acusa Marta de desvio".

Exatamente essa foi a manchete da notícia publicada no dia 15 de setembro de 2006 pelo referido jornal. Ocorre que, bem vistas as coisas, o relatório não fazia qualquer menção a irregularidades feitas pela pessoa da ex-prefeita Marta Suplicy, mas sim ocorridas durante o seu mandato. Explicando mais e melhor, a auditoria usada como base para a matéria não acusava Marta de desvio ou irregularidades, mas apontava aspectos suspeitos presentes em contratos firmados pela EMURB e requeria as providências cabíveis para apuração dos fatos e punição dos envolvidos.

A leitura da manchete desacompanhada da matéria, entretanto, levava à impressão de que a ex-prefeita havia sido acusada diretamente de desvio – fato, esse, que não espelha a realidade. Mais correto, com efeito, seria se o jornal tivesse apontado que a "gestão Marta" estava sob suspeita. Apesar de não ter disposto tal informação no título, é digno de registro que a matéria se inicia assim: "Um relatório feito por auditores da Prefeitura de São Paulo apontou desvio de recursos nas obras de 57 praças construídas pelo programa Centros de Bairro durante a gestão de Marta Suplicy (PT)".

---

46. Cfr. DYONIZIAK, Jolanta. Identité sociale médiatisée à l'exemple de la presse française et polonaise. *Studia romanica posnaniensia*, v. 42, n. 4, 2015, que, ao tratar desse caso específico, adverte: "A informação diz respeito a um acontecimento provocado por um indivíduo, ao passo que o título abre caminho para a interpretação generalizadora de que todos os franceses (...) são hostis aos imigrantes ciganos" (p. 30). Em tempo: dá-se o nome de generalização discursiva à atribuição de características próprias de determinados indivíduos a um grupo social.

Destarte, embora o título sugerisse um elo direto entre a pessoa física Marta – ainda que na posição de prefeita – e os desvios supostamente ocorridos, já no primeiro parágrafo da notícia tal vinculação perdia força, uma vez que havia o esclarecimento de a acusação versar sobre fatos ocorridos durante a sua gestão.

Nem por isso a situação deixa de ser delicada, pois, conforme afirmado alhures, é possível supor-se que considerável parte dos leitores (em especial, no âmbito on-line) tenha fixado a primeira – e em destaque – informação ou sequer tenha examinado o restante da notícia. Dessa forma, poder-se-ia concluir que à Marta em si, e não à sua condição política de gestora responsável por evitar malfeitos na Administração Pública Municipal, tenha sido endereçada a desconfiança dos leitores inadvertidos.

Após se debruçar sobre o caso em sede de apelação, no âmbito do TJSP, o Desembargador James Siano fez os seguintes apontamentos:

> Inadequado analisar a manchete dissociada da matéria. Sua apreciação deve estar sempre atrelada ao teor da notícia, com a qual forma uma unicidade. A manchete sozinha pode não significar com exatidão o que retrata a matéria. (...) Melhor seria se o título fosse mais exato, mas não é inverídico se examinado em conjunto com o teor da notícia publicada e também sob o enfoque da responsabilidade política do mandatário. Somente a desagregação da matéria pela consideração solitária do título levaria a uma interpretação equivocada. Mas reduzir a notícia ao título é uma desfiguração indevida, porque deforma ao talante do interessado o enredo que surge da unidade do texto.[47]

O caso em tela demonstra a dificuldade que vem sendo referida ao longo do presente estudo para se chegar ao desfecho justo dos conflitos. Seguindo a linha de raciocínio proposta, resta a sensação de que andou mal a Corte em negar o pleito de reparação civil – por meio da compensação pelos danos morais sofridos e obrigação de alteração do título da reportagem.[48] Ora, a abordagem feita pela manchete *sub examine* se encaixa perfeitamente no censurável rol das que, em vez de *informar*, *deformam* a realidade,[49] infringindo, assim, uma das facetas do direito ao acesso à informação previsto no art. 5º, inc. XIV, da CF.[50]

---

47. TJSP, 5ª Câmara Extraordinária de Direito Privado, Apelação Cível nº 0298613-62.2009.8.26.0000, Des. Rel. James Siano, j. 21/10/2014, pub. 21/10/2014, pp. 6-7.
48. A decisão de primeira instância havia dado ganho de causa à autora, condenando o jornal ao pagamento da quantia de R$ 83.000,00 (oitenta e três mil reais), a título de danos morais, e obrigando a supressão de seu nome do título da reportagem. Vale destacar-se, porém, que o resultado da sentença do TJSP acabou por prevalecer, visto que o recurso especial interposto pela ex-prefeita não foi reconhecido "em razão do óbice da Súmula 7/STJ". STJ, 3ª Turma, AgInt no REsp nº 1.713.759/SP, Min. Rel. Paulo de Tarso Sanseverino, j. 13/11/2018, DJe 16/11/2018. Para consulta da matéria, ainda disponível on-line: <http://www.atarde.uol.com.br/politica/noticias/1106999-auditoria-acusa-marta-de-desvio-na-prefeitura-de-sp>.
49. "A liberdade de informação não é simplesmente a liberdade do dono da empresa jornalística ou do jornalista. A liberdade deste é reflexa no sentido de que ela só existe e se justifica na medida do direito dos indivíduos a uma informação correta e imparcial. (...) Reconhece-se-lhes o direito de informar ao público os acontecimentos e ideias, mas sobre ele incide o dever de informar à coletividade de tais acontecimentos e ideias, objetivamente, sem alterar-lhes a verdade ou esvaziar-lhes o sentido original, do contrário, se terá não informação, mas deformação". SILVA, José Afonso da. *Curso de Direito Constitucional*. 25ª ed. São Paulo: Malheiros, 2005. p. 247.
50. Em sentido convergente, apontando os deveres de objetividade e de exatidão como anexos ao dever de veracidade imposto aos meios de comunicação pelo art. 5, inc. XIV, da CF: MIRAGEM, Bruno. *Direito Civil: responsabilidade civil*. São Paulo: Saraiva, 2015. pp. 651 e 693-694.

4. CONSIDERAÇÕES ESSENCIAIS: EM JEITO DE CONCLUSÃO

"Nem mocinhos, nem bandidos".[51] Esse foi o sugestivo título escolhido por Elaine Soares, em reportagem sobre atuação dos veículos informativos na contemporaneidade. Apesar de algumas denunciadas vicissitudes,[52] não se pode olvidar a relevantíssima função que a mídia continua a exercer na sociedade, mantendo atuais as quase centenárias palavras de Rui Barbosa:

> A imprensa é a vista da Nação. Por ela é que a Nação acompanha o que lhe passa ao perto e ao longe, enxerga o que lhe malfazem, devassa o que lhe ocultam e tramam, colhe o que lhe sonegam, ou roubam, percebe onde lhe alveja, ou nodoam, mede o que lhe cerceiam, ou destroem, vela pelo que lhe interessa, e se acautela do que a ameaça.[53]

A importância da mídia, nesse sentido, é colossal: além de constituir uma parte indissolúvel do sistema democrático, cabe a ela vigiar, cobrar e expor as mazelas dos demais (Executivo, Legislativo e Judiciário), bem como assegurar que não falte matéria-prima de qualidade na atual sociedade de *informação*. Por isso mesmo, carrega consigo um volume enorme de responsabilidades.

Ainda que se concorde com a famosa frase atribuída a Winston Churchill (1874-1965), "Não existe opinião pública, existe apenas opinião publicada", não há como negar que a imprensa interfere decisivamente no modo de ver e julgar os fatos por grande parte da sociedade, tendo, em alguma medida, a capacidade de promover justiça e injustiça.[54]

No que especificamente interessa ao presente estudo, conforme se deixou consignado, ninguém duvida que a repercussão da notícia comece com título que atraia o leitor e que, pensando nisso, há toda uma preocupação, por parte dos veículos informativos, na criação de títulos de impacto, capazes de se destacar nas redes sociais e buscas on-line, bem como de gerar um incremento no número de exemplares físicos vendidos.

O compreensível interesse por maior audiência e todos os benefícios dela resultantes, entretanto, não pode legitimar uma narrativa distorcida dos fatos, tampouco

---

51. SOARES, Elaine. Nem mocinhos, nem bandidos. *Fórum*: debates sobre justiça e cidadania. Rio de Janeiro, ed. 17, pp. 19-21, jan./fev./mar. 2006.
52. Para instigante pesquisa que afasta a visão da mídia como um veículo independente, imparcial e comprometido com a verdade, para construir uma ideia de que os meios de comunicação social de massa têm servido aos interesses daqueles que os controlam e financiam, veja-se: HERMAN, S. Edward; CHOMSKY, Noam. *Manufacturing consent*: the political economy of the mass media. Nova Iorque: Pantheon Books, 2002. Na literatura nacional disponível: ABRAMO, Perseu. *Padrões de Manipulação na grande imprensa*. 3ª reimp. São Paulo: Fundação Perseu Abramo, 2009, que, inclusive, dedica algumas páginas à análise de exemplos de manchetes recheadas com, no seu dizer, "mentiras, ou verdades aparentes", cfr. pp. 55 e ss.
53. Cfr. BARBOSA, Rui. *A imprensa e o dever da verdade*. 3ª ed. São Paulo: Com-Arte; Editora da Universidade de São Paulo, 1990. p. 20. Registre-se, por oportuno, que, no decorrer do texto, Rui Barbosa não deixa de tecer críticas à imprensa da época (aproximadamente, 1920).
54. "Jornalistas, apresentadores de rádio e televisão também fazem justiça. Ou injustiça". LOPES, Mônica Sette. Juristas e jornalistas: impressões e julgamentos. *Revista de Informação Legislativa*. Brasília, n. 180, pp. 104-105, out./dez. 2008.

trazer o risco de distorção ao leitor médio. Seja por falta de tempo, dedicação ou mesmo capacidade, a verdade é que considerável parte dos leitores não filtra devidamente as informações que lhes são repassadas.[55]

Em tempos digitais, como o que se vive, a leitura restrita à manchete das matérias em *sites* de notícias e redes sociais deixa de ser exceção e vira regra. O cuidado para que não se criem falsas percepções, seguindo essa ordem de ideias, deve ser duplicado. Além dos que já foram expostos, outros argumentos atuam para diminuir o espaço de manobra de manchetes que ensejam interpretações equivocadas.

Nesse contexto, impõe-se lembrar que, para o jornalista estar apto a narrar a "realidade", deverá, antes, observá-la e interpretá-la.[56] Esse processo trifásico, por si só, pode acarretar inúmeras distorções.[57] Seu encadeamento, esculpido na notícia, será ainda objeto de análise subjetiva pelo destinatário da mensagem, o leitor, com todas as suas idiossincrasias.

Parece evidente, como corolário, que a acurada retratação dos fatos configura missão complexa, sendo indesejável a criação de obstáculos extras – por meio, *exempli gratia*, de títulos noticiosos ambíguos ou enganadores.

Feita essa ressalva, por assim dizer, procedimental, insta trazerem-se à baila algumas noções jurídicas que permeiam o núcleo da matéria, como o interesse público e a liberdade de informação. Será que, de alguma forma, elas constituiriam obstáculos insuperáveis para a abordagem que vem sendo proposta no decorrer deste estudo?

Numa apreciação breve e conclusiva, o interesse público, tantas vezes utilizado como justificativa para legitimar a publicação e manutenção de notícias sobre episódios controvertidos – garantindo, assim, a liberdade de informação em detrimento de outros direitos fundamentais, como a honra e a privacidade –, projeta-se no polo oposto quando subsumido na discussão relativa à forma de transmissão da informação. É dizer-se: o interesse público atua, aqui, contrariamente à ampla liberdade do jornalista na escolha da manchete e ao encontro da necessidade do repasse da informação de maneira fidedigna e correta – não impulsionando equívocos, desvirtuamentos interpretativos e, amiúde, lesões a outros direitos fundamentais.

Relativamente à liberdade de informação, assegurada pelo art. 220 da CF, a perspectiva contrária à defendida também não teria melhor sorte. A liberdade que as empresas jornalísticas possuem na sua atividade informativa, inclusive no que tange à escolha das manchetes, apesar de fundamental, não se constitui como absoluta,

---

55. Prova contundente dessa afirmação é a praga das *fake news*: notícias falsas, muitas vezes absurdas, mas que nem por isso deixam de ser lidas e (re)transmitidas por leitores inadvertidos ou mal-intencionados.
56. Cfr. CORNU, Daniel. Journalisme et la vérité. *Autres Temps*: Cahiers d'éthique sociale et politique. Lyon, n. 58, p. 13, 1998, que aponta as seguintes três funções como constitutivas da identidade jornalística: observador, intérprete e narrador da realidade.
57. Principalmente quando se leva em conta que, muitas vezes, os jornalistas trabalham com versões inacabadas da história, além da conhecida pressão existente nas redações para publicação, em tempo quase real, dos últimos acontecimentos.

mas sim uma liberdade instrumental, norteada a informar o público. Desviada desse fim, conforme ensina a melhor doutrina, tal liberdade passar a exprimir "exercício ilegítimo ou abusivo, perdendo merecimento de tutela".[58]

Note-se que, apesar de a CF ter sido pródiga em garantir liberdades – como a de manifestação de pensamento (art. 5º, inc. IV), de expressão e comunicação (art. 5º, inc. IX) – e ter assegurado a todos o acesso à informação (art. 5º, inc. IV), especificamente no que se refere à liberdade de informação, ela própria esboçou alguns limites. Com efeito, embora o *caput* do art. 220 afirme que "A manifestação do pensamento, a criação, a expressão e a informação, sob qualquer forma, processo ou veículo não sofrerão qualquer restrição", em sua parte final há importante ressalva: "observado o disposto nesta Constituição".

No mesmo sentido, depois de o § 1º do referido art. 220 atestar que "Nenhuma lei conterá dispositivo que possa constituir embaraço à plena liberdade de informação jornalística em qualquer veículo de comunicação social", é apontada a necessidade de observação de vários incisos do art. 5º da própria CF. Assim, a vedação ao anonimato e os direitos de resposta e indenização por dano material, moral ou à imagem constituem algumas das restrições à liberdade de informação absoluta. De especial interesse ao estudo se revela o inciso X do art. 5º, também presente como merecedor de observação no § 1º do art. 220, e que ordena serem "invioláveis a intimidade, a vida privada, a honra e a imagem das pessoas, assegurado o direito a indenização pelo dano material ou moral decorrente de sua violação".[59]

Doutro prisma, cabe apontar a falácia presente no argumento de que os leitores, incomodados com manchetes ambíguas, deturpadoras da realidade ou ofensivas, poderiam, simplesmente, deixar de consumir os veículos de informação que comuniquem com o seu público dessa forma, afastando a possibilidade de serem por eles atingidos.[60] Tal linha de pensamento ignora ao menos duas questões: (i) os direitos da personalidade, notadamente da honra e privacidade, que são atingidos mediante representações atentatórias à dignidade dos retratados, e (ii) o direito difuso à informação verdadeira – oriundo, por excelência, do repasse de informação pelos meios de comunicação social de massa.

---

58. SCHREIBER, Anderson. Privacidade e Censura. *Carta Forense*. Disponível em: <http://www.cartaforense.com.br/conteudo/colunas/privacidade-e-censura/17410>. A rica multiplicidade de exemplos expostos nos tópicos anteriores ilustra a hipótese fática em questão.
59. Impende esclarecer-se que a palavra "invioláveis" deve ser relativizada; em abono da verdade, diversos serão os casos em que haverá a necessidade de ponderação entre um dos direitos previstos no art. 5º, inciso X, da CF, e outro de semelhante hierarquia, conforme o exemplo referido adiante.
60. Justamente essa foi a estratégia de defesa do jornal paulista "Notícias Populares", que publicou a seguinte manchete, no dia 18 de maio de 1991, após liminar judicial estabelecendo determinadas condicionantes à sua publicação: "NP: só lê quem quer". Cfr. AMGRIMANI SOBRINHO, Danilo. *Espreme que sai sangue*: um estudo do sensacionalismo na imprensa. São Paulo: Summus, 1995. p. 88. Não se entra, nesta sede, na falta de mérito da liminar, que estabelecia a obrigatoriedade da venda envelopada do referido jornal sempre que o exemplar fosse conter "cenas de violência ou de sexo ou expressar-se por meio de termos obscenos ou chulos".

Explica-se: o fato de um indivíduo não ler determinado jornal não impede que, reflexamente, seja por ele influenciado ou atingido. É de todo descabido supor que apenas leitores habituais possam sofrer danos morais por periódicos. Desde que haja na notícia tratamento discrepante com o respeito à dignidade do retratado e, de qualquer maneira, chegue ao seu conhecimento, ferindo um dos atributos da sua personalidade, instala-se a responsabilidade civil do veículo informativo.

Como reverso da medalha, vale realçar que, dependendo da magnitude e tiragem do jornal sua influência pode reverberar, ainda que diante de eventual perda de leitores, em toda a sociedade. Por isso mesmo, tem-se consolidado a ideia de um *direito difuso à informação verdadeira*. Tutelável por meio de ações coletivas, tal direito agasalharia a incidência do "dever de diligência e cuidado na averiguação dos fatos e, sobretudo, na elaboração do texto informativo"[61] por parte da imprensa.

Reportando ao âmago da problemática, as colocações empreendidas no estudo visam, precipuamente, harmonizar dois direitos em constante tensão. A *liberdade de informação* da imprensa – traduzida no (aparente) livre direito de escolha do título noticioso – e o *direito à honra* do retratado – que se relaciona, *grosso modo*, ao direito de não ser tratado de maneira que afete injustamente a sua reputação social na sociedade (honra objetiva) ou o julgamento de si mesmo (honra subjetiva) na notícia (consequentemente, em seu título).

Assim como sucede em outras colisões de direitos, não é possível apontar-se, aqui, uma prevalência apriorística: a resposta de cada caso dependerá, indelevelmente, das particularidades envoltas, pendendo a solução ora para a tutela da liberdade de informação, ora para a proteção da honra.

Tal constatação, todavia, não arreda a necessidade de se envidarem esforços em busca da proposição de parâmetros objetivos auxiliadores à apreciação do conflito. Note-se que a sua utilidade se projetará tanto na fase preventiva, por servir de alerta acerca de medidas concretas que possam moldar a concepção de títulos nas redações jornalísticas, evitando a produção de danos, quanto na patológica, que resulta no uso da técnica ponderativa pelos julgadores para solução dos conflitos.[62]

Forte nessas premissas, cabe elencar critérios que deverão ser observados na solução de conflitos decorrentes de títulos noticiosos: (i) a forma de tratamento do

---

61. GOMES JUNIOR, Luiz Manoel. O direito difuso à informação verdadeira e sua proteção por meio das ações coletivas – a função social da informação. In: NERY JUNIOR, Nelson; NERY, Rosa Maria de Andrade. *Doutrinas essenciais*: responsabilidade civil, vol. VIII. Editora: Revista dos Tribunais. pp. 49-50. Esta não é a instância própria para o desenvolvimento dos aspectos específicos concernentes ao direito difuso à informação verdadeira. Sobre o tema, seja consentido remeter-se a CARVALHO, Luiz Gustavo Grandinetti Castanho de. *Liberdade de informação e o direito difuso à informação verdadeira*. Rio de Janeiro: Renovar, 2003. pp. 91 e ss.
62. Especificamente sobre esse último ponto, além de contribuir para a uniformização das decisões, o oferecimento de diretrizes possibilita, ainda, maior controle de legitimidade da ponderação efetuada pelos magistrados nos casos concretos, mediante análise da fundamentação constante em suas respectivas sentenças.

retratado: se foi pejorativa, ofensiva ou contrária à presunção de inocência; (ii) o modo de exposição dos fatos: se desvirtuou o seu contexto original ou, de alguma maneira, induziu o leitor em erro;[63] (iii) se houve a inobservância de cuidados mínimos para averiguar e provar a certeza do fato retratado no título (consequentemente, na notícia);[64] e (iv) a repercussão da ofensa causada ao retratado, em seus aspectos individual e social.

Embora tenham sido elaborados com enfoque na colisão entre a *liberdade de informação* e a *honra*, os critérios propostos provavelmente serão úteis para análise de outros possíveis danos causados aos direitos da personalidade, como a privacidade e imagem. Nada impede, porém, que, dependendo do caso concreto, eles se mostrem insuficientes até mesmo para resolver questões relativas à suposta lesão da honra. Nessa eventualidade, o intérprete deverá socorrer-se de outros parâmetros que se evidenciem como pertinentes.

Ainda no campo das advertências, cumpre realçar-se que a análise feita privilegiou um dos elementos da notícia: a manchete. Quando se estiver em dúvida sobre a legitimidade da própria publicação do fato, outros critérios poderão ser invocados para auxiliar a ponderação em jogo.[65] Indo além, caso a notícia retrate fato inverídico, o sopesamento poderá até mesmo ser afastado, haja vista inexistir conflito entre dois direitos igualmente tutelados.[66]

Dando sequência, importante serem trazidos a lume alguns aspectos atinentes à responsabilidade civil do veículo comunicador. Em primeiro lugar, deve considerar-se desnecessária a prova, por parte da vítima, de proveito econômico oriundo da manchete ao veículo informativo. Tal requisito, disposto especificamente sobre o direito à imagem no art. 20 do CC, sob a designação *destinação a fins comerciais*,[67] tem sido alvo recorrente de relativização pela doutrina e jurisprudência, por dois motivos principais: demonstra-se como uma prova diabólica, dificilmente alcançável pelo lesado, e em virtude de a atividade exercida pelos jornais, intimamente ligada à publicação das notícias, causar a presunção relativa desse proveito financeiro.

---

63. A linha editorial do veículo informativo, ou da respectiva seção em que houve a publicação, servirá de referência adicional para a análise dos critérios (i) e (ii) dispostos acima.
64. Como a oitiva de testemunhas dos fatos e consulta de fontes oficiais (v. g., boletins de ocorrência policial, denúncias do Ministério Público, decisões judiciais, certificados de registro de imóvel etc.).
65. Em especial, o interesse público na divulgação, que passaria a ter papel central para o deslinde da situação.
66. Cfr.: "a ponderação somente se impõe quando há colisão entre dois interesses merecedores de igual proteção na ordem jurídica. Assim, se certo ente jornalístico veicula (...) fato que não seja verídico, não há de se falar em liberdade de informação: a notícia, muito ao contrário, desinforma". SCHREIBER, Anderson. *Direitos da personalidade*, op. cit. p. 112.
67. Art. 20 do CC. "Salvo se autorizadas, ou se necessárias à administração da justiça ou à manutenção da ordem pública, a divulgação de escritos, a transmissão da palavra, ou a publicação, a exposição ou a utilização da imagem de uma pessoa poderão ser proibidas, a seu requerimento e sem prejuízo da indenização que couber, se lhe atingirem a honra, a boa fama ou a respeitabilidade, ou se se destinarem a fins comerciais".

Desnecessária, também, é a intenção de ofender para o ensejo do dever de reparar. A mera atuação culposa, mediante a falta de observância de algumas atitudes – como as elencadas acima –, na elaboração da manchete, é capaz de constituir a responsabilidade civil, em sua modalidade extracontratual, por parte do jornalista e/ou do veículo informador.

No que diz respeito ao campo das formas de reparação do dano moral em tela, grassa considerável polêmica sobre a possibilidade da estipulação de obrigação de alteração da manchete por parte dos magistrados. A questão ganha importância na medida em que, atualmente, quase todas as notícias publicadas nos veículos impressos são replicadas no ambiente on-line, permanecendo, ali, perenemente disponíveis para consulta.

Embora não se ignore que exceda às atribuições dos magistrados a confecção de manchetes alternativas em notícias lesivas, não se vislumbram obstáculos suficientes para se negar o seu pleito. De outro modo, a vítima seria condenada a conviver com o elemento causador do dano ou o veículo informativo teria de retirar a notícia por completo da internet, ambas as soluções passíveis de ressalvas. Eis o porquê de defender-se, nestas linhas, que o julgador, em sua respectiva decisão, deve fornecer instruções mínimas para que o próprio veículo informativo responsabilizado faça a modificação e, subsidiariamente, faculte a retirada de acesso do público à notícia on-line, sem prejuízo de outras formas de reparação.

Em jeito de conclusão, espera-se que tenha ficado a lição da necessidade de o jornalista, no seu dia a dia, ter redobrados cuidados na hora de formatar a informação que passará ao seu interlocutor, especialmente por meio do título. Conforme se demonstrou, o título não apenas *apresenta* a notícia ao leitor, mas, em certa medida, *torna-a presente*,[68] pré-condicionando desde a sua compreensão à recordação. Por isso mesmo, deve-se evitar o fomento a desvirtuações e interpretações equívocas.

Ao agir de acordo com os parâmetros propostos, sem se descurar de uma abordagem objetiva, coerente e fidedigna aos fatos, o jornalista verá legitimada a sua liberdade de informação e, ao mesmo tempo, cumprirá o seu nobre mister.

Muitas das conclusões aqui alcançadas, de resto, são extraíveis, inclusive, do Código de Ética dos jornalistas brasileiros. Veja-se, à guisa de ilustração, os seguintes trechos: (i) "a *divulgação da informação precisa e correta* é dever dos meios de comunicação" (art. 2º, I); (ii) o compromisso do jornalista "é com a verdade no relato dos fatos" e, para tanto, deve zelar "*pela sua correta divulgação*" (art. 4º); (iii) não pode o jornalista "submeter-se a diretrizes contrárias à precisa apuração dos acontecimentos e *à correta divulgação da informação*" (art. 7º, II); (iv) "O jor-

---

68. Cfr., embora se referindo ao designado "paratexto", que, além do título, inclui outros elementos constitutivos (subtítulos, intertítulos, prefácios, preâmbulos etc.): GENETTE, Gérard. *Seuils*. Paris: Éditions du Seuil, 1987. p. 7.

nalista não pode divulgar informações: I – visando o interesse pessoal ou buscando vantagem econômica; II – de caráter mórbido, *sensacionalista* ou *contrário aos valores humanos, especialmente em cobertura de crimes* e acidentes" (art. 11); e (v) o jornalista deve "*tratar com respeito todas as pessoas mencionadas* nas informações que divulgar" (art. 12, inc. III).[69]

---

69. Destacou-se. Para interessante estudo, com lastro em pesquisa de campo, acerca do modo como o referido Código, atualizado pela última vez em 2007, é visto por estudantes e profissionais de jornalismo, consulte-se: LOVISOLO, Hugo R.; DEOLINDO, Jacqueline. Ética jornalística no Brasil: o ideal, o real e os desvios no percurso. *Anuário Internacional de Comunicação Lusófona*. Braga, v. 1, 2008, pp. 145-156, no qual se pode ler: "Uma das conclusões mais interessantes (...) é a disparidade entre jornalistas e estudantes de jornalismo no que se refere a sua visão do papel da profissão e do relativismo das regras deontológicas. O único consenso entre os dois grupos parece ser a desconfiança quanto ao seguimento do código de ética pelos membros da categoria e o sentimento de limitação criativa para a realização do seu trabalho imposta pela linha editorial do veículo, a rotina e as leis do mercado" (p. 155).

LIBERDADE DE EXPRESSÃO E DIREITO À IMAGEM: CRITÉRIOS PARA A PONDERAÇÃO

Chiara Spadaccini de Teffé

> Doutoranda e Mestre em Direito Civil pela Universidade do Estado do Rio de Janeiro (UERJ). Atualmente, é professora de Direito Civil e de Direito e Tecnologia na Faculdade de Direito do IBMEC. Leciona em cursos de pós-graduação do CEPED-UERJ, na Pós-graduação da PUC-Rio, na Pós-graduação do Instituto New Law e na Pós-graduação da EBRADI. É também professora da Escola da Magistratura do Estado do Rio de Janeiro (EMERJ) e do Instituto de Tecnologia e Sociedade do Rio (ITS Rio). Membro da Comissão de Proteção de Dados e Privacidade da OABRJ. Membro do conselho executivo da revista eletrônica *civilistica.com*. Membro do Fórum permanente de mídia e liberdade de expressão da EMERJ. Foi professora de Direito Civil na UFRJ e pesquisadora do Instituto de Tecnologia e Sociedade do Rio (ITS Rio). Associada ao Instituto Brasileiro de Estudos em Responsabilidade Civil (IBERC). Advogada e consultora em proteção de dados pessoais.

1. LIBERDADE DE EXPRESSÃO E DIREITO À IMAGEM: COMO CONCILIAR OS INTERESSES EM JOGO?

Rio de Janeiro, Arcos da Lapa, 2007. Ali era gravada cena da novela *Paraíso Tropical* em que determinada personagem despencava dos Arcos. A cena foi filmada à luz do dia, no centro da cidade, sem conteúdo sexual ou nudez. Involuntariamente, porém, os seios da intérprete de Telma (a atriz Isis Valverde) ficaram à mostra e um paparazzo conseguiu ângulo em que era possível registrá-los. Em abril daquele ano, o *click* dessa cena foi publicado na revista e no endereço eletrônico da *Playboy* sem autorização da retratada. Foi inserida, inclusive, a seguinte legenda: "Isis Valverde, no Rio, dá adeusinho e deixa escapar o cartão de boas-vindas", que nada tinha a ver com a situação em si.

No caso narrado, entendeu o Superior Tribunal de Justiça que, apesar de se tratar de pessoa famosa e de a fotografia ter sido tirada em local público, a forma como a atriz foi exposta — tendo-se em conta o veículo da publicação, o contexto utilizado na matéria e o viés econômico — foi abusiva e excedeu profundamente os limites impostos pela boa-fé e os bons costumes. Segundo o relator, mesmo nas situações em que houver alguma forma de mitigação da tutela do direito à imagem[1], não será possível tolerar abusos, estando as liberdades de expressão e comunicação limitadas à condicionante ética do respeito ao próximo e aos direitos da personalidade.[2]

---

1. "Em relação especificamente à imagem, há situações em que realmente se verifica alguma forma de mitigação da tutela desse direito. Em princípio, tem-se como presumido o consentimento das publicações voltadas ao interesse geral (fins didáticos, científicos, desportivos) que retratem pessoas famosas ou que exerçam alguma atividade pública; ou, ainda, retiradas em local público." (STJ. Quarta Turma. REsp 1.594.865 – RJ. Rel. Min. Luis Felipe Salomão. DJe: 18/08/2017).
2. STJ. Quarta Turma. REsp 1.594.865-RJ. Rel. Min. Luis Felipe Salomão. DJe: 18/08/2017.

Dezembro de 1999, Revista *Veja*. Com o título *O Doutor Milhão*, foi publicada na revista matéria em que se tratou das conclusões do relatório final da chamada *CPI do Judiciário*, que investigou determinado desembargador em sua atuação no âmbito do Poder Judiciário do Distrito Federal. Segundo a revista, o magistrado foi citado na CPI como responsável por diversas irregularidades no exercício de sua função. Haveria indícios dos crimes de abuso de poder e prevaricação, além de improbidade administrativa. A matéria adotou tom bastante crítico e, por vezes, sarcástico, mas abordou tema de interesse público e repercussão social. Diante da publicação, o desembargador ajuizou ação indenizatória em face da editora Abril, alegando ofensa à sua honra e imagem em razão do uso de sua foto sem autorização.

Ao julgar o caso, o Ministro Raul Araújo[3] entendeu que não havia ali dano indenizável. Afirmou que, em se tratando de pessoa ocupante de cargo público, de notória importância social, o âmbito de reconhecimento do dano à imagem e sua extensão ficariam mais restritos, especialmente quando utilizada fotografia da pessoa para ilustrar matéria jornalística e sem invasão de sua vida privada. Segundo o relator, a utilização de fotografia do magistrado adequadamente trajado, em seu ambiente de trabalho, serviu apenas para ilustrar a matéria jornalística, não constituindo violação ao direito de preservação de sua imagem ou de sua vida íntima. Destacou que, em princípio, não caracterizaria hipótese de responsabilidade civil a publicação de matéria jornalística que narrasse fatos verídicos ou verossímeis, ainda que eivados de opiniões severas, irônicas ou impiedosas, sobretudo quando se tratasse de figura pública que exercesse atividades tipicamente estatais e a notícia se referisse a fatos de interesse geral relacionados à atividade pública desenvolvida pela pessoa em questão. Em casos assim, a liberdade de expressão seria prevalente e afastaria o intuito doloso.

Determinadas situações ensejam a ponderação dos direitos fundamentais à liberdade de expressão e à imagem, ambos componentes da dignidade da pessoa humana, em razão da impossibilidade de serem adequadamente decididas por meio de meras subsunções, tendo em vista a existência de normas de mesma hierarquia indicando soluções diversas. A título de exemplo, vale recordar casos como: a publicação de biografias não autorizadas[4], reportagens jornalísticas que mencionam pessoas ou

---

3. STJ. Quarta Turma. REsp 801.109-DF. Rel. Min. Raul Araújo. DJe: 12/03/2013.
4. "Por unanimidade, o Plenário do Supremo Tribunal Federal julgou procedente a Ação Direta de Inconstitucionalidade (ADI) 4815 e declarou inexigível a autorização prévia para a publicação de biografias. Seguindo o voto da relatora, ministra Cármen Lúcia, a decisão dá interpretação conforme a Constituição da República aos artigos 20 e 21 do Código Civil, em consonância com os direitos fundamentais à liberdade de expressão da atividade intelectual, artística, científica e de comunicação, independentemente de censura ou licença de pessoa biografada, relativamente a obras biográficas literárias ou audiovisuais (ou de seus familiares, em caso de pessoas falecidas). Na ADI 4815, a Associação Nacional dos Editores de Livros (ANEL) sustentava que os artigos 20 e 21 do Código Civil conteriam regras incompatíveis com a liberdade de expressão e de informação. O tema foi objeto de audiência pública convocada pela relatora em novembro de 2013 (...)." Disponível em: <http://www.stf.jus.br/portal/cms/verNoticiaDetalhe.asp?idConteudo=293336> Acesso em: 19.10.19.

acontecimentos de relevância, documentários sobre crimes históricos[5] e vídeos de humor que exploram, por exemplo, questões políticas ou tradições religiosas. A ponderação produzirá a norma concreta que vai reger a hipótese, a partir de uma síntese dos distintos elementos normativos incidentes sobre o conjunto de fatos. Cada elemento deverá ser considerado na medida de sua importância, complexidade e pertinência para o caso concreto.[6]

De um lado, tem-se um conjunto de liberdades essenciais ao ser humano que tutela a liberdade de externar ideias, juízos de valor e as mais variadas manifestações do pensamento, protegendo a informação e as atividades jornalísticas e de imprensa.[7] A liberdade de expressão englobaria tanto interesses individuais – possibilitando a expressão de opiniões, pensamentos e escolhas existenciais, além de servir de instrumento de autodefinição e autodeterminação individual – quanto interesses sociais, auxiliando na obtenção da verdade e na promoção da democracia. Afirma-se que a referida liberdade faria parte dos direitos comunicativos: conjunto de direitos relativos a quaisquer formas de expressão ou recebimento de informações[8]. Essa categoria teria como finalidade fortalecer e garantir em nível global o acesso de todas as pessoas aos meios de comunicação e de expressão existentes.

---

5. Em 2008, o programa de televisão "Linha Direta – Justiça", da Rede Globo, exibiu um documentário tratando do homicídio de Aída Curi, ocorrido em 1958. Os familiares da vítima propuseram ação de indenização por danos morais, alegando que a exibição do documentário os fazia reviver dores do passado. Pleitearam, adicionalmente, indenização por danos materiais e à imagem, em razão da exploração da imagem da vítima com objetivo econômico. No STJ, os familiares de Aída alegaram o direito ao esquecimento da tragédia pela qual passaram há mais de cinquenta anos. Esse direito teria sido violado pela Rede Globo por meio da exibição de documentário não autorizado pelos familiares sobre o crime. No julgamento, em maio de 2013, a Quarta Turma do STJ negou provimento aos pedidos dos familiares de Aída. Sustentou-se que a reportagem fora ao ar cinquenta anos depois da morte de Aída, sendo, logo, incapaz de causar abalo moral apto a gerar responsabilidade civil. Mencionou-se, ainda, a liberdade de imprensa como fundamento para o indeferimento dos pedidos. (REsp 1.335.153 – RJ). O caso também foi analisado pelo Supremo Tribunal Federal no RE 1.010.606. "O Tribunal, por maioria, apreciando o tema 786 da repercussão geral, negou provimento ao recurso extraordinário e indeferiu o pedido de reparação de danos formulado contra a recorrida, nos termos do voto do Relator, vencidos parcialmente os Ministros Nunes Marques, Edson Fachin e Gilmar Mendes. Em seguida, por maioria, foi fixada a seguinte tese: "É incompatível com a Constituição a ideia de um direito ao esquecimento, assim entendido como o poder de obstar, em razão da passagem do tempo, a divulgação de fatos ou dados verídicos e licitamente obtidos e publicados em meios de comunicação social analógicos ou digitais. Eventuais excessos ou abusos no exercício da liberdade de expressão e de informação devem ser analisados caso a caso, a partir dos parâmetros constitucionais - especialmente os relativos à proteção da honra, da imagem, da privacidade e da personalidade em geral - e as expressas e específicas previsões legais nos âmbitos penal e cível", vencidos o Ministro Edson Fachin e, em parte, o Ministro Marco Aurélio. Afirmou suspeição o Ministro Roberto Barroso. Presidência do Ministro Luiz Fux. Plenário, 11.02.2021 (Sessão realizada por videoconferência - Resolução 672/2020/STF)."
6. Cf. BARROSO, Luís Roberto. *Curso de direito constitucional contemporâneo*: os conceitos fundamentais e a construção do novo modelo. 5.ed. São Paulo: Saraiva, 2015. p. 373-375.
7. BARROSO, Luís Roberto. Colisão entre Liberdade de Expressão e Direitos da Personalidade. Critérios de Ponderação. Interpretação constitucionalmente adequada do Código Civil e da Lei de Imprensa. *Revista de Direito Administrativo*, Rio de Janeiro, n. 235, jan./mar. 2004.
8. MAZZUOLI, Valerio de Oliveira. Direitos comunicativos como direitos humanos: abrangência, limites, acesso à internet e direito ao esquecimento. *Revista dos Tribunais*, São Paulo, v. 104, n. 960, p. 249-267, out. 2015.

De outro, há o direito à imagem, espécie dos direitos da personalidade que se encontra intrinsecamente ligada ao indivíduo enquanto ser, refletindo a expressão de sua existência.[9] Além da *imagem-retrato*, o aspecto fisionômico, a forma plástica da pessoa, o ordenamento protege a *imagem-atributo* que é compreendida como "o conjunto de características decorrentes do comportamento do indivíduo, de modo a compor a sua representação no meio social"[10], ou seja, a adequada descrição das características, comportamentos[11] e atributos da pessoa que a identificam nas relações em sociedade. Os dois perfis do direito à imagem encontram-se igualmente protegidos pela Constituição de 1988, em seu artigo 5º, incisos X e V, respectivamente, sendo asseguradas a esse direito proteção destacada e autonomia.

A imagem é ainda considerada dado pessoal da pessoa humana, recebendo, portanto, tutela prevista na Lei Geral de Proteção de Dados Pessoais (Lei 13.709/18). Na sociedade da informação, a imagem - enquanto exteriorização da personalidade humana – encontra cada vez mais protagonismo, sendo elemento constante em fotos e vídeos em mídias sociais, ferramentas de comunicação e sites de notícia. Além disso, diante do avanço do uso de reconhecimento facial[12] para algumas atividades públicas e privadas, sem dúvida, mostra-se necessário discutir, com maior profundidade, o tratamento de imagens e de dados biométricos. Conforme dispõe o considerando 51 do Regulamento Geral Europeu sobre a Proteção de Dados 2016/679, o tratamento de fotografias não deverá ser considerado sistematicamente um tratamento de categorias especiais de dados pessoais, uma vez que elas serão apenas abrangidas pela definição de dados biométricos quando forem processadas por meios técnicos específicos que permitam a identificação inequívoca ou a autenticação de uma pessoa singular.[13] Além de questões biométricas, considerando-se que uma imagem pode

---

9. TEFFÉ, Chiara Antonia Spadaccini de. Considerações sobre a proteção do direito à imagem na internet. *Revista de informação legislativa*, v. 54, n. 213, p. 173-198, jan./mar. 2017. Disponível em: <http://www12.senado.leg.br/ril/edicoes/54/213/ril_v54_n213_p173>.
10. BODIN DE MORAES, Maria Celina. Ampliando os direitos da personalidade. *Na medida da pessoa humana: Estudos de direito civil-constitucional*. Rio de Janeiro: Renovar, 2010, p.136.
11. SOUZA, Carlos Affonso Pereira de. Fundamentos e Transformações do Direito à Imagem. In: Ana Carolina Brochado Teixeira; Gustavo Pereira Leite Filho (Org.). *Manual de Teoria Geral do Direito Civil*. 1ed.Belo Horizonte: Del Rey, 2011, p. 287-307.
12. TEFFÉ, Chiara Spadaccini de; FERNANDES, Elora. Tratamento de dados sensíveis por tecnologias de reconhecimento facial: proteção e limites. In: Gustavo Tepedino, Rodrigo da Guia Silva. (Org.). *O Direito Civil na Era da Inteligência Artificial*. São Paulo: Ed. |RT, 2020, v. 1, p. 283-310.
13. Na Europa vem sendo firmado entendimento de que imagens processadas por sistemas de vigilância por vídeo, sem reconhecimento facial, apenas para segurança em área comercial, geralmente não serão consideradas como dentro de um tratamento de dados sensíveis. Nos últimos anos, as autoridades nacionais de proteção de dados europeias e o *European Data Protection Board* (Comitê Europeu para a Proteção de Dados) vêm estabelecendo diversos parâmetros para o tratamento de dados pessoais por meio de dispositivos de vídeo. Dessa forma, antes de operar um sistema de câmera, o controlador deverá avaliar onde e se as medidas de vigilância por vídeo são estritamente necessárias. Em geral, como princípio, sempre que instalar tal sistema, ele deverá considerar cuidadosamente o princípio da minimização de dados e aspectos relacionados à segurança da informação, sob pena de severas sanções. Assim, mesmo nos casos em que o artigo 9º, n. 1, não se aplicar, o responsável pelo tratamento dos dados deverá minimizar o risco de captura de imagens que revelem outros dados sensíveis (para além do artigo 9º). (EDPB. Guidelines 3/2019 on processing of personal data through video devices - version adopted after public consultation. Versão 2.0. Adotada

revelar, em alguns casos, por exemplo, dados de origem étnica ou racial, de saúde, de orientação sexual ou questões religiosas de determinada pessoa, é possível defender seu enquadramento, em determinados contextos e diante de certos usos, como um dado pessoal sensível.[14]

No texto constitucional, não parece que o legislador tenha realizado uma ponderação *a priori* em favor de algum direito fundamental, mas sim direcionado a interpretação e a aplicação da norma à condição que garanta a maior tutela à dignidade da pessoa humana. Dessa forma, se uma lei infraconstitucional previamente decidir uma colisão de direitos fundamentais de forma rígida e abstrata, ela enfrentará dois óbices: a unidade da Constituição e a ausência de hierarquia entre esses direitos, que impedem que haja fundamento de validade para alguma preferência atribuída em caráter geral e permanente. Cada caso deverá ser analisado de forma concreta e singular, a partir de suas características individuais e em consonância com os valores e objetivos constitucionais.[15][16]

Acerca da ponderação entre liberdade de expressão e direitos da personalidade, vale lembrar o disposto no artigo 220 da Constituição de 1988: "A manifestação do pensamento, a criação, a expressão e a informação, sob qualquer forma, processo ou veículo não sofrerão qualquer restrição, observado o disposto nesta Constituição." Seu parágrafo primeiro estabelece que nenhuma lei conterá dispositivo que possa constituir embaraço à plena liberdade de informação jornalística em qualquer veículo de comunicação social, observado o disposto no art. 5º, IV, V, X, XIII e XIV.

---

em 29 de janeiro de 2020. "Video surveillance systems usually collect massive amounts of personal data which may reveal data of a highly personal nature and even special categories of data. Indeed, apparently non-significant data originally collected through video can be used to infer other information to achieve a different purpose (e.g. to map an individual's habits). However, video surveillance is not always considered to be processing of special categories of personal data" (p.17)).

14. Cf. TEFFÉ, Chiara Spadaccini de. A categoria especial dos dados sensíveis: fundamentos e contornos. No prelo.
15. Enunciado 613 do CJF – Art. 12: A liberdade de expressão não goza de posição preferencial em relação aos direitos da personalidade no ordenamento jurídico brasileiro.
16. "O principal problema que se apresenta, nessas situações, diz respeito ao '*status*' assegurado à liberdade de expressão frente aos demais direitos fundamentais em eventual situação de conflito. Uma das fórmulas alvitradas para a solução de eventual conflito passa pela tentativa de estabelecimento de uma hierarquia entre direitos individuais. Essa via, no entanto, não parece ser a mais adequada. Embora não se possa negar que a unidade da Constituição não repugna a identificação de normas de diferentes "pesos" numa determinada ordem constitucional, é certo que a fixação de rigorosa hierarquia entre diferentes direitos individuais acabaria por desnaturá-los por completo, desfigurando também a Constituição como complexo normativo unitário e harmônico. Nas situações de conflito entre a liberdade de opinião e de comunicação ou a liberdade de expressão artística (CF, artigo 5º, IX) e o direito à inviolabilidade da intimidade, da vida privada, da honra e da imagem (CF, artigo 5º, X), o texto constitucional parece deixar claro que a liberdade de expressão não foi concebida como direito absoluto, insuscetível de restrição, seja pelo Judiciário, seja pelo Legislativo. Não se excluiu a possibilidade de serem impostas limitações à liberdade de expressão e de comunicação, estabelecendo, expressamente, que o exercício dessas liberdades haveria de se fazer com observância do texto constitucional. Não poderia ser outra a orientação do constituinte, pois, do contrário, outros valores, igualmente relevantes, quedariam esvaziados diante de um direito absoluto e insuscetível de restrição." (MENDES, Gilmar. Liberdade de expressão e Direitos de Personalidade. *Conjur*, 16 de setembro de 2019. Disponível em: <https://www.conjur.com.br/2019-set-16/direito-civil-atual-liberdade-expressao--direitos-personalidade> Acesso em: 20.10.19.).

Em seguida, seu parágrafo segundo dispõe que é vedada toda e qualquer censura de natureza política, ideológica e artística.

É possível compreender o mencionado dispositivo de duas maneiras distintas. Por um lado, afirma-se que a norma restringiria a possibilidade de o legislador realizar ponderações em abstrato, havendo a delegação dessa tarefa ao magistrado responsável por julgar o caso concreto, que deverá observar as limitações impostas no artigo e ao longo da Constituição. De acordo com esse entendimento, a relação de interdependência existente entre as diversas normas constitucionais determinaria que o intérprete não poderia examinar uma norma constitucional de maneira isolada, mas sempre dentro do seu conjunto. Dessa forma, não haveria nem poderia haver hierarquia entre normas constitucionais. De outro, quem defende a posição preferencial da liberdade de expressão coloca que a expressão constitucional "observado o disposto nesta Constituição" traduziria a incidência dos dispositivos tutelares de outros bens de personalidade como consequência ou responsabilização pelo desfrute da "plena liberdade de informação jornalística" (§ 1º do art. 220 da CF).[17]

Mesmo diante da expressa tutela constitucional dos direitos da personalidade, parte dos intérpretes defende que a liberdade de expressão teria sido colocada em uma posição preferencial frente aos demais direitos e princípios, ou seja, que o legislador teria realizado no texto constitucional uma ponderação *a priori* em favor da liberdade. Esse posicionamento toma como referência doutrina de Direito Público[18] que entende que as liberdades de informação e de expressão deveriam desfrutar de uma posição de preferência *prima facie* em relação aos demais direitos fundamentais individualmente considerados.[19] Fundamenta-se tal visão essencialmente com base

---

17. STF. ADPF 130, Rel. Min. Ayres Britto, j. 30.04.09, *DJE* de 06.11.09.
18. BARROSO, Luís Roberto. Colisão entre Liberdade de Expressão e Direitos da Personalidade. Critérios de Ponderação. Interpretação constitucionalmente adequada do Código Civil e da Lei de Imprensa. *Revista de Direito Administrativo*, Rio de Janeiro, n. 235, jan./mar. 2004.
19. No Supremo Tribunal Federal, alguns ministros já se posicionaram neste sentido. Na ADPF 130, o Min. Carlos Britto afirmou que "a Constituição brasileira se posiciona diante de bens jurídicos de personalidade para, de imediato, cravar uma primazia ou precedência: a das liberdades de pensamento e de expressão lato sensu". Na ADPF 187, o Min. Luiz Fux consignou que: "a liberdade de expressão (...) merece proteção qualificada, de modo que, quando da ponderação com outros princípios constitucionais, possua uma dimensão de peso prima facie maior", em razão da sua "preeminência axiológica" sobre outras normas e direitos. No Recurso Extraordinário 685.493, o Relator Min. Marco Aurélio declarou que: "é forçoso reconhecer a prevalência da liberdade de expressão quando em confronto com outros direitos fundamentais, raciocínio que encontra diversos e cumulativos fundamentos. (...) A liberdade de expressão é uma garantia preferencial em razão da estreita relação com outros princípios e valores fundantes, como a democracia, a dignidade da pessoa humana, a igualdade". Em decisão de 17 de setembro de 2014, na Reclamação 18.638/MC, o Ministro Luís Roberto Barroso entendeu que: "Da posição de preferência da liberdade de expressão deve resultar a absoluta excepcionalidade da proibição prévia de publicações, reservando-se essa medida aos raros casos em que não seja possível a composição posterior do dano que eventualmente seja causado aos direitos da personalidade. A opção pela composição posterior tem a inegável vantagem de não sacrificar totalmente nenhum dos valores envolvidos, realizando a ideia de ponderação. 33. A conclusão a que se chega, portanto, é a de que o interesse público na divulgação de informações – reiterando-se a ressalva sobre o conceito já pressupor a satisfação do requisito da verdade subjetiva – é presumido. A superação dessa presunção, por algum outro interesse, público ou privado, somente poderá ocorrer, legitimamente, nas situações-limite, excepcionalíssimas, de quase ruptura do sistema. Como regra geral, não se admitirá a limitação de liberdade

nos argumentos a seguir. Historicamente, o Brasil seria marcado por períodos de séria repressão à liberdade de expressão, como, por exemplo, ocorreu durante a ditadura militar. A liberdade de expressão seria o pressuposto para o exercício dos outros direitos fundamentais, ou seja, o próprio desenvolvimento da personalidade humana dependeria da livre circulação de fatos, informações e opiniões. Sem a liberdade de expressão seria impossível gozar de uma cidadania plena, não haveria autonomia privada nem autonomia pública. Por fim, afirma-se que a liberdade de expressão é indispensável para o conhecimento da história, o progresso social e o aprendizado das novas gerações[20-21]

Concorde-se ou não com a posição preferencial da liberdade de expressão, parece claro que eventual rechaço da mesma não terá como consequência direta a alteração do resultado da ponderação de interesses, visto que, de fato, a liberdade é uma das condições para que a personalidade humana possa ser adequadamente desenvolvida. Na legalidade constitucional é exatamente o princípio da dignidade da pessoa humana que institui e preenche a cláusula geral de tutela da personalidade, que dispõe que as situações jurídicas subjetivas existenciais deverão receber tratamento prioritário e proteção especial pelo ordenamento, devendo-se tanto prevenir quanto reparar, da forma mais ampla possível, os danos causados à pessoa humana.

2. CRITÉRIOS PARA A PONDERAÇÃO DE DIREITOS DA PERSONALIDADE E LIBERDADE DE EXPRESSÃO

De forma a melhor identificar o dano à imagem e embasar de maneira mais adequada uma eventual compensação pelo uso indevido ou abusivo da imagem, compreende-se que se faz necessário discutir critérios para auxiliar o intérprete quando ele for analisar um questionamento relativo à utilização do mencionado direito. O aprofundamento teórico de um determinado tema e o desenvolvimento

---

de expressão e de informação, tendo-se em conta a já mencionada posição preferencial (*preferred position*) de que essas garantias gozam." Na Reclamação 15.243, julgada em 18 de novembro de 2014, o Ministro Celso de Mello afirmou que: "Tenho sempre destacado , como o fiz por ocasião do julgamento da ADPF 130/DF, e , também, na linha de outras decisões por mim proferidas no Supremo Tribunal Federal (AI 505.595/RJ, Rel. Min. CELSO DE MELLO – Pet 3.486/DF , Rel. Min. CELSO DE MELLO, v.g.), que o conteúdo da Declaração de Chapultepec revela-nos que nada mais nocivo, nada mais perigoso do que a pretensão do Estado de regular a liberdade de expressão (ou de ilegitimamente interferir em seu exercício), pois o pensamento há de ser livre , permanentemente livre , essencialmente livre ... Todos sabemos que o exercício concreto, pelos profissionais da imprensa, da liberdade de expressão, cujo fundamento reside no próprio texto da Constituição da República, assegura, ao jornalista, o direito de expender crítica, ainda que desfavorável e em tom contundente, contra quaisquer pessoas ou autoridades (Pet 3.486/DF, Rel. Min. Celso de Mello). Ninguém ignora que, no contexto de uma sociedade fundada em bases democráticas, mostra-se intolerável a repressão estatal ao pensamento, ainda mais quando a crítica – por mais dura que seja – revele-se inspirada pelo interesse coletivo e decorra da prática legítima de uma liberdade pública de extração eminentemente constitucional (CF, art. 5º, IV, c/c o art. 220)."

20. STF. ADI 4.815. Voto do Ministro Luís Roberto Barroso.
21. SARMENTO, Daniel. *Liberdades Comunicativas e "Direito ao Esquecimento" na ordem constitucional brasileira.* p. 29. Parecer divulgado no ano de 2015. Disponível em: <http://www.migalhas.com.br/arquivos/2015/2/art20150213-09.pdf> Acesso em: 05.08.2015.

de critérios para a sua aplicação são essenciais para que as decisões judiciais gozem de uma fundamentação vasta e coerente e se possa garantir maior uniformidade para os entendimentos nos Tribunais. Para tanto, vale destacar os principais critérios para se identificar se determinado direito da personalidade foi exposto ou utilizado indevidamente, de forma desproporcional ou, ainda, abusiva.

Luís Roberto Barroso estabeleceu um conjunto de parâmetros constitucionais para orientar o intérprete nas hipóteses de colisão entre as liberdades de informação e expressão e os direitos da personalidade: i) a veracidade do fato; ii) a licitude do meio empregado na obtenção da informação; iii) a personalidade pública ou estritamente privada da pessoa objeto da notícia; iv) o local do fato; v) a natureza do fato; vi) a existência de interesse público na divulgação em tese; vii) a existência de interesse público na divulgação de fatos relacionados com a atuação de órgãos públicos; e viii) a preferência por sanções *a posteriori*, que não envolvam a proibição prévia da divulgação. [22]

Analisando as circunstâncias adotadas pelo Superior Tribunal de Justiça para a solução da colisão entre o direito à honra e as liberdades de expressão e de manifestação do pensamento, Maria Celina Bodin de Moraes[23] destacou os seguintes critérios: i) "se a notícia traduz interesse público, isto é, se contém conteúdo informativo ou educativo ou se se reduz à mera especulação ou mexerico." ; ii) "A veracidade (ou verossimilhança) da notícia"; iii) a atualidade da notícia; iv) se o fato noticiado diz respeito a pessoas notórias ou, ainda, a agentes públicos em geral; e v) "se houve intenção de ofender ou abuso do direito de informar"[24].

Precisamente em relação à imagem da pessoa humana, Anderson Schreiber indica alguns parâmetros para aferir o grau de realização do exercício da liberdade de informação por meio da veiculação de imagens: i) o grau de utilidade para o público do fato informado por meio da imagem; ii) o grau de atualidade da imagem; iii) o grau de necessidade da veiculação da imagem para informar o fato; e iv) o grau de preservação do contexto originário onde a imagem foi colhida. Para aferir a inten-

---

22. BARROSO, Luís Roberto. Colisão entre Liberdade de Expressão e Direitos da Personalidade. Critérios de Ponderação. Interpretação constitucionalmente adequada do Código Civil e da Lei de Imprensa. *Revista de Direito Administrativo*, Rio de Janeiro, n. 235, jan./mar. 2004.
23. BODIN DE MORAES, Maria Celina. Honra, liberdade de expressão e ponderação. *Civilistica.com*, Rio de Janeiro, Rio de Janeiro, a. 2, n. 2, abr.-jun./2013. Disponível em: <http://civilistica.com/honra-liberdade-de-expressao-e-ponderacao/> Acesso em: 26.03.15.
24. "Enfim, quase um desenlace dos demais critérios, verifica-se ainda se houve intenção de ofender ou abuso do direito de informar. Isto porque, na medida em que se agiu no exercício do direito de expressão, não havendo excesso ou dolo, resumindo-se ao direito-dever de informar, não há de se configurar o dever de indenizar não obstante a ofensa sentida pela parte. A rigor, o ressarcimento do direito à honra só ocorre quando tiver havido abuso do direito de informar, fazendo-se o público se imiscuir indevida, injusta ou inveridicamente no ambiente inviolável da vida privada do indivíduo. Na feliz síntese da Min. Nancy Andrighi: "A honra e a imagem dos cidadãos não são violados quando se divulgam informações verdadeiras e fidedignas a seu respeito e que, além disso, são do interesse público"." (BODIN DE MORAES, Maria Celina. Honra, liberdade de expressão e ponderação. *Civilistica.com*, Rio de Janeiro, Rio de Janeiro, a. 2, n. 2, abr.-jun./2013, p. 06. Disponível em: <http://civilistica.com/honra-liberdade-de-expressao-e-ponderacao/> Acesso em: 26.03.17.).

sidade do sacrifício imposto ao direito de imagem, o autor orienta que se verifique: i) o grau de consciência do retratado em relação à possibilidade de captação da sua imagem no contexto de onde foi extraída; ii) o grau de identificação do retratado na imagem veiculada; iii) a amplitude da exposição do retratado; e iv) a natureza e o grau de repercussão do meio pelo qual se dá a divulgação da imagem.[25]

O Ministro Marco Aurélio Bellizze[26], decidindo o Recurso Especial 1.624.388, destacou que, em relação à liberdade de informação e à proteção aos direitos da personalidade, o Superior Tribunal de Justiça estabeleceu para situações de conflito entre tais direitos fundamentais os seguintes elementos de ponderação: a) o compromisso ético com a informação verossímil; b) a preservação dos direitos da personalidade; e c) a vedação de veiculação de crítica jornalística com intuito de difamar, injuriar ou caluniar a pessoa (*animus injuriandi vel diffamandi*).[27] Os mesmos parâmetros foram recordados pelo Ministro no Recurso Especial 1.771.866 de 2019.[28]

Com base nos critérios desenvolvidos em âmbito doutrinário e na jurisprudência, é possível selecionar alguns parâmetros para identificar, no caso concreto, se houve uma utilização indevida e/ou abusiva de determinada imagem capaz de gerar danos ao seu titular, assim como para orientar o intérprete nas hipóteses de colisão entre o direito à imagem e a liberdade de expressão. Recomenda-se, portanto, que o intérprete verifique: i) a veracidade do fato exposto; ii) a forma e a linguagem com que o fato foi noticiado[29]; iii) se houve justo motivo para a exposição da imagem; iv) se a exposição foi proporcional à expectativa de privacidade do retratado, ou seja, se a exposição se deu de acordo com o grau de consciência do retratado em relação à possibilidade de captação de sua imagem no contexto em que foi extraída; v) se o local onde ocorreu o fato era público; vi) se a pessoa retratada era notória ou pública;

---

25. SCHREIBER, Anderson. *Direitos da Personalidade*. 3.ed. São Paulo: Atlas, 2014, p. 116.
26. STJ. Terceira Turma, REsp 1.624.388-DF, Ministro Marco Aurélio Bellizze, data de julgamento 07/03/2017, DJe 21/03/2017. O ministro colocou como referência os seguintes acórdãos do STJ: REsp 801.109/DF, Rel. Min. Raul Araújo, Quarta Turma, julgado em 12/6/2012, DJe 12/3/2013; AgRg no AgRg no AREsp 584.036/RS, Rel. Min. Marco Buzzi, Quarta Turma, julgado em 16/06/2015, DJe 24/06/2015; REsp 1.380.701/PA, Rel. Min. Marco Aurélio Bellizze, Terceira Turma, julgado em 07/05/2015, DJe 14/05/2015; REsp 1.334.357/SP, Rel. Min. Ricardo Villas Bôas Cueva, Terceira Turma, julgado em 19/09/2014, DJe 06/10/2014.
27. No mesmo sentido, ver: REsp 801.109-DF. Rel. Min. Raul Araújo. DJe: 12/03/2013.
28. No caso, Gilmar Ferreira Mendes ajuizou ação em desfavor de Rubens Valente Soares e Geração Editorial Ltda., postulando a condenação dos réus ao pagamento de indenização por danos morais decorrentes da publicação de obra literária (*Operação Banqueiro: as provas secretas da Operação Satiagraha*) ofensiva à sua honra, bem como a condenação à obrigação de fazer, consubstanciada na publicação do inteiro teor da decisão condenatória e da petição inicial nas futuras edições do livro e em revista de grande circulação. Como resultado, determinou-se a publicação da íntegra do acórdão condenatório proferido pelo TJDFT ao final de cada exemplar, com a mesma fonte e no mesmo tamanho padrão de todo o corpo da obra, e o pagamento de verba indenizatória fixada em R$ 100.000,00. (STJ. REsp 1.771.866 – DF. Rel. Min. Marco Aurélio Bellizze. DJe: 19/02/2019).
29. "4.3. A forma que fora realizada a abordagem na matéria jornalística ora questionada está inserta nos limites da liberdade de expressão jornalística assegurada pela Constituição da República, a qual deve prevalecer quando em conflito com os direitos da personalidade, especialmente quando se trata de informações relativas à agente público." (STJ. Quarta Turma. REsp 738.793 – PE. Rel. Min. Antonio Carlos Ferreira. Rel. para o acórdão: Min. Marco Buzzi. DJe: 08/03/2016.).

vii) a existência de interesse público na divulgação da informação; viii) o grau de preservação do contexto originário em que a imagem foi colhida; ix) o grau de identificação do retratado na imagem ou no material escrito;[30] xii) se houve a intenção de ofender ou abuso do direito de informar;[31] e xiii) as características de sua utilização, se para fins educacionais, comerciais, jornalísticos, humorísticos ou biográficos.

Os mencionados parâmetros devem ser considerados tanto em publicações ou expressões impressas e orais quanto em manifestações inseridas na Internet, não importando o meio utilizado, tendo em vista o caráter abrangente dos mesmos e a possibilidade de seleção de apenas alguns. O desenvolvimento e a utilização de parâmetros para a verificação da licitude e da razoabilidade da utilização de um direito da personalidade enriquecem a argumentação jurídica e fornecem maior segurança para a sociedade. A seguir, alguns critérios mencionados acima serão mais bem desenvolvidos.

2.1 O local público

Um local é compreendido como público quando é de livre acesso, acessível ao público em geral ou de uso coletivo, como, por exemplo, praças, praias, shoppings, ruas e restaurantes. Muitas vezes, eventos ocorridos nesses locais poderão ser noticiados, sendo lícita a captação e a divulgação de imagens, desde que tal uso não cause constrangimentos desproporcionais, encontre-se contextualizado e não foque,

---

30. "2. O propósito recursal consiste em decidir sobre a configuração do dano moral pelo uso da imagem de torcedor de futebol para campanha publicitária de automóvel, enquanto ele se encontrava no estádio assistindo à partida do seu time. 3. Em regra, a autorização para uso da imagem deve ser expressa; no entanto, a depender das circunstâncias, especialmente quando se trata de imagem de multidão, de pessoa famosa ou ocupante de cargo público, há julgados do STJ em que se admite o consentimento presumível, o qual deve ser analisado com extrema cautela e interpretado de forma restrita e excepcional. 4. De um lado, o uso da imagem da torcida - em que aparecem vários dos seus integrantes - associada à partida de futebol, é ato plenamente esperado pelos torcedores, porque costumeiro nesse tipo de evento; de outro lado, quem comparece a um jogo esportivo não tem a expectativa de que sua imagem seja explorada comercialmente, associada à propaganda de um produto ou serviço, porque, nesse caso, o uso não decorre diretamente da existência do espetáculo. 5. Se a imagem é, segundo a doutrina, a emanação de uma pessoa, através da qual ela se projeta, se identifica e se individualiza no meio social, não há falar em ofensa a esse bem personalíssimo se não configurada a projeção, identificação e individualização da pessoa nela representada. 6. Hipótese em que, embora não seja possível presumir que o recorrente, enquanto torcedor presente no estádio para assistir à partida de futebol, tenha, tacitamente, autorizado a recorrida a usar sua imagem em campanha publicitária de automóvel, não há falar em dano moral porque o cenário delineado nos autos revela que as filmagens não destacam a sua imagem, senão inserida no contexto de uma torcida, juntamente com vários outros torcedores. 7. Recurso especial conhecido e desprovido" (REsp 1772593/RS, Rel. Ministra Nancy Andrighi, Terceira Turma, julgado em 16/06/2020, DJe 19/06/2020).
31. "3. Não obstante o caráter informativo do noticiário demandado e seu perceptível interesse público, ficou claro o abuso no direito de informar, mormente porque, na hipótese, em se tratando de adolescentes, cabia à empresa jornalística maior prudência e cautela na divulgação do fato associado à fotografia dos menores, de forma a evitar a indevida e ilícita violação de seu direito de imagem e dignidade pessoal. 4. O valor arbitrado pelas instâncias ordinárias a título de danos morais somente pode ser revisado em sede de recurso especial quando irrisório ou exorbitante. No caso, o montante fixado em R$ 9.000,00 (nove mil reais) para cada autor não se mostra exorbitante nem desproporcional aos danos causados às vítimas" (STJ. AgInt no AREsp 1018992/SP, Rel. Ministro Raul Araújo, Quarta Turma, julgado em 20/08/2019, DJe 09/09/2019).

como regra, especificamente em determinada pessoa.[32] É o que ocorre quando há a divulgação de imagens feitas em manifestações[33], festas folclóricas e desfiles de moda ou de escolas de samba, por exemplo.

Por outro lado, fatos ocorridos em locais reservados gozam de uma proteção mais ampla, sendo em regra vedada a captação da imagem de terceiro sem a sua devida autorização. Em locais dessa natureza, tanto a pessoa notória quanto a privada têm uma expectativa maior de privacidade, por estarem em ambiente íntimo e de acesso restrito. São considerados locais reservados, por exemplo, residências[34], quartos de hotéis e uma sala exclusiva dentro do ambiente de trabalho.

Ensina Anderson Schreiber que o caráter público de um lugar não pode ser tomado como um salvo-conduto para a captação de imagens, devendo, antes, ser examinado: (i) o contexto em que a imagem foi captada, (ii) a expectativa das pessoas envolvidas e (ii) o grau de individualização de cada um na imagem.[35] Segundo o autor, seria inadequado reduzir a importância da discussão sobre o contexto da captação da imagem a um fator estático e puramente estrutural como o grau de acesso ao lugar da captação e se ele seria considerado um lugar público. Aceitar que o fato de o lugar

---

32. Luiz Alberto David Araújo afirma que estando o indivíduo em lugar público e dentro de um quadro que integre determinada notícia, implicitamente, ele terá autorizado a veiculação de sua imagem: "Ainda no campo da notícia, há a hipótese de o indivíduo não conhecido que, por estar em lugar público, é fotografado, passando a integrar a narrativa da notícia. Por estar em lugar público e estar dentro de um quadro que integra a notícia, não pode insurgir-se contra a publicação de sua imagem. Imaginemos a hipótese de uma pessoa que caminha pela praia, sem qualquer preocupação, numa manhã ensolarada. Sua foto, no dia seguinte, é veiculada pelos jornais, noticiando a volta do bom tempo, ausente nos últimos dias. O indivíduo, no caso, não foi o centro da notícia, nela aparecendo circunstancialmente, como centenas de outras pessoas que estavam (ou que poderiam estar) na praia naquele instante. Mas, imaginemos que a publicação da sua imagem, na notícia acima mencionada, causasse dano ao indivíduo. Poderia pretender uma reparação? A resposta é negativa, já que, ao permanecer em lugar público, o indivíduo, implicitamente, autorizou a veiculação de sua imagem, dentro do liame notícia-imagem" (ARAÚJO, Luiz Alberto David. *A Proteção Constitucional da Própria Imagem*. 2.ed. São Paulo: Verbatim, 2013, p. 88).
33. "1. A divulgação de fotografia em periódico, tanto em sua versão física como digital, para ilustrar matéria acerca de manifestação popular de cunho político-ideológico ocorrida em local público não tem intuito econômico ou comercial, mas tão-somente informativo, ainda que se trate de sociedade empresária. Inaplicabilidade da Súmula 403/STJ. 2. Não viola o direito de imagem a veiculação de fotografia de pessoa participando de manifestação pública, inclusive empunhando cartazes, em local público, sendo dispensável a prévia autorização do fotografado, sob pena de inviabilizar o exercício da liberdade de imprensa. (...)" (STJ. REsp 1.449.082-RS. Terceira Turma. Rel. Min. Paulo de Tarso Sanseverino. Julgado em: 21.03.17. Publicado em: 27.03.17.).
34. "Responsabilidade civil. Direitos de personalidade violados pela emissora de televisão que, sem autorização ou consentimento, invade residência e filma ambiente familiar, com imagem de uma das filhas da autora, para formar quadro de reportagem sobre abusos sexuais de pai contra filhas no recesso do lar. Dever de indenizar pelo propósito sensacionalista de explorar o drama dos envolvidos. Matéria que não é de interesse público, apesar de instaurado inquérito policial para apuração dos crimes. Indenização pleiteada e concedida de valor correspondente a 1.500 salários, sendo de aplicar o piso nacional do salário e não o estadual. Julgamento *extra petita* que não invalida a escorreita sentença. Provimento, em parte, para reduzir o *quantum* para R$ 500.000,00, com juros da citação e correção monetária a partir do presente julgamento, excluída a multa por litigância de má-fé." (TJSP. Apelação 0172405-53.2011.8.26.0100. Rel. Des. Ênio Santarelli Zuliani. 4ª Câmara de Direito Privado. Data do julgamento: 25/07/2013. Data de publicação: 31/07/2013).
35. SCHREIBER, Anderson. *Direitos da Personalidade*. 3.ed. São Paulo: Atlas, 2014, p. 113.

ser público justificaria, por si só, a captação indiscriminada de imagens conduziria a ponderação a um simplismo grosseiro, sendo igual raciocínio aplicável aos casos que envolvem as chamadas pessoas públicas. Questiona-se, assim, a lógica de que se a pessoa estiver em local público ela só poderá alegar ofensa a seu direito à imagem se a utilização tiver cunho comercial ou se lhe causar algum tipo de lesão à honra.[36]

Cabe lembrar caso em que o STJ[37] concedeu compensação financeira a mulher, em razão da publicação de fotografia sua (sem autorização), na Revista *Playboy*, enquanto se bronzeava em praia da Barra da Tijuca, expondo precisamente suas nádegas, com a seguinte legenda: "Música para os olhos (e o tato)". Segundo a autora, a publicação, voltada para o público masculino, invadiu sua privacidade, causando-lhe constrangimentos e humilhações, ofendeu sua honra e violou seu direito à imagem, tendo em vista a publicação da fotografia sem sua permissão para fins econômicos. Entendeu o relator do caso, o Ministro Raul Araújo, que:

> No caso em apreço, os recorridos têm o direito, no exercício profissional jornalístico, de fornecer ao público, de forma atraente e criativa, informações e imagens acerca de temas que identificam como de interesse de sua clientela consumidora, de revista masculina. Porém, a recorrente, pessoa anônima, de vida privada comum, tem constitucionalmente assegurada sua intimidade e imagem, sem se submeter aos interesses comerciais dos recorridos. Como salientou a r. sentença, quando corretamente reconheceu a violação do direito à imagem da autora: (I) não houve autorização prévia ou posterior da pessoa retratada para a divulgação da imagem; (II) a imagem exibida na publicação permite a individualização da promovente; (III) a divulgação da imagem teve motivação econômica e conotação erótica, com utilização de legenda insinuativa e um tanto vulgar, com claro intuito de explorar os atributos físicos da autora, sempre sem autorização desta.

Dessa forma, segundo ele, era possível afirmar a ofensa ao direito à imagem da mulher. No caso, restou incontroverso que a fotografia permitia a exata individualização da autora e, associado a esse fator, não houve sua autorização para a exibição da imagem em revista de conotação erótica. O ministro criticou ainda a exibição do corpo feminino em traje de praia, em ângulo provocante, com a utilização de dizeres ousados. Segundo ele, "Não se pode deduzir que a mulher formosa, que se apresente espontaneamente de biquíni na praia, ambiente adequado, esteja a concordar tacitamente com a divulgação de sua imagem em revista masculina de conteúdo erótico, e tenha ainda de considerar tal exposição como um "elogio"."

Em relação ao parâmetro do local público para a captação de imagem, faz-se necessário recordar o polêmico caso analisado no Recurso Especial n° 595.600,[38] em que determinada mulher ajuizou ação indenizatória por danos materiais e morais, em face de Zero Hora Editora Jornalística, em razão de o jornal ter publicado, sem sua autorização, fotografia contendo a sua imagem em momento de lazer, quando fazia *topless* na Praia Mole (Florianópolis -SC). De acordo com o relator, o ministro

---

36. SCHREIBER, Anderson. *Direitos da Personalidade*. 3.ed. São Paulo: Atlas, 2014, p. 113.
37. STJ. Quarta Turma. REsp 1.243.699 – RJ. Rel. Min. Raul Araújo. DJe: 22/08/2016.
38. STJ. Quarta Turma, REsp 595.600, Min. Rel. Cesar Asfor Rocha, Data de julgamento: 18.03.04. DJ: 13.09.2004.

Cesar Asfor Rocha, o deslinde da controvérsia exigiria a conciliação de dois valores: a liberdade de informação e a proteção à intimidade. Para o ministro, a proteção da intimidade não poderia ser exaltada a ponto de conferir imunidade contra toda e qualquer veiculação da imagem de uma pessoa, constituindo uma redoma protetora apenas superada pelo expresso consentimento, mas encontraria limites de acordo com as circunstâncias e as peculiaridades da captação. Concluiu que não houve ofensa à mulher, visto que a própria teria optado por revelar a sua intimidade, ao expor o peito desnudo em local público de grande movimento, inexistindo qualquer conteúdo pernicioso na publicação, que teria se limitado a registrar o evento sem citar o nome da interessada.[39]

Entretanto, há quem conteste o referido entendimento, tendo em vista a ausência de consentimento da retratada, o qual foi presumido pela publicação em função de seu comportamento naquele ambiente de caráter público, o intuito comercial da publicação e a falta de tratamento da foto, que poderia ter sido desfocada em determinada área, de forma a impedir a identificação da mulher. Ainda que naquele momento estivesse fazendo *topless*, ela não esperava ver sua imagem estampada em um jornal, sendo exposta em outro contexto e para um público diverso e muito maior do que o presente naquele dia na praia.

O questionamento relativo à possibilidade de captura de imagem de pessoa física em razão de ela estar em lugar público torna-se ainda mais complexo em virtude das novas tecnologias, que permitem que determinada foto ou vídeo seja publicado em segundos em mídias sociais, aplicativos e sites de notícia. Além de a publicação na Internet alcançar uma quantidade de pessoas muito maior, dificilmente tal conteúdo será efetivamente retirado de forma integral da rede, podendo, então, acabar sendo divulgado sem texto que apresente o fato adequadamente ou de forma alterada expondo os envolvidos de forma jocosa.[40] Exemplo paradigmático envolve a cena de intimidade entre *Daniella Cicarelli* e seu namorado, em uma praia na Espanha em

---

39. Vale transcrever trecho do voto do relator no Recurso Especial nº 595.600: "Não se pode cometer o delírio de, em nome do direito de privacidade, estabelecer-se uma redoma protetora em torno de uma pessoa para torná-la imune de qualquer veiculação atinente a sua imagem. Se a demandante expõe sua imagem em cenário público, não é ilícita ou indevida sua reprodução pela imprensa, uma vez que a proteção à privacidade encontra limite na própria exposição."
No mesmo sentido: "É certo que não se pode cometer o delírio de, em nome do direito de privacidade, estabelecer-se uma redoma protetora em torno de uma pessoa para torná-la imune de qualquer veiculação atinente a sua imagem; todavia, não se deve exaltar a liberdade de informação a ponto de se consentir que o direito a própria imagem seja postergado, pois a sua exposição deve condicionar-se a existência de evidente interesse jornalístico que, por sua vez, tem como referencial o interesse público, a ser satisfeito, de receber informações, isso quando a imagem divulgada não tiver sido captada em cenário público ou espontaneamente. Recurso conhecido e provido." (STJ. REsp 58.101-SP, Min. Rel. Cesar Asfor Rocha, DJ: 09.03.1998.)
40. Acerca da remoção de conteúdo postado em ferramentas de comunicação na Internet e da responsabilidade civil de provedores de aplicações de internet por conteúdo de terceiro, ver: TEFFÉ, Chiara Spadaccini de; SOUZA, C. A. P. Responsabilidade civil de provedores na rede: análise da aplicação do Marco Civil da Internet pelo Superior Tribunal de Justiça. *Revista IBERC*, v. 1, p. 1-28, 2018. TEFFÉ, Chiara Spadaccini de. Direito à imagem na Internet: estudo sobre o tratamento do Marco Civil da Internet para casos de divulgação não autorizada de imagens íntimas. *Revista de Direito Civil Contemporâneo*, v. 15, p. 93-127, 2018.

2006, que foi captada e divulgada em diversos sites na Internet, sem o consentimento do casal, que nem mesmo sabia que estava sendo filmando. Provavelmente, naquele momento, o casal tinha uma expectativa de privacidade maior do que aquela que lhe foi dada, tendo em vista a ampla divulgação do vídeo tanto no Brasil quanto no exterior. Além disso, o fato em questão não apresentava qualquer interesse público que respaldasse a sua divulgação.

Anderson Schreiber salienta que a expectativa do retratado deve assumir papel central, de forma a se incentivar a lealdade recíproca e a mútua confiança nas relações. O autor dispõe que: "A captação e divulgação de qualquer manifestação pessoal do sujeito sem o seu consentimento devem ser admitidas apenas em caráter excepcional, quando justificadas por outros interesses merecedores de tutela à luz do ordenamento jurídico."[41] O sacrifício da privacidade deve ocorrer apenas quando necessário para a realização de outro interesse que, no caso concreto, mostre-se mais relevante sob o prisma constitucional.[42] Dessa forma, no presente caso, seria plausível um pedido indenizatório em face de quem diretamente inseriu o conteúdo na Internet e também de quem utilizou o mesmo de forma indevida ou abusiva, como, por exemplo, em programas televisivos, com o fim de explorar a história e conseguir maior audiência.

2.2 A pessoa notória ou pública

A notoriedade e a personalidade pública da pessoa influenciam a forma como seus direitos personalíssimos serão tutelados. Entende-se que pessoas notórias, como artistas, atletas, modelos e políticos, teriam seu direito de imagem protegido em intensidade mais branda. As hipóteses de violação a esse direito em razão da utilização sem autorização de seu titular seriam, portanto, mais restritas. Diante da notoriedade que adquire a pessoa, ela estaria mais exposta à curiosidade da coletividade, que insiste em conhecer detalhes de sua vida, relacionamentos e intimidade, estando sabidamente sob o foco da mídia. [43]

Dentro da mencionada categoria encontram-se também as pessoas que ocupam cargos públicos, visto que o "controle do poder governamental e a prevenção contra

---

41. SCHREIBER, Anderson. *Direitos da Personalidade*. 3.ed. São Paulo: Atlas, 2014, p. 148.
42. SCHREIBER, Anderson. *Direitos da Personalidade*. 3.ed. São Paulo: Atlas, 2014, p. 148.
43. Adotando uma postura mais protetiva aos bens da personalidade, Anderson Schreiber afirma que a proteção do direito de imagem de celebridades seria tão intensa quanto a de qualquer um. O fato de essas pessoas viverem de sua imagem na mídia apenas reforçaria a importância que a representação física assumiria em sua vida. Segundo o autor, famosa ou não, qualquer pessoa teria o direito de proibir a circulação indesejada de sua representação exterior, somente podendo ser afastada tal exigência quando outros interesses de hierarquia constitucional, como as liberdades de informação e de expressão, viessem a exigir, diante das concretas circunstâncias, proteção mais intensa do que aquela conferida ao direito à imagem. O fato de a pessoa retratada ser célebre ou notória poderia, quando muito, sugerir que haveria algum grau de interesse do público em ter acesso à imagem pela só razão de dizer respeito àquela pessoa. Entretanto, isso não seria suficiente para se concluir pela prevalência da liberdade de informação sobre o direito à imagem, visto que diversos outros fatores deveriam ser sopesados antes de se concluir, no caso específico, pela preponderância de um deles. (SCHREIBER, Anderson. *Direitos da Personalidade*. 3.ed. São Paulo: Atlas, 2014, p. 113-114.)

a censura ampliam o grau legítimo de ingerência na esfera pessoal da conduta dos agentes públicos."[44] Como já se afirmou, a pessoa pública está sujeita a críticas relacionadas com a sua função.[45] Na *Arguição de Descumprimento de Preceito Fundamental* nº 130, destacou-se que, em se tratando de agente público, ainda que injustamente ofendido em sua honra e imagem, estaria implícita na indenização uma imperiosa cláusula de modicidade, pois todo agente público estaria sob permanente vigília da cidadania. Dessa forma, quando o agente estatal não prima por todas as aparências de legalidade e legitimidade no seu atuar oficial, ele atrai contra si mais fortes suspeitas de um comportamento antijurídico francamente sindicável pelos cidadãos.[46] No mesmo sentido, no Recurso Especial 738.793, afirmou-se que, quando se está diante de pessoas que ocupam cargos públicos, sobretudo aquelas que atuam como agentes do Estado, prevalece o entendimento de que há uma ampliação da liberdade de informação jornalística. [47-48]

Alcides Leopoldo Silva Junior define pessoa pública como aquela que se dedica à vida pública ou que a ela está ligada, ou que exerça cargos políticos, ou cuja atuação dependa do sufrágio popular ou do reconhecimento das pessoas ou a elas seja voltada, ainda que para entretenimento e lazer, mesmo que sem objetivo de lucro.[49] [50] O reconhecimento não precisa ocorrer em âmbito global ou nacional, podendo ser

---

44. BARROSO, Luís Roberto. Colisão entre Liberdade de Expressão e Direitos da Personalidade. Critérios de Ponderação. Interpretação constitucionalmente adequada do Código Civil e da Lei de Imprensa. *Revista de Direito Administrativo*, Rio de Janeiro, n. 235, jan./mar. 2004.
45. "A fixação do *quantum* indenizatório deve observar o grau de reprovabilidade da conduta. *A conduta do réu, embora reprovável, destinou-se a pessoa pública, que está sujeita a críticas relacionadas com a sua função, o que atenua o grau de reprovabilidade da conduta*. A extensão do dano é média, pois apesar de haver publicações das acusações feitas pelo réu, foi igualmente publicada, e com destaque (capa do jornal), matéria que inocenta o autor, o que minimizou o impacto das ofensas perante a sociedade." (STF. AO 1.390, Rel. Min. Dias Toffoli, julg.12.05.2011, Plenário, *DJE* de 30.08.2011.) Grifou-se.
46. STF. ADPF 130, Rel. Min. Ayres Britto, julg. 30.04.2009, Plenário, *DJE* de 06.11.2009.
47. STJ. Quarta Turma. REsp 738.793 – PE. Rel. Min. Antonio Carlos Ferreira. Rel. para o acórdão: Min. Marco Buzzi. DJe: 08/03/2016.
48. Nesse sentido, o STF já decidiu, por exemplo, que o maior ou menor grau de exposição pública da vítima é critério relevante para aferição de possível lesão à honra e para a definição do limite à liberdade de expressão: "É certo que, ao decidir-se pela militância política, o homem público aceita a inevitável ampliação do que a doutrina italiana costuma chamar a *zona di iluminabilità*, resignando-se a uma maior exposição de sua vida e de sua personalidade aos comentários e à valoração do público, em particular, dos seus adversários; mas a tolerância com a liberdade da crítica ao homem público há de ser menor, quando, ainda que situado no campo da vida pública do militante político, o libelo do adversário ultrapasse a linha dos juízos despudorosos para a imputação de fatos mais ou menos concretos [a hipótese aqui era de discussão sobre caracterização ou não de crime] sobretudo se invadem ou tangenciam a esfera da criminalidade: por isso, em tese, pode caracterizar delito contra a honra a assertiva de haver o ofendido, ex-Prefeito, deixado o Município "com dívidas causadas por suas falcatruas". (STF. HC nº 78426/SP. Rel. Min. Sepúlveda Pertence, julgado em 1999, Primeira Turma.)
49. SILVA JUNIOR, Alcides Leopoldo. *A pessoa pública e seu direito de imagem: políticos, artistas, modelos, personagens históricos, pessoas notórias, criminosos célebres, esportistas, escritores e socialites*. São Paulo: Juarez de Oliveira, 2002, p. 89.
50. Para Enéas Costa Garcia, a pessoa pública é toda aquela que, devido à sua atividade ou fatos marcantes de sua vida, passa a desfrutar de notoriedade, despertando a atenção generalizada do público, sofrendo uma limitação ao seu direito à vida privada. (GARCIA, Enéas Costa. *Responsabilidade Civil dos Meios de Comunicação*. São Paulo: Juarez de Oliveira, 2002, p. 228.)

regional ou, até mesmo, adstrito a um município, como no caso de um candidato a prefeito ou a vereador.

Observa-se que a pessoa pode se tornar pública mesmo sem praticar um ato de vontade. De acordo com Farias, "(...) a notoriedade não provém apenas da fortuna ou mérito da pessoa, alcançada por meio da arte, ciência, desporto ou política, mas podendo surgir independentemente da vontade pessoal, notadamente naquelas situações em que as pessoas são envolvidas como vítimas de desgraças, de destinos anormais, de delitos."[51] Por vezes, a notoriedade pode surgir de uma fatalidade ou de uma circunstância negativa, como estar envolvido em um acidente ou ter cometido um crime.[52] Algumas pessoas podem receber essa característica por determinado período ou em decorrência da participação em evento ou situação específica, podendo inclusive a notoriedade prolongar-se por toda a vida de uma pessoa.

Ana Paula de Barcellos ensina que existiriam vários tipos de pessoas notórias, sendo necessário destacar, desde logo, três grupos. O primeiro grupo seria formado por indivíduos que se tornaram famosos por conta de sua participação voluntária ou não em eventos de grande repercussão, como, por exemplo, criminosos e suas vítimas. O segundo grupo seria composto por agentes públicos: pessoas notórias por conta de seus vínculos com o Estado.[53] Ao se vincularem de alguma forma ao Estado, os indivíduos recebem a incidência das normas relativas à publicidade, transparência e prestação de contas, de forma que a esfera de sua vida privada e, eventualmente, até de sua intimidade serão menores do que a de pessoas sem relação com o Poder Público. Já o terceiro grupo congregaria as pessoas que se tornaram famosas por conta de suas atividades profissionais que têm repercussão pública, como artistas, esportistas, escritores e jornalistas de grande projeção. Segundo a jurista, no último grupo, o âmbito de proteção da vida privada e da intimidade seria menor do que o de um anônimo, já que parte relevante da vida da pessoa se desenvolveria publicamente em virtude de suas próprias opções existenciais. Nesse caso, os fatos relacionados com a atividade pública da pessoa, que a tornou notória, seriam naturalmente públicos e sobre eles não incidiria a inviolabilidade da vida

---

51. FARIAS, Edilsom Pereira de. Colisão de direitos: a honra, a intimidade, a vida privada e a imagem versus a liberdade de expressão e informação. Porto Alegre: Fabris Editor, 1996, p. 123-124.
52. BARROSO, Luís Roberto. Colisão entre Liberdade de Expressão e Direitos da Personalidade. Critérios de Ponderação. Interpretação constitucionalmente adequada do Código Civil e da Lei de Imprensa. *Revista de Direito Administrativo*, Rio de Janeiro, n. 235, jan./mar. 2004.
53. "(...) a assunção de cargos públicos, como a presidência do Supremo Tribunal Federal, torna o sujeito uma pessoa pública, cujos atos estão sujeitos a maior exposição e mais suscetíveis à mitigação dos direitos de personalidade. Mesmo em tais hipóteses, ao qual se amolda o caso vertente, não obstante a liberdade de expressão seja prevalente, atraindo verdadeira excludente anímica, ela não é absoluta. É intuitivo, ainda, que a narração de histórias entremeadas de episódios e diálogos utópicos, irônicos ou questionador a personalidades públicas contribui para alavancar as vendas da produção literária, o que, porém, não pode ser admitido quando desborde os limites da liberdade de expressão e ofenda aos demais direitos e princípios constitucionais, principalmente aqueles que protegem a personalidade da pessoa humana, quando verificada a falsidade e a ofensividade do texto." (STJ. REsp 1.771.866 – DF. Rel. Min. Marco Aurélio Bellizze. DJe: 19/02/2019).

privada. Mesmo momentos pessoais, como o choro depois da derrota, da vitória, da vaia ou da ovação, estariam fora da proteção da privacidade, se vinculados à atividade pública do indivíduo.[54]

Como dito, a pessoa pública desperta maior interesse na coletividade, o que faz com que sofra uma relativa diminuição nas possibilidades de tutela de seu direito de imagem, especialmente quando se expõe em local público ou participa de evento de interesse público. Todavia, a ampliação das possibilidades de se captar e utilizar a imagem alheia, independentemente do consentimento do titular do direito, deve encontrar alguns limites. Não parece razoável que qualquer aparição de uma pessoa famosa em público autorize a captação e a veiculação de sua imagem livremente pela mídia, devendo ser verificado, por exemplo, o interesse público na divulgação do fato, assim como a expectativa de exposição dos envolvidos naquele momento.

Como lembrado no Recurso Especial 713.202, "A mera curiosidade movida pelo diletantismo de alguns, tanto na divulgação de notícias, quanto na busca de fatos que expõem indevidamente a vida íntima, notadamente, daquelas pessoas com alguma notoriedade no corpo social, não pode ser encarada como de interesse social, a justificar a atenção dos organismos de imprensa."[55] No campo do direito à privacidade[56], costuma-se identificar um elemento decisivo na determinação da intensidade de sua proteção: o grau de exposição pública da pessoa, em virtude de seu cargo ou atividade ou, até mesmo, de alguma circunstância eventual. Ainda que a privacidade de indivíduos de vida pública se sujeite a parâmetros de aferição menos rígidos, em razão da necessidade de autoexposição, de promoção pessoal ou do interesse público na transparência de determinadas condutas, há de se observar o grau de exposição pública da pessoa para que se garanta uma tutela razoável e em conformidade com a sua expectativa de privacidade. Inclusive, isso dialoga diretamente com o princípio da autodeterminação informativa, consagrado na Lei Geral de Proteção de Dados (Lei 13.709/18, Art. 2º, II), que tem por postulado a faculdade de o particular determinar e controlar a utilização dos seus dados pessoais.

---

54. BARCELLOS, Ana Paula de. Intimidade e Pessoas Notórias. Liberdades de Expressão e de Informação e Biografias. Conflito entre Direitos Fundamentais. Ponderação, Caso Concreto e Acesso à Justiça. Tutelas Específica e Indenizatória. *Direito Público*, v. 1, n. 55, p. 47-91, maio 2014. Disponível em: <http://www.direitopublico.idp.edu.br/direitopublico/article/view/1572/1285> Acesso em: 06.01. 2016.
55. STJ. REsp 713.202/RS, Rel. Ministro Luis Felipe Salomão, Quarta Turma, julgado em 01/10/2009, DJe 03/08/2010.
56. Acerca da definição do direito à privacidade, Rodotà afirma que: "De sua tradicional definição como "direito a ser deixado só" passa-se, justamente pela influência da tecnologia dos computadores, àquela que constituirá um constante ponto de referência na discussão: direito a controlar o uso que os outros façam das informações que me digam respeito." Prossegue: "Na sociedade da informação tendem a prevalecer definições funcionais da privacidade que, de diversas formas, fazem referência à possibilidade de um sujeito conhecer, controlar, endereçar, interromper o fluxo das informações a ele relacionadas. Assim, a privacidade pode ser definida (...) como o direito de manter o controle sobre as próprias informações." (RODOTÀ, Stefano. *A vida na sociedade da vigilância – a privacidade hoje*. Rio de Janeiro: Renovar, 2008).

Por maior que seja o interesse que determinada pessoa desperte na coletividade, obviamente, ela ainda gozará de seu direito fundamental à imagem, de forma que poderá invocar a proteção de seu direito quando entender pertinente.[57] Não parece adequado que a participação na vida pública gere uma autorização tácita para que toda e qualquer imagem da pessoa possa ser divulgada. Ao optar por exibir sua imagem em determinado contexto, a pessoa notória não autoriza, por isso, que terceiros livremente captem e divulguem em outros contextos ou de forma lesiva sua imagem. Nesse sentido, é claro o entendimento de Barcellos:

> (...) embora as pessoas notórias tenham, em diferentes níveis, uma esfera menor de proteção quando comparadas com pessoas sem notoriedade, isso não significa que elas não sejam titulares de alguma esfera de intimidade e vida privada a ser protegida. Nem tudo na vida desses indivíduos está relacionado à atividade que lhes dá notoriedade e não se trata de uma troca: os proveitos da fama em troca de seus segredos mais íntimos. A eventual curiosidade do público sobre tudo o que diga respeito a seus artistas preferidos não afasta o direito dessas pessoas à inviolabilidade de sua intimidade. Fatos envolvendo as relações familiares do indivíduo, sua família, sua saúde, seus afetos e opções sexuais frequentemente não terão qualquer relação com a vida pública do indivíduo. (...) Tanto a exposição da própria intimidade quanto o esforço de preservação da vida pessoal, quaisquer que sejam os fundamentos, são decisões existenciais legítimas. Entretanto, a escolha por um ou outro caminho – ou por qualquer das possibilidades intermediárias – é pessoal e intransferível.[58]

Como regra, a publicação da imagem de pessoa notória sem sua autorização deverá ficar restrita à sua vida pública, proporcionar informação de interesse público, ocorrer no período de notoriedade do retratado e não envolver conteúdo que se refira exclusivamente à sua vida particular, sob pena de violação do direito à imagem. Preferencialmente, a exposição realizada deverá ter relação com o cargo ou com a profissão que levou a pessoa a ser conhecida.

A jurisprudência do STJ se firmou no sentido de que a publicação não autorizada de imagem de pessoa com fins econômicos ou comerciais gera o dever de indenização por danos morais, mesmo que não haja conotação ofensiva ou vexatória.[59] Neste sentido, a súmula 403 do STJ dispõe que: "Independe de prova do prejuízo a indenização pela publicação não autorizada de imagem de pessoa com fins econômicos ou comerciais." Trata-se, nesse caso, de dano moral *in re*

---

57. Conforme Cupis, "(...) mesmo as pessoas revestidas de notoriedade conservam o direito à imagem, relativamente à esfera íntima da sua vida privada, em face da qual as exigências da curiosidade pública têm que se deter. A limitação estabelecida pela lei deve entender-se, por sua vez, com esta restrição". (DE CUPIS, Adriano. *Os direitos da personalidade*. Campinas: Romana, 2004, p. 148).
58. BARCELLOS, Ana Paula de. Intimidade e Pessoas Notórias. Liberdades de Expressão e de Informação e Biografias. Conflito entre Direitos Fundamentais. Ponderação, Caso Concreto e Acesso à Justiça. Tutelas Específica e Indenizatória. **Direito Público**, v. 1, n. 55, p. 47-91, maio 2014. Disponível em: <http://www.direitopublico.idp.edu.br/direitopublico/article/view/1572/1285>Acesso em: 06.01.16.
59. STJ. AgInt no REsp 1758467/SP, Rel. Ministro Raul Araújo, DJe 12/03/2020.

ipsa, ou seja, dano vinculado à própria existência do fato ilícito, sendo o resultado presumido.[60-61]

De forma a ilustrar o presente tema, destaca-se o Recurso Especial 1.082.878, em que se tratou de caso em que conhecido ator de televisão foi fotografado sem sua autorização, em local aberto, beijando mulher que não era sua esposa. Em razão das fotos da cena terem sido publicadas em diversas edições de uma determinada revista de fofocas, ele ingressou com uma ação pleiteando danos morais.[62] Em seu voto, a ministra Nancy Andrighi entendeu que, por ser ator de televisão que participou de inúmeras novelas (pessoa pública e/ou notória) e estar em local aberto (estacionamento de veículos), o interessado possuiria direito de imagem mais restrito, mas não afastado, restando caracterizada a abusividade no uso da imagem na reportagem, que foi publicada com nítido propósito de incrementar as vendas da revista. Ainda que o direito de informar sobre a vida íntima de uma pessoa pública seja mais amplo, não se pode tolerar abusos. Para a ministra, a simples publicação da revista atingiria a imagem do recorrido, visto que a fotografia o retratava beijando mulher que não era sua esposa.

2.3 O interesse público

O conceito de interesse público guarda certa polêmica na doutrina, assim como os princípios que a ele fazem referência, como o da supremacia do interesse público e o da indisponibilidade do interesse público. Ainda que seja aplicado e questionado em diversos ramos do Direito, o conceito de interesse público apresenta expressivo desenvolvimento no âmbito do Direito Público.

Costuma-se pensar em interesse público como algo oposto ao interesse privado. Sem dúvida, o primeiro representa essencialmente os interesses da coletividade, do conjunto social. Entretanto, é necessário observar que, embora possa haver um interesse público contraposto a um determinado interesse individual, não pode existir um interesse público contrário aos interesses de cada um dos membros da sociedade, de forma que se chega à conclusão de que existiria uma relação íntima e indissolúvel

---

60. "3. O acórdão recorrido, com base no substrato fático-probatório dos autos, concluiu que houve exposição da imagem da recorrente em âmbito nacional, sem prévia autorização desta, com fins exclusivamente econômicos e publicitários, em razão de campanha promovida pelo recorrido e veiculada em revista de grande tiragem e circulação e em *outdoors* espalhados pelo país. 4. Na hipótese, não é necessária a comprovação de prejuízo para configuração do dano moral, pois este decorre da própria violação do direito de imagem titulado pela recorrente – *dano in re ipsa*. Entendimento consagrado na Súmula 403/STJ" (REsp n. 1.102.756/SP. Relatora Ministra Nancy Andrighi, Terceira Turma, DJe 3/12/2012) (AgRg no Agravo de Instrumento 1.379.761 – SP, Rel. Min. Luis Felipe Salomão, DJe: 02/05/2011).
61. "2. A jurisprudência do Superior Tribunal de Justiça consolidou-se no sentido de que os danos morais em virtude de violação do direito à imagem decorrem de seu simples uso indevido, sendo prescindível, em tais casos, a comprovação da existência de prejuízo efetivo à honra ou ao bom nome do titular daquele direito, pois o dano é in re ipsa (Súmula nº 403/STJ)." (AgInt no AgInt no AREsp 1546407/SP, Rel. Ministro Ricardo Villas Bôas Cueva, Terceira Turma, julgado em 18/05/2020, DJe 26/05/2020).
62. STJ. REsp 1.082.878, Rel. Min. Nancy Andrighi, DJe: 18.11.2008.

entre o interesse público e os interesses individuais. O interesse público, portanto, só se justificaria na medida em que se constituísse em veículo de realização dos interesses das partes que o integram no presente e das que o integrarão no futuro.[63]

De acordo com Celso Antônio Bandeira de Mello, o interesse público pode ser definido como "(...) o interesse resultante do conjunto dos interesses que os indivíduos pessoalmente têm quando considerados em sua qualidade de membros da Sociedade e pelo simples fato de o serem."[64] Para o referido autor, o interesse público propriamente dito ou primário seria o interesse da coletividade como um todo. Ele poderia ser validamente objetivado, pois seria o interesse que a lei consagraria e entregaria à compita do Estado como representante do corpo social. Por outro lado, o interesse secundário seria aquele que o Estado, pelo só fato de ser sujeito de direitos, poderia ter como qualquer outra pessoa, independentemente de sua qualidade de servidor de interesses de terceiros. Conforme essa distinção, os interesses secundários só poderiam ser perseguidos pelo Estado quando fossem coincidentes com os primários.[65]

Ensina Diogo de Figueiredo Moreira Neto[66] que, nas relações tipicamente privadas, de coordenação de interesses, o Direito trataria tais interesses isonomicamente, "respeitando a presumida igualdade da vontade das partes para exercerem a autonomia com relação a seus respectivos interesses privados, para que os valorizem e deles disponham livremente."[67] Por outro lado, nas relações tipicamente públicas, de subordinação de interesses, a lei captaria e identificaria um determinado interesse geral, definindo-o como um interesse público e, com isso, priorizaria seu atendimento sobre os demais interesses, em certas condições. A norma legal, ao enunciar um interesse público específico, cometeria ao Estado ou mesmo a particulares o encargo finalístico de satisfazê-lo, definindo em consequência as competências, as condições de proteção e os direitos e deveres jurídicos correlatos. Existiriam dois graus de interesse público: "o *substantivo,* que diz respeito aos *fins* visados pela administração, e o *adjetivo,* que diz respeito aos *meios* disponíveis para atingi-lo, sendo que apenas o substantivo é indispensável."[68]

Em relação à flexibilização do conceito de interesse público, Moreira Neto[69] dispõe que, em diversos momentos, será necessário ponderar interesses públicos

---

63. BANDEIRA DE MELLO, Celso Antônio. *Curso de Direito Administrativo.* 18.ed. São Paulo: Malheiros, 2005, p. 51-52.
64. BANDEIRA DE MELLO, Celso Antônio. *Curso de Direito Administrativo.* 18.ed. São Paulo: Malheiros, 2005, p. 53.
65. BANDEIRA DE MELLO, Celso Antônio. *Curso de Direito Administrativo.* 29.ed. São Paulo: Malheiros, 2011, p. 73.
66. MOREIRA NETO, Diogo de Figueiredo. *Curso de direito administrativo: parte introdutória, parte geral e parte especial.* 14.ed. Rio de Janeiro: Editora Forense, 2005, p. 90-91.
67. MOREIRA NETO, Diogo de Figueiredo. *Curso de direito administrativo: parte introdutória, parte geral e parte especial.* 14.ed. Rio de Janeiro: Editora Forense, 2005, p. 90.
68. MOREIRA NETO, Diogo de Figueiredo. *Curso de direito administrativo: parte introdutória, parte geral e parte especial.* 14.ed. Rio de Janeiro: Editora Forense, 2005, p. 90.
69. MOREIRA NETO, Diogo de Figueiredo. *Curso de direito administrativo: parte introdutória, parte geral e parte especial.* 14.ed. Rio de Janeiro: Editora Forense, 2005, p. 90-91.

definidos em lei com outros igualmente protegidos, mas que lhes sejam concorrentes, de forma a se alcançar uma mais justa e melhor realização do Direito. Tendo em vista a sequência de mutações do Direito Administrativo, para o autor, a supremacia do interesse em tese teria cedido à supremacia dos princípios fundamentais constitucionais, que garantem os direitos das pessoas, e a indisponibilidade teria sido reavaliada em função de interesses juridicamente protegidos ocasionalmente concorrentes com interesses públicos. Por consequência, essa reavaliação axiológica do poder estatal teria restringido o conceito de imperatividade apenas para as hipóteses em que o Estado dela necessitasse e estivesse intitulado a exercê-la para dar prevalência aos interesses legalmente dispostos como públicos e, ainda assim, desde que respeitados os limites constitucionais, passando a ter aplicação sempre que o "ato próprio" da Administração Pública se referisse apenas a seus interesses patrimoniais como pessoa jurídica de direito público interno e, por isso mesmo, tidos como interesses secundários e disponíveis.

Apresentando posicionamento crítico em relação à ideia da supremacia do interesse público, Gustavo Binenbojm[70] realiza importantes observações a respeito das incoerências encontradas na doutrina que preconiza a supremacia do interesse público sobre o privado, além de adotar uma concepção diferenciada de interesse público, que rejeita a prevalência *apriorística* de qualquer categoria de interesses sobre outra. Segundo o autor,

> (...) as relações de prevalência entre interesses privados e interesses públicos não comportam determinação a priori e em caráter abstrato, senão que devem ser buscadas no sistema constitucional e nas leis constitucionais, dentro do jogo de ponderações proporcionais envolvendo direitos fundamentais e metas coletivas da sociedade.
>
> Cuida-se, em suma, de uma constitucionalização do conceito de interesse público, que fere de morte a ideia de supremacia como um princípio jurídico ou um postulado normativo que afirme peremptoriamente a preponderância do coletivo sobre o individual ou do público sobre o particular. Qualquer juízo de prevalência deve ser sempre reconduzido ao sistema constitucional, necessariamente dúctil e plural, que passa a constituir o núcleo concreto e real da atividade administrativa.[71]

---

70. "A invocação da *supremacia do interesse público sobre os interesses particulares* constitui-se, portanto, em recurso retórico inapto, em qualquer Estado democrático de direito, para equacionar adequadamente as distintas situações que envolvem as dimensões individuais e transindividuais da existência humana. Com efeito, há três razões básicas que evidenciam a visceral incompatibilidade da noção de supremacia do interesse público com o constitucionalismo democrático: i. a proteção de posições jurídicas individuais irredutíveis, identificadas, de modo geral, com o conteúdo essencial dos direitos fundamentais e, particularmente, da dignidade da pessoa humana; ii. a primazia *prima facie* dos direitos fundamentais sobre metas ou aspirações coletivas, ainda quando admitida a ponderação proporcional pela sistemática constitucional; iii. a polivalência da ideia de interesse público, que pode abarcar, em seu conteúdo semântico, tanto a preservação de direitos individuais como a persecução de objetivos transindividuais, que, de resto, se encontram invariavelmente conjugados ou imbricados. Portanto, não há sentido útil em aludir-se abstratamente à supremacia do interesse coletivo sobre o individual ou do público sobre o privado" (BINENBOJM, Gustavo. Ainda a supremacia do interesse público. *Revista Eletrônica da PGE-RJ*, v. 2, n. 2, 15 jun. 2019).

71. BINENBOJM, Gustavo. *Uma teoria do direito administrativo: direitos fundamentais, democracia e constitucionalização*. 3ª ed. revista e atualizada. Rio de Janeiro: Renovar, 2014. p. 88.

Para Binenbojm, o conceito de interesse público seria juridicamente indeterminado e apenas ganharia maior concretude a partir da disposição constitucional dos direitos fundamentais, em um sistema que contemplasse restrições ao seu exercício em prol de outros direitos, bem como de metas e aspirações da coletividade de caráter metaindividual igualmente presentes na Constituição. Ao Estado incumbiria atuar como intérprete e concretizador de tal sistema, realizando as ponderações entre os interesses conflitantes, guiado pelo postulado da proporcionalidade, visto que o melhor interesse público somente poderia ser obtido a partir de um procedimento racional que envolvesse tanto a disciplina constitucional dos interesses individuais e coletivos específicos quanto um juízo de ponderação que permitisse a realização de todos eles na maior extensão possível, sendo a proporcionalidade o instrumento desse raciocínio ponderativo.[72] Deve-se, assim, proteger e promover de forma ponderada e com razoabilidade tanto os interesses particulares dos indivíduos quanto os gerais da coletividade.[73] O autor afirma que o "interesse público é o resultado final desse jogo de ponderações que, conforme as circunstâncias normativas e fáticas, ora apontará para a preponderância relativa do interesse geral, ora determinará a prevalência parcial de interesses individuais."[74]

Uma vez que a Constituição de 1988 se encontra orientada pelo princípio da dignidade da pessoa humana, torna-se necessário também estabelecer proteção ao interesse do indivíduo quando ameaçado frente aos interesses gerais promovidos pelo Estado. Para Binenbojm, não parece ser possível extrair o princípio da supremacia do interesse público das normas constitucionais, tendo em vista a ampla proteção conferida aos interesses particulares.[75] O conteúdo constitucional negaria também a suposta colisão entre os interesses públicos e privados, já que os dois se encontrariam enraizados na Lei Maior, havendo uma "conexão estrutural" entre eles e não uma efetiva contradição.[76] Haveria, portanto, uma indissociabilidade entre os interesses público e privado. Não só o ordenamento jurídico seria pautado por garantias e direitos individuais, devendo o Estado submeter-se a eles. A realização de interesses particulares quando em confronto com interesses públicos não constituiria desvio de finalidade para a Administração, pois aqueles seriam também fins públicos. Assim, a proteção de um interesse privado, consagrado cons-

---

72. BINENBOJM, Gustavo. Da supremacia do interesse público ao dever de proporcionalidade: um novo paradigma para o direito administrativo. *Revista de Direito Administrativo*, Rio de Janeiro, 239, p. 1-31, Jan./Mar. 2005, p. 29-30. Disponível em: <http://bibliotecadigital.fgv.br/ojs/index.php/rda/article/view/43855/44713> Acesso em: 10.01.16.
73. BINENBOJM, Gustavo. *Uma teoria do direito administrativo: direitos fundamentais, democracia e constitucionalização*. 3ª ed. revista e atualizada. Rio de Janeiro: Renovar, 2014.p. 88.
74. BINENBOJM, Gustavo. *Uma teoria do direito administrativo: direitos fundamentais, democracia e constitucionalização*. 3ª ed. revista e atualizada. Rio de Janeiro: Renovar, 2014.p. 111.
75. BINENBOJM, Gustavo. *Uma teoria do direito administrativo: direitos fundamentais, democracia e constitucionalização*. 3ª ed. revista e atualizada. Rio de Janeiro: Renovar, 2014.p. 98.
76. BINENBOJM, Gustavo. *Uma teoria do direito administrativo: direitos fundamentais, democracia e constitucionalização*. 3ª ed. revista e atualizada. Rio de Janeiro: Renovar, 2014.p. 98.

titucionalmente, ainda que de forma parcial, poderia vir a representar a realização de um interesse público.[77]

Além disso, o autor[78] defende que o princípio da supremacia do interesse público seria incompatível com os postulados normativos da proporcionalidade e da concordância prática (que viabiliza o exercício da ponderação, ao afirmar a coordenação entre os bens jurídicos e negar-lhes uma posição antípoda, quando se apresentam constitucionalmente protegidos), os quais andam atrelados na busca de uma exata medida para a realização máxima dos bens jurídicos contrapostos. Afirma que seria impossível conciliar no ordenamento um dito princípio que ignorasse as nuances do caso concreto e estabelecesse, de forma antecipada, que a melhor solução seria aquela que afirmasse a preponderância do interesse público. O princípio da supremacia do interesse público, além de afastar o processo de ponderação, também prejudicaria o dever de fundamentação a que se sujeitam os Poderes do Estado.[79]

Portanto, a preservação – na maior medida possível – dos direitos individuais constituiria porção do próprio interesse público, visto que seriam objetivos gerais da sociedade tanto viabilizar o funcionamento da Administração Pública, mediante a instituição de prerrogativas materiais e processuais, quanto preservar e promover, extensamente, os direitos dos particulares. O referido entendimento, por consequência, nega a aplicação de qualquer regra absoluta que confira prevalência *a priori* dos papéis institucionais do Estado sobre os interesses individuais privados.[80]

Relacionando a questão do interesse público com a tutela da imagem da pessoa humana, observa-se por exemplo que, embora haja presunção de que haveria interesse público na divulgação de fatos verdadeiros, poderá o retratado demonstrar que, em determinada hipótese, existe um interesse privado respaldado constitucionalmente que deverá se sobrepor ao interesse público ancorado nas liberdades de expressão e de informação. Após uma criteriosa ponderação de interesses, mostrando-se razoável e proporcional o pleito do titular do direito da personalidade, poderá o interesse privado preponderar no caso concreto, sendo a imagem indisponibilizada, excluída, melhor contextualizada ou, ainda, tratada de forma a não identificar a pessoa em questão.

Uma vez que o princípio da dignidade da pessoa humana fundamenta o Estado brasileiro, mostra-se inadequado atribuir uma permanente superioridade ao interesse público, que conduza a uma opção estática sempre em favor dele, devendo em cada

---

77. BINENBOJM, Gustavo. Da supremacia do interesse público ao dever de proporcionalidade: um novo paradigma para o direito administrativo. *Revista de Direito Administrativo*, Rio de Janeiro, 239, p. 1-31, Jan./Mar. 2005, p. 15-16.
78. BINENBOJM, Gustavo. *Uma teoria do direito administrativo: direitos fundamentais, democracia e constitucionalização*. 3ª ed. revista e atualizada. Rio de Janeiro: Renovar, 2014. p. 100.
79. BINENBOJM, Gustavo. Da supremacia do interesse público ao dever de proporcionalidade: um novo paradigma para o direito administrativo. *Revista de Direito Administrativo*, Rio de Janeiro, 239, p. 1-31, Jan./Mar. 2005, p. 16-17.
80. BINENBOJM, Gustavo. Da supremacia do interesse público ao dever de proporcionalidade: um novo paradigma para o direito administrativo. *Revista de Direito Administrativo*, Rio de Janeiro, 239, p. 1-31, Jan./Mar. 2005, p.30.

caso ocorrer uma criteriosa ponderação de interesses, que terá de ser fundamentada de forma ampla, com base nas especificidades da situação analisada. Interesse público em nenhuma hipótese deverá ser confundido com "interesse do público" ou mera curiosidade do público. Como se afirmou no acórdão do Recurso Especial 1.473.393: "Nesta seara de revelação pela imprensa de fatos da vida íntima das pessoas, o digladiar entre o direito de livre informar e os direitos de personalidade deve ser balizado pelo interesse público na informação veiculada, para que se possa inferir qual daqueles direitos deve ter uma maior prevalência sobre o outro no caso concreto."[81]

Em determinados casos, será necessário avaliar, entre outros fatores, a utilidade socialmente apreciável da divulgação da informação e o seu interesse público, cabendo ao intérprete lembrar que, embora possa haver um interesse público contraposto a um determinado interesse individual, não pode existir um interesse público contrário aos interesses e necessidades gerais da comunidade e dos indivíduos individualmente considerados. Na medida em que o interesse público representa veículo de realização dos interesses das partes que integram a sociedade no presente e no futuro, pode-se afirmar que dentro de seu conteúdo encontra-se também a tutela dos direitos da personalidade por ser essencial ao livre desenvolvimento de todas as pessoas.

2.4 O interesse jornalístico e a veracidade do fato

Informar e ser informado representam para o cidadão tanto direitos quanto necessidades. No Brasil, o ordenamento jurídico confere expressamente relevância às liberdades de expressão e de informação, tendo consagrado as duas como direitos fundamentais. As referidas liberdades apresentam tanto um caráter individual, funcionando como meios para o desenvolvimento da personalidade, quanto atendem ao inegável interesse público da livre circulação de ideias, corolário e base de funcionamento do regime democrático, tendo elas, portanto, também uma dimensão coletiva, sobretudo se diante de um meio de comunicação.[82] Igualmente, a liberdade de imprensa possui assento constitucional designando a liberdade reconhecida aos meios de comunicação de comunicarem informações, opiniões e mensagens para o público por qualquer veículo ou plataforma.[83] De acordo com Sarmento, o principal destinatário desta garantia constitucional não seria o titular dos veículos de comunicação, mas sim a sociedade, que se tornaria mais bem informada, teria acesso a mais pontos de vista sobre temas de interesse social e poderia controlar melhor os negócios públicos.[84] A liberdade de imprensa seria responsável por conferir maior

---

81. STJ. Quarta Turma. REsp 1.473.393–SP. Rel. Min. Luis Felipe Salomão. DJe: 23.11.16.
82. BARROSO, Luís Roberto. Colisão entre Liberdade de Expressão e Direitos da Personalidade. Critérios de Ponderação. Interpretação constitucionalmente adequada do Código Civil e da Lei de Imprensa. *Revista de Direito Administrativo*, Rio de Janeiro, n. 235, jan./mar. 2004.
83. SARMENTO, Daniel. Parecer Liberdades Comunicativas e "Direito ao Esquecimento" na ordem constitucional brasileira. P.19.
84. SARMENTO, Daniel. Parecer Liberdades Comunicativas e "Direito ao Esquecimento" na ordem constitucional brasileira. P.19.

transparência ao funcionamento do Estado, permitindo o controle dos governantes pelos governados, sendo de suma importância em qualquer regime que se pretenda democrático.[85]

A notícia é uma janela para o mundo[86], o que impõe que a atividade jornalística tenha como princípios o interesse público e o compromisso com a verdade, sem o qual perderia sua credibilidade. Ao participar da construção social da realidade e dos processos de comunicação pública, o jornalismo se associa ao projeto democrático e confere visibilidade a temas, acontecimentos e opiniões que dizem respeito à esfera pública. Um dado relevante é que a imprensa realiza a tarefa de expor questões de interesse público com a autoridade historicamente construída de oferecer uma visão objetiva e verdadeira acerca delas. Entretanto, é necessário pontuar que fatos não podem ser tratados como se fossem dados exteriores às relações sociais e, portanto, passíveis de ser apreendidos independentemente de mediações subjetivas. Na seleção e construção de quaisquer notícias ou relatos existirá sempre a mediação interpretativa de sujeitos inseridos numa dada cultura, os quais "têm 'lentes' especiais através das quais veem certas coisas e não veem outras, e através das quais veem as coisas que veem da forma especial porque as veem"[87].

Dessa forma, o que se deve buscar é a transmissão da notícia de forma detalhada e com informações checadas em fontes seguras, bem como apresentá-la com base em diversas perspectivas e com poucas colocações subjetivas. A observação, a interpretação e a narração de eventos vão refletir, como regra, um fragmento da realidade, de forma que eventuais equívocos não dolosos ou interpretações pessoais deverão ser considerados como parte da atividade. Nesse sentido devem caminhar eventuais decisões judiciais sobre o assunto, pois, de outra forma, seria ignorada a realidade da comunicação e as liberdades fundamentais seriam limitadas de forma desproporcional. *A priori*, a imprensa deve gozar de uma liberdade maior para informar e selecionar conteúdo, devendo eventuais abusos concretos ser reprimidos pelo Judiciário.

Em processo de relatoria do Ministro Celso de Mello, em que se pretendia levar o STF a rever decisão que absolveu jornalista do pagamento de compensação por danos morais a desembargador aposentado de Santa Catarina[88], afirmou-se que não se pode desconhecer que a liberdade de imprensa, enquanto projeção das liberdades de manifestação de pensamento e comunicação, reveste-se de conteúdo abrangente, por compreender, dentre outras prerrogativas, (a) o direito de informar, (b) o direito de buscar a informação, (c) o direito de opinar e (d) o direito de criticar. A crítica jornalística traduziria direito impregnado de qualificação constitucional plenamen-

---

85. SARMENTO, Daniel. Liberdade de expressão, pluralismo e o papel promocional do Estado. *Revista Diálogo Jurídico*, Salvador, n. 16, maio/agosto, 2007, p. 29.
86. TUCHMAN, Gaye. *La producción de la noticia*: Estudio sobre la construcción de la realidad. Barcelona: Editorial Gustavo Gilli S.A., 1983.
87. BOURDIEU, Pierre. *O poder simbólico*. 2. ed. Rio de Janeiro: Bertrand, 1998. p. 19.
88. STF. AI 705.630-SC. Rel. Min. Celso de Mello. Julgamento: 18.06.10.

te oponível aos que exercem qualquer atividade de interesse da coletividade, pois o interesse social, que legitima o direito de criticar, estaria sobreposto a eventuais suscetibilidades que determinada pessoa pública pudesse revelar. Por essa razão, a crítica dirigida às pessoas públicas, por mais dura e veemente que possa ser, deixa de sofrer, quanto ao seu concreto exercício, as limitações externas que ordinariamente resultam dos direitos da personalidade.[89]

Nesse sentido, para o ministro Celso de Mello, não caracteriza hipótese de responsabilidade civil a publicação de matéria jornalística cujo conteúdo divulgue observações em caráter mordaz ou irônico ou veicule opiniões em tom de crítica severa e, até mesmo, impiedosa, ainda mais se a pessoa a quem tais observações forem dirigidas ostentar a condição de figura pública, investida ou não de autoridade governamental, pois, em tal contexto, a liberdade de crítica qualifica-se como verdadeira excludente anímica, apta a afastar o intuito doloso de ofender. A exposição de fatos e a veiculação de conceitos utilizados como elementos materializadores da prática concreta do direito de crítica descaracterizariam o *animus injuriandi vel diffamandi*, o que legitimaria plenamente o exercício dessa particular expressão da liberdade de imprensa, havendo segundo o Ministro diversos julgados que legitimariam a atuação jornalística, em razão da necessidade social de se analisar permanentemente e de forma minuciosa aqueles sujeitos que, no exercício ou não de cargos oficiais, possam ser qualificados como figuras públicas.

Vale lembrar que há fatos que são notícia independentemente dos personagens retratados, como, por exemplo, acontecimentos da natureza, acidentes automobilísticos, incêndios, desabamentos e crimes em geral. Fatos assim são passíveis de divulgação pelo evidente interesse jornalístico que apresentam, o que justifica até mesmo eventual exposição da intimidade, honra ou imagem das pessoas neles envolvidas.[90] Entretanto, ressalta-se que a imagem publicada deverá estar ligada diretamente à notícia, fazendo parte do contexto do evento. Não pode o jornal se servir da imagem alheia sem autorização para veicular matéria publicitária, sensacionalista, maliciosa ou desconexa com a situação em que a imagem foi captada, devendo sempre prezar pela veracidade dos fatos e pela neutralidade da narrativa.

---

89. Neste sentido: "A publicidade e o direito à informação não podem ser restringidos com base em atos de natureza discricionária, salvo quando justificados, em casos excepcionais, para a defesa da honra, da imagem e da intimidade de terceiros ou quando a medida for essencial para a proteção do interesse público. A coleta de dados históricos a partir de documentos públicos e registros fonográficos, mesmo que para fins particulares, constitui-se em motivação legítima a garantir o acesso a tais informações. No caso, tratava-se da busca por fontes a subsidiar elaboração de livro (em homenagem a advogados defensores de acusados de crimes políticos durante determinada época) a partir dos registros documentais e fonográficos de sessões de julgamento público. Não configuração de situação excepcional a limitar a incidência da publicidade dos documentos públicos (arts. 23 e 24 da Lei 8.159/1991) e do direito à informação." (STF. RMS 23.036, rel. p/ o ac. min. Nelson Jobim, julg. em 28.03.2006, Segunda Turma, DJ de 25.08.2006.)
90. BARROSO, Luís Roberto. Colisão entre Liberdade de Expressão e Direitos da Personalidade. Critérios de Ponderação. Interpretação constitucionalmente adequada do Código Civil e da Lei de Imprensa. *Revista de Direito Administrativo*, Rio de Janeiro, n. 235, jan./mar. 2004.

Acerca do critério da veracidade, Barroso afirmou em julgado[91] que a divulgação deliberada de uma notícia falsa, em detrimento de outrem, não constitui direito do emissor. Os veículos de comunicação teriam o dever de apurar, com boa-fé e dentro de critérios de razoabilidade, a correção do fato ao qual darão publicidade. Todavia, segundo o Ministro, não se trata de uma verdade objetiva, mas subjetiva, subordinada a um juízo de plausibilidade e ao ponto de observação de quem a divulga. Para haver responsabilidade, seria necessário haver clara negligência na apuração do fato ou dolo na difusão da falsidade. Ressaltou que, no mundo atual, no qual se exige que a informação circule de forma cada vez mais rápida, seria impossível pretender que apenas verdades incontestáveis fossem divulgadas pela mídia. Em muitos casos, isso seria o mesmo que inviabilizar a liberdade de informação, sobretudo de informação jornalística, marcada por juízos de verossimilhança e probabilidade. Dessa forma, o requisito da verdade deveria ser compreendido do ponto de vista subjetivo, equiparando-se à diligência do informador, a quem incumbe apurar de forma séria os fatos que pretende tornar públicos.[92]

---

91. STF. Medida Cautelar na Reclamação 22328/RJ. Rel. Min. Roberto Barroso. Julgamento: 20.11.15.
92. Ressalta-se, aqui, importe e recente julgado do STJ: "Trata-se do instigante conflito aparente entre direitos fundamentais, consagrados na Constituição Federal de 1988 e regulamentados pela legislação infraconstitucional, quais sejam a liberdade de imprensa - corolário da liberdade de informação e da liberdade de manifestação do pensamento - e os direitos da personalidade, como a privacidade, a honra e a imagem, envolvendo em ambos polos da ação experientes jornalistas. Vale ressaltar que o exercício do direito de informar apenas será digno de proteção quando presente o requisito interno da verdade, revelado quando a informação conferir ciência da realidade. Advirta-se, contudo, que não se exige, para a proteção anunciada, uma verdade absoluta, mas, sim, a chamada "verdade subjetiva" que se extrai da diligência do informador, a quem incumbe apurar de forma séria os fatos que pretende tornar públicos. Assim, "para haver responsabilidade, é necessário haver clara negligência na apuração do fato ou dolo na difusão de falsidade". A "veracidade do fato" consubstancia um compromisso ético com a informação verossímil - o que pode, eventualmente, abarcar informações não totalmente precisas -, que figura como um dos parâmetros legitimadores do exercício da liberdade de informação. Por outro lado, o requisito da verdade não subordina o direito de expressão (em sentido estrito), que consiste na liberdade básica de expressar qualquer manifestação do pensamento humano, tais como ideias, opiniões, críticas e crenças. A conceituação é mesmo intuitiva: trata-se de poder manifestar-se favorável ou contrariamente a uma ideia, mediante a realização de juízo de valor e de crítica, garantindo-se a participação efetiva dos cidadãos na condução dos assuntos públicos do país. (...) Conquanto seja livre a divulgação de informações, conhecimento ou ideias - mormente quando se está a tratar de imprensa -, tal direito não é absoluto ou ilimitado, revelando-se cabida a responsabilização pelo abuso constatado quando, a pretexto de se expressar o pensamento, invadem-se os direitos da personalidade, com lesão à dignidade de outrem. Assim, configurada a desconformidade, o ordenamento jurídico prevê a responsabilização cível e criminal pelo conteúdo difundido, além do direito de resposta. (...) além do requisito da "verdade subjetiva" – consubstanciado no dever de diligência na apuração dos fatos narrados (ou seja, o compromisso ético com a informação verossímil) –, a existência de interesse público também constitui limite genérico ao exercício da liberdade de imprensa (corolária dos direitos de informação e de expressão) (...) Como de sabença, pessoas públicas estão submetidas à exposição de sua vida e de sua personalidade e, por conseguinte, são obrigados a tolerar críticas que, para o cidadão comum, poderiam significar uma séria lesão à honra; tal idoneidade não se configura, decerto, em situações nas quais imputada, injustamente e sem a necessária diligência, a prática de atos concretos que resvalem a criminalidade. Nesse contexto, não caracteriza hipótese de responsabilidade civil a publicação de matéria jornalística que narre fatos verídicos ou verossímeis, embora eivados de opiniões severas, irônicas ou impiedosas, sobretudo quando se trate de figuras públicas que exerçam atividades tipicamente estatais, gerindo interesses da coletividade, e a notícia e crítica referirem-se a fatos de interesse geral relacionados à atividade pública desenvolvida pela pessoa noticiada. (STJ. REsp 1.729.550-SP, Rel. Min. Luis Felipe Salomão, Quarta Turma, por unanimidade, julgado em 14/05/2021.) Grifou-se.

Como mencionado, nos últimos anos, o tempo para a publicação de informações foi expressivamente reduzido. Além disso, infelizmente, houve um maior interesse político e financeiro na divulgação de conteúdos falsos ou de alguma forma manipulados. Nos tribunais brasileiros, questões como veracidade da notícia e responsabilidade civil por divulgação de conteúdo falso ou enganoso não são novas e podem muito bem auxiliar o intérprete a lidar com as chamadas *fake news*[93] e a responsabilizar adequadamente quem publica tal conteúdo. Tratando de casos que envolvem veículos de comunicação e jornalistas, o Superior Tribunal de Justiça costuma afirmar que: "O veículo de comunicação somente se exime de culpa quando buscar fontes fidedignas, exercendo atividade investigativa, ouvindo as diversas partes interessadas e afastando quaisquer dúvidas sérias quanto à verossimilhança do que divulgará."[94]

No julgamento do Recurso Especial 1.331.098/GO, a Corte consignou que o direito à informação não eliminaria as garantias individuais, mas encontraria nelas o seu limite, devendo atentar ao dever de veracidade. O mencionado dever, ao qual estão vinculados os órgãos de imprensa, não deveria representar um dogma absoluto ou condição peremptoriamente necessária à liberdade de imprensa, mas sim um compromisso ético com a informação verossímil, o que poderia, eventualmente, abarcar informações não totalmente precisas. Se, por um lado, não se permite leviandade por parte da imprensa e a publicação de informações absolutamente inverídicas que possam atingir a honra de uma pessoa, por outro, da atividade jornalística não são exigidas verdades absolutas, provadas previamente em sede de investigações em âmbito administrativo, policial ou judicial.[95] Exige-se assim, dentro da rapidez e velocidade possíveis, uma diligência séria que vá além de meros rumores.

Nos termos da jurisprudência do STJ, a diligência que se deve exigir da imprensa de verificar a informação antes de divulgá-la não pode chegar ao ponto de impedir que notícia seja veiculada até que não reste qualquer dúvida sobre sua veracidade. O processo de divulgação de informações satisfaz verdadeiro interesse público, devendo ser célere e eficaz, razão pela qual não se coaduna com rigorismos próprios de um procedimento judicial, em que se exige cognição plena e exauriente acerca dos fatos analisados.[96] É possível afirmar, portanto, que haveria para a imprensa quatro deveres que, uma vez cumpridos, a isentaria de responsabilidade: cuidado, pertinência, veracidade e transparência.

---

93. "*Fake news* podem ser compreendidas, numa primeira interpretação, como conteúdos inverídicos, distorcidos ou fora de contexto que são espalhados como se notícias reais fossem para promover propositalmente desinformação ao público. As razões que levam à elaboração de tal conteúdo são diversas e envolvem vários atores. Mas o que se afirma com frequência é que elas se encontram ligadas a questões econômicas – pelos valores recebidos em virtude do grande número de acessos a notícias falsas e da publicidade inserida de forma próxima a elas–, e/ou políticas—em razão do desejo de algum sujeito de influenciar pensamentos ou prejudicar certo candidato, por exemplo." (TEFFÉ, Chiara Spadaccini de. Fake news: como proteger a liberdade de expressão e inibir notícias falsas? Disponível em: <https://feed.itsrio.org/fake-news-como-proteger-a-liberdade-de-expressão-e-inibir-notícias-falsas-8058aedd9f5c> Acesso em: 08.04.18.)
94. STJ. Terceira Turma. REsp 1.676.393 – SP. Rel. Min. Nancy Andrighi. DJe: 13.11.17.
95. STJ. Quarta Turma. REsp 1.473.393–SP. Rel. Min. Luis Felipe Salomão. DJe: 23.11.16.
96. STJ. Terceira Turma. REsp 1.676.393 – SP. Rel. Min. Nancy Andrighi. DJe: 13/11/2017.

2.5 O discurso humorístico

O humor não serve apenas para fazer rir. Muitas vezes, ele é construído a partir de uma visão crítica do mundo e do comportamento humano. Além de ser marcado pela descontração, o humor vale-se por vezes do exagero, do óbvio ou do absurdo para provocar o riso ou, ao menos, um sorriso. Justamente por isso, charges[97], paródias e piadas não podem ser interpretadas literalmente ou consideradas como verdades absolutas. Elas devem gozar de um espaço maior de liberdade para que o indivíduo possa se expressar com maior espontaneidade e, até mesmo, acidez. [98]

O Supremo Tribunal Federal em diversos casos acerca dos limites do humor vem optando por permitir, a princípio, a manifestação dos mais variados discursos humorísticos, seguindo sua tendência de conferir uma tutela privilegiada para as liberdades de expressão e de manifestação.[99] Já se afirmou em decisão que:

> Programas humorísticos, *charges* e modo caricatural de pôr em circulação ideias, opiniões, frases e quadros espirituosos compõem as atividades de *"imprensa"*, sinônimo perfeito de *"informação jornalística"* (§1º do art. 220). Nessa medida, gozam da plenitude de liberdade que é assegurada pela Constituição à imprensa. (...) o exercício concreto dessa liberdade em plenitude assegura ao jornalista o direito de expender críticas a qualquer pessoa, ainda que em tom áspero, contundente, sarcástico, irônico ou irreverente, especialmente contra as autoridades e aparelhos de Estado. Respondendo, penal e civilmente, pelos abusos que cometer, e sujeitando-se ao direito de resposta (...).[100]

---

97. "APELAÇÃO CÍVEL. DIREITO CIVIL. AÇÃO INDENIZATÓRIA. PUBLICAÇÃO DE CHARGE SATÍRICA NA QUAL SE UTILIZA A IMAGEM DE POLÍTICO EM ASSOCIAÇÃO INDIRETA COM ATENTADO TERRORISTA PROMOVIDO NOS ESTADOS UNIDOS EM CLUBE LGBT. COLISÃO DE DIREITOS. DIREITO DE SÁTIRA VERSUS DIREITO À HONRA. PREVALÊNCIA DO DIREITO À LIBERDADE ARTÍSTICA E DE EXPRESSÃO NO CASO CONCRETO. MANUTENÇÃO DA SENTENÇA DE IMPROCEDÊNCIA. APELAÇÃO QUE SE CONHECE E SE NEGA PROVIMENTO." (TJRJ. Décima Sétima Câmara Cível. Apelação Cível nº 0241254-05.2016.8.19.0001. Rel. Des. Marcia Ferreira Alvarenga. Julgado em: 25.10.17).
98. Cf. TEFFÉ, Chiara Spadaccini de; ALMEIDA, J. Humor e responsabilidade na Internet. In: Guilherme Martins; Nelson Rosenvald (Org.). *Responsabilidade civil e novas tecnologias*. 1ed.Indaiatuba: FOCO, 2020, p. 125-144. TEFFÉ, Chiara Spadaccini de. Humor e liberdade de expressão: vale tudo? ITS FEED. Medium. Disponível em: <https://feed.itsrio.org/humor-e-liberdade-de-express%C3%A3o-vale-tudo-3f3e2177b0cc> TEFFÉ, Chiara Spadaccini de. Humor e Responsabilidade: quem responde pelos excessos? ITS FEED. Medium. Disponível em: <https://feed.itsrio.org/humor-e-responsabilidade-quem-responde-pelos-excessos-518c543632bf> Acesso em: 27.11.17
99. Recomenda-se a leitura de recente caso analisado pelo STF sobre o tema: RCL 38.782. Relator: Min. Gilmar Mendes. Julg. 03.11.2020. Dezembro de 2019: mais um especial de Natal do Porta dos Fundos foi lançado. Como de costume, ele despertou uma série de questionamentos religiosos. A Associação Centro Dom Bosco de Fé e Cultura ajuizou, em face da Produtora Porta dos Fundos e da plataforma de *streaming* Netflix, uma Ação Civil Pública requerendo, em resumo, a proibição da exibição do filme, bem como a reparação dos danos morais coletivos decorrentes do período em que o especial esteve no ar. O caso teve início no Tribunal de Justiça do Rio de Janeiro e chegou ao STF. Em novembro de 2020, a Segunda Turma do STF cassou decisão de desembargador do TJ-RJ que havia determinado a suspensão da exibição do vídeo "Especial de Natal Porta dos Fundos: A Primeira Tentação de Cristo", da produtora Porta dos Fundos na plataforma de streaming Netflix. Para os ministros, retirar material de circulação apenas porque seu conteúdo desagrada a uma parcela da população não encontra fundamento em uma sociedade democrática e pluralista como a brasileira. Por unanimidade, o colegiado julgou improcedente a Reclamação. Mais informações em: <http://portal.stf.jus.br/noticias/verNoticiaDetalhe.asp?idConteudo=454612&ori=1>Acesso em: 17.05.21.
100. STF. Medida cautelar na Ação Direta de Inconstitucionalidade 4.451. Rel. Min. Ayres Britto. Julg. 02.09.10.

No mesmo sentido, em 2018, no julgamento da Ação Direta de Inconstitucionalidade 4451[101-102], o Min. Rel. Alexandre de Moraes destacou que:

> O funcionamento eficaz da democracia representativa exige absoluto respeito à ampla liberdade de expressão, possibilitando a liberdade de opinião, de criação artística, a proliferação de informações, a circulação de ideias; garantindo-se, portanto, os diversos e antagônicos discursos – moralistas e obscenos, conservadores e progressistas, científicos, literários, jornalísticos ou humorísticos, pois, no dizer de HEGEL, é no espaço público de discussão que a verdade e a falsidade coabitam. A liberdade de expressão permite que os meios de comunicação optem por determinados posicionamentos e exteriorizem seu juízo de valor; bem coimo autoriza programas humorísticos e sátiras realizados a partir de trucagem, montagem ou outro recurso de áudio e vídeo, como costumeiramente se realiza, não havendo nenhuma justificativa constitucional razoável para a interrupção durante o período eleitoral. Note-se que, em relação à liberdade de expressão exercida por meio de sátiras – mesmo analisando em hipótese menos grave que a tratada na presente ação, pois não houve censura prévia, mas sim pedido de responsabilização posterior –, a Corte Europeia de Direitos Humanos referendou sua importância no livre debate de ideias, afirmando que "a sátira é uma forma de expressão artística e de comentário social que, além da exacerbação e a deformação da realidade que a caracterizam, visa, como é próprio, provocar e agitar".

O exercício concreto dessa liberdade, contudo, não é ilimitado. Aquele que ofender terceiros, principalmente de forma dolosa, e causar dano poderá responder penal[103] e civilmente. Além de pedir em juízo indenizações[104], o indivíduo que se

---

101. "A ação foi ajuizada pela Associação Brasileira de Emissoras de Rádio e Televisão (Abert) contra os incisos II e III (em parte) do artigo 45 da Lei das Eleições (Lei 9.504/1997). A entidade sustentou que a proibição ofendia as liberdades de expressão e de imprensa e do direito à informação, garantias institucionais verdadeiramente constitutivas da democracia brasileira, gerando "um grave efeito silenciador sobre as emissoras de rádio e televisão, obrigadas a evitar a divulgação de temas políticos polêmicos para não serem acusadas de 'difundir opinião favorável ou contrária' a determinado candidato, partido, coligação, a seus órgãos ou representantes"." "Por unanimidade, os ministros do Supremo Tribunal Federal (STF) declararam inconstitucionais dispositivos da Lei das Eleições (Lei 9.504/1997) que impediam emissoras de rádio e televisão de veicular programas de humor envolvendo candidatos, partidos e coligações nos três meses anteriores ao pleito, como forma de evitar que sejam ridicularizados ou satirizados." Informações disponíveis em: <http://www.stf.jus.br/portal/cms/verNoticiaDetalhe.asp?idConteudo=382174> Acesso em: 21.10.19.
102. Recomenda-se também a leitura do excelente voto do Ministro Celso de Mello.
103. Acerca da responsabilidade penal, o mais comum nos casos em que a vítima é uma pessoa singular é que ela alegue que sofreu uma das espécies dos "crimes contra a honra", que podem ser: calúnia, quando se imputa falsamente a alguém fato definido como crime; difamação, quando se imputa a alguém fato ofensivo à sua reputação; ou injúria, se alguém for ofendido em sua dignidade ou decoro. Neste sentido, recorda-se a condenação do humorista Danilo Gentilli pela prática do crime de injúria contra a deputada federal Maria do Rosário (PT-RS), em abril de 2019. Mais informações em: <https://www.conjur.com.br/2019-abr-11/danilo-gentili-condenado-prisao-injuria-maria-rosario>. Acesso em: 08.02.2020.
104. Os instrumentos da responsabilidade civil e da compensação de danos mostram-se de essencial importância para a proteção da pessoa humana, seja em âmbito individual ou coletivo. Nessa lógica, responde pelos excessos e abusos cometidos, em regra, aquele que diretamente produziu, publicou ou proferiu o discurso. Há também possibilidade de se demandar contra aqueles que replicaram e compartilharam os conteúdos ofensivos, principalmente por estarem aumentando a extensão dos danos e disseminando conteúdos lesivos. Nos casos que envolvem discurso humorístico e possíveis excessos, é recorrente o pleito relativo à compensação por dano moral. Alega-se principalmente a ocorrência de lesões à honra e imagem. Em relação aos autores das ações, há um número considerável de pessoas públicas, especialmente de membros da classe política e artística. Cf. TEFFÉ, Chiara Spadaccini de; ALMEIDA, J. Humor e responsabilidade na Internet. In: Guilherme Martins; Nelson Rosenvald (Org.). *Responsabilidade civil e novas tecnologias*. 1ed. Indaiatuba: FOCO, 2020, p. 125-144.

sentir lesado poderá pleitear direito de resposta[105], retratação pública e/ou a remoção do conteúdo. Ainda que a Constituição proteja amplamente a manifestação do pensamento, a criação e a expressão, não parece razoável que, sob o véu da liberdade de expressão, seja possível propagar discursos que, de alguma forma, incentivem o ódio e a violência contra uma pessoa, grupo ou instituição. O direito à liberdade de expressão deve ser protegido na exata medida que outros direitos fundamentais, como o direito de ser diferente (oriundo do direito à igualdade), os direitos da personalidade e a liberdade de consciência e de crença. Em uma sociedade plural e democrática, como a brasileira, manifestações do pensamento e da palavra geram também responsabilidades, de modo que a própria Constituição Federal estabeleceu a vedação ao anonimato (Art. 5º, IV).

No caso concreto, deve o intérprete ponderar os direitos em conflito e, de forma fundamentada, determinar qual grupo de interesses deverá prevalecer. A liberdade de expressão é um princípio fundamental da democracia, mas precisa estar harmonizada com outros princípios da mesma grandeza. Não se pode, evidentemente, limitar de forma indevida a liberdade de expressão e a liberdade de fazer humor, sob pena de se silenciar e inibir discursos relevantes (*chilling effect*), como críticas sociais e políticas, mas também não se pode admitir a expressão de discursos que incentivem o ódio e a discriminação de minorias.

Há limites para o humor? A resposta para essa questão parece depender tanto das concepções subjetivas do intérprete sobre o que é ou não ofensivo ou de mau gosto quanto do valor que ele atribui para a liberdade de expressão. Seria possível classificar uma piada como inteligente, rude ou chula? Cabe ao julgador decidir se a piada valeu ou se o tipo humor praticado é de bom ou mau gosto?

Pelo texto constitucional, parece razoável que o julgador analise com maior rigor o tratamento dado para questões relacionadas à raça, gênero, sexo e religião, justamente por serem temas bastante delicados e que gozam de ampla proteção no ordenamento. Nos dias atuais, em determinados casos, é possível notar tanto alguns excessos quanto alguma suscetibilidade exagerada. Uma crítica ou sátira mais cáustica pode ser capaz de provocar uma discussão sem fim em mídias sociais e gerar repercussões nos mais diversos meios, o que nem sempre é negativo, mas deve se dar de forma razoável e respeitosa.

Em certos momentos, todavia, parece necessário colocar alguns limites ao discurso humorístico, que deverão vir da própria Constituição Federal, especialmente de seus artigos 3º e 5º. Nesse sentido, será possível limitar o humor quando, por exemplo, ele incentivar preconceitos relacionados à origem, raça, sexo, cor ou idade de uma pessoa; for ofensivo a uma determinada religião ou crença; violar de forma

---
105. LEITE, Fábio Carvalho. Por uma posição preferencial do direito de resposta nos conflitos entre liberdade de imprensa e direito à honra. *Civilistica.com*. Rio de Janeiro, a. 7, n. 2, 2018.

injustificada e desproporcional a intimidade, a vida privada, a honra ou a imagem de uma pessoa; ou incentivar discriminações ou discursos racistas.

Além de observar a proteção constitucional oferecida a determinados direitos e interesses, é recomendável que sejam analisadas determinadas questões no caso concreto, quais sejam: a) a conduta da vítima, se evitou a brincadeira ou se provocou a outra parte, mesmo já conhecendo a forma de humor praticada por ela; b) a forma como o humor é comumente expresso naquele programa ou publicação em questão, tendo em vista que o potencial lesivo da sátira se reduz se o próprio veículo tem caráter humorístico ou, ainda, se sua própria forma revela a intenção satírica;[106] e c) o contexto da piada, uma vez que o caráter cômico do programa ou da publicação pode vir a atenuar a gravidade daquilo que é exposto.[107]

3. CONSIDERAÇÕES FINAIS

Há situações em que se faz necessário ponderar o direito à imagem com outros direitos constitucionalmente tutelados, especialmente as liberdades de expressão, informação e imprensa. No texto constitucional, não parece que o legislador tenha realizado uma ponderação *a priori* em favor de algum direito, mas sim direcionado a interpretação e a aplicação da norma à condição que garanta a maior tutela à dignidade da pessoa humana. Dessa forma, não parece adequado o estabelecimento de qualquer hierarquia entre os direitos fundamentais, devendo o balanceamento de interesses ser realizado no caso concreto, sendo observadas suas características e os bens jurídicos contrapostos.

---

106. Ao apreciar pedido de danos morais formulado pelos herdeiros do barão Smith de Vasconcellos, proprietário original do Castelo de Itaipava, em razão de "matéria" publicada pela revista humorística *Bundas*, que elegeu o Castelo de Itaipava como o "Castelo de *Bundas*" – em nítida referência a outra publicação que igualmente se utiliza de um "castelo" (Revista *Caras*) –, decidiu o Superior Tribunal de Justiça que: "(...) é preciso analisar não só a expressão apontada como injuriosa, e sim esta em conjunto com a integralidade do texto e com o estilo do periódico que o veiculou. Nesse aspecto, nota-se que o meio de comunicação é explicitamente satírico, o que se evidencia – se não por menos – pela proposta editorial calcada na possibilidade de fazer rir a partir da comparação com outra revista de grande circulação, cujo mote é publicizar a vida íntima daquilo que se convencionou chamar de celebridades (...) A revista 'Bundas' tinha, claramente, nítido propósito editorial de apontar os excessos de um fenômeno social novo, surgido em meados da última década do século passado, que se consubstanciou na explosão do interesse público a respeito da vida de pessoas abastadas ou célebres, nacionais e estrangeiras. Nesse contexto de crítica pelo humor, é até previsível que a revista 'Bundas' apresente um seu 'castelo', quando a publicação-alvo da chacota também alega possuir um; mas é essencial notar que o castelo construído pelo antepassado das recorrentes foi, apenas, o *instrumento* da piada e não o alvo final da ridicularização, porquanto a comparação visa demonstrar o quão risível é – na visão dos articulistas – *a proposta editorial* da outra revista. Isso porque, do teor completo da reportagem, percebe-se ironia não só no epíteto concedido ao Barão, mas também no excesso de elogios destinados à construção, especialmente quando esta é comparada com outras presentes na mesma região" (STJ. REsp 736.015/RJ. Rel. Ministra Nancy Andrighi. Julgado em: 16/06/05. DJ: 01/07/05).
107. Critérios desenvolvidos por Carlos Affonso Pereira de Souza. Liberdade de expressão humorística, novas tecnologias e o papel dos tribunais. In: MONTEIRO; Carlos Edison do Rêgo; GUEDES, Gisela; MEIRELES, Rose Melo (Org.). *Direito Civil – Coleção Direito UERJ*. Rio de Janeiro: Freitas Bastos, 2015, v. 1, p. 15-30.

Como tratado no texto, a partir da doutrina e de posicionamentos dos tribunais superiores, é possível selecionar alguns parâmetros para utilização nas decisões que envolverem a colisão entre o direito à imagem e a liberdade de expressão. Por meio deles, verifica-se com maior cuidado e transparência se na situação analisada houve uma utilização indevida, desproporcional ou abusiva de determinada imagem (retrato e/ou atributo) capaz de gerar danos a seu titular. Além dos conhecidos critérios do lugar público e da notoriedade da pessoa, devem ser analisados o interesse público no conhecimento da informação; o objetivo da exposição da imagem, se para fins jornalísticos, didáticos, culturais, comerciais ou humorísticos; o grau de consciência do retratado em relação à possibilidade de captação de sua imagem; a atualidade e a veracidade do fato exposto; e se houve intenção de ofender ou abuso do direito de informar.

Vale destacar que os mencionados parâmetros devem ser observados seja qual for o veículo ou o ambiente onde ocorra a captação ou exposição da imagem, tendo em vista o caráter abrangente dos mesmos e a possibilidade de seleção de apenas alguns para a análise de cada hipótese fática. O desenvolvimento e a aplicação de parâmetros para se verificar a licitude e a razoabilidade da utilização de um determinado direito da personalidade enriquecem a argumentação jurídica e fornecem maior segurança para a sociedade, além de garantirem uma tutela qualitativamente melhor para a dignidade da pessoa humana.

A imagem enquanto emanação de uma pessoa, forma pela qual ela se projeta, se identifica e se individualiza no meio social, é direito fundamental que deve gozar de tutela autônoma e contextualizada com o atual cenário de hiperconectividade e de intenso uso das mídias sociais e ferramentas de comunicação. Entender os contornos e o conteúdo do direito à imagem será essencial para a melhor análise de questões complexas que envolvam sua ponderação com as liberdades de expressão, informação e imprensa. Para tanto, os assuntos tratados no artigo foram trabalhados em diálogo com diversos casos concretos, julgados especialmente pelo STJ, tribunal de grande relevância para a afirmação do direito à imagem em âmbito nacional.

RESPONSABILIDADE CIVIL PELO COMPARTILHAMENTO DE MENSAGENS PELO *WHATSAPP* E O CASO MARISA LETÍCIA

Livia Teixeira Leal

Doutoranda e Mestre em Direito Civil pela Universidade do Estado do Rio de Janeiro – UERJ. Pós-Graduada pela Escola da Magistratura do Estado do Rio de Janeiro – EMERJ. Professora convidada da PUC-Rio, da EMERJ e da ESAJ. Assessora no Tribunal de Justiça do Rio de Janeiro – TJRJ.

Mariana Ribeiro Siqueira

Doutoranda e Mestre em Direito Civil pela UERJ. Mestre em Direito Privado pela *Paris II (Panthéon-Assas)*. Professora convidada da PUC-Rio e da EMERJ. Advogada.

1. O DESENVOLVIMENTO TECNOLÓGICO E SEUS IMPACTOS SOBRE A RESPONSABILIDADE CIVIL

É inegável que o advento e a popularização da Internet vêm gerando, nas últimas décadas, uma série de transformações significativas, impactando as relações humanas sob os mais diversos aspectos (sociais, econômicos, político, etc.). Apesar de não ter sido desenvolvida em um momento inicial para utilização pela população em geral,[1] a Internet foi, posteriormente, difundida para as mais variadas formas de utilização humana, configurando-se como um novo meio de comunicação que agrega diferentes formas de interação e de produção de conteúdo.[2]

Com a criação da *World Wide Web*, no início da década de 1990, tornou-se possível a qualquer pessoa acessar a rede e ao conteúdo ali contido, desde que tivesse um computador conectado à Internet.[3] Contudo, foi com o advento da

---

1. Como observa André Lemos: "A ideia de unir computadores em rede é desenvolvida por Bob Taylor, diretor em 1966 do DARPA, Departamento de Projetos de Pesquisas Avançadas da Agência de Defesa Americana. Um dos passos fundamentais foi dado em 1969, quando o processador de mensagens é construído em um minicomputador na Universidade da Califórnia em Los Angeles (UCLA). Esse foi o primeiro ponto da então rede Arpanet. Em 1980, Darpanet se dividiu em duas novas redes: Arpanet (científica) e Milnet (militar). No entanto, as conexões feitas entre as duas rede permitiram continuar a troca de comunicações eletrônicas. Essa interconexão foi chamada de Darpa Internet no princípio, ou somente Internet, limitada aos cientistas e militares". LEMOS, André. *Cibercultura*: tecnologia e vida social na cultura contemporânea. 7. ed. Porto Alegre: Sulina, 2015. p. 116.
2. A Internet é definida pelo art. 5º da Lei nº 12.965/14 ("Marco Civil da Internet"), como "o sistema constituído do conjunto de protocolos lógicos, estruturado em escala mundial para uso público e irrestrito, com a finalidade de possibilitar a comunicação de dados entre terminais por meio de diferentes redes".
3. Havia inicialmente, entretanto, alguns obstáculos para um acesso mais ativo por parte dos usuários. A *www* exigia geralmente o pagamento de um valor pelo serviço, além de ser exigido um conhecimento informático mais desenvolvido do usuário para que ele pudesse criar sua página e divulgar conteúdos na rede. A *www* era, ainda, marcada por conteúdos mais estáticos, pouco interativos e mais fechados, de modo que os códigos informáticos que constituíam as aplicações de Internet não eram divulgados, permitindo-se o

chamada *Web 2.0*[4] que os usuários puderam participar de forma mais ativa também como criadores de conteúdos, o que tornou a Internet um meio de comunicação dotado de um importante diferencial: o usuário deixa de se restringir ao papel de espectador, passando a ser personagem ativo na construção da plataforma, de "sua própria Internet".

Pode-se observar, nesse contexto, um crescimento expressivo da utilização das redes sociais como forma de comunicação e relacionamento humano. Uma pesquisa do Comitê Gestor da Internet no Brasil constatou que cerca de "72% dos internautas participam de discussões em redes de relacionamento, além de disponibilizarem temas e ferramentas que possibilitam a outros usuários participarem desse processo de entretenimento, debate e construção de conhecimento".[5]

Desse modo, verifica-se o aumento da produção e do compartilhamento de conteúdos pelos próprios usuários, de forma ativa e colaborativa, sobretudo com a expansão das redes sociais. Tal possibilidade, se, por um lado, proporciona um acesso mais democrático à informação, por outro viabiliza a publicação de conteúdos pelos usuários que possam gerar danos a outros.

Não se pode negar que a Internet possui características que potencializam tanto a ocorrência quanto a extensão de uma situação danosa, na medida em que os conteúdos são rapidamente difundidos, podendo alcançar em poucos minutos um grande número de pessoas, e a rede acarreta uma permanência indefinida dos conteúdos nela inseridos, de forma inalcançável para a memória humana. Em poucos minutos, uma publicação realizada em uma cidade do Brasil pode ser acessada por milhares de pessoas, situadas em qualquer lugar do mundo. Caso haja a divulgação indevida de uma foto ou de um vídeo, por exemplo, essa imagem poderá ser acessada

---

acesso apenas ao produto final. FACHANA, João. *A responsabilidade civil pelos conteúdos ilícitos colocados e difundidos na Internet*: em especial da responsabilidade pelos conteúdos gerados por utilizadores. Coimbra: Almedina, 2012. p. 26.

4. A chamada Web 2.0 corresponde a um segundo momento no desenvolvimento da Internet, cuja marca principal seria o maior grau de participação dos usuários na produção e compartilhamento de conteúdos na rede, por meio de redes sociais ou sites de *upload* e *download* de arquivos. Sobre o tema, ver: O'REILLY, Tim. Web 2.0: Compact Definition?. October 1, 2005. Disponível em: <http://radar.oreilly.com/2005/10/web-20-compact-definition.html> Acesso em 09 abr. 2018.

  Stefano Rodotá destaca a importância da Web 2.0 para a construção da personalidade: "Internet 2.0, quello delle reti sociali, è divenuto uno strumento essenziale per i processi di socializzazione di massa e per la libera costruzione della personalità. In questa prospettiva, assume un nuovo significato la libertà di espressione, come elemento essenziale dell'essere della persona e della sua collocazione nella società. La costruzione dell'identità tende così a presentarsi sempre di più come un mezzo per la comunicazione con gli altri, per la presentazione del sé sulla scena del mondo. Questo modifica il rapporto tra sfera pubblica e sfera privata, e la stessa nozione di privacy". RODOTÀ, Stefano. *Il diritto di avere diritti*. RomaBari: Laterza, 2012. p. 320.

5. "As redes sociais constituem um espaço, no qual a interação entre as pessoas permite a construção coletiva, a mútua colaboração, a transformação e o compartilhamento de ideias em torno de interesses mútuos dos atores sociais que as compõem. A Internet potencializa o poder dessas redes, devido à velocidade e à capilaridade com as quais a divulgação e a absorção de ideias acontecem". BARBOSA, Alexandre; CAPPI, Juliano; TAVARES, Robson. Redes sociais: revolução cultural na Internet. In: *Pesquisa sobre o uso das Tecnologias da Informação e da Comunicação no Brasil 2005-2009*. São Paulo: Comitê Gestor da Internet no Brasil, 2010. p. 53-54.

e armazenada por qualquer usuário que tenha acesso a esse conteúdo, podendo vir a ser novamente postada mesmo após a sua exclusão.

Nesse contexto, cabe observar que as novas tecnologias invertem uma lógica atinente à natureza humana: enquanto, para os homens, o esquecimento sempre foi a regra e a lembrança a exceção, com o potencial de armazenamento e resgate de informações decorrente do desenvolvimento tecnológico,[6] a regra passa a ser a lembrança.[7] Esse fator acarreta um novo olhar a respeito da responsabilização civil daquele que divulga indevidamente conteúdo considerado sensível, na medida em que, além de poder atingir uma amplitude imensurável em um curto espaço de tempo, o dano também se protrai no tempo, podendo o conteúdo vir a ser resgatado e reproduzido em momentos posteriores.

Essa realidade tem gerado reflexos significativos para o direito, tendo em vista que os institutos jurídicos tradicionais, moldados por um legislador que não poderia prever tais situações, não solucionam todos os problemas que decorrem das novas tecnologias. É nesse sentido que a própria noção de direito à privacidade, de uma perspectiva liberal,[8] passa a contemplar também a autodeterminação informativa, ou seja, a possibilidade de os indivíduos controlarem as informações que lhe dizem respeito, passando-se de um eixo *pessoa-informação-sigilo* para *pessoa-informação--circulação-controle*.[9]

Gustavo Tepedino observa que, nos conflitos do mundo tecnológico, a liberdade deve ser exercida "dentro e conforme o direito, e não fora dele", não configurando um espaço de não direito. Ou seja, o espaço de autonomia deve ser exercido em consonância com os demais preceitos do ordenamento jurídico,

---

6. "A informação digital pode ser armazenada em cartões perfurados, fitas magnéticas, discos magnéticos, discos óticos, circuitos eletrônicos, cartões com chips, suportes biológicos etc. Desde o início da informática, as memórias têm evoluído sempre em direção a uma maior capacidade de armazenamento, maior miniaturização, maior rapidez de acesso e confiabilidade, enquanto seu custo cai constantemente". LÉVY, Pierre. *Cibercultura*. 3. ed. São Paulo: Editora 34, 2010. p. 34.
7. "Since the beginning of time, for us humans, forgetting has been the norm and remembering the exception. Because of digital technology and global networks, however, this balance has shifted. Today, with the help of widespread technology, forgetting has become the exception, and remembering the default". MAYER-SCHÖNBERGER, Viktor. *Delete*: the virtue of forgetting in the digital age. Princeton: Princeton University Press, 2009. p. 2.
8. A ideia de privacidade foi inicialmente desenvolvida a partir de uma perspectiva burguesa, sendo definida, inicialmente, por Warren e Brandeis como "direito de ser deixado só". BRANDEIS, Louis; WARREN, Samuel. The right to privacy. *Harvard Law Review*, vol. 4, n. 5, 1890.
9. "O reconhecimento da condição de direito fundamental à privacidade, do ponto de vista de poder 'acompanhar' as informações pessoais mesmo quando se tornaram objeto da disponibilidade de um outro sujeito, deu relevo especial ao direito de acesso, que se tornou a regra básica para regular as relações entre sujeitos potencialmente em conflito, superando o critério formal da posse das informações. Acima do critério proprietário, fundado na legitimidade da coleta e do tratamento de informações relativas a outras pessoas, prevalece o direito fundamental da pessoa à qual se referem as informações". RODOTÀ, Stefano. *A vida na sociedade da vigilância*: a privacidade hoje. Org. Maria Celina Bodin de Moraes. Tradução Danilo Doneda e Luciana Cabral Doneda. Rio de Janeiro: Renovar, 2008. p. 93.

não havendo direito sem dever e responsabilidade na legalidade constitucional.[10] Desse modo, o exercício da liberdade de expressão, que deve pautar o uso da rede, e que se manifesta sobretudo no âmbito das redes sociais, não é absoluto e, portanto, não pode operar de forma a constituir um respaldo para a violação dos direitos de outros sujeitos.

Em 2007, ganhou notoriedade o caso de uma celebridade brasileira que teve um vídeo de um momento íntimo gravado por um Paparazzo e divulgado no *YouTube*. Após tentativas judiciais de tornar o vídeo indisponível, foi determinada a suspensão de todo o site,[11] o que acarretou debates a respeito da necessidade de uma regulamentação do uso da Internet no Brasil.

Como reação a propostas que tinham por escopo a criminalização de condutas na rede, a exemplo do Projeto de Lei n. 84/99 (conhecido como "Lei Azeredo"),[12] e considerando a necessidade de se estabelecer um arcabouço principiológico para a garantia de direitos no âmbito da Internet, foi elaborado o Marco Civil da Internet (Lei n. 12.965/14), posteriormente regulado pelo Decreto n. 8.711/16.

O Marco Civil, em seu art. 3º, lista, dentre os princípios que regem a disciplina do uso da internet, tanto a garantia da liberdade de expressão, comunicação e manifestação de pensamento quanto a proteção da privacidade e dos dados pessoais. O art. 4º, II da lei apresenta como objetivo a sua regulação e a promoção do acesso à informação, enquanto o art. 7º, I, assegura a inviolabilidade da intimidade e da vida privada, sua proteção e indenização pelo dano material ou moral decorrente de sua violação.

Dessa forma, tanto a liberdade de expressão quanto o direito à privacidade são reconhecidos e protegidos como importantes diretrizes que devem reger o uso e a própria regulação da Internet no Brasil, não havendo qualquer preponderância apriorística entre os dois direitos. Além disso, diante de uma violação à intimidade ou à vida privada, é garantida a indenização pelo dano material ou moral causado pelo usuário.

A dificuldade consiste na avaliação dos conflitos entre ambos os direitos nos casos concretos, bem como nas formas de dirimir as situações que se constituem na rede, o que apresenta significativa complexidade. Diante da inserção ou do compartilhamento indevido de um conteúdo vinculado à esfera privada de alguém, de modo a violar direito alheio, pensa-se inicialmente na remoção desse

---

10. TEPEDINO, Gustavo. Liberdades, tecnologia e teoria da interpretação. *Revista Forense*, vol. 419, ano 110, jan/jun 2014, Rio de Janeiro: Forense, 2014, p. 86/87.
11. TJSP, 4ª Câmara de Direito Privado, Agravo de Instrumento nº 0113488-16.2012.8.26.0000, Rel. Des. Enio Zuliani, j. 27.09.2012.
12. "Caso tivesse sido aprovado, o projeto teria estabelecido penas de até quatro anos de prisão para quem violasse os mecanismos de proteção de um telefone celular ("jailbreak") ou para quem transferisse músicas de um CD para outros dispositivos". SOUZA, Carlos Affonso; LEMOS, Ronaldo. *Marco civil da internet*: construção e aplicação. Juiz de Fora: Editar Editora Associada Ltda, 2016. p. 17.

conteúdo como meio de fazer cessar a divulgação e na posterior responsabilização do agente causador do dano.

Contudo, além da existência de dificuldades na determinação do que seria lícito ou não compartilhar em virtude da transnacionalidade da Internet (o que é considerado ilícito diante de um determinado ordenamento jurídico, pode não o ser por outro), depara-se, ainda, com questionamentos quanto à jurisdição e à amplitude das decisões que determinam a exclusão de determinado conteúdo da rede, na medida em que cada ordenamento jurídico interno possui seus nortes próprios. Além disso, há uma preocupação em torno dos possíveis efeitos da retirada de informações de circulação, principalmente do possível comprometimento da liberdade de expressão e de informação que essa ingerência sobre o conteúdo disponível na plataforma pode acarretar.

No âmbito da responsabilidade civil, podem também ser destacados como obstáculos à efetiva reparação: a identificação do agente causador do dano, em virtude do anonimato em muitos casos; a dificuldade de mensurar a extensão do dano, tendo em vista a repercussão que pode adquirir o compartilhamento de determinado conteúdo infringente em um curto espaço de tempo; e a configuração do nexo causal, na medida em que, a partir da disponibilização de determinada informação na rede por um usuário, outros sujeitos se apropriam desse conteúdo e passam a realizar novas publicações que acabam por alargar a extensão do dano, em proporções inimagináveis.

Deve-se ressaltar, ainda, que a jurisprudência vem exigindo, para fins de remoção de conteúdos na rede, que o autor da ação indique as *URLs* dos conteúdos que pretende excluir,[13] o que dificulta, em muitos casos, a efetiva retirada do conteúdo infringente, podendo agravar o dano gerado na medida em que se

---

13. Nesse sentido: "CIVIL E PROCESSUAL CIVIL. RESPONSABILIDADE CIVIL DO PROVEDOR DE APLICAÇÃO. YOUTUBE. OBRIGAÇÃO DE FAZER. REMOÇÃO DE CONTEÚDO. FORNECIMENTO DE LOCALIZADOR URL DA PÁGINA OU RECURSO DA INTERNET. COMANDO JUDICIAL ESPECÍFICO. NECESSIDADE. 1. Ação ajuizada 08/04/2011. Recurso especial interposto em 06/08/2015 e atribuído a este Gabinete em 13/03/2017. 2. Necessidade de indicação clara e específica do localizador URL do conteúdo infringente para a validade de comando judicial que ordene sua remoção da internet. O fornecimento do URL é obrigação do requerente. Precedentes deste STJ. 3. A necessidade de indicação do localizador URL não é apenas uma garantia aos provedores de aplicação, como forma de reduzir eventuais questões relacionadas à liberdade de expressão, mas também é um critério seguro para verificar o cumprimento das decisões judiciais que determinar a remoção de conteúdo na internet. 4. Em hipóteses com ordens vagas e imprecisas, as discussões sobre o cumprimento de decisão judicial e quanto à aplicação de multa diária serão arrastadas sem necessidade até os Tribunais superiores. 5. A ordem que determina a retirada de um conteúdo da internet deve ser proveniente do Poder Judiciário e, como requisito de validade, deve ser identificada claramente. 6. O Marco Civil da Internet elenca, entre os requisitos de validade da ordem judicial para a retirada de conteúdo infringente, a "identificação clara e específica do conteúdo", sob pena de nulidade, sendo necessário, portanto, a indicação do localizador URL. 7. Na hipótese, conclui-se pela impossibilidade de cumprir ordens que não contenham o conteúdo exato, indicado por localizador URL, a ser removido, mesmo que o acórdão recorrido atribua ao particular interessado a prerrogativa de informar os localizadores únicos dos conteúdos supostamente infringentes. 7. Recurso especial provido". STJ, 3ª Turma, REsp 1698647/SP, Rel. Min. Nancy Andrighi, j. 6.2.2018, DJe 15.2.2018.

prolonga sua disponibilidade na plataforma. Não se pode ignorar, ainda, que, mesmo após a retirada dos conteúdos localizados, é possível que outros usuários que tenham armazenado o conteúdo infringente possam realizar novas publicações, reinserindo-o na rede.

Embora existam variadas redes sociais e aplicações disponíveis na Internet, a presente análise será direcionada a um provedor de aplicações em específico: o *Whatsapp*, um dos principais aplicativos de mensagens privadas utilizados no Brasil, que viabiliza a troca instantânea de mensagens e o compartilhamento de textos, imagens, vídeos e áudios.

Nesse sentido, considerando as transformações proporcionadas pela Internet, o presente estudo pretende analisar as repercussões jurídicas pelo compartilhamento de conteúdo pelo *Whatsapp*, notadamente na responsabilidade civil, tendo como ponto de partida o caso amplamente divulgado na mídia, em que o prontuário médico de Marisa Letícia, então esposa do ex-presidente Luís Inácio Lula da Silva, foi compartilhado no referido aplicativo.

2. RESPONSABILIDADE CIVIL POR COMPARTILHAMENTO DE CONTEÚDO NO *WHATSAPP*?

Como destacado, diante das transformações decorrentes do desenvolvimento tecnológico e das novas configurações dos danos causados no âmbito da Internet, novas questões surgiram na seara da responsabilidade civil, sobretudo como decorrência do compartilhamento de conteúdo na rede. Diante da dificuldade de identificar o usuário, e do reconhecimento da aplicação das normas do Código de Defesa do Consumidor – Lei n. 8.078/90 – às relações entre usuários e provedores,[14] muito se discutiu a respeito da responsabilidade civil dos intermediários, ou seja, daqueles que disponibilizam e administram as plataformas de aplicações na Internet, viabilizando a utilização do serviço pelos usuários.[15]

O art. 19 do Marco Civil da Internet[16] apresenta o regramento para a responsabilização civil, determinando que o provedor só será responsável civilmente

---

14. O Superior Tribunal de Justiça possui precedentes reconhecendo a incidência do Código de Defesa do Consumidor nas relações entre os usuários e os provedores de aplicações, considerando-se que "o fato de o serviço prestado pelo provedor de serviço de internet ser gratuito não desvirtua a relação de consumo, pois o termo "mediante remuneração" contido no art. 3º, § 2º, do CDC deve ser interpretado de forma ampla, de modo a incluir o ganho indireto do fornecedor". STJ, 3ª Turma, REsp 1193764/SP, Rel. Min. Nancy Andrighi, j. 14.12.2010, DJe 8.8.2011.
15. Ao mencionar a expressão "provedores", o presente estudo refere-se aos provedores de aplicações, ou seja, aqueles que disponibilizam aplicações diversas na Internet, definidas pelo art. 5º, VII, da Lei n. 12.965/2014 – Marco Civil da Internet, como "o conjunto de funcionalidades que podem ser acessadas por meio de um terminal conectado à internet".
16. "Art. 19. Com o intuito de assegurar a liberdade de expressão e impedir a censura, o provedor de aplicações de internet somente poderá ser responsabilizado civilmente por danos decorrentes de conteúdo gerado por terceiros se, após ordem judicial específica, não tomar as providências para, no âmbito e nos limites técnicos do seu serviço e dentro do prazo assinalado, tornar indisponível o conteúdo apontado como infringente,

pelos danos decorrentes do conteúdo gerado pelos usuários se, diante de uma ordem judicial específica, não adotar providências para tornar o conteúdo danoso indisponível, excetuando-se os casos referentes a direitos autorais, regidos por legislação específica, e as hipóteses de pornografia de vingança, nos termos do art. 21.[17]

Não obstante os grandes avanços alcançados, parece ter-se dado mais relevo ao estudo da responsabilidade dos provedores do que a dos usuários das plataformas. Sem ignorar as controvérsias existentes quanto à responsabilização dos provedores, o presente estudo possuirá como eixo de análise a responsabilidade do indivíduo que compartilha o conteúdo.

Nesse sentido, é relevante apurar tanto a responsabilidade daquele que inicia a publicação, ou seja, aquele que insere primariamente o conteúdo na Internet, quanto daquele que compartilha o conteúdo inserido por outro usuário, expandindo sua divulgação, uma vez que o encaminhamento da publicação ou da mensagem a outros usuários pode aumentar de forma significativa a extensão do dano causado à vítima.

De acordo com os termos de uso do *Whatsapp*,[18] as conversas ali contidas são protegidas por criptografia de ponta a ponta,[19] de modo que nem mesmo o provedor possui acesso ao conteúdo das mensagens trocadas pelos usuários, o que pode dificultar em muitos aspectos a remoção de um conteúdo ilícito compartilhado por meio do uso do aplicativo ou a identificação do usuário causador do dano.

Sem adentrar na análise da responsabilidade do provedor, discute-se a responsabilidade do usuário que envia uma mensagem por meio do aplicativo que envolva

---

ressalvadas as disposições legais em contrário. § 1º A ordem judicial de que trata o caput deverá conter, sob pena de nulidade, identificação clara e específica do conteúdo apontado como infringente, que permita a localização inequívoca do material. § 2º A aplicação do disposto neste artigo para infrações a direitos de autor ou a direitos conexos depende de previsão legal específica, que deverá respeitar a liberdade de expressão e demais garantias previstas no art. 5º da Constituição Federal. § 3º As causas que versem sobre ressarcimento por danos decorrentes de conteúdos disponibilizados na internet relacionados à honra, à reputação ou a direitos de personalidade, bem como sobre a indisponibilização desses conteúdos por provedores de aplicações de internet, poderão ser apresentadas perante os juizados especiais. § 4º O juiz, inclusive no procedimento previsto no § 3º, poderá antecipar, total ou parcialmente, os efeitos da tutela pretendida no pedido inicial, existindo prova inequívoca do fato e considerado o interesse da coletividade na disponibilização do conteúdo na internet, desde que presentes os requisitos de verossimilhança da alegação do autor e de fundado receio de dano irreparável ou de difícil reparação".

17. "Art. 21. O provedor de aplicações de internet que disponibilize conteúdo gerado por terceiros será responsabilizado subsidiariamente pela violação da intimidade decorrente da divulgação, sem autorização de seus participantes, de imagens, de vídeos ou de outros materiais contendo cenas de nudez ou de atos sexuais de caráter privado quando, após o recebimento de notificação pelo participante ou seu representante legal, deixar de promover, de forma diligente, no âmbito e nos limites técnicos do seu serviço, a indisponibilização desse conteúdo. Parágrafo único. A notificação prevista no caput deverá conter, sob pena de nulidade, elementos que permitam a identificação específica do material apontado como violador da intimidade do participante e a verificação da legitimidade para apresentação do pedido".

18. WHATSAPP. *Informação Legal do WhatsApp*. Disponível em: <https://www.whatsapp.com/legal/?l=pt_br>. Acesso em: 26 dez. 2017.

19. A criptografia do Whatsapp foi objeto da ADPF 403.

dados de terceiros, causando dano a outra pessoa, e daquele que compartilha a mensagem inicialmente enviada.

Nesse contexto, surgem algumas questões: Aquele que compartilha conteúdo sem a autorização do seu autor comete ato ilícito? Há um dever de cuidado, por parte daquele que divulga determinado conteúdo, de verificar a sua procedência – por exemplo, a sua fonte, a sua origem, a possibilidade ou não de seu compartilhamento? Todos aqueles que compartilham conteúdos danosos são responsáveis perante a vítima? Há solidariedade entre os compartilhadores? Há um novo dano a cada compartilhamento ou trata-se apenas da extensão de um mesmo dano? Há diferença entre a responsabilidade daquele que primeiro e indevidamente compartilhou o conteúdo e a dos demais compartilhadores? Há diferença na mensuração do dano em razão do número de destinatários ao qual o conteúdo foi enviado?

O presente estudo buscará analisar esses questionamentos, tomando como base o caso amplamente debatido na mídia, que toca o compartilhamento de informações médicas de Marisa Letícia, o que será desenvolvido na sequência.

3. O CASO MARISA LETÍCIA E SEUS DESDOBRAMENTOS JURÍDICOS

Em 2017, ganhou repercussão nacional a divulgação do prontuário e da tomografia de Marisa Letícia, esposa do ex-presidente Luís Inácio Lula da Silva,[20] que veio a falecer após um Acidente Vascular Cerebral. Informações sobre o estado de saúde da ex-primeira dama foram compartilhados por uma médica pelo aplicativo de mensagens *Whatsapp* e posteriormente difundidos por outros usuários, acarretando o debate acerca da responsabilidade do médico pelo compartilhamento de conteúdos acobertados por sigilo profissional.

Se, de um lado, a responsabilidade do médico pelo compartilhamento de dados referentes à saúde de um paciente parece mais clara, de outro, deve-se indagar ainda se, após recebidas as tais informações, aqueles que as compartilharam são também responsáveis por eventuais danos causados à vítima. Será, então, analisada, em um primeiro momento, a responsabilidade do profissional para, em seguida, adentrar no exame da conduta dos demais usuários do *Whatsapp*.

Nota-se, inicialmente, que não há nenhuma norma de caráter cogente que regule de forma específica o compartilhamento de informações relativas aos pacientes por médicos, seja em caráter profissional, seja a terceiros, não obstante tenha a pandemia da Covid-19 suscitado uma regulação mais efetiva da telemedicina, que tem se tornado cada vez mais comum.[21]

---

20. G1. Vazamento de prontuário de Marisa Letícia abre debate sobre ética médica. Disponível em: <http://g1.globo.com/fantastico/noticia/2017/02/vazamento-de-prontuario-de-marisa-leticia-abre-debate-sobre--etica-medica.html>. Acesso em: 03 abr. 2018.
21. A respeito do tema, ver: TERRA, Aline de Miranda Valverde; LEMOS, Paula Moura Francesconi de. Telemedicina no sistema privado de saúde: quando a realidade se impõe. Disponível em: <https://www.migalhas.

Há, no entanto, parecer do Conselho Federal de Medicina (CFM) que autoriza o uso de aplicativos de mensagens para comunicação entre médicos e pacientes e entre os próprios médicos, para fins profissionais, resguardando-se o sigilo.[22] No Parecer, o CFM ressaltou que "a troca de informações entre pacientes e médicos, quando se tratar de pessoas já recebendo assistência, é permitida para elucidar dúvidas, tratar de aspectos evolutivos e passar orientações ou intervenções de caráter emergencial", e que assuntos médicos sigilosos não podem ser compartilhados em grupos de amigos, ainda que sejam compostos apenas por médicos, só podendo ser compartilhados para debate em grupos profissionais.

As orientações estabelecidas pelo Conselho Federal de Medicina esbarram, contudo, na dificuldade inicial de caracterização do grupo como pessoal ou profissional, tendo em vista que frequentemente os dois elementos se encontram presentes, não havendo, em alguns casos, como caracterizar de forma estanque a finalidade do grupo constituído em aplicativos de mensagens.

Outra questão conflituosa diz respeito à necessidade ou não de que todos os usuários do grupo sejam médicos com registro nos Conselhos de Medicina, na medida em que não é incomum que estudantes de medicina que estejam atuando naquele setor integrem grupos de debate, até mesmo com fins educacionais. Não obstante a orientação contida no Parecer 373/2016, elaborado pela Coordenação Jurídica do CFM,[23] não se pode ignorar que, na prática, muitas vezes é difícil que seja observada essa separação.

A compatibilização entre a manutenção dos benefícios do uso da Internet para fins comunicacionais entre os médicos e a preservação do direito ao sigilo dos pacientes é um desafio que se constitui nessa seara. Indaga-se, nesse contexto, a existência de responsabilidade civil do médico em razão do compartilhamento de informações médicas acobertadas por sigilo em aplicativos de mensagens, como ocorreu no caso de Marisa Letícia.[24]

---

com.br/coluna/migalhas-de-vulnerabilidade/322083/telemedicina-no-sistema-privado-de-saude--quando-a-realidade-se-impoe>. Acesso em: 28 abr. 2021.
22. O Parecer 14/2017 foi assim ementado: "É permitido o uso do *Whatsapp* e plataformas similares para comunicação entre médicos e seus pacientes, bem como entre médicos e médicos, em caráter privativo, para enviar dados ou tirar dúvidas, bem como em grupos fechados de especialistas ou do corpo clínico de uma instituição ou cátedra, com a ressalva de que todas as informações passadas tem absoluto caráter confidencial e não podem extrapolar os limites do próprio grupo, nem tampouco podem circular em grupos recreativos, mesmo que composto apenas por médicos". Conselho Federal de Medicina. Parecer 14/2017. Disponível em: <https://sistemas.cfm.org.br/normas/visualizar/pareceres/BR/2017/14>. Acesso em: 03 abr. 2018.
23. Conselho Federal de Medicina. Despacho SEJUR 373/2016. Disponível em: <http://www.portalmedico.org.br/notasdespachos/CFM/2016/373_2016.pdf>. Acesso em: 03 abr. 2018.
24. Como observa Sergio Cavalieri Filho, "o médico tem o dever ético e legal de guardar segredo sobre fatos de que tenha tomado conhecimento no exercício de sua atividade profissional (Lei nº 3.269/1957, Código de Ética Médica, art. 34; e Código Penal, art. 154). A violação desse segredo, quando não acarreta também danos materiais, ofende o direito à intimidade". CAVALIERI FILHO, Sergio. *Programa de responsabilidade civil*. 12. ed. São Paulo: Atlas, 2015. p. 480.

Diante das regras e dos posicionamentos adotados pelo Conselho Federal de Medicina, a troca de informações entre médicos com objetivo estritamente profissional não configura ato ilícito e não acarreta responsabilidade. Sempre que possível, a identidade e a imagem do paciente deverão ser resguardadas e, nas hipóteses em que isso não seja possível, deverão ser observadas as regras previstas na Resolução nº 1.974/2011 do Conselho Federal de Medicina, que estabelece os critérios norteadores da propaganda na Medicina.

No caso ora analisado, no entanto, de acordo com o que foi relatado na mídia, a médica que inicialmente compartilhou informações médicas de Marisa Leticia não o fez com objetivos profissionais: a postagem da situação da paciente foi compartilhada em grupo composto por seus colegas de faculdade confirmando a sua internação, dando inclusive detalhes do seu quadro médico e do procedimento que seria realizado em seguida.

Sob esse aspecto, deve-se ressaltar que os dados relativos à saúde integram o que a doutrina denomina de "núcleo duro" do direito à privacidade, refletindo a tradicional necessidade de sigilo. Contudo, não se pode descurar que essas informações demandam também uma particular atenção contra os riscos de circulação,[25] tendo em vista que podem ser utilizadas também com fins discriminatórios ou escusos.

Não por outra razão a Lei Geral de Proteção de Dados Pessoais (LGPD) – Lei nº 13.709/2018 reconhece, em seu art. 5º, II, os dados relativos à saúde como dados pessoais sensíveis, estabelecendo, em seu art. 11, II, "e" e "f", que o tratamento desses dados poderá ocorrer sem fornecimento de consentimento do titular nas hipóteses em que for indispensável para proteção da vida ou da incolumidade física do titular ou de terceiro, ou para tutela da saúde, exclusivamente, em procedimento realizado por profissionais de saúde, serviços de saúde ou autoridade sanitária.

Ressalta-se, ademais, que o § 4º do art. 11 da LGDP veda a comunicação ou o uso compartilhado entre controladores de dados pessoais sensíveis referentes à saúde com objetivo de obter vantagem econômica, exceto nas hipóteses relativas a prestação de serviços de saúde, em benefício dos interesses dos titulares de dados, e desde que afastada a prática de seleção de riscos na contratação de qualquer modalidade ou na exclusão de beneficiários, permitindo-se o compartilhamento, ainda, para permitir a portabilidade de dados quando solicitada pelo titular e as transações financeiras e administrativas resultantes do uso e da prestação dos serviços de saúde. Ao divulgar informações sigilosas, sem qualquer objetivo profissional, com terceiros, ainda que médicos, houve lesão ao direito à privacidade da vítima. No caso analisado, pode-se considerar que o compartilhamento, pelo profissional, dos referidos dados por meio

---

25. RODOTÀ, Stefano. *A vida na sociedade da vigilância*: a privacidade hoje. Org. Maria Celina Bodin de Moraes. Tradução Danilo Doneda e Luciana Cabral Doneda. Rio de Janeiro: Renovar, 2008. p. 95-96.

do *Whatsapp* consiste em ato ilícito que, por sua vez, acarretou um dano, restando configurado o dever de reparação.[26-27]

Ocorre que o compartilhamento das referidas informações não se limitou apenas ao grupo inicial e os dados foram repassados sucessivamente, alcançando uma gama enorme de destinatários. Com efeito, como se destacou anteriormente, em razão dos avanços experimentados principalmente na Internet, a difusão de informações se dá de maneira extremamente rápida e eficiente.

Nesse cenário, seria possível sustentar que o usuário que recebeu os dados e os repassou a terceiros é responsável perante a vítima, ainda que não seja médico, ou seja, ainda que não esteja diretamente vinculado ao dever de sigilo profissional? Se sim, em que medida? Seria esse um novo dano, autônomo, ou apenas um agravante do mesmo dano?

Para analisar a responsabilidade daquele que compartilha um conteúdo recebido por meio de mensagem no *Whatsapp,* em primeiro lugar, cumpre relembrar que a responsabilidade civil por ato ilícito depende (i) da conduta culposa do agente; (ii) do dano; e (iii) do nexo de causalidade entre a conduta e o resultado danoso.

O primeiro desafio consiste, portanto, na identificação do conteúdo cujo compartilhamento possa ser considerado como danoso, considerando que a Internet é uma plataforma caracterizada pelo conflito entre liberdade de expressão e privacidade. Diante da concepção atualizada de privacidade, a proteção dos dados pessoais passou a estar vinculada diretamente à dignidade da pessoa humana, de modo que, diante do compartilhamento indevido de dados pessoais, causando-se um dano extrapatrimonial àquele que tem informações a seu respeito divulgadas sem o seu consentimento, deve ser devida a reparação civil.

Isso quer dizer que aquele que compartilha, sem permissão, dados intrínsecos à privacidade de terceiros, comete ato ilícito. É o caso de fotos ou vídeos íntimos, informações pessoais, prontuários médicos, etc., que podem envolver violação aos direitos à privacidade, à honra, à imagem, ao nome, entre outros.

---

26. Caso semelhante ao relatado foi julgado pelo Tribunal de Justiça de São Paulo, em que imagens de uma paciente ensanguentada durante atendimento em determinado hospital foram divulgadas pelo *Whatsapp*. Na referida ação, em que não restou comprovado quem teria sido o autor das fotos ou do compartilhamento das imagens, entendeu-se que o hospital era responsável pelos danos causados à vítima, nos termos do art. 932, III do Código Civil. (TJSP, 5ª Câmara do Direito Privado, Apelação Cível n. 1000551-22.2016.8.26.0480, Rel. Des. J.L. Mônaco da Silva, j. 23.08.17)

27. Foi divulgado na mídia notícia de que a médica que compartilhou informações médicas de Marisa Letícia ajuizou ação em trâmite na Justiça do Trabalho contra o hospital em que a paciente havia sido internada. Também de acordo com o que foi relatado, há sentença de primeiro grau que afastou a demissão por justa causa, reconhecendo à autora direito à indenização por danos morais. O processo corre em segredo de justiça, motivo pelo qual não é possível ter acesso aos fundamentos da sentença. As informações foram obtidas nos seguintes endereços: https://www1.folha.uol.com.br/poder/2018/04/sirio-e-condenado-a-indenizar-medica-suspeita-de-vazar-informacoes-de-marisa-leticia.shtml; https://g1.globo.com/sp/sao-paulo/noticia/justica-manda-hospital-sirio-libanes-pagar-r-577-mil-a-medica-acusada-de-divulgar-exames-de-marisa--leticia.ghtml; https://www.folhape.com.br/noticias/noticias/brasil/2018/04/13/NWS,65159,70,450,NOTICIAS,2190-MEDICA-SUSPEITA-VAZAR-INFORMACOES-MARISA-LETICIA-INDENIZADA.aspx.

No caso sob análise, ainda que não tenha havido dolo do emissor da mensagem que continha as informações de Marisa Letícia, o seu repasse configura ato culposo,[28] na medida em que o usuário que realizou o compartilhamento não observou o necessário dever de cuidado que deve pautar as condutas humanas.[29]

Nesse sentido, é irrelevante se o emissor da mensagem que contenha informações não autorizadas de terceiros a compartilhe com a intenção de prejudicar a vítima.[30] Por se tratar de informação que diz respeito a estado crítico de saúde de determinada pessoa, resguardada pelo direito à privacidade, o seu compartilhamento sem autorização pode causar danos à personalidade. Trata-se de conteúdo cuja ilicitude pode ser aferida per si, na medida em que o dever de ética e sigilo médico é, a princípio, de conhecimento geral.

---

28. "Mesmo no amplo campo ainda reservado à responsabilidade subjetiva, houve alterações sensíveis ao longo do século XX. A noção psicológica da culpa foi definitivamente abandonada em favor de outra, que designa a culpa como a desconformidade em relação a um modelo abstrato de conduta. A consequência mais óbvia dessa mudança de orientação foi o distanciamento do conceito jurídico de culpa do campo da moral e a indiferença a fatores psicológicos na sua aferição. Assim, não apenas facilitou-se a prova da culpa – *rectius*: a sua constatação, porque o que se prova é tão somente a conduta concreta do sujeito -, mas também permitiu-se uma gradação de desvio. Nesse sentido, o dogma segundo o qual o grau de culpa é desimportante para o direito civil vem, pouco a pouco, merecendo revisão, inclusive por parte do legislador, como revela o art. 944, parágrafo único do Código civil, em que se lê: " Se houver excessiva desproporção entre a gravidade da culpa e o dano, poderá o juiz reduzir, equitativamente, a indenização." A acepção normativa da culpa trouxe, todavia, dificuldades outras, inerentes à construção de um modelo abstrato de comportamento. Vive-se, hoje, um momento de crítica crescente a tal mecanismo. Nos ordenamentos de tradição romano-germânica, o *bonus pater familias* vem perdendo legitimidade, diante da constatação de que, na sua elevada generalização, o modelo acaba por refletir, na prática, tão somente a formação sociocultural do julgador, quase sempre muito diversa daquela do sujeito cujo comportamento se avalia. Nos ordenamentos de common law, a mesma espécie de crítica foi dirigida ao *reasonable man*, tendo-se, inclusive, destacado que o próprio termo man invoca parâmetros típicos de comportamento masculino, inaplicáveis às mulheres, crítica de que também o *pater familias*, por óbvio, não escaparia. Daí verificar-se, por toda parte, um fenômeno que se poderia designar como fragmentação do modelo de conduta, ou seja, a utilização de parâmetros de conduta específicos e diferenciados para a diversas situações. Ao invés de se recorrer a um genérico e irreal *bonus pater familias* na avaliação da conduta, quer de um médico acusado de erro profissional, quer de uma companhia acusada de divulgar balanços adulterados, o que se tende a adotar são parâmetros específicos (standards) de conduta, para cada qual dessas situações, levando-se em conta, no primeiro caso, os procedimentos médicos habituais, a especialidade do profissional, o código de Ética médica e as condições do paciente no momento do tratamento, e, no segundo, as normas gerais de contabilidade, as práticas habituais na elaboração de demonstrações financeiras, o grau de controle da auditoria externa e assim por diante. Com isso, a prova da culpa deixa, cada vez mais, de pertencer ao juízo abstrato do magistrado, contando com parâmetros mais específicos e objetivos de aferição." SCHREIBER, Anderson. Novas tendências da reponsabilidade civil brasileira. In *Direito Civil e Constituição*. São Paulo: Atlas, 2013. p. 157-158.
29. "Vivendo em sociedade, o homem tem que pautar a sua conduta de modo a não causar dano a ninguém. Ao praticar os atos da vida, mesmo que lícitos, deve observar a cautela necessária para que de seu atuar não resulte lesão a bens jurídicos alheios". CAVALIERI FILHO, Sergio. *Programa de responsabilidade civil*. 12. ed. São Paulo: Atlas, 2015. p. 50.
30. Nesse sentido, destaque-se trecho de acórdão proferido pelo TJDFT: "a irresponsabilidade do Apelante ao divulgar a imagem sem calcular as consequências de suas atitudes não faz diminuir a reprovabilidade, mas sim o oposto. Entender que o manto das redes sociais encobre a autoria de suas ações ilícitas e com potencial altamente destrutivo da vida alheia é conduta que merece reprimenda elevada". TJDF, 5ª Turma Cível, Apelação Cível n. 0006725-17.2016.8.07.0020, Rel. Des. Angelo Passarelli, j. 14.3.18.

Por fim, há que se estabelecer o nexo de causalidade. Considerado um dos elementos de mais difícil determinação na responsabilidade civil, principalmente quando se está diante de evento danoso originado de múltiplas causas,[31] a sua verificação é essencial para a responsabilização, nos termos do art. 186 e 927 do Código Civil.[32]

Essa dificuldade se intensifica ainda mais em ambiente eletrônico, em que o compartilhamento das informações é extremamente veloz e eficiente e em que o evento danoso, na maior parte das vezes, não será causado por um fato isolado, mas por uma pluralidade de causas.

Com efeito, é notório que, atualmente, qualquer informação compartilhada pode ser novamente disponibilizada por quem a receba, sem que o emissor tenha sequer conhecimento deste fato. Como ressaltado em decisão proferida pelo Tribunal de Justiça do Distrito Federal, "em tempos de fluxos ilimitados de comunicação por meio das redes sociais, a simples transmissão da imagem retrata anuência tácita com a possibilidade de compartilhamento ilimitado da imagem"[33].

Ainda que o emissor envie informação a apenas uma pessoa, há a evidente possibilidade de que essa mesma pessoa a compartilhe com outras e assim sucessivamente. Ao compartilhar dados, assume-se o risco de que o conteúdo seja repassado, tornando-se o emissor responsável pelos danos causados não só pelo seu compartilhamento, mas também por todos aqueles que venham a ocorrer.[34] Vale dizer: o agente que inseriu o conteúdo na Internet é responsável pelos danos que advenham direta e indiretamente do compartilhamento desse conteúdo, na medida em que a inserção do conteúdo constitui condição *sine qua non* para a causação do dano. Sem o compartilhamento inicial do conteúdo, não haveria a sua difusão.[35]

Trata-se, portanto, de um mesmo dano. "Não se trata de causa nova, nem de causa estranha, mas de continuidade da cadeia de causalidade, portanto, de causa

---

31. "Art. 186. Aquele que, por ação ou omissão voluntária, negligência ou imprudência, violar direito e causar dano a outrem, ainda que exclusivamente moral, comete ato ilícito."
"Art. 927. Aquele que, por ato ilícito (arts. 186 e 187), causar dano a outrem, fica obrigado a repará-lo."
32. "Muitas são as teorias que, inspiradas principalmente por autores alemães, franceses e italianos, pretendem estipular os limites definidores do nexo causal na ordem jurídica. A matéria tem grande relevo, sobretudo nas frequentes hipóteses de causalidade múltipla, ou como tecnicamente conhecidas, concausas." TEPEDINO, Gustavo. Notas sobre o nexo de causalidade. *Revista Trimestral de Direito Civil*, ano 2, v.6, abr/jun 2001, Rio de Janeiro: Padma, p. 3.
33. TJDF, 5ª Turma Cível, Apelação Cível n. 0006725-17.2016.8.07.0020, Rel. Des. Angelo Passarelli, j. 14.3.18.
34. "Sempre que houver a contribuição de uma causa estranha como concausa de um dano, haverá a obrigação de cada um dos coautores pelo dano por inteiro. Isso significa dizer que toda concausa que contribua para o resultado deverá ser considerada causa e à vítima incube a faculdade de escolher entre quais coautores deverá ser dirigida a pretensão ressarcitória." MULHOLLAND, Caitlin Sampaio. *A responsabilidade civil por presunção de causalidade*. Rio de Janeiro: GZ Editora, 2010. p. 114.
35. "Em concreto, a verdade é que um conteúdo ilícito colocado em rede constitui condição sine qua non dos danos que provoca, independentemente da difusão que sofra. Caso o agente não tivesse colocado o conteúdo ilícito na rede, as difusões do mesmo não existiriam e, por conseguinte, nenhum dano seria causado." FACHANA, João. *A responsabilidade civil pelos conteúdos ilícitos colocados e difundidos na Internet*: em especial da responsabilidade pelos conteúdos gerados por utilizadores. Coimbra: Almedina, 2012. p. 74.

relativamente independente"[36], cada compartilhamento constitui uma causa concorrente ou complementar ao dano causado,[37] tornando os emissores responsáveis solidários perante a vítima, nos termos do art. 942 do Código Civil.[38]

O Tribunal de Justiça de São Paulo, analisando o caso de uma ex-BBB que teve informações relativas à sua vida privada divulgadas indevidamente, condenou de forma solidária a empresa jornalística que publicou e aquela que compartilhou a matéria. Entendeu-se que o "compartilhamento de matérias e fotografias nada mais é do que uma forma de 'publicação', qualificando-se apenas pelo fato de que seu conteúdo, no todo ou em parte, é extraído de outra publicação já existente. Destarte, quem compartilha também contribui com a disseminação de conteúdos pela rede social, devendo, portanto, responder pelos danos causados".

Sem, contudo, adentrar na caracterização do dano gerado por aquele que compartilha como um dano autônomo ou como extensão do dano originalmente causado pela publicação inicial, a 2ª Câmara de Direito Privado do TJSP reconheceu a responsabilidade solidária pela reparação do dano de quem publica e compartilha.[39]

---

36. MULHOLLAND, Caitlin Sampaio. *A responsabilidade civil por presunção de causalidade*. Rio de Janeiro: GZ Editora, 2010. p. 111.
37. "a investigação do nexo de causalidade pode levar ao reconhecimento de que o dano em verdade foi resultado de variadas condutas ou atividades que, em conjunto, concomitante ou sucessivamente, levaram à realização daquele determinado prejuízo, seja porque cada conduta por si só seria suficiente para causar o resultado (causalidade concorrente ou cumulativa); seja porque cada uma das condutas precisaria da outra para complementar-se e gerar o dano da forma como se deu(causalidade complementar ou concausa). Da identificação da pluralidade de sujeitos responsáveis pelo dano, verifica-se o fenômeno da coautoria ou da coparticipação, na qual se percebe a individualização das condutas de todos os sujeitos que unidos contribuem para a efetivação do dano. A coautoria será delimitada quando estivermos diante de situações de causalidade múltipla, portanto, fazendo surgir a responsabilidade de todos aqueles cujas condutas tenham se erigido em causa do dano." MULHOLLAND, Caitlin Sampaio. *A responsabilidade civil por presunção de causalidade*. Rio de Janeiro: GZ Editora, 2010, p. 213.
38. "Art. 942. Os bens do responsável pela ofensa ou violação do direito de outrem ficam sujeitos à reparação do dano causado; e, se a ofensa tiver mais de um autor, todos responderão solidariamente pela reparação."
39. O acórdão foi assim ementado: "DANO MORAL – Direito à Intimidade – Vida privada que deve ser resguardada – Participante do programa "Big Brother Brasil – BBB", edição do ano de 2005, que em 2016 teria recusado o convite da Rede Globo, por meio de seu Departamento de Comunicação, para voltar a participar do Programa em sua versão atual e não autorizou qualquer divulgação de sua vida privada – Matéria divulgada relacionada a sua participação no Programa televisivo e sua atual vida pessoal e profissional – Autora que abdicou da vida pública, trabalha atualmente como carteira e se opôs a divulgação de fatos da vida privada, teve fotografias atuais reproduzidas sem autorização, extraídas de seu Facebook, sofrendo ofensa a sua autoestima, uma vez que a matéria não tinha interesse jornalístico atual, e não poderia ser divulgada sem autorização, caracterizando violação ao art. 5º, inciso V e X, da Constituição Federal e arts. 186, 187 e 927 do Código Civil, uma vez que lhe desagrada a repercussão negativa de sua atuação no Reality Show, resultante da frustrada estratégia que engendrou, buscando alcançar a cobiçada premiação – Livre acesso às páginas do Facebook que não autoriza a livre reprodução de fotografias, por resguardo tanto do direito de imagem, quanto do direito autoral – Obrigação de retirar as matérias de seus respectivos sites, mediante o fornecimento pela autora das URLs – O compartilhamento de matérias e fotografias nada mais é do que uma forma de "publicação", qualificando-se apenas pelo fato de que seu conteúdo, no todo ou em parte, é extraído de outra publicação já existente – Quem compartilha também contribui para a disseminação de conteúdos pela rede social, devendo, portanto, responder pelos danos causados – Dano moral caracterizado – Responsabilidade solidária de quem publicou e compartilhou a matéria, com exclusão da provedora de hospedagem, que responde apenas pela obrigação de fazer – Recurso provido em relação à Empresa Bahiana de Jornalismo, RBS – Zero Hora e Globo Comunicações e Participações e provido em parte no tocante à

Diante dos elementos apresentados, conclui-se que aqueles que enviaram a terceiros as informações médicas de Marisa Leticia cometeram ato ilícito e são, portanto, responsáveis pelos prejuízos causados em razão do compartilhamento do conteúdo.

Mais frequentes que o vazamento de informações médicas são as divulgações de fotos ou vídeos íntimos. Ainda que a captura da imagem tenha sido autorizada pelo indivíduo, muitas vezes a sua divulgação a terceiros não o é. São inúmeras as hipóteses em que, ainda que sem consentimento, imagens íntimas são encaminhadas por *Whatsapp*.

A título ilustrativo, em caso julgado pelo Tribunal de Justiça do Distrito Federal, foi analisada a hipótese de divulgação de fotos íntimas por *Whatsapp* e *Facebook*. O indivíduo que mantinha relação com a vítima tirou uma foto em que ela aparecia nua. Em seguida, encaminhou a imagem a apenas um amigo que, por sua vez, a divulgou em grupos de *Whatsapp*. A ação foi proposta contra ambos e os dois foram condenados solidariamente a ressarcirem os danos causados à autora.[40]

Se perante a vítima todos aqueles que compartilharam indevidamente o conteúdo são solidariamente responsáveis pelos danos causados, respondendo pela sua integralidade, entre os agentes a responsabilidade poderá ser proporcional ao ato praticado, levando em consideração as peculiaridades das ações de cada um dos emissores.[41] Essa análise, no entanto, dependerá das peculiaridades do caso concreto sob exame, uma vez que as circunstâncias de cada hipótese influirão sobre o resultado danoso. Em alguns casos, o compartilhamento posterior de determinado conteúdo agrava

---

Universo On-line". TJSP, 2ª Câmara de Direito Privado, Apelação Cível n. 1024293-40.2016.8.26.0007, Rel. Des. Alcides Leopoldo e Silva Júnior, j. 11.01.2018.

40. Em suma, o acórdão relatou que "a conduta [do primeiro emissor] é ilícita, tanto por retratar indevidamente a autora em momento de intimidade e sem roupas, quanto pela transmissão indevida da imagem para terceiros, o que, nos tempos atuais, é um convite à exposição pública da intimidade da requerente de forma incessante e humilhante. (...) Enfim, ainda que a intenção dos requeridos não fosse a de expor a autora a vexame (o que não parece ser o caso), a conduta é inegavelmente ilícita, tendo o primeiro requerido dolosamente encaminhado a imagem ao segundo requerido, violando a intimidade, a honra e o direito da imagem da autora por esta simples conduta. Já o segundo requerido, ao compartilhar a imagem em grupos de mensagens diversos, continuou dolosamente a perpetrar o dano, expondo a imagem, a privacidade e a honra da requerente de forma excepcional". TJDF, 5ª Turma Cível, Apelação Cível n. 0006725-17.2016.8.07.0020, Rel. Des. Angelo Passarelli, j. 14.3.18, P. 12.

41. Destaquem-se, a esse respeito, as lições de Gisela Sampaio da Cruz: "Em regra, quando vários agentes causam o dano de forma simultânea, a ofensa é única, razão pela qual se justifica plenamente a regra da solidariedade, com base no art. 942 do Código Civil. Contudo, quando as causas são sucessivas, é possível cogitar-se de uma espécie de "causalidade parcial" em que cada uma das causas vai dar origem a uma parcela independente do dano que, justamente por ser formado por partes autônomas, será imputado a diferentes autores sem a regra da solidariedade. É como se o agente responsável pela 2ª série causal tivesse causado um dano distinto do anterior. Neste caso, 'impor a solidariedade é agredir a regra da causalidade jurídica'. Cada agente deverá responder tão-só pelo dano que causou." Ainda segundo a autora, "No âmbito da responsabilidade civil, os prejuízos decorrentes de um dano injusto devem ser repartidos entre os agentes que concorreram na produção do dano, ainda que perante a vítima eles sejam responsáveis solidários; ou entre o agente e o lesado, se este contribuiu para o evento danoso. A par disso, doutrina e jurisprudência elaboraram três sistemas de distribuição do prejuízo, a saber: (i) sistema da paridade; (ii) sistema da gravidade da culpa; e (iii) sistema do nexo causal" CRUZ, Gisela Sampaio da. *O problema do nexo causal na responsabilidade civil*. Rio de Janeiro: Renovar, 2005. p. 30 e 325.

de tal monta o dano que pode fazer com que o seu emissor seja responsável por uma parcela maior de reparação do que aquele que inicialmente publicou a informação.[42]

Desse modo, conclui-se que aquele que compartilha indevidamente conteúdos sensíveis, inerentes à privacidade, como é o caso das informações médicas de Marisa Letícia, também é responsável pela reparação do dano causado, de forma solidária com aquele que inseriu inicialmente o conteúdo na rede, podendo a vítima ajuizar a ação contra qualquer um deles.

4. CONSIDERAÇÕES FINAIS

Diante dos avanços tecnológicos, são significativas as transformações ocorridas nas relações humanas. Em uma sociedade em que, de um lado, se torna cada vez mais fácil, rápido e eficiente o compartilhamento de dados e, de outro, os indivíduos se mostram assíduos por conteúdo digital, há que se lançar um novo olhar sobre os desafios que se colocam para o sistema jurídico.

Considerando-se a existência de um cenário em constante evolução, em que, em instantes, informações, textos, fotos, vídeos e áudios podem ser compartilhados com uma imensurável quantidade de destinatários, verifica-se a potencialização da ocorrência e da expansão do dano, viabilizada pelas novas tecnologias.

Nesse cenário, além da responsabilidade dos provedores de conteúdo, há que se levar em conta, também, a responsabilidade civil dos usuários das redes sociais e aplicativos de compartilhamento de mensagens privadas, como o *Whatsapp*.

Em casos de compartilhamento de informações capazes de causar danos sem autorização do titular, notadamente aquelas que fazem parte da esfera privada do indivíduo, os emissores cometem ato ilícito e são, portanto, responsáveis pelos danos causados à vítima, tendo a obrigação de repará-los.

Por se tratar de ambiente digital, no qual as mensagens são fácil e rapidamente retransmitidas a um número ilimitado de destinatários, não só o emissor originário, mas também todos os demais que veiculam indevidamente dados pessoais de outrem, tornam-se responsáveis solidários perante a vítima. Com efeito, cada novo compartilhamento pode ser considerado como causa concorrente ou cumulativa para o dano experimentado pela vítima.

Em uma sociedade cada vez mais conectada, os indivíduos devem observar o necessário dever de cuidado que também permeia a utilização da rede, e que perpassa

---

42. Ressalta-se que há o entendimento de que, nos casos em que a desproporção entre os danos causados pela inserção do conteúdo e os danos causados pela sua difusão seja tal que a difusão do conteúdo deixe de ter uma contribuição meramente instrumental ou acessória da causa do dano, para passar a ter uma importância principal, o usuário que inseriu o conteúdo teria sua responsabilidade afastada em relação a esses danos. Nesse sentido: FACHANA, João. *A responsabilidade civil pelos conteúdos ilícitos colocados e difundidos na Internet*: em especial da responsabilidade pelos conteúdos gerados por utilizadores. Coimbra: Almedina, 2012. p. 74.

pela cautela na consideração da fonte e da licitude do conteúdo antes de realizarem o compartilhamento, que, na verdade, configura uma espécie de publicação. O exercício da liberdade deve se operar dentro do direito, e não fora dele, devendo-se observar os demais princípios resguardados pelo ordenamento jurídico.

Algumas dificuldades ainda subsistem, como, por exemplo, a identificação do conteúdo cujo compartilhamento configura ato ilícito, já que a Internet é uma rede global e pode haver divergências entre ordenamentos jurídicos, e, também, dos autores do dano, que muitas vezes buscam abrigo no anonimato inicial proporcionado pela rede para evitar o dever de reparação.

A elaboração de diretrizes internacionais para o estabelecimento de regras comuns para a utilização da Internet e a adoção de mecanismos para a identificação do causador dos danos, sobretudo com a colaboração do provedor de aplicações, constituem medidas necessárias a uma efetivação da responsabilização civil daquele que causa danos a outros usuários por meio do compartilhamento indevido de conteúdo.

O reconhecimento da responsabilidade dos usuários que compartilham indevidamente e sem autorização conteúdos inerentes à privacidade do indivíduo sem observar um certo dever de cuidado é um importante passo para a construção de uma rede mais segura para todos os usuários.

MEMES E DIREITO AUTORAL: DA SUPERAÇÃO DA LÓGICA PROPRIETÁRIA À TUTELA DO ELEMENTO CULTURAL

Diego Brainer de Souza André

Mestre em Direito Civil pela Uerj. Professor de Direito Civil do ICESENSA e conteudista da UNESA. Professor convidado da pós-graduação do Estratégia, da UCAM/OAB e do CEPED/Uerj. Ex-Professor Substituto da UFRJ. Procurador do Município de Paraty. Advogado.

Cássio Monteiro Rodrigues

Doutorando e mestre em Direito Civil pela Universidade do Estado do Rio de Janeiro – Uerj. Especialista em Responsabilidade Civil e Direito do Consumidor pela Escola da Magistratura do Estado do Rio de Janeiro – EMERJ. Graduado em Direito pela Universidade Federal do Rio de Janeiro – UFRJ. Professor convidado da pós-graduação da PUC-Rio e do CEPED/Uerj. Advogado.

1. INTRODUÇÃO

As novas Tecnologias da Informação e Comunicação, comumente chamadas de "TIC's" por profissionais especializados na área, são representativas de inovações tecnológicas aptas a compartilhar e distribuir conteúdo, bem como a facilitar a interlocução entre os usuários, tais como sites da Web, e-mail, chat, fóruns, redes sociais etc. O estudo dessa fenomenologia vem revelando diversas implicações ao Direito, principalmente quanto à tutela da dignidade humana e dos direitos da personalidade. Com efeito, o presente artigo almeja analisar a proteção do direito autoral em cotejo com fenômeno que, embora não tão recente, apenas ganhou notoriedade há pouco tempo, os memes.

Observe-se, desde logo, que a Lei de Direito Autoral brasileira (nº 9.610/98 – doravante tratada apenas como "LDA") não concede expressa proteção a diversos dos novos processos criativos oriundos de recursos digitais, tão comuns nos dias de hoje, já que elaborada há vinte anos, época em que a lógica de criação não possuía a reconhecida e intensa relação com o ambiente da Internet. Nessa perspectiva, a partir da releitura funcional do direito autoral à luz dos valores constitucionais, findando na superação da lógica proprietária-individual, busca-se estabelecer parâmetros para uma adequada tutela dos memes, qualificados como obras derivadas que utilizam características e substratos de outras para, através de sua ressignificação, formular um novo conteúdo.

Nesse contexto, dividiu-se o presente artigo em três eixos. No primeiro, almeja-se depreender a qualificação dos memes, ponto em relação ao qual se parte da imprescindível interdisciplinaridade que deve nortear a discussão, notadamente com definição oriunda do campo da Comunicação Social. Entendido, pois, como gênero midiático que usa dinâmica de reapropriações, seja por um indivíduo ou grupo de indivíduos, que pode alcançar ampla circulação nas redes sociais pela viralização,[1] juridicamente, avulta relevante descortinar a função dos memes, chegando-se a seus limites de elaboração e divulgação.

A segunda parte do estudo apresenta como desiderato examinar o direito autoral em perspectiva hodierna, apartada de uma lógica estrutural de tutela, dessumindo-se servir como instrumento de garantia de direitos fundamentais. Dessa forma, além de questões atinentes ao viés patrimonial dos autores das obras, na investigação do campo em que se inserem as produções intelectuais a incidência dos ditames constitucionais se faz presente, sobretudo no que tange à liberdade de expressão e ao acesso à cultura, valores motrizes que permeiam o sistema. Intenta-se, assim, perscrutar as relações dos memes com o direito autoral funcionalizado e suas fronteiras de proteção.

Por fim, objetiva-se estimular o debate no sentido da superação da lógica proprietária, em atenção à possível aplicabilidade da teoria dos bens comuns *in casu*, guiando os institutos positivados ao cumprimento de suas finalidades. Isso para que, concebidos os memes como verdadeiras obras sobre obras, dignas de tutela pelo ordenamento jurídico quando atuam em prol da implementação do projeto constitucional, sejam totalmente apartadas da sedutora e apriorística ideia de circunscrevê-los a hipóteses de plágio ou em outras vedações absolutas.

2. MEMES: CONCEITO, FUNÇÃO E MERECIMENTO DE TUTELA

Em uma perspectiva que valoriza a interdisciplinaridade tão deixada de lado pelo Direito, geralmente ensimesmado e alheio a produções científicas que refogem aos próprios quadros, ressai o conceito de memes da área de Comunicação Social, ainda incipiente, no sentido de que consubstanciam gênero midiático calcado em dinâmicas de apropriações e reapropriações de conteúdo, representativos de elementos culturais no bojo da Internet.[2] Assim, podem apresentar-se, por exemplo, como imagens legendadas, vídeos virais ou expressões difundidas pelas mídias sociais. Cumpre, todavia, explicitar seu marco evolutivo, para conhecer a integralidade de suas especificidades, a hodierna operacionalização do conteúdo e posteriormente problematizá-lo, dentro dos objetivos ora propostos.

---

1. A CRFB/88 reservou aos meios de comunicação, em todos os seus gêneros, bloco normativo próprio, com o apropriado nome "Da Comunicação Social" (capítulo V do título VIII), e previu a garantia constitucional de liberdade, como corolário da norma encartada no âmbito dos direitos fundamentais, que consagra a liberdade de expressão da atividade intelectual, artística, científica e de comunicação, sendo vedada a censura (art. 5°, IX). Acolheu-se, assim, tanto a liberdade de informar, como o direito de ser informado, seja de modo individual ou coletivo.
2. Sobre percuciente estudo a respeito dos memes, imperioso remeter ao projeto do #MuseudosMemes, vinculado à Universidade Federal Fluminense (UFF), consistente em atividade que envolve pesquisa, ensino e divulgação e desenvolvimento acadêmico e científico quanto à cultura dos memes, no seguinte link: < http://www.museudememes.com.br>. Acesso em: 03 set. 2017.

Esclarece-se, nesse sentido, que o conceito de meme foi cunhado, segundo acepção majoritária, de forma despretensiosa e praticamente de relance, em 1976, pelo zoólogo Richard Dawkins, quando de controversa discussão sobre sociobiologia e transmissão cultural humana. Em seu livro *The Selfish Gene* ("O Gene Egoísta"), propunha um termo para dar conta dos processos de replicação e evolução cultural que lhe chamaram a atenção quando iniciou sua defesa à tese do determinismo genético. Baseado numa espécie de evolucionismo cultural (com fulcro na teoria darwiniana), o processo pelo qual o meme se replica e se mantém na memória seria semelhante ao que se desenvolve quando o assunto é a genética animal, uma vez que apenas os mais adaptados sobreviveriam.[3]

Na definição original *retro*, memes são ideias que se propagam pela sociedade e sustentam determinados ritos ou padrões culturais. Ao se tomar esse conceito como base, todos os costumes que perpassam gerações, dentro de determinado contexto temporal e espacial, poderiam nele se inserir. Diz-se, assim, que "a castidade, o racismo (memes não são sempre bons!), o folclore, a moda, a gastronomia, praticamente tudo o que conhecemos no nosso ambiente cultural, representam os memes. Dos jeans rasgados à tradição de cantar nas festinhas de aniversário 'Parabéns a você'".[4] O conceito, porém, alterou-se profundamente a partir da entrada em cena da Internet.[5] Não só os memes foram ressignificados, como seu campo científico se renovou, surgindo uma segunda acepção, tratada sob uma visão holística, como um acervo, um coletivo orgânico de conteúdos, de modo que só encontram sentido quando analisados em conjunto através de suas variações e, normalmente, em retrospecto.

Ainda que explicadas em síntese, depreende-se que as duas vertentes concorrem entre si na explicação do que seriam os memes: uma mais determinista e outra pelo

---

3. Não tendo encontrado outro nome mais adequado para batizá-lo, Dawkins adaptou a raiz grega "mimeme" (μίμημα) e criou o termo "meme", que, de acordo com o idealizador, deveria conter três características fundamentais: longevidade, fecundidade e fidelidade. Ver, por todos, maiores especificações sobre o tema em: <http://www.museudememes.com.br/o-que-sao-memes>. Acesso em: 03 set. 2017. Ressalta-se, ainda, que o termo restou incorporado pelo dicionário Oxford, como sendo "um elemento de uma cultura ou de um sistema de comportamento passado de um indivíduo para outro por imitação ou outros meios não genéticos."
4. Explicação retirada do sítio eletrônico <http://www.museudememes.com.br/o-que-sao-memes>. Acesso em: 03 set. 2017. Obtempera-se que o conceito vem sendo atualizado desde, pelo menos, a década de 1980, a partir de autores como a psicóloga britânica Susan Blackmore e, posteriormente, ilustrativamente, por pesquisadores como Henry Jenkins, do Grupo de Estudos de Mídia Comparada do MIT, bem como da israelense Limor Shifman, considerados referências no desenvolvimento da matéria.
5. Como lembra a pesquisadora israelense Limor Shifman, consolidavam-se particularmente três correntes de compreensão sobre o fenômeno dos memes. A partir da definição inicial de Dawkins, "uma unidade de transmissão cultural ou uma unidade de imitação", era possível depreender os memes como equivalentes de ideias (ou conceitos), textos (discursos ou artefatos culturais) ou práticas (rituais). Assim, a primeira dessas correntes, batizada por Shifman de "mentalista", em que se enquadrava o próprio Dawkins, descrevia os memes como ideias ou peças de informação, singulares (como uma cor, uma sensação) ou complexas (como o conceito de Deus). Em oposição a ela, uma corrente "comportamental" propunha que os memes fossem observados como comportamentos particulares ou artefatos culturais, como piadas, rimas, tendências e tradições. Mesclando ambas as compreensões, a abordagem "inclusiva" indica que memes poderiam corresponder tanto a ideias quanto a padrões estruturais que as originam ou que se propagam como seus efeitos (SHIFMAN, L. *An anatomy of a YouTube meme*. In: New Media & Society, 14(2), 2011).

viés culturalista. De um lado, os memes são apresentados conceitualmente como fenômeno humano: ideias ou comportamentos replicados sucessivamente no tempo; de outro, aparecem como artefatos empíricos, conteúdos midiaticamente articulados, produzidos e circulados na Internet.[6] Importa, nesse viés, mais a diretriz com suporte nas redes sociais *on-line*, definidos justamente como um acervo de conteúdos que, ao se espalharem, ganham versões diversas, tendo o seu significado alterado e/ou reapropriado, a depender de um repertório cultural extraído das relações sociais, memórias, referências históricas, econômicas e aspectos conjunturais específicos.

Nada obstante, a partir de Shifman, apresenta-se uma definição de meme que recupera um argumento originalmente desenvolvido pela memética dos anos 1980 e já esboçado pelo próprio Dawkins: a ideia de que, como os genes, os memes atuam em conjunto, formando cadeias complexas de conceitos e comportamentos. Com efeito, seria impossível traduzir um meme como um conteúdo ou uma peça exclusivamente. LOLcats, por exemplo, não é uma foto de gato, mas uma série de imagens utilizadas em diversos contextos. Veja-se que diferentemente de conteúdos individuais e isolados, os memes são complexos informacionais que só significam em conjunto. Quando um conteúdo sozinho é disseminado, ele, na verdade, não é um meme, mas um viral. Os memes, portanto, apenas são passíveis de entendimento contextualmente.[7]

A expansão do ambiente virtual e das TIC's tem favorecido a preservação e a difusão de informação de forma cada vez mais veloz, pois oferecem aos usuários ferramentas para participarem ativamente na formação de mídia, além de permitir a produção de grandes quantidades de conteúdo, amadores ou profissionais, mesmo de forma colaborativa, propiciando cenário ideal para a difusão dos memes.[8] À vista disso, verifica-se que são desenvolvidos por um indivíduo ou grupos, organizados ou não, alcançando ampla circulação principalmente nas redes sociais. Não se descura, ainda, que não por poucas vezes sua repercussão ultrapassa tais meandros, pautando grandes veículos de comunicação, que ultimamente vem tentando se utilizar de tais conteúdos exatamente para aproximação com seu público-alvo.

Próprios do universo das comunidades virtuais, os memes são comumente compreendidos como conteúdos efêmeros, vulgarmente encarados como sem re-

---

6. Sobre a segunda acepção indicam-se os estudos do professor de estudos culturais e mídias Viktor Chagas, inspirada na construção de Limor Shifman, notadamente de sua obra apresentada no Intercom, obtida no link: <http://portalintercom.org.br/anais/nacional2015/resumos/R10-3314-1.pdf>. Acesso em: 03 set. 2017.
7. "Imagens legendadas com figuras da cultura popular como o herói-pícaro Chapolin, fotos de gatos e outros animais, e tirinhas com piadas satíricas, personagens mal-desenhados e linguagem propositadamente repleta de erros ortográficos e gramaticais são alguns dos exemplos possíveis para a presença deste tipo de expressão comunicativa. Há ainda memes mais engajados política e socialmente como é o caso de expressões que se tornaram febre em redes sociais nos anos recentes, como o #forasarney, o #eutenholigaçãocomfreixo, #nãovaitercopa e mesmo o #calabocagalvão. Memes são imagens, comportamentos e até personagens. Basta lembrarmos de personagens como Dilma Bolada, criação do publicitário Jeferson Monteiro. Aliás, os memes podem ou não ter criadores conhecidos. E muitos fazem usos de pessoas ou situações reais para criarem personagens e cenas fictícias" (<http://www.museudememes.com.br/o-que-sao-memes>). Acesso em: 03 set. 2017.
8. Aplicativos, por exemplo, como o MemeGenerator e MemeCreator podem ser baixados gratuitamente de qualquer SmartPhone, para publicação em qualquer rede social, como Whatt'sApp, Facebook e outras.

levância, mesmo um besteirol ou inutilidade pueril, fruto da utilização, em regra, da linguagem do humor, termos que não os reconhecem na plenitude de seu valor cultural. Como manifestações características da Internet, pelo contrário, são capazes de influenciar agentes políticos e econômicos, carregando mensagens significativas. Muitas das vezes mesmo sem o apelo ao risível, funcionam como instrumento publicitário, de engajamento político-social, de atuação popular para grupos militantes e charges, até como termômetros eleitorais, ou seja, perfazem ferramenta legítima de manifestação da liberdade de expressão e de opinião forjada nos tempos atuais e que pode aproximar o cidadão de temas essenciais da sociedade.[9]

Interessa aos fins deste trabalho a relação nodal entre os memes e o direito autoral, sem descurar que grande parte da problemática do tema perpassa a relação com o direito de imagem.[10] Acontece que os memes, especialmente os difundidos na Internet, costumam se utilizar de obras de alguém ou da imagem de pessoas, fundamentalmente associando esses dois elementos (obras e imagens) com outros, conjugados do humor ou não. Ocorre que, como sabido, os direitos da personalidade e os do autor contam com proteção específica na legislação vigente, que devem se defrontar com esse novo fenômeno criativo das redes, e que, como restará evidenciado, caso exerça função relevante, pode fazer jus ao merecimento de tutela do ordenamento. Um exemplo da formação dos memes pode ser visualizado abaixo:

Imagens 1.1, 1.2 e 1.3 – Apropriações e variações de um meme[11]

frame original   *image macro*   *look-alike*

---

9. A importância do meme pode ser vislumbrada em vários nichos, a despeito de também necessitar de certa problematização. Aplicado à política e às campanhas eleitorais, como exemplo, verifica-se uma ênfase dada às estratégias de cativação do eleitorado com as novas dinâmicas interativas, incluindo os memes. Sobre o tema, amplo estudo objeto de dissertação de mestrado na Uerj, do PPGD da Faculdade de Comunicação Social, foi realizado pela professora Fernanda Freire, com o título *ELEIÇÕES DA ZUEIRA: Memes, humor e política nas eleições presidenciais de 2014*. Ver em: https://figshare.com/articles/Elei_es_da_Zueira_memes_humor_e_pol_tica_nas_elei_es_presidenciais_de_2014/5221411. A respeito dos memes como objeto de ação popular, remete-se ao texto da mesma autora: <http://www.museudememes.com.br/meuamigosecreto>. A título de curiosidade, ainda, reporta-se à matéria sobre a profissão de gerenciador de memes nos EUA <https://www.tecmundo.com.br/curiosidade/22401-gerenciar-memes-vira-profissao-lucrativa-nos-eua.htm>. Todos os acessos em: 03 set. 2017.
10. Sobre um exame dos memes como elemento cultural, notadamente no que toca à sua relação com o direito à imagem, remete-se a ANDRÉ, Diego Brainer; RODRIGUES, C. M.. Memes imagéticos e 'pessoas públicas': um exame funcional e de merecimento de tutela. In: Maria Celina Bodin de Moraes; Caitlin Mulholland. (Org.). Privacidade hoje: Anais do I Seminário de Direito Civil da PUC-Rio. 1ed. Rio de Janeiro: Independent Publisher, 2018, p. 252-282.
11. Imagem e explicação retiradas do trabalho apresentado no seguinte endereço eletrônico: <http://portalintercom.org.br/anais/nacional2015/resumos/R10-3314-1.pdf>. Acesso em: 03 set. 2017.

A título ainda preliminar, é preciso enfatizar que posturas demasiadas de proteção de imagem e autoral (objeto central deste estudo) poderiam representar a apriorística ilicitude dos memes, de toda indesejável, visto sua importância – de expressão cultural e ideológica de seus criadores, dentre outras já evidenciadas acima – como um dos recursos de efetivação da cidadania política na era digital. De outro lado, também uma proteção sem limites aos memes poderia ensejar danos a direitos da personalidade, bem como às obras de terceiros. Desse modo, muitas são as dúvidas a que o operador do direito deve se debruçar, precipuamente no intento de afastar a zona de insegurança jurídica a que exposta toda a massa de consumidores na Internet. Adverte-se, porém, que nem sempre o direito posto traz soluções simplórias.

3. DILEMAS CONCRETOS E FUNCIONALIZAÇÃO DO DIREITO AUTORAL

Os memes vêm gerando grandes problemas jurídicos. *Ad exemplum*, muito se questiona sobre o bebê da vitória ("success kid") e como seus pais lidam com isso. Ou a adolescente que começou a ter o rosto estampado em memes sobre a "namorada muito ciumenta", o que também ocorre com a mulher do meme "first world problems", que é usada para fazer piadas com problemas aparentemente fúteis. Ela é reconhecida na rua diante da superexposição de sua imagem? Ao que tudo demonstra, quando viralizada, não há, em princípio, uma hesitação de onde a imagem veio ou o contexto em que restou capturada, tudo a indicar uma dinâmica de reapropriação e ressignificação acentuada. Há muitas tensões, assim, relacionadas à imagem,[12] sem descurar de outros pertinentes à proliferação de *fake news*, conteúdos que violam a identidade pessoal, dentre outros.

Tome-se como exemplo dessas dificuldades, a onda de disseminação de memes que envolveu a figura política do então Presidente Michel Temer, após exposição de mais um escândalo revelado pela Operação Lava-Jato, fruto de colaboração premiada feita pelo Sr. Joesley Batista. Em maio de 2017, após a divulgação do aludido meio de obtenção de prova e diante da massiva criação de memes pertinentes ao assunto, o Departamento de Produção e Divulgação das Fotografias Oficiais da Presidência da República notificou diversas páginas humorísticas de grande alcance no Brasil, tais como a "Capinaremos" e a "Ah Negão", avisando-lhes sobre a necessidade de requerimento de autorização para a utilização e divulgação das imagens".[13]

---

12. É extremamente preocupante o uso de imagens de crianças, deficientes, idosos, enfim, pessoas hipervulneráveis. Muitas são, ademais, as perguntas difíceis sobre os memes: como definir quando a pessoa autorizou o uso da sua imagem? Se ela mesma posta uma foto em um perfil aberto ao público, ela estaria consentindo com a sua possível utilização em alguns casos? Como encontrar a pessoa que aparece em uma imagem para pedir sua autorização para um outro meme, derivado? Ou, ainda, como descobrir quem foi o responsável pela criação de um meme que foi amplamente viralizado em rede? Quem compartilha também pode ser responsabilizado? E, nesse caso, como saber se o meme é "lícito" ou "ilícito" antes de compartilhá-lo?
13. Vide http://g1.globo.com/tecnologia/noticia/presidencia-da-republica-faz-alerta-a-sites-que-criam-memes-com-fotos-de-temer.ghtml. Acesso em: 05 set. 2017.

Obviamente, tal investida do Planalto gerou temor e confusão entre os criadores de conteúdos da Internet, em especial de memes. Houve, então, resposta do coordenador de equipe da "Capinaremos", que explicou apenas produzir os memes do Presidente com finalidade humorística, sem intuito lucrativo com a obra produzida e muito menos com o fito de violar a sua imagem. Restaram informados, sequencialmente, de que o conteúdo de humor não se enquadra na concessão de uso e que cada caso teria de ser analisado individualmente, bem como que a iniciativa seria para estabelecer a necessidade de crédito aos autores da imagem. Veja-se que a tentativa *retro* se pautou em dois fundamentos primordiais: o direito à imagem e o direito autoral.

Sem dúvidas, porém, a questão apresenta aspectos mais amplos que a mera proteção dos direitos patrimoniais ou morais do autor da imagem utilizada, tal como o debate sobre a natureza jurídica e caracterização do meme (notória prática social e cultural nos ambientes virtuais) e a respeito da função que ele exerce, individualmente considerado. Pois bem. Censura, proteção da imagem ou do direito do autor? Independentemente da resposta, no caso em comento, fato é que a tentativa de frear a produção de memes com as imagens oficiais do Presidente não restou bem-sucedida,[14] notadamente pela própria dinâmica das redes que, em razão da notícia, potencializou a produção do conteúdo contra o Chefe do Executivo naquele momento em exercício. A despeito disso, permanece a dúvida de quais os parâmetros da criação e divulgação (ou até proibição) dos memes.

Outros casos, por sua vez, tornaram-se pioneiros da discussão sobre memes e direitos autorais. Um dos mais conhecidos é o da página Chapolin Sincero, que concebe meme autoral consistente em imagem com legenda sobreposta, geralmente em fonte Impact branca com outline preto — ancorado em imagens do herói picaresco Chapolin Colorado, uma criação do humorista mexicano Roberto Bolaños. Segundo uma postagem feita pelo autor da página, o Grupo Chespirito, responsável por cuidar de todos os programas de TV e derivados de Chaves, Chapolin e companhia, solicitou a remoção do perfil por uso das imagens do personagem sem autorização. Isso poderia, em última medida, significar o fim das atualizações do sítio eletrônico — que já tem quatro anos e meio — e o adeus aos mais de 4,6 milhões de seguidores.[15]

Frise-se que o domínio em questão culminou por ser retirado do ar por certo momento, mas após muita pressão dos seguidores, o grupo titular do direito autoral em referência houve por liberar a utilização. Embora, ante a não submissão da controvérsia em Juízo, haja sido mantido o cenário de indefinição sobre a licitude de tais

---

14. Como resposta, o Partido dos Trabalhadores resolveu abrir e conceder autorização sobre seu banco de dados oficiais a todos os usuários para produzirem os memes que pretendessem, *vide* https://brasil.elpais.com/brasil/2017/05/27/ciencia/1495899503_382776.html. Acesso em 09/04/2018.
15. O administrador da página ainda tentou realizar o registro de marca de "Chapolin Sincero" no Instituto Nacional de Propriedade Industrial (INPI), mas a solicitação foi rejeitada. Para maiores informações sobre o caso, remete-se aos seguintes portais eletrônicos, que reportaram a problemática: <http://g1.globo.com/pb/paraiba/noticia/2017/02/perfil-chapolin-sincero-pode-deixar-de-existir-diz-administrador-na-pb.html>; <https://www.megacurioso.com.br/memes-e-virais/101818-chapolin-sincero-pode-sumir-do-facebook-por--causa-de-direitos-autorais.htm>. Acesso em 08/04/2017.

conteúdos, a situação narrada, obviamente, chamou atenção de outros produtores de memes, como Minions Sinceros[16] e derivados, porquanto ao empregarem personagens para fazer montagens podem sofrer o mesmo destino. A página Chapolin Sincero, ademais, é sintomática da discussão autoral. Vozes contrárias à sua manutenção aduziram que, além de gerar monetização nas redes sociais, principalmente no Facebook, o perfil efetua plágios de outras obras e páginas e desvirtua o querido personagem do imaginário social, muita vez associando-o a discursos de ódio.

Sem entrar no mérito, por fugir aos objetivos do presente artigo, o tema da cópia integral de memes entre páginas diversas é outro que chama a atenção. Haveria proteção de direito autoral a eles, mesmo utilizando-se de obras de terceiros? O tópico é mais uma relevante discussão, inserida na lógica da Internet e redes sociais. Notícia representativa, além disso, da proteção da formulação dos memes culminou com o ajuizamento de ação judicial por parte de Charles Schmidt e Christopher Torres, criadores do Nyan Cat e do Keyboard Cat, respectivamente, contra a Warner Bros e 5th Cell Media. Conforme apurado e relatado por Rocketboom[17] houve quebra de patente e uso indevido das imagens pelos desenvolvedores do jogo Scribblenauts Unlimited. Isso porque os memes apareceram em diversas versões e em material de divulgação do game sem a autorização deles.[18]

Dentro desse contexto, especificamente no que tange às repercussões de direito autoral, cumpre perquirir se a estrutura clássica da disciplina se encontra apta a fazer frente a essas novas situações jurídicas. O fenômeno dos memes, até por sua intrínseca característica de reaproveitar e ressignificar conteúdos, expõe quem os operacionaliza a notáveis problemas acerca da proteção e tutela dos direitos do autor e o eventual uso de terceiros sobre a obra criada. Impõe-se, nesse caminhar, repensar funcionalmente a disciplina dentro de uma lógica de acesso à cultura, colocando-a a par das inovações tecnológicas da sociedade contemporânea. Pergunta-se, assim,

---

16. A página Minions Sinceros obteve enorme sucesso no Brasil, ao fazer montagens com os famosos e expressivos personagens amarelos da franquia "Meu malvado favorito" junto de frases irônicas ou motivacionais, para descrever diversas situações vividas por todos no cotidiano. Atualmente, o perfil do Facebook conta com 7.526.364 curtidas.
17. O Rocketboom era um vlog diário produzido por Andrew Baron no formato de um noticiário com cunho cômico. Desde 2004, Rocketboom traz para seus inscritos esquisitices, trechos de vlogs, comentários sociais e políticos. [Descrição conforme o site Wikipédia; Disponível em: <https://en.wikipedia.org/wiki/Rocketboom>. Acesso em 01/07/2019.
18. Afirma-se que os dois memes "são conhecidos e apreciados por dezenas de milhões de pessoas" e que "essa popularidade os torna extremamente valiosos para fins comerciais". Torres e Schmidt alegam ainda que, ao contrário da Warner e da 5th Cell Media, muitas outras empresas respeitam os direitos intelectuais de propriedade dos memes e pagam regularmente as taxas de licença para usá-los. Os dois criadores dos memes afirmam que os danos já passam de US$ 75 mil (cerca de R$ 150 mil). O Rocketboom entrou em contato com um dos responsáveis pela popularização do Keyboard Cat no YouTube, Brad O'Farrel, mas ele não quis opinar sobre o caso. No game Scribblenauts, o jogador controla o personagem Maxwell, que possui um caderno mágico capaz de trazer para a vida real tudo o que é escrito nele. Dentro do jogo, caso o usuário escreva "Nyan Cat" ou "Keyboard Cat" no caderno, versões dos memes são transportadas para os cenários do jogo, como mostrado na imagem abaixo". Ver mais em no seguinte sítio eletrônico: https://canaltech.com.br/memes/Criadores-de-memes-processam-Warner-Brothers-por-quebra-de-direitos-autorais. Acesso em 08/04/2018.

desde logo, o que caracterizaria os memes: obra original, obra derivada ou coletiva? E como se dará a proteção?

De início, destaca-se que o direito autoral é responsável por tutelar, sob a ótica do autor e do patrimonialismo, "as relações jurídicas advindas da criação e da utilização econômica de obras intelectuais, compreendidas na literatura, nas artes e na ciência".[19] Contudo, deve-se ressaltar, desde já, que não apenas o direito autoral, mas os demais ramos do ordenamento jurídico como um todo atravessam uma fase de transformação, decorrente da necessidade de atender aos mais recentes anseios sociais nas relações privadas, o que deflagrou o processo de releitura funcional de seus institutos.[20] A seu turno, a Lei nº 9.610/98 ("LDA"), em seu art. 7º, define como obra intelectual aquelas que podem ser "expressas por qualquer meio ou fixadas em qualquer suporte, tangível ou intangível, conhecido ou que venha a ser inventado".

Nesse sentido, pouco importa o meio pela qual é externalizada ou fixada pelo autor, pois a *ratio* da lei é tutelar as mais diversas criações do espírito humano, dentre os quais se encontram os memes. Ainda, deve-se destacar, para fins de qualificação dos memes, que a própria legislação distingue obra originária e derivada, sendo aquela a obra intelectual de criação primígena, e esta toda e qualquer obra que constitui criação nova, mas que resulta da transformação da obra originária, conforme o art. 5º, VIII, "f" e "g", da LDA. Portanto, a questão do reconhecimento da autoria da obra, direito inegável do autor, perfaz linha tênue entre o tema dos memes e do direito autoral.

Veja-se que para as obras físicas e comuns, tal questionamento encontra fácil solução. Todavia, ao se tratar de obra digital, a autoria pode se dar de maneira diluída, pois, como se sabe, os memes são frutos da interatividade na rede e de inúmeras apropriações e ressignificações realizadas em obras de terceiros, muitas vezes por diversas pessoas, sendo, inclusive, tormentosa a sua identificação e, por conseguinte, a própria tutela autoral.[21]

Caberá à sociedade e ao direito conformar tais hipóteses de modo a permitir certas exceções e formas de utilização dos memes (obras derivadas e criadas por terceiros) sem a autorização dos autores originários. Mas de que modo se poderia permitir tais reservas e, ainda, manter a conformidade com o sistema jurídico da propriedade intelectual, visto à luz da ótica proprietária e patrimonialista? A resposta passa, necessariamente, pela análise dos seus fundamentos e, principalmente, da sua função.

---

19. BITTAR, Carlos Alberto. Direito de autor. Rio de Janeiro: Forense Universitária. 2008. p. 8.
20. SARMENTO, Daniel. Direitos fundamentais e relações privadas. Rio de Janeiro: 2006. p. 57. Ver, sobre a funcionalização dos institutos, dentre outros, TEPEDINO, Gustavo. *Temas de direito civil*. 3. ed. Rio de Janeiro: Renovar, 2004. pp. 1-22; MORAES, Maria Celina Bodin de. A caminho de um direito civil constitucional. *Revista de Direito Civil, Imobiliário, Agrário e Empresarial*, Rio de Janeiro, v. 17, n. 65, 1993; e SCHREIBER, Anderson. Direito Civil e Constituição. *Revista Trimestral de Direito Civil*, vol. 48, out-dez/2012.
21. Diante disso, pode-se dizer que um dos grandes desafios postos ao direito autoral na era digital é referente à criação da obra e identificação de sua autoria.

Inicialmente, é corrente na doutrina a necessidade do reconhecimento do acesso à cultura como fundamento basilar do direito autoral.[22] Nascido sob a influência do direito de propriedade, como direito à exclusão sobre bens imateriais, a disciplina precisa completar com urgência sua travessia – sempre tormentosa porque conflitante, em larga medida, com suas origens – rumo a um direito autoral que sirva de instrumento e estímulo à produção artística e cultural tanto mais plural quanto possível.[23] Deve servir a matéria, dessa forma, como mecanismo de incentivo a uma sociedade plural, em que os sujeitos deixam de ser apenas simples espectadores, mas participam ativamente do processo de criação da obra intelectual, que deve alcançar a todas as camadas sociais.

Do próprio chavão popular "arte para todos", ressai a concepção de que não devem se reduzir a simples destinatários, e sim como coautores do processo de formulação cultural, que precisa exprimir uma concepção social democrática, especialmente atenta às minorias que não alcançam os meios oficiais de difusão e circulação de suas obras intelectuais. Ressalte-se que o desenvolvimento da humanidade sempre se relacionou com a cultura, que influencia na construção do ser e dos valores sociais e individuais, de modo que se pode dizer, mesmo, que a negativa de alcance à cultura a alguém representa uma ofensa direta à sua dignidade humana[24], algo de todo rechaçável.

Assim, a garantia de acesso se mostra perfil típico também do direito autoral, de modo intrínseco à promoção das potencialidades humanas. Essa é a lição de Acancini,[25] que aduz pela conformação entre interesses públicos e particulares do direito autoral, que deve realizar a função social da propriedade intelectual,[26] com os valores da Constituição, principalmente a liberdade e respeito à dignidade, fundamento basilar do Estado Democrático Brasileiro.[27] Assim, impõe-se uma nova visão quanto ao papel do direito autoral, ora realizador do programa constitucional como um todo, sem pretensão de exclusiva defesa do direito do autor. Sobre a temática, veja-se o ensinamento de Carboni:[28]

---

22. Ver, nesse sentido, primoroso artigo constante deste volume, de autoria de Micaela Barros Barcelos Fernandes.
23. SCHREIBER, Anderson. *Cinco pontos para os direitos autorais*. Jornal Carta Forense. 2018. Disponível em:<http://www.cartaforense.com.br/conteudo/colunas/cinco-pontos-para-os-direitos-autorais/18135>. Acesso em 04 abr 2018.
24. REGO, Teresa Cristina. Vygotsky: uma perspectiva histórico-cultural da educação. 19 ed. Petrópolis, RJ: Vozes, 2008. p. 41-42.
25. AVANCINI. Helenara Braga. *Direito Autoral e Dignidade da Pessoa Humana*: A compatibilização com os princípios da ordem econômica. In: Direito de Autor e Direitos Fundamentais. Manoel J. Pereira dos Santos (coord.) São Paulo, SP: Saraiva, 2011, p. 74-75.
26. TRINDADE, Rangel O.; SILVA, R. O. C. E. *O direito fundamental de acesso à cultura e o compartilhamento de arquivos autorais no ambiente digital*. Curitiba: GEDAI Editora, 2013.
27. BODIN DE MORAES, Maria Celina. Constituição e direito Civil: tendências. *Revista dos Tribunais*, n. 779, 2000; e, _____. *Danos à pessoa humana*: uma leitura civil-constitucional dos danos morais. 4. tir. Rio de Janeiro: Renovar, 2009.
28. CARBONI, Guilherme. *Função social do direito de autor*. Curitiba: Juruá. 2006. p. 97.

(...) promoção do desenvolvimento econômico, cultural e tecnológico, mediante a concessão de um direito exclusivo para a utilização e exploração de determinadas obras intelectuais por um certo prazo, findo o qual, a obra cai em domínio público e pode ser utilizada livremente por qualquer pessoa.

Em suma, a funcionalização acarreta que a proteção aos direitos do autor não será merecedora de tutela pelo ordenamento jurídico apenas se realizar interesses do criador ou titular dos direitos sobre a obra, mas quando igualmente promover, em paralelo, o interesse social e desenvolvimento cultural, a serem valorados no caso concreto.[29] Esse é o atual estado da arte: de um lado, a proteção autoral denota grande necessidade de adaptação e releitura frente às inovações tecnológicas e novos anseios sociais; por outro, constata-se a incidência da ordem constitucional sobre à disciplina, reordenando-a e unificando-a sistematicamente, para que atenda à função social que possui, permitindo constante acesso da sociedade à informação, à cultura e à educação propiciada pela obra intelectual, compatibilizando, ao fim e ao cabo, interesses públicos e particulares.[30] Portanto, todos esses interesses e direitos (autorais e fundamentais mencionados) devem se amoldar e conviver sob à luz da Carta Maior.[31]

A hermenêutica civil-constitucional deve atuar sempre no sentido de identificar a rigidez ou incompatibilidade de uma disposição normativa de direito autoral que, analisada *in concreto*, limite excessivamente ou não promova a disseminação da cultura ou informação, para, então, flexibilizar a tutela excludente autoral e garantir o acesso à obra aos demais interessados. Desse modo, mesmo com a interpretação majoritária e clássica de restrição às hipóteses de exceção previstas expressamente na norma à tutela do direito do autor, para o caso dos memes, impõe-se uma necessária flexibilização.

Ao fim e ao cabo, com fincas a que se evite o deslocamento dos memes para o campo da ilicitude, pois o uso não autorizado de uma obra, em abstrato, por si só, já seria apto a configurar violação ao direito autoral, deve o intérprete, em consonância com os valores constitucionais e ao se valer de uma hermenêutica com fins aplicativos, perquirir sempre o merecimento de tutela em atenção às vicissitudes do caso concreto, de modo a determinar o afastamento ou incidência das normas protetivas autorais e seus já conhecidos remédios (indenização, tutela inibitória, dentre outros).

Percebe-se, então, com esses debates, que há o surgimento de um novo paradigma, para além daquele clássico do qual se dessume uma valorização extremada a um

---

29. POLI, Leonardo Macedo. A funcionalização do direito autoral: limitações à autonomia privada do titular de direitos autorais. In: GALUPPO, Marcelo Campos (Org.) O Brasil que queremos: reflexões sobre o Estado Democrático de Direito. Belo Horizonte: Editora PUC Minas, 2006.
30. Para uma leitura mais profunda acerca da relação dos direitos autorais com a cultura e sua releitura à luz desta, vide SOUZA, Allan Rocha. *A função social dos direitos autorais*. Campos, RJ: Editora da Faculdade de Direito de Campos, 2006; e, _____. *Direitos autorais e acesso à cultura*. Liinc em Revista, v.7, n.2, set/2011, Rio de Janeiro, p. 416- 436.
31. TEPEDINO, Gustavo. Premissas metodológicas para a constitucionalização do Direito Civil. *Temas de Direito Civil*. 3ª ed. Rio de Janeiro: Renovar, 2004, p.1-22.

viés proprietário, situado justamente na ambiguidade dos direitos autorais em cotejo com as novas tecnologias da informação, com importante impasse a ser resolvido, ainda mais intensificado ao se tratar do fenômeno dos memes. Dentro desse viés, a partir das distinções funcionais de conteúdo para averiguação do merecimento de tutela jurídica,[32] objetiva-se descortinar os limites jurídicos para a criação e divulgação dos memes que se valham de uma obra anterior.

Ao menos, não sendo possível a pretensão anterior de modo cerrado, faz-se essencial evidenciar parâmetros da ponderação a serem levados a efeito casuisticamente pelo intérprete, a fim de contemplar, na maior medida possível, tanto os interesses do autor, considerados de suma relevância, mas como olhar mais amplo às situações jurídicas individualizadas pelo corpo social, privilegiando-se a criação de instrumentos de acesso à cultura e informação. Logo, o grande desafio é perscrutar a medida do balanceamento entre os interesses subjacentes, aparentemente conflitantes. A instigante superação da lógica proprietária aparenta ser um caminho a seguir.

4. A LÓGICA PROPRIETÁRIA AINDA É "MARCA REGISTRADA" DA TUTELA DO DIREITO AUTORAL? A CONSTRUÇÃO JURÍDICA DOS BENS COMUNS E OS *MEMES* COMO "OBRA SOBRE OBRAS"

Conforme ensinado por Stefano Rodotà, o tema da propriedade não diz respeito apenas a um conceito jurídico, mas a uma mentalidade que se espalhou pelo Direito, isto é, uma concepção acerca de como deve ser estruturado o gozo dos bens dentro de uma sociedade. Afirma, nesse sentido, que, "bem mais que uma regulação jurídica dos bens, a propriedade determina o próprio modo como a pessoa percebe a si mesma no seu estar em sociedade e em relação com os outros".[33] Entranhada no imaginário do operador do direito, "o modelo proprietário se apresenta como um padrão que influencia de maneira decisiva relações patrimoniais absolutamente variadas, englobando desde formas societárias até as discussões concernentes ao direito ao corpo".[34]

Erguido com as notas do "individualismo proprietário",[35] o emprego da lógica proprietária nos mais diversos âmbitos se dá cotidianamente, pois a noção é fundante

---

32. SOUZA, Eduardo Nunes. Merecimento de tutela: a nova fronteira da legalidade no direito civil. *Revista de Direito Privado*. São Paulo, n. 58, abr-jun/2014, p. 75-107.
33. RODOTÀ, Stefano. Il diritto di avere diritti. Roma: Laterza, 2012. A obra em questão não se limita a analisar o estado da arte em torno do direito de propriedade, representando, antes de tudo, uma proposta baseada em uma revolucionária alteração do ponto de vista da ciência jurídica sobre o instituto. Publicado originalmente em 1981, o livro anuncia um renascimento da questão proprietária, demonstrando como a disciplina jurídica da propriedade reflete, a rigor, modelos culturais, políticos e sociais.
34. RENTERIA, Pablo; DANTAS, Marcus. Notas sobre os bens comuns, In: TEPEDINO, Gustavo et all (Coord.). O direito civil entre o sujeito e a pessoa: estudos em homenagem ao professor Stefano Rodotà, Belo Horizonte: Fórum, 2016, p. 137.
35. BARCELLONA, Pietro. *El individualismo proprietario*. Trad. Juan Ernesto G. Rodríguez. Madri: Trotta, 1996. p. 20-22.

do paradigma jurídico moderno[36]. Dentro do arquétipo de propriedade, a norma jurídica organiza a realidade da vida de acordo com determinado modelo de subjetividade, viés que, mesmo em tímida superação, abre margem a um atual "triunfalismo do mercado",[37] cuja força expansiva parece alcançar diversos bens jurídicos a fim de, apropriando-os, torná-los cada qual objeto de venda/alienação. Outra justificativa perpassa o modelo de tutela jurídica pautado no interesse de exclusividade,[38] o qual possui alguma aderência à ideia de autonomia.[39]

O perfil em questão se caracteriza, portanto, pela exclusividade da decisão acerca do modo de utilização, ou seja, do gerenciamento acerca do uso e fruição dessas realidades. Conquanto, *a priori*, isso possua fundamento, há que se ter o devido cuidado, pois a adoção de tal postura implica, em muitas situações, tratar relações existenciais com categorias de direito patrimonial, causando o que Gustavo Tepedino denominou a "estranha revolta dos fatos contra o intérprete".[40] Se o intérprete se exonera de rigor metodológico em suas propostas, prescindindo do fundamento teleológico incorporado às categorias e aos conceitos da tradição jurídica, para aplicá-los em situações inspirados por lógica distinta, cria-se uma dogmática fragilizada, que perde em unidade e coerência.

Ser proprietário, assim, é ter a prerrogativa de decidir de maneira individual aquilo que pode ou não ser feito. Ocorre que nem todos os bens podem ter suas possibilidades definidas por meio dessa diretriz, notadamente quando se leva em consideração a multiplicidade de mutações ocorridas diante das inovações tecnológicas e a função que determinado bem possui na realização dos direitos fundamentais. A dificuldade em torno da contenção da pirataria digital,[41] os incomensuráveis danos ao meio ambiente e suas variadas consequências para a vida, são representativos do fato de que o modelo proprietário precisa ser analisado criticamente, embora não necessariamente integralmente refutado. Sobre a temática, veja-se o comentário de Pablo Renteria e Marcus Dantas, sobre a obra de Rodotà:[42]

> É nessa direção que Rodotà procura problematizar o espaço reservado à propriedade na ordem jurídica, destacando a demanda social por arranjos institucionais mais afinados com as necessidades concretas das pessoas. Trata-se, em tais condições, de um esforço de reformulação da

---

36. GIORGIANNI, Michele. O direito privado e suas atuais fronteiras. *Revista dos Tribunais*, São Paulo, v. 747, p. 35-55, jan. 1998; PERLINGIERI, Pietro. *Manuale di diritto civile*. Nápoles: ESI, 1997. p. 174.
37. SANDEL, Michael J. *O que o dinheiro não compra*: os limites morais do mercado. 1ª ed. Trad. Clóvis Marques. Rio de Janeiro: Civilização Brasileira, 2010. p. 12-20.
38. Cf. GOMES, Orlando. *Direitos reais*. 10. ed. Rio de Janeiro: Forense, 1993. p. 86.
39. Cf. FERRAJOLI, Luigi. Libertà e proprietà. In: ALPA, Guido; ROPPO, Vincenzo (Orgs.). *La vocazione civile del giurista*: saggi dedicati a Stefano Rodotà. Roma-Bari: Laterza, 2013. p. 100.
40. TEPEDINO, Gustavo. A estranha revolta dos fatos contra o intérprete. *Editorial à Revista Trimestral de Direito Civil*, v. 31, abr./jun. 2007.
41. "O caso da pirataria digital é especialmente eloquente de que a ideia do controle individual sobre o uso e fruição do bem objeto da titularidade pode, no mínimo, ser reconhecido como não eficaz diante das possibilidades tecnologicamente à disposição de qualquer um". (RENTERIA, Pablo; DANTAS, Marcus. Notas sobre os bens comuns, *cit*, p. 138).
42. Idem.

teoria dos bens, que passe por uma alteração de base, por meio da qual se pretende substituir a tão naturalizada ótica da exclusão, para uma visão que parta da garantia de acesso aos bens que preencham uma destinação pública.

Dentro do presente escopo, complexo *per si*, bem como das demandas por suplantação funcional da disciplina autoral, há de se perquirir mesmo se a lógica dos bens comuns pode trazer soluções na espécie.[43] Embora haja sido deixado à margem dos estudos por longo período, notou-se que a concepção de bens jurídicos, diferentemente do difundido classicamente, não se circunscreve às entidades passíveis de apropriação. Existem objetos que, em decorrência da função desempenhada,[44] isto é, por se afigurarem diretamente relacionados ao exercício dos direitos fundamentais das presentes e futuras gerações, superam a dicotomia entre bens públicos e privados. Assim, a qualificação jurídica passa a ser realizada não mais pela titularidade, e sim pela própria finalidade.[45]

A suplantação da mentalidade proprietária encontra-se no âmago da teoria. Pautada em critérios econômicos e em movimentos sociais,[46] a tese busca encontrar sistemas institucionais alternativos ao assenhoramento exclusivo, hábeis a promover o governo de recursos e o aproveitamento econômico de modo eficiente e sustentável. O projeto consagra a percepção de que se materializa imprescindível a sujeição de determinados bens, por sua monta social, a regime jurídico específico, com fulcro no desígnio de que a incorporação ao patrimônio não deve ser a única solução para afetar relevantes objetos a interesses difusos. Por isso que, no plano do direito civil, a doutrina dos bens comuns permite repensar os conceitos de bens públicos e privados, porquanto vetustos.[47]

Numerosos, pois, são os interesses, especialmente os coletivos e difusos, que se tornam dignos de proteção mesmo incidindo sobre bens insuscetíveis de comercialização, bastando pensar no meio ambiente e no patrimônio cultural e artístico. Os direitos relativos à qualidade de vida saudável e à proteção da flora e da fauna são

---

43. Na Europa, o assunto é deveras discutido. Em terras italianas, fundamentalmente, um dos grandes berços de inspiração do direito civil pátrio, o assunto espraia-se por toda a academia e configura-se como necessário à compreensão dos direitos fundamentais na contemporaneidade.
44. Segundo Stefano Rodotà, "[e]stamos falando, de fato, de uma nova relação entre o mundo das pessoas e o mundo dos bens, há muito tempo substancialmente confiado à lógica do mercado, portanto, à mediação da propriedade, pública ou privada que seja. Ora, o acento não está mais posto sobre o sujeito proprietário, mas sim sobre a função que um bem deve desempenhar na sociedade" (RODOTÀ, Stefano. O valor dos bens comuns, p.1, no seguinte endereço eletrônico: <http://www.ihu.unisinos.br/172-noticias/noticias-2012/505533-o-valor-dos-bens-comuns-artigo-de-stefano-rodota>. Acesso em: 19//03/2018).
45. Ver, nesse sentido, PARISI, Federica. *I "beni comuni" e la Comissione Rodotà*. Disponível em: <http://www.labsus.org/2009/04/i-beni-comuni-e-la-commissione-rodota-3/>. Acesso em 19/03/2018.
46. É justamente das posições engajadas na defesa do ambiente e da cultura que se coloca o atual problema dos bens comuns (ainda que ele deva ir mais longe do que isso).
47. No plano do direito público, a função social da propriedade privada com fulcro na Constituição (arts. 5°, XXII e XXIII, e 170, da CR/88) pode ser coligada com o disposto no art. 225 da Constituição ("Art. 225. Todos têm direito ao meio ambiente ecologicamente equilibrado, bem de uso comum do povo e essencial à sadia qualidade de vida, impondo-se ao Poder Público e à coletividade o dever de defendê-lo e preservá-lo para as presentes e futuras gerações").

tutelados independentemente da titularidade. Há que se afastar, portanto, a noção de bem jurídico do arquétipo da propriedade privada.[48] Os bens comuns, nesse contexto, podem ser abstratamente conceituados como bens consumíveis cuja utilização por alguém não exclui a utilização por outrem, mas que, todavia, são exauríveis.[49]

O mesmo ocorre com a Internet, com a apriorística dúvida se deveria ser tratada como bem comum, valorizando-se as condições de uso e alcance de todos. Como exemplificação de temática que umbilicalmente se liga ao conhecimento nas Redes *on line* e às atualidades tecnológicas, é de se suscitar mesmo a qualificação jurídica dos memes, então entendidos como elementos culturais calcados em uma dinâmica de apropriação e ressignificação de conteúdos, com reflexos que perpassam tanto o direito autoral quanto o direito de imagem. Veja-se, assim, que quando o foco sai da influência do direito de propriedade, alguns bens não combinam com a lógica proprietária, como ocorre igualmente com o *remix* e os *mashups*.

O maior exemplo desse caminho de superação da lógica proprietária frente ao compartilhamento é a tecnologia dos *Creative Commons*. Trata-se de uma instituição legal, não lucrativa, que desenvolve formas específicas e diferenciadas de licenciamento de obras autorais na rede, com o mérito de aliar o direito autoral com o compartilhamento virtual, em respeito à tutela dos direitos do autor, possibilitando a licença ou reprodução, por exemplo, para fins não comerciais, inclusive definindo hipóteses de uso, a possibilidade de modificação da obra originária, dentre outros.[50] Logo, os *Creative Commons* são produto de uma nova ótica de cultura de compartilhamento de conteúdos na Internet, própria da sociedade da informação e do ambiente das redes sociais.

Faz-se imprescindível, nesse contexto de inovações e fluidez, aliada ao pensar o direito autoral por meio da ótica da funcionalização e de garantia ao acesso cultural, incluir em seu universo as chamadas "obras sobre obras", tão comuns no dia a dia virtual, mas não restritas apenas a esses ambientes. Como se sabe, essas modalidades de obra se manifestam nos mais diversos campos da arte, tais como as conhecidas *fanfics* (recriações de outras obras sob os olhos dos fãs, como as que apresentam finais alternativos para a renomada série de TV *Game of Thrones*, decorrente da insatisfação de muitos internautas com o final dado à série pelos roteiristas, em junho de 2019,)[51] ou as variadas representações do famoso quadro "O Grito", do norueguês Edvard Munch, com personagens marcantes da cultura pop ocidental, tais como Homer

---

48. TEPEDINO, Gustavo. Regime jurídico dos bens no Código Civil, *cit*, p. 3.
49. Ver, nesse mesmo sentido, a definição de RENTERIA, Pablo; DANTAS, Marcus. Notas sobre os bens comuns, *cit*, p. 136.
50. Para maiores informações sobre a sistemática dos *Creative Commoons*, vide <https://creativecommons.org/> e <https://commons.wikimedia.org/wiki/Commons:Obra_derivada>.
51. Diversos internautas tomaram para si o desafio de criar finais melhores que o oficial feito pelos roteiristas da HBO. Desse ímpeto surgiram várias *fanfics* nos principais sites nacionais do assunto, bem como no youtube e demais redes sociais, como se vê dos seguintes sites: <https://www.spiritfanfiction.com/categorias/as-cronicas-de-gelo-e-fogo-game-of-thrones> e, ainda, <https://fanfiction.com.br/categoria/1958/game_of_thrones/>.

Simpson ou Minions, em substituição à figura central do quadro, para lhe atribuir outra significação.

Desprendido o direito autoral da lógica proprietária que vigorava outrora, exsurge margem razoável de espaço de licitude para atrair a construção de obras das obras ressignificadas. As alterações oriundas do avanço tecnológico e do surgimento de novas formas de compartilhamento e criação, que desafiam a conhecida lógica individualista da relação com os bens não encontram guarida na tutela rígida do direito autoral desprovido de função. Ressalte-se que, para todos os fins, a criação dessas obras não configura plágio ou se traduz em violação à exclusividade da obra-base. Plágio é, em sua definição mais costumeira, a apresentação de obra alheia como se própria fosse, ou, ainda, se valer de seus elementos para compor a obra nova e pleitear o resultado como se totalmente próprio.

Da conceituação de obra intelectual, ademais, cuja redação, já mencionada,[52] mostra-se aberta, ressai a roupagem exemplificativa para fins de incidência de proteção da LDA. Abarca-se, dessa forma, a ideia dos memes como objeto do direito autoral que, como explicitado, representam um fenômeno que se utiliza de obras de terceiros como ponto de partida, sejam imagens ou expressões, de modo que também podem ser qualificados como obra derivada, que, por definição legal, é a que transforma a obra originária em nova criação intelectual, também passível de proteção pelo direito autoral, desde que ponderado com os outros interesses proprietários (da obra originária) e sociais (acesso à cultura) em jogo.

Destaca-se, nessa linha, que os memes materializam, mais ainda, a flexibilização dos direitos autorais frente ao ambiente virtual. Isso porque, em regra, a obra derivada para ser criada necessita de autorização do detentor dos direitos da obra originária, na forma do que estabelece o artigo 29 da LDA.[53] Contudo, a natureza

---

52. "Art. 7º São obras intelectuais protegidas as criações do espírito, expressas por qualquer meio ou fixadas em qualquer suporte, tangível ou intangível, conhecido ou que se invente no futuro, tais como: (...) XI – as adaptações, traduções e outras transformações de obras originais, apresentadas como criação intelectual nova."

53. "Art. 29. Depende de autorização prévia e expressa do autor a utilização da obra, por quaisquer modalidades, tais como: (...) I – a reprodução parcial ou integral; II – a edição; III – a adaptação, o arranjo musical e quaisquer outras transformações; IV – a tradução para qualquer idioma; V – a inclusão em fonograma ou produção audiovisual; VI – a distribuição, quando não intrínseca ao contrato firmado pelo autor com terceiros para uso ou exploração da obra; VII – a distribuição para oferta de obras ou produções mediante cabo, fibra ótica, satélite, ondas ou qualquer outro sistema que permita ao usuário realizar a seleção da obra ou produção para percebê-la em um tempo e lugar previamente determinados por quem formula a demanda, e nos casos em que o acesso às obras ou produções se faça por qualquer sistema que importe em pagamento pelo usuário; VIII – a utilização, direta ou indireta, da obra literária, artística ou científica, mediante: a) representação, recitação ou declamação; b) execução musical; c) emprego de alto-falante ou de sistemas análogos; d) radiodifusão sonora ou televisiva; e) captação de transmissão de radiodifusão em locais de frequência coletiva; f) sonorização ambiental; g) a exibição audiovisual, cinematográfica ou por processo assemelhado; h) emprego de satélites artificiais; i) emprego de sistemas óticos, fios telefônicos ou não, cabos de qualquer tipo e meios de comunicação similares que venham a ser adotados; j) exposição de obras de artes plásticas e figurativas; IX – a inclusão em base de dados, o armazenamento em computador, a microfilmagem e as demais formas de arquivamento do gênero; X – quaisquer outras modalidades de utilização existentes ou que venham a ser inventadas."

do próprio meme tornaria impossível sua apreensão, mesmo que minimamente, nessa estrutura de obra derivada. Nesse passo, logicamente sem pensar no fenômeno dos memes, fez por bem o legislador em trazer na própria lei de regência, especificamente no art. 46, um rol daquelas situações em que, ao privilegiar a necessidade de se viabilizar a concepção de novas artes, para dar novo significado e mensagem à obra original, permite a reprodução de obras autorais, as quais a LDA denominou de limitações.

Os memes, então, encontram suporte justamente na exceção do uso transformativo das obras intelectuais, constante do mencionado dispositivo Lei nº 9.610/98, uma vez que, ao serem pensados e criados à luz de outras obras, como pinturas, filmes e fotos, receberão proteção do ordenamento jurídico, que não configurará violação de direitos de terceiros, pois, na realidade, não se está reproduzindo a obra-base em si, mas sim tratando como se original fosse, diretriz ínsita à ressignificação. Ademais, para todos os fins, daí também não decorre prejuízos ao autor da obra originária ou sua exposição, tal como ocorre com '*Selfie* da Monalisa", em que a famosa figura do quadro de Da Vinci posa em divertidas poses, para realizar *selfies* ou aparece com os mais distintos figurinos.

E isso não significa dizer que a tutela do autor é completamente afastada quando se trata do fenômeno dos memes. Inclusive, os direitos morais (arts. 24 e seguintes da Lei de Direitos Autorais) e a exploração patrimonial (arts. 29 e seguintes da Lei de Direitos Autorais) do meme pelo criador são obviamente possíveis, configurando interesse tutelável pelo ordenamento jurídico. Recentemente, o avanço tecnológico permitiu a criação dos *non-fungible tokens* (tokens não fungíveis – "NFTs"), que se valem da tecnologia *blockchain* para garantir a autenticidade – e daí a infungibilidade – do conteúdo negociado, acompanhado de certificação digital, o que vem se revelando uma revolucionária ferramenta de negociação de propriedade intelectual.[54]

Tal fenômeno, prestigiando a originalidade da criação, pode-se dizer, gerou recente "corrida do ouro"[55] entre criadores de memes famosos, como o citado "Nyan Cat" e a "A menina do desastre" com seu sorriso malévolo frente a uma casa em chamas, que venderam, em 2021, NFTs dos memes originais (*rectius*: seus códigos criptografados) por aproximadamente meio milhão de dólares em leilões.[56] Embora a compra de uma NFT não signifique automaticamente a apropriação com exclusividade de um meme em si (e nem que com isso se possa impedir sua circulação e utilização na Internet), esse cenário reforça a necessidade de construção de parâmetros

---

54. Nesse sentido, vide os seguintes artigos de Leticia Provedel: (i) https://politica.estadao.com.br/blogs/fausto-macedo/direitos-autorais-a-nova-aposta-dos-fundos-de-investimento/; e (ii) https://www.jota.info/opiniao-e-analise/artigos/nfts-e-tecnologia-blockchain-nas-artes-e-na-musica-18032021.
55. https://www.nbcnews.com/pop-culture/pop-culture-news/meme-gold-rush-classic-viral-images-are-selling-nfts-thousands-n1265875.
56. https://www.uol.com.br/tilt/noticias/bbc/2021/05/03/a-historia-por-tras-do-meme-da-menina-em-frente-a-incendio-que-foi-vendido-por-mais-de-r-27-milhoes.htm; (ii) https://blog.nubank.com.br/o-que-e-nft/.

pela doutrina e pela dogmática jurídica que consigam lidar adequadamente com os memes, sem relega-los à ilicitude.

A Internet e as redes sociais são combustíveis para o processo criativo do ser humano, acentuado pelos inúmeros agentes da rede, e cria veículo hábil a facilitar a circulação de conteúdo e a livre circulação de obras entre criadores, consumidores e, agora, os criadores sucessivos de conteúdo, como ocorre com os memes ou as *fanfictions*. Surgem, dessa forma, novas obras autorais, com formas renovadas, consagrando-se uma nova forma de produção autoral, para além da coautoria conhecida pelo direito, um verdadeiro campo de produção de obras sobre obras e que, nem por isso, são aprioristicamente estigmatizadas pela ilicitude. Apenas quando existe algum prejuízo à obra originária, que deve ser provado, o entendimento deve ser diverso.

Na lição de Soha e McDowell,[57] "Um meme, em parte graças à sua criação aparentemente acidental, e de autoria coletiva, não pode ser tido como 'autoral' do mesmo modo que uma canção", naquela perspectiva clássica, pois no caso dos memes, cada agente na rede acresce o conteúdo da obra e coloca influências específicas, de modo a reapropriar seu conteúdo e dar-lhe novo significado e contexto. À evidência, isso fica mais claro ao se olhar para a experiência criativa dos memes nacionais e seu espalhamento nas redes sociais, em que diversos internautas criam um perfil, personagem ou modelo a partir dos conteúdos originais e com significação própria, descaracterizando-o da origem, como o "Homem-Aranha dos anos 60" e o "Dinofauro sincero".

O direito deve reconhecer e promover tais formas de concepção autoral, oriundas não apenas do ambiente virtual, mas decorrente das interações contemporâneas, impulsionadas pela tecnologia, apartando-as do plágio.[58] Nesse contexto, com o objetivo a que a disciplina cumpra sua função de garantir o acesso à cultura e combater o elitismo, impõe-se remodela-la para além da lógica proprietária sob o qual foi construída, e, assim, convergir "em prol de uma maior abertura às obras sobre obras".[59] Isso para que, com a devida cautela, os memes não sejam, à primeira vista, relegados à ilicitude. Observe-se que tal concepção não afasta a inteireza do direito autoral, tão somente propondo, ao revés, a incorporação de novos elementos a serem sopesados, sempre a partir da função que o elemento criado promove dinamicamente.

Relembre-se que os memes atuam como um importante mecanismo de realização do acesso à cultura e do direito fundamental à liberdade de expressão, fundamentais para a ordem constitucional brasileira, e que, a partir de uma releitura funcional do direito autoral e da teoria dos bens comuns, não deve encontrar vedações absolutas em sua criação e divulgação, pois representam obra derivada contínua, de criação

---

57. BARROS, Carla Eugenia Caldas. *Fanfiction, obra derivada, novas tecnologias e estado cultural*. PIDCC, Aracaju, a. VI, v. 11. n. 1. Fev/2017. p. 156-176, 2017.
58. LINKE, S. H.; TRINDADE, Rangel O. . Plágio às avessas: o caso S. Westphal e o direito autoral na Internet. Revista Eletrônica do IBPI, v. 1, p. 13-27, 2011.
59. SCHREIBER, op. cit., 2018.

orgânica e coletiva, ao valer-se de elementos da obra-base original. Como manifestações livres do espírito e sem deturpação da obra-base, sequer se vislumbram prejuízos manifestos aos direitos do criador originário, ao menos até prova em contrário, muito menos gravames ao direito autoral do idealizador da concepção inicial.

Assim, *a priori*, os memes denotam fenômeno apreensível pelo direito autoral e merecedores de tutela, não estando relegados à ilegalidade, desde que o conteúdo da obra cumpra sua função primordial de garantia de liberdade de expressão e de acesso à cultura. Por pressuposto lógico, não merecerão guarida os memes que eventualmente materializem interesses que não estejam voltados para realizar os valores constitucionais – como os diversos casos de *fake news*, incitação de ódio (*"hate speech"*), violação à identidade ou à imagem de terceiros retratados nas obras, bem como casos de violação à honra objetiva da empresa, marca, ou uso indevido de personagens para fins de concorrência desleal. O cotejo de ponderação, repise-se, deve ser sempre analisado dentro do bojo da dinâmica relacional específica.

Destaca-se, a título informativo, que, em março de 2019, o Conselho da União Europeia aprovou a Proposta de Diretiva sobre Direito Autoral 2016/0280 (COD), que busca, dentre outros objetivos, regulamentar o tratamento dispendido pelos provedores de conteúdo ao compartilhamento por seus usuários de obras protegidas por direitos autorais. Pode-se dizer que a inovação legislativa mais impactante ficou a cargo do polêmico art. 13 do Projeto,[60] que veio a ser o art. 17 na versão final aprovada pelo Conselho da UE: as plataformas de compartilhamento online, de conteúdo e de aplicação, devem agora obter autorização específica do titular dos direitos autorais para divulgar ao público determinada obra.

---

60. A Diretiva sobre Direitos de Autor no Mercado Único Digital, em seu art. 17 (que ficou popularizado como "artigo 13") determina, dentre outros pontos: "Os Estados-Membros devem prever que os prestadores de serviços de partilha de conteúdos em linha realizam um ato de comunicação ao público ou de colocação à disponibilização do público para efeitos da presente diretiva quando oferecem ao público o acesso a obras ou outro material protegidos por direitos de autor carregados pelos seus utilizadores. Os prestadores de serviços de partilha de conteúdos em linha devem, por conseguinte, obter uma autorização dos titulares de direitos a que se refere o artigo 3.º, n.s 1 e 2, da Diretiva 2001/29/CE, por exemplo, através da celebração de um acordo de concessão de licenças, a fim de comunicar ao público ou de colocar à disposição do público obras ou outro material protegido. (...) Caso não seja concedida nenhuma autorização, os prestadores de serviços de partilha de conteúdos em linha são responsáveis por atos não autorizados de comunicação ao público, incluindo a colocação à disposição do público, de obras protegidas por direitos de autor e de outro material protegido (...)". Veja-se a redação do artigo referido artigo: "Os prestadores de serviços da sociedade da informação que armazenam e facultam ao público acesso a grandes quantidades de obras ou outro material protegido carregados pelos seus utilizadores devem, em cooperação com os titulares de direitos, adotar medidas que assegurem o funcionamento dos acordos celebrados com os titulares de direitos relativos à utilização das suas obras ou outro material protegido ou que impeçam a colocação à disposição nos seus serviços de obras ou outro material protegido identificados pelos titulares de direitos através da cooperação com os prestadores de serviços. Essas medidas, tais como o uso de tecnologias efetivas de reconhecimento de conteúdos, devem ser adequadas e proporcionadas. Os prestadores de serviços devem facultar aos titulares de direitos informações adequadas sobre o funcionamento e a implantação das medidas, bem como, se for caso disso, sobre o reconhecimento e a utilização das obras e outro material protegido.". A proposta aprovada 2016/0280 (COD) está disponível em: <https://eur-lex.europa.eu/legal-content/PT/TXT/?uri=CELEX%3A52016PC0593>. Acesso em 22 jun 2019.

Essa mudança altera totalmente o já conhecido sistema de *"Notice and takedown"* utilizado pela União Europeia para fins de remoção de conteúdo indevido na Internet. Agora, com a nova disposição normativa no cenário europeu, as plataformas passarão a ser responsáveis pelas potenciais violações de direitos autorais a partir do momento do *upload* do conteúdo feito pelo usuário, se o conteúdo inserido, por exemplo, utilize imagens ou versos sem autorização ou a correta citação do autor original, exceto se demonstrarem que eivaram esforços consistentes para ou adquirir a autorização ou rapidamente remover o conteúdo e impedir o seu acesso por terceiros.

A Diretiva também possui determinação de que as plataformas de conteúdo devem criar filtros mais restritos ao *upload* de arquivos pelo usuário, fato que pode resultar, dentre outros, em óbices ao compartilhamento de memes, obstando verdadeiros atos de liberdade de expressão legítima, sob a justificativa de afastar eventuais responsabilidades. Perceba, com efeito, que apesar de louvável, a tentativa de regulamentação dos direitos autorais no ambiente digital pelo Parlamento Europeu prioriza, por meio de uma lógica patrimonialista, os direitos de autor sobre outros direitos fundamentais, tais como a liberdade de expressão e o acesso à cultura, não se atentando que os memes são, em última medida, elementos culturais.

Em uma palavra final, exsurge da aprovação da Nova Diretiva Europeia de Direitos Autorais a certeza da atualidade e importância do debate ora travado, obtemperando-se que, a nosso ver, o tema findou mal consignado na mencionada regulamentação, inspirada, ao que tudo indica, na insistência de tratamento dos direitos autorais exclusivamente sob a ótica do modelo proprietário, sob o qual foi concebido séculos atrás. Em última instância, qualquer imperiosidade autorizativa prévia desvirtua com burocratização excessiva o fenômeno dos memes, relegando tema intrínseco à cultura da sociedade à ilegalidade, como se fosse possível aprisionar a velocidade e a criatividade das redes *a fórceps*.

5. CONCLUSÕES

Como se pode perceber, muitas são as questões que permeiam os memes de Internet, a grande maioria sequer inicialmente tratada do ponto de vista jurídico, muito menos resolvida. Frise-se que, conquanto seu conceito seja incerto e discutido mesmo fora do âmbito jurídico, o fenômeno é ponto alto do momento e merece exame crítico. Tudo, afinal, acaba em memes: humor, política, banalidades, cinema etc. Por meio deles, personagens, imagens, obras, marcas são reapropriadas e ressignificadas, representando elementos culturais da rede. O seu cotejo com o direito autoral, assim, perfaz ponto de partida da imprescindível sistematização pela qual a disciplina deve passar, com o escopo de construir parâmetros de juridicidade e propiciar segurança jurídica nas relações.

Os memes, conforme ensinamentos da Comunicação Social, são um novo gênero de mídia, da qual ressai a necessidade de uma inovadora relação com a autoria, ante a sua específica natureza. Ao longo do artigo, não se buscou, de modo algum, afastar as implicações de Direito Autoral a tais conteúdos. Quis-se, pelo contrário, rechaçar a apriorística ideia de que os memes, que costumam integrar-se de elementos de outrem, isto é, que são concebidos a partir de uma obra protegida estaticamente pelo ordenamento, são ilícitos quando inexistir prévia autorização. Todavia, embora haja ainda amplo predomínio de uma concepção proprietária das produções intelectuais, restaram almejados alguns subterfúgios, à luz de perspectiva funcional, de realização do acesso à cultura e garantia da liberdade de expressão, que devem nortear os debates.

Sem descurar da importância dos memes *per se*, vistos como instrumentos de cidadania, buscou-se apontar delineamentos a três questionamentos: (i) se possível, em sua construção, utilizar um personagem, marca ou outro elemento protegido pelo Direito Autoral; (ii) se uma página criadora de memes tem proteção em face a outra existente no contexto da Internet; (iii) se um meme, por si, pode ser considerado obra de uso exclusivo, sendo digno de tutela (meme de outrem usado em um jogo?). Em síntese, a ideia não é de negar o espaço da autoria, mormente considerando as recentes certificações de memes por *tokens* não fungíveis (NFT's), na plataforma da disruptiva tecnologia *blockchain*, e sim que cada conteúdo deve ser analisado *in concretu*, examinando-se se perfaz elemento digno de resguardo, ou seja, se consentâneo com o viés de acesso à cultura, possuindo em seu bojo algum elemento que seja relevante, mesmo que exclusivamente o humor.

O campo de construção para tanto exsurge da hermenêutica civil-constitucional, com a identificação da rigidez ou da incompatibilidade de uma disposição normativa de direito autoral que limite – ou não promova – a disseminação da cultura ou da informação, de sorte a moldar a estrutura excludente autoral e garantir o acesso à obra aos demais interessados. Com efeito, decorre a juridicidade dos memes quando não vinculados a conteúdos socialmente reprováveis, como nas situações em que usados para fins de *fake news*, concorrência desleal, violação à honra (subjetiva e objetiva), dentre outros. E disso se segue, naturalmente, a própria função da disciplina, em cotejo com a aclamada superação da lógica proprietária para uso, fruição e compartilhamento de utilidades limitadas, ao encontro com a proposta de bens comuns, inclusive no ambiente virtual.

Embora não se possa falar da lógica dos bens comuns em relação aos conteúdos produzidos a partir da imagem de pessoas, que podem, a qualquer tempo, questionar a violação perpetrada, é de se suscitar, a partir da diretriz ora sustentada, se pode ser estendida notadamente à questão dos memes tais elementos flexibilizadores, diante de potencial violação aos direitos autorais em sua dinâmica. Tudo para que se evite revelar tratamento obstativo de direitos fundamentais à liberdade e expressão cultural, soando imperativo, ao que tudo indica, atrair essa lógica para o âmbito de um novo direito autoral, como dito, funcionalizado. Desobscurece-se, nesse viés, um direito à obra das obras, quando houver justificativa plausível.

Dentro das problemáticas postas, conquanto as respostas não sejam peremptórias, percebe-se que, levada a cabo viés clássico, haveria um cenário de ampla insegurança a quem cria um meme com elemento protegido de direito autoral, inspira-se em um meme criado por outra página ou utiliza determinado meme de outra pessoa, para qualquer outra finalidade. Nada impede, todavia, desde que a cópia não seja integral, ou seja, que haja signos distintivos, a coexistência entre versões similares do mesmo meme[61]. O que se pretendeu, à luz das reflexões postas, foi a contribuição para modificação do contexto em questão, culminando na conclusão permissiva aos memes, ao se ponderar topicamente as situações postas e analisar os dignos interesses merecedores de tutela, em dinâmica relacional.

---

61. Exemplifica-se, novamente, com o Dinofauro Azul, de André Crevilaro, e o Dinofauvo Fanho, assim como com as páginas Dicas Dollynho, versões Opressor, Puritano, Reaça etc., a descrever a orientação política da página e dos memes lá concebidos.

DIREITOS AUTORAIS E ACESSO À CULTURA

Micaela Barros Barcelos Fernandes

Doutoranda em Direito Civil pela UERJ. Mestre em Direito da Empresa e Atividades Econômicas pela UERJ. Mestre em Direito Internacional e da Integração Econômica pela UERJ. Pós-graduada em Direito da Economia e da Empresa pela FGV/RJ. Graduada em Direito pela UFRJ. Advogada e membro das Comissões de Direito Civil e de Direito da Concorrência da OAB-RJ.

1. INTRODUÇÃO

Este artigo tem por objetivo trazer elementos para o entendimento da relação entre os direitos autorais e o acesso à cultura, tendo sido dividido em seis partes.

Na primeira, a cultura e o patrimônio cultural são identificados como bens comuns, de interesse de toda a coletividade. A liberdade de criação e o acesso a bens culturais foram incluídos entre os direitos fundamentais consagrados em nossa ordem jurídica. É destacado que o tratamento jurídico à cultura, como bem comum que é, a despeito de seguir lógica proprietária, impõe a preocupação com o acesso por todas as pessoas.

Na segunda parte é feita uma apresentação panorâmica do tratamento aos direitos culturais na ordem brasileira, em que são evidenciadas as tensões entre diferentes interesses, ora passíveis de convivência sem maiores dificuldades, ora sujeitos a conflito. Ante a complexidade dos interesses, impõe-se ao intérprete equilibrar a medida de cada tutela nos casos concretos.

Na terceira, os direitos autorais são apresentados como possível forma de tratamento dos bens culturais. Os bens objeto da criação humana são sujeitos a diferentes regimes, e os direitos autorais foram formulados para viabilizar a composição de interesses individuais e coletivos, na medida em que conferem exclusividade, mas também restrições aos titulares, em um sistema de incentivos e compensações.

Na quarta parte são tratadas as restrições à exclusividade. Os direitos autorais, instrumentais que são, se funcionalizam apenas na medida em que atendem aos valores contemplados na Constituição. As restrições consistem principalmente em limitações ao direito de autor autorizadas pela lei durante a vigência da exclusividade e na perda da exclusividade, após a vigência do período de proteção, pelo regime do domínio público.

Na quinta seção, chama-se atenção para o fato de que a flexibilização da exclusividade proprietária conferida ao titular da criação autoral, apesar de reduzir os impedimentos ao acesso aos bens culturais pela coletividade, não garante que o acesso ocorrerá, em pleno atendimento da função social da propriedade. São, então, abordados os papeis dos particulares e, sobretudo, dos órgãos integrantes do Poder Público na viabilização do acesso e no cumprimento dos deveres que lhes são impostos para a promoção da cultura e proteção do patrimônio cultural, tendo em vista principalmente o princípio da pluralidade.

Por fim, no sexto e último item do trabalho, pretende-se trazer alguma ponderação sobre o quanto o sistema em vigor de proteção aos direitos autorais, que funcionou, mesmo que sob críticas, por certo tempo, ainda é capaz de adequadamente compor os diferentes interesses em jogo na era digital. Com efeito, tanto os criadores e titulares não têm obtido a proteção que recebiam antes das mudanças disruptivas ocorridas no final do século XX e início do XXI, quanto a coletividade vem recebendo, em resposta, uma legislação mais restritiva, que contraria seus interesses, a despeito de pouco eficaz.

2. CULTURA E PATRIMÔNIO CULTURAL: BENS COMUNS E DIREITOS FUNDAMENTAIS. IMPORTÂNCIA DA GESTÃO PARA O ACESSO

Toda pessoa, no meio em que inserida, se influencia pelo meio e também influencia o meio em que vive, sendo a experiência cultural determinante na construção da própria identidade e condição para o desenvolvimento da personalidade. Os bens culturais produzidos no seio de um grupo social, como qualquer produto de manifestação cultural, revelam muito sobre o seu contexto histórico e a forma de viver das pessoas.

Embora se possa escolher, conforme os valores fundantes de cada sociedade, que destinação deve ser dada aos bens culturais[1], o fenômeno cultural não é, em si, apropriável, titularizável, por quem quer que seja. A cultura não pode ser entendida como um bem público, no sentido de pertencente ao Estado, tampouco privado, titularizada por um indivíduo ou grupo de indivíduos em particular, destinando-se, ao revés, ao proveito geral de todos, inclusive para intermediação das relações humanas. Cultura, assim como o conhecimento, e outros bens de interesse geral da coletividade, como muitos ligados à natureza e ao meio ambiente (por exemplo, florestas, mares, entre outros) se encaixam melhor na definição do que se costuma chamar de bens de uso comum em geral, ou simplesmente bens comuns, na literatura estrangeira identificados como *common pool resources*[2] ou *commons*[3], cuja característica básica é

---

1. Na ordem brasileira, em função da característica amplamente reconhecida da cultura como essencial à formação da personalidade e ao sentimento de pertencimento social, hoje entendida como direito fundamental, e não apenas porque expressamente presente o reconhecimento desse status no texto constitucional, mas também em razão da cláusula geral de tutela da dignidade da pessoa humana, valor supremo em nossa normativa constitucional. Neste sentido: *do ponto de vista material, são direitos fundamentais aqueles direitos que ostentam maior importância, ou seja, os direitos que devem ser reconhecidos por qualquer Constituição legítima. Em outros termos, a fundamentalidade em sentido material está ligada à essencialidade do direito para implementação da dignidade humana.* PEREIRA, Jane Reis Gonçalves. *Interpretação constitucional e direitos fundamentais.* Rio de Janeiro: Renovar, 2006. Pág. 577.
2. SALOMÃO FILHO, Calixto. *Direito concorrencial.* São Paulo: Malheiros, 2013. Pág. 365.
3. HARDIN, Garrett. *The tragedy of the commons.* In Science 13 Dec 1968: Vol. 162, Issue 3859, Págs. 1243-1248
   DOI: 10.1126/science.162.3859.1243. Disponível em https://www.science.org/doi/abs/10.1126/science.162.3859.1243. Acesso em: 21-05-2019.

a necessidade comum de acesso e uma escassez relativa, na medida em que há possibilidade de a dominação por alguns excluir a fruição dos demais.

Os bens comuns, diante de sua importância para todo o grupo social, devem estar sujeitos a outra lógica que não a proprietária[4] (ainda que esta tenha sido já bastante flexibilizada ao longo do século XX, especialmente com o instituto da função social). O que é mais importante em relação a esta espécie de bens não é o seu pertencimento, mas sim sua gestão, que deve garantir o acesso por todos, inclusive pelas gerações futuras, exigindo um tratamento jurídico não de exclusividade, mas no sentido da solidariedade. E justamente para que seja garantido o acesso e melhor aproveitamento, a regulação jurídica se impõe[5].

Assim, na gestão desses bens, diferentes arquiteturas de regulação são formuladas e implementadas, mas é preciso analisá-las e interpretá-las (e eventualmente reformulá-las de tempos em tempos) sempre com base na premissa da busca da melhor solução de acesso pela coletividade[6]. O artigo 98 do Código Civil brasileiro, por exemplo, anuncia que são públicos os bens de domínio nacional pertencentes às pessoas jurídicas de direito público interno, e logo em seguida, o artigo 99, I, determina que são bens públicos os de uso comum do povo, enumerando, em rol não taxativo, rios, mares, estradas, ruas e praças. Embora estes bens sejam arrolados como públicos, o Estado não pode dispor destes bens como se fosse titular de um direito real de propriedade. Ele pode – e deve – regular seu uso e acesso, para que todos tenham a possibilidade de fruição dos bens comuns. Assim como a apropriação individual por quem quer que seja, o acesso indiscriminado também pode disfuncionalizar o bem comum.

---

4. Por merecerem tratamento especial, justificaram, por exemplo, a criação em 2007, da Comissão Rodotà na Itália, instalada por iniciativa do governo daquele país, para redação de proposta de alteração no regime jurídico de bens públicos no Código Civil Italiano. A Comissão apresentou novas perspectivas sobre a teoria dos bens, promovendo a renovação da pesquisa jurídica para um aproveitamento compartilhado e sustentável dos chamados bens comuns, independente da lógica proprietária.
5. "Neste passo, ainda que se possa defender – ao menos num plano teórico – a ideia de bens sem propriedade (portanto, um lugar do não direito, em que certos bens seriam inapropriáveis por quem quer que seja, inclusive o Estado) ou bens de propriedade difusa (conceito de difícil construção), é certo que os bens comuns serão sempre titularizados. Eles podem pertencer ao Estado ou, mesmo, ao particular. O que neles importa é o acesso, e esse acesso é construído de tal maneira que será vedado seu uso exclusivo, com também sua comercialização: como estes bens estão voltados à satisfação das necessidades primárias da coletividade, e assim servem para efetivar os direitos fundamentais, sua vexata quaestio não é a da apropriação, mas do seu uso e funcionamento." CORTIANO Jr., Eroulths; KANAYAMA, Rodrigo Luís. Notas para o estudo sobre os bens comuns. *In Constituição, Economia e Desenvolvimento: Revista da Academia Brasileira de Direito Constitucional*. Curitiba, 2016, vol. 9, n. 15, Jul.-Dez. Pág. 155.
6. "Na experiência brasileira, o aprofundamento da teoria dos bens comuns parece representar oportunidade para a retomada da agenda – ainda crucial após quase trinta anos da Constituição de 1988 – relacionada à efetividade dos direitos fundamentais, notadamente no que se refere à garantia de acesso aos bens essenciais para o exercício destes direitos. Sob a perspectiva internacional, busca-se enfatizar a relação entre a pessoa (e seus direitos) e os bens, mediante a construção de mecanismos jurídicos que efetivamente propiciem o acesso e a participação quanto aos bens necessários à satisfação das necessidades da pessoa humana." TEPEDINO, Gustavo. Direitos fundamentais e acesso aos bens: entram em cena os commons. *Revista Brasileira de Direito Civil – RBDCivil* | Belo Horizonte, vol. 15, jan./mar. 2018, Pág. 11.

Com relação à cultura e aos bens resultantes da produção cultural, a regulação jurídica vigente no ordenamento brasileiro é complexa e tem se mostrado insuficiente para fazer frente aos desafios da atualidade. Os direitos culturais se incluem entre os fundamentais de todas as Constituições democráticas, mas, se no século XIX seu supedâneo principal era a garantia da liberdade de expressão, a partir do século XX, sob a influência do Estado social, os direitos culturais passaram a ser vistos também como meios de transformação da condição humana, exigindo, para serem efetivos, um comportamento não apenas passivo do Estado, no sentido de respeito às liberdades individuais, mas também ativo, para promoção e desenvolvimento do patrimônio cultural.

Sem o acesso à cultura não é possível a inclusão social, o exercício da cidadania ou o fortalecimento da democracia, tampouco a própria produção ou a manifestação cultural, que somente são viáveis com acesso e fruição de bens culturais. Da perspectiva dos direitos culturais, portanto, a regra jurídica deve ser o acesso, e a restrição uma exceção, porquanto afete negativamente a participação e o efetivo exercício de direitos fundamentais[7].

O arcabouço jurídico que garante o acesso é, em si, também uma realização cultural. A Constituição é reflexo da coletividade em determinado espaço e tempo, importando o seu contexto histórico para sua melhor compreensão e aplicação[8]. Direito e cultura interrelacionam-se, portanto, ambos se constituem e limitam reciprocamente.

3. PANORAMA DO TRATAMENTO AOS DIREITOS CULTURAIS NO ORDENAMENTO BRASILEIRO. PAPEL DOS DIREITOS AUTORAIS

Em nossa ordem constitucional, os direitos culturais se incluem entre os fundamentais, o que significa dizer que são dotados de eficácia normativa imediata[9], portanto direta, tanto vertical quanto horizontalmente. A eficácia normativa direta impõe que os princípios e comandos previstos na Constituição não dependam da intermediação de leis infraconstitucionais para incidirem sobre todas as relações jurídicas. A eficácia vertical impõe a todos os órgãos estatais, dentro de suas esferas de atuação e competências, a busca da concretização das normas de proteção, determinando comandos de atuação positiva, não apenas para respeitar passivamente o direito fundamental à liberdade, mas para atuar com vistas à proteção dos direitos assegurados pelas normas constitucionais[10]. A eficácia horizontal impõe que também

---

7. SOUZA, Allan Rocha de. *Os direitos culturais no Brasil*. Rio de Janeiro: Beco do Azougue, 2012. Págs. 97-98.
8. "*a Constituição não se reduz a um documento jurídico; ela envolve todo um conjunto cultural, é expressão de uma nova situação cultural dinâmica, meio de autorrepresentação cultural de um povo, espelho do seu legado e fundamento da sua esperança*". MIRANDA, Jorge. Direitos fundamentais culturais e direitos de autor – breve nota. In VICENTE, Dário Moura et al (coord.) *Estudos de direito intellectual em homenagem ao prof. Doutor José de Oliveira Ascensão. 50 anos de vida universitária*. Coimbra: Almedina, 2015. Pág. 308.
9. Artigo 5º (...) §1º. As normas definidoras dos direitos e garantias fundamentais têm aplicação imediata.
10. Como fundamentais, os direitos culturais impõem deveres prestacionais do Estado não só através de ações negativas, isto é, dever de abstenção em situações que impliquem em cerceamento dos direitos culturais, mas também via ações positivas: do Legislativo na elaboração de leis que densifiquem a proteção prevista na Constituição, do Executivo na formulação e implementação de políticas, e do Judiciário na interpretação de normas de forma a não esvaziar os direitos fundamentais culturais.

os particulares não fiquem isentos do dever de agir em conformidade com os valores constantes do quadro constitucional. Assim, ainda que possuam interesses individuais próprios a preservar, todos os indivíduos se submetem, na avaliação do merecimento de tutela feita pelo intérprete e aplicador da lei, também a outros interesses e valores consagrados na Constituição.

Por amparar múltiplos e complexos interesses, a Constituição alberga a tensão entre direitos fundamentais conflitantes[11], inclusive no que tange à cultura: de um lado, a liberdade de expressão de cada pessoa, que resulta na criação de bens culturais, incluindo o direito que tem o autor de se expressar de maneira compatível com sua própria liberdade e o direito ao reconhecimento de sua titularidade da obra, com proteção à injusta usurpação por terceiros; de outro, o direito à informação de toda a coletividade, ao acesso ao conhecimento e à cultura, inclusive para o exercício também por cada um de sua própria liberdade[12].

Em nosso quadro constitucional, o artigo 5º consagra, portanto, a tutela dos interesses individuais dos autores de criações, conferindo os incisos XXVII, XXVIII e XXIII proteção material, de natureza patrimonial, aos criadores[13], que lhes confere exclusividade, definida, por força dos tratados assinados pelo Brasil, como propriedade[14], ainda que intelectual. Também o artigo 5º, XXII[15], que tutela a propriedade, protege os interesses patrimoniais dos criadores.

Ainda com referência a interesses individuais, os direitos morais relacionados à criação cultural são protegidos por outros dispositivos, sobretudo os incisos IX e X[16].

---

11. O regime democrático conduz ao poder legislativo representantes de variados interesses, produzindo, por consequência, normas que devem ser unificadas através da atividade de interpretação. Daí a didática expressão "constituição compromissória". CLÉVE, Clèmerson Merlin. A teoria constitucional e o direito alternativo. In CARVALHO FILHO, Carlos Henrique de (org.). *Uma vida dedicada ao direito: homenagem a Carlos Henrique de Carvalho*. São Paulo: Revista dos Tribunais, 1995. Pág. 36.
12. BARBOSA, Denis Borges. *Direito de autor: questões fundamentais de direito de autor*. Rio de Janeiro: Lumen Juris, 2013. Pág. 593.
13. Art. 5º (...)
    XXVII – aos autores pertence o direito exclusivo de utilização, publicação ou reprodução de suas obras, transmissível aos herdeiros pelo tempo que a lei fixar;
    XXVIII – são assegurados, nos termos da lei: a) a proteção às participações individuais em obras coletivas e à reprodução da imagem e voz humanas, inclusive nas atividades desportivas; b) o direito de fiscalização do aproveitamento econômico das obras que criarem ou de que participarem aos criadores, aos intérpretes e às respectivas representações sindicais e associativas;
    XXIX – a lei assegurará aos autores de inventos industriais privilégio temporário para sua utilização, bem como proteção às criações industriais, à propriedade das marcas, aos nomes de empresas e a outros signos distintivos, tendo em vista o interesse social e o desenvolvimento tecnológico e econômico do País;
14. Embora haja na doutrina controvérsia sobre a natureza da proteção. Por todos, ver José de Oliveira Ascensão, para quem o direito autoral tem natureza de exclusiva, mas não propriedade. ASCENSÃO, José de Oliveira. A pretensa "propriedade" intelectual. *Revista do Instituto dos Advogados de São Paulo* | vol. 20/2007 | Págs. 243 – 261 | Jul – Dez / 2007.
15. Art. 5º (...)
    XXII – é garantido o direito de propriedade;
16. Art. 5º (...)
    IX – é livre a expressão da atividade intelectual, artística, científica e de comunicação, independentemente de censura ou licença;

O primeiro assegura a liberdade de expressão intelectual e artística, bem como tutela a liberdade de pensamento e sua manifestação, como projeção da personalidade, e o segundo, ao prever a responsabilização por dano moral a quem ofenda, entre outros valores existenciais relacionados à personalidade, honra e imagem, projeta-se na criação de cada pessoa, tutelando, por via reflexa, o direito à integridade da obra. Também o artigo 220 e seus parágrafos[17] reforçam a proteção individual do criador, ao expressamente tutelar a manifestação do pensamento, a criação, a expressão e a informação, vedando a censura de natureza política, ideológica e artística.

Com relação aos interesses coletivos, a Constituição tem uma seção específica para o tema da cultura, consagrando os artigos 215[18], 216[19] e 216-A[20] a garantia de acesso às fontes de cultura e estabelecendo uma série de ações que densificam o

---

X – são invioláveis a intimidade, a vida privada, a honra e a imagem das pessoas, assegurado o direito a indenização pelo dano material ou moral decorrente de sua violação;
17. Art. 220. A manifestação do pensamento, a criação, a expressão e a informação, sob qualquer forma, processo ou veículo não sofrerão qualquer restrição, observado o disposto nesta Constituição.
§ 1º Nenhuma lei conterá dispositivo que possa constituir embaraço à plena liberdade de informação jornalística em qualquer veículo de comunicação social, observado o disposto no art. 5º, IV, V, X, XIII e XIV.
§ 2º É vedada toda e qualquer censura de natureza política, ideológica e artística.
18. Art. 215. O Estado garantirá a todos o pleno exercício dos direitos culturais e acesso às fontes da cultura nacional, e apoiará e incentivará a valorização e a difusão das manifestações culturais.
(...)
19. Art. 216. Constituem patrimônio cultural brasileiro os bens de natureza material e imaterial, tomados individualmente ou em conjunto, portadores de referência à identidade, à ação, à memória dos diferentes grupos formadores da sociedade brasileira, nos quais se incluem:
I – as formas de expressão;
II – os modos de criar, fazer e viver;
III – as criações científicas, artísticas e tecnológicas;
IV – as obras, objetos, documentos, edificações e demais espaços destinados às manifestações artístico-culturais;
V – os conjuntos urbanos e sítios de valor histórico, paisagístico, artístico, arqueológico, paleontológico, ecológico e científico.
§ 1º O Poder Público, com a colaboração da comunidade, promoverá e protegerá o patrimônio cultural brasileiro, por meio de inventários, registros, vigilância, tombamento e desapropriação, e de outras formas de acautelamento e preservação.
(...)
§ 3º A lei estabelecerá incentivos para a produção e o conhecimento de bens e valores culturais.
(...)
20. Art. 216-A. O Sistema Nacional de Cultura, organizado em regime de colaboração, de forma descentralizada e participativa, institui um processo de gestão e promoção conjunta de políticas públicas de cultura, democráticas e permanentes, pactuadas entre os entes da Federação e a sociedade, tendo por objetivo promover o desenvolvimento humano, social e econômico com pleno exercício dos direitos culturais.
§ 1º O Sistema Nacional de Cultura fundamenta-se na política nacional de cultura e nas suas diretrizes, estabelecidas no Plano Nacional de Cultura, e rege-se pelos seguintes princípios:
I – diversidade das expressões culturais;
II – universalização do acesso aos bens e serviços culturais;
III – fomento à produção, difusão e circulação de conhecimento e bens culturais;
(...)

dever estatal na atuação para promoção do desenvolvimento dos bens culturais e preservação do patrimônio cultural.

Além dos dispositivos constitucionais, também a Declaração Universal dos Direitos do Homem, documento de referência no sistema de proteção internacional dos direitos humanos[21], em seu art. 27[22], tutela tanto interesses coletivos quanto individuais, ao prever, no inciso 1, o direito de cada indivíduo participar livremente na vida cultural da comunidade e, no 2, o direito de cada autor à proteção dos seus direitos morais e materiais em relação à obra.

Ainda no plano internacional, o Pacto das Nações Unidas de Direitos Sociais de 1966, formalmente incorporado à ordem brasileira[23], confirma em seu artigo 1º [24] o direito de autodeterminação de todos os povos e o direito de livremente assegurarem seu desenvolvimento econômico, social e cultural. Em seu artigo 27[25], afirma o direito de todos, notadamente as minorias, de não serem privadas de sua própria vida cultural.

Há, portanto, uma gama de direitos e deveres que se entrelaçam para fomentar e promover o desenvolvimento cultural e o acesso aos bens culturais. Remetendo-se à classificação do professor da Universidade de Lisboa, Vasco Pereira da Silva[26], os direitos culturais consagram (1) direitos subjetivos fundamentais, entre os quais de criação e de fruição cultural, de participação nas políticas públicas de cultura, estes de caráter geral, e os direitos de caráter especial de autor, e de fruição do patrimônio cultural; (2) o dever dos particulares na defesa e valorização do patrimônio cultural; e (3) vários deveres do Estado, de atuação dos poderes públicos, para concretização dos direitos subjetivos.

No vasto contexto de proteção aos direitos culturais, os direitos autorais compõem um conjunto de mecanismos previstos para tutela de certos interesses, estes

---

21. Embora concebida como declaração de princípios, portanto sem apresentar força vinculante, integra, no mínimo, o chamado *soft law*, em função de seus valores orientarem a formulação de políticas internacionais e internas dos países membros da ONU, bem como a interpretação de tribunais internacionais, sendo lida por alguns intérpretes como verdadeira norma de costume internacional de proteção aos direitos humanos.
22. Artigo 27º
    1. Toda a pessoa tem o direito de tomar parte livremente na vida cultural da comunidade, de fruir as artes e de participar no progresso científico e nos benefícios que deste resultam.
    2. Todos têm direito à protecção dos interesses morais e materiais ligados a qualquer produção científica, literária ou artística da sua autoria.
23. A incorporação se deu com a aprovação, pelo Congresso Nacional, do texto do referido diploma internacional por meio do Decreto Legislativo nº 226, de 12-12-1991, seguida da promulgação por meio do Decreto nº 592, de 06-07-1992, e, considerando a natureza dos direitos nele consagrados, com força constitucional material, mesmo que não aprovado pela maioria prevista no § 3º do Artigo 5º, nos termos da Emenda Constitucional 45, inclusive porque bem anterior a ela.
24. Artigo 1. Todos os povos têm direito à autodeterminação. Em virtude desse direito, determinam livremente seu estatuto político e asseguram livremente seu desenvolvimento econômico, social e cultural.
25. Artigo 27. Nos Estados em que haja minorias étnicas, religiosas ou linguísticas, as pessoas pertencentes a essas minorias não poderão ser privadas do direito de ter, conjuntamente com outros membros de seu grupo, sua própria vida cultural, de professar e praticar sua própria religião e usar sua própria língua.
26. SILVA, Vasco Pereira da. *A cultura a que tenho direito*. Coimbra: Almedina, 2007. Págs. 68 a 70.

conectados a um conjunto amplo de direitos fundamentais relacionados à cultura[27]. Sob uma perspectiva funcional, isto é, que se propõe a entender para que servem e, em consequência, melhor interpretar e aplicar suas previsões, os direitos autorais foram desenvolvidos como solução para a tutela de certos produtos da criação humana, não todos, e protegem as expressões (mas não as ideias) da criação cultural.

Argumentos justificadores dos direitos autorais foram desenvolvidos conforme diferentes abordagens de suas funções, resultando em quatro teorias principais[28], as quais impactam na forma como os direitos autorais são compreendidos, regulados e, principalmente, interpretados e aplicados: (i) utilitarismo, pelo qual, os legisladores, ao desenharem o arcabouço jurídico para proteção da criação humana, devem buscar a maximização do bem estar coletivo, através da soma das satisfações individuais. Busca-se, com base nas premissas desta teoria, o equilíbrio, de um lado, entre o poder dos direitos de exclusividade, para estimular mais criações, e do outro, uma compensação que permita o acesso às criações; (ii) compensatória, pela qual os direitos autorais devem remunerar o autor pelo seu trabalho, tendo em vista que ele tem um direito natural de fruição dos seus esforços que deve ser respeitado pelo Estado e a coletividade; (iii) promocional dos direitos de personalidade, pela qual os direitos autorais são cruciais para a satisfação da necessidade fundamental de autodeterminação do ser humano, devendo o arcabouço jurídico permitir que os criadores manifestem sua vontade e autonomia da melhor forma possível; e (iv) teoria do planejamento social (*social planning theory*), pela qual os direitos autorais devem ser criados para ajudar a promover um ambiente cultural justo e atraente para a sociedade. Esta abordagem leva em consideração mais a coletividade do que o indivíduo, tal como a utilitarista, mas dela difere por ter como premissa uma sociedade cujo ambiente cultural não seja apenas a soma do bem-estar dos indivíduos que resulta no bem-estar coletivo. Por esta perspectiva, os direitos autorais devem ser vistos como ferramenta para a construção de uma sociedade mais plural e participativa.

Todas as teorias trazem justificativas para a proteção dos direitos autorais, e em alguma medida todas são utilizadas na construção do arcabouço jurídico por cada país, com variações de peso nos argumentos, conforme os valores preponderantes na ordem jurídico-social, mas sempre impactando os direitos culturais[29]. Não obstante

---

27. Os direitos culturais são mais abrangentes, há aspectos deles estranhos aos direitos autorais, como a proteção a monumentos e ao patrimônio cultural, que impõe cooperação entre os distintos órgãos do Poder Público, que conta com vários instrumentos possíveis, como inventários, registros, vigilância, tombamento e desapropriação (conforme o artigo 215, § 1º da Constituição). A relevância da proteção ao patrimônio cultural brasileiro é tão grande a ponto de receber tratamento também em sede criminal, tipificando os artigos 165 e 166 do Código Penal as condutas que desrespeitam e ofendem a integridade do patrimônio artístico arqueológico ou histórico nacional.
28. FISCHER, William. *Theories of Intellectual Property*. Disponível em <https://cyber.harvard.edu/people/tfisher/iptheory.pdf> Acessado em 08-04-2018.
29. "Os direitos autorais são justificados e funcionalizados em razão dos direitos culturais desde o seu surgimento histórico. Sua justificativa atual é complementada pelo elemento pessoal que assegura a manutenção do vínculo entre autor e obra, com algumas outras consequências desta ordem. O próprio vínculo pessoal de paternidade tem uma função cultural pública, pois permite a identificação do autor de determinada obra, enriquecendo o

as distinções locais, deve-se reconhecer que cada vez mais os sistemas de proteção estão convergentes, especialmente após o acordo TRIPS[30], que aumentou a aproximação do tratamento jurídico do tema da criação intelectual em diferentes partes do mundo[31], com reflexo também nos direitos autorais.

O Brasil, justamente em função dos compromissos internacionalmente assumidos quando da adesão ao TRIPS, aprovou a Lei n. 9.610, de 19 de Fevereiro de 1998, a chamada Lei de Direitos Autorais (ou LDA), que consolida a legislação sobre direitos autorais na ordem interna. Atualmente, nossa arquitetura jurídica para proteção dos direitos autorais segue lógica proprietária, prevendo o artigo 7º da LDA que todas as criações do espírito, expressas por qualquer meio ou fixadas em qualquer suporte, tangível ou intangível, conhecido ou que se invente no futuro, são obras intelectuais protegidas. O rol é amplo e inclui obras literárias, artísticas, dramáticas e dramático-musicais, coreográficas, composições musicais, audiovisuais, fotográficas, desenhos, pinturas, esculturas e obras plásticas, entre outras.

Assim, sem prejuízo das considerações sobre qual a configuração ideal de proteção, inclusive iniciativas legais para o tratamento dos bens culturais como bens comuns (portanto em categoria distinta das dos bens privados ou públicos) há que se partir do entendimento de que, de *lege lata*, há proteção às criações do espírito expressas por qualquer meio ou fixadas em qualquer suporte, a qual, não obstante, não deve impedir, sob as circunstâncias previstas em nossa ordem constitucional, o acesso aos bens culturais de uso comum, caso, na tensão entre os direitos fundamentais, fique caracterizada a prevalência do direito ao acesso[32].

Toda obra cultural, por expressiva que seja de uma personalidade subjetiva única, é também expressão e representação cultural de uma dada coletividade e por

---

conjunto de referências culturais e auxiliando na compreensão do contexto sócio-histórico-cultural da manifestação, também relevante do ponto de vista da memória. Os aspectos econômicos são igualmente elementos de justificação dos direitos autorais, na medida em que o utilitarismo está mesmo na base da elaboração inicial destes direitos, e que é complementado pela visão lockeana de remuneração pelo trabalho despendido." SOUZA, Allan Rocha de. *Os direitos culturais no Brasil*. Rio de Janeiro: Beco do Azougue, 2012. Págs. 131-132.

30. O *Trade-Related Aspects of Intellectual Property Rights*, em português, o "Acordo sobre Aspectos dos Direitos de Propriedade Intelectual Relacionados ao Comércio", mais conhecido como Acordo do TRIPS, ou simplesmente TRIPS, é um tratado internacional integrante de um conjunto de acordos assinados em Marraqueche em 1994, que criou a Organização Mundial do Comércio (OMC). O Acordo de criação da OMC é o tratado mais amplo já firmado até hoje com relação ao comércio internacional (atualmente, conta com 156 países-membros), sendo esta organização intergovernamental responsável pela aplicação e administração de todos os acordos multilaterais firmados no seu âmbito. Embora tenha apenas 16 artigos, contém numerosos entendimentos incluídos em seus anexos, entre eles o Acordo do TRIPS. O Brasil, também signatário do Protocolo de Marraqueche, internalizou a ata final com os resultados da Rodada do Uruguai através do Decreto Legislativo nº 30, de 15-12-1994 e do Decreto nº 1.355, de 30-12-1994.
31. Basicamente, os direitos reconhecidos por todos os países aderente são TRIPS são os de reprodução e, para as obras compatíveis com execução, os de execução pública. O Brasil reconhece, entretanto, outros, todos arrolados no artigo 29 da LDA, e ainda, os direitos morais, tratados nos artigos 24 a 27 da LDA.
32. Robert Alexy lembra que direitos fundamentais são princípios e, nessa medida, são mandados de otimização, não havendo critérios para que se estabeleça uma ordem definitiva de precedências dos princípios, os quais representam razões que podem ser afastadas por razões antagônicas. ALEXY, Robert. *Teoria dos direitos fundamentais*. São Paulo: Malheiros, 2008. Pág. 104.

isto mesmo não pode existir ensimesmada, para uso e fruição exclusiva do autor, destinando-se a ser divulgada para propiciar aproveitamento por outros. Ainda que personalíssima, a obra se destaca do seu criador, e deve-se ter o cuidado para que o argumento da irradiação da personalidade não acarrete em disfunções no acesso à participação cultural.

Ademais, o tratamento em cada situação jurídica deve ser conforme a natureza do interesse. A proteção aos direitos individuais patrimoniais é conferida efetivamente ao investimento, não à identidade, personalidade e outros direitos morais do autor, que inclusive são irrenunciáveis. Nada impede, portanto, que na ponderação de interesses feita pelo intérprete, os direitos patrimoniais sequer sejam reconhecidos, ou cedam espaço a outros interesses, e ainda assim os direitos morais sejam reconhecidos, e qualquer violação a estes seja devidamente ressarcida, mas de acordo com a avaliação concreta de cada caso.

Direitos individuais morais e materiais tutelam interesses de espécie absolutamente distinta, os primeiros de natureza existencial, e os segundos, patrimonial, para os quais o ordenamento confere diferentes esferas de proteção[33].

4. DIREITOS AUTORAIS COMO ARQUITETURA POSSÍVEL DE GESTÃO DOS BENS CULTURAIS

Os esquemas ou arranjos institucionais possíveis para regulação das possibilidades de uso, fruição, e gerenciamento dos bens reconhecidos pelo Direito podem ser vários. Com relação aos bens culturais, em função da arquitetura da regulação, pode-se reduzir ou estimular o acesso a bens culturais, e em consequência ao próprio desenvolvimento da cultura.

Na ordem jurídica brasileira, o sistema de sanções – negativas e positivas – deve funcionar com o objetivo de assegurar da melhor forma possível o desenvolvimento da cultura, conjugando a proteção a interesses individuais e coletivos que se tensionam, em conformidade com os valores consagrados na Constituição. Nesse contexto, é fácil perceber que os direitos autorais não atendem a um único interesse, há vários vetores que contribuem para a criação e proteção de bens da criação humana, devendo todos ser considerados pelos intérpretes e operadores do direito.

---

33. A título de exemplo, tome-se o julgamento, pelo Tribunal de Justiça de São Paulo, em que uma editora foi condenada a indenizar um grafiteiro em R$20 mil por danos morais, em virtude de haver atribuído erroneamente um grafite de sua autoria a outro artista. No caso em questão, uma revista do grupo da ré publicou imagens obtidas em espaço público na cidade de São Paulo (o Beco do Batman, ponto turístico conhecido por seus grafites) em um editorial de moda, citando equivocadamente o nome de dois grafiteiros como criadores de uma obra parcialmente reproduzida ao fundo de uma das fotos, quando o correto era o do autor da ação. Embora a decisão tenha negado o reconhecimento de direito material ao autor, que havia argumentado suposta utilização indevida de obra artística, tendo em vista se tratar justamente de uma limitação ao direito de exclusividade prevista na legislação brasileira, reconheceu que houve dano moral em virtude da errada atribuição da paternidade da obra. TJSP. 30ª Câmara Extraordinária de Direito Privado do Tribunal de Justiça de São Paulo. Processo nº 1034084-79.2015.8.26.0100. Relator: Des. Ênio Santarelli Zuliani.

Para atingir os fins de tutela desses direitos, sobre os bens culturais foi formulado um sistema que produz escassez[34], de forma a criar incentivos para as diferentes partes interessadas, catalisando os interesses em prol de maior desenvolvimento. Por paradoxal que pareça, é justamente a escassez produzida um estímulo para o investimento na criação. Com base em lições retiradas da economia[35], reconhece-se que o uso comercial dos bens culturais gera possibilidade de novas criações, em benefício não só dos investidores, mas dos criadores e da própria sociedade[36].

Sem a escassez produzida pela regra jurídica, haveria um espaço total de liberdade de uso dos bens objetos de criação por todos, um verdadeiro baldio para uso coletivo, mas, em primeiro lugar, menos estímulo à produção de novas criações, na medida em que os criadores saberiam que não poderiam tirar qualquer proveito econômico de suas obras, assim como os investidores potenciais seriam desestimulados a atuar neste mercado[37]. Em segundo lugar, não necessariamente o fato da não exclusividade

---

34. *"Os bens intelectuais não são raros. Como dissemos, são ubíquos e inesgotáveis. São passíveis de utilização cumulativa por todos, sem constrangimento para ninguém. Cabem assim na liberdade natural. Portanto, naturalmente, não seriam objeto de apropriação. Assim se viveu durante milênios, desde o aparecimento do homem até à invenção da imprensa. A proteção do investimento que passou a ser necessário levou à criação de privilégios e subsequentemente, ao instituto dos direitos de autor; e após isso aos outros direitos intelectuais, pela evolução atrás assinalada. Como é possível essa atribuição, se os bens intelectuais não são raros? Pela intervenção da regra jurídica, que rarifica artificialmente bens que não são raros. Procede-se tecnicamente através de regras proibitivas, que excluem a generalidade das pessoas do exercício daquela atividade. Todos, menos aquele que se quer beneficiar. Como todos os outros são afastados, este passa a usufruir de um círculo em que pode atuar sem concorrência. Esta é a técnica do exclusivo. Consiste em rarificar atividades que naturalmente seriam livres – o que é muito nítido em sociedades dominadas pelo princípio da liberdade de iniciativa econômica. Tornada rara, a atividade fica reservada para a pessoa beneficiada".* ASCENSÃO, José de Oliveira. A pretensa "propriedade" intelectual. *Revista do Instituto dos Advogados de São Paulo* | vol. 20/2007 | Págs. 243 – 261 | Jul – Dez / 2007.
35. A economia jamais pode ser a única perspectiva para regulação de qualquer instituto ou objeto de tutela jurídica, mas traz importantes contribuições com relação ao comportamento das pessoas, sobretudo agentes econômicos, em vista de incentivos ou desincentivos a comportamentos relacionados à produção e circulação de bens, as quais influenciam na arquitetura da regulação jurídica.
36. Cabe sempre a reflexão crítica quanto à eficiência dos mecanismos de incentivo, isto é, se eles, tal como existentes, efetivamente contribuem para a promoção e desenvolvimento cultural. É possível ponderar se o arcabouço jurídico-econômico atual, que atende à lógica de mercado, acaba maximizando ou minimizando a inovação, na medida em que, de um lado, os agentes financiadores de fato investem em novas criações porque recebem proteção de exclusividade para delas tirar proveito econômico, mas, por outro lado, tendem a investir em oportunidades limitadas de criação, sobretudo apenas naquelas que assegurem retornos econômicos imediatos ou maiores. Devem ser consideradas muitas variáveis. Ainda assim, o incentivo ao investimento privado, mesmo que limitado em seu escopo, pode ser desejável, na medida em que contribui para desonerar o Estado de algumas tarefas, permitindo-lhe focar em outras que não sejam satisfatoriamente desincumbidas pela lógica do mercado. Cabe, enfim, a consciência de que há muitos interesses na proteção à cultura, conforme os valores expressos em nossa ordem constitucional, a qual expressamente consagra a diversidade no artigo 215, 3§ 3º, V, e no artigo 216-A, § 1º, I. Além dos incentivos econômicos, sempre cabe lembrar, outros sempre devem ser sopesados e colocados em prática, buscando-se um nível ótimo de aproveitamento e conformidade com os valores constitucionais vigentes.
37. "Nas situações em que a criação é estimulada ou apropriada pelo mercado, duas hipóteses foram sempre suscitadas: ou da socialização dos riscos e custos incorridos para criar; ou a da apropriação privada dos resultados através da construção jurídica de uma exclusividade artificial, como a da patente, ou do direito autoral, etc. (...) Por que exclusividade, e por que artificial? Por uma característica específica dessas criações(...): a natureza evanescente desses bens imateriais. Quando eles são colocados no mercado, naturalmente se tornam acessíveis ao público (...), a informação ínsita na criação deixa de ser escassa, perdendo a sua economicidade. As características desses bens são apontadas pela literatura: (...) não-rivalidade. Ou

constitui garantia de acesso pela coletividade às obras criadas. O que garante o acesso não é simplesmente a retirada de direitos de exclusividade, mas a efetiva realização de políticas de divulgação das obras e promoção do acesso[38].

Se, de um lado, negar o caráter econômico aos bens culturais é ingênuo e desconectado com a realidade em uma economia de mercado, em que cada pessoa age também em função dos incentivos e desincentivos que recebe no meio em que se insere, por outro, atribuir-lhe peso exclusivo é mercantilizar o que não é mercantilizável. O mercado contribui com seus investimentos e cria filtros naturais, ao consumir mais de um certo tipo de obra do que outros, mas não obsta a atuação de outros fatores, inclusive porque, ainda que fosse o único condicionante para a criação cultural, não seria capaz de garantir um fluxo contínuo de criações e aproveitamento pela coletividade ou, em linguagem econômica, fornecer uma solução eficiente ao problema de distribuição de bens.

Deve-se buscar o equilíbrio. Da mesma maneira que um sistema que não ofereça nenhuma proteção para os criadores desestimula a criação[39], o extremo oposto também produz efeitos deletérios. Um sistema legal que seja excessivamente protetivo aos direitos autorais, além de não equilibrar adequadamente os interesses coletivos, podendo inclusive estimular violações, se torna na prática também desinteressante ao criador e potenciais investidores, pois os custos de tutela e execução dos seus direitos podem se tornar tão altos que inviabilizam o investimento na criação.

A regulação jurídica deve, portanto, em primeiro lugar, estimular a criação, reconhecendo seu papel para a sociedade, mas não a subtutelando nem supertutelando, propiciando meios para um contínuo investimento para a criação cultural. A intervenção regulatória deve ser para que, uma vez assegurado um nível ótimo de proteção, se equilibrem os interesses individuais e coletivos e as obras possam ser utilizadas da melhor maneira, seja na vigência da proteção, assegurando algum retorno aos investimentos, seja após o encerramento do período de exclusividade, garantindo a divulgação e amplo acesso, mas também a proteção ao bem para sua preservação e aproveitamento pela coletividade pelo maior prazo possível.

Em suma, o tratamento jurídico dado ao bem comum que é a cultura impacta diretamente no seu aproveitamento. O fato de um bem comum ser tratado como não titularizável não assegura o seu acesso por todos, apenas impede sua exclusão da possibilidade de acesso. Os direitos autorais, portanto, ao atribuírem titularidade e

---

seja, o uso ou consumo do bem por uma pessoa não impede o seu uso ou consumo por outra pessoa(...); não-exclusividade: (...) salvo intervenção estatal ou outras medidas artificiais, ninguém pode ser impedido de usar o bem. Assim, é difícil coletar proveito econômico comercializando publicamente no mercado (...) Como consequência, o livre jogo de mercado é insuficiente. BARBOSA, Denis Borges. Direito de autor: questões fundamentais de direito de autor." Rio de Janeiro: Lumen Juris, 2013. Págs. 479-480.

38. "Para que um baldio tenha sentido social, é preciso que seja usado como pasto, e semeado, e adubado, de forma solidária e constante, com mais atenção ao valor social do que privado da criação." *Ibidem*. Pág. 613.
39. Embora, reitere-se, o incentivo econômico não seja o único incentivo à criação. Há motivações pessoais, sejam de ordem cultural, religiosa, política, que levam as pessoas a criar, e embora o fator econômico muitas vezes tenha um peso enorme, ele não é o único a incidir para a criação de uma obra, e a interferir no seu resultado final.

exclusividade, devem ser entendidos como um instrumento para o atingimento de determinados fins, entre os quais, a justa remuneração dos titulares das criações e o acesso pela coletividade aos bens objeto de criação cultural. A arquitetura proprietária dos direitos autorais é uma solução possível, mas não a única, e foi desenvolvida sob a égide da economia industrial, funcionando (ainda que alvo de críticas) por bastante tempo[40].

5. FUNÇÃO SOCIAL E RESTRIÇÕES À EXCLUSIVIDADE: LIMITAÇÕES E DOMÍNIO PÚBLICO. DISTINÇÃO ENTRE OBRA E SUPORTE

Os direitos autorais nasceram patrimoniais, em transformação de antigos privilégios, e no início do século XX, passaram, primeiramente pela França, a abranger também direitos morais[41]. Direitos autorais foram, inicialmente, um direito de exclusividade, no sentido de excluir o uso por terceiros não autorizados, embora em muitas legislações, notadamente as da família da tradição romano-germânica, entre as quais a brasileira, sejam tratados como direito de propriedade. O tratamento proprietário no Brasil traz como consequência a necessária utilização dos bens de acordo com sua função social, consoante os comandos constitucionais consubstanciados nos artigos 5º, XXIII, e 170, III[42], justificando a consideração, pelo intérprete, na avaliação de merecimento de tutela em cada caso concreto, também de outros interesses que não o exclusivo do autor ou dos investidores para a criação da obra[43].

---

40. Embora cada vez mais este funcionamento seja colocado em xeque na atualidade, em contexto de economia pós-industrial, em que o sistema de regulação existente não é mais satisfatório, não dando conta de remunerar os titulares ou de promover adequadamente o acesso à cultura. A reação da indústria de apenas fortalecer as exclusividades parece injusta e ineficaz. De um lado, prazos legais de exclusividade cada vez mais aumentados não contribuem para o acesso à cultura e, de outro lado, a regra de exclusividade parece letra morta, pois, em tempos de Internet e de facilidade de reprodução digital, a efetividade da proteção para muitas obras é quase nula. A este tema voltaremos no item 6 deste trabalho.
41. "A proteção do autor é muito recente. Marca-se o seu início com o Estatuto da Rainha Ana de 1710. Este vem, por sua vez, na sequência dos privilégios de impressão que passaram a ser concedidos após a introdução da imprensa. Os primeiros beneficiários dos privilégios foram os editores: criava-se o exclusivo da reprodução. (...) A Revolução [Francesa] proclamou a abolição de todos os privilégios. Ficariam então abolidos os privilégios concedidos aos autores? (...) Esta passava pelo recurso à propriedade. (...) A propriedade foi atribuída primeiro sobre os escritos e mais tarde generalizada a outros tipos de obras. Só então nasce a propriedade literária, artística e científica, como por largos anos foi designada. Por outro lado, tendo a propriedade sido apresentada como uma reencarnação do privilégio, que era estritamente econômico, não dava espaço a aspectos pessoais. O chamado direito moral de autor demorou um século a despontar." ASCENSÃO, José de Oliveira. A pretensa "propriedade" intelectual. *Revista do Instituto dos Advogados de São Paulo* | vol. 20/2007 | Págs. 243 – 261 | Jul – Dez / 2007.
42. Art. 5º (...)
    XXIII – a propriedade atenderá a sua função social;
    Art. 170. A ordem econômica, fundada na valorização do trabalho humano e na livre iniciativa, tem por fim assegurar a todos existência digna, conforme os ditames da justiça social, observados os seguintes princípios: (...) III – função social da propriedade;
43. "O direito intelectual é por si uma exceção à liberdade geral de utilização das ideias. Como exceção, deve ser parcimoniosamente admitida, com a consciência que é sempre a consideração do interesse coletivo que determina quais os setores que podem ser sujeitos a exclusivo temporário; e quando assim acontecer, qual o âmbito a atribuir a esse exclusivo". ASCENSÃO, José de Oliveira. *Op.cit.*

Nos direitos autorais, o princípio da função social da propriedade tempera o direito de exclusividade através de dois mecanismos principais previstos pelo legislador: (i) as limitações aos direitos autorais, no direito brasileiro previstas nos artigos 46 a 48 da LDA[44], que estabelecem exceções justificadas aos direitos de exclusividade, conforme as circunstâncias legalmente autorizadas, e (ii) o domínio público, regulado sobretudo pelos artigos 41 e 45 da LDA[45], cujo efeito principal é a perda do direito de exclusividade do titular sobre a obra.

Os mecanismos flexibilizadores dos direitos autorais, consistentes nas limitações às exclusivas e no domínio público, não se opõem ao livre mercado, muito pelo contrário, são contrapesos importantes para que as relações e fluxos de troca se

---

44. Art. 46. Não constitui ofensa aos direitos autorais:
    I – a reprodução:
    a) na imprensa diária ou periódica, de notícia ou de artigo informativo, publicado em diários ou periódicos, com a menção do nome do autor, se assinados, e da publicação de onde foram transcritos;
    b) em diários ou periódicos, de discursos pronunciados em reuniões públicas de qualquer natureza;
    c) de retratos, ou de outra forma de representação da imagem, feitos sob encomenda, quando realizada pelo proprietário do objeto encomendado, não havendo a oposição da pessoa neles representada ou de seus herdeiros;
    d) de obras literárias, artísticas ou científicas, para uso exclusivo de deficientes visuais, sempre que a reprodução, sem fins comerciais, seja feita mediante o sistema Braille ou outro procedimento em qualquer suporte para esses destinatários;
    II – a reprodução, em um só exemplar de pequenos trechos, para uso privado do copista, desde que feita por este, sem intuito de lucro;
    III – a citação em livros, jornais, revistas ou qualquer outro meio de comunicação, de passagens de qualquer obra, para fins de estudo, crítica ou polêmica, na medida justificada para o fim a atingir, indicando-se o nome do autor e a origem da obra;
    IV – o apanhado de lições em estabelecimentos de ensino por aqueles a quem elas se dirigem, vedada sua publicação, integral ou parcial, sem autorização prévia e expressa de quem as ministrou;
    V – a utilização de obras literárias, artísticas ou científicas, fonogramas e transmissão de rádio e televisão em estabelecimentos comerciais, exclusivamente para demonstração à clientela, desde que esses estabelecimentos comercializem os suportes ou equipamentos que permitam a sua utilização;
    VI – a representação teatral e a execução musical, quando realizadas no recesso familiar ou, para fins exclusivamente didáticos, nos estabelecimentos de ensino, não havendo em qualquer caso intuito de lucro;
    VII – a utilização de obras literárias, artísticas ou científicas para produzir prova judiciária ou administrativa;
    VIII – a reprodução, em quaisquer obras, de pequenos trechos de obras preexistentes, de qualquer natureza, ou de obra integral, quando de artes plásticas, sempre que a reprodução em si não seja o objetivo principal da obra nova e que não prejudique a exploração normal da obra reproduzida nem cause um prejuízo injustificado aos legítimos interesses dos autores.
    Art. 47. São livres as paráfrases e paródias que não forem verdadeiras reproduções da obra originária nem lhe implicarem descrédito.
    Art. 48. As obras situadas permanentemente em logradouros públicos podem ser representadas livremente, por meio de pinturas, desenhos, fotografias e procedimentos audiovisuais.
45. Art. 41. Os direitos patrimoniais do autor perduram por setenta anos contados de 1º de janeiro do ano subsequente ao de seu falecimento, obedecida a ordem sucessória da lei civil.
    Parágrafo único. Aplica-se às obras póstumas o prazo de proteção a que alude o caput deste artigo.
    Art. 45. Além das obras em relação às quais decorreu o prazo de proteção aos direitos patrimoniais, pertencem ao domínio público:
    I – as de autores falecidos que não tenham deixado sucessores;
    II – as de autor desconhecido, ressalvada a proteção legal aos conhecimentos étnicos e tradicionais.

estabeleçam de forma mais segura e previsível. Como instrumentos da função social, as restrições à exclusividade promovem um fluxo contínuo de criações, aumentando a oferta de criações para a coletividade e incrementando sua competição, em benefício de todos. E por isto há que se avaliar sempre sobre o benefício do aumento ou redução de proteções, estas que podem gerar um desvio da função da exclusividade, a exigir novas formulações políticas e legais.

As limitações são previstas para utilização durante a vigência da exclusividade do titular da obra com relação aos direitos patrimoniais. Elas permitem certos usos por terceiros, mas não todos, a despeito da autorização do titular. O domínio público é muito mais amplo, pois encerra a exclusividade material do titular, permitindo qualquer uso da obra. Embora os direitos morais persistam sempre para o autor, tendo em vista que a obra é projeção de sua personalidade, uma vez entrando em domínio público, as obras e bens culturais passam a integrar o bem comum e não pertencem a ninguém, nem ao titular do suporte da obra, nem ao Estado, que deles não podem dispor livremente.

Ressalte-se também que o titular da obra, isto é, do direito autoral sobre ela, não se confunde com o titular do suporte da obra. Por exemplo, a obra não é o quadro em que se coloca uma pintura, mas a expressão artística contida no quadro. Não é, tampouco, o objeto livro, seja ele impresso em papel ou eletrônico, mas a expressão literária, artística ou científica contida no livro. A obra é a expressão do criador que se materializa em algum suporte. O titular da obra será sempre o autor, nos exemplos citados, o pintor ou o escritor, não o adquirente do quadro ou do livro, ou, em relação aos direitos patrimoniais, a quem o criador os tiver transferido (por exemplo, uma editora). Os direitos patrimoniais (apenas estes, pois os morais são inalienáveis e intransferíveis) podem ser transferidos temporária ou definitivamente, parcial ou totalmente. Assim, mesmo o titular do suporte da obra não tem, em regra, direito a reproduzi-la, exceção feita somente ao proprietário de objeto encomendado, nos termos do artigo art. 46, I, c, da LDA, que autoriza a reprodução de retratos ou qualquer representação de imagem, desde que não haja a oposição da pessoa neles representada, ou de seus herdeiros.

Pode acontecer de os direitos autorais e os direitos de propriedade sobre o suporte estarem reunidos em uma só pessoa titular, normalmente quando o autor não transfere a terceiros os direitos sobre a obra, tampouco o suporte onde a fixou, mas o mais comum é que não seja assim. Quando a obra cai em domínio público, o proprietário do suporte continua com sua propriedade física, mas os direitos autorais de natureza material caem, permitindo o uso da obra (portanto reprodução, exploração econômica etc.) por todos, independentemente de quem seja o titular do suporte em que a obra foi fixada.

O titular do suporte pode, no seu dever de cuidado, restringir de alguma forma o acesso à obra, mesmo quando esta já se encontra em domínio público, se comprometida a segurança ou integridade do bem, assim como o Estado também pode fazê-lo, sendo titular do suporte ou não[46] (por exemplo, reduzindo a exposição de uma obra ao público por motivos de desgaste na presença de luz, ou vedando a reprodução por câmera fotográfica acompanhada do uso de flash), inclusive cobrando pelo acesso, se a cobrança for feita a título de contraprestação pela conservação do bem. Neste caso, o valor respectivo não pode ser elevado a ponto de descaracterizar a natureza da contraprestação, o que corresponderia à mera exploração econômica de um direito autoral patrimonial não existente para o titular do suporte da obra, e não mais existente para o titular do direito autoral[47].

A mais poderosa ferramenta de acesso a bens culturais é justamente a perda da proteção. A possibilidade de uma obra vir a entrar em domínio público lhe assegura, em princípio, o acesso por todos, o que é especialmente importante, considerando que a LDA não confere muitas exceções à regra da exclusividade conferida aos titulares durante a vigência da proteção autoral. As limitações previstas na LDA são um contrapeso intermediário e importante à exclusividade do titular durante o tempo de vigência dos direitos patrimoniais, mas ainda muito restritivas, e, justamente em função da importância do acesso à cultura, às quais se deve dar interpretação extensiva[48]. Reforçando o consenso sobre esta interpretação aplicável aos direitos do autor, na III Jornada de Direito Comercial do Conselho da Justiça Federal[49], realizada em 2019, foi aprovado o Enunciado 115, que diz que "*as limitações de direitos autorais estabelecidas nos arts. 46, 47 e 48 da Lei de Direitos Autorais devem ser interpretadas extensivamente, em conformidade com os direitos fundamentais e a função social da propriedade estabelecida no art. 5º, XXIII, da CF/88*".

Sem prejuízo da interpretação extensiva que deve ser dada as limitações, somente o domínio público encerra a exclusividade que o titular dos direitos autorais tem sobre a obra, permitindo seu aproveitamento por todos, e ampliando sobremaneira

---

46. Art. 24 (...) § 2º Compete ao Estado a defesa da integridade e autoria da obra caída em domínio público.
47. BRANCO, Sergio. *O domínio público no direito autoral brasileiro: uma obra em domínio público*. Rio de Janeiro: Lumen Juris, 2011. p. 261.
48. Ainda sob a vigência da Lei 5.988/73, antecessora da atual LDA, o STF, em 1989, ao julgar o RE 113.505-1, relativo à possibilidade de uso de trechos de obras originárias de uma emissora televisiva em programa de prêmios artísticos e jornalísticos produzidos por outra emissora, o reconheceu o direito de citação em interpretação extensiva à determinada pela lei à limitação de direitos autorais. Este entendimento não foi superado até hoje, e cada vez faz menos sentido que seja. Neste sentido: "na perspectiva dos direitos culturais, a exclusividade de uso é uma exceção ao direito de acesso à cultura, justificada como um incentivo econômico à criação. (...) espúria a restrição injustificada ou excessiva ao acesso na medida em que os princípios democráticos, pois permite o autoritarismo cultural dos titulares dos bens de acesso restrito. A restrição do acesso provoca a escassez artificial destes bens e possibilita inclusive a constitucionalmente condenada censura de mercado. O aparente conflito entre a liberdade de acesso e sua restrição ser resolvido em favor da liberdade (...)." SOUZA, Allan Rocha de. *Op. Cit.* Págs. 132-133.
49. As jornadas promovidas pelo Centro de Estudos Judiciários do Conselho da Justiça Federal têm por finalidade fomentar o debate sobre temas relevantes no mundo jurídico, para promover, por meio de enunciados amplamente discutidos e votados, seu melhor entendimento conforme as inovações legislativas, doutrinárias e jurisprudenciais. Os enunciados aprovados, ainda que não tenham força de norma jurídica, são indicativos importantes para a interpretação por todos os operadores de Direito, revelando o entendimento majoritário das comissões de trabalho compostas por professores e especialistas convidados, bem como por representantes de instituições públicas e privadas, além dos próprios autores de proposições interpretativas.

o seu campo de influência sobre a cultura e a formação cultural. Com efeito, as obras amplamente acessadas passam também a estimular a criação de novos produtos culturais, sejam reedições dos originais ou transformações criativas (entre as muitas possibilidades de utilização, tome-se, por exemplo, as adaptações de obras literárias para obras audiovisuais, bastante comuns na indústria cinematográfica).

6. INSUFICIÊNCIA DAS RESTRIÇÕES À EXCLUSIVIDADE E PAPEL DOS PARTICULARES E DO ESTADO NA TUTELA DOS BENS CULTURAIS. PROTEÇÃO À DIVERSIDADE

Na ordem brasileira, a regulação dos direitos autorais deve ser compreendida através de uma interpretação sistemática, levando em conta não apenas sua estrutura, mas também os seus fins, bem como os valores consagrados na Constituição, a qual unifica, na complexidade do ordenamento jurídico, todos os interesses em pauta e legitima o conteúdo das normas infraconstitucionais.

Os direitos autorais incidem na interseção entre interesses individuais e coletivos e, embora a LDA confira uma grande amplitude aos direitos individuais dos titulares, ela também oferece mecanismos de flexibilização da proteção conferida, estes que devem ser, por força do princípio da função social da propriedade, interpretados de forma extensiva, para o fim de dar concretude ao direito de acesso à cultura, componente necessário para o desenvolvimento da identidade pessoal e da personalidade, que diz respeito, entre outros aspectos, ao uso da língua, e diversos signos de pertencimento a uma comunidade[50].

Há, no contexto de proteção aos direitos autorais, o confronto de uma série de interesses, alguns complementares, outros contrapostos. Por exemplo, entre os direitos de exclusividade do autor da obra e à liberdade de informação por terceiros, assim como o direito de cada pessoa de se expressar de maneira compatível com sua própria liberdade de agir (não apenas como espectador, mas também criador). O direito de acesso aos bens culturais deve ser protegido em virtude de sua dupla função para uso e fruição dos bens de cultura, seja como fim em si mesmo (por apreciação ou crítica), seja como instrumento de novas criações (condição para que se possa produzir, é que se receba cultura, referências que se internalizam e produzem novas significações para o criador)[51].

O ordenamento é complexo, mas ao mesmo tempo uno, devendo todas as normas incidentes ser levadas em consideração em cada caso concreto e sope-

---

50. "O direito de acesso revela-se instrumental, pois não se esgota em si mesmo e viabiliza o pleno exercício dos direitos culturais, que, apenas se efetiva com a livre participação na vida cultural, que é o seu núcleo essencial, pois permite a elaboração das identidades pessoais e comunitárias, finalidade precípua destes direitos." *Ibidem*. Págs. 148-149.
51. "Na medida em que as visões de mundo e sentidos da vida são resultantes das construções simbólicas elaboradas a partir das interações sociais, a exposição às obras artísticas é condição para participação na construção deste universo, dos significados destas obras e para a sua produção." *Ibidem*. Pág. 26.

sados os interesses envolvidos. Deve haver o balanceamento dos direitos que se tensionam, podendo levar, por exemplo, a situações em que o reconhecimento de um autor por sua participação em obra coletiva não o permite obstar, por mero capricho, a apresentação pública da obra, ainda que sem dúvida lhe seja devida alguma contrapartida, como o pagamento pelo direito patrimonial que corresponda à sua participação[52]. As restrições são justificadas por razões que devem ser constantemente ponderadas, não podendo nenhuma restrição ultrapassar limites de razoabilidade.

Há que se ter em mente que os direitos autorais servem a determinados propósitos e somente no seu atendimento se justificam. Mesmo os direitos individuais mais fortes são imersos em uma rede de relações sociais. Neste contexto, a funcionalização da propriedade, inclusive com relação aos direitos autorais, não pode ser encarada como um limite a uma liberdade natural ou historicamente ilimitada, mas como uma nova delimitação do próprio conceito, sem a qual o próprio direito de propriedade não poderia ser reconhecido. Se o direito é resultante da investigação de sua estrutura e de sua função, a ausência de cada um dos requisitos impede o reconhecimento da titularidade[53].

Sob esta perspectiva, as limitações aos direitos autorais não devem sequer ser vistas como exceções. Em verdade, os próprios direitos autorais é que constituem exceção à regra geral de liberdade de acesso ao conhecimento cultural[54]. As limitações, durante a vigência dos direitos autorais, se justificam pelo princípio constitucional da função social da propriedade. A mesma função social justifica também a existência de um prazo para o exercício do direito de exclusividade, findo o qual as obras da criação humana, que sempre integram o patrimônio cultural da coletividade, devem cair em domínio público[55].

Mas nem as limitações nem a existência do domínio público garantem, por si só, o acesso da sociedade aos bens culturais, apenas impedem a invocação da exclusividade

---

52. Este é exatamente o caso em que uma telenovela seria reprisada, e pessoas que contribuíram com a arte (cabeleireiro e maquiador) queriam impedir a retransmissão, alegando o não pagamento dos direitos que lhes correspondiam. Como a LDA presume que a permissão para publicação de obra é sempre para cada exibição, salvo declaração expressa em outro sentido pelo titular do direito autoral, a retransmissão que não havia sido previamente autorizada acabou podendo ser realizada mediante o pagamento dos direitos autorais. TJRJ. 6ª Câmara Cível. Apelação Cível nº 2.476, julgada em 25/09/1990. Rel. Claudio Lima.
53. DANTAS, Marcus; RENTERÍA, Pablo. Notas sobre os bens comuns. In TEPEDINO, Gustavo; TEIXEIRA, Ana Carolina Brochado; ALMEIDA, Vitor (coords). *O direito civil entre o sujeito e a pessoa: estudos em homenagem ao professor Stefano Rodotà*. Belo Horizonte: Fórum, 2016. p. 141.
54. "Em razão do direito de participação cultural e do direito de acesso aos bens culturais o que é, de fato, limitada é a exclusividade e não a liberdade de acesso. A inversão desta lógica ofende a Constituição quando retira ou esvazia a funcionalidade da proteção e do exercício dos direitos autorais." (SOUZA, Allan Rocha de. *Op. Cit.* p. 133-134).
55. "Ao assegurar a proteção às criações, não afastou o constituinte a garantia de acesso nem o exercício dos direitos culturais. (...) O direito de acesso aos bens culturais, o contínuo dever de engrandecimento do patrimônio cultural brasileiro, a livre participação cultural e o pleno exercício dos direitos culturais justificam os próprios direitos patrimoniais do autor, ao mesmo tempo que funcionalizam tanto a extensão como o exercício destes direitos patrimoniais." *Ibidem*. Pág. 134.

ilimitada pelos titulares contra o interesse público. Assim, caberá, em muitos casos, ao Estado interferir para efetivamente viabilizar o acesso. Se não houver controle funcional algum, o titular pode, eventualmente, manter o bem alheio ao acesso público, mesmo em situação em que a limitação ou o domínio público devem incidir. Por exemplo, um agente econômico mais forte pode se aproveitar do domínio público e tomar para si a utilidade que deveria ser comum a todos. Exige-se do Estado, para promoção da cultura, viabilizar seu uso como ponto de partida à informação e ao uso transformativo, garantindo o acesso ao valor social das criações.

Neste sentido, os comandos previstos nos artigos 215 (especialmente os §§ 1º e 2º), 216 e 216-A da Constituição da República incidem, exigindo proatividade pelos órgãos estatais na promoção do acesso à cultura, por exemplo, na edição de leis de proteção a folclore ou para a tutela de interesse artístico ou histórico e preservação de referências importantes de nossa cultura e civilização.

Outrossim, em proteção a uma coletividade composta de tantos matizes e coloridos como a brasileira, a diversidade é reconhecida como valor e amparada constitucionalmente, devendo ser respeitada e promovida por todos os entes públicos. Os traços comuns a todos devem ser reconhecidos, mas também as diferenças e a tolerância na comunicação entre diversas fontes ou matrizes culturais devem ser reforçadas em sede legislativa, executiva e judicial, para o enriquecimento do patrimônio cultural como um todo. É dever de todos os órgãos do Estado, nas suas esferas de atuação, promover a diversidade da cultura, a despeito das preferências particulares dos seus integrantes[56].

Em consonância com os valores inscritos no texto constitucional, não cabe a imposição de determinada visão de mundo, mas sim o respeito a um processo constante de interações e influências múltiplas. Neste sentido, é dever do Estado apoiar,

---

56. Ilustra a reflexão crítica que aqui se propõe o episódio de interferência, pela Prefeitura Municipal do RJ, sobre a exposição "Queermuseu, cartografias da diferença na arte brasileira". A exposição, composta por quase 270 obras de dezenas de artistas plásticos brasileiros, havia sido apresentada originalmente na cidade de Porto Alegre no ano de 2017, tendo sido lá precocemente encerrada em função de protestos, sobretudo nas redes sociais, acusada por supostamente apresentar imagens ofensivas à religião e aos bons costumes. O Museu de Arte do Rio (MAR), vinculado à Prefeitura do Munícipio do RJ, já havia iniciado a negociação para a exibição da mostra, mas acabou interrompendo a contratação, após declarações de veto emitidas pelo prefeito da cidade, sr. Marcelo Crivella. Ainda que caiba, até certo ponto, ao prefeito em exercício, o poder de direcionar políticas públicas de promoção cultural de acordo com preferências de sua base eleitoral, supostamente majoritária, não pode violar os comandos constitucionais que impõem o respeito à liberdade de expressão artística e o compromisso com o pluralismo cultural em todas as esferas de atuação estatal. O prefeito, conhecidamente de fé evangélica, resolveu vetar exposição que já estava prevista, sem sequer tê-la visitado ou compreendido seu alcance, em função de repercussões negativas na mídia, restringindo irregularmente o acesso da população do Rio a bens culturais que celebram a diversidade. Apesar de o Estado, neste episódio, não ter cumprido seu papel de promovedor de uma cultura plural, a Escola de Artes Visuais (EAV) do Parque Lage lançou com sucesso no início de 2018 campanha para arrecadação de recursos, atingindo a meta financeira necessária para a abertura da exposição na cidade do Rio, em Agosto do mesmo ano, contando com a participação da própria comunidade artística, como pintores que doaram obras para leilão, e um cantor que realizou um show com renda totalmente revertida para o projeto.

incentivar e difundir as variadas manifestações culturais constituintes do país, em promoção da diversidade cultural[57].

Óbvio que os integrantes dos poderes de Estado, e não só eles, os próprios particulares também vinculados que estão à normativa constitucional, devem sempre fazer a ponderação de valores[58]. A liberdade, como nenhum princípio, é absoluta em nossa ordem jurídica. É justificável, por exemplo, a vedação ao acesso por classificação etária em alguns casos, mas a restrição ao acesso a bens culturais deve ser sempre tomada como um remédio extremo, a ser reservado em pouquíssimos casos, quando frontalmente violado um direito fundamental sem qualquer justifica de promoção de outro direito fundamental mais relevante.

Por exemplo, um evento que se apresente como cultural, mas que contenha discurso de ódio não constitui exercício de liberdade de expressão, pode e deve ser obstado[59]. Mas o intérprete deve ter o cuidado para não impedir, sob o argumento de proteção a valores que não preponderam em nosso ordenamento, o acesso a bens culturais que apenas lhe desagradam. Em virtude da elevada amplitude da liberdade de expressão e de nosso ordenamento consagrar o pluralismo, a restrição deve ocorrer somente nos casos concretos em que valores fundamentais mais importantes estejam sendo violados, como, por exemplo, em tutela de direitos de personalidade, que servem à concretização da dignidade da pessoa humana.

Como mencionado, além da eficácia vertical das normas constitucionais, que impõe a atuação de todos os entes estatais em favor da promoção da cultura, há também eficácia horizontal, que exige igualmente dos particulares respeito à cultura, não depredando, não agindo para impedir circulação de ideias e de bens culturais

---

57. O reconhecimento do pluralismo cultural como característica nacional a ser apoiada, incentivada, valorizada e difundida, junto ao robustecimento e democratização do acesso ao patrimônio cultural brasileiro, são alicerces do direito à identidade nacional, representada nas diversas maneiras possíveis de ser brasileiro. SOUZA, Allan Rocha de. *Op. Cit.* Pág. 112.
58. Um caso que exemplifica o dever de agentes do Estado de fundamentarem a intervenção em objetos de criação cultural foi o relacionado à remoção de grafites das ruas de São Paulo pela administração do Município no ano de 2017. Após o apagamento de obras nas avenidas paulistanas determinado pelo então prefeito, sr. João Dória, foram propostas duas ações populares que resultaram na sua condenação em 1º grau, com fundamento na lesão ao patrimônio cultural imaterial. A decisão judicial suscitou importantes reflexões sobre o papel do Estado e dos órgãos de administração pública na preservação e promoção dos bens resultantes de produção cultural, principalmente aqueles provenientes de manifestações artísticas não tradicionais, como é o caso do grafite. Em 2º grau, o Tribunal de Justiça do Estado (TJSP. Apelação Cível Nº 1003969-51.2017.8.26.0053) acabou reformando a decisão, porque concluiu que as intervenções estavam de acordo com as políticas públicas locais vigentes de preservação e conservação de espaços públicos, as quais, com relação ao grafite, caracterizado pela efemeridade, autorizavam a remoção motivada por deterioração, superposição de desenhos e outras razões a partir do terceiro mês de conclusão da obra. A ação oportunizou a discussão sobre limites do administrador público, e confirmou o dever de fundamentação para qualquer intervenção na paisagem urbana como patrimônio cultural.
59. Como no paradigmático caso Ellwanger, julgado em 2003 pelo STF por crime de racismo, no HC 82.424, por haver escrito obra de cunho antissemita, que negava a existência do holocausto, e atribuía reiteradamente características negativas aos judeus. Sobre este caso e o discurso de ódio ver TRAVASSOS, Marcela Maffei Quadra. *Hate speech* e liberdade de expressão. *In* SCHREIBER, Anderson (coord.) *Direito e Mídia*. São Paulo: Atlas, 2013. Págs. 281-303.

pelo simples fato de lhes desagradar estética ou ideologicamente, ou por seus criadores serem figuras polêmicas[60]. O Brasil é um caldeirão cultural e, embora suscite desafios na composição de tantas ideias e expressões, esta é justamente uma grande riqueza do país.

7. DESAFIOS DA ERA DIGITAL

Os incríveis avanços tecnológicos do final do século XX e início do século XXI deram início à chamada era pós-industrial, digital e mais dinâmica que nunca, em que há infinitas possibilidades de uso das criações humanas, e sucessivas transformações criativas, trazendo muitos desafios aos operadores do Direito no campo do direito autoral. Tradicionalmente, o sistema de proteção dos direitos autorais não permite o uso não autorizado pelo titular de obras para transformação criativa. O novo criador sempre dependerá da licença do titular da obra anterior da qual a sua deriva. Na LDA, a nova obra é chamada de obra derivada e corresponde a uma nova forma de expressão baseada em elementos de outra obra já existente, chamada de obra originária.

Ainda que em alguns casos as transformações criativas sejam autorizadas na LDA (como é o caso das paródias[61]), em regra, as novas obras são impedidas, ou mesmo a reprodução das obras originais, nos termos dos artigos 29[62] e 33[63], que

---

60. Diante da constatação (ou eventualmente mera acusação) de condutas reprováveis, jurídica ou moralmente, por criadores ou titulares de direitos autorais sobre bens culturais, tem-se visto o surgimento de movimentos sociais de boicote ou, como hoje mais referido, de *cancelamento* de pessoas autoras e suas obras. Embora individualmente cada pessoa tenha total liberdade para decidir o que quer ver ou não, de que maneira se informa e forma, é preciso lembrar que o ordenamento pátrio não ampara o paternalismo de quem quer que seja sobre quais bens devem ou não ser reconhecidos como merecedores de proteção, pelas razões que forem vinculadas à pessoa do criador, estéticas, ideológicas, políticas ou religiosas, entre outras. A obra, especialmente enquanto objeto de interesse cultural da coletividade, se desconecta do seu criador ou titular, inclusive porque se reconecta às pessoas e adquire novos sentidos. Toda obra cultural se destina a possuir múltiplas significações e ressignificações. Sobre o descolamento da obra e seu autor, o fato, por exemplo, de o compositor Richard Wagner ter sido antissemita, não retira a qualidade de suas peças musicais. Os escândalos de abuso sexual praticado por produtores de obras audiovisuais, como no alardeado caso Harvey Weinstein, que inclusive suscitou os movimentos *"Me too"* e *"Time's up"*, não tornam descartáveis os filmes de referido produtor norte-americano. Monteiro Lobato não deixa de ser uma enorme referência na literatura brasileira porque foi um homem racista. Alguns de seus escritos, se atuais, seriam inaceitáveis e impublicáveis em vista da nossa ordem vigente, mas sua obra retrata o modo de viver de um tempo e com base neste registro cultural temos hoje um instrumento para questionar todas as injustiças praticadas naquele contexto histórico, fazer autocrítica, e reforçar os mecanismos de proteção à pessoa humana previstos na Constituição hoje em vigor.
61. Art. 47. São livres as paráfrases e paródias que não forem verdadeiras reproduções da obra originária nem lhe implicarem descrédito.
62. Art. 29. Depende de autorização prévia e expressa do autor a utilização da obra, por quaisquer modalidades, tais como:
    I – a reprodução parcial ou integral;
    II – a edição;
    III – a adaptação, o arranjo musical e quaisquer outras transformações;
    IV – a tradução para qualquer idioma;
    V – a inclusão em fonograma ou produção audiovisual;

exigem autorização do titular para quase todos os tipos de uso dos bens objeto de proteção autoral. Em função desta exigência, há contenção do direito de livre expressão, seja esta de cunho socialmente relevante ou não, ou seja, a despeito do custo social imposto pela exclusividade. Como, então, garantir o respeito aos dois direitos, de um lado, as liberdades de acesso e de (re)criação e, de outro, os direitos do autor?

Circunstância que não pode ser esquecida é que qualquer exclusividade conferida pelo direito autoral não protege as ideias, portanto o conteúdo das obras, mas apenas sua expressão específica, isto é, sua forma. Assim, não há, em diversas situações, propriamente antinomia entre o direito autoral e a liberdade de expressão, podendo um criador aproveitar-se inclusive de ideia idêntica concebida por outro que lhe seja anterior, sem violação de direitos ou incompatibilidade das obras.

Todavia, especificamente com relação a certos tipos de obras de arte, muitas vezes o conteúdo não é dissociável da forma, a obra não é destacável de seu suporte original, fazendo com que a incompatibilidade persista, impedindo o acesso ao público à própria informação contida na obra, e não somente à sua forma. Por tal razão, de um lado pode-se dizer que não interessa à coletividade o direito de exclusividade conferido ao autor, tampouco a sua prorrogação, que impede o uso e a exploração da obra e obsta a liberdade de informação e formação, inclusive para o exercício da liberdade transformativa na realização de novas criações.

Por outro lado, pode-se dizer também que há interesse coletivo na proteção aos direitos autorais, na medida em que ela não simplesmente limita o amplo acesso

---

VI – a distribuição, quando não intrínseca ao contrato firmado pelo autor com terceiros para uso ou exploração da obra;

VII – a distribuição para oferta de obras ou produções mediante cabo, fibra ótica, satélite, ondas ou qualquer outro sistema que permita ao usuário realizar a seleção da obra ou produção para percebê-la em um tempo e lugar previamente determinados por quem formula a demanda, e nos casos em que o acesso às obras ou produções se faça por qualquer sistema que importe em pagamento pelo usuário;

VIII – a utilização, direta ou indireta, da obra literária, artística ou científica, mediante:

a) representação, recitação ou declamação;
b) execução musical;
c) emprego de alto-falante ou de sistemas análogos;
d) radiodifusão sonora ou televisiva;
e) captação de transmissão de radiodifusão em locais de frequência coletiva;
f) sonorização ambiental;
g) a exibição audiovisual, cinematográfica ou por processo assemelhado;
h) emprego de satélites artificiais;
i) emprego de sistemas óticos, fios telefônicos ou não, cabos de qualquer tipo e meios de comunicação similares que venham a ser adotados;
j) exposição de obras de artes plásticas e figurativas;

IX – a inclusão em base de dados, o armazenamento em computador, a microfilmagem e as demais formas de arquivamento do gênero;

X – quaisquer outras modalidades de utilização existentes ou que venham a ser inventadas.

63. Art. 33. Ninguém pode reproduzir obra que não pertença ao domínio público, a pretexto de anotá-la, comentá-la ou melhorá-la, sem permissão do autor.

a obras, ela também é um instrumento que assegura a conservação e preservação dos bens culturais, de maneira que futuras gerações a elas também tenham acesso, e ainda, como já visto, a proteção é um instrumento que estimula e valoriza novas produções. A liberdade de cada pessoa para acesso à cultura não é absoluta, assim como a própria liberdade de criar. Ambas cedem lugar ao encontrar limites em outros direitos também tutelados em nossa ordem jurídica, entre os quais, o direito de autor.

Em um sistema pensado para a era industrial, cujas estruturas de suporte das obras eram sempre físicas, o legislador buscou encontrar algum equilíbrio ao conferir ao autor uma exclusividade temporária, mas que favorecia, em alguma medida, com os contrapesos das limitações e do domínio público, o acesso à obra, e, em muitos casos, sequer impedia, mesmo durante a vigência da exclusividade, o acesso ao conteúdo da obra, à ideia nela contida, que é sempre inapropriável e integrante do patrimônio cultural desde o momento de sua fixação em qualquer suporte.

Entretanto, a passagem da criação e manutenção de bens culturais para a estrutura digital afetou enormemente o direito autoral. Há situações cada vez mais complexas, que não são expressamente reguladas pela legislação vigente, tais como as relacionadas à inteligência artificial (por exemplo, com relação a criações resultantes de combinação de homem e máquina[64]), ou à enorme facilidade de reprodução ou outras formas de utilização, sobre a qual os titulares, em quase todas as situações, não conseguem mais ter controle, independentemente de sua autorização ou não. As inovações tecnológicas por um lado facilitaram o acesso[65], mas trouxeram novos elementos que não mais podem ser ignorados no balanceamento entre o direito fundamental do autor de liberdade de expressão e de reconhecimento por seu trabalho, e o direito fundamental de acesso de fruição e criação de novos bens culturais[66].

A resposta inicial da indústria de produção de bens culturais tem sido a demanda pelo recrudescimento da legislação, ora para ampliação de prazos, ora para previsão

---

64. É o caso do software Aaron, desenvolvido pelo pintor abstracionista britânico, Harold Cohen, no início dos anos 1970, que cria pinturas aleatórias a partir da ativação do sistema por qualquer pessoa. Como Cohen alimentou Aaron com informações sobre pintura e não com as obras que o sistema efetivamente pinta, seu criador não pode ser considerado titular dos direitos autorais sobre tais obras, resultando em obras que devem, portanto, ser consideradas, à luz do direito brasileiro, de domínio público.
65. "A internet possibilita não apenas a criação e a difusão de produtos culturais como o (re)aproveitamento cultural de obras alheias, por meio de adaptações, transformações, remixagens e redefinição do conteúdo da obra." BRANCO, Sergio. *Op. Cit.* Pág. 274.
66. Exemplo interessante de novos bens culturais desenvolvidos nesta era digital são as exposições realizadas pelo Atelier de Lumières, centro de arte digital parisiense instalado em uma antiga fundição pelo Culturespaces, agente privado constituído para gestão de monumentos e museus, criação de centros de arte e organização de exposições digitais imersivas. As exposições promovem uma renovada forma de contato com obras de nomes consagrados da pintura, como Gustav Klimt e Vicent Van Gogh, em que se associa a projeção visual em todas as direções a interpretações de composições musicais harmonizadas com a mudança das telas, possibilitando experiência sensorial diferenciada, em que o público se sente dentro da obra.

de mecanismos de bloqueio digital, ou criminalização de práticas, entre outros esquemas de proteção, com repercussão nos modelos legislativos. A mudança recente mais emblemática foi a aprovação da Diretiva 2019/790 pelo Parlamento Europeu e o Conselho da União Europeia, com influência nas legislações de várias jurisdições, inclusive fora da União Europeia.

Embora a Diretiva 2019/790 revele preocupação com o acesso à cultura, ao determinar, em seu artigo 6º, que os Estados-Membros da União Europeia devem prever exceção aos direitos de autor e conexos a fim de permitir que as instituições responsáveis pelo patrimônio cultural efetuem cópias de obras e outro material protegido que façam permanentemente parte das suas coleções, a norma também estabelece, em seu controvertido artigo 17, que as plataformas de compartilhamento de arquivos (como Google, Facebook, Youtube etc.) que contenham obras protegidas por direitos autorais e conexos passem a responder diretamente perante os titulares destes direitos, e não apenas após notificação para retirada[67].

O objetivo anunciado foi resolver (ou minimizar) o problema do *value gap*, isto é, o não repasse aos titulares dos direitos dos ganhos obtidos com a exploração das obras protegidas. Entretanto, com a nova previsão da Diretiva, caso não haja prévio acordo entre os titulares e as plataformas (seja porque as partes não chegaram a um consenso, ou mesmo porque à plataforma não foi possível a celebração de um acordo), a solução na prática será a adoção de tecnologia de filtragem de dados antes mesmo da publicação, impedindo o acesso aos conteúdos compartilhados pelos usuários.

No Brasil, as preocupações a respeito do tema resultaram em projeto de lei em trâmite no Congresso Nacional, o PL 2.370 de 2019, que, objetivando atualizar a LDA, prevê, entre outras mudanças, adaptações do texto considerando o uso de conteúdos protegidos pela norma em meio digital, para que o titular de direitos possa exigir a indisponibilização da obra ou a sua devida remuneração, por mecanismo extrajudicial de notificação. A norma funcionará como a regulamentação referida no §2º do artigo 19 do marco Civil da Internet (Lei 12.965/2014). Com as alterações, se aprovadas tal como previstas em referido PL, o artigo 88 da LDA receberá dispositivos adicionais relacionados ao ambiente digital, entre os quais o 88-B, que

---

67. Conforme a alínea 4 de referido artigo, as plataformas de compartilhamento deverão obter prévia autorização dos titulares, sob pena de responsabilidade: "4. Caso não seja concedida nenhuma autorização, os prestadores de serviços de partilha de conteúdos em linha são responsáveis por atos não autorizados de comunicação ao público, incluindo a colocação à disposição do público, de obras protegidas por direitos de autor e de outro material protegido, salvo se os prestadores de serviços demonstrarem que: a) Envidaram todos os esforços para obter uma autorização; e b) Efetuaram, de acordo com elevados padrões de diligência profissional do setor, os melhores esforços para assegurar a indisponibilidade de determinadas obras e outro material protegido relativamente às quais os titulares de direitos forneceram aos prestadores de serviços as informações pertinentes e necessárias e, em todo o caso; c) Agiram com diligência, após recepção de um aviso suficientemente fundamentado pelos titulares dos direitos, no sentido de bloquear o acesso às obras ou outro material protegido objeto de notificação nos seus sítios Internet, ou de os retirar desses sítios e envidaram os melhores esforços para impedir o seu futuro carregamento, nos termos da alínea b)."

permite a responsabilização solidária do provedor de aplicações de Internet por danos decorrentes da violação a direitos autorais.

Com a ampliação da responsabilização das plataformas nas diversas jurisdições nacionais, a tendência é que sejam instalados filtros mais restritivos, impedindo o acesso pelos usuários inclusive em situações de exceções ou limitações aos direitos do autor que são expressamente autorizadas pela legislação respectiva. Por exemplo, na Diretiva 2019/790, nos casos de citações, crítica, análise, ou para efeito de paródias (conforme alínea 7 do próprio artigo 17[68]), obstando, ao fim e ao cabo, a liberdade de expressão, e o acesso a bens culturais. Na prática, diante da avassaladora quantidade de *uploads* (envio de dados) de arquivos na rede mundial de computadores, os filtros podem acabar sendo ineficientes em algumas hipóteses (de violação a direitos de autor e conexos), ou abusivos em outras, nas quais o acesso deveria ser permitido.

Sem embargo, a reação legal restritiva, além de ter o indesejado efeito colateral de possivelmente reduzir as opções legalmente autorizadas para acesso aos bens culturais, em claro desequilíbrio de um sistema que deve atender a múltiplos interesses, e não apenas os dos criadores, não tem impedido a utilização dos bens em inúmeras situações[69]. Praticamente todos os usuários de Internet passaram a cometer violações de direitos autorais, sem sequer se dar conta disto. Estes fatos impõem a reflexão sobre a (in)eficiência dos fundamentos da arquitetura jurídica hoje em vigor, e urgem a busca de um novo modelo, que possa compor melhor os interesses individuais e coletivos em pauta.

Os desafios aumentam diante do contexto de mudança dos meios de suporte dos bens objeto de proteção autoral, que permitem fácil acesso transnacional a obras de qualquer parte do planeta. A proteção prevista por cada país isoladamente será quase sempre inócua, impondo uma revisão da legislação protetiva em nível internacional, o que dificultará, sem dúvida, o desenho de um novo arranjo jurídico que melhor atenda os interesses em questão.

As adaptações não serão necessárias somente para o Poder Público, na esfera de sua atuação para promoção da cultura e proteção dos direitos autorais e dos criado-

---

68. 7. (...) *Os Estados-Membros asseguram que os utilizadores em cada Estado-Membro possam invocar qualquer uma das seguintes exceções ou limitações existentes ao carregar e disponibilizar conteúdos gerados por utilizadores em serviços de partilha de conteúdos em linha: a) Citações, crítica, análise; b) Utilização para efeitos de caricatura, paródia ou pastiche.*
69. Facebook, Google, e outras plataformas digitais de múltiplos lados, que intermediam o acesso por usuários produtores e consumidores de obras autorais, e que têm estado na mira de autoridades administrativas de diversos países nos últimos anos por práticas que suscitam questionamentos de violação a direitos de variada natureza (não apenas autorais, mas também eles) têm obtido junto aos órgãos de imprensa e grandes produtores de conteúdo acordos para remuneração e repasse pela veiculação de obras sob a forma de direitos conexos. Embora esta não seja a única maneira de enfrentamento da questão, certamente será uma delas, com a vantagem de se evitar o corte no acesso pelos usuários ou o litígio, mas outras deverão ser pensadas, conforme os desafios trazidos pela tecnologia e por novos modelos de negócio se apresentem, revelando novos conflitos de interesses.

res, mas também e, sobretudo, para a iniciativa privada em geral. Novos modelos de negócios devem ser testados, vários podem fracassar, mas a existência de desafios não conduz à conclusão de que não é mais possível pensar em investimento em direitos autorais. Como estamos em fase de muitas mudanças, há dúvida sobre os melhores caminhos, o que não quer dizer que não haja caminhos.

8. CONCLUSÃO

Toda produção cultural se realiza em contexto histórico. Entender qualquer bem cultural, e o regime jurídico que lhe confere tratamento, exige do intérprete exame sob perspectiva diacrônica, portanto a sua trajetória no tempo, e sincrônica, isto é, sua relação simultânea com outros bens e valores. Os direitos autorais, desenvolvidos como arquitetura possível para a proteção de certos bens objeto da criação humana, são (como o Direito em geral) eles próprios também um produto cultural e, para sua melhor compreensão, é importante que se entenda sua trajetória evolutiva e também sua relação simultânea com outros direitos e interesses na atualidade.

Os chamados direitos do autor foram criados como solução possível para compor diversos interesses de natureza individual e coletiva e de natureza existencial e patrimonial. O arcabouço institucional criado procurou, pela via de um tratamento que segue lógica proprietária, resguardar os interesses dos criadores e dos investidores na criação, através de um sistema que garanta a proteção de sua exclusividade no uso e exploração, sem descurar dos interesses da coletividade de acesso a bens culturais. Os bens culturais submetidos à proteção dos direitos autorais, embora isoladamente possam receber tratamento proprietário por um período determinado, se inserem em um conjunto mais amplo que compõe o patrimônio cultural, este bem comum para uso de todos, e inapropriável.

Os direitos autorais por longo tempo cumpriram, ainda que sob críticas constantes sobre o nível ideal de proteção e o balanceamento dos interesses individuais e coletivos, os papeis de garantir alguma estabilidade e segurança jurídica para os atuantes no mercado da criação intelectual, bem como de ofertar condições de acesso aos bens culturais para a coletividade. Todavia, atualmente devem ser repensados para a realização ordenada dos valores consagrados constitucionalmente, especialmente considerando os desafios que os avanços tecnológicos trouxeram à sociedade pós-industrial.

Sem prejuízo das mudanças que devem ser pensadas e implementadas para melhorar a relação dos direitos autorais e o acesso a bens culturais, considerando o arcabouço jurídico existente em vigor, é imprescindível que o intérprete não confunda, na aplicação das normas atinentes à matéria: (i) obra e suporte, que são bens distintos (embora muitas vezes não destacáveis fisicamente) e se sujeitam a regimes de proteção também distintos; (ii) interesses individuais e coletivos, ambos tutelados constitucionalmente, que se tensionam reciprocamente, e devem ser equilibrados de forma ponderada, para que o prevalecimento de um não suprima a existência do outro; e (iii) direitos individuais morais e materiais, que tutelam interesses de espécie absolutamente distinta, os primeiros de natureza existencial, e os segundos, patrimonial, para os quais o ordenamento confere diferentes níveis de proteção, sempre amparando com mais força e abrangência os primeiros.

MÍDIA DEMOCRÁTICA: CONTROLE DE QUALIDADE DA NOTÍCIA A SERVIÇO DA PLENITUDE DO DIREITO À INFORMAÇÃO

Bruno Terra de Moraes

Mestre e Doutorando na Universidade do Estado do Rio de Janeiro (UERJ). Procurador do Estado do Rio de Janeiro.

1. INTRODUÇÃO

País que sobreviveu a inúmeras crises institucionais como golpes de Estado, mudanças de regime e ditaduras, o Brasil vivencia, há mais de trinta anos, regime democrático do qual um dos pilares é a liberdade de expressão e, por extensão, as liberdades de informação e de imprensa. Por vezes confundidos, tais conceitos traduzem ideias distintas, as quais devem ser cuidadosamente analisadas, o que se pretenderá fazer no presente estudo.

Após o estabelecimento do sentido dos conceitos citados, é preciso analisar qual o papel que cada um deles desempenha no ordenamento jurídico. Para tanto, importante correlacioná-los com a democracia, indissoluvelmente vinculada à República brasileira já no *caput* do art. 1º da Constituição. Nesse sentido, as liberdades de expressão, de informação e de imprensa não só são uma decorrência da democracia, mas, ainda, a alimentam.

Dessa forma, será visto que tais liberdades somente serão adequadamente exercidas na medida em que promovam o fortalecimento da democracia. Para tanto, a informação circulante deve ser de boa qualidade. Somente assim será formado o adequado debate público que conduzirá ao aperfeiçoamento da sociedade.

E é aí que se deve inserir a questão acerca do posicionamento da liberdade de imprensa no ordenamento brasileiro: trata-se de um fim em si ou se trata de uma liberdade funcionalizada a princípios constitucionais mais relevantes, tal como a dignidade da pessoa humana? Far-se-á, assim, a contextualização da liberdade de expressão no ordenamento jurídico brasileiro, no sentido de promover a evolução da sociedade com o fortalecimento da democracia.

E quais os caminhos a serem percorridos para que se conduza a essa evolução? Um dos desafios dos nossos tempos é o de fazer melhorar a qualidade das informações difundidas, o que passa, necessariamente: a) por uma maior transparência dos veículos de mídia; e b) pelo combate das denominadas *fake news*.

Quanto à transparência deve-se analisar o que é necessário fazer para que o destinatário do conteúdo informativo entenda, adequadamente, o que lhe está sendo transmitido. Isso implica serem informadas as fontes utilizadas na produção daquele material. Somente assim se possibilitará ao autor aprofundar-se no tema e formar o seu juízo crítico quanto aquilo que lhe foi transmitido.

Quanto ao combate às *fake news*, as dificuldades em se realizar tal combate são significativas, já que o ambiente tecnológico e o descrédito na mídia tradicional proporcionam o ambiente ideal para a difusão das notícias falsas.

Salutares são as providências que vêm sendo tomadas no sentido de criar instrumentos especificamente destinados ao combate às *fake news*. Entretanto, deve-se indagar quem está por trás e qual o alvo dessas iniciativas. Isto porque, somente um combate amplo, que abranja tanto as notícias veiculadas nas redes sociais quanto aquelas veiculadas na mídia tradicional conduzirão, de fato, a um ambiente informativo saudável.

Por fim, tentar-se-á apontar caminhos para o aperfeiçoamento do enfrentamento das *fake news*, bem como para que se confira maior transparência aos veículos de mídia, o que passa pela formação de um ambiente mais plural, com a desconcentração de seus atores. Será analisado qual papel deve ter o Estado nesse sentido, isto é, se ele deve atuar de forma absenteísta, deixando que o mercado se autorregule, ou se deverá ser ativista, no sentido de promover a regulação da mídia, e, neste último caso, quais as medidas práticas que deverão ser adotadas.

2. LIBERDADE DE EXPRESSÃO, LIBERDADE DE INFORMAÇÃO E LIBERDADE DE IMPRENSA: CONCEITOS E DISTINÇÕES

2.1 Liberdade de expressão

A liberdade de expressão se encontra consagrada no art. 5º, IX da Constituição, sendo, pois, considerado um direito fundamental, ganhando enorme importância já que, por meio dela, possibilita-se o amplo confronto de ideias, formando-se, via de consequência, a verdade coletiva. Trata-se, portanto, de um imprescindível instrumento democrático[1], já que o confronto de opiniões "invoca razões políticas, relacionadas com a contestação do status quo e com o direito de fiscalizar e criticar as autoridades constituídas".[2] Impossível, assim, imaginar-se um sistema democrático no qual esteja ausente a liberdade de expressão, já que somente por meio dela se atinge a necessária oxigenação da sociedade, permitindo-se o desenvolvimento cultural, a alternância de poder e a fiscalização dos poderes constituídos.

Tal o reconhecimento da importância deste direito que ele foi consagrado na Declaração Universal dos Direitos Humanos de 1948, em seu art. 19. Ali, estipula-se

---

1. SARMENTO, Daniel. *Liberdade de expressão, pluralismo e o papel promocional do Estado*. p. 20. Disponível em: <goo.gl/rnRrv8>. Acesso em: 20 out. 2014.
2. SCHREIBER, Simone. Liberdade de expressão: justificativa teórica e a doutrina da posição preferencial no ordenamento jurídico. In: BARROSO, Luis Roberto (Org.). *A reconstrução democrática do direito público no Brasil*: livro comemorativo dos 25 anos de magistério do professor Luis Roberto Barroso. Rio de Janeiro: Renovar, 2007. p. 219.

que ele inclui o direito de, "sem interferência, ter opiniões e procurar, receber e transmitir informações e ideias por quaisquer meios e independentemente de fronteiras."

A Declaração de Princípios sobre Liberdade de Expressão, do ano de 2000, também consagra tal direito em seu princípio de n. 01, definindo-o no princípio de n. 02, o qual dispõe:

> 2. Toda pessoa tem o direito de buscar, receber e divulgar informação e opiniões livremente, nos termos estipulados no Artigo 13 da Convenção Americana sobre Direitos Humanos. Todas as pessoas devem contar com igualdade de oportunidades para receber, buscar e divulgar informação por qualquer meio de comunicação, sem discriminação por nenhum motivo, inclusive os de raça, cor, religião, sexo, idioma, opiniões políticas ou de qualquer outra índole, origem nacional ou social, posição econômica, nascimento ou qualquer outra condição social.

Importa notar que a previsão da liberdade de expressão contida na Declaração Universal dos Direitos Humanos utiliza a expressão "sem interferência". Já a da Declaração de Princípios sobre Liberdade de Expressão, utiliza a expressão "sem discriminação por nenhum motivo". Portanto, o que transparece aí é que o exercício da liberdade de expressão deve ser exercido livre de coerção.[3] Logo, ninguém deve ser inquietado, censurado, manipulado no que se refere à divulgação de determinada opinião.

Verifica-se, ainda, que a liberdade de expressão contém em sua definição o direito de informação. Afinal, não se concebe a existência de uma opinião a ser expressa sem que o indivíduo possua o instrumental necessário para a sua formação, qual seja, a informação. Será por meio da elaboração da informação internalizada que o indivíduo formará a opinião a ser exprimida. Segundo Perlingieri, "a informação, em uma sociedade democrática, representa o fundamento da participação do cidadão na vida do País e, portanto, do próprio correto funcionamento das instituições".[4]

2.2 Liberdade de informação

A liberdade de informação está contida no conceito amplo de "liberdade de expressão". Consiste em uma "interiorização de algo externo: consiste em apreender ou dar a apreender factos e notícias e nela prevalece o elemento cognoscitivo".[5]

É difícil definir a liberdade de informação sem que, no mesmo momento, a diferenciemos da liberdade de expressão. Nesse sentido, ensina Luis Roberto Barroso:

> É fora de dúvida que a liberdade de informação se insere na liberdade de expressão em sentido amplo, mas a distinção parece útil por conta de um inegável interesse prático, relacionado com os diferentes requisitos exigíveis de cada uma das modalidades e suas possíveis limitações. A informação não pode prescindir da verdade – ainda que uma verdade subjetiva e apenas possível

---

3. BODIN DE MORAES, Maria Celina. *Uma aplicação do princípio da liberdade*. In: Na medida da pessoa humana: Estudos de direito civil-constitucional. Rio de Janeiro: Renovar, 2010. p. 185.
4. PERLINGIERI, Pietro. *O direito civil na legalidade constitucional*. Tradução de Maria Cristina de Cicco. Rio de Janeiro: Renovar, 2008. p. 855.
5. MIRANDA, Jorge; MEDEIROS, Rui. *Constituição Portuguesa Anotada*. Coimbra: Editora Coimbra, 2005. p. 429.

[...] – pela circunstância de que é isso que as pessoas legitimamente supõem estar conhecendo ao buscá-la. Decerto, não se cogita desse requisito quando se cuida de manifestações da liberdade de expressão. De qualquer forma, a distinção deve pautar-se por um critério de prevalência: haverá exercício do direito de informação quando a finalidade da manifestação for a comunicação de fatos noticiáveis, cuja caracterização vai repousar sobretudo no critério de sua veracidade.[6]

O que se infere daí é que a liberdade de informação abrange dois aspectos: tanto a de emissão da informação, quanto a de sua recepção. Daí ter sido utilizada por Jorge Miranda e Rui Medeiros a expressão "apreender e dar a apreender factos e notícias". Enquanto o "apreender" se refere à recepção da informação, o "dar à apreensão" diz respeito à emissão da informação para que seja apreendida por outrem.

Este aspecto da liberdade de informação consistente na emissão do conteúdo informativo se aproxima, bastante, da liberdade de expressão. Portanto, é preciso que se deixe clara a diferença entre ambas: a liberdade de informação está ligada mais aos fatos, enquanto a liberdade de expressão está mais ligada a ideias e pensamentos.[7]

Assim, quando se fala em liberdade de informação, está-se em um campo em que prevalece o critério da veracidade, ainda que na sua vertente subjetiva. Diz-se "subjetiva" eis que não se trata de uma verdade absoluta, objetiva, até porque a informação é prestada, em última análise, por seres humanos, possuindo cada um a sua inteligência própria, a sua maneira de ver o mundo.

Para Vera Maria de Oliveira Nesdeo Lopes:

[...] inúmeros autores são unânimes em sustentar não ser a verdade um conceito objetivo, na exata medida em que, submetida à intermediação humana, não pode deixar de ser exposta a uma grande carga de subjetividade, tanto do emissor, quanto do receptor. Nesta ótica, pondera Jean Rivero que entre a realidade e o receptor um sujeito se interpõe sempre: o informador, o qual apreende esta realidade com sua sensibilidade e inteligência próprias e não pode dar uma imagem, senão conforme sua própria visão subjetiva.[8]

O que ressalta, portanto, neste particular, é que a veracidade deve ser perseguida tanto quanto seja possível, sendo certo, ainda, que não se deve emitir informação sabidamente falsa, nem informações que sejam objeto de distorções intencionais, de modo a induzir o seu receptor a erro.[9] E a busca pela verdade se dá mediante a consulta à:

pluralidade de fontes de informação, impedindo a formação de monopólios e oligopólios, a fim de que os indivíduos possam escolher dentre as várias versões apresentadas de um dado acontecimento e suas interpretações possíveis, a que melhor lhe parecer e, assim, estar apto a formar

---

6. BARROSO, Luis Roberto. *Colisão entre liberdade de expressão e direitos da personalidade. Critérios de ponderação. Interpretação constitucionalmente adequada do Código Civil e da Lei de Imprensa*. Disponível em: <goo.gl/PvjNQz>. Acesso em: 10 abr. 2015.
7. CHEQUER, Cláudio. *A liberdade de expressão como direito fundamental preferencial prima facie (análise crítica e proposta de revisão ao padrão jurisprudencial brasileiro)*. Rio de Janeiro: Lumen Iuris, 2011. p. 16-17.
8. LOPES, Vera Maria de Oliveira Nusdeo. *O direito à informação e as concessões de rádio e televisão*. São Paulo: Revista dos Tribunais, 1997. p. 207.
9. LOPES, Vera Maria de Oliveira Nusdeo. *O direito à informação e as concessões de rádio e televisão*. São Paulo: Revista dos Tribunais, 1997. p. 208.

sua própria consciência política, social e cultural, bem como ter suas próprias opiniões, as quais poderão ser objeto, por seu turno, da liberdade de expressão.[10]

Esta, também, é a opinião do Tribunal Constitucional Alemão, que ressalta a importância de se ter a informação mais completa possível:

> A liberdade de informação é, precisamente, o direito a informar-se. Por outra parte, esse direito de liberdade é o pressuposto da formação da opinião que precede a expressão desta. Pois só a informação completa possibilita uma livre formação e expressão da opinião tanto para o indivíduo como para a sociedade.[11]

Acresça-se, assim, que se há a característica da veracidade, o que implica no dever do emissor da informação de buscá-la, isso redundará no direito do destinatário de receber uma informação veraz. Portanto, dentro da liberdade de informação está contido um direito de informação, consistente no direito de receber informação impregnada da característica da veracidade.

O que ressalta, portanto, na liberdade de informação é o seu caráter dúplice, abrangendo tanto:

a) a liberdade de emitir a informação, consistente em um fato que deve ser veraz, entendendo-se a veracidade, aí, em seu aspecto subjetivo; e

b) a liberdade (aí abrangido o direito) de buscar e de receber a informação impregnada da característica da veracidade.

Este segundo aspecto, isto é, o de buscar e receber a informação, pode ser especificado em relação à liberdade de informação. Assim, pode-se denominar "direito de informação" aquele aspecto da liberdade de informação consistente no direito do indivíduo de buscar a informação e de ter acesso à informação veraz.

Colocando-se a liberdade de informação como gênero, o direito de informação será uma espécie sua. A informação que interessa é aquela "que permite ao seu receptor chegar mais perto da sua realização como ser humano, que contribui ao seu desenvolvimento físico, intelectual e moral e que lhe traga um aporte positivo para o seu enriquecimento cultural e espiritual".[12] Portanto, em que pese não serem conceitos sinônimos, o direito de informação está intimamente ligado à liberdade de expressão, eis que somente mediante a busca, recebimento e internalização das informações é que será possível ao indivíduo elaborá-las criticamente, formar o seu juízo de valor e, por conseguinte, exprimir suas opiniões e pensamentos.

---

10. LOPES, Vera Maria de Oliveira Nusdeo. *O direito à informação e as concessões de rádio e televisão*. São Paulo: Revista dos Tribunais, 1997. p. 209.
11. Citado por CHEQUER, Cláudio. *A liberdade de expressão como direito fundamental preferencial prima facie (análise crítica e proposta de revisão ao padrão jurisprudencial brasileiro)*. Rio de Janeiro: Lumen Iuris, 2011. p. 14.
12. LOPES, Vera Maria de Oliveira Nusdeo. *O direito à informação e as concessões de rádio e televisão*. São Paulo: Revista dos Tribunais, 1997. p. 196.

2.3 Liberdade de imprensa

Quando se fala em liberdade de expressão e de informação, coloca-se em primeiro plano o ser humano, pelo simples fato de ostentar esta condição. Já quando se fala em liberdade de imprensa, são colocadas em primeiro plano as pessoas físicas e jurídicas que exercem a atividade de produção e emissão habitual de conteúdo jornalístico. Nesse caso, ganha relevo a atividade desempenhada por estas pessoas físicas ou jurídicas.

Portanto, pode-se definir a liberdade de imprensa como *aquela conferida à pessoa (física ou jurídica) de produzir e emitir habitualmente, sem interferência, conteúdo jornalístico.*[13],[14]

E são tidas por atividades jornalísticas aquelas descritas no art. 2º do Decreto n. 83.284/79.[15] Nota-se dali que as atividades ligadas à liberdade de expressão em sentido estrito, isto é, atividades de mero pensamento ou opinião consistentes nos termos "comentário ou crônica" somente se consideram "jornalísticas" quando associadas a algum veículo de comunicação".

---

13. A inclusão da pessoa física como possível realizadora da atividade de imprensa ganhou relevo nos últimos tempos com o incremento da internet. Em outras épocas, era mais difícil o exercício, por parte de pessoas físicas, dessa atividade, em virtude dos empecilhos de se veicular o material. Exceção a isso são as atividades desempenhadas por jornalistas *freelancers*, que, em determinado momento, têm que se associar a algum veículo de comunicação estabelecido, que adquirem o material produzido. Mas a liberdade de imprensa os contempla antes mesmo desta associação com as empresas de comunicação. Hoje em dia, com o advento e massificação da internet, já existe um canal direto para que a pessoa física desempenhe e divulgue o material decorrente da atividade de imprensa, sem a necessidade de se associar a uma pessoa jurídica.
14. Outra definição possível é aquela dada por Cláudio Chequer, para quem "[...] *liberdade de imprensa consiste numa das formas de exteriorização das liberdades de expressão e de informação conferidas aos meios de comunicação em geral, abrangendo tanto a liberdade de informação (fatos) quanto a liberdade de expressão em sentido estrito (ideias, pensamentos etc.)*" (CHEQUER, Cláudio. *A liberdade de expressão como direito fundamental preferencial prima facie (análise crítica e proposta de revisão ao padrão jurisprudencial brasileiro)*. Rio de Janeiro: Lumen Iuris, 2011. p. 16-17)
15. Art. 2.º A profissão de Jornalista compreende, privativamente, o exercício habitual e remunerado de qualquer das seguintes atividades:
    I – redação, condensação, titulação, interpretação, correção ou coordenação de matéria a ser divulgada, contenha ou não comentário;
    II – comentário ou crônica, por meio de quaisquer veículos de comunicação;
    III – entrevista, inquérito ou reportagem, escrita ou falada;
    IV – planejamento, organização, direção e eventual execução de serviços técnicos de Jornalismo, como os de arquivo, ilustração ou distribuição gráfica de matéria a ser divulgada;
    V – planejamento, organização e administração técnica dos serviços de que trata o item I;
    VI – ensino de técnicas de Jornalismo;
    VII – coleta de notícias ou informações e seu preparo para divulgação;
    VIII – revisão de originais de matéria jornalística, com vistas à correção redacional e à adequação da linguagem;
    IX – organização e conservação de arquivo jornalístico e pesquisa dos respectivos dados para elaboração de notícias;
    X – execução da distribuição gráfica de texto, fotografia ou ilustração de caráter jornalístico, para fins de divulgação;
    XI – execução de desenhos artísticos ou técnicos de caráter jornalístico, para fins de divulgação.

Diante disso, necessária se faz a análise da posição que a liberdade de imprensa ocupa no ordenamento jurídico, e em especial ante os princípios democrático e da primazia da pessoa humana.

3. A POSIÇÃO DA LIBERDADE DE IMPRENSA NO ORDENAMENTO JURÍDICO BRASILEIRO

3.1 Liberdade de imprensa, primazia da pessoa humana e promoção da informação

A Constituição de 1988 alçou a pessoa humana ao ápice do ordenamento jurídico, de modo que a finalidade última do ordenamento é a tutela da sua dignidade. Assim, o ser humano jamais pode ser considerado um meio para se atingir determinadas finalidades, mas sempre é um fim em si mesmo.[16] As normas jurídicas, portanto, precisam ter como finalidade o homem.[17] A pessoa humana foi "elevada ao patamar de epicentro dos epicentros".[18]

Há de ser levado em consideração, também, o influxo dos princípios constitucionais sobre todo o ordenamento, isto é, eles passam a conformar a inteireza do ordenamento jurídico.[19] A este respeito, Gustavo Tepedino observa que "o direito civil assistiu ao deslocamento de seus princípios fundamentais do Código Civil para a Constituição".[20] A dignidade da pessoa humana é, portanto, "a base valorativa de sustentação de toda e qualquer situação jurídica [...]".[21]

É por meio da aplicação direta dos princípios constitucionais que se explica o ordenamento jurídico como algo unitário e complexo. Aliás, o ordenamento somente é entendido como tal porque detém aqueles dois caracteres[22], decorrendo deles a força normativa dos princípios constitucionais.[23]

Se, quando se fala em liberdade de imprensa, está-se falando, em grande medida, de pessoas jurídicas que desempenham a atividade jornalística, a proteção de tais

---

16. BODIN DE MORAES, Maria Celina. O princípio da dignidade da pessoa humana. In: *Na medida da pessoa humana*: estudos de direito civil-constitucional. Rio de Janeiro: Renovar, 2010. p. 81.
17. BODIN DE MORAES, Maria Celina. O princípio da dignidade da pessoa humana. In: *Na medida da pessoa humana*: estudos de direito civil-constitucional. Rio de Janeiro: Renovar, 2010. p. 81.
18. FACHIN, Luiz Edson. Contratos e responsabilidade civil: duas funcionalizações e seus traços. *Revista dos Tribunais*, São Paulo, v. 100, n. 903, p. 31, jan. 2011.
19. BODIN DE MORAES, Maria Celina. A constitucionalização do direito civil e seus efeitos sobre a responsabilidade civil. *Direito, Estado e Sociedade*, v. 9, n. 29, p. 233-258, jul/dez 2006. Disponível em: <goo.gl/riVzXr>. Acesso em: 25 nov. 2012.
20. TEPEDINO, Gustavo. Normas constitucionais e direito civil na construção unitária do ordenamento. In: *Temas de direito civil*. Rio de Janeiro: Renovar, 2009. T.3. p. 5.
21. MULHOLLAND, Caitlin Sampaio. *A responsabilidade civil por presunção de causalidade*. Rio de Janeiro: GZ, 2010. p. 69.
22. TEPEDINO, Gustavo. Normas constitucionais e direito civil na construção unitária do ordenamento. In: *Temas de direito civil*. Rio de Janeiro: Renovar, 2009. T.3. p. 5.
23. TEPEDINO, Gustavo. Normas constitucionais e direito civil na construção unitária do ordenamento. In: *Temas de direito civil*. Rio de Janeiro: Renovar, 2009. T.3. p. 8.

empresas, em que pese existir, não é alçada ao ápice do ordenamento jurídico, eis que às pessoas jurídicas não são aplicados os direitos da personalidade. Vale dizer: "tal proteção não pode ser confundida com a privilegiada tutela que se reserva aos atributos essenciais da condição humana, sob pena de se violar a primazia que a Constituição atribui à dignidade humana e aos aspectos existenciais da pessoa natural".[24]

As empresas jornalísticas são, de fato, titulares do direito de exercer, livremente, a sua atividade. E este direito é protegido pela Constituição. Entretanto, tal direito não deve ser alçado ao grau de proteção conferido às pessoas físicas em geral, às quais se aplica o princípio da dignidade da pessoa humana e os direitos da personalidade.

Mas é preciso ir além. Na realidade atual, além das pessoas jurídicas que exercem as atividades de imprensa, um significativo contingente de pessoas físicas vem desempenhando a atividade jornalística sem uma empresa interposta. Ou seja, o desenvolvimento tecnológico propicia ao indivíduo o exercício direto da atividade jornalística. A pessoa física que realiza essa atividade pode fazê-lo em contato direto com o público, e não, necessariamente, por intermédio de uma corporação. Percebe-se uma importante modificação da maneira de produção e difusão do material jornalístico que, outrora, não se dava senão por meio de uma empresa jornalística. A este respeito, leia-se o seguinte trecho:

> Afirmei que o jornalismo está sendo literalmente dinamitado pela internet no mundo inteiro. Por quê? Primeiro, parece claro que, ao criar um continente midiático inédito, a internet produz um jornalismo novo (blogs, redes sociais), em concorrência direta com o jornalismo tradicional. Cada cidadão tem acesso à informação sem depender dos grandes meios de comunicação, como antes. O novo dispositivo tecnológico faz com que cada cidadão deixe de ser só o receptor da informação – acabando, assim, com um modelo que foi norma durante muito tempo, desde o advento dos meios de massa. Nunca na história das mídias os cidadãos contribuíram tanto para a informação. Hoje, quando um jornalista publica um texto on-line, ele pode ser contestado, completado ou debatido, sobre muitos assuntos, por um exame de internautas tão ou mais qualificados que o autor. Assistimos, portanto, a um enriquecimento da informação graças aos 'neojornalistas', que eu chamo de amadores-profissionais.[25]

Nos casos em que a atividade jornalística é exercida por uma pessoa física sem a presença de pessoa jurídica interposta, tanto o emissor da informação quanto o seu receptor são pessoas humanas. Nesses casos, a proteção àquele que exerce a atividade jornalística também se dará com fundamento no princípio da dignidade da pessoa humana. Logo, havendo eventual conflito de interesses entre o jornalista e o destinatário do conteúdo jornalístico, ter-se-á situação na qual a contraposição correspondente será "dignidade da pessoa humana x dignidade da pessoa humana".

Ainda que, abstratamente, sejam os mesmos princípios em contraposição, um dos polos merecerá proteção superior em relação ao outro. E isso se dará pelo fato

---

24. SCHREIBER, Anderson. *Direitos da personalidade*. São Paulo: Atlas, 2011. p. 22.
25. RAMONET, Ignácio. A explosão do jornalismo na era digital. In: MORAES, Denis; RAMONET, Ignacio; SERRANO, Pascual. *Mídia, poder e contrapoder*: da concentração monopólica à democratização da informação. São Paulo: Boitempo, 2013. p. 85-86.

de que o exercício da atividade jornalística ocorre a serviço do direito de informação que, como já se disse alhures, não pode prescindir da característica da veracidade.[26] O receptor da mensagem, por ser o polo passivo da atividade de comunicação, deve estar protegido com relação a mensagens inverídicas, sob pena de se chegar a uma situação não de informação, mas de desinformação.[27] Nota-se que a própria conformação da liberdade de imprensa pela veracidade já deixa entrever que tal liberdade somente se legitima na medida em que promove a informação. É faticamente possível que a veiculação de uma matéria se dê, em tese, por meio de material inverídico, mas, nesse caso, de informação ela não se tratará. A informação somente existirá em caso de material verídico. O que for desprovido dessa característica, por acarretar uma má compreensão da realidade, redundará em desinformação.

Dito isto, eventual proteção da liberdade de imprensa somente se justifica caso considerada um pressuposto para a viabilização do direito de informação em favor dos destinatários da mensagem jornalística. Vale dizer: a liberdade de imprensa se exerce de maneira funcionalizada ao direito de informação do indivíduo. A liberdade de imprensa é funcionalizada à promoção da plenitude do direito de informação, e é em razão desta que aquela se justifica. Não há como alçá-la à condição de merecedora da proteção máxima conferida à pessoa humana.

Portanto, seja qual for o veículo por meio do qual é realizada a atividade de imprensa, esta será exercida a serviço do direito de informação.

3.2 A falta de transparência da mídia e as *fake news*

Como se disse alhures, a liberdade de imprensa deve ser exercida a serviço da informação. Esta, por sua vez, é conformada pela veracidade. Imprescindível, assim, que ao indivíduo destinatário da informação seja possível checar a sua veracidade. Ou seja, é preciso que a "informação" seja veiculada para "informar", e não para "desinformar". É preciso que a checagem da informação seja acessível ao seu destinatário.

Um dos grandes problemas da atualidade é a divulgação deliberada de notícias falsas, popularmente conhecidas como *fake news*.

Em tempos passados, as notícias eram veiculadas, apenas, pelos meios tradicionais de imprensa. A partir daí, fora dos grandes veículos, comentários sobre tais notícias somente se davam de pessoa para pessoa. Portanto, a difusão da notícia

---

26. , Luis Roberto. *Colisão entre liberdade de expressão e direitos da personalidade. Critérios de ponderação. Interpretação constitucionalmente adequada do Código Civil e da Lei de Imprensa*. Disponível em: <goo.gl/PvjNQz>. Acesso em: 10 abr. 2015.
27. A questão da desinformação acarretada pela difusão de notícias falsas não passou despercebida ao Papa Francisco, que assim se pronunciou a respeito: "A expressão *fake news* é objeto de discussão e debate. Geralmente diz respeito à desinformação transmitida *on-line* ou nos *mass-media* tradicionais. Assim, a referida expressão alude a informações infundadas, baseadas em dados inexistentes ou distorcidos, tendentes a enganar e até manipular o destinatário. A sua divulgação pode visar objetivos prefixados, influenciar opções políticas e favorecer lucros econômicos." (FRANCISCO, Papa. *Mensagem do Papa Francisco para o LII dia mundial das comunicações sociais*. Disponível em: <goo.gl/faFNyf>. Acesso em: 17 ago. 2018).

ocorria mediante níveis: em um primeiro, do veículo de comunicação aos espectadores; em um segundo, dos espectadores pessoalmente a terceiros. E é bom lembrar que quanto ao primeiro nível de difusão, esta somente ocorria nos horários fixos dos noticiários ou na distribuição dos jornais impressos, o que, de certa forma, já limitava o seu alcance.

Nos dias atuais, a difusão da notícia se dá de maneira muito distinta: a internet, aliada às plataformas tecnológicas para ela confeccionadas, permitiram uma explosão na difusão das notícias. Verificou-se, em razão do desenvolvimento tecnológico, um aumento brutal do fluxo de informações, em tempo praticamente real, de modo a permitir a circulação de uma enorme quantidade de dados, com grande velocidade e a custo relativamente baixo. Trata-se da chamada *Revolução da Mídia*, trazendo-se, a respeito, a lição de Anderson Schreiber:

> [...] a sucessão de avanços tecnológicos ligados à internet, à telefonia celular e à cultura digital não tem apenas ampliado o alcance dos meios tradicionais de comunicação, mas tem resultado na abertura de espaços inteiramente novos para o intercâmbio de informações e ideias. Em todo o planeta, especialistas registram o crescimento de um 'movimento internacional de jovens ávidos para experimentar, coletivamente, formas de comunicação diferentes daquelas que as mídias clássicas nos propõem.[28]

Ao lado da rápida disseminação do conhecimento acarretada com a explosão da difusão de informações, efeitos colaterais são, também, observados, sendo um deles a viralização das *fake news*. Nesse sentido:

> [...] dois elementos fundamentais são específicos da atualidade: a velocidade com que as notícias falsas se espalham e a capilaridade que elas têm.
> Hoje, plataformas como o Facebook, Twitter, Google e Youtube, entre outras, possuem alcance global instantâneo (ao menos no ocidente).[29]

E com os atuais aparelhos eletrônicos que permitem o acesso e difusão das notícias em tempo praticamente real, o quadro se agrava ainda mais, a ponto de consistir não só "uma ameaça aos indivíduos, mas para os próprios pilares do convívio democrático. Um vídeo falso pode ser usado para provocar uma convulsão social".[30]

Mas é preciso investigar as razões pelas quais as *fake news* ganham tamanha repercussão. A primeira razão para tanto é, como já mencionado, a imensa capacidade de disseminação da notícia, acarretada pelas plataformas tecnológicas de comunicação mais populares em nosso país. Ocorre que a velocidade da difusão responde apenas por parte do problema. Isso porque não há como se analisar o problema apenas

---

28. SCHREIBER, Anderson. Direito e mídia. In: *Direito e mídia*. São Paulo: Atlas, 2013. p. 11.
29. ALMEIDA, Virgílio; DONEDA, Danilo; LEMOS, Ronaldo. Com o avanço tecnológico, fake news vão entrar em fase nova e preocupante. *Folha de S.Paulo*, 08 abr. 2018. Disponível em: <goo.gl/7kEmAo>. Acesso em: 20 ago. 2018.
30. ALMEIDA, Virgílio; DONEDA, Danilo; LEMOS, Ronaldo. Com o avanço tecnológico, fake news vão entrar em fase nova e preocupante. *Folha de S.Paulo*, 08 abr. 2018. Disponível em: <goo.gl/7kEmAo>. Acesso em: 20 ago. 2018.

do ponto de vista da difusão da informação, mas, também, sob o ponto de vista de quem a recebe. Cabe, assim, a indagação acerca do porquê de se conferir tamanha credibilidade a qualquer notícia que se recebe via redes sociais, sem maiores preocupações com a checagem de sua veracidade. Uma das explicações pode residir na falta de credibilidade que se tem, nos dias atuais, em relação à mídia tradicional. Esse descrédito parece proporcionar o caldo de cultura ideal para a proliferação das *fake news*[31], conforme afirma Claire Wardle, diretora do projeto *First draft*.[32]

Em declaração prestada no fórum "O papel da mídia brasileira na era da pós-verdade", assim se pronunciou o jornalista Carlos Eduardo Lins e Silva:

> A pós-verdade vem da descrença da imprensa. Sofremos processo de perda de credibilidade e temos que assumir nossa parcela de responsabilidade nesse cenário. A maior parte das instituições sofre com credibilidade, não é só a imprensa. O grande problema é que demoramos a perceber isso.[33]

Outros também apontam a descrença na mídia tradicional como um dos fatores primordiais para a difusão das *fake news*:

> A imprensa deve aproveitar a oportunidade nesses debates para rever suas práticas, pois ela não é vítima das notícias falsas, senão o epicentro. Para Steve Coll, boa parte das pessoas atualmente não confia no trabalho da imprensa tradicional, o que favorece o florescimento das *fake news*. Ao mesmo tempo, as cacofonias da imprensa forçam para baixo sua credibilidade, como foi detectado em pesquisas de opinião, como as do Datafolha e da Edelman Significa.[34]

E o fenômeno da desconfiança na mídia tradicional se manifesta da seguinte maneira: os consumidores de notícia deixam de confiar na seleção das notícias realizada pelos editores tradicionais para, por conta própria, consumirem diretamente aquilo que lhes interessa. Vale dizer: enquanto o conteúdo veiculado na mídia tradicional é definido pelo editor, nos tempos atuais, com o amplo acesso às notícias na internet, o destinatário da notícia é que passa a escolher o conteúdo a que pretende ter acesso. Daí ferramentas de buscas se tornarem o instrumento que mais goza de confiança no Brasil para acesso a conteúdo jornalístico. É o que se infere do trecho a seguir:

> A confiança é crítica na Mídia enquanto instituição, que despencou para o nível mais baixo de todos os tempos em 17 dos países pesquisados. A média global de confiança na instituição é de 43% (caiu 5 pontos), enquanto no Brasil é de 48% (caiu 6 pontos). Quando analisados os tipos de Mídia que as pessoas usam para se informar sobre um assunto, as ferramentas de busca foram indicadas como as mais críveis – globalmente, 64%, no Brasil, 83%. "O indivíduo assume uma postura mais ativa ao formar opinião, já que busca ser o curador de seus próprios conteúdos por meio das fontes de sua preferência. Esta diversificação midiática é a porta de entrada para conte-

---

31. RODRIGUES, Douglas; GOMES, Renata. Perda de credibilidade potencializa notícias falsificadas, diz Claire Wardle. *Poder 360*, 28 jun. 2018. Disponível em: <goo.gl/BJDr7m>. Acesso em: 22 ago. 2018.
32. Projeto ligado à Universidade de Harvard que objetiva o combate à desinformação on-line, conforme se infere do endereço eletrônico <goo.gl/uaqiWb>. Acesso em: 22 ago. 2018.
33. CARVALHO, Nathália. *Qual o papel da imprensa na indústria do fake news?* Disponível em: <goo.gl/sE3TKY>. Acesso em: 20 ago. 2018.
34. CARRIJO, Luís Humberto Rocha. O futuro da imprensa na era da notícia falsa. *Aberje*, 17 dez. 2017. Disponível em: <goo.gl/EaJQ2X>. Acesso em: 20 ago. 2018.

údos de diferentes canais, demonstrando que, mais do que nunca, todos os meios são igualmente estratégicos", comenta Rodolfo Araújo, líder das áreas de Marca, Inteligência e Insights da Edelman Significa. No Brasil, depois das ferramentas de busca, aparecem a Mídia Tradicional e a Mídia Unicamente Online com 65 pontos, seguidas das Mídias Próprias (60) e Mídias Sociais (55).[35]

Observa-se, assim, que uma expressiva maioria de 83% dos consumidores de notícias utiliza as ferramentas de busca como o principal instrumento de acesso a material jornalístico, índice muito superior aos 64% verificados em nível global. Além disso, ainda que a confiança na mídia, no Brasil, seja superior à média global (48% ante 43%), fato é que, no referido país, o índice de queda foi superior à média global (6% ante 5%).

Mas quais seriam as razões para a perda da credibilidade da imprensa? Em 2004, estudo intitulado "Projeto para a Excelência em Jornalismo" da Universidade de Colúmbia apontou aquela que pode ser uma das razões para a perda de credibilidade da imprensa tradicional, que se trata da noção despertada no público de que as grandes corporações de mídia teriam como propósito principal a obtenção de lucro, objetivo esse que condicionaria a escolha das matérias a serem veiculadas, inclusive despertando-se a crença de que os anunciantes influenciariam na escolha das notícias.[36]

Ocorre que as razões essencialmente econômicas podem não ser as únicas causas da perda de credibilidade da mídia tradicional. Há situações em que o viés político-ideológico adotado pelo órgão de imprensa pode ditar o teor daquilo que é publicado. É o que aponta o professor de teoria da comunicação da Universidade Federal da Bahia, Wilson Gomes, quando afirma que "Desde 2014, há uma erosão na credibilidade do jornalismo. O cara que vê aquilo ali não sabe, acha que o jornalismo também é aquilo ali: é parcial, é distorcido, é ativista, está em campanha".[37]

O cenário daí resultante é a disseminação da desinformação, com o consequente enfraquecimento da democracia, já que o debate público, municiado com notícias falsas, é deturpado.

No que tange às espécies de *fake news*, estudo da Universidade do Arizona aponta quatro, basicamente. São elas:

a) *Satira*, que se trata de conteúdo propositalmente falso, difundido por motivações financeiras, mas cuja teor não pretende enganar os seus destinatários;

b) *Hoax*, que se trata de conteúdo propositalmente falso, difundido por motivações financeiras, com a intenção de enganar os seus destinatários;

---

35. Edelman trust barometer 2017 aponta crise generalizada nas instituições no Brasil. *Edelman*, São Paulo, 09 mar. 2017. Disponível em: <goo.gl/Wv53pJ>. Acesso em: 21 ago. 2018.
36. PESQUISAS apontam perda de credibilidade do jornalismo. *Observatória da Imprensa*, 20 abr. 2004. Disponível em: <goo.gl/W1LZ97>. Acesso em: 19 ago. 2018.
37. MELLO, Daniel. Para especialistas, difusão de fake news está ligada à crise do jornalismo. *Agência Brasil*, 04 abr. 2018. Disponível em: <goo.gl/MyX1a1>. Acesso em: 19 ago. 2018.

c) *Propaganda*, que se trata de conteúdo propositalmente falso ou tendencioso, cuja motivação é a difusão de uma opinião política ou ponto de vista, com a intenção de enganar os seus destinatários;

d) *Trolling*, que se trata de conteúdo tendencioso ou falso, motivado com fins de divertimento do próprio difusor, por meio do engano dos seus destinatários.[38]

Das espécies acima mencionadas, exceto a constante da alínea a), todas elas se destinam a enganar o receptor da mensagem, provocando, portanto, desinformação. Mas essas seriam as únicas formas de provocar desinformação? No que se refere à difusão da desinformação, qual o lugar ocupado pela mídia tradicional?

Muito da desconfiança despertada em relação à mídia tem origem na falta de transparência dos veículos de comunicação. Isso conduz à dificuldade que o receptor da informação tem de saber o que, de fato, se encontra por trás daquilo que está sendo veiculado. Vale dizer: uma situação é a de discordância com relação a determinada matéria ou opinião, sabendo-se, contudo, do que aquilo se trata e de quais são os interesses que motivam a veiculação do conteúdo; outra situação bem distinta é aquela em que o destinatário da informação não sabe, ao certo, o que se encontra por trás da veiculação do material jornalístico.

Estudo realizado pelo *ICMPA-International Center for Media and the Public Agenda* utilizou, basicamente, cinco critérios para a verificação da transparência dos órgãos de imprensa:

a) O órgão de imprensa corrige seus erros com o devido destaque?

b) O órgão de imprensa divulga abertamente quem são os seus proprietários?

c) O órgão de imprensa é aberto com relação a possíveis conflitos de interesses? Ele divulga quais são as normas internas de conduta tendentes a balizar o trabalho dos repórteres, editores e produtores?

d) O órgão de imprensa divulga explicações acerca das suas decisões editoriais, isto é, o que as motiva?

e) O órgão de imprensa é aberto a comentários e críticas do público?[39]

O resultado do estudo realizado por meio da análise dos parâmetros acima demonstra um retrato pouco auspicioso. Isto porque, dos 25 veículos de imprensa analisados, 12 deles atingiram pontuação inferior a 50% dos pontos possíveis.

Além disso, veículos de imenso prestígio na imprensa mundial atingiram pontuações bastante baixas. Por exemplo, a The Economist terminou com 1,2

---

38. BAMBAUER, Derek E.; BAMBAUER, Jane R.; VERSTRAETE, Mark. Identifying and countering fake News. In: *Arizona legal studies: discussion paper n. 17-15*, p.5-7. Disponível em: <goo.gl/qyXotk>. Acesso em: 22 ago. 2018.
39. INTERNATIONAL CENTER FOR MEDIA AND THE PUBLIC AGENDA (ICMPA). *How to measure the transparency of news? Here are the 5 most important concerns*. Disponível em: <goo.gl/dnXjQC>. Acesso em: 19 ago. 2018.

em 4 possíveis, enquanto a Time terminou com 0,6.[40] O que se percebe é que veículos tradicionais de mídia, com alcance internacional, padecem de sérios problemas de transparência e, por conseguinte, de credibilidade, na medida em que os destinatários da notícia não têm ciência daquilo que está por trás do conteúdo veiculado.

Parece ter surgido, assim, um círculo vicioso perverso: a falta de credibilidade da grande mídia tornou o terreno propício para a disseminação de *fake news*; as *fake news* passam a ser mais aceitas como algo verdadeiro; isso aprofunda ainda mais a desconfiança em relação à grande mídia, o que retroalimenta o ciclo.

Como visto anteriormente, das espécies de *fake news* elencadas nesse trabalho, somente a *satira* não é produzida com a intenção deliberada de enganar o seu receptor. Já quanto às demais, aquela intenção existe. Entretanto, mais importante do que perquirir acerca das intenções do emissor da informação falsa será analisar de forma objetiva a sua conduta. Utiliza-se, assim, raciocínio semelhante àquele referente à relação mantida entre boa-fé subjetiva e boa-fé objetiva:

> A boa-fé referida no art. 422 do Código é a boa-fé objetiva. Ela não se qualifica por um estado de consciência do agente de estar agindo em conformidade com o Direito, como ocorre com a boa-fé subjetiva. A boa-fé objetiva não diz respeito ao estado mental subjetivo do agente, mas lhe impõe comportamentos objetivamente conforme os parâmetros de cooperação, honestidade e lealdade dirigidos à promoção dos fins perseguidos na concreta relação obrigacional.[41]

Aplicando-se o raciocínio acima mencionado, deve-se escoimar o conceito de *fake news* do seu elemento subjetivo, isto é, da intenção deliberada de propagação de notícia falsa. Afinal, não raro será dificílima a demonstração da intenção de ludibriar. Dessa forma, tal como ocorreu com a boa-fé, deve ser objetiva a conduta da parte, deixando em segundo plano a existência ou não de intenção de ludibriar o destinatário da notícia. Isto porque a intenção de ludibriar é um elemento psicológico, cuja externalização nem sempre se dá de forma clara.

Ademais, se a notícia é falsa ou contém alguma incorreção, o efeito de desinformar acaba sendo o mesmo, quer havendo intenção de enganar ou não. Portanto, perde importância a existência do elemento psicológico intencional.

Mas é preciso não fazer confusão: logo em cima, está-se referindo à necessidade de objetivar a análise das *fake news*, isto é, tornar a intenção não um elemento essencial à configuração da *fake news*, mas meramente acidental. Isso não desnatura o fato de que a liberdade de informação está regida pelo princípio da veracidade em seu aspecto subjetivo, não objetivo. Didaticamente, tem-se a seguinte situação:

---

40. Na parte superior da tabela figura o The Guardiam na primeira posição, com 3.8 e, em segundo, o New York Times, com 3,4 (INTERNATIONAL CENTER FOR MEDIA AND THE PUBLIC AGENDA (ICMPA). *How to measure the transparency of news? Here are the 5 most important concerns*. Disponível em: <goo.gl/dnXjQC>. Acesso em: 19 ago. 2018).
41. PEREIRA, Caio Mário da Silva. *Instituições de direito civil*: contratos. 19. ed. Rio de Janeiro: Forense, 2015. v. 3. p. 20.

a) A existência de *fake news* deve ser analisada sob o prisma objetivo, isto é, prescindindo-se da análise quanto à existência ou não de intenção de ludibriar;

b) A liberdade de informação está regida pelo princípio da veracidade, mas vista essa sob o prisma subjetivo, como já se disse no presente trabalho.

E é exatamente o fato de a liberdade de informação estar regida pela veracidade subjetiva que leva à necessidade de que a existência de *fake news* seja analisada sob o prisma objetivo, isto é, sem se perquirir acerca da intenção do seu emissor.

Explica-se.

A veracidade deve ser analisada sob o ponto de vista subjetivo, já que seria impossível exigir-se a divulgação, tão somente, de notícias sabida e comprovadamente verdadeiras. Decerto que isso engessaria a imprensa, já que um fato, antes de ser noticiado, deveria ser checado à exaustão. Isto retiraria muito da agilidade que se pretende de um veículo de jornalismo, mormente em épocas nas quais as coberturas jornalísticas podem ser, em alguns casos, simultâneas à sua difusão. Portanto, exigir-se a veracidade sob o ponto de vista objetivo seria, na prática, inviabilizar a atividade jornalística.

Por outro lado, é impossível a narração de um fato absolutamente asséptica, sem qualquer juízo de valor. Evidentemente que a narração de um fato traz em seu bojo a história de vida, a experiência, a inteligência e, por conseguinte, a opinião de quem a realiza. Não há, portanto, informação transmitida de forma absolutamente neutra.

Com isso, é dado ao veículo de comunicação estabelecer a sua linha editorial, que reflete a política da empresa, a sua visão de mundo e suas opiniões. Obviamente que o estabelecimento de uma linha editorial não pode ser confundido com um cheque em branco para falsear a realidade. Porém, é indiscutível que a linha editorial, além de, em grande medida, ditar a pauta jornalística, baliza a contratação de colunistas que com ela convergem. Ou seja, não há veículo de comunicação rigorosamente neutro, não sendo isto contrário a qualquer preceito constitucional.

Mas é exatamente pelo fato de não se exigir por parte do órgão de imprensa: a) a ciência absoluta da veracidade; b) absoluta imparcialidade; e c) uma visão de mundo neutra que, no que se refere à *fake news*, deve-se colocar em segundo plano a intenção do emissor da notícia.

Afinal, a mera exigência da verdade subjetiva potencializa sobremaneira a possibilidade de serem veiculadas notícias não verdadeiras, quer tenha sido produzida com a intenção de enganar ou não.

Nota-se que o que provoca a desinformação, portanto, é a incongruência da notícia com os fatos, e não a intenção do seu emissor. Se o que se pretende é a tutela do direito à informação, o conteúdo jornalístico em si considerado é o que definirá a existência ou não de uma *fake news*. E esta pode ser veiculada tanto pelas redes sociais e veículos neófitos de mídia como, ainda, por meio de veículos tradicionais e consolidados. Isso explica, em grande parte, a descrença que significativa parcela do público tem em relação à mídia tradicional, o que foi detectado, por exemplo, como já mencionado, pela *ICMPA-International Center for Media and the Public Agenda*.[42]

4. A TRANSPARÊNCIA DA NOTÍCIA COMO MEIO DE PROMOÇÃO DO DIREITO À INFORMAÇÃO

4.1 As tentativas de detecção de *fake news*

Como se viu, as chamadas *fake news* são passíveis de ser veiculadas tanto pelos veículos de mídia surgidos com o desenvolvimento tecnológico, quanto pelos veículos tradicionais, ou seja, verifica-se um campo fértil bastante amplo para a sua difusão.

Nesse contexto, devem ser analisados os instrumentos que vêm sendo utilizados para a detecção das *fake news*. No Brasil, deve-se salientar que importantes iniciativas dessa natureza têm partido da mídia tradicional. Isso parece decorrer de uma tentativa de se descolar da mídia nascida com o desenvolvimento tecnológico. O Grupo Globo, por exemplo, lançou a seção *Fato ou Fake*, composta por jornalistas das diversas empresas de mídia do Grupo, como a Rádio CBN, o sítio de notícias G1, O Globo, o Extra, Época, o Valor, a emissora GloboNews e a TV Globo.[43] Já outros relevantes veículos de imprensa se uniram em torno do projeto *Comprova* de *fact checking*. Nesse caso, *Estado*, AFP, Band (TVs e rádios do grupo), Canal Futura, *Correio*, *Correio do Povo*, *Exame*, *Folha de S.Paulo*, GaúchaZH, Gazeta Online, *Gazeta do Povo*, *Jornal do Commercio*, *Metro Brasil*, Nexo Jornal, Nova Escola, NSC Comunicação, *O Povo*, Poder360, *revista Piauí*, SBT, UOL e *Veja*.[44]

Pode-se afirmar que o sistema de checagem de fatos no Brasil é muito ligado às mídias tradicionais e é concentrado. Para se ter uma ideia, dos nomes acima trazidos, participam dos instrumentos de checagem a maior TV aberta do Brasil (TV Globo), os três mais importantes jornais brasileiros (Estado de São Paulo, Folha de São Paulo e O Globo) e, por fim, duas das maiores revistas (Época e Veja).

Outra iniciativa importante foi a criação da Agência Lupa. Embora ela se coloque como agência independente, a sua página está hospedada dentro das páginas de três relevantes veículos da imprensa tradicional, quais sejam, a revista Piauí, o jornal Folha de São Paulo e a UOL.[45]

---

42. Vide critérios de análise de transparência da mídia referidos na nota 39 e o resultado da pesquisa referido na nota 40.
43. G1 lança Fato ou Fake, novo serviço de checagem de conteúdos suspeitos. *G1*, 30 jul. 2018. Disponível em: <goo.gl/86JLDn>. Acesso em: 15 ago. 2018.
44. PROJETO Comprova vai combater fake news em 2018. *O Estado de S.Paulo*, 28 jun. 2018. Disponível em: <goo.gl/YD7GEg>. Acesso em: 15 ago. 2018.
45. Ver: LUPA: a primeira agência de fact checking do Brasil. Disponível em: <goo.gl/6mcZcH>. Acesso em: 18 ago. 2018.

Relevante iniciativa, agora em nível internacional, foi a criação do *First Draft*, ligado à Universidade de Harvard, destinado ao combate à desinformação na internet. Trata-se de um caminho desejável, por envolver a academia no combate às notícias falsas.[46] Entretanto, percebe-se que foi o *First Draft* um dos apoiadores determinantes à implantação no Brasil do projeto Comprova, acima citado, que conta com a presença de diversos órgãos de mídia de massa.[47] Ou seja, mesmo uma iniciativa que surgiu à margem da grande imprensa, para ela se voltou novamente.

Em levantamento realizado em março de 2017, foram encontrados oito sites de *fact checking* no Brasil. São eles:

a) Truco;

b) E-Farsas, que conta com receita publicitária do R7, que é, por sua vez, ligado ao Grupo Record, destinando-se à verificação de conteúdos on-line virais;

c) UOL Confere, que está ligada ao Grupo Folha;

d) É Isso Mesmo, ligado ao O Globo, com foco em declarações políticas e informações divulgadas nas redes sociais, posteriormente substituído pelo Fato ou Fake;

e) Agência Lupa, que, como já mencionado, liga-se à revista Piauí e à Folha de São Paulo);

f) Boatos.org, que visa desmistificar conteúdos virais;

g) Aos Fatos;

h) EBC, que é uma empresa pública, que congrega diversos veículos de comunicação.[48]

Das organizações acima mencionadas, observa-se que somente quanto a duas (Truco e Aos Fatos) não constam limitação de escopo (como, por exemplo, enfoque na verificação de conteúdo on-line ou viral) ou associação à grande mídia.

Evidentemente que a criação de espaços de checagem de fatos, ainda que ligados à mídia de massa, é bem-vinda. Afinal, é algo que contribui para reduzir a crença nas *fake news*, ao menos em parte. Entretanto, concentrar tais espaços de checagem na grande mídia ou limitar tal checagem aos conteúdos on-line e/ou virais acarreta insuficiência no combate às notícias falsas. Isto porque, como já se demonstrou, a disseminação de conteúdo falso não se dá, apenas, por meio das redes sociais, mas, também, por meio da própria grande mídia.

No Brasil, diante da clara possibilidade de as *fake news* influenciarem no debate eleitoral, o Tribunal Superior Eleitoral-TSE ingressou na discussão, com uma

---

46. FIRST Draft. Disponível em: <goo.gl/uaqiWb>. Acesso em: 22 ago. 2018.
47. PROJETO Comprova vai combater fake news em 2018. *O Estado de S.Paulo*, 28 jun. 2018. Disponível em: <goo.gl/YD7GEg>. Acesso em: 15 ago. 2018.
48. Levantamento disponível em: <goo.gl/Y6c3w2>. Acesso em: 22 ago. 2018.

atuação preventiva de combate às notícias falsas. Partiu-se da premissa verdadeira de que uma *fake news* pode, em pouco tempo, fazer ruir determinada candidatura, influenciando no resultado final das eleições.⁴⁹ Não obstante a louvável iniciativa, é preciso analisar qual é o espectro de notícias analisadas pelo Tribunal, de modo a verificar se o combate às *fake news* se dá de modo amplo ou restrito, apenas, ao que é disseminado na internet. A segunda hipótese, ao que tudo indica, é que está ocorrendo, isto é, apesar de as notícias falsas não se restringirem às redes sociais, somente esses casos é que, pelo visto, são o alvo da atuação do Tribunal Superior Eleitoral. É o que se extrai da seguinte declaração do Ministro Luiz Fux:

> Sempre afirmamos que na tarefa de combate a notícias falsas a fonte primária é a imprensa brasileira. Este é um marco na vida do TSE, de ato de cidadania dessas entidades. Rádios, revistas e jornais se comprometeram a combater conosco a proliferação de notícias falsas que poluem o ambiente eleitoral.⁵⁰

Do trecho transcrito, sugere-se que a base para a verificação da veracidade de uma determinada notícia é aquilo que se veicula na mídia tradicional. O termo "fonte primária" utilizado na declaração denota claramente isso.

Voltar os olhos, exclusivamente, para o desvendamento das notícias falsas disseminadas pelas redes sociais não resolve o problema, na medida em que deixa de combater a desinformação gerada pela própria mídia de massa. Com isso, não se interrompe o círculo vicioso já mencionado no presente trabalho: ao não haver um trabalho maciço de checagem daquilo que é veiculado por meio da mídia de massa, a credibilidade em tais veículos é reduzida; por conseguinte, o cenário permanece fértil ao surgimento de *fake news*; há um aprofundamento na credulidade do público em relação às notícias falsas; a falta de credibilidade na grande mídia, em razão da credulidade quanto às *fake news*, é aprofundada com mais intensidade ainda. E o círculo vicioso se retroalimenta.

Com isso, não se restabelece o ambiente adequado para o exercício do direito à informação, mas, ao contrário, gera-se condições para a disseminação da desinformação. É preciso, assim, ir além dos instrumentos já existentes de verificação de imprecisão das notícias.

4.2 A premente necessidade de maior transparência da mídia

Como em qualquer situação, o autoaperfeiçoamento se trata da melhor maneira de conferir maior transparência ao exercício da atividade jornalística. E esse autoaperfeiçoamento está inteiramente à mão dos veículos de imprensa. Isso pode ser constatado por meio do estudo realizado pelo *ICMPA-International Center for Media and the Public Agenda*, já mencionado no presente trabalho.⁵¹ Os parâmetros

---

49. FORTUNA, Deborah. TSE promete combater as fake news para garantir um jogo limpo nas eleições. *Correio Braziliense*, 09 jun. 2018. Disponível em: <goo.gl/R8NrbQ>. Acesso em: 16 ago. 2018.
50. RAMALHO, Renan. TSE faz pacto de combate a 'fake news' com mídias sociais e associações de empresas de comunicação. *G1*, 28 jun. 2018. Disponível em: <goo.gl/dE4CpB>. Acesso em: 16 ago. 2018.
51. Vide referência na nota 39.

utilizados pelo referido Centro para fins de aferição de transparência são perfeitamente acessíveis às empresas de mídia. Tanto isso é verdade que houve veículos que se saíram substancialmente melhor do que outros, alguns, até, muito próximos da nota máxima, como o *The Guardiam*, que atingiu 3,8 pontos.[52] Portanto, um bom início para um veículo que se pretenda transparente é:

a) Dar o devido destaque às correções de erros;

b) Divulgar abertamente quem são os seus proprietários, de modo a possibilitar a verificação, por parte do público, de eventuais interesses que estejam por trás das escolhas editoriais do veículo;

c) Abertura do veículo com relação a eventuais conflitos de interesses, inclusive no que tange às normas de conduta no relacionamento dos jornalistas com suas fontes ou entrevistados;

d) Explicitar as razões das escolhas editorias realizadas pelo veículo, a fim de que o público absorva a notícia levando em conta tais motivações, o que pode incentivá-lo a procurar outros veículos, a fim de melhor formar o seu convencimento; e

e) Dar espaço para a crítica, bem como divulgá-la ao público em geral.

Outro passo importante a ser seguido pelo veículo de imprensa com a finalidade de melhor informar o público é indicar qual é o gênero jornalístico correspondente ao conteúdo em questão. Nem sempre o receptor da notícia define com nitidez aquilo que lhe é oferecido pela imprensa. Exemplo disso foi o caso do artigo da lavra do economista Mark Weisbrot, publicado no New York Times do dia 23 de janeiro de 2018, no qual o autor criticava o julgamento criminal a que foi submetido o ex-Presidente Lula. Não foram poucos os que divulgaram o artigo dizendo que aquilo se tratava de uma manifestação de apoio do New York Times ao ex-Presidente.[53] Salvo aqueles imbuídos de más intenções destinadas a deturpar o caráter do conteúdo divulgado, quem repassou o material como uma manifestação de apoio do jornal não percebeu que há uma importante diferença entre artigo de opinião – no qual se explicita a opinião do articulista – e o editorial – no qual se explicita a opinião do veículo de imprensa. Segundo Leonardo Sakamoto, jornalista e professor da PUC-SP:

> Algo fácil que a mídia pode fazer é, sempre que possível, ajudar o leitor diferenciando os gêneros jornalísticos. Muitos veículos costumam identificar o que notícia, artigo, editorial, análise, enfim, próximo ao título. Outros deixam claro que blogs e colunas podem trazer, sistematicamente, textos opinativos e analíticos.[54]

---

52. INTERNATIONAL CENTER FOR MEDIA AND THE PUBLIC AGENDA (ICMPA). *How to measure the transparency of news? Here are the 5 most important concerns*. Disponível em: <goo.gl/dnXjQC>. Acesso em: 19 ago. 2018.
53. SAKAMOTO, Leonardo. Não confunda artigo e editorial, análise e notícia falsa, picanha e chuleta. *UOL Notícias*, 25 jan. 2018. Disponível em: <goo.gl/zF7LrN>. Acesso em: 25 ago. 2018.
54. SAKAMOTO, Leonardo. Não confunda artigo e editorial, análise e notícia falsa, picanha e chuleta. *UOL Notícias*, 25 jan. 2018. Disponível em: <goo.gl/zF7LrN>. Acesso em: 25 ago. 2018.

Portanto, indicar o gênero jornalístico é outra medida tendente a fazer com que o público saiba o que está consumindo, e forme, a partir daí, o seu senso crítico.

Mas não é só: nem sempre, em uma mesma matéria, torna-se clara a divisão entre o que é notícia e o que é opinião. Por vezes, no bojo de uma notícia, traz-se a opinião de alguém a seu respeito. Nesses casos, é importante o jornalista apontar que, naquele específico ponto, trata-se da opinião de alguém, não de uma descrição dos fatos. Um exemplo candente disso são as reportagens relativas a algum evento econômico: ao lado da descrição do fenômeno econômico em si, invariavelmente isso vem acompanhado da análise de especialistas. Ainda mais em se tratando de matéria econômica, na qual são encontradas opiniões de vários matizes, deve-se deixar claro que aquele trecho específico se trata de uma opinião. Deve-se ter o cuidado, ainda, de, na medida do possível, trazer opiniões divergentes ou, ao menos, apontar outras fontes, de modo a demonstrar que a opinião mencionada na matéria não é unânime. Não se agindo dessa forma, leva-se à confusão entre análise e notícia, desinformando-se o público.

O problema se repete nos textos que seriam sobretudo opinativos. Importante salientar que mesmo quanto à opinião, ela se dá sobre fatos concretos. Isto é, opina-se sobre algo que realmente ocorreu. Por outro lado, não raro, a fundamentação da opinião também pode se dar por meio de dados fáticos, com a utilização estatísticas, números, referências etc. Pois bem: tais fatos sobre os quais foi emitida a opinião ou que se prestam a embasar a opinião devem ser referenciados para que o destinatário da notícia possa recorrer diretamente à fonte primária da informação. Deve ser dada oportunidade ao receptor da mensagem de checar se esses fatos realmente ocorreram.

Tome-se, por exemplo, o artigo "Os donos do poder"[55], de autoria do prestigiado jornalista Cristiano Romero. Ao comentar as possíveis causas da crise fiscal enfrentada pelo Brasil, afirma o jornalista que "em 2017, os subsídios pagos pela União totalizaram R$ 354,7 bilhões, algo como 5,4% do PIB, sendo que R$ 270,4 bilhões foram concedidos por meio de gastos tributários (renúncias) e R$ 84,3 bilhões via benefícios financeiros e creditícios".[56] Pois bem: seria de bom alvitre que fosse indicada a fonte da informação relativa aos subsídios. Nota-se que os valores alegados são um argumento central para a tese de que os subsídios pagos pela União seriam determinantes para o surgimento do rombo fiscal. Assim, é preciso fornecer ao leitor os meios de checagem dos números apresentados. Em caso de eles estarem incorretos ou mal contextualizados, será verificada a insubsistência das premissas da opinião. Muito mais produtivo com relação à promoção do direito à informação seria a indicação da fonte para que o receptor da notícia pudesse:

a) Verificar se os referidos números estão corretos;

---

55. ROMERO, Cristiano. Os donos do poder. *Valor*, 29 ago. 2018. Disponível em: <goo.gl/oJ9Msv>. Acesso em: 29 ago. 2018.
56. ROMERO, Cristiano. Os donos do poder. *Valor*, 29 ago. 2018. Disponível em: <goo.gl/oJ9Msv>. Acesso em: 29 ago. 2018.

b) Verificar se a fonte consultada goza de credibilidade; e

c) Verificar se a renúncia de receitas, de fato, gerou, por fim, um decréscimo na arrecadação ou se foi compensada com outras receitas tributárias, cuja existência somente foi possível em razão da política de subsídios levada a efeito pelo governo.

Não se está aqui afirmando, peremptoriamente, que os dados apresentados no artigo estão errados. Ocorre que para se ter a certeza de sua veracidade é importante a indicação das fontes originárias do dado. Se o dado estiver equivocado ou tiver sido invocado em contexto impróprio, sem a indicação da fonte originária dificilmente o leitor tomará ciência disso. Ao contrário: um dado errado, na cabeça do leitor, tornar-se-á verdadeiro.

Portanto, o primeiro passo para que a mídia, de fato, esteja a serviço do direito de informação, é deixar claro ao seu público, com a maior exatidão possível, aquilo que está sendo veiculado. É essencial que o receptor da notícia possa desenvolver seu senso crítico em relação ao lhe foi oferecido. Isso somente ocorrerá caso tenha condições de tomar conhecimento da maior quantidade possível de aspectos que permearam a produção daquele conteúdo.

5. DOS INSTRUMENTOS DE PROMOÇÃO DE MAIOR TRANSPARÊNCIA NA MÍDIA

Como já verificado no presente trabalho, observa-se um déficit de transparência quanto ao material informativo circulante quer nas redes sociais, quer na grande mídia. Com relação ao que está sendo divulgado na internet, em particular aquilo que se considera *fake news*, observa-se a tendência de criação de instrumentos para a sua detecção. Entretanto, afirmou-se que grande parte desses instrumentos ou tem um espectro de atuação restrito às redes sociais, ou, então, são intimamente ligados a grandes veículos de imprensa.

A relação com a grande imprensa e a restrição do campo de análise às redes sociais redunda em um "buraco negro" quanto à verificação das *fake news*. Afinal, tende-se a analisar o material jornalístico veiculado por meio das redes sociais, deixando-se a descoberto o material veiculado na própria grande mídia. Os grandes veículos de mídia passam, então, a funcionar como certificadores daquilo que é e daquilo que não é *fake news*. Como já mencionado, esta análise parcial pode, até certo ponto, instruir sobre materiais deliberadamente falsos, mas não tem o condão de estabelecer uma transparência no âmbito da própria grande mídia. Desta forma, não se interrompe o círculo vicioso que conduz à desinformação. O material jornalístico difundido na mídia tradicional, mesmo em caso de levar à desinformação, passará incólume.

Como minimizar essa situação?

Conforme já mencionado, muito importante seria o autoaperfeiçoamento, com os grandes veículos de mídia atuando no sentido de conferir maior transparência à sua própria produção jornalística. Entretanto, sabe-se que nem sempre é possível contar com o bom senso nesse sentido. O caminho para minimizar tal problema deve ser a atração de outros atores para a verificação de conteúdos jornalísticos. E isso pode ser realizado por estruturas ligadas às faculdades de comunicação. Assim, tais estruturas teriam por objetivo a análise de um espectro mais amplo de material jornalístico, não limitado, apenas, àqueles conteúdos difundidos por redes sociais. Seriam estruturas:

a) Dotadas de preparo técnico, já que ligadas ao sistema de ensino da comunicação social; e

b) Que, de plano, já teriam o condão de chegar a uma quantidade significativa de pessoas, já que integrantes da própria comunidade universitária.

Outro caminho relevante seria a promoção de uma maior diversificação no âmbito da própria grande mídia, com o ingresso de novos atores midiáticos, o que, inclusive, é desejado pela própria Constituição, conforme disciplinado pelo art. 220, § 5º da CRFB/88[57], já que os meios de comunicação não podem ser objeto de monopólio ou oligopólio. Somente assim se fortaleceria um sistema de fiscalização mútua, de forma a promover uma autorregulação.

Mas cabe perguntar qual o papel do Estado no que tange à promoção de maior diversidade na mídia. Quanto a isso, emergem duas concepções acerca da liberdade de expressão, objeto de um acirrado debate no direito constitucional norte-americano. A primeira concepção é libertária, no sentido de que o Estado é, na realidade, um adversário da liberdade de expressão.[58] Assim, para que tal direito seja garantido, o Poder Público há de adotar uma postura absenteísta, sem interferências, ainda que se considere ser o mercado passível de falhas.[59]

A outra concepção, oposta à primeira, é a da postura estatal ativista, que exige uma participação estatal positiva no sentido de corrigir as distorções mercadológicas. Com isso, pretende-se que as medidas estatais promovam "um debate público mais plural, do qual também possam participar aqueles que, por falta de dinheiro ou poder, não conseguiram se fazer ouvir num sistema baseado exclusivamente no mercado. O seu ideal regulativo é a democracia deliberativa".[60]

---

57. "Art. 220. A manifestação do pensamento, a criação, a expressão e a informação, sob qualquer forma, processo ou veículo não sofrerão qualquer restrição, observado o disposto nesta Constituição.
[...]
§ 5.º Os meios de comunicação não podem, direta ou indiretamente, ser objeto de monopólio ou oligopólio.
58. O ponto de vista dos que defendem a concepção libertária foi assim explicado por Owen Fiss: "*Os debates do passado foram baseados na visão de que o Estado era um inimigo natural da liberdade. Era o Estado que estava procurando silenciar o orador (speaker) individual e era o Estado que deveria ser controlado.*" (FISS, Owen M. *A ironia da liberdade de expressão*: estado, regulação e diversidade na esfera pública. Rio de Janeiro: Renovar, 2005. p. 28).
59. SARMENTO, Daniel. *Liberdade de expressão, pluralismo e o papel promocional do Estado*. p. 5. Disponível em: <goo.gl/rnRrv8>. Acesso em: 20 out. 2014.
60. SARMENTO, Daniel. *Liberdade de expressão, pluralismo e o papel promocional do Estado*. p. 5. Disponível em: <goo.gl/rnRrv8>. Acesso em: 20 out. 2014.

Interferir nas legítimas escolhas da empresa de comunicação é indevido, consistindo-se em violação ao art. 220, § 1º da CRFB/88.[61] Ou seja, o conteúdo do material jornalístico produzido pelo veículo de comunicação está, decerto, infenso à interferência estatal, salvo com relação ao expressamente previsto na Constituição (vide arts. 220 e 221 da CRFB/88[62]).

Se, de um lado, não deve haver interferências quanto àquele material produzido pela empresa, de outro deve-se garantir a maior diversidade possível de órgãos de imprensa, promovendo-se uma pluralidade informativa, evitando-se eventuais abusos por parte dos veículos de comunicação. Nesse sentido, ensina Daniel Sarmento:

> É evidente que quanto mais diversificado e policêntrico for o mercado comunicativo, menor será o poder individual dos titulares de cada veículo, reduzindo-se significativamente as chances de abusos tão graves. O célebre mote de Montesquieu, de que ´o poder freia o poder´, também vale para a mídia.[63]

Portanto, necessário se faz garantir a possibilidade de ingresso de mais atores no mercado comunicativo, de modo a possibilitar maior pluralismo. Ou seja, diante da dificuldade de se imiscuir no conteúdo do material produzido pela empresa de mídia (salvo em relação aos limites impostos pela Constituição), imperioso que se garanta a maior diversidade possível de opiniões, para fins de garantir "um debate público robusto, em que os pobres e excluídos também tenham como expressar os seus pontos de vista e defender os seus próprios interesses".[64]

Pergunta-se: é possível formar um mercado comunicativo plural com uma atitude meramente absenteísta do Estado? A resposta, ao menos no que se refere à realidade brasileira, é não: o regime absenteísta não é suficiente para se garantir a pluralidade do mercado de informações. A existência de um mercado de comunicação plural, bem como a promoção de uma saudável concorrência entre os seus participantes, não é algo que se atinja sem a participação ativa do Estado.

E nos casos de interferência do Estado, não há que se falar em afronta à liberdade de expressão. Afinal, a própria concessão de radiodifusão de som e de som e imagem já nasce com limitações, particularmente, como visto, aquela que impede a forma-

---

61. Art. 220. A manifestação do pensamento, a criação, a expressão e a informação, sob qualquer forma, processo ou veículo não sofrerão qualquer restrição, observado o disposto nesta Constituição.
§ 1.º Nenhuma lei conterá dispositivo que possa consistir embaraço à plena liberdade de informação jornalística em qualquer veículo de comunicação social, observado o disposto no art. 5.º, IV, V, X, XIII, e XIV.
62. Art. 221. A produção e a programação das emissoras de rádio e televisão atenderão aos seguintes princípios:
I – preferência a finalidades educativas, artísticas, culturais e informativas;
II – promoção da cultura nacional e regional e estímulo à produção independente que objetive sua divulgação;
III – regionalização da produção cultural, artística e jornalística, conforme percentuais estabelecidos em lei;
IV – respeito aos valores éticos e sociais da pessoa e da família.
63. SARMENTO, Daniel. *Liberdade de expressão, pluralismo e o papel promocional do Estado*. p. 24. Disponível em: <goo.gl/rnRrv8>. Acesso em: 20 out. 2014.
64. SARMENTO, Daniel. *Liberdade de expressão, pluralismo e o papel promocional do Estado*. p. 24. Disponível em: <goo.gl/rnRrv8>. Acesso em: 20 out. 2014.

ção de monopólios ou oligopólios passíveis de causar embaraços à concorrência. O mesmo vale para a imprensa escrita, já que o § 5º do art. 220 da Constituição não a exclui da disciplina. Note-se que, segundo Daniel Sarmento,

> o compromisso da Constituição de 1988 não é com a manutenção do *status quo*, mas com a mudança em direção à construção de uma sociedade mais justa, livre e igualitária. Isto se percebe facilmente, por exemplo, na leitura dos objetivos fundamentais da República, enunciados no art. 3º do texto magno, que de vem seguir de guia na interpretação dos demais preceitos da Constituição. [...]
>
> Deve-se conjugar a isto a importância conferida pela Lei Maior ao pluralismo político, que, nos termos do seu art. 1º, inciso V, constitui um dos fundamentos do Estado Brasileiro. Este princípio fundamental guarda estreita conexão com a liberdade de expressão, que constitui um dos mais importantes instrumentos para a sua proteção e dinamização.[65]

Portanto, o que daí se infere é que:

a) Para se construir uma sociedade livre, justa e igualitária, o que encontra fundamento no princípio da solidariedade insculpido no art. 3º da CRFB/88 como um dos objetivos da república, importante zelar para que o cabedal de informações que chega à população seja variado e da melhor qualidade possível, o que implica possibilitar que o receptor da informação saiba o que está por trás da notícia veiculada; e

b) Um dos fundamentos da república é o pluralismo político, conforme dispõe o art. 1º, V, da CRFB/88. Portanto, tal pluralismo político não será atingido, senão por meio de uma diversificação dos meios de comunicação, de modo a tornar mais fácil o acesso da população aos mais diversos matizes de pensamento.

Isso implica dizer que, da mesma maneira que o exercício da atividade de imprensa não deve ocorrer na forma de monopólio ou oligopólio, tampouco poderá ocorrer daquela forma o controle dos instrumentos de verificação do que é verdadeiro e do que é falso na mídia.

Daí a necessidade de haver o estabelecimento de políticas públicas, de cunho positivo, para fins de se promover diversificação que, de um lado, preservará o direito das empresas de comunicação professar as suas opiniões; de outro, propiciará a divergência salutar que redunda na formação de opinião pública de melhor qualidade; e possibilitará que mais agentes se dediquem à atividade de *fact checking*.

E a necessidade de atuação estatal positiva, ao que parece, foi pretendida pelo próprio constituinte originário, quando concebeu os arts. 220, § 5º e 221 Constituição. Quanto ao primeiro, determina que os meios de comunicação social não devem ser objeto de monopólio ou oligopólio. Claro está que, em havendo monopólio ou oligopólio, deve o Estado agir no sentido de pôr um termo a tal situação.

---

65. SARMENTO, Daniel. *Liberdade de expressão, pluralismo e o papel promocional do Estado*. p. 30. Disponível em: <goo.gl/rnRrv8>. Acesso em: 20 out. 2014.

Quanto ao segundo, ali são conferidos balizamentos à liberdade de imprensa no âmbito do rádio e da televisão. Vale dizer: a liberdade de imprensa está garantida, porém nos termos estabelecidos nos arts. 220 e 221, o que demonstra que, no âmbito de nossa Constituição, a liberdade de expressão não é um direito absoluto. E mais: deve-se sempre ter em mente que a finalidade última da liberdade de imprensa é a promoção do direito de informação.

Analisando-se o art. 220, § 5º sob um aspecto funcional, percebe-se que o ali contido visa à garantia de ampla concorrência entre aqueles que desempenham a atividade de comunicação. Portanto, em havendo interessados no desempenho do serviço de radiodifusão, deve o poder público facilitar as condições para que tal interessado ingresse no mercado. Da mesma forma, em se percebendo uma excessiva concentração na mão de algum concessionário, deve o poder público agir contra tal concentração.

Quanto a este assunto, deve ser lembrado que o serviço de telecomunicações é um serviço público, a ser explorado diretamente pela União ou mediante autorização, concessão ou permissão, conforme disposto no art. 21, XI e XII da CRFB/88.[66] O serviço de radiodifusão de sons e imagens está previsto na alínea a) do inciso XII.

Sendo um serviço público, a ser concedido pela União, a radiodifusão de sons e imagens é fortemente regulamentada, sendo a principal disciplina aquela constante da Lei Geral de Telecomunicações (Lei 9472/97) que, no art. 2º, I, II, III e IV[67] que impõe diversos deveres ao Estado.

O inciso I trata da universalização das telecomunicações, impondo que o poder público aja no sentido de promover o amplo acesso da população em geral aos serviços de telecomunicações. Esta mesma lógica é a do inciso II, no sentido de que o Estado aja de modo a promover uma expansão daqueles serviços.

Entretanto, os deveres do Estado não se limitam ao aspecto quantitativo, isto é, não se limitam à questão da quantidade de destinatários dos serviços de telecomunicações. Não basta a informação chegar a todos, mas sim deve chegar de forma plural.

---

66. Art. 21. Compete à União:
    XI- explorar, diretamente ou mediante autorização, concessão ou permissão, os serviços de telecomunicações, nos termos da lei, que disporá sobre a organização dos serviços, a criação de um órgão regulador e outros aspectos institucionais;
    XII- explorar, diretamente ou mediante autorização, concessão ou permissão:
    Os serviços de radiodifusão sonora e de sons e imagens;
67. Art. 2.º O Poder Público tem o dever de:
    I – garantir, a toda a população, o acesso às telecomunicações, a tarifas e preços razoáveis, em condições adequadas;
    II – estimular a expansão do uso de redes e serviços de telecomunicações pelos serviços de interesse público em benefício da população brasileira;
    III – adotar medidas que promovam a competição e a diversidade dos serviços, incrementem sua oferta e propiciem padrões de qualidade compatíveis com a exigência dos usuários;
    IV – fortalecer o papel regulador do Estado;

Nesse sentido, o inciso III impõe ao poder público o dever de adotar medidas que promovam a competição e a diversidade dos serviços de telecomunicações. Portanto, é dever do poder público tomar providências no sentido de garantir a diversidade de informações. Repita-se: se o poder público deve ser parcimonioso com relação à intervenção no conteúdo produzido pelos veículos de informação – ressalvadas as hipóteses previstas na Constituição -, por outro lado deve garantir a maior pluralidade possível dos veículos de comunicação.

É de se mencionar, ainda, o papel regulador do Estado, que deve ser reforçado, conforme se infere do inciso IV.

A própria legislação de regulação das telecomunicações impõe uma atuação positiva do Estado, de modo que a atuação deste se impõe se embaraçadas a universalidade dos serviços de telecomunicação, a diversidade de oferta e a qualidade dos serviços.

Justificando-se a liberdade de imprensa somente quando promove, em favor dos indivíduos, o direito à informação, se esta promoção não está se efetivando de maneira adequada, não deve o Estado se abster de agir na tentativa de reverter tal situação. Note-se que a liberdade de imprensa deve ser analisada, sobretudo, sob a perspectiva do receptor da mensagem, e não, propriamente, sob o ponto de vista da empresa que exerce tal atividade. Simone Schreiber, parafraseando Fiss, afirma ser equivocada a posição segundo a qual a liberdade de imprensa deve ser analisada sob a perspectiva do emissor, não do receptor, o que levaria a uma postura de abstenção por parte do Estado:

> [...] essa concepção descura dos interesses dos receptores da mensagem, igualmente dignos de proteção. A abstenção estatal acaba permitindo que as empresas de comunicação, controladas por grandes grupos econômicos, detenham o poder de determinar quais os discursos, opiniões, notícias, que serão livremente veiculados, e quais serão silenciados. No entanto, a definição de tais pautas não atende a critérios democráticos, mas sim à lógica do mercado.[68]

Emerge, assim, a questão dos interesses econômicos dos grupos de mídia, que levam a um afastamento em relação aos princípios previstos no art. 221 da CRFB/88.

Sabe-se que os grandes veículos de comunicação são formados sob a forma de empresas e, portanto, objetivam o lucro. Tal questão não passou despercebida a Daniel Sarmento:

> Isto porque, num sistema em que os meios de comunicação são explorados por particulares com objetivo de lucro, uma série de fatores converge para a fragilização do pluralismo dos debates sociais e para o abafamento da voz dos mais pobres. Os meios de comunicação audiovisual, por exemplo, na busca da maximização da sua audiência, tendem a privilegiar o puro entretenimento, dando reduzido espaço à discussão de temas de interesse público. Por outro lado, pontos de vista não convencionais costumam ser evitados pela mídia, porque podem espantar anunciantes

---

68. SCHREIBER, Simone. Liberdade de expressão: justificativa teórica e a doutrina da posição preferencial no ordenamento jurídico. In: BARROSO, Luis Roberto (Org.). *A reconstrução democrática do direito público no Brasil*: livro comemorativo dos 25 anos de magistério do professor Luis Roberto Barroso. Rio de Janeiro: Renovar, 2007. p. 223.

e patrocinadores. Ademais, em temas que envolvem questionamentos ao *status quo* econômico social, a grande imprensa tende, naturalmente, a inclinar-se para o lado mais conservador, seja para proteger os interesses dos seus titulares como integrantes da elite, seja para evitar indisposições com os anunciantes que sustentam o seu funcionamento. E os indivíduos e grupos que não têm poder econômico ou político enfrentam obstáculos praticamente insuperáveis para divulgação das suas ideias e pontos de vista.[69]

Pode, portanto, ocorrer a modulação de conteúdo jornalístico em razão de interesses econômicos basicamente por meio das seguintes maneiras:

a) Uma busca incessante pelo aumento da audiência, privilegiando o entretenimento em detrimento de discussões de interesse público;

b) Pontos de vista não convencionais costumam ser evitados pela mídia, por receio de se perder anunciantes e patrocinadores;

c) Em temas que envolvem questionamentos ao *status quo*, a grande imprensa tende a se inclinar para o lado mais conservador, eis que, além de se evitar a perda de anunciantes, o lado mais conservador reflete os interesses dos comandantes da empresa de comunicação, que também fazem parte da elite, de modo a alijar grupos sem poder econômico ou político; e

d) Existe a possibilidade de modulação do conteúdo jornalístico de acordo com os interesses diretos de parceiros econômicos e anunciantes.[70]

Sendo assim, é evidente o risco de que a informação a ser veiculada seja manipulada pela empresa de comunicação em razão de interesses econômico-financeiros, o que, decerto, afasta o exercício da atividade de comunicação dos princípios constitucionais que a informam.

Impossível, assim, desconsiderar o poder/dever do Estado de conformar a distribuição dos meios de comunicação de acordo com os dispositivos legais e constitucionais já citados. Vale dizer: no ordenamento brasileiro, não só é possível ao Estado agir para que sejam respeitados os princípios constitucionais da liberdade de expressão e imprensa e à liberdade e direito de informação, mas, além disso, está o poder público obrigado a fazê-lo. E é essa a diversidade que permitirá uma melhor fiscalização mútua dos atores midiáticos.

Há a necessidade, portanto, de uma conjunção de instrumentos que levem a uma verificação eficaz do conteúdo veiculado pela mídia de massa. O primeiro, como já demonstrado, consistente na criação de estruturas vinculadas às faculdades de

---

69. SARMENTO, Daniel. *Liberdade de expressão, pluralismo e o papel promocional do Estado*. p. 24. Disponível em: <goo.gl/rnRrv8>. Acesso em: 20 out. 2014.
70. A preocupação não é vã. Existem fundadas suspeitas de que o jornal britânico Daily Telegraph deixou de publicar artigos críticos ao banco HSBC no rumoroso caso conhecido como "Swissleaks" em razão de, pouco tempo antes da divulgação do escândalo, ter obtido empréstimo de aproximadamente R$ 1,1 bilhão (250 milhões de libras) junto à referida instituição financeira. (Daily Telegraph recebeu empréstimos de R$ 1,1 bi e atenuou críticas ao HSBC. *Jornal GGN*, 20 fev. 2015. Disponível em: <goo.gl/H6aT42>. Acesso em: 10 abr. 2015).

comunicação, tendentes a uma ampla verificação de conteúdo, o que certamente abrange o material jornalístico veiculado pela mídia de massa. Trata-se de instrumento que, por si só, trará uma maior quantidade de atores ao trabalho de verificação de veracidade de conteúdo.

O segundo, a promoção de diversidade da mídia, o que tende a criar maior competição entre os atores midiáticos, incluindo-se aí uma verificação mútua de conteúdo, a acarretar o aperfeiçoamento da atividade jornalística.

Mas é importante salientar que a diversidade deve ser analisada de forma mais profunda do que a simples inclusão de novos atores midiáticos. Isso porque o atual nível de desenvolvimento das plataformas tecnológicas permite que qualquer pessoa difunda material jornalístico, sem que seja necessária uma grande estrutura interposta entre o produtor e o destinatário do conteúdo. O próprio produtor do conteúdo já tem acesso praticamente direto ao destinatário do material jornalístico. Isso leva a que haja, hoje em dia, um ambiente com diversos atores midiáticos. Ocorre que ainda remanesce a presença de poucos atores atingindo uma quantidade massificada de pessoas, enquanto os demais atores midiáticos são pulverizados. Nessas circunstâncias, não se pode entender haver competição, já que poucos chegam a muitos destinatários e muitos chegam a poucos.

Apenas para se ter uma ideia da concentração da mídia no Brasil, a líder do mercado televisivo possuía uma audiência diária de cerca de 91 milhões de pessoas em 2014, pouco menos que a metade da população brasileira. A segunda colocada possuía no referido ano uma audiência de algo em 13%. Apenas para se ter uma ideia da concentração da mídia no Brasil, a líder do mercado nos Estados Unidos possui uma audiência de não mais que 12%.[71]

Nesse caso, além da diversidade de veículos de mídia, deve-se promover uma paralela desconcentração do mercado midiático, de modo a possibilitar o maior equilíbrio possível entre os que nele atuam. Somente com uma desconcentração daqueles que realizam o trabalho jornalístico e, por conseguinte, de checagem, é que será possível uma ampla verificação da qualidade da notícia.

Na ausência de regulação, tudo conspira para a concentração da mídia. Por exemplo, quanto mais se alcança poderio financeiro, inclusive às custas da qualidade da informação, maior é a tendência de se acentuar a concentração. Analisando uma realidade internacional, mas cuja lógica também se aplica ao Brasil, assim pontua o jornalista e professor Dênis de Moraes:

> [...] eleva-se a dependência de grupos de mídia a entidades de crédito, seja para obter empréstimos ou rolagens de dívidas, seja para se capitalizar com emissão de títulos ou aberturas de capitais em bolsas. E acentua-se a participação de corporações financeiras na estrutura da propriedade, inclusive indicando representantes nos conselhos de administração das empresas de comunicação.

---

71. Brazil's biggest media firm is flourishing with an old-fashioned business model. *Globo Domination*, 05 jun. 2014. Disponível em: <goo.gl/xPDZp5>. Acesso em: 03 maio 2015.

Com a expansão de seus negócios e o lastro financeiro assegurado pelos bancos e fundos de investimentos, conglomerados de mídia se convertem em atores econômicos de primeira linha. Eles acumulam diferenciais inacessíveis a organizações de menor porte: altas tecnologias, *know-how* gerencial, pesquisa e desenvolvimento de produtos de ponta, influência política, capacidade industrial, inovações técnicas, esquemas globais de distribuição e campanhas publicitárias mundializadas. É a interpenetração de aparatos tecnológicos, de modelos de planejamentos e de negócios que produz circunstâncias e fatores sinérgicos entre os *players*, beneficiando a concentração e a oligopolização.[72]

Infere-se daí que é formado o círculo vicioso da seguinte forma: o poderio econômico da empresa se acentua; em consequência, ela se aparelha melhor; ato contínuo, obtém maior espaço no mercado; esta situação lhe proporciona maiores possibilidades de rentabilidade, aumentando o seu poderio econômico e assim por diante. A tendência, é, pois, de concentração.

Onde, então, residiria a atuação estatal tendente a promover a pluralidade necessária ao enriquecimento do debate público e a promoção de um autêntico direito à informação?

A primeira linha de atuação é a relativa à desconcentração da mídia, por meio de ações tendentes a promover o ingresso de novos atores. E nesse campo, não se pode desconsiderar como fundamental a questão da propriedade dos meios de comunicação. Parte-se, assim, do princípio de que quanto mais a propriedade dos meios de comunicação for dispersa, mais favorecida estará a democracia, já que mais pessoas terão suas ideias difundidas, o que enriquecerá o debate.[73]

Um dos caminhos para tanto é a proibição da propriedade cruzada de meios de comunicação, isto é, proibir que um mesmo grupo empresarial controle diferentes mídias em um mesmo território.[74] E a restrição à propriedade cruzada é praticada em diversos países democráticos, em maior ou menor medida, tais como Estados Unidos, Reino Unido e França.[75] Muito distante é a realidade no Brasil, onde não

---

72. MORAES, Denis de. Sistema midiático, mercantilização cultural e poder mundial. In: MORAES, Denis; RAMONET, Ignacio; SERRANO, Pascual. *Mídia, poder e contrapoder*: da concentração monopólica à democratização da informação. São Paulo: Boitempo, 2013. p. 24 e 25.
73. LIMA, Venício A. de. *Liberdade de expressão x liberdade de imprensa*: direito à comunicação e democracia. 2. ed. São Paulo: Publisher Brasil, 2012. p. 159.
74. BRANT, João. Por que limitar a propriedade cruzada. *Observatória da Imprensa*, 02 fev. 2011. Disponível em: <goo.gl/Lsjb6h>. Acesso em: 15 abr. 2015.
75. "[...] Os Estados Unidos, por exemplo, tinham uma regra clássica de limite à concentração cruzada em âmbito local: nenhuma emissora poderia ser dona de um jornal que circulasse na cidade em que ela atua.

Essa regra foi levemente flexibilizada em 2007, quando se passou a levar em conta o índice de audiência das emissoras e o número de meios de comunicação independentes presentes naquela localidade. Mas essa flexibilização só vale para as vinte maiores áreas de mercado dos EUA (são 210 no total) e só acontece se o canal de TV não está entre os quatro mais vistos e se restam pelo menos oito meios independentes. Dá para ver, portanto, que a flexibilização é a exceção, não a regra.

Na França, há regras para propriedade cruzada em âmbito nacional e em âmbito local. Em cada localidade, nenhuma pessoa pode deter ao mesmo tempo licenças para TV, rádio e jornal de circulação geral distribuídos na área de alcance da TV ou da rádio. No Reino Unido, nenhuma pessoa pode adquirir uma licença do Canal 3 (segundo maior canal de TV, primeiro entre os canais privados) se ela detém um ou mais jornais de circulação nacional que tenham juntos mais do que 20% do mercado. Essa regra vale também para o âmbito local. No caso britânico, há outras regras que utilizam um complexo sistema de pontuação para sopesar

há tal restrição. Com isso, é perfeitamente possível no Brasil que, em um território, um mesmo grupo possua concessão de TV, rádio e possua jornal impresso de grande circulação, sem falar nas TVs a cabo. É possível, assim, que o poder do grupo se espraie por todas estas mídias. E cada uma destas mídias alimenta a outra, em uma lógica de contribuição mútua.

E não há critérios técnicos para a outorga de concessões de rádio e televisão, o que acaba sendo mais um fator que leva à concentração. Exemplo disso foi a expressiva quantidade de outorgas verificadas no governo do Presidente José Sarney (1985-1990), particularmente no período em que ocorria a Assembleia Nacional Constituinte de 1987-1988. A média mensal de outorgas no início do Governo Sarney (1985) era a de 10,67. Já em 1988, era de 57,11, sendo atingida, naquele ano, a média diária de 1,96 outorgas de concessões e permissões, entre rádio e TV. Frise-se que o período crítico em que isso ocorreu foi de novembro de 1987 a outubro de 1988, "período que coincide com a consolidação da atuação do Centrão[76], até a aprovação final da Constituição – foram outorgadas 586 concessões e permissões. Isto é, nesse período de apenas 11 meses, concentram-se 57% das outorgas efetuadas pelo Governo Sarney".[77] Assim, segundo notícias veiculadas à época, o aumento de concessões ocorreu exatamente em momentos de votação de matérias de enorme interesse para o governo federal, o que reforça a ideia de que tais concessões foram utilizadas como instrumento de barganha política.[78]

Ainda hoje é expressiva a participação de políticos e parentes de políticos nas concessões de radiodifusão. Em levantamento realizado em 2011, foi apurado que 56 congressistas (deputados federais e senadores) ou parentes destes eram titulares de concessões.[79]

Fácil é perceber, portanto, que a permissão da propriedade cruzada e a total falta de critério na distribuição de concessões favorece a concentração dos detentores do poder midiático e, por conseguinte, do discurso veiculado.

Frise-se que, no Brasil, vige o Decreto-lei n. 236/97 que, no seu art. 12[80], se não chega proibir a propriedade cruzada, limita o número de concessões por "entidade".

---

o impacto de licenças nacionais e locais de TV e rádio e jornais de circulação local e nacional." (BRANT, João. Por que limitar a propriedade cruzada. *Observatório da Imprensa*, 02 fev. 2011. Disponível em: <goo.gl/Lsjb6h>. Acesso em: 15 abr. 2015).

76. O Centro Democrático, mais conhecido como "Centrão", foi um forte grupo de apoio ao Governo Sarney durante os trabalhos da Assembleia Constituinte, e que representava os setores sociais mais conservadores (ANGELO, Vitor Amorim de. Constituição de 1988 (1): contexto histórico e político. *Educação*, 04 out. 2007. Disponível em: <goo.gl/cWiA4b>. Acesso em: 22 out. 2014).
77. HERZ, Daniel. *Quadro síntese das concessões e permissões outorgadas durante o Governo Sarney*. p. 1. Disponível em: <goo.gl/HbPhNT>. Acesso em: 28 ago. 2018.
78. LIMA, Venício A. de. As concessões de radiodifusão como moeda de barganha política. *Revista Adusp*, Rio de Janeiro, p. 29, jan. 2008. Disponível em: <goo.gl/atrA4Q>. Acesso em: 20 ago. 2018.
79. CRUZ, Valdo; WIZIACK, Julio. Lista revela políticos donos de rádio e TVs. *Folha de S.Paulo*, 29 maio 2011. Disponível em: <goo.gl/L7kfz6>. Acesso em: 23 out. 2014.
80. Art. 12. Cada entidade só poderá ter concessão ou permissão para executar serviço de radiodifusão, em todo o país, dentro dos seguintes limites:

Ocorre que a interpretação que o Ministério da Justiça faz do referido dispositivo acaba por reduzir muito a sua eficácia, já que, no seu entender, "entidade" significa "pessoa física", ou seja, considera "entidades distintas" empresas formadas por pessoas diferentes, mas pertencentes à mesma família. Assim, é fácil perceber que um número de concessões superior ao permitido pode estar sob o domínio de uma mesma família, ainda que, nominalmente, estejam sob o domínio de pessoas físicas distintas.[81]

Outro fator, talvez ainda mais grave, que acaba por fazer *tabula rasa* da limitação prevista no art. 12 do Decreto-lei n. 236/67, é o fato de que para fins de se atingir o limite ali previsto não são consideradas as "redes" formadas com a afiliação contratual de emissoras. Ou seja, na prática, há claríssima formação de oligopólios mediante a transmissão do mesmo conteúdo, ainda que os titulares das concessões sejam, nominalmente, diferentes.[82] Na prática, aquela tentativa de limitação acaba caindo por terra. Note-se que o Ministério da Justiça conferiu ao referido dispositivo uma interpretação estrutural, negligenciando o seu perfil funcional.[83] Vale dizer: a

---

I) Estações radiodifusoras de som:
a – Locais:
Ondas médias – 4
Frequência modulada – 6
b – Regionais:
Ondas médias – 3
Ondas tropicais – 3
sendo no máximo 2 por Estados
c – Nacionais:
Ondas médias – 2
Ondas curtas – 2
2) Estações radiodifusoras de som e imagem – 10 em todo território nacional, sendo no máximo 5 em VHF e 2 por Estado.
§ 1.º Cada estação de ondas curtas poderá, fora das limitações estabelecidas no artigo, utilizar uma ou várias frequências, que lhe tenham sido consignadas em leque.
§ 2.º Não serão computadas para os efeitos do presente artigo, as estações repetidoras e retransmissoras de televisão, pertencentes às estações geradoras.
§ 3.º Não poderão ter concessão ou permissão as entidades das quais faça parte acionista ou cotista que integre o quadro social de outras empresas executantes do serviço de radiodifusão, além dos limites fixados neste artigo. [...]

81. LIMA, Venício A. de. *Liberdade de expressão x liberdade de imprensa*: direito à comunicação e democracia. 2. ed. São Paulo: Publisher Brasil, 2012. p. 98. No mesmo sentido, conferir LOPES, Cristiano Aguiar. Regulação das outorgas de radiodifusão no Brasil: uma breve análise. *Consultoria Legislativa*, p. 27, dez. 2009. Disponível em: <goo.gl/45uEM1>. Acesso em: 15 abr. 2015.
82. LIMA, Venício A. de. *Liberdade de expressão x liberdade de imprensa*: direito à comunicação e democracia. 2. ed. São Paulo: Publisher Brasil, 2012. p. 98. No mesmo sentido, conferir LOPES, Cristiano Aguiar. Regulação das outorgas de radiodifusão no Brasil: uma breve análise. *Consultoria Legislativa*, p. 27, dez. 2009. Disponível em: <goo.gl/45uEM1>. Acesso em: 15 abr. 2015.
83. Segundo Pietro Perlingieri, "*O fato jurídico, como qualquer outra entidade, deve ser estudado nos dois perfis que concorrem para individuar sua natureza: a estrutura (como é) e a função (para que serve).* [...] *Na identificação da função dever-se-á considerar os princípios e valores do ordenamento que a cada vez permitem proceder à valoração do fato. Ao valorar o fato, o jurista identifica a função, isto é, constrói a síntese global dos interesses sobre os quais o fato incide. A função do fato determina a estrutura, a qual segue – não precede – a função.*" (PERLINGIERI, Pietro. *O direito civil na legalidade constitucional*. Tradução de Maria Cristina de Cicco. Rio de Janeiro: Renovar, 2008. p. 642)

função da norma em comento era a de evitar a concentração dos meios de comunicação. Assim, interpretação mais consentânea com este objetivo seria a de impedir artifícios que conduzissem a esta concentração, independentemente da titularidade da concessão. Não obstante, o que se fez foi o inverso: privilegiou-se a distinção de titularidade formal, ainda que isso tenha o condão de conduzir à concentração que se pretendia evitar.

O que se pode afirmar, portanto, é que no Brasil não há, a rigor, regulamentação eficaz que conduza à limitação de concessões e à consequente desconcentração das empresas de comunicação. Assim, imperioso é o estabelecimento de medidas mais efetivas para tornar eficaz o art. 12 do Decreto-lei n. 236/67, inclusive por meio de uma interpretação mais consentânea com a finalidade da lei.

Outro campo para a atuação estatal no sentido de diminuir a concentração da mídia é por meio de uma melhor distribuição da publicidade oficial.

Desde o ano de 2000 até 2012, a empresa de televisão líder do mercado recebeu cerca de 5,9 bilhões relativos à veiculação de material publicitário do Governo Federal, o que representa 54,7% sobre toda a verba publicitária do Governo destinada a televisões no período.[84] Somente em 2012, o valor repassado à líder do mercado foi de cerca de R$ 495 milhões, o que representa 43,98% dos valores destinados a televisões no período.

Outra constatação relevante é a de que apenas 10 (dez) veículos concentravam, em 2012, 70% de toda a verba publicitária, num total de mais de 3 mil empresas beneficiárias de repasses federais por veiculação de propaganda oficial.[85]

Portanto, o que se verifica é uma enorme concentração de poder na mídia, particularmente a televisiva, quer no que se refere ao número de emissoras pertencentes a cada grupo, quer no que se refere à distribuição de recursos destinados à veiculação de publicidade oficial.

Frise-se que segundo a Secretaria de Comunicação Institucional do Governo Federal-SECOM, o critério para a distribuição das verbas é o percentual de audiência de cada veículo.[86] Contudo, falta transparência na divulgação total dos valores gastos com publicidade, bem como com relação aos beneficiários de tais valores.

Certamente que a publicidade se presta a divulgar um serviço ao público, razão pela qual é razoável que a distribuição das verbas respectivas se dê, em alguma medida, de acordo com a audiência dos veículos destinatários. Entretanto, ainda que a audiência seja levada em consideração, ela não deve ser o único critério de divisão das verbas. Se a verba se refere a propaganda institucional do poder público, por

---

84. RODRIGUES, Fernando. GLOBO teve 5,9 bi de propaganda federal desde 2000. *Uol Notícias*, 22 abr. 2013. Disponível em: <goo.gl/UabPVF>. Acesso em: 23 out. 2014.
85. GLOBO concentra verba publicitária federal. *Carta Capital*, São Paulo, 13 set. 2012. Disponível em: <goo.gl/5kjgUe>. Acesso em: 23 out. 2014.
86. RODRIGUES, Fernando. GLOBO teve 5,9 bi de propaganda federal desde 2000. *Uol Notícias*, 22 abr. 2013. Disponível em: <goo.gl/UabPVF>. Acesso em: 23 out. 2014.

mais que fosse sedutor atingir o maior número de destinatários, não há um interesse mercadológico que justifique uma proporcionalidade absoluta entre audiência e recebimento de verbas de publicidade. Devem ser encontrados outros critérios de distribuição, inclusive com o fito de incentivar o aparecimento e fortalecimento de novos participantes do mercado. Evidentemente que a divulgação dos novos critérios de distribuição das verbas deve ser ampla, a fim de permitir a sua fiscalização por parte da sociedade e dos órgãos de controle.

Ainda tratando de verbas publicitárias decorrentes de empresas estatais, é preciso assentar que as atividades destas não são movidas, apenas, por interesses mercadológicos. O próprio art. 173 da Constituição preceitua que o Estado não deve explorar atividade econômica, senão quando presentes imperativos de segurança nacional ou relevante interesse coletivo. Logo, se há a necessidade da presença de interesse coletivo na atividade da estatal, sucede que seu papel transcende a simples busca pelos caminhos mais lucrativos, devendo haver, ainda, a busca pela consecução daquele interesse. E isso se reflete no momento de serem escolhidos os meios de veiculação de conteúdo publicitário: não se trata, apenas, de se escolher as empresas de maior audiência, já que o interesse coletivo será atingido com a melhor distribuição das verbas publicitárias, possibilitando, quer o ingresso, quer o fortalecimento de mais atores no mercado da comunicação.

E ainda que se entenda ser a audiência o único critério a ser levado em consideração, é de se notar que não há um critério claro de como esta audiência é aferida, isto é, para que a audiência seja um critério, a sua medição deve se dar por critérios claros e com metodologia passível de fiscalização. Isto, lamentavelmente, não vem sendo realizado.[87] E mesmo que os dados relativos à audiência fossem absolutamente confiáveis, necessária seria, ainda, a ampla divulgação, por parte dos órgãos oficiais, dos destinatários das verbas publicitárias e dos seus respectivos valores, até mesmo para se saber se a distribuição ocorreu da maneira proporcional, divulgação esta que não é realizada de forma detalhada.[88]

A democratização da mídia passa, então, pela rediscussão acerca dos critérios a serem levados em consideração para a distribuição das verbas de publicidade, tendo-se como um dos objetivos a promoção de uma maior pluralidade.

Verifica-se assim que os próprios critérios utilizados pelo Governo para fins de distribuição de verbas e concessões contribuem para a manutenção da concentração da mídia, dificultando o ingresso de outros atores, em total inobservância do disposto no art. 220, § 5º da CRFB/88. Portanto, o primeiro passo é a inversão da lógica dos atos do Poder Público. E somente com essa inversão de lógica, com a desconcentração

---

87. A falta de transparência nos métodos de aferição da audiência deu origem a uma disputa judicial entre o SBT e o IBOPE, na qual este foi condenado a fornecer àquele todos os detalhes de sua metodologia. (JARDIM, Lauro. *SBT 1 x 0 IBOPE*. Disponível em: <goo.gl/vDPb1E>. Acesso em: 15 abr. 2015).
88. RODRIGUES, Fernando. GLOBO teve 5,9 bi de propaganda federal desde 2000. *Uol Notícias*, 22 abr. 2013. Disponível em: <goo.gl/UabPVF>. Acesso em: 23 out. 2014.

dos veículos de mídia é que será possível a diversificação do controle de qualidade da informação veiculada.

6. CONCLUSÃO

Inicialmente, no presente trabalho, foram estabelecidos os conceitos de liberdade de expressão, de informação e de imprensa. Tais liberdades e o direito à informação são essenciais para um Estado democrático. Sendo assim, devem ser fortemente tutelados pela Constituição da República.

Feitas as distinções entre as liberdades e direito acima mencionados, procurou-se estabelecer qual a posição ocupada pela liberdade de imprensa no direito brasileiro. Tendo-se em vista que a pessoa humana foi alçada ao ápice do ordenamento jurídico, merecendo, portanto, máxima tutela, a liberdade de imprensa, em que pese ocupar lugar de destaque no ordenamento jurídico, não se sobrepõe à pessoa humana, razão pela qual a referida liberdade somente será tutelada na medida em que funcionalizada ao direito de informação, do qual a pessoa é titular. Isso é que levará ao fortalecimento da democracia. O destinatário da informação deve, assim, estar protegido em relação a notícias inverídicas, sob pena de a liberdade de imprensa se prestar não à informação, mas sim à desinformação.

Dessa situação emergem duas questões bastante candentes na atualidade, que são as denominadas *fake news* e a falta de transparência da mídia. Com relação às *fake news*, elas encontraram na atualidade um campo extremamente fértil. Isso porque, o desenvolvimento tecnológico possibilita a difusão de uma enorme quantidade de informações, praticamente em tempo real. Acresça-se a isso o fato de que, ao contrário do que ocorria em outras épocas, a difusão da informação não mais depende de uma pessoa jurídica interposta entre o produtor da notícia e o seu destinatário. Deve-se ressaltar, ainda, a falta de credibilidade de que goza a mídia tradicional, de maneira que o consumidor de notícia passa a não mais recorrer à seleção das notícias realizadas pelos editores da mídia tradicional, passando a procurar, diretamente, informações de seu interesse.

E um dos fatores mais relevantes que levam à falta de credibilidade da grande mídia é a falta de transparência dos veículos tradicionais de comunicação. Isso conduz à dificuldade de o destinatário da notícia saber o que está por trás daquela veiculação. Além disso, nota-se um déficit de informações que permitam ao destinatário do conteúdo aprofundar-se no tema.

Logo, para se garantir a plenitude do direito de informação, deve-se melhorar a qualidade do material veiculado, quer conferindo-se maior transparência aos veículos de comunicação e ao que está por trás do conteúdo veiculado, quer combatendo-se às *fake news*.

Quanto às *fake news*, deve-se tomar em conta que o elemento subjetivo concernente à intenção do difusor de ludibriar não é relevante para a configuração daquela.

Afinal, o que definirá se algo é, ou não, *fake news* é o atributo que o material veiculado tem de desinformar. Nesse sentido, o combate à desinformação deve não só se restringir ao conteúdo deliberadamente difundido por meio de redes sociais para enganar o público, mas, também, deve voltar-se ao conteúdo veiculado pela mídia tradicional, que, por ser pouco transparente, leva à desinformação.

O aperfeiçoamento do ambiente informativo deve, assim, situar-se em duas vertentes, sendo uma delas a importância de se conferir maior transparência à mídia, de modo que: a) haja uma política séria de correção de erros, conferindo-se o devido destaque a isso; b) seja divulgado abertamente quem são os proprietários do veículo de mídia, de maneira a possibilitar ao público verificar quais os interesses se encontram por trás das escolhas editoriais do veículo; c) seja o veículo claro em relação a eventuais conflitos de interesses, inclusive no que tange às normas de conduta de relacionamento dos jornalistas com as suas fontes ou entrevistados; d) explicite as razões das escolhas editoriais realizadas pelo veículo, a fim de que o público absorva o material informativo levando-se isso em consideração; e e) dar espaço para a crítica e divulgá-la ao público em geral. Com isso, permite-se ao destinatário da notícia formar um melhor juízo crítico a respeito do conteúdo por ele recebido.

A outra vertente do aperfeiçoamento do ambiente informativo refere-se ao combate às *fake news*. Nesse sentido, é salutar o esforço que vem sendo feito no sentido de criação de instrumentos de checagem de notícias. Entretanto, como se viu, o alcance de tais instrumentos tem sido limitado, já que estes ou estão ligados às grandes empresas de mídia ou têm por escopo de atuação, apenas, aquilo que é veiculado por meio das redes sociais. Portanto, resta a descoberto da checagem uma imensa gama de notícias veiculadas, em particular aquelas que o são pelos grandes veículos de mídia. Verificou-se, assim, que os instrumentos de combate às notícias falsas que, até aqui, foram implementados, são necessários, sendo, porém, insuficientes.

Mas como superar tal insuficiência? Um dos caminhos apontados no presente trabalho é a criação de instrumentos de checagem vinculados às faculdades de comunicação, que não se restringiriam à análise das informações propagadas por meio das redes sociais, mas, também, teriam como escopo uma ampla análise do conteúdo informativo veiculado na imprensa tradicional. Seriam instrumentos dotados de preparo técnico, já que ligados à academia, bem como, de plano, chegariam a uma quantidade expressiva de destinatários, já que acessíveis à numerosa comunidade acadêmica.

Outro caminho seria a diversificação e a desconcentração no âmbito da grande mídia. Isso porque, em que pese a autorregulação ser sempre o mais indicado, não se tem a ilusão de que isso vá ocorrer. Assim, com a diversificação da mídia e a sua desconcentração, mais atores ocuparão o mercado da mídia, e essa se tornará mais pulverizada. A tendência, assim, é que a maior concorrência acarrete um melhor aperfeiçoamento da mídia. Além disso, com mais atores midiáticos e mais pulverizados, tende-se a uma diversificação no combate às notícias falsas, ampliando-se o seu espectro de atuação, de modo que não só se volte contra o conteúdo veiculado via redes sociais, mas, também, volte-se para o conteúdo veiculado na grande mídia.

Mas como conferir-se maior diversidade à mídia? Cumpre ressaltar que o art. 220, § 5º da Constituição preceitua que a atividade de comunicação não pode ser objeto de monopólio ou oligopólio. Isso faz com que o poder público tenha que agir no sentido de promover a maior diversidade da mídia, evitando-se a formação de monopólios e oligopólios. Portanto, deve o Estado ter uma postura ativista no sentido de garantir uma maior diversidade da mídia.

Importante notar que o serviço de telecomunicações é um serviço público, a ser explorado mediante autorização, concessão ou permissão. Sendo assim, por ser um serviço público, ele é fortemente regulamentado, o que impõe uma atuação estatal no sentido de conformar o desempenho da atividade.

E para fins de promover a desconcentração da mídia, além do aperfeiçoamento na forma de se conceder os serviços de telecomunicações, deve o poder público atuar para proibir a propriedade cruzada dos meios de comunicação, ou seja, deve impedir que um mesmo grupo empresarial seja proprietário de diversas mídias em um mesmo território. Isso porque, as mídias pertencentes ao mesmo proprietário tendem a se alimentar, acarretando, assim, um ambiente para a intensificação da concentração.

Outro caminho para se desconstruir um ambiente de mídia concentrado é uma maior pulverização das verbas oficiais de publicidade. Sabendo-se que, no Brasil, o dinheiro de publicidade oficial é expressivo, o critério de sua distribuição não deve ser, apenas, aquele relativo à audiência, mas sim deve levar em consideração outros aspectos, inerentes ao interesse público. Com isso, não devem ser escolhidos como destinatários de tais verbas, apenas, os veículos de mídia com maior audiência, mas sim deve haver uma melhor distribuição, de modo a se contribuir com o fortalecimento de mais atores do mercado de comunicação.

Logo, com a desconcentração dos veículos de mídia é que se possibilitará, por conseguinte, uma maior diversificação do controle de qualidade da informação difundida.

DIREITO AO ESQUECIMENTO

Anderson Schreiber

Professor Titular de Direito Civil da UERJ. Professor da Fundação Getúlio Vargas – FGV. Coordenador do Grupo de Pesquisa em Direito e Mídia. Procurador do Estado do Rio de Janeiro. Advogado.

"Se me esqueceres, só uma coisa, esquece-me bem devagarinho."

Mario Quintana

1. O QUE É E O QUE NÃO É O DIREITO AO ESQUECIMENTO

As mudanças tecnológicas alteraram significativamente a forma como o ser humano vem lidando com suas memórias. Se, antes, o indivíduo tendia naturalmente a esquecer, distanciando-se progressivamente do passado, hoje, computadores e aparelhos eletrônicos permitem a "lembrança de tudo".[1] Como afirma Mayer-Schönberger, na era digital, "o equilíbrio entre lembrar e esquecer começou a se inverter": lembrar tornou-se a regra e "esquecer, a exceção."[2] Tais mudanças colocaram em evidência o chamado direito ao esquecimento. Nascido no direito europeu continental (*diritto all'oblio*, na Itália; *droit à l'oubli*, na França; e assim por diante), notadamente com vistas aos casos de ex-detentos,[3] o chamado *direito ao esquecimento* passou a ser debatido também na esfera cível, no âmbito das relações entre particulares.

No Brasil, o direito ao esquecimento ganhou um sentido peculiar. Em 2013, o Superior Tribunal de Justiça, no julgamento do Recurso Especial 1.334.097 (Chacina da Candelária), atestou a existência do *"direito ao esquecimento"*, mas o definiu como *"um direito de não ser lembrado contra sua vontade, especificamente no tocante a fatos desabonadores, de natureza criminal, nos quais se envolveu, mas de que, posteriormente, fora inocentado."*[4]

---

1. COSTA, André Brandão Nery. *Direito ao Esquecimento: a Scarlet Letter Digital*. In: SCHREIBER, Anderson (org.). *Direito e Mídia*. São Paulo: Atlas, 2013, p. 185.
2. MAYER-SCHÖNBERGER, Viktor. *Delete: The Virtue of Forgetting in the Digital Age*. New Jersey: Princeton, 2009, p. 196: "With our capacity to remember, we are able to compare, to learn, and to experience time as change. Equally important is our ability to forget, to unburden ourselves from the shackles of our past, and to live in the present. For millennia, the relationship between remembering and forgetting remained clear. Remembering was hard and costly, and humans had to choose deliberately what to remember. The default was to forget. In the digital age, in what is perhaps the most fundamental change for humans since our humble beginnings, that balance of remembering and forgetting has become inverted. Committing information to digital memory has become the default, and forgetting the exception."
3. Para mais detalhes, ver SCHREIBER, Anderson. *Direitos da Personalidade*. São Paulo: Atlas, 2011, pp. 164-165.
4. STJ, REsp 1.334.097, j. 28.5.2013. A Corte concluiu, naquela ocasião, que: "*A despeito de a Chacina da Candelária ter se tornado – com muita razão – um fato histórico, que expôs as chagas do País ao mundo, tornando-se símbolo da precária proteção estatal conferida aos direitos humanos da criança e do adolescente em situação*

Essa acepção do direito ao esquecimento como um "*direito de não ser lembrado contra sua vontade*" incorre no erro de abordar o tema sob ótica voluntarista, na qual fatos relativos ao indivíduo passam a se subordinar à sua esfera de vontade individual, à semelhança de bens que passam a integrar seu patrimônio, de modo a excluir o acesso de todos os demais indivíduos àquele acontecimento. O direito ao esquecimento ganha, assim, contornos *proprietários*,[5] incompatíveis com a ordem constitucional brasileira, que tutela a liberdade de informação[6] e o acesso à informação por toda a sociedade,[7] não apenas como direitos fundamentais, mas como pressupostos do Estado Democrático de Direito.[8]

No extremo oposto a essa concepção, situa-se uma vasta gama de autores que nega qualquer valor ao direito ao esquecimento. O direito de todos ao conhecimento

---

de risco, o certo é que a fatídica história seria bem contada e de forma fidedigna sem que para isso a imagem e o nome do autor precisassem ser expostos em rede nacional. Nem a liberdade de imprensa seria tolhida nem a honra do autor seria maculada, caso se ocultassem o nome e a fisionomia do recorrido, ponderação de valores que, no caso, seria a melhor solução ao conflito."

5. Gustavo Tepedino critica a tutela da privacidade com contornos proprietários e aponta como saída adequada a ponderação concreta de interesses conflitantes: "*No panorama brasileiro, torna-se relevante analisar criticamente a visão da privacidade, ainda difusa em doutrina e jurisprudência, como espaço de poder ("proprietário") do indivíduo, que se encastela em seu território intransponível contra ingerências externas. (...) Em perspectiva diversa, deve-se definir em que circunstâncias e em face de quais interesses se torna legítimo o controle pessoal de informações da vida privada, impedindo-se assim o seu acesso pelo Estado, cada dia mais invasivo, ou por terceiros, motivados por pressões mercadológicas. Trata-se de ponderação necessária entre interesses colidentes, não sendo possível sacrificar, em abstrato, direitos fundamentais, máxime se o critério balizador for a pertinência proprietária, que acaba por prevalecer, com constrangedora proeminência, quando se pensa na privacy como poder de disposição personalíssimo em relação a 'bens' da personalidade.*" (Lógica Proprietária e Tutela da Personalidade. In: Revista Trimestral de Direito Civil, v. 49, Rio de Janeiro: Padma, 2012, p. vi).

6. "Art. 220. A manifestação do pensamento, a criação, a expressão e a informação, sob qualquer forma, processo ou veículo não sofrerão qualquer restrição, observado o disposto nesta Constituição. § 1º Nenhuma lei conterá dispositivo que possa constituir embaraço à plena liberdade de informação jornalística em qualquer veículo de comunicação social, observado o disposto no art. 5º, IV, V, X, XIII e XIV. § 2º É vedada toda e qualquer censura de natureza política, ideológica e artística."

7. O acesso à informação é tutelado pela Constituição brasileira, em seu artigo 5º, incisos XIV e XXXIII: "Art. 5º Todos são iguais perante a lei, sem distinção de qualquer natureza, garantindo-se aos brasileiros e aos estrangeiros residentes no País a inviolabilidade do direito à vida, à liberdade, à igualdade, à segurança e à propriedade, nos termos seguintes: (...) XIV – é assegurado a todos o acesso à informação e resguardado o sigilo da fonte, quando necessário ao exercício profissional; (...) XXXIII – todos têm direito a receber dos órgãos públicos informações de seu interesse particular, ou de interesse coletivo ou geral, que serão prestadas no prazo da lei, sob pena de responsabilidade, ressalvadas aquelas cujo sigilo seja imprescindível à segurança da sociedade e do Estado."

8. BARROSO, Luís Roberto. Liberdade de Expressão Versus Direitos da Personalidade. Colisão de Direitos Fundamentais e Critérios de Ponderação. In: Temas de Direito Constitucional. Tomo III. Rio de Janeiro: Renovar, 2005, p. 105: "(...) *essas mesmas liberdades [de informação e de expressão] atendem ao inegável interesse público da livre circulação de ideias, corolário e base de funcionamento do regime democrático, tendo portanto uma dimensão eminentemente coletiva, sobretudo quando se esteja diante de um meio de comunicação social ou de massa.*". Também nesse sentido, destaca Daniel Sarmento: "*O acesso à informação é essencial para que as pessoas possam participar de modo consciente da vida pública e fiscalizar os governantes e detentores de poder social. Não é exagero afirmar que o controle do poder tem no direito à informação seu instrumento mais poderoso. A transparência proporcionada pelo acesso à informação é o melhor antídoto para a corrupção, para as violações de direitos humanos, para a ineficiência governamental. (...) Não é por outra razão que os regimes autoritários têm ojeriza à divulgação de informações, buscando censurar a imprensa e criar uma redoma de sigilo sobre as suas atividades. Já nas democracias deve ocorrer o oposto.*" (Liberdades Comunicativas e "Direito ao Esquecimento" na Ordem Constitucional Brasileira. In: Revista Brasileira de Direito Civil, v. 7, 2016, p. 194).

da História excluiria qualquer proteção do indivíduo contra a circulação de informações a seu respeito ou a recordação de fatos que o envolvessem, em qualquer circunstância, o que consistiria intolerável restrição à liberdade de expressão. Nessa perspectiva, o direito ao esquecimento seria um *não-direito*, na medida em que não encontraria assento na normativa constitucional ou infraconstitucional, nem mesmo por via interpretativa. De acordo com parcela da doutrina, este teria sido o entendimento adotado, em 2021, pelo Supremo Tribunal Federal no julgamento do Recurso Extraordinário 1.010.606/RJ, em que aquela Corte concluiu: *"é incompatível com a Constituição a ideia de um direito ao esquecimento, assim entendido como o poder de obstar, em razão da passagem do tempo, a divulgação de fatos ou dados verídicos e licitamente obtidos e publicados em meios de comunicação social analógicos ou digitais."*[9]

Nenhuma das duas abordagens examinadas afigura-se cientificamente adequada, à luz dos estudos especializados sobre o tema, no Brasil e no exterior. De um lado, não se pode acolher uma acepção de direito ao esquecimento que, sob ótica voluntarista, coloque a recordação de fatos pretéritos ao mero sabor do *querer* de cada indivíduo, o que acabaria por criar *proprietários de passados*. De outro lado, contudo, não se pode ignorar que a ordem constitucional brasileira, ao atribuir primazia à proteção da pessoa humana, assegura-lhe tutela em face de uma vinculação a fatos pretéritos tão intensa que impeça o indivíduo de exercer plenamente a liberdade de construir para si uma nova identidade pessoal, dissociando-se de rótulos e emblemas do passado.

Nesse sentido, o direito ao esquecimento não se associa tanto à proteção da intimidade ou privacidade da pessoa humana, mas sim ao seu direito à identidade pessoal, que consiste, por sua vez, no *"direito de toda pessoa expressar sua verdade pessoal, 'quem de fato é', em suas realidades física, moral e intelectual. A tutela da identidade impede que se falseie a 'verdade' da pessoa, de forma a permanecerem intactos os elementos que revelam sua singularidade como unidade existencial no todo social"*.[10]

Nas palavras do saudoso jurista italiano Stefano Rodotà, o direito ao esquecimento *"significa que nem todas as pegadas que deixei na minha vida devem me seguir implacavelmente, em cada momento da minha existência."*[11] Nessa mesma direção, a *Cassazione* italiana concluiu, em 2012, que:

> *"(...) o direito ao esquecimento salvaguarda, na realidade, a projeção de ser tutelado contra a divulgação de informações (potencialmente) lesivas em razão da perda (dado o lapso temporal decorrido desde a ocorrência do fato que constitui seu objeto) da sua própria atualidade, de modo*

---

9. A decisão do STF no RE 1.010.606/RJ será objeto de exame mais detido mais adiante.
10. CHOERI, Raul Cleber da Silva. *O Direito à Identidade na Perspectiva Civil-Constitucional*. Rio de Janeiro: Renovar, 2010, p. 244.
11. No original: *"diritto all'oblio. Il che significa che non tutte le tracce che io ho lasciato nella mia vita mi devono inseguire implacabilmente in ogni momento della mia esistenza."* (RODOTÀ, Stefano. *Privacy: valore e diritto*. Entrevista disponível no site da Enciclopledia Multimedialae dele Scienze Filosofiche). Acrescenta, ainda, Rodotà que *"il passato non può essere trasformato in una condanna che esclude ogni riscatto."* Em tradução livre: *"o passado não pode ser transformado em uma condenação que exclui o resgate."* (*Dai ricordi ai dati l'oblio è un diritto?*, disponível no site do Jornal *La Repubblica*).

que o seu tratamento resulte não mais justificado e, de fato, suscetível de obstaculizar o sujeito na explicação e na fruição da própria personalidade."[12]

Como se vê, a expressão *direito ao esquecimento* talvez não seja a mais exata. Embora consagrada pelo uso doutrinário e jurisprudencial, tal expressão acaba por induzir em erro o jurista, sugerindo que haveria um direito de fazer esquecer, um direito de apagar os dados do passado ou suprimir referências a acontecimentos pretéritos. Não é disso, todavia, que se trata. O direito ao esquecimento consiste simplesmente no direito da pessoa humana de se defender contra uma *recordação opressiva de fatos pretéritos*, que se mostre apta a minar a construção e reconstrução da sua identidade pessoal, apresentando-a à sociedade sob falsas luzes (*sotto falsa luce*),[13] de modo a fornecer ao público uma projeção do ser humano que não corresponde à sua realidade atual.

Na perspectiva aqui defendida, o embate usualmente invocado entre, de um lado, a "memória de povo" ou sua "História" e, de outro lado, o direito ao esquecimento torna-se um *falso embate*. Isso porque o direito ao esquecimento não deve ser compreendido como o direito individual de reescrever a História ou apresentar uma nova versão para os fatos. Não se trata de um direito a efetuar uma projeção qualquer sobre a esfera pública, mas de um direito de defesa contra uma projeção desatualizada e opressora da pessoa humana.[14]

Uma definição tecnicamente correta sobre o que vem sendo chamado direito ao esquecimento afigura-se indispensável para evitar discussões superficiais entre a tutela desse direito e um suposto interesse contrário ao conhecimento do passado e da História, o que apenas contribui para que o tema permaneça em um plano abstrato e esfumaçado. A definição que ora se sustenta é aquela que, com base nas lições já citadas da doutrina especializada no Brasil e no exterior, compreende o direito ao esquecimento como direito de cada pessoa humana de se opor à recordação opressiva de determinados fatos perante a sociedade (recordações públicas nesse sentido), que lhe impeça de desenvolver plenamente sua identidade pessoal, por enfatizar perante terceiros aspectos de sua personalidade que não mais refletem a realidade.

---

12. *Corte Suprema di Cassazione*, julgado n. 5525/2012, j. 11.1.2012. Tradução livre do original em italiano: "*il dirirtto all'oblio salvaguarda in realtá la proiezione di essere tutelato dalla divulgazione di informazione (potenzialmente) lesive in ragione della perdita (stante il lasso di tempo intercorso dall'accadimento del fatto che costituisce l'oggetto) di attualità delle stesse, sicché il relativo tratamento viene a resultare non più giustificato ed anzi suscettibile di ostacolare il soggetto nell'esplicazione e nel godimento della propria personalità.*"
13. A expressão é de CASSANO, Giuseppe. *I diritti della personalità e le aporie logico dogmatiche di dottrina e giurisprudenza – Brevissimi cenni*. Disponível no site Diritto & Diritti: www.diritto.it.
14. SCHREIBER, Anderson. *Direitos da Personalidade*. São Paulo: Atlas, 2011, p. 165. Também nesse sentido, ver ALBERS, Marion. *A Imprensa Também Tem Limites*. In: Revista PUC-RS, v. 173. Rio Grande do Sul: PUC-RS, 2015, p. 31: "*Há o perigo de apagar algo da história de um país? Isso não acontece porque as informações seguem publicadas, estão sempre acessíveis aos pesquisadores. O que não vai ser possível é que qualquer pessoa encontre certas informações em mecanismos de busca. Até porque são sempre informações selecionadas, incompletas, um retrato distorcido das pessoas que nunca vão se livrar desse estigma. Isso é o que se quer evitar, mas em absoluto tem-se o objetivo de impedir pesquisas sobre as fontes que continuam disponibilizadas. O que se busca é um esquecimento social, mas não que individualmente não se possa acessar as informações.*"

Tecnicamente, o direito ao esquecimento é, portanto, um direito (a) exercido necessariamente por uma pessoa humana; (b) em face de agentes públicos ou privados que tenham a aptidão fática de promover representações daquela pessoa sobre a esfera pública (opinião social), incluindo veículos de imprensa, emissoras de TV, fornecedores de serviços de busca na internet etc.; (c) em oposição a uma recordação opressiva dos fatos, assim entendida a recordação que se caracteriza, a um só tempo, por ser desatualizada e recair sobre aspecto sensível da personalidade, comprometendo a plena realização da identidade daquela pessoa humana, ao apresentá-la sob falsas luzes à sociedade.

É emblemático o exemplo da pessoa transexual: tendo mudado de sexo, aquela pessoa não deve ser mais apresentada, quer pelo Estado, em repartições públicas, quer pela mídia privada, em reportagens ou entrevistas, como alguém que nasceu homem e se tornou mulher, ou vice-versa, porque, se esse rótulo for constantemente atrelado àquela pessoa, se esse fato passado, embora verdadeiro e público, for constantemente recordado, a sua apresentação à sociedade será sempre uma apresentação deturpada, por dar excessivo peso a um fato pretérito que obscurece sua identidade atual.

Como se vê, há íntima a vinculação entre o direito ao esquecimento e a dignidade da pessoa humana, noção fundante da ordem constitucional brasileira (art. 1º, III, CF). Isso não torna o direito ao esquecimento um direito absoluto. Muito ao contrário, exige delicado sopesamento em caso de colisão com outros direitos fundamentais de mesmo grau hierárquico.

2. A COLISÃO ENTRE DIREITO AO ESQUECIMENTO E LIBERDADE DE INFORMAÇÃO

A liberdade de informação consiste em um direito fundamental expressamente protegido pela ordem jurídica brasileira. Daí não se extrai que a liberdade de informação seja um direito ilimitado,[15] nem mesmo que haja uma prevalência em abstrato do direito à liberdade de informação frente a outros direitos fundamentais.[16]

---

15. Nesse sentido: *"Pode-se afirmar, pois, que ao constituinte não passou despercebido que a liberdade de informação haveria de se exercer de modo compatível com o direito à imagem, à honra e à vida privada (CF, art. 5º, X), deixando entrever mesmo a legitimidade de intervenção legislativa com o propósito de compatibilizar os valores constitucionais eventualmente em conflito."* (MENDES, Gilmar Ferreira; BRANCO, Paulo Gustavo Gonet. *Curso de Direito Constitucional*. São Paulo: Saraiva, 2012, 7ª ed., p. 309).

16. Nesse sentido, veja-se a posição do Ministro Luís Roberto Barroso no julgamento da ADI 4815, que tratou sobre o tema das biografias não autorizadas, que, mesmo defendendo uma *"primazia prima facie da liberdade de expressão"*, destaca a falta de hierarquia entre normas constitucionais: *"Este caso que estamos analisando hoje, aqui, envolve uma tensão, uma colisão potencial entre a liberdade de expressão e o direito à informação de um lado; e, de outro lado, os chamados direitos da personalidade, notadamente no tocante ao direito de privacidade, ao direito de imagem e ao direito à honra. Nessas situações em que convivem normas constitucionais que guardam entre si uma tensão, e a característica das Constituições contemporâneas é precisamente esse caráter compromissório e dialético de abrigarem valores diversos, a técnica que o Direito predominantemente adota para a solução dessa tensão ou desse conflito é precisamente a denominada ponderação. E aqui eu gostaria de registrar que um dos princípios que norteiam a interpretação constitucional, e consequentemente a própria ponderação, é o princípio da unidade, que estabelece a inexistência de hierarquia entre as normas constitucionais. Uma norma*

Ausente uma preferência apriorística e abstrata, diante de colisão entre a liberdade de informação e outros direitos fundamentais, incluindo o direito ao esquecimento, como desdobramento da tutela da dignidade humana, cumpre ao intérprete aplicar o método da ponderação.[17]

Toda ponderação, como se sabe, deve ser efetuada à luz da hipótese fática subjacente. Assim, deve-se resistir à tentação de traçar parâmetros supostamente aplicáveis a todos os casos em que se contraponham direito ao esquecimento e liberdade de informação. Cada hipótese fática apresenta circunstâncias relevantes distintas, conforme os diversos interesses que se conjugam concretamente. A título de auxílio ao julgador, contudo, é possível formular parâmetros específicos para certos gêneros mais comuns de situações fáticas que ensejam colisão entre direito ao esquecimento e liberdade de informação. Nesse sentido, por exemplo, seria possível traçar parâmetros com vistas aos frequentes conflitos derivados da forma de indexação de resultados acerca de nomes particulares em sites de busca na internet ou, ainda, com vistas à prolongada conservação de dados de devedores que já quitaram suas dívidas em serviços de proteção ao crédito.

A hipótese fática que se enfrenta, a título ilustrativo, no presente estudo é aquela que se consubstancia na veiculação de programas televisivos de relato e/ou encenação de crimes reais. Tais programas, exibidos em diversos países do mundo, desempenham uma função híbrida, situada entre a reportagem jornalística, a análise histórica (documentário) e o entretenimento. Por vezes, agrega-se a isso um propósito investigativo, com a solicitação de informações sobre pessoas foragidas, ou, ainda, o fomento ao debate público, com a requisição de opinião do público sobre soluções dadas pelos tribunais ou dilemas morais que possam ser suscitados pelo episódio relatado. Por retratarem, contudo, fatos reais, tais programas televisivos suscitam, não raro, reações por parte de pessoas ainda vivas que figuram ora como criminosos, ora como vítimas dos delitos revividos, ou, ainda, por parte de seus respectivos familiares. Não sendo possível estabelecer em abstrato qual dos direitos deve prevalecer, a colisão entre liberdade de informação e direito ao esquecimento somente pode se resolver por uma aplicação técnica do método da ponderação à luz das circunstâncias fáticas relevantes.[18]

---

constitucional não colhe o seu fundamento de validade em outra norma, portanto, elas têm de conviver harmoniosamente e uma não pode ser reconhecida como sendo superior à outra." (STF, ADI 4815, Min. Rel. Carmen Lúcia, j. 10.6.2015).

17. "La qualità e l'efficacia dell'informazione, nonché le sue stesse modalità di esercizio, non possono non dipendere anche dai contrapposti interessi di natura esistenziale dei suoi destinatari: sí che appare meritevole di consenso il recente indirizzo legislativo e giurisprudenziale vòlto a ravvisare un contegno illecito anche là dove la cronaca e la valutazione dei fatti, pur corrispondendo a verità, lesano inutilmente la dignità altrui." (PERLINGIERI, Pietro. Manuale di diritto civile. Napoli: ESI, 2003, p. 156).

18. "Para estas colisões, a ciência jurídica não oferece uma solução pronta e acabada. Não há uma norma expressa que determine qual dos dois direitos deve prevalecer; ambos são protegidos com igual intensidade e no mesmo grau hierárquico (direitos fundamentais)." (SCHREIBER, Anderson. Direito e Mídia. In: Direito e Mídia. São Paulo: Atlas, 2013, p. 15).

3. PARÂMETROS PARA PONDERAÇÃO ENTRE DIREITO AO ESQUECIMENTO E LIBERDADE DE INFORMAÇÃO EM CASOS DE PROGRAMAS TELEVISIVOS DE RELATO E/OU ENCENAÇÃO DE CRIMES REAIS

A primeira etapa da aplicação do método ponderativo é o *juízo de adequação*, que testa a adequação entre meio e fim.[19] Trata-se, a rigor, não de ponderação em sentido estrito, mas de controle axiológico-finalístico no exercício da própria situação jurídica subjetiva.[20] Em relação à hipótese de programas televisivos de relato e/ou encenação de crimes reais, devem ser formuladas as seguintes indagações:

a. Sob o prisma da liberdade de informação:

a.1. Trata-se de um crime de efetiva importância histórica, no sentido de que a repercussão do crime ao seu tempo ou suas consequências na sociedade justificam seu relato e/ou encenação pública?

b. Sob o prisma do direito ao esquecimento:

b.1. Trata-se de um crime cujo relato e/ou encenação pública ainda podem efetivamente afetar a identidade pessoal das vítimas, criminosos ou seus familiares vivos, a ponto de interferirem no modo como são identificados pela sociedade?

Caso uma das respostas seja negativa, há prevalência do direito oposto. É que, em tal caso, o exercício do direito fundamental nem sequer se mostra adequado ao atingimento do fim a que se dirige, na axiologia constitucional. O problema que se verifica, contudo, é que frequentemente ambas as respostas são positivas, ou seja, há interesse da sociedade em recordar o crime, por sua repercussão histórica, e há também risco de abalo à identidade pessoal dos envolvidos pela sua marcante relação com o delito retratado. O juízo de adequação não se mostra suficiente para solucionar a questão, determinando a prevalência de um ou outro dos direitos fundamentais em colisão.

Passa-se, então, ao *juízo de necessidade* (também chamado juízo de exigibilidade), que consiste essencialmente em examinar se as mútuas interferências sobre o interesse protegido são necessárias ou se, ao contrário, há outros meios menos gravosos para atingir os mesmos fins, sem risco para qualquer dos interesses contrapostos.[21] Aqui, cumpre notar, como já se advertiu em outra sede, que a opção pelo meio menos gravoso possível nem sempre é de fácil visualização na etapa que antecede o dano,

---

19. ALEXY, Robert. *Teoría de los Derechos Fundamentales*. Madri: Centro de Estudios Políticos y Constitucionales, 2002, pp. 114-115.
20. "*No âmbito da responsabilidade civil, equivale isso a dizer que a conduta lesiva deve ser adequada à realização do interesse abstratamente tutelado que a autoriza. Caso contrário, o que se tem é o exercício de uma situação jurídica subjetiva em total dissonância com a sua finalidade axiológico-normativa. Em uma tal situação, ocorre abuso de direito, a conduta se torna proibida, e o interesse tutelado não chega a realizar-se, de modo que ponderação, a rigor, não se faz necessária.*" (SCHREIBER, Anderson. *Novos Paradigmas da Responsabilidade Civil*. São Paulo: Atlas, 2015, 6ª ed., p. 171).
21. ALEXY, Robert. *Teoría de los Derechos Fundamentales*, cit., pp. 114-115.

nem a *responsabilidade civil* brasileira exige que o agente sempre opte pela via menos gravosa dentre todas as possíveis e imagináveis maneiras de realizar um interesse abstratamente protegido, senão que empregue o cuidado razoavelmente esperado à luz das circunstâncias.[22]

Na hipótese dos programas televisivos de relato e/ou encenação de crimes reais, cumpre responder às seguintes indagações:

a. Sob o prisma da liberdade de informação:

   a.2. O modo como o relato e/ou encenação pública do crime ocorreu era necessário ao (*rectius*: razoavelmente exigível para o) atingimento da finalidade informativa, documentarial e histórica? Mais especificamente:

   a.2.1. Para relatar e/ou encenar o crime, em toda sua dimensão histórica e informativa, era necessário identificar nominal ou visualmente a vítima ou seus familiares?

   a.2.2. Para relatar e/ou encenar o crime, em toda sua dimensão histórica e informativa, era necessário detalhar aspectos do episódio esperadamente sensíveis, como excessos de violência, caráter sexual do delito ou repercussão emocional do crime sobre a vítima ou seus familiares?

   a.2.3. Para relatar e/ou encenar o crime, em toda sua dimensão histórica e informativa, era necessário retratar cenas mórbidas (cenas de cadáveres, retratos de enterros, lápides etc.)?

b. Sob o prisma do direito ao esquecimento:

   b.2. Trata-se de um crime cujo relato e/ou encenação pública afetam necessariamente (ou razoavelmente) o modo como os envolvidos são identificados pela sociedade? Mais especificamente:

   b.2.1. Trata-se de crime que invade a esfera íntima da vítima ou seus familiares, pela natureza (crimes sexuais, por exemplo) ou intensidade (requintes de violência)?

---

22. Como já afirmado em obra puramente doutrinária, afigura-se "*frequentemente difícil determinar o meio menos gravoso de realização de um certo interesse, já que os meios são comparáveis sob muitos aspectos e o gravame que deles deriva para outros interesses muitas vezes só pode ser verificado a posteriori, em casos concretos. Além disso, questão extremamente relevante para a aplicação do critério no âmbito da responsabilidade civil deriva do fato de que, a princípio, ninguém é obrigado, nas relações privadas, a empregar o meio que, dentre todos os meios possíveis e imagináveis, seja o menos gravoso. Nem com relação à Administração Pública ou ao Poder Legislativo se tem exigido um tal grau de cuidado. Com maior razão, não se poderia exigi-lo do particular, sobretudo em matéria de responsabilidade civil, em que o parâmetro de julgamento tem sido tradicionalmente o do homem médio – hoje substituído gradativamente por standards específicos de comportamento, mas que continuam a requerer um comportamento usual e razoável nas circunstâncias envolvidas, e não uma conduta extraordinariamente cuidadosa.*" (SCHREIBER, Anderson. *Novos Paradigmas da Responsabilidade Civil*, cit., p. 173).

b.2.2. Trata-se de vítima ou familiares que possuem outras projeções sobre a esfera pública ou, ao contrário, de pessoas que somente tem projeção pública pelo envolvimento no crime?

b.2.3. Trata-se de crime vinculado a sentimento de impunidade ou revolta em relação à solução estatal, capaz de ainda afetar a vítima ou seus familiares?

Somente a resposta a essas indagações permite, superado o chamado juízo de necessidade, adentrar-se o exame da proporcionalidade em sentido estrito, a fim de se aferir se houve interferência injusta (*rectius*: injustificada) sobre a esfera de proteção jurídica reservada quer à liberdade de informação, quer ao direito ao esquecimento, como espectro do direito à identidade pessoal.

4. A QUESTÃO DA AUTOEXPOSIÇÃO

Avulta em importância em casos envolvendo o direito ao esquecimento o exame de eventual autoexposição promovida pela própria vítima ou seus familiares, a inserir ou reforçar a inserção do tema no debate público. Tecnicamente, a autoexposição rompe a relação de causalidade entre o exercício da liberdade de informação e a potencial lesão ao direito ao esquecimento, de tal modo que, mesmo diante da existência de culpa e dano, o ato ilícito não se configura. Vale dizer: se o próprio envolvido projeta o acontecimento sobre a esfera pública, apresentando sua versão dos fatos, não pode invocar o direito ao esquecimento.

Nossa ordem jurídica tutela, como já visto, o direito à identidade pessoal, como expressão da dignidade humana, além do direito à privacidade, à intimidade e à reserva, mas não protege um suposto direito a uma versão única dos fatos. O direito ao esquecimento não pode ser invocado por quem, por ato próprio, projeta o acontecimento sobre a esfera pública, pois isso implicaria um domínio proprietário dos fatos e um controle do fluxo de informações na sociedade contra os quais o próprio direito ao esquecimento se insurge. Trata-se, convém repetir, de um direito contra uma recordação opressiva dos fatos, de tal maneira que não pode o próprio direito ao esquecimento ser convertido em um veículo de proteção jurídica a uma dada versão dos acontecimentos, seja de quem for.

A título de exemplo, voltando à hipótese de programas televisivos de relato e encenação de crimes reais, pode ocorrer que a própria vítima ou, em caso de falecimento, seus familiares projetem o acontecimento sobre a esfera pública, narrando por meio de livros, entrevistas e outros instrumentos sua versão dos acontecimentos. Se assim o fazem, ainda que amparados nos mais nobres propósitos de superação da tragédia, não podem pretender impedir que outros entes capazes de efetuar projeções sobre a esfera pública tratem do mesmo episódio.

Isso não se confunde com a situação de pessoas que se arrependem de atos pontuais, como a postagem de mensagens em redes sociais ou vídeos em plataformas de acesso universal. O exercício do direito de arrependimento em tais casos deve ser assegurado, sob pena de se atribuir ao ato diletante e informal, efetuado sem qualquer contrapartida, frequentemente por pessoas menores de idade, uma eficácia vinculante superior àquela que a ordem jurídica reserva aos negócios jurídicos.

5. A SUPOSTA PREFERÊNCIA DA LIBERDADE DE INFORMAÇÃO E O DIREITO AO ESQUECIMENTO

O tema em discussão é, como se vê, repleto de aspectos que pendem ora a favor da liberdade de informação, ora a favor do direito ao esquecimento. O sopesamento desses aspectos, de acordo com os critérios indicados, não é obviamente uma tarefa acadêmica, e sim judicial, em sede de juízo de ponderação. Os tribunais têm, no julgamento dos casos concretos, a oportunidade singular de extrair da ordem jurídica brasileira os critérios que devem pautar a tutela do direito ao esquecimento na esfera privada em relação às suas diferentes hipóteses de colisão com a liberdade de informação.

As vozes contrárias ao direito ao esquecimento argumentam, muitas vezes, que é necessário atribuir preferência à liberdade de informação, resolvendo-se a questão em futura indenização por danos causados. Afirma-se que, sem isso, haveria uma imprevisibilidade quanto à possibilidade jurídica de realização de programas, edição de livros e assim por diante, instaurando-se uma insegurança generalizada que acabaria por prejudicar o exercício da liberdade de informação em detrimento de toda a sociedade.

Tal posicionamento, com a devida vênia dos seus ilustres defensores, não parece ser tecnicamente o melhor. Primeiro, é de se notar que o problema da falta de uma previsibilidade absoluta acontece em qualquer hipótese de colisão de direitos fundamentais, não havendo nenhuma razão para que, na situação específica da liberdade de informação, isso seja obstáculo à aplicação da técnica da ponderação, já empregada em tantas matérias pelas nossas cortes.

Segundo, não há dúvida de que os casos de colisão entre liberdade de informação e outros direitos fundamentais têm chegado com frequência cada vez maior aos tribunais, inclusive ao Supremo Tribunal Federal, que tem tido, por isso mesmo, a oportunidade (já algumas vezes perdida) de fixar critérios ou parâmetros, de modo a fornecer para o futuro a cartilha sobre os cuidados que devem ser adotados nas situações limítrofes (por exemplo, não descrever em minúcias a prática de violências sexuais ou não expor imagens da família em enterros, e assim por diante).

Terceiro, a "solução" consubstanciada na oferta de indenização posterior, deixando-se de impedir a conduta lesiva no momento em que ocorre, contraria toda a evolução da Responsabilidade Civil contemporânea, que pretende prevenir os danos em vez de simplesmente indenizá-los pecuniariamente. A deturpação da projeção do ser humano sobre a esfera pública é, frequentemente, irremediável e a "marca" que lhe é atribuída publicamente não se apaga com o recebimento de qualquer soma de dinheiro. Indenizações pecuniárias são, evidentemente, ineficazes na reparação de um dano que se liga à própria identificação social do indivíduo e que pode acompanhá-lo de modo permanente, por toda a vida.

Quarto, se algum dos interesses em conflito devesse contar com uma preferência apriorística seria seguramente o interesse do ser humano à sua adequada identificação na esfera pública. O argumento de que o interesse da sociedade pela livre informação prevalece sobre interesses individuais reedita perigosamente uma equação típica das posturas autoritárias, que defendem o coletivo como superior ao individual. Em se tratando de atributos essenciais da personalidade humana, ocorre justamente o oposto: o individual é que há de prevalecer em sintonia com a esfera de autonomia existencial do ser humano que não pode sofrer intervenções fundadas no interesse alheio. O corpo do ser humano é inviolável, ainda que a sociedade possa ser beneficiada por tratamentos médicos compulsórios; a privacidade e a imagem do ser humano não podem ser usurpadas, ainda que um banco de dados universal pudesse dar mais segurança à coletividade contra a prática de crimes; e assim sucessivamente. O utilitarismo social não justifica violações a interesses existenciais do ser humano, que são importante conquista da humanidade.

Quinto, e ainda que nada disso fosse verdadeiro, o caminho fácil da hierarquização prévia simplesmente não se afigura compatível com uma Constituição da República que, como a nossa, tutela tanto a liberdade de informação quanto a privacidade e outros desdobramentos da dignidade humana como direitos fundamentais. Aqui, como em tantos outros campos da ciência jurídica, o caminho intermediário é o melhor caminho. O exercício da ponderação é seguramente mais difícil e delicado que a simples hierarquização prévia ou a construção de preferências entre direitos colidentes. Exige a propositura de parametrizações e uma discussão pública nem sempre breve entre tribunais e intérpretes. Ainda assim, trata-se da única via que efetivamente respeita a ordem constitucional brasileira.

6. A DECISÃO DO SUPREMO TRIBUNAL FEDERAL (RE 1.010.606/RJ)

Em 2021, o Supremo Tribunal Federal examinou a controvérsia em torno do direito ao esquecimento, ao julgar o Recurso Extraordinário 1.010.606/RJ. Naquela ocasião, nossa Suprema Corte fixou, por maioria, a seguinte tese: *"É incompatível com a Constituição a ideia de um direito ao esquecimento, assim entendido como o poder de obstar, em razão da passagem do tempo, a divulgação de fatos ou dados verídicos e licitamente obtidos e publicados em meios de comunicação social analógicos ou digitais. Eventuais excessos ou abusos no exercício da liberdade de expressão e de informação devem ser analisados caso a caso, a partir dos parâmetros constitucionais – especialmente os relativos à proteção da honra, da imagem, da privacidade e da personalidade em geral – e as expressas e específicas previsões legais nos âmbitos penal e cível."*[23]

---
23. STF, RE 1.010.606/RJ, Tribunal Pleno, Rel. Min. Dias Toffoli, j. 11.2.2021.

Nota-se, em primeiro lugar, que o STF se limitou a declarar incompatível com a Constituição uma determinada compreensão do direito ao esquecimento – que não era, como visto ao longo deste artigo, a compreensão mais adequada sob o ponto de vista técnico. Nesse sentido, o STF parece, com todas as vênias, ter travado um debate ultrapassado, discutindo uma noção de direito ao esquecimento que já não correspondia ao estado atual da matéria na doutrina especializada. A impressão que se extrai dos votos de diversos Ministros é que havia uma rejeição maior ao nome (*direito ao esquecimento*) que a ideia.

Independentemente disso, parece certo que a tese aprovada pelo STF não chega a ser, como anunciaram alguns, uma pá de cal sobre o direito ao esquecimento, pois a parte final do enunciado deixa em aberto a possibilidade de um juízo casuístico acerca da licitude da invocação de fatos pretéritos, à luz de parâmetros bastante genéricos (*"proteção da honra, da imagem, da privacidade e da personalidade em geral"*). Do modo como foi posta, a tese aprovada por maioria no STF não chega a contribuir para a solução dos casos concretos. Bem ao contrário, mantém em estado de indefinição os conflitos entre a liberdade de expressão e outros direitos fundamentais, como a honra e a privacidade. Melhor teria sido que a Corte tivesse aproveitado aquela oportunidade para indicar parâmetros para a ponderação, ao menos nas hipóteses de programas de *true crime* (isto é, baseados na retratação ou encenação de crimes reais). Deste modo, a Suprema Corte estaria efetivamente contribuindo para a solução de conflitos, em um sentido ou em outro.

O caráter excessivamente abstrato da tese aprovada pelo STF demonstra que toda a discussão em torno do direito ao esquecimento continua viva no direito brasileiro, desde que entendido de forma diversa daquela que foi rejeitada pela Suprema Corte – o que já ocorre, repita-se, na doutrina. Daí por que é possível supor que o tema voltará a ser debatido nos tribunais superiores, talvez sob uma denominação menos ambígua e equivocada que direito ao esquecimento, mas se centrando quiçá sobre o direito que todos têm de ser retratados de modo atualizado.

7. CONCLUSÃO

O direito ao esquecimento não é um *"direito de não ser lembrado contra sua vontade"*. Não se trata de um direito de viés voluntarista, capaz de subordinar acontecimentos relativos ao indivíduo à sua esfera de vontade individual, à semelhança de bens que passam a integrar seu patrimônio. A recordação de fatos pretéritos não pode restar condicionada ao mero sabor do *querer* de cada indivíduo, que acabaria por criar *proprietários de passados*. Isso não quer significar, todavia, que não exista um direito ao esquecimento ou que a ordem jurídica não se insurja contra recordações públicas que sejam capazes de oprimir o indivíduo, como ocorreria no caso do transexual constantemente lembrado de seu sexo de origem ou do ex-detento, que já tendo cumprido sua obrigação perante o Estado, fosse rotulado como um condenado por entes públicos ou privados capazes de afetar sua percepção atual pela sociedade.

O direito ao esquecimento consiste justamente no direito de cada pessoa humana de se opor à recordação opressiva de determinados fatos perante a sociedade (recordações públicas nesse sentido), que lhe impeça de desenvolver plenamente sua identidade pessoal, por enfatizar perante terceiros aspectos de sua personalidade que não mais refletem a realidade. Tecnicamente, portanto, o direito ao esquecimento é um direito (a) exercido necessariamente por uma pessoa humana; (b) em face de agentes públicos ou privados que tenham a aptidão fática de promover representações daquela pessoa sobre a esfera pública (opinião social), incluindo veículos de imprensa, emissoras de TV, fornecedores de serviços de busca na internet etc.; (c) em oposição a uma recordação opressiva dos fatos, assim entendida a recordação que se caracteriza, a um só tempo, por ser desatual e recair sobre aspecto sensível da personalidade, comprometendo a plena realização da identidade daquela pessoa humana, ao apresentá-la sob falsas luzes à sociedade.

É nessa acepção que o direito ao esquecimento encontra tutela na ordem jurídica brasileira, exigindo ponderação diante de colisão com outros direitos fundamentais, em especial a liberdade de informação. A aplicação do método ponderativo exige a formulação de parâmetros específicos para certos gêneros mais comuns de situações fáticas que ensejam colisão entre direito ao esquecimento e liberdade de informação. No presente artigo, restou examinada, a título ilustrativo, a veiculação de programas televisivos de relato e/ou encenação de crimes reais. Tais programas, exibidos em diversos países do mundo, desempenham uma função híbrida, situada entre a reportagem jornalística, a análise histórica (documentário) e o entretenimento, mas, por retratarem fatos reais, suscitam, não raro, reações por parte de pessoas ainda vivas que figuram ora como criminosos, ora como vítimas dos delitos revividos, ou, ainda, por parte de seus respectivos familiares. A liberdade de informação e o direito ao esquecimento colidem, exigindo solução do intérprete.

São múltiplos os parâmetros a serem observados em tal gênero de conflitos: (a) parâmetro da repercussão histórica do fato;[24] (b) parâmetro do risco à identidade pessoal dos envolvidos;[25] (c) parâmetro da detalhada identificação dos retratados;[26] (d) parâmetro da retratação de aspectos sensíveis;[27] (e) parâmetro da reprodução de cenas mórbidas;[28] (f) parâmetro da violência sexual;[29]

---

24. Deve-se analisar se o crime assume dimensão histórica, ou seja, se houve não apenas ampla divulgação, mas também se o crime despertou a atenção da sociedade ao seu tempo.
25. Deve-se analisar o grau de intensidade com que os envolvidos foram marcados pelo fato retratado, bem como a repercussão esperada sobre sua esfera pessoal pela recordação pública do crime.
26. Deve-se investigar a forma pela qual o programa televisivo responsável pela reconstrução do crime individua os envolvidos, verificando se há uso de seu nome real, uso de retratos atuais e/ou antigos e divulgação de informações pessoais atualizadas sobre os envolvidos.
27. Deve-se investigar se o programa retratou elementos da vida íntima dos envolvidos e que não se relacionam com o fato criminoso, como a rotina da vítima ou sua relação íntima e familiar com outras pessoas.
28. Deve-se investigar a maneira pela qual o programa televisivo abordou o acontecimento criminoso, evitando a reprodução de cenas mórbidas, imagens de cadáveres ou sepultamentos.
29. Deve-se investigar a natureza do crime retratado, levando em consideração, por exemplo, a intensa repercussão que um crime de cunho sexual pode ter sobre a identidade pessoal da vítima e de seus familiares.

(g) parâmetro da ausência de fama prévia dos envolvidos;[30] e (h) parâmetro da impunidade dos responsáveis.[31]

A aplicação desses parâmetros permite dar um norte à atuação judicial, atribuindo alguma segurança e uniformidade às decisões na matéria. Por mais delicado e difícil que se revele o emprego do método ponderativo, não se deve renunciar à sua utilização em prol de hierarquizações prévias ou preferências substanciais entre os direitos fundamentais em colisão, sob pena de se desrespeitar a Constituição brasileira que atribui igual peso à liberdade de informação e outros direitos fundamentais, como a privacidade e a intimidade. Somente a ponderação é capaz de construir para o problema do direito ao esquecimento uma solução que constitua, sob o prisma técnico-jurídico, uma resposta segura e duradoura, que transcenda o superficialismo das preferências e privilégios aprioristicos, mais dados a disfarçar as questões que propriamente resolvê-las.

---

30. Deve-se investigar se se trata de crime praticado por ou contra pessoas que possuem outras projeções sobre a esfera pública ou, ao contrário, pessoas que somente tem projeção pública pelo seu envolvimento no crime, sendo certo, nesse último caso, que a recordação pública do crime assume efeito mais amplo sobre sua identidade pessoal por ser a única projeção pública daquele indivíduo.
31. Deve-se investigar se o crime retratado é percebido como crime que restou impune, hipótese na qual atribuir a alguém a condição de vítima ou parente de vítima de crime pode associar o envolvido a uma condição de impotência e até de humilhação pública, pela ausência de justiça.

DIREITO AO ESQUECIMENTO E O CASO *RICHTHOFEN*: QUAL DEVE SER O FUTURO DO PASSADO?

Júlia Costa de Oliveira
Mestre em Direito Civil pela UERJ. Advogada.

Roberta Leite
Mestre em Direito Civil pela UERJ. Advogada.

> "O que está escrito em mim
> Comigo ficará guardado, se lhe dá prazer.
> A vida segue sempre em frente, o que se há de fazer.
> Só peço a você um favor, se puder:
> Não me esqueça num canto qualquer."
>
> Toquinho

1. INTRODUÇÃO

As profundas transformações sociais decorrentes dos avanços tecnológicos e a consequente ressignificação de institutos tradicionais como a privacidade costumam render muitas reflexões nos âmbitos sociológico e filosófico. Além de se dedicarem a desvendar o que provoca fenômenos como o da "liquefação"[1] da sociedade, os filósofos e sociólogos se preocupam em entender os novos padrões de comportamento e antever sua influência no futuro.

Essas questões também chegam à esfera jurídica, que precisa se adaptar e, ao mesmo tempo, conformar os novos hábitos ao ordenamento vigente. De um lado, há a necessidade de adaptação, uma vez que as novas tecnologias criam, muitas vezes, situações inéditas, até então desconsideradas pelo Direito e que passam a demandar tutela jurídica. Por outro, torna-se igualmente necessário assegurar que as inovações não criem uma nova ordem legal, e sim se adequem àquela existente: embora seja um espaço de liberdade, a internet não é e nem pode ser um universo sem lei[2].

---

1. Atribui-se a Zygmunt Bauman a noção de modernidade ou sociedade líquida. A metáfora da liquidez deve-se ao fato de que, para o sociólogo, vive-se em tempos marcados pela vulnerabilidade e fluidez. (BAUMAN, Zygmunt. *Modernidade Líquida*. Rio de Janeiro: Zahar, 2001).
2. V. posicionamento do Min. Herman Benjamin no REsp. 1.117.633/RO, 2ª T., Rel. Min. Herman Benjamin, julg. 09/03/2010.

É interessante notar que a liquidez que inunda o mundo pós-moderno acaba por tornar alguns valores, como a vida íntima, surpreendentemente fluidos e outros, como a liberdade de expressão, extremamente rígidos. Fato é que, no decorrer da história, a sociedade brasileira, assim como tantas outras ao redor do mundo, padeceu dos males paradoxais de insuficiências e excessos. Por cerca de 20 anos, viveu-se sob o regime opressivo e autoritário da ditadura militar, cujas ferramentas de controle social incluíam o uso da força e a restrição à livre circulação da informação. Já na modernidade líquida, vive-se a ditadura da superexposição, em que o controle social é exercido de forma sutil, pela (falsa) sensação de liberdade irrestrita e enxurrada de informações.

Para (sobre)viver, há quem adote um comportamento conforme e aqueles que, contrariamente, optam pelo caminho da resistência. Ainda que pouco (e cada vez menos) usual, existem pessoas que se opõem à espetacularização da vida nas redes e que buscam uma rotina off-line, não com o intuito de se calar, mas apenas de não publicizar suas opiniões e experiências. Não basta, porém, adotar uma postura reservada e esperar que as mídias e as massas afastem de mim esses gadgets. A exposição pode não ser uma escolha, e sim uma imposição – por vezes até legítima – em nome da proteção de valores e interesses que se sobrepõem, no caso concreto, aos direitos à vida íntima, à imagem e à honra.

Exemplo dessa exposição compulsória é a cobertura midiática de crimes que, no bordão jornalista, chocam o país. Nessas hipóteses, as reportagens costumam ir além da reprodução do ocorrido, promovendo um levantamento de particularidades da vida dos envolvidos e a divulgação massiva de informações sobre eles, ainda que objetivamente irrelevantes para o crime em questão.

Embora a repercussão desse tipo de evento não seja novidade, as novas mídias possibilitam que sejam obtidos ainda mais detalhes sobre a vítima, o acusado e aqueles que estão a sua volta, além de contribuírem para que as informações referentes ao fato continuem facilmente acessíveis a qualquer momento. Dessa forma, mesmo com o transcurso do tempo, ainda que o acusado seja condenado e cumpra integralmente a sua pena – ou seja absolvido – ele, e a própria vítima, dificilmente serão esquecidos. Questiona-se, porém, se o esquecimento deveria ser uma possibilidade nessas circunstâncias, especialmente considerando o princípio da reabilitação adotado pelo direito penal[3].

---

3. Um dos precedentes de maior destaque é o caso *Lebach*, julgado pelo Tribunal Constitucional Alemão. A ação, movida por um dos indivíduos que fora condenado e preso por participação no homicídio de quatro soldados e que estava prestes a ser liberado, pretendia impedir a veiculação de um documentário que narrava o crime e citava, inclusive, o nome do autor da ação. O tribunal determinou que o programa não fosse exibido sob a alegação de que, no caso concreto, a tutela dos direitos da personalidade sobrepujava a liberdade de comunicação. Entendeu-se que, de um lado, a veiculação do documentário poderia comprometer a ressocialização do autor e que, por outro, não haveria um interesse público expressivo no fato vis-à-vis o tempo transcorrido desde a data do crime.

Através de discussões sobre noções atualizadas do direito à privacidade e da liberdade de expressão, este artigo abordará as formas de interação entre ambos, as soluções aplicáveis em caso de conflitos entre eles, bem como enfrentará o questionamento acima, tratando, especificamente, da possibilidade de respondê-lo positivamente no caso Richthofen.

2. BREVES LINHAS SOBRE A LIBERDADE DE EXPRESSÃO NA REALIDADE BRASILEIRA

Para melhor compreensão do papel desempenhado pela liberdade de expressão no ordenamento pátrio, é essencial entender, primeiro, o caminho por ela percorrido, o qual explica, em grande parte, sua amplíssima proteção e, na mesma medida, a grande reprovabilidade de medidas ou comportamentos repressores.

O Brasil é uma democracia ainda jovem. Ao longo do século XX, nosso país passou por diversos períodos autoritários, o último dos quais perdurou por mais de 20 anos e se caracterizou pela repressão e arbitrariedade. A retomada democrática se dá pela promulgação, em 1988, de uma nova Constituição Federal ("CF88"), voltada à promoção de uma ordem jurídica justa, solidária, livre e pluralista. Esses e os demais valores constitucionais orientam-se, todos, pelo princípio supremo da dignidade da pessoa humana, que reclama o abandono dos abusos passados para criação de uma nova realidade.

A censura foi um dos produtos mais trágicos dos regimes autoritários passados. Por conta disso, o novo ordenamento tomou como uma de suas principais missões instrumentalizar o combate veemente a essa ferramenta antidemocrática. Para tanto, diversos dispositivos constitucionais voltaram-se ao reconhecimento e garantia das liberdades de expressão, informação e imprensa[4] – ou simplesmente, na expressão de Daniel Sarmento, das "liberdades comunicativas"[5] – bem como à condenação a qualquer tipo de censura, conforme os incisos IV, IX e XIV do artigo 5[06] e o artigo

---
4. Em termos conceituais, o Min. Luis Roberto Barroso propõe a seguinte definição das liberdades de informação, expressão e imprensa: "[...] a primeira diz respeito ao direito individual de comunicar livremente fatos e ao direito difuso de ser deles informado; a liberdade de expressão, por seu turno, destina-se a tutelar o direito de externar [...] em suma, qualquer manifestação do pensamento humano. (...). [H]á ainda uma terceira locução que se tornou tradicional no estudo do tema e que igualmente tem assento constitucional: a liberdade de imprensa. A expressão designa liberdade reconhecida (...) aos meios de comunicação em geral [...] de comunicarem fatos e ideias, envolvendo, desse modo, tanto a liberdade de informação como a de expressão" (BARROSO, Luis Roberto. Liberdade de expressão versus direitos da personalidade: colisão de direitos fundamentais e critérios de ponderação. In. *Temas de direito constitucional*, t.3. Rio de Janeiro: Renovar, 2005. pp. 102-104). Em linha similar, v. SARMENTO, Daniel. *Liberdades Comunicativas e "Direito ao Esquecimento" na ordem constitucional brasileira*. Disponível em <http://www.migalhas.com.br/arquivos/2015/2/art20150213-09.pdf> Acesso em 05.04.2017. pp. 19-20
5. Termo usado por Daniel Sarmento para referir-se, conjuntamente, às liberdades de expressão, de informação e de imprensa (SARMENTO, Daniel. *Liberdades Comunicativas e "Direito ao Esquecimento" na ordem constitucional brasileira*, cit.).
6. Art. 5º Todos são iguais perante a lei, sem distinção de qualquer natureza, garantindo-se aos brasileiros e aos estrangeiros residentes no País a inviolabilidade do direito à vida, à liberdade, à igualdade, à segurança

220[7] da CF88. É o Direito reforçando, por assim dizer, a ideia de que o "cala boca já morreu"[8].

O fantasma da ditadura e a "história acidentada"[9] da liberdade de expressão no Brasil são o pano de fundo para o desenvolvimento da corrente de pensamento que considera esta liberdade como uma "liberdade preferencial"[10], com dimensão e peso *prima facie* maiores[11]. Segundo os partidários dessa corrente, as liberdades comunicativas são peças indispensáveis para o conhecimento da história[12], instrumentalizando, ainda, a sua preservação[13] e a prevenção[14] da repetição de atos reprováveis. A informação opera, pois, como uma ferramenta reconciliadora, que pode e deve ser manifestada, compartilhada e repetida pelos veículos de comunicação e pela sociedade para a sua própria evolução. Ainda nessa linha, argumenta-se que as liberdades comunicativas instrumentalizam o exercício dos demais direitos[15], sendo um direito multifuncional[16]

---

e à propriedade, nos termos seguintes: (...) IV - é livre a manifestação do pensamento, sendo vedado o anonimato; (...) IX - é livre a expressão da atividade intelectual, artística, científica e de comunicação, independentemente de censura ou licença; (...) XIV - é assegurado a todos o acesso à informação e resguardado o sigilo da fonte, quando necessário ao exercício profissional.

7. Art. 220. A manifestação do pensamento, a criação, a expressão e a informação, sob qualquer forma, processo ou veículo não sofrerão qualquer restrição, observado o disposto nesta Constituição. § 1º Nenhuma lei conterá dispositivo que possa constituir embaraço à plena liberdade de informação jornalística em qualquer veículo de comunicação social, observado o disposto no art. 5º, IV, V, X, XIII e XIV. § 2º É vedada toda e qualquer censura de natureza política, ideológica e artística.
8. Expressão popular que é repetida diversas vezes pela Min. Carmen Lúcia ao defender, em seu voto na Ação Direta de Inconstitucionalidade nº 4815, a preponderância da liberdade de expressão.
9. Expressão usada pelo Min. Luis Roberto Barroso em voto proferido no contexto da ADI. 4.815, Rel. Min. Carmen Lúcia, julg. 10/06/2015.
10. Tese defendida pelo Min. Luis Roberto Barroso no voto acima mencionado.
11. Em defesa da primazia da liberdade de expressão, v. voto proferido pelo Min. Carlos Ayres Britto no contexto da ADPF 130, Rel. Min. Carlos Ayres Britto, julg. 30/04/2009.
12. Ao proferir seu voto no contexto da ADI 4.815, o Min. Luis Roberto Barroso afirmou que "a liberdade de expressão é essencial para o conhecimento da história, para o aprendizado com a história, para o avanço social e para a conservação da memória nacional".
13. Segundo Stefano RODOTÀ, "fala-se de direito à verdade ou direito de saber como direito coletivo e como modalidade de ressarcimento (...); como prevenção; como memória (...); como compreensivo do direito à justiça; e, enfim, como direito ao luto". (RODOTÀ, Stefano. *O Direito à Verdade*. Trad. Maria Celina Bodin de Moraes e Fernanda Nunes Barbosa. Civilistica.com. Rio de Janeiro, a. 2, n. 3, jul.-set./2013. Disponível em: <http://civilistica.com/o-direito-a-verdade/ >. Acesso em 02.05.17. p. 11.). Em linha similar, no contexto da ADI 4.815, Luis Roberto BARROSO argumenta que "a liberdade de expressão é essencial para o conhecimento da história, para o aprendizado com a história, para o avanço social e para a conservação da memória nacional".
14. "A urgência em reagir às tragédias é que induz a pensar que o olhar sobre o passado deva produzir anticorpos capazes de impedir sua repetição no futuro". (RODOTÀ, Stefano. *O Direito à Verdade*, cit., p. 2).
15. Sobre o tema, Daniel SARMENTO defende o "caráter instrumental da liberdade de expressão para a garantia de todos os demais direitos. (...) Por isso, a Comissão Interamericana de Direito Humanos [sic] afirmou que a carência de liberdade de expressão é uma causa que contribui ao desrespeito de todos os outros direitos". (SARMENTO, Daniel. *Liberdades Comunicativas e "Direito ao Esquecimento" na ordem constitucional brasileira*, cit., p. 25)
16. "A liberdade de expressão permite assegurar a continuidade do debate intelectual e do confronto de opiniões, num compromisso crítico permanente. (...) A liberdade de expressão em sentido amplo é um direito multifuncional (...)". (CANOTILHO, J. J. Gomes; MACHADO, Jónatas E.M. Constituição e código civil brasileiro: âmbito de proteção de biografias não autorizadas. In. JÚNIOR, Antônio Pereira Gaio; SANTOS,

e, ainda, um pressuposto democrático[17], na medida em que cria um ambiente propício para a confrontação de ideias dos diversos membros da sociedade[18].

É oportuno ponderar que, muito embora a liberdade de expressão seja indiscutivelmente um dos elementos fundamentais da democracia, obviamente não é o único. Além dela, a igualdade, solidariedade e o direito ao livre desenvolvimento da personalidade de cada indivíduo, dentre outros, são reconhecidos pela CF88[19] e indispensáveis para a existência de um verdadeiro ambiente democrático. Ao falar em igualdade, não se pode pretender mais – ou apenas – reconhecer direitos iguais a todos: os indivíduos que integram uma sociedade plural reivindicam um legítimo direito à diferença[20], diferença essa que não se destina a aniquilar, mas a promover os demais direitos.[21] Quando se nega o tratamento igualitário de um ou mais indivíduos por questões particulares que, muitas vezes, são justamente os traços que os distinguem dos demais, viola-se o princípio da igualdade[22]. A democracia pressupõe que, além de livres para manifestar opiniões diversas, todos encontrem-se em posição de igualdade material[23] para exercer tal direito.

Fato é que, no Estado Democrático de Direito, goza-se de liberdade para pensar, agir e expressar ideias, sem que esses pensamentos, ações e manifestações, no entanto, possam interferir ou ferir a liberdade alheia: afinal, a democracia também importa na assunção de responsabilidade, que consiste tanto na vocação de responder ante os outros quanto ser responsável pelos outros[24]. A ordem pública constitucional valoriza a liberdade na solidariedade[25] e, sob a ótica solidarista, a primeira não pode ser interpretada

---

Márcio Gil Tostes. *Constituição Brasileira de 1988. Reflexões em comemoração ao seu 25º aniversário.* Curitiba: Juruá, 2014, p. 132).

17. Sobre o tema, Stefano RODOTÀ sustenta que: "Na democracia, a verdade é filha da transparência; como já foi recordado, Louis Brandeis escreveu que a luz do sol é o melhor desinfetante". (RODOTÀ, Stefano. O *Direito à Verdade*, cit., p. 17). Nas palavras de Daniel SARMENTO: "A liberdade de expressão é peça essencial em qualquer regime constitucional que se pretenda democrático. Ela permite que a vontade coletiva seja formada através do confronto livre de ideias, em que todos os grupos e cidadãos devem poder participar". (SARMENTO, Daniel. *A liberdade de expressão e o problema do hate speech*. Revista de Direito do Estado, Rio de Janeiro, v. 01, n. 04, p. 53-105, out./dez. 2006. p. 81.)
18. SARMENTO, Daniel. *A liberdade de expressão e o problema do hate speech*, cit., p. 34.
19. Sobre o tema, importante notar, inclusive, a ausência de hierarquia constitucional entre os direitos fundamentais. Nas palavras de Celso Ribeiro BASTOS: "(...) importante ressaltar que no Brasil, assim como noutros países, a limitação do direito de se expressar e do direito de comunicação jornalística guarda perfeita consonância com a clássica definição de que os direitos fundamentais não são absolutos" (BASTOS, Celso Ribeiro. Os limites à liberdade de expressão na Constituição da República. *Revista Forense*, Vol. 349 Doutrina, p. 47).
20. Posição sustentada por BODIN DE MORAES, Maria Celina. *Danos à Pessoa Humana: uma leitura constitucional dos danos morais.* 2ª ed. Rio de Janeiro: Processo, 2017, p. 86). Ainda sobre a igualdade material orientada pelo reconhecimento de diferentes identidades, v. BARBOSA, Heloísa Helena. Proteção dos vulneráveis na constituição de 1988: Uma questão de igualdade. In. NEVES, Thiago Ferreira Cardoso (Coord.). *Direito& Justiça Social: Por uma sociedade mais justa, livre e solidária.* São Paulo: Atlas, 2013, p. 104.
21. PIOVESAN, Flávia. Ações afirmativas no Brasil: desafios e perspectivas. In. MATOS, Ana Carla Harmatiuk (Org.). *A construção dos novos direitos.* Porto Alegre: Núria Fabris, 2008, p. 138.
22. BODIN DE MORAES, Maria Celina. *Danos à Pessoa Humana*, cit., p. 90.
23. Nessa linha, v. SARMENTO, Daniel. *A liberdade de expressão e o problema do hate speech*, cit., pp. 32-33.
24. BODIN DE MORAES, Maria Celina. *Danos à Pessoa Humana*, cit., p. 20.
25. BODIN DE MORAES, Maria Celina. *Danos à Pessoa Humana*, cit., p. 107.

apenas como um direito, mas também como um dever: se assim não fosse, a liberdade irrestrita de uns poderia ameaçar ou inviabilizar a livre manifestação de outros, em um exercício flagrantemente antidemocrático. Além disso, a ideia de democracia está ligada à construção de um ambiente de debate livre e racional, em que os diferentes membros da sociedade possam argumentar e contrapor suas visões sobre temas variados. A liberdade de expressão, nesse contexto, é um meio para um fim (e não um fim em si mesma). Nesse sentido, é necessário pensar se a liberdade de expressão ocupa, de fato, uma posição privilegiada no ordenamento brasileiro. Esse questionamento não pretende desmerecer ou negar a importância do instituto, apenas refletir criticamente se há uma preponderância do mesmo. Conforme observa Celso Ribeiro Bastos:

> [N]a atual sistemática constitucional brasileira, a censura foi banida [...], mas também, de outra parte, foram estabelecidos alguns limites ao gozo das liberdades de expressão e imprensa. Estes limites são impostos, em verdade, por outros direitos constitucionalmente assegurados. Aliás, frise-se, são direitos fundamentais que, ao serem conjugados com a liberdade de expressão, acabam por restringi-la.

Sobre o tema, o próprio Ministro Luis Roberto Barroso, defensor da posição preferencial da liberdade de expressão, reconhece que, em não havendo hierarquia entre os direitos fundamentais, não se pode conceber uma regra abstrata e permanente de preferência de um sobre o outro, exigindo-se, assim, a análise do caso concreto para a efetiva solução do conflito entre dois ou mais direitos fundamentais[26].

Os que defendem a primazia da liberdade de expressão baseiam-se, em larga escala, na noção de "*preferred rights*" importada do direito norte-americano[27]. Malgrado exista nos EUA uma tradição consolidada de privilégio ao *freedom of speech*[28], transpor essa noção para a ordem jurídica brasileira parece impróprio. Isso porque, além de se tratar de sistemas jurídicos distintos, vivemos em outro ambiente social e cultural, cujas peculiaridades influenciam diretamente nossa experiência jurídica.

Se, na realidade pátria, o legislador constituinte se absteve de fixar uma regra de preferência de um direito fundamental sobre outro, não parece razoável, ou mesmo legítimo, que a legislação ordinária, o judiciário ou a doutrina o faça: em caso de conflito entre tais direitos, competirá ao Poder Judiciário avaliar e decidir qual deles deve prevalecer no caso concreto.[29] O trauma do passado autoritário é justificável, mas não legitima, por sua vez, a adoção de outras posturas arbitrárias, como atribuir maior relevância às liberdades comunicativas quando a própria CF88 não se dispôs a fazê-lo.

---

26. BARROSO, Luís Roberto. Liberdade de expressão versus direitos da personalidade. Colisão de direitos fundamentais e critérios de ponderação, cit., p. 86.
27. Sobre o tema, v. SARMENTO, Daniel. *Liberdades Comunicativas e "Direito ao Esquecimento" na ordem constitucional brasileira*, cit., p. 26.
28. Sobre a posição preferencial da liberdade de expressão no direito norte-americano, v. caso *Thomas v. Collins*, disponível em <https://supreme.justia.com/cases/federal/us/323/516/case.html>. Acesso em 03.10.2017.
29. Nesse sentido, v. SCHREIBER, Anderson. Direito ao esquecimento: críticas e respostas. Disponível em: <http://www.cartaforense.com.br/conteudo/colunas/direito-ao-esquecimento-criticas-e-respostas/17830>. Acesso em: 2.2.2018.

3. PRIVACIDADE: PERSPECTIVA HISTÓRIA E EVOLUÇÃO CONCEITUAL

Tal qual as liberdades comunicativas, o direito à privacidade também passou por um significativo processo evolutivo em decorrência das diversas transformações sociais. De acordo com Lewis Mumford, inexistia, na moradia medieval, qualquer diferenciação funcional do espaço[30]. Segundo o historiador, com o decorrer do tempo, a estrutura habitacional altera-se significativamente: os espaços até então comuns – usados tanto para moradia quanto para trabalho – passam por um processo de separação, sendo os ambientes organizados, conforme suas finalidades, em diferentes cômodos.[31] Para Mumford, o modelo medieval é abandonado justamente por conta do desenvolvimento da noção de privacidade, inicialmente entendida como um retirar-se voluntariamente da vida e do interesse comum. Observa-se uma tendência de valorização da proteção da esfera íntima, seja para realização de refeições, de rituais religiosos e sociais, ou mesmo para o próprio pensamento[32].

O historiador norte-americano nota, ainda, que "o desejo pela vida privada marca o início de um novo alinhamento de classes, que conduziu, posteriormente, à competição impiedosa de classes e autoafirmação individual"[33]. Fato é que, nas palavras de Mumford, a privacidade era o novo luxo dos abastados; na era medieval, gozam de privacidade os aprisionados em estruturas carcerárias denominadas "solitárias" – identificando-se, nesse caso, com a ideia de isolamento para punição – ou indivíduos devotados à vida religiosa, que buscavam refúgio dos pecados e distrações do mundo externo. Além desses, apenas a nobreza poderia sonhar com a possibilidade de uma vida privada. No século XVII, contudo, a noção de privacidade passa a se identificar com a satisfação do ego individual.[34]

Em meados do século XIX, a privacidade correspondia a um privilégio burguês. Os contornos do instituto são expressamente delineados, pela primeira vez, por Samuel Warren e Louis Brandeis, em artigo por eles publicado na *Harvard Law Review*, denominado *The Right to Privacy*. Nele, consagra-se a interpretação, hoje clássica, de privacidade como o "direito de ser deixado só". Conforme observado por Stefano Rodotà, o estudo de Warren e Brandeis baseava-se na lógica proprietária tradicional, ou seja, da propriedade como o direito de excluir o outro (*ius excludendi alios*)[35]. Nesse sentido, o jurista italiano destaca que o "burguês moderno se apropria de seu espaço interior através da mesma técnica que permitiu sua apropriação do espaço físico"[36]. Rodotà é novamente feliz ao concluir, inspirado em uma declaração de Greta Garbo,

---

30. MUMFORD, Lewis. *A cidade na história: sua origem, transformações e perspectivas*. São Paulo: Martins Fontes, 1998, p. 313.
31. MUMFORD, Lewis. *The Culture of Cities*. Florida: Harcourt Brace Jovanovich, 1970, p. 114.
32. MUMFORD, Lewis. *The Culture of Cities*, cit., p. 40.
33. MUMFORD, Lewis. *The Culture of Cities*, cit., p. 40. (Tradução livre)
34. MUMFORD, Lewis. *The Culture of Cities*, cit., p. 118.
35. RODOTÀ, Stefano. Intervista su Privacy e Libertà. *A cura di Paolo Conti*. Editori Laterza, 2005, p. 8.
36. RODOTÀ, Stefano. Intervista su Privacy e Libertà, cit., p. 8 (Tradução livre).

que a ideia de "ser deixado só" não se confunde com a vontade de estar só: é possível escolher viver em paz sem que, para isso, se pretenda viver de forma isolada[37].

Entretanto, em um contexto de profundos e constantes avanços tecnológicos, marcado pela coleta e tratamento de informações, faz-se necessário (re)pensar o tema da privacidade e a suficiência de sua concepção anterior. Tais avanços impõem alterações significativas à realidade social e trazem diversos novos desafios, especialmente complexos considerando a transposição de barreiras físicas e a velocidade das trocas de informação.

Não é apenas de novidade, porém, que vive o mundo virtual: com o advento da internet, também se observa a amplificação de antigos (maus) hábitos, tão desafiadores quanto os novos. É o caso, por exemplo, do discurso de ódio ou *hate speech*. Sabidamente, esse tipo de manifestação não é fruto das novas mídias, porém, no passado, as expressões intolerantes costumavam se restringir aos círculos de conversa de determinado grupo, sendo ainda limitadas pelo alcance, circulação e até mesmo conservação dos materiais escritos[38]. Isso não significa, por óbvio, que o discurso de ódio não era prejudicial ou era mais aceitável por ser menos difundido, afinal, toda e qualquer manifestação que incita ou dissemina a intolerância é nociva.

Não obstante, com as novas mídias, essas mensagens chegam rapidamente a um maior número de pessoas, reforçando preconceitos e criando um ambiente, tanto virtual quanto físico, ainda mais polarizado.[39] Especificamente no tocante à internet, há que se observar, ainda, o aspecto dúplice do ambiente digital. De um lado, em alguns casos, a "invisibilização" dos usuários sob o manto do anonimato facilita ou até estimula a exposição de pensamentos preconceituosos, que talvez não seriam manifestados pessoalmente; de outro, a magnitude do discurso nas redes, que rapidamente alcança milhares ou milhões de pessoas, proporciona o alastramento extremamente veloz e incontrolável do *hate speech*[40]. Sendo o discurso de ódio justamente um discurso segregador, sua maior disseminação contribui diretamente para uma atmosfera opressiva às minorias, o que potencializa o caráter danoso da conduta: a cada compartilhamento, mais gravosos se tornam os danos provocados por esse tipo de violação.

A verdade é que, na era digital, dificilmente alguém está a sós, seja voluntariamente ou não. Com as facilidades tecnológicas, os indivíduos recorrem cada vez

---

37. RODOTÀ, Stefano. *Intervista su Privacy e Libertà*, cit., p. 10.
38. Assim, SCHREIBER, Anderson. *Direitos da Personalidade*. São Paulo: Atlas, 2014, p. 172. Em linha similar, BARBOSA-FOHRMANN, Ana Paula e SILVA JR., Antonio dos Reis. O discurso do ódio na internet. In. MARTINS, Guilherme Magalhães (Coord.). *Direito Privado e Internet*. Atlas: São Paulo, 2014, p. 30.
39. Sobre o radicalismo e extremismo no ambiente virtual, vide SCHREIBER, Anderson. Marco civil da internet: avanço ou retrocesso? A responsabilidade civil por dano derivado do conteúdo gerado por terceiro. In. DE LUCCA, Newton; SIMÃO FILHO, Adalberto; LIMA, Cintia Rosa Pereira de (Coord.). *Direito & Internet III – Tomo II: Marco Civil da Internet (Lei n. 12.965/2014)*. São Paulo: Quartier Latin, 2015, p. 280.
40. Sobre a rapidez e o alcance do conteúdo disponibilizado na internet, vide SCHREIBER, Anderson. Marco civil da internet: avanço ou retrocesso? A responsabilidade civil por dano derivado do conteúdo gerado por terceiro, cit., pp. 300-301.

mais aos seus dispositivos e à rede para os mais diversos fins. Usa-se o aplicativo do banco para pagamento de contas, o site do supermercado para as compras da casa, os recursos do aparelho celular ou do computador para se comunicar com clientes, amigos e desconhecidos. Para dispor de cada uma dessas – e das infinitas outras funcionalidades dos meios digitais – os usuários disponibilizam as mais diversas informações pessoais. Em certa medida, isso é necessário para viabilizar o uso pretendido: não é possível, por exemplo, fazer uma compra eletrônica sem informar o endereço de entrega do produto adquirido. Há dados que, no entanto, são absolutamente desnecessários; pior, que o usuário sequer tem consciência de que está compartilhando[41]. Independentemente da essencialidade das informações prestadas, todas elas deveriam ser obtidas de forma transparente e utilizadas, com o conhecimento e consentimento do usuário, para a finalidade que foram coletadas. O que se observa na prática, porém, é o extremo oposto.

Os dados – sabidamente compartilhados ou não – são coletados, tratados, utilizados para criação de perfis de consumo e, em muitas hipóteses, até mesmo comercializados. De certa forma, as pessoas – que, na perspectiva kantiana, deveriam ser fins em si mesmas – tornam-se meios para finalidades outras, basicamente patrimoniais[42]. O objetivo é conhecer e classificar[43], e por meio do conhecimento e da classificação, permite-se a vigilância e o controle dos usuários, também exercidos por recursos tecnológicos diversos, como, por exemplo, a função localizadora dos aparelhos celular. Cria-se, por assim dizer, um panopticon digital[44], onde todos são constantemente observados, cada comportamento registrado e gravado: é o presente concretizando, em certa medida, o futuro imaginado por George Orwell[45].

Um olhar totalmente objetivo e afastado poderia sugerir que essa realidade beira o insuportável e que o preço que se paga pelas funcionalidades oferecidas é alto demais. Contudo, por motivos diversos e das mais variadas ordens, boa parte das pessoas parece não se importar tanto, exatamente por não ter um grande apego à ideia de privacidade (pelo menos não em sua noção tradicional). O compartilhamento de

---

41. É o caso, por exemplo, dos *cookies*. Conforme definição da Microsoft, *cookies* são pequenos arquivos que os sites colocam no disco rígido do computador quando o usuário os acessa pela primeira vez, permitindo o armazenamento de preferências e nomes de usuário, registro de produtos e serviços e ainda a personalização de páginas. (Definição disponível em < https://www.microsoft.com/pt-br/security/resources/cookie-whatis.aspx>. Acesso em 01/10/2017.)
42. RODOTÀ, Stefano. *A vida na sociedade de vigilância. A privacidade hoje*. Rio de Janeiro: Renovar, 2008, p. 128.
43. Sobre as chamadas sociedades da classificação e de vigilância, v. Stefano Rodotà. *A vida na sociedade de vigilância*, cit., p. 111 e ss.
44. Expressão de Viktor Mayer-Schönberger (MAYER-SCHÖNBERGER, Viktor. *Delete – The Virtue of Forgetting in the Digital Age*. Princeton University Press, 2009, p. 27). Ela faz alusão ao panopticon na forma originalmente abordada por Jeremy Bentham (BENTHAM, Jeremy. O Panóptico ou a Casa de Inspeção. In. SILVA, Tomaz Tadeu da (Org.). *O Panóptico*. Belo Horizonte: Autêntica, 2000), ideia posteriormente explorada por Michel Foucault (FOUCAULT, Michel. *Vigiar e Punir: nascimento da prisão*. Petrópolis: Vozes, 2009).
45. Faz-se referência à obra de George ORWELL, *1984*. 29ª ed. São Paulo: Companhia Editora Nacional, 2005).

momentos íntimos nas redes é amplamente aceito pela sociedade[46], especialmente pelas novas gerações, que já nascem posando e "postando". Elas fazem uso das mais diferentes ferramentas, como redes sociais, para verem e serem vistas, numa verdadeira espetacularização da vida humana. É uma espécie de "Show de Truman",[47] só que, na trama da vida real, até o personagem principal sabe e, muitas vezes, se propõe a desempenhar esse papel[48]. A verdade é que as pessoas, ou, pelo menos, boa parte delas, não quer fazer nenhuma das duas escolhas vislumbradas por Rodotà: não querem mais ser deixadas sós, tampouco estarem sós (muito embora se possa questionar até que ponto o comportamento atual não leva a uma profunda solidão coletiva). Nesse panorama, fica cada vez mais difícil traçar uma linha entre as esferas pública e privada dos indivíduos[49], membros de uma verdadeira "sociedade confessional".

Porém, até que ponto a escolha de exibir sua rotina e dividir suas informações pode vincular os indivíduos? A imagem publicada na rede em um determinado momento da vida de alguém pode ser reproduzida por terceiros livremente, hoje ou daqui a 10 anos, em qualquer veículo ou formato? Os dados fornecidos em um certo contexto podem servir para os mais variados fins? Na obra *Delete*, Viktor Mayer-Schönberger traz questionamentos similares, amparado por alguns casos concretos, como o de S.[50], uma norte-americana que publicou em uma rede social uma foto fantasiada de pirata, segurando copos de bebida supostamente alcoólica, sob a legenda "*drunken pirate*" (pirata bêbado, em tradução livre). Ao tomar conhecimento do registro fotográfico, a administração da universidade em que S. estudava decidiu que a aluna não poderia se tornar professora, embora contasse com os créditos e tivesse sido aprovada nos exames necessários para tanto, sob o argumento de que seu comportamento havia sido antiprofissional. A aspirante a professora chegou a processar a universidade, porém, sem sucesso[51].

Não faltam exemplos similares na experiência brasileira, como o caso de N.O., cujo vídeo preparado no contexto de seu bar mitzvah tornou-se extremamente popular. A despeito da manifesta vontade do protagonista do registro – que era, à época,

---

46. Nas palavras de Umberto ECO, "[...] talvez por causa da chamada sociedade líquida, na qual todos estão em crise de identidade e de valores e não sabem onde buscar os pontos de referência para define-se, o único modo de adquirir reconhecimento social é "mostrar-se" – a qualquer custo". (ECO, Umberto. A perda da privacidade. In. ECO, Umberto. *Pape Satàn Aleppe*: Crônicas de uma Sociedade Líquida. Rio de Janeiro: Record, 2017, p. 38.)
47. O filme norte-americano de comédia dramática mostra a vida de Truman Burbank, um homem que não sabe que está vivendo em uma realidade simulada por um programa da televisão, transmitido 24 horas por dia para bilhões de pessoas ao redor do mundo. (Fonte: Wikipedia. Disponível em: <https://pt.wikipedia.org/wiki/The_Truman_Show>. Acesso em: 06.08.2019).
48. Ainda na feliz síntese de Umberto ECO, "[...] pela primeira vez na história da humanidade, os espionados colaboram com os espiões, facilitando o trabalho destes últimos, e esta rendição é para eles um motivo de satisfação porque afinal *são vistos* por alguém enquanto levam a vida". (ECO, Umberto. A perda da privacidade, cit., p. 38)
49. RODOTÀ, Stefano. *A vida na Sociedade de Vigilância*, cit., p. 128.
50. Por respeito à privacidade dos envolvidos, esse artigo se limita a usar as siglas de seus nomes sempre que tratar de exemplos concretos.
51. MAYER-SCHÖNBERGER, Viktor. *Delete*, cit., pp. 17 e ss.

menor de idade – de excluir o conteúdo da plataforma de distribuição digital YouTube, inclusive pela via legal, a ordem judicial de retirada foi proferida apenas 4 anos mais tarde[52]. Frente a casos como esse, há que se ponderar sobre a questão suscitada por Viktor Mayer-Schönberger: é razoável que todos os que publicam informações sobre si na internet percam o controle sobre elas para sempre[53]?

Assumir que a resposta é afirmativa nos conduz a uma realidade preocupante. Significa aceitar que o poder de desenvolvimento e evolução dos seres humanos está limitado: qualquer erro ou mesmo um acerto ultrapassado, que talvez sequer corresponda à realidade daquela pessoa, ficarão permanentemente gravados, como uma tatuagem, na sua pele digital[54]. Há espaço para um direito à privacidade nesse cenário, ou ele se torna completamente esvaziado? Ao refletir sobre o conceito de privacidade nos dias atuais, Rodotà propõe uma releitura interessante, passando a identifica-la com a capacidade de controlar as próprias informações[55]. Para o autor, nessa concepção atualizada do *right of privacy*, faz-se necessário reconhecer um poder negativo, ou seja, de exclusão de certas informações da esfera privada, permitindo, assim, a efetiva autodeterminação informativa.

Embora tudo leve a crer que, na prática, a ideia de vida íntima passa por um profundo processo de erosão, o ordenamento jurídico brasileiro adota postura bastante protetora ao direito de privacidade. O tema é reconhecido constitucionalmente, sendo consideradas invioláveis a intimidade, a vida privada, a honra e a imagem das pessoas, bem como assegurado o direito a indenização pelo dano material ou moral decorrente de sua violação[56]. Também é possível encontrar diferentes dispositivos sobre o tema no Código Civil[57], inclusive no sentido de que, sendo o direito à privacidade entendido como um direito da personalidade, pode ser tutelado tanto preventivamente como *a posteriori*[58].

4. DIREITO AO ESQUECIMENTO: PANORAMA NACIONAL E CONFLITO COM AS LIBERDADES COMUNICATIVAS

A. Panorama nacional

O esquecimento como recurso jurídico não é exatamente uma novidade. Em uma perspectiva histórica, o esquecimento forçado identificava-se, originalmente,

---

52. Como o processo corre em segredo de justiça, não foi possível apurar o andamento mais atualizado da ação. Não obstante, em acesso ao site do YouTube na data de 04.04.2018, foi possível encontrar mais de 7.000 vídeos como resultado ao termo de pesquisa "N.O.".
53. MAYER-SCHÖNBERGER, Viktor. *Delete*, cit., p. 20.
54. MAYER-SCHÖNBERGER, Viktor. *Delete*, cit., p. 30.
55. RODOTÀ, Stefano. *A vida na sociedade de vigilância. A privacidade hoje*, cit., p. 109.
56. Art. 5º, inciso X da CF88.
57. Por exemplo, arts. 17, 20 e 21 do CC.
58. Importante recordar que, ao discutir o tema da necessidade de consentimento em biografias na já citada ADI 4.815, o STF decidiu conferir interpretação conforme dos arts. 20 e 21 do CC, dispensando, assim, o requisito de autorização prévia do biografado.

com a ideia de sanção. Era o caso do instituto da *damnatio memoriae*, em Roma, tido como uma das mais severas formas de punição dispensada aos condenados por crimes gravíssimos. Sob o prisma fictício, vale lembrar novamente a obra de Orwell, em que a penalidade a que se sujeitavam os supostos traidores do Partido era justamente a eliminação de todos os rastros e alteração dos registros históricos, como se nunca tivessem existido. Ser esquecido, pois, era entendido como uma forma de castigo.

Apesar disso, esquecer nunca foi um comportamento excepcional na vida humana. Na realidade, lembrar costumava ser muito mais difícil do que simplesmente esquecer algo. No entanto, com as funcionalidades decorrentes das novas tecnologias, a exceção tornou-se a regra[59]: atualmente, o esquecimento é um hábito em extinção. Corrói-se, por assim dizer, o vínculo associativo do cancelamento da memória com um viés punitivo: atualmente, a verdadeira condenação é representada pela conservação, e não pela destruição da memória; no passado, a *damnatio memoriae*, atualmente, a obrigação de recordar[60].

As implicações dessa mudança de paradigma são significativas, tanto no universo do Direito quanto nas relações humanas. Quanto ao primeiro, há que se reconhecer que o esquecimento também desempenha funções positivas (ou seja, não possui mera conotação punitiva), sendo utilizado no ordenamento brasileiro, por exemplo, como um instrumento de reabilitação no âmbito penal[61].

O recurso à remoção de informações desfavoráveis ou indesejáveis também é previsto no Código de Defesa do Consumidor – o qual determina, nos termos do §1º do Art. 43, que os cadastros e dados de consumidores não poderão conter informações negativas referentes a período superior a cinco anos – e, em certa medida, no próprio direito autoral, que reconhece como um dos direitos morais do autor a retirada de circulação de obra, ou suspensão de qualquer forma de utilização já autorizada, quando a circulação ou utilização implicarem afronta à sua reputação e imagem[62].

Embora tratem de temas distintos, as previsões legais acima parecem se utilizar do esquecimento com a mesma finalidade, qual seja, de reconhecer a possibilidade de

---

59. MAYER-SCHÖNBERGER, Viktor. *Delete*, cit., p. 18.
60. RODOTÀ, Stefano. *Dai ricordi ai dati l'"oblio è um diritto?*. Disponível em: <http://ricerca.repubblica.it/repubblica/archivio/repubblica/2012/01/30/dai-ricordi-ai-dati-oblio-un.html>. Acesso em 12.05.17 (Tradução Livre).
61. Art. 93 do Código Penal: A reabilitação alcança quaisquer penas aplicadas em sentença definitiva, assegurando ao condenado o sigilo dos registros sobre o seu processo e condenação.
    Art. 748 do Código de Processo Penal: A condenação ou condenações anteriores não serão mencionadas na folha de antecedentes do reabilitado, nem em certidão extraída dos livros do juízo, salvo quando requisitadas por juiz criminal.
    Art. 202 da Lei nº 7.210/84. Cumprida ou extinta a pena, não constarão da folha corrida, atestados ou certidões fornecidas por autoridade policial ou por auxiliares da Justiça, qualquer notícia ou referência à condenação, salvo para instruir processo pela prática de nova infração penal ou outros casos expressos em lei.
62. Lei nº 9.610, de 19 de fevereiro de 1998: Art. 24. São direitos morais do autor: (...) VI - o de retirar de circulação a obra ou de suspender qualquer forma de utilização já autorizada, quando a circulação ou utilização implicarem afronta à sua reputação e imagem.

mudança das condições e informações pessoais, assim como dos próprios titulares, permitindo suas respectivas atualizações perante a sociedade. Em sentido amplo, o Direito parece não se identificar com a ideia de perpetuidade, seja pela vedação à pena perpétua, seja em razão do viés renovador de institutos jurídicos clássicos como a prescrição e decadência, que atuam como um "esquecimento programado"[63], assim como a irretroatividade da lei, a anistia, o ato jurídico perfeito e o direito adquirido[64]. Nessa ótica, o esquecimento funciona como uma medida temporal do Direito, estabilizando o passado e conferindo previsibilidade ao futuro[65].

Ainda que essa noção não seja estranha ao Direito, o ordenamento brasileiro não estabelece um direito ao esquecimento propriamente dito – pelo menos por enquanto. Existem iniciativas legislativas com o intuito de reconhece-lo e regulá-lo, tais com a do Projeto de Lei nº 1.676/2015[66] e, mais recentemente, do Projeto de Lei nº 8.443/2017[67], sendo o último especificamente destinado ao estabelecimento do direito ao esquecimento e modificação dos artigos 7 e 19 do Marco Civil da Internet[68]. Embora representem um esforço rumo à regulamentação do tema, os PLs apresentados não aprofundam pontos de suma importância prática, como, por exemplo, os critérios a serem observados na ponderação entre a liberdade de expressão e privacidade.

Apesar da ausência de previsão legal expressa, o tema vem sendo amplamente discutido pela doutrina, que se divide entre os que não conseguem concebê-lo – normalmente motivados pelo temor dos impactos às liberdades comunicativas – e aqueles que defendem sua pertinência (normalmente fundados na proteção do direito à privacidade).[69] Independentemente do posicionamento adotado, vários são os autores que procuram conceituar o direito ao esquecimento. Para Anderson Schreiber, trata-se essencialmente de um direito "contra uma recordação opressiva de fatos que podem minar a capacidade do ser humano de evoluir e se modificar"[70]. Viviane Nóbrega Maldonado, por sua vez, o define como "a possibilidade de alijar-se do conhecimento de terceiros uma específica informação que, muito embora seja

---

63. Ideia desenvolvida por OST, François. *O tempo do Direito*. São Paulo: Edusc, 2005, pp. 160-161.
64. Observação do Min. Luis Felipe Salomão na decisão do REsp. 1.334.097/RJ, 4ª T., Rel. Min. Luis Felipe Salomão, julg. 28/05/2013).
65. V. posição defendida pelo Min. Luis Felipe Salomão na decisão acima mencionada.
66. O Projeto de Lei nº 1.676/2015 foi apresentado em 26.05.15 e trata da tipificação do ato de fotografar, filmar ou captar a voz de pessoa, sem autorização ou sem fins lícitos, prevendo qualificadoras para as diversas formas de sua divulgação e dispõe sobre a garantia de desvinculação do nome, imagem e demais aspectos da personalidade, publicados na rede mundial de computadores, internet, relativos a fatos que não possuem, ou não possuem mais, interesse público. Inteiro teor disponível em http://www.camara.gov.br/proposicoesWeb/prop_mostrarintegra?codteor=1339457. Último acesso em 03.04.18.
67. O Projeto de Lei nº 8.443/2017 foi apresentado em 31.08.17 e apenso ao PL nº 1.676/2015 em 20.09.17. Inteiro teor disponível em <http://www.camara.gov.br/proposicoesWeb/prop_mostrarintegra?codteor=1599692&filename=PL+8443/2017>. Último acesso em 03.04.18.
68. Lei nº 12.965/2014.
69. Sobre as diferentes posições acerca do direito ao esquecimento, v. SCHREIBER, Anderson. *Manual de direito civil contemporâneo*. São Paulo: Saraiva Educação, 2018, pp. 141-142.
70. SCHREIBER, Anderson. *Nossa ordem jurídica não admite proprietários de passado*. Opinião publicada na Revista Consultor Jurídico, jun. 2017. Disponível em: <https://www.conjur.com.br/2017-jun-12/anderson-schreiber-nossas-leis-nao-admitem-proprietarios-passado>. Último acesso em 20.03.18.

verdadeira e que, preteritamente, fosse considerada relevante, não mais ostenta interesse público em razão de anacronismo".[71] É interessante, ainda, a observação de François Ost sobre o tema:

> Uma vez que, personagem pública ou não, fomos lançados diante da cena e colocados sob os projetores da atualidade – muitas vezes, é preciso dizer, uma atualidade penal –, temos o direito, depois de determinado tempo, de sermos deixados em paz e a recair no esquecimento e no anonimato, do qual jamais queríamos ter saído[72].

Em síntese apertada, nota-se que o direito ao esquecimento se identifica com a vontade de ter sua imagem atual desvinculada de um fato passado[73], não necessariamente por força de arrependimento ou por querer renegá-lo, mas pelo desejo de não ser definido ou limitado por ele.

O tema também foi objeto de dois Enunciados, a saber, os ns. 531[74] e 576[75], da VI e VII Jornadas de Direito Civil, respectivamente, estando a discussão presente, ainda, no próprio Poder Judiciário. Há, inclusive, decisões do STJ que, a despeito da ausência de dispositivo legal sobre a matéria, reconhecem a sua existência[76], divergindo, porém, sobre a aplicação no caso concreto[77]. A controvérsia chegou ao

---

71. MALDONADO, Viviane Nóbrega. *Direito ao esquecimento*. São Paulo: Novo Século, 2017, p. 97.
72. OST, François. *O tempo do Direito*, cit., p. 160.
73. BRANCO, Sérgio. *Memória e esquecimento na internet*. Porto Alegre: Arquipélago Editorial, 2017, p. 129.
74. "Enunciado 531: A tutela da dignidade humana na sociedade da informação inclui o direito ao esquecimento. Justificativa: Os danos provocados pelas novas tecnologias de informação vêm-se acumulando nos dias atuais. O direito ao esquecimento tem sua origem histórica no campo das condenações criminais. Surge como parcela importante do direito do ex-detento à ressocialização. Não atribui a ninguém o direito de apagar fatos ou reescrever a própria história, mas apenas assegura a possibilidade de discutir o uso que é dado aos fatos pretéritos, mais especificamente o modo e a finalidade com que são lembrados". (sublinhou-se)
75. "Enunciado 576: O direito ao esquecimento pode ser assegurado por tutela judicial inibitória. Justificativa: Recentemente, o STF entendeu ser inexigível o assentimento de pessoa biografada relativamente a obras biográficas literárias ou audiovisuais (ADIn 4815), asseverando que os excessos devem ser coibidos repressivamente (por meio do direito de resposta, de uma indenização por danos morais ou pela responsabilização criminal por delito contra a honra). Com isso, o STF negou o direito ao esquecimento (este reconhecido no Enunciado 531 da VI Jornada de Direito Civil) quando em confronto com a liberdade de publicar biografias, mas sem eliminar a possibilidade de seu reconhecimento em outros casos concretos. É hora, pois, de reafirmar a existência do direito ao esquecimento. Esta é a posição conciliadora de Gustavo Tepedino (Opinião Doutrinária acerca da interpretação conforme a Constituição dos arts. 20 e 21 do CO, Organizações Globo, 15.06.2012, p. 25), ao afirmar que o direito ao esquecimento cede espaço ao interesse público inerente à publicação de biografias. Sobretudo, mais do que ser reconhecido, o caso concreto pode exigir que o direito ao esquecimento seja protegido por uma tutela judicial inibitória, conforme admitiu o STJ em dois precedentes (REsp 1.334.097/RJ e REsp 1.335.153/RJ). Isso porque a violação do direito à honra não admite a *restitutio in integrum*. A compensação financeira apenas ameniza o abalo moral, e o direito de resposta proporcional ao agravo sofrido também é incapaz de restaurar o bem jurídico violado, visto ser impossível restituir o status quo. Como afirma Marinoni, é dever do juiz encontrar, dentro de uma moldura, a técnica processual idônea à proteção do direito material, de modo a assegurar o direito fundamental a uma tutela jurisdicional efetiva (art. 5º, XXXV, CF/88). Disso se conclui que não se pode sonegar a tutela judicial inibitória para resguardar direitos dessa natureza, pois nenhuma outra é capaz de assegurá-los de maneira tão eficiente".
76. Faz-se referência ao REsp. 1.334.097/RJ, acima mencionado e conhecido como o caso da Chacina da Candelária, bem como ao REsp. 1.335.153/RJ, 4ª T., Rel. Min. Luis Felipe Salomão, julg. 28/05/2013, conhecido como caso A.C.
77. Muito embora o Min. Luis Felipe Salomão tenha usado o mesmo racional do caso da Chacina da Candelária na análise do caso A.C., conclui que ele não seria aplicável ao último uma vez que o cerne do programa foi

Supremo Tribunal Federal, que, em 11 de fevereiro de 2021, concluiu o julgamento do Recurso Extraordinário 1.010.606/RJ, oportunidade em que desproveu o recurso e fixou a seguinte tese de repercussão geral:

"É incompatível com a Constituição Federal a ideia de um direito ao esquecimento, assim entendido como o poder de obstar, em razão da passagem do tempo, a divulgação de fatos ou dados verídicos e licitamente obtidos e publicados em meios de comunicação social – analógicos ou digitais. Eventuais excessos ou abusos no exercício da liberdade de expressão e de informação devem ser analisados caso a caso, a partir dos parâmetros constitucionais, especialmente os relativos à proteção da honra, da imagem, da privacidade e da personalidade em geral, e as expressas e específicas previsões legais nos âmbitos penal e cível".

Embora uma leitura apressada da tese possa sugerir que o STF inviabilizou o reconhecimento do direito ao esquecimento no Brasil, é importante notar que o conceito do direito tido como incompatível com a Constituição Federal não corresponde à definição mais atualizada de direito ao esquecimento utilizada pela doutrina. Além disso, a segunda parte da tese menciona a necessidade da avaliação casuística de situações excessivas ou abusivas, dando margem, portanto, a eventual aplicação do direito ao esquecimento em sua acepção mais moderna. Como conclui Rafael Mansur, uma análise cuidadosa do julgamento revela que a decisão do Tribunal não representa uma "pá de cal" no direito ao esquecimento no Brasil, e sim um passo rumo ao seu aperfeiçoamento[78]. Independentemente da controvérsia acerca da tese, era de se esperar que a manifestação do Tribunal não suprisse todas as lacunas sobre o tema, uma vez que o caso sob discussão se referia à veiculação de programa televisivo e, conforme detalhado ao longo deste artigo, as questões mais espinhosas sobre o direito ao esquecimento encontram-se, hoje, no ambiente virtual.

Apesar de este artigo não se propor a fazer um estudo de direito comparado – o que exigiria uma pesquisa extensa e análise aprofundada do assunto em outras jurisdições – é interessante observar que, diferentemente do entendimento do Tribunal de Justiça europeu[79], os precedentes nacionais mais recentes se baseiam na ideia de que o buscador é apenas o meio de acesso ao conteúdo e, como tal, não pode ser respon-

---

o crime em si, e não a vítima ou sua imagem, além de, no entendimento do Min., ser impraticável para a atividade da imprensa retratar o caso de A.C. sem fazer referência à própria.

78. MANSUR, Rafael. Decisão do STF não é 'pá de cal' no direito ao esquecimento. Opinião publicada na Revista Consultor Jurídico, fev. 2021. Disponível em: < https://www.conjur.com.br/2021-fev-24/mansur-stf-nao-jogou-pa-cal-direito-esquecimento>. Último acesso em 14.05.21.

79. Em 2014, a decisão do Tribunal de Justiça da União Europeia, no caso M.C.G. v. Google Spain SL e Google Inc., criou um notório precedente sobre privacidade nas redes. Na ocasião, determinou-se a exclusão de resultados de busca do Google referentes à venda de um imóvel em hasta pública, realizada há alguns anos em decorrência de execução fiscal sofrida pelo autor da ação. Segundo o entendimento do tribunal, o Google atua como um controlador de dados ou "*data controller*", e não como um intermediário neutro, tendo seus usuários, assim, o direito de solicitar a remoção de certos resultados de pesquisa que envolvam seus respectivos nomes. Para implementar a decisão do tribunal, o Google criou uma ferramenta que permite aos membros da UE requerer a exclusão de determinado resultado, cujo processo ficou conhecido como desindexação ou *delist*.

sabilizado[80]. De acordo com a posição da Ministra Nancy Andrighi, o provedor não é capaz de controlar os resultados das pesquisas nele realizadas, inexistindo, segundo ela, fundamento no ordenamento pátrio capaz de atribuir ao buscador a obrigação de implementar o direito ao esquecimento, sob pena de exercer, com isso, função de "censor digital"[81]. Por sua vez, o Ministro Herman Benjamin argumenta que:

> Quem viabiliza tecnicamente, quem se beneficia economicamente e, ativamente, estimula a criação de comunidades e páginas de relacionamento na internet é tão responsável pelo controle de eventuais abusos e pela garantia dos direitos da personalidade de internautas e terceiros como os próprios internautas que geram e disseminam informações ofensivas aos valores mais comezinhos da vida em comunidade, seja ela real ou virtual[82].

Em sede legislativa, nota-se outra diferença marcante entre os modelos europeu e brasileiro. Contrariamente à tendência de desindexação europeia, a Lei n. 12.965/2014 ("Marco Civil da Internet") criou um modelo consideravelmente complexo para remoção de conteúdo e, ainda, para a responsabilização do provedor de aplicações de internet. Nos termos do artigo 19[83], os provedores somente poderão ser responsabilizados civilmente por danos decorrentes de conteúdo gerado por terceiros se, após ordem judicial específica, não tomarem as providências para tornar indisponível o conteúdo apontado como infringente. O dispositivo vai além e exige que a ordem judicial contenha, sob pena de nulidade, identificação clara e específica do conteúdo apontado como infringente, permitindo a localização inequívoca do material[84].

Assim, para (supostamente) garantir a liberdade de expressão e impedir a censura, o Marco Civil da Internet impõe ao usuário um ônus tendencialmente excessivo, condicionando a retirada do material à decisão de um sistema judiciário sobrecarregado. A situação se agrava, ainda, com o entendimento jurisprudencial que se consolidou no sentido de que o requerente deve informar os localizadores ("URL") que pretende remover. Ocorre que o Marco Civil da Internet não menciona expressamente a necessidade de indicação de URLs, tampouco atribua essa obrigação ao autor da ação – como mencionado acima, a lei exige, em verdade, que a ordem judicial (e não o pedido) contenha "identificação clara e específica do conteúdo apontado como infringente, permitindo a localização inequívoca do material"[85]. Impõe-se à vítima, portanto, a produção de uma prova diabólica, a saber, a identificação de todos os URLs do conteúdo infringente, os quais certamente já terão se multiplicado antes mesmo de a decisão judicial ser proferida.

---

80. V. REsp. 1.593.873/SP, 3ª T., Rel. Min. Nancy Andrighi. julg. 10/11/2016; REsp. 1.316.921/RJ, 3ª T., Rel. Min. Nancy Andrighi, julg. 26/06/2012; Apelação Cível 0024717-80.2010.8.19.0209, 19ª Câmara Cível, des. Valéria Dacheux, julg. 02/05/2017).
81. V. voto da Min. Nancy Andrighi no RESP. 1.593.873/SP.
82. REsp. 1.117.633/RO, cit.
83. Em posição crítica ao art. 19 do Marco Civil da Internet, v. SCHREIBER, Anderson. Marco Civil da Internet: Avanço ou Retrocesso?, cit., p. 277 e ss.
84. V. § 1º do Art. 19.
85. V. REsp. 1.629.255/MG, 3ª T., Rel. Min. Nancy Andrighi, julg. 22/08/2017.

B. Conflito com as liberdades comunicativas

Conforme demonstrado ao longo deste artigo, conjugar um possível direito ao esquecimento com um cenário de amplas liberdades comunicativas é um exercício árduo. Primeiramente, porque tanto a privacidade, honra e imagem – princípios em que o direito ao esquecimento se encontra ancorado – quanto as liberdades comunicativas encontram respaldo constitucional e, como já mencionado, não há hierarquia formal entre os direitos fundamentais previstos pela CF88, tampouco direitos absolutos.

Além disso, tanto o direito à privacidade quanto as liberdades comunicativas voltam-se à promoção da dignidade da pessoa humana, valor-fonte do ordenamento[86] que deve orientar todos os demais. Um eventual confronto entre eles exigirá, portanto, a ponderação dos interesses envolvidos no caso concreto e, em última instância, resultará na inevitável restrição de um para que o outro possa, naquela hipótese, prevalecer. Sobre o tema, Maria Celina Bodin de Moraes observa que:

> A maior dificuldade do direito tem sido estabelecer um compromisso (pacto) aceitável entre os valores fundamentais comuns [...] e os espaços de liberdade, os mais amplos possíveis, de modo a permitir a cada um a escolha de seus atos e a condução de sua vida particular, de sua trajetória individual, de seu projeto de vida[87].

Embora seja impossível definir uma regra abstrata de prevalência, é interessante observar os argumentos normalmente evocados tanto para defesa da preponderância quanto da mitigação das liberdades comunicativas.

Argumentos Pró-Liberdades Comunicativas

Conforme detalhado no item 2 deste artigo, a liberdade de expressão está intrinsecamente ligada às noções de informação e história, atuando como uma ferramenta de conhecimento dos fatos, de sua preservação e, ao mesmo tempo, de prevenção. Sob essa perspectiva, argumenta-se que a aplicação universal de um direito ao esquecimento nos moldes reconhecidos pelo STJ[88] representa o risco de aniquilamento da memória coletiva em favor da memória individual: na medida em que se permite que determinada pessoa não seja lembrada por determinados fatos, subtrai-se da sociedade a possibilidade de manter a lembrança dos mesmos[89]. Ao pensar sobre o tema, Rodotà acredita que:

---

86. RE. 477.554/MG, 2ª. T., Rel. Min. Celso de Mello, julg. 16/08/2011.
87. BODIN DE MORAES, Maria Celina. *Na medida da pessoa humana: estudos de direito civil-constitucional*. Rio de Janeiro: Renovar, 2010, p. 75.
88. No julgamento do REsp. 1.334.097/RJ, o STJ definiu o direito ao esquecimento como "direito de não ser lembrado contra sua vontade, especificamente no tocante a fatos desabonadores, de natureza criminal, nos quais se envolveu, mas que, posteriormente, fora inocentado".
89. Assim, SARMENTO, Daniel. *Liberdades Comunicativas e "Direito ao Esquecimento" na ordem constitucional brasileira*, cit., p. 15.

O ponto chave está na relação entre memória individual e memória social. Pode o direito da pessoa de requerer o cancelamento de alguns dados se transformar em um direito de autorrepresentação, de reescrever a própria história, com a eliminação de tudo o que contrasta com a imagem que a pessoa gostaria de dar a si? Assim, o direito ao esquecimento pode perigosamente inclinar-se à falsificação da realidade e tornar-se instrumento de limitação do direito à informação, à livre pesquisa histórica, à necessária transparência que deve acompanhar, em primeiro lugar, a atividade política[90].

Ainda no tocante à memória social, há que se questionar se o decurso de tempo impacta ou não o interesse público sobre determinado evento, especialmente em se tratando de fato verídico. Como mencionado acima, conhecer o passado é um instrumento importante para a melhor compreensão dos hábitos atuais de uma determinada sociedade[91] e, inclusive, para o seu processo evolutivo[92]. Se a mera passagem de tempo fosse suficiente para que as informações se tornassem socialmente irrelevantes, como e com o que seria construída a história do país e do mundo? Acerca da veracidade da informação, pondera-se, ainda, se haveria justificativa legítima para impedir ou suprimir a divulgação de dado verdadeiro. Se o evento noticiado de fato ocorreu e foi apurado por meios lícitos, há fundamentos plausíveis para que não seja revelado? É razoável que uma informação obtida de forma lícita se torne ilícita apenas pelo decurso do tempo ou por não agradar determinada pessoa?

Passando da análise da forma ao conteúdo, considera-se que o fato de a divulgação envolver críticas ou informações negativas sobre algo ou alguém não justifica, por si só, que ela seja coibida. Em uma sociedade pluralista e democrática, as liberdades comunicativas não podem se restringir a expressar opiniões elogiosas ou narrar fatos positivos – pelo contrário, o objetivo dos dispositivos constitucionais é justamente permitir e proteger a livre manifestação de ideias. E, no que diz respeito à imprensa, é intrínseco à atividade jornalística criticar, reproduzir notícias desabonadoras e apontar questões problemáticas e controversas: é de se esperar, portanto, que ela gere incômodos. De acordo com a célebre frase atribuída a George Orwell, o exercício do jornalismo consiste na publicação daquilo que alguém não quer ver publicado, o resto é publicidade. Nessa linha, em se tratando de exercício regular de direito, argumenta-se que a pretensão de remoção ou impedimento de veiculação da informação não pode prosperar, sob pena de "amesquinhar" as liberdades comunicativas[93].

---

90. RODOTÀ, Stefano. *Dai ricordi ai dati l"oblio è um diritto?* cit. (Tradução Livre)
91. Sobre o tema, Gustavo BINENBOJM lembra a interessante síntese de Paulo Otero, segundo o qual "conhecer o passado é mergulhar nas raízes do presente". (BINENBOJM, Gustavo. *Direito ao Esquecimento: a censura no retrovisor*. Disponível em < https://jota.info/artigos/direito-ao-esquecimento-censura-retrovisor-16102014 >. Acesso em 08.05.17)
92. Nesse sentido, Daniel SARMENTO defende que "o direito fundamental de acesso à informação também abrange as informações referentes a fatos passados, porque estes não se despem do seu interesse público apenas pela passagem do tempo. [...] O conhecimento e discussão de fatos passados são essenciais não só para a cultura do país, como também para que as pessoas e a sociedade possam compreender melhor o seu presente e tenham condições de fazer escolhas mais conscientes e informadas quanto ao seu futuro". (SARMENTO, Daniel. *Liberdades Comunicativas e "Direito ao Esquecimento" na ordem constitucional brasileira*, cit., p. 48).
93. Assim, SARMENTO, Daniel. *Liberdades Comunicativas e "Direito ao Esquecimento" na ordem constitucional brasileira*, cit., p. 40.

Costuma-se alegar, ainda, que a tentativa de remover ou restringir o acesso a determinada informação tende a despertar um maior interesse sobre o fato, o que pode levar, ao revés, a sua maior publicização. Isso, na realidade, nada mais é do que uma reação natural do ser humano: a ideia de não poder saber algo desperta na maioria das pessoas, quase que instintivamente, uma curiosidade inquietante. Com as novas mídias, porém, a curiosidade humana ganha ferramentas de investigação dignas de agentes de inteligência; na internet, é possível buscar de tudo, compartilhar, em segundos, toda sorte de informação e armazená-las de formas diversas por prazo indeterminado. Torna-se comum, assim, que os mais diversos conteúdos "viralizem", inclusive – e, por vezes, especialmente – se o acesso a eles for restringido. Exemplos de situação como essa não faltam, sendo um desses casos a inspiração para a atual referência ao "fenômeno" como Efeito Streisand[94].

Por fim, volta-se ao começo: afinal, é preciso compreender a interação das liberdades comunicativas com a história para entender o motivo pelo qual a restrição das primeiras é um tema especialmente sensível no Brasil. Conforme discutido no item 2 deste artigo, os traumas causados pelos regimes autoritários ainda estão longe de serem superados. Exemplo disso foi a criação, em 2011, da Comissão Nacional da Verdade ("CNV"), que se propôs a examinar e esclarecer as graves violações de direitos humanos ocorridas entre 1946 a 1988 – período entre as duas últimas Constituições democráticas brasileiras – a fim de promover a efetivação do direito à memória e à verdade histórica, bem como a reconciliação nacional[95]. O relatório de encerramento dos trabalhos da CNV foi concluído e entregue à Presidência da República em dezembro de 2014, ou seja, há menos de quatro anos. Nesse contexto, é importante ponderar se uma sociedade com experiência democrática tão recente, que ainda busca compreender e consolidar uma memória nacional, está, de fato, apta ao esquecimento[96].

Argumentos Pró-Direito ao Esquecimento

Muitos críticos ao direito ao esquecimento negam, por completo, a existência ou qualquer possibilidade de seu reconhecimento ou aplicação, seja com base nos motivos já mencionados ao longo deste trabalho, seja por meio de tantos outros argu-

---

94. O termo "efeito Streisand" remonta à tentativa da atriz norte-americana (a cujo sobrenome a expressão faz referência) de retirar uma foto área de sua casa da coleção de imagens disponibilizadas por um determinado site. Como consequência obviamente indesejada pela autora do processo, a foto que pretendia remover ganhou grande notoriedade na internet, tendo sido objeto de inúmeras buscas e de mais de quatrocentas mil visualizações no período de um mês. (Informações disponíveis em <https://pt.wikipedia.org/wiki/Efeito_Streisand>. Último acesso em 04.10.2017)
95. V. Art. 1º da Lei nº 12.528/2011.
96. Em posicionamento crítico, Eduardo BERTONI defende que falar de direito ao esquecimento no contexto da história latino-americana representaria um verdadeiro insulto à história em razão da contínua luta para acessar informações do passado. (BERTONI, Eduardo Bertoni. "*El Derecho al Olvido: um insulto a la historia latino-americana*". Disponível em <https://www.huffingtonpost.com/eduardo-bertoni/the-right-to-be-forgotten_b_5870664.html>. Acesso em 15.05.2017).

mentos que não poderiam ser esgotados em único artigo. Para defende-lo, contudo, não se pode cair na mesma armadilha. As liberdades comunicativas são inegáveis; existem, e precisam existir, inclusive para que se possa discutir temas controversos como o objeto deste estudo.

Isso não significa, porém, que a liberdade de expressão, de imprensa e de informação são absolutas – fato é que poucos institutos, jurídicos ou não, funcionam pela lógica do "tudo ou nada". A CF88 as consagra e, ao mesmo tempo, elege outros valores essenciais ao pleno desenvolvimento da pessoa humana, como a vida privada, a intimidade, a honra e a imagem. Não se trata, portanto, de direitos excludentes ou hierarquicamente superiores. Para que convivam de forma harmônica, faz-se necessário adequar tanto o exercício das liberdades comunicativas quanto do direito à privacidade e, na hipótese de conflito, avaliar o interesse jurídico que melhor protege ou promove a dignidade humana[97], sendo assim merecedor de tutela no caso concreto.

Um dos pontos a ser investigado é a própria informação que se pretende divulgar, de modo a determinar se ela é ou não de interesse público[98], que não deve se confundir com o interesse do público[99]: conforme alerta Rodotà, a cobiça por informações não pode se disfarçar de necessidade de verdade[100]. Apesar de essa definição ser uma tarefa árdua, ela é indispensável para que se verifique se, em certa situação, a liberdade de expressão deve prevalecer sobre a privacidade do sujeito a quem a informação diz respeito.

Outro aspecto que merece ser considerado é a atualidade da informação. Não se propõe, com isso, que um determinado fato se torna automaticamente irrelevante

---

97. Nas palavras de Maria Celina Bodin de Moraes: "[...] pode haver conflitos entre duas ou mais situações jurídicas subjetivas, cada uma delas amparada por um desses princípios [princípios jurídicos da igualdade, da integridade psicofísica, da solidariedade e da liberdade], portanto, conflito entre princípios de igual importância hierárquica. Mas nestes casos, o fiel da balança, a medida de ponderação, o objetivo a ser alcançado, já está determinado, a priori, em favor do conceito da dignidade humana. Somente os corolários, ou subprincípios em relação ao maior deles, podem ser relativizados, ponderados, avaliados. A dignidade vem à tona no caso concreto, se e quando bem-feita aquela ponderação. Isto significa dizer que, dadas duas situações jurídicas subjetivas, cada uma delas relativa a um dos princípios aludidos, estruturando-se, portanto, num conflito (ou colisão) de princípios, a medida da ponderação, a ser exercitada pelo magistrado, será ponderar, através do exame dos interesses em conflito, tais princípios em relação a seu fundamento, isto é, a própria dignidade humana". (BODIN DE MORAES, Maria Celina. Liberdade individual, acrasia e proteção à saúde. In. LOPEZ, Teresa Ancona. (Org.). *Estudos e pareceres sobre livre arbítrio, responsabilidade e produto de risco inerente*: o paradigma do tabaco. Rio de Janeiro: Renovar, 2009, p. 327).
98. Segundo Gustavo BINENBOJM, "o interesse público comporta uma imbricação entre interesses difusos da coletividade e interesses individuais e particulares, não se podendo estabelecer a prevalência teórica e antecipada de uns sobre outros". (BINENBOJM, Gustavo. *Uma teoria do Direito Administrativo – Direitos Fundamentais, Democracia e Constitucionalização*. Rio de Janeiro: Renovar, 2014, p. 107).
99. No entendimento de Gilmar Ferreira MENDES: "Decerto que interesse público não é conceito coincidente com o de interesse do público. O conceito de notícias de relevância pública enfeixa as notícias relevantes para decisões importantes do indivíduo na sociedade". (MENDES, Gilmar Ferreira [et. al.]. *Curso de direito constitucional*. São Paulo: Saraiva, 2007, p. 373).
100. RODOTÀ, Stefano. *Direito à Verdade*, cit., p. 13.

se não for atual; porém, dada a capacidade de perpetuação de dados na internet[101], há que se refletir se as informações, ainda que verídicas, podem ser divulgadas ou republicadas a qualquer tempo[102]. Certamente, a veracidade do fato é um critério para o exercício regular das liberdades comunicativas[103], porém, outros elementos são igualmente necessários para que essa regularidade se verifique na prática, tais como a contextualização adequada e a finalidade informativa.

Em uma reflexão mais profunda, percebe-se que a própria questão da veracidade pode ser subjetiva. Sem prejuízo da importância do papel desempenhado pelos órgãos de imprensa e demais meios de comunicação para concretização do direito à informação, eles funcionam sob uma lógica empresarial. Os jornalistas, por sua vez, são pessoas e, como tais, ostentam ideias, opiniões e crenças próprias. Assim, as informações por eles veiculadas jamais serão o reflexo de uma verdade absoluta, neutra e imparcial, e sim "uma versão dos fatos ocorridos, intermediada pela linha editorial do veículo e pela subjetividade dos jornalistas que redigiram a matéria"[104].

Embora a restrição às liberdades comunicativas seja comumente associada à censura, é importante notar que a liberdade irrestrita, por sua vez, não se identifica ou significa, necessariamente, a ausência de censura. Como bem observa Anderson Schreiber, "a liberdade de expressão é *autofágica*, no sentido de que, em qualquer ambiente em que haja desigualdade de forças, a liberdade de expressão do mais forte tende a subjugar a liberdade de expressão do mais fraco"[105]. Há que se observar ainda o efeito inibidor ou *chilling effect* da liberdade de expressão absoluta e ilimitada no comportamento humano: em não havendo algum tipo de controle negativo que possa ser exercido pelos indivíduos sobre as próprias informações, eles continuarão agindo e se expressando da mesma forma ou passarão, ao contrário, a se autocensurar[106]? É

---

101. Sobre o tema, Anderson SCHREIBER argumenta que: "A internet não esquece. Ao contrário dos jornais e revistas de outrora, cujas edições antigas se perdiam no tempo, sujeitas ao desgaste do seu suporte físico, as informações que circulam na rede ali permanecem indefinidamente". (SCHREIBER, Anderson. *Direitos da Personalidade*, cit., p.172).
102. Assim, BODIN DE MORAES, Maria Celina e KONDER, Carlos Nelson. *Dilemas de direito civil-constitucional: casos e decisões sobre os novos desafios para a tutela da pessoa humana nas relações existenciais*. Rio de Janeiro: Padma, 2012, p. 287.
103. Segundo o entendimento do Min. Luis Felipe Salomão, "embora a notícia inverídica seja um obstáculo à liberdade de informação, a veracidade da notícia não confere a ela inquestionável licitude, muito menos transforma a liberdade de imprensa em um direito absoluto e ilimitado. Nesse ponto, a verossimilhança da informação é apenas um, mas não o único, requisito interno do exercício da liberdade de imprensa". (v. RESP. 1.334.097/RJ, cit.).
104. Assim, SCHREIBER, Simone. *A publicidade opressiva de julgamentos criminais*. Rio de Janeiro: Renovar, 2008, p. 358. Em linha similar, v. entendimento de Alain de Botton: "*News organizations are coy about admitting that what they present us with each day are minuscule extracts of narratives whose true shape and logic can generally only emerge from a perspective of months or even years [...]. They are institutionally committed to implying that it is inevitably better to have a shaky and partial grasp of a subject this minute than to wait for a more secure and comprehensive understanding somewhere down the line*" (BOTTON, Alain de. *The News: A User's Manual*. New York: Pantheon Books, 2014, p. 26).
105. SCHREIBER, Anderson. *Marco Civil da Internet*, cit., p. 282.
106. MAYER-SCHÖNBERGER, Viktor. *Delete*, cit., p. 20.

preciso cautela, portanto, com a "violência da verdade"[107] que, ao invés de desempenhar um papel libertador, pode justamente oprimir as liberdades democráticas fundamentais.

Ao longo desse artigo, discutiu-se a superexposição – muitas vezes voluntária – nas mídias atuais. Grande parte do tempo, as pessoas vivem e enxergam umas às outras através das telas de seus dispositivos eletrônicos, incorporando, assim, o temerário ideal do "homem de vidro". Diz-se temerário porque cria um padrão de transparência absoluta que é, por sua vez, extremamente oneroso e invasivo. Em um ambiente de constante exibição da vida íntima, reivindicar um mínimo de privacidade chega a causar estranheza, como se houvesse a intenção de esconder algo, o que coloca em dúvida o "bom cidadão"[108]. Nesse contexto, a privacidade volta a ser um item de luxo, tal qual na sua origem burguesa, com a diferença de que, nos dias de hoje, não é o poder aquisitivo que proporciona uma vida privada. Quem tem mais dinheiro não possui, necessariamente, mais privacidade: na verdade, a maioria dispõe dela a título gratuito e sequer sabe como, ou possui meios para recupera-la.

Na era digital, o próprio conceito de liberdade de expressão é, por vezes, distorcido. As pessoas são livres para compartilhar pensamentos e imagens, mas não gozam da mesma liberdade caso decidam removê-los. Mesmo que consigam retirar o conteúdo temporariamente, outros podem compartilhá-lo e, assim, a informação que se pretendia excluir tende a ser propagada livremente. É como se a vedação ao comportamento contraditório (*venire contra factum proprium*), cuja aplicação é justificável em âmbitos como o contratual, pudesse ser transposta aos direitos da personalidade. Nessa lógica, a exposição é um caminho sem volta; não há espaço para um direito de arrependimento.

Para além disso, é possível pensar se a escolha do usuário nas redes é, de fato, uma escolha livre[109]. De forma a realizar a maioria das atividades online, o usuário precisa aceitar termos e condições sobre os quais não tem qualquer poder de barganha – por vezes, sequer de compreensão – bem como fornecer dados pessoais, voluntária e involuntariamente. Essa questão se torna ainda mais complexa ao se considerar que muitos usuários são menores de idade, caso em que a verificação da liberdade de escolha e de consentimento é ainda mais espinhosa. Há quem diga, porém, que essas são as regras do jogo, quem não está disposto a aceita-las pode simplesmente não fazer uso das funcionalidades tecnológicas. Isso é, contudo,

---

107. Expressão utilizada por RODOTÀ, Stefano. *Direito à Verdade*, cit., p. 7.
108. RODOTÀ, Stefano. *Direito à Verdade*, cit., p. 12.
109. Sobre a liberdade de escolha, interessante a posição de Cass S. SUNSTEIN e Richard H. THALER, segundo os quais "o que [as pessoas] escolhem é fortemente influenciado por detalhes do contexto no qual fazem determinada escolha, como por exemplo, as regras padronizadas, os efeitos da contextualização (ou seja, a formulação semântica das opções) e os pontos de partida". (SUNSTEIN, Cass S.; THALER, Richard H. *O paternalismo libertário não é uma contradição em termos*. Trad. Fernanda Cohen. Civilistica.com. Revista eletrônica de direito civil. Rio de Janeiro: a. 4, n. 2, 2015. Disponível em: <http://civilistica.com/o-paternalismo-libertario-nao-e-uma-contradicao>. Acesso em 04.05.2017. pp. 2-3).

impraticável na atual conjuntura. Não se trata mais, ou apenas, de ferramentas destinadas ao lazer: o uso das redes é essencial, dentre outros, para o exercício da atividade profissional e estudantil, não sendo a abstinência digital, portanto, uma solução razoável[110].

Em meio a tantas transformações, a privacidade é, atualmente, percebida de forma bastante diversa de sua concepção original. Contemporaneamente, pode-se dizer que seu conceito também deve compreender o direito de controlar os dados pessoais, cujo uso inadequado pode causar diversos prejuízos ao seu titular.[111] Nas palavras de André Brandão Nery Costa:

> [...]a fixação de princípios de proteção de dados ganha relevância. Mostra-se especialmente útil o princípio da finalidade, o qual determina que a coleta de dados deve ser pertinente à finalidade perseguida, a utilização destes não deve ser abusiva e – o que é de extrema relevância para o fim aqui tratado – eles devem ser eliminados, ou transformados em dados anônimos, quando não mais necessários.[112]

A nova concepção do direito à privacidade não significa, contudo, que a vida privada passou a exigir menos proteção; ao contrário, faz-se necessário, cada vez mais, repensar os instrumentos que realizem a tutela adequada do direito à privacidade. É nesse contexto que se insere a discussão sobre o direito ao esquecimento.

Conforme já mencionado, esquecer faz parte da natureza humana. Embora isso seja inconveniente em algumas ocasiões, trata-se de um mecanismo necessário para abrir, por vezes, espaço para o novo. A memória limitada não é a única imperfeição humana: o ser humano é falho por essência, mas possui em si a capacidade de evoluir. Conforme observa Viktor Mayer-Schönberger, o esquecimento é um comportamento individual e também coletivo: a própria sociedade aceita que seus membros evoluem e que podem aprender com as experiências passadas[113]. Novas tentativas são permitidas e até mesmo encorajadas: pessoas divorciadas podem se casar novamente, ex-detentos absolvidos ou cuja pena foi cumprida voltam a conviver socialmente e têm até a condenação removida de sua folha de antecedentes. Essa regenerabilidade exige, como o nome pode sugerir, uma renovação, que é incompatível com um apego excessivo ao passado.

Fato é que o próprio ordenamento brasileiro não se identifica com a ideia de que o passado está destinado "a não passar mais"[114]. Além de regular a questão temporal por intermédio dos institutos já mencionados (como prescrição, decadência e irretroatividade), o sistema jurídico pátrio veda a imposição de pena perpétua[115].

---

110. Assim, SCHREIBER, Anderson. *Marco Civil da Internet,* cit., p. 282.
111. SCHREIBER, Anderson. *Direitos da personalidade,* cit., pp. 137-138.
112. COSTA, André Brandão Nery. Direito ao esquecimento na internet: a *Scarlet Letter* digital. In. SCHREIBER, Anderson (Coord.). *Direito e mídia.* São Paulo: Atlas, 2013, p. 197.
113. MAYER-SCHÖNBERGER, Viktor. *Delete,* cit., p. 29.
114. RODOTÀ, Stefano. *Dai ricordi ai dati l"oblio è un diritto?,* cit. (Tradução livre).
115. CF88. "Art. 5º [...] XLVII - não haverá penas [...] b) de caráter perpétuo".

Assim, nem mesmo quem comete as piores atrocidades poderá sofrer condenação interminável. Admitir, porém, que qualquer dado ou fato possa ser exibido *ad eternum* significa aceitar que o sujeito da informação pode ser submetido a um escrutínio infindável, que poderá ficar aprisionado, pelo tempo que for, na concepção social que se cria sobre ele com base em informações que, por vezes, não condizem mais com a sua realidade. É o caso, por exemplo, de transexual que altera seus registros civis, mas continua a ser lembrado e confrontado com eventos que remontam à sua antiga identidade.

Sobre esse aspecto, é importante observar que o pleno desenvolvimento da pessoa e, por via de consequência, sua existência digna, requer tanto o autorreconhecimento como o reconhecimento social em consonância com o primeiro[116]. Um descompasso entre ambos pode gerar verdadeiras angústias, ora impedindo que os indivíduos se desenvolvam livremente, ora marginalizando aqueles que o fazem, mas não enxergam, na comunidade em que vivem, o reflexo de quem são verdadeiramente. É necessário, assim, promover e proteger o valor constitucional da integridade psicofísica, que é um dos substratos da dignidade humana[117], de modo que ele instrumentalize os demais direitos da personalidade, como imagem, honra, privacidade e identidade pessoal[118].

Alternativamente à aplicação do direito ao esquecimento – e em nome da proteção das liberdades comunicativas – é comum que se defenda tutelar a privacidade, honra e imagem pela via reparatória. De acordo com esse entendimento, a tutela inibitória é muito custosa para a liberdade de expressão e, assim, deve-se privilegiar o remédio da responsabilização *a posteriori*, seja pela contrapartida pecuniária, seja mediante o direito de resposta[119]. Embora não se discorde da utilidade desses instrumentos a depender do caso, há que se pensar se eles são suficientes para compensar todos os danos oriundos da violação aos valores em questão[120] e, ainda, se o próprio recurso à via reparatória não seria, por sua vez, extremamente oneroso para a vítima. Ainda que a resposta fosse positiva, soa estranha a ideia de que direitos invioláveis só podem ser tutelados uma vez constatada a sua violação[121]. Seria inócuo conferir aos indivíduos direitos que, na prática, não podem ser protegidos.

---

116. FACHIN, Luis Edson. O corpo do registro no registro do corpo; Mudança de nome e sexo sem cirurgia de redesignação. *Revista Brasileira de Direito Civil*. Volume 1 – Jul / Set 2014. p. 55.
117. BODIN DE MORAES, Maria Celina. *Danos à Pessoa Humana*, cit., p. 132.
118. Assim, BODIN DE MORAES, Maria Celina. *Danos à Pessoa Humana*, cit., p. 96.
119. V. BARROSO, Luis Roberto. *Liberdade de expressão versus direitos da personalidade: colisão de direitos fundamentais e critérios de ponderação*, cit., p. 117.
120. O próprio Min. Luis Roberto BARROSO reconhece que "[...] nos casos de violação da privacidade (intimidade ou vida privada), a simples divulgação poderá causar o mal de um modo irreparável", (BARROSO, Luis Roberto. *Liberdade de expressão versus direitos da personalidade: colisão de direitos fundamentais e critérios de ponderação*, cit., p. 117). Em linha similar, vide o Enunciado nº 576 da VII Jornada de Direito Civil.
121. Gilmar MENDES pondera que "se a Constituição assegura não só a inviolabilidade do direito, mas também a efetiva proteção judiciária contra lesão ou ameaça de lesão à direito (CF, art. 5º, XXXV), não poderia o Judiciário intervir para obstar a configuração da ofensa definitiva, que acaba acarretando danos efetivamente irreparáveis? Que significaria a garantia da proteção judiciária efetiva contra lesão ou ameaça de lesão a

Malgrado não esteja expressamente previsto no ordenamento vigente, o direito ao esquecimento, assim como tantos outros, se volta para a instrumentalização do valor da pessoa[122]. Conforme observa Anderson Schreiber, a segurança jurídica, a exemplo do direito ao esquecimento, também não é mencionada na CF88, sendo ainda assim considerada um princípio fundamental que se extrai da noção de legalidade[123]. Dessa forma, não há que se restringir as hipóteses tuteladas, e sim buscar, por meio de uma tutela elástica, a efetiva proteção do valor da pessoa, que é o valor fundamental do ordenamento[124].

A pessoa humana deve contar, portanto, com ferramentas adequadas e que possibilitem a efetiva promoção dos valores e princípios a ela garantidos pela CF88. O direito ao esquecimento pode ser um desses recursos, entendido aqui como o exercício da liberdade para o desenvolvimento e realização pessoal, direitos fundamentais da pessoa[125], bem como uma ferramenta para a efetiva instrumentalização do direito à autodeterminação informativa, noção mais atualizada do direito à privacidade[126].

5. O CASO *RICHTHOFEN*

Antes de analisar a aplicabilidade do direito ao esquecimento ao caso Richthofen, é importante recordar, ainda que de forma resumida, os principais aspectos daquele episódio. Em outubro de 2002, um casal foi assassinado em sua residência, em São Paulo. O crime, em princípio, poderia ser igual a tantos outros: os agressores deixaram a casa revirada, roubaram dinheiro e joias, remontando, assim, um cenário de latrocínio. As investigações da polícia, no entanto, indicavam o contrário e, após cerca de uma semana, S., filha das vítimas, junto com o seu namorado à época e o irmão dele – conhecidos como os "irmãos C." – confessaram serem os responsáveis pelo assassinato.

O caso ganhou extrema notoriedade na mídia e atraiu o interesse – e a fúria – da sociedade brasileira: milhares de pessoas inscreveram-se para acompanhar o

---

direito se a intervenção somente pudesse se dar após a configuração da lesão?" (MENDES, Gilmar Ferreira. Colisão de direitos fundamentais: liberdade de expressão e de comunicação e direito à honra e à imagem. *Revista de Informação Legislativa*. Brasília, Ano 31, nº 122. Abril/junho 1994. p. 298)

122. Na lição de Maria Celina BODIN DE MORAES, deve-se pensar na personalidade como um valor, e não um direito, o qual "está na base de uma série (aberta) de situações existenciais, nas quais se traduz a incessantemente mutável exigência de tutela". (BODIN DE MORAES, Maria Celina. *Na medida da pessoa humana*, cit., p. 115).
123. SCHREIBER, Anderson. Direito ao esquecimento: críticas e respostas, cit.
124. BODIN DE MORAES, Maria Celina. *Na medida da pessoa humana*, cit., p. 115.
125. Nas palavras de Stefano RODOTÀ: "[...] liberar-se da opressão dos registros, de um passado que continua a onerar fortemente o presente, torna-se um objetivo de liberdade. [...] O direito ao esquecimento se apresenta como o direito de governar a própria memória, para restituir a qualquer um a possibilidade de reinventar-se, de construir sua personalidade e identidade". (RODOTÁ, Stefano. *Dai ricordi ai dati l'oblio è un diritto?*, cit. Tradução Livre).
126. RODOTÀ, Stefano. *A vida na sociedade de vigilância*, cit., p. 109.

julgamento, tendo a TV Justiça considerado, inclusive, transmiti-lo ao vivo (o que acabou não sendo autorizado). Ao final do julgamento, em 2006, os três réus foram considerados culpados e condenados a cerca de 39 anos de reclusão.

Desde então, S. vem cumprindo sua pena, a maior parte dela em regime fechado, no interior de São Paulo. Considerando a observância dos requisitos legais, como o bom comportamento carcerário atestado pela direção da penitenciária e, ainda, o fato de trabalhar na oficina de costura da prisão, a Defensoria Pública solicitou, em meados de 2017, a progressão da condenada para o regime aberto, pedido esse que está sob análise. De acordo com notícias recentes[127], um dos irmãos C. já cumpre o restante da pena em regime aberto, enquanto o outro, ex-namorado de S., também tenta obter o mesmo benefício.

Muitos são os fatores que chamaram a atenção do público no caso Richthofen, como o álibi escolhido pelo então casal, o planejamento prévio e a motivação do crime, mas talvez A., o irmão de S., seja – ou melhor, tenha se tornado – um dos principais alvos da mídia. Segundo a polícia, A., menor de idade à época do crime, não teve envolvimento no assassinato dos pais e, assim, não foi julgado, tampouco condenado. Apesar disso, e embora tenha vivido, desde então, de maneira reservada, ele se tornou objeto de notícias em diversos meios de comunicação quando, em 2017, foi internado em uma clínica psiquiátrica.

Diz-se que, ao ser abordado, A. declarou: "não queira saber como é a minha vida"[128]. Contudo, as manchetes se ocuparam prontamente de investiga-la em detalhes, apresentando aos leitores "o drama de A."[129] e oferecendo detalhes sobre "como e onde vivia A."[130], sua experiência acadêmica, o quarto por ele ocupado na clínica, sua alimentação e hábitos durante a internação[131]. Programas de televisão também trataram do tema, com debates entre psiquiatras[132] e informações constantes do prontuário médico do paciente[133].

Em todas as reportagens, a história do crime de 2002 veio à tona, sendo revisitada e usada, por diversos meios, como explicação para o suposto surto que levou à internação do "irmão de S.", maneira usada pela maioria das notícias para se referir ao jovem. Diversas imagens foram divulgadas, conjecturas foram feitas, e a preservação

---

127. V., por exemplo, <https://g1.globo.com/sp/vale-do-paraiba-regiao/noticia/condenado-por-morte-dos-pais-de-suzane-richthofen-cristian-cravinhos-deixa-prisao.ghtml>. Acesso em 08.01.2018.
128. <http://www1.folha.uol.com.br/cotidiano/2017/06/1889234-nao-queira-saber-como-e-minha-vida-disse-irmao-de-suzane-ao-ser-abordado.shtml>. Acesso em 08.01.2018.
129. <https://istoe.com.br/o-drama-de-andreas-von-richthofen/>. Acesso em 08.01.2018.
130. <http://www.redetv.uol.com.br/superpop/videos/ultimos-programas/saiba-onde-e-como-vivia-andreas--von-richthofen>. Acesso em 07.01.2018.
131. <https://www.correiodoestado.com.br/brasilmundo/irmao-de-suzane-tem-quarto-so-pra-ele-evita-patio--e-ocupa-ala/305101/>. Acesso em 08.01.2018.
132. <http://www.redetv.uol.com.br/Superpop/videos/ultimos-programas/especialistas-dizem-que-andreas--von-richthofen-tem-que-reconstruir-relacoes>. Acesso em 08.01.2018.
133. <https://www.youtube.com/watch?v=vDnj_a36O-g>. Acesso em 08.01.2017.

da vida íntima de A., que o próprio tentou proteger por tantos anos, cedeu lugar à curiosidade pública.

O caso Richthofen inspira, como um todo, a reflexão sobre a proteção adequada do direito à privacidade e a possível aplicação do direito ao esquecimento. No caso dos condenados, porém, uma conclusão efetiva fica prejudicada pelo fato de que todos ainda cumprem suas respectivas penas. Conforme já mencionado, a própria legislação penal prevê mecanismos de reabilitação, a exemplo do art. 202 da Lei de Execução Penal, que determina que, cumprida ou extinta a pena, não constarão da folha corrida, atestados ou certidões fornecidas por autoridade policial ou por auxiliares da Justiça, qualquer notícia ou referência à condenação, salvo para instruir processo pela prática de nova infração penal ou outros casos expressos em lei. Portanto, até que as penas sejam cumpridas ou extintas, não parece cabível reconhecer aos condenados um direito ao esquecimento. Quando isso ocorrer, e se pleiteado o reconhecimento do referido direito, os interesses envolvidos deverão ser ponderados para que se decida, no caso concreto, qual deles deve prevalecer.

Em um exercício abstrato, é possível defender, por um lado, que a veiculação de notícias sobre o fato envolvendo o nome dos condenados pode impactar a sua ressocialização e que, inexistindo pena perpétua no ordenamento brasileiro, eles possuem o direito de retomar suas respectivas vidas efetivamente livres. Por outro, há que se considerar a relevância do fato e o possível interesse público no ocorrido. Independentemente da aplicabilidade do direito ao esquecimento nessa hipótese, entende-se impossível pretender que o crime seja apagado da história, restringindo-se, eventualmente, a utilização dos nomes dos envolvidos e a publicação de informações e notícias os relacionando com o evento.

Não obstante, é importante observar que, em situação similar – guardadas, evidentemente, as particularidades de cada caso – o STJ entendeu ser impraticável retratar um crime de grande notoriedade sem que se tratasse da vítima do crime[134]. Usando a lógica reversa, seria possível retratar um crime de grande notoriedade sem que se mencionasse os seus autores, especialmente considerando o parentesco entre um deles e as vítimas?

Dada a ampla repercussão do assunto, parece difícil conceber uma resposta positiva ao questionamento acima. Fato é que a grande reprovabilidade do caso parece produzir efeitos até os dias de hoje, mesmo que de forma indireta. Isso porque, à época, o ocorrido suscitou discussões sobre a exclusão do herdeiro *indigno*[135] e, embora não tenha sido expressamente citado, acredita-se que o caso Richthofen inspirou o Projeto de Lei 1.159/2007, aprovado recentemente. A lei

---

134. Trata-se do caso A.C., objeto do REsp. 1.335.153/RJ, cit.
135. Vale notar que, por decisão da 1ª Vara de Família e Sucessões de Santo Amaro, S. foi excluída da sucessão de seus pais, cuja herança foi inteiramente destinada ao seu irmão, A.

correspondente[136] promoveu a alteração do Código Civil, o qual passou a reconhecer ao Ministério Público legitimidade para propor ação visando a declaração de indignidade de herdeiro ou legatário que cometer homicídio doloso ou tentativa de homicídio contra a pessoa (cônjuge, companheiro ascendente ou descendente) que deixa os bens.[137]

Nesse sentido, é importante ponderar se o eventual direito ao esquecimento dos envolvidos no crime deveria prosperar considerando a relevância do fato ou se, conforme entende Daniel Sarmento, "o esquecimento sobre fatos que envolvem interesse público não pode ser visto como um direito fundamental, em regime constitucional que se preocupa tanto com o acesso à informação, garante a memória coletiva e valoriza a História".[138]

Passando para um questionamento (talvez) menos complexo, é válido refletir sobre a temática do direito ao esquecimento no que diz respeito à A. Trata-se de alguém que não participou do crime e que, além de todas as perdas dele decorrentes, paga um alto preço pelo ocorrido. É razoável aceitar que um sobrenome imponha a alguém um escrutínio constante, que um evento do passado, causado por terceiros, continue se fazendo presente e ameace os direitos invioláveis à privacidade, vida íntima, honra e imagem, além do livre desenvolvimento e da dignidade humana reconhecidos pela CF88 a todos? Aqui, parecem haver argumentos concretos – e contundentes – para a prevalência do direito à privacidade. Ainda que o público deseje ter acesso aos detalhes da vida de A., é importante verificar se, na prática, trata-se apenas de interesse do público.

6. SÍNTESE CONCLUSIVA

Uma vez que a própria CF88 absteve-se de manifestar preferências por esse ou aquele princípio, deve-se buscar, tanto quanto possível, compatibilizá-los ou, alternativamente, investigar e aplicar aquele que se revela merecedor de tutela *in concretu*. Essa é, sem dúvida, uma tarefa árdua, que jamais resultará em uma fórmula ideal e abstrata. Logo, eventuais conflitos entre as liberdades comunicativas e os direitos invioláveis à privacidade, honra e imagem exigirão sempre o exercício da ponderação no caso concreto.

A verdade é que equilibrá-los requer mesmo uma sintonia fina. É como tentar ensinar a uma criança que não se deve mentir e, ao mesmo tempo, impedi-la de dizer que detestou o presente de aniversário. Até que ponto se pode pretender expressar uma ideia, pensamento ou opinião que, muito embora traduza a verdade – ou uma

---

136. Lei 13.532/2017.
137. Art. 1.815. A exclusão do herdeiro ou legatário, em qualquer desses casos de indignidade, será declarada por sentença. [...] § 2. Na hipótese do inciso I do art. 1.814, o Ministério Público tem legitimidade para demandar a exclusão do herdeiro ou legatário.
138. SARMENTO, Daniel. *Liberdades Comunicativas e "Direito ao Esquecimento" na ordem constitucional brasileira*, cit., p. 29.

versão dela – ofende ou viola os direitos de outrem? Mais, é realmente necessário, *rectius*, útil saber tudo de todos? Ao questionar-se sobre o assunto, Umberto Eco observa que "o excesso de informação não pode produzir nada além de confusão, rumor e silêncio"[139].

Ainda que não solucione a questão ou encerre o debate, acredita-se que uma melhor definição do direito ao esquecimento, tanto em termos conceituais quanto de critérios e hipóteses de incidência, ajudaria bastante a viabilizar sua aplicação prática[140]. De fato, o entendimento adotado pelo STJ acerca do tema é bastante amplo e, ao mesmo tempo, acaba por reduzir o instituto a uma interpretação meramente voluntarista[141].

Outra iniciativa que pode contribuir para o reconhecimento desse direito é, justamente, atribuir-lhe uma outra denominação, ou ao menos remodelar o que se entende por "esquecimento". Pretender a não veiculação de determinado fato sobre si não significa que o sujeito da informação se esqueceu dele, ou que poderá fazê-lo um dia. Embora a memória humana não seja perfeita, há coisas que não se esquece, ainda que se queira e muito. Porém, o fato de a informação permanecer ou não na memória do retratado ou da sociedade não justifica que ela seja divulgada perante todos, o que significaria inadmitir a própria concepção de vida íntima.

Sob o aspecto instrumental, é necessário pensar sobre os mecanismos de implementação do direito ao esquecimento, quando aplicável, especialmente no ambiente virtual. Ainda que o modelo europeu de desindexação não seja ideal, parece difícil conceber uma alternativa que não envolva, de alguma forma, a participação dos motores de busca, sob pena de os esforços empregados para esse fim serem tão eficazes quanto os de Sísifo[142]. Observadas as peculiaridades do ordenamento brasileiro, o *delist* pode ser, portanto, um ponto de partida, inclusive porque possibilita, de certa forma, conciliar a preservação da privacidade e a liberdade de expressão na medida em que os links são excluídos, mas as informações não são removidas dos veículos em que foram originalmente disponibilizadas. Talvez essa medida permita, pois, que certas lembranças sejam preservadas sem que sejam, contudo, recordadas constantemente[143].

---

139. ECO, Umberto. A perda da privacidade, cit. p. 39.
140. Nesse sentido, Gustavo BINENBOJM argumenta que "Sem uma calibragem adequada, corre-se o risco que o direito ao esquecimento se convole em verdadeira censura *a posteriori*". (BINENBOJM, Gustavo. *Direito ao Esquecimento: a censura no retrovisor*, cit.)
141. SCHREIBER, Anderson. *Nossa ordem jurídica não admite proprietários de passado*, cit.
142. Na mitologia grega, Sísifo é condenado, por toda a eternidade, a levar uma enorme pedra até o topo de um morro, apenas para vê-la despencar morro abaixo.
143. Em discussão sobre o direito ao esquecimento, Luciano Floridi, sociólogo, professor e membro do Conselho de Ética formado pelo Google para implementar a decisão no caso M.C.G., destaca a importância da capacidade de *"remembering without recalling"* (V. entrevista de Luciano Floridi, disponível em <https://www.theguardian.com/technology/2014/jun/04/google-ethics-law-right-to-be-forgotten-luciano-floridi>, acesso em 8.2.2018.

Mesmo que o direito ao esquecimento se torne, em algum momento, amplamente aceito e reconhecido na realidade brasileira, a sua aplicação em concreto certamente continuará a impor desafios práticos, como na hipótese de crimes de grande notoriedade, a exemplo do caso Richthofen. Nessa e nas demais situações, é importante que se verifique, dentre outros, a existência de interesse público na divulgação e a atualidade da informação *in concretu*, de modo que se possa sopesar a relevância da exposição frente à violação causada à privacidade, honra e/ou imagem do retratado.

Quanto às particularidades do caso em comento, alguns fatos chamam a atenção ao se refletir, mesmo que hipoteticamente, sobre a possibilidade de reconhecimento ou não do direito ao esquecimento de S., como, por exemplo, a notoriedade do ocorrido e seus efeitos.

Por conta de sua experiência como costureira na prisão – e, aparentemente, a pedido do noivo – ela recebeu uma proposta de trabalho de uma confecção paulista. Antes disso, teve duas oportunidades de cursar Administração: na primeira, embora autorizada judicialmente a frequentar o curso, S. solicitou fazê-lo a distância por temer o assédio, o que se mostrou inviável pela ausência de recursos tecnológicos e equipamentos; na segunda, chegou a ter o custeio do curso aprovado pelo Fundo de Financiamento Estudantil, porém, não confirmou a inscrição dentro do prazo e, com isso, perdeu a vaga em uma instituição de ensino de Taubaté. Todas essas informações podem ser encontradas em publicações diversas, que dão conta de reportar tantos outros detalhes da sentenciada, desde os relacionamentos amorosos até a cor dos cabelos que ela está usando no momento.

De acordo com uma notícia[144], S. faz "selfies" e dá autógrafos durante suas saídas temporárias. Já concedeu duas entrevistas para mídias televisivas, a última delas dentro do presídio onde cumpre pena, junto com a sua então companheira, ocasião em que discutiu, além do crime, sua vaidade, a dinâmica carcerária, seus sonhos, sentimentos e a relação homoafetiva que mantinha à época.

O atual noivo de S. também já esteve perante as câmeras e, durante um programa de TV, revelou particularidades do relacionamento, os planos do casal e afirmou que "gostaria muito de um dia, no futuro, dar uma nova entrevista contando a nossa vida, falando dos nossos filhos e netos"[145]. Há notícias[146], ainda, que a emissora que transmitiu as entrevistas acima estaria negociando com S. a produção de uma série de TV e um filme cujo enredo seria a história da própria

---

144. <http://entretenimento.r7.com/blogs/keila-jimenez/2017/06/02/famosa-suzane-von-richthofen-fica-noiva-tira-selfies-e-da-ate-autografos-em-suas-saidas-temporarias/>. Acesso em 08.01.2018.
145. Trecho retirado da matéria disponível em < https://vejasp.abril.com.br/cidades/rogerio-olberg-entrevista-record/ >. Acesso em 08.01.2018.
146. <https://oglobo.globo.com/cultura/revista-da-tv/historia-de-suzane-von-richthofen-vai-virar-serie-de-tv-19519571>. <https://www20.opovo.com.br/app/maisnoticias/brasil/2016/06/16/noticiasbrasil,3625017/suzane-von-richthogen-negocia-producao-de-serie-e-filme-sobre-sua-vida.shtml>. Acesso em 08.01.2018.

–há especulações, inclusive, sobre a atriz que interpretaria o papel da então jovem estudante de Direito[147].

Em suma, não se pode pretender, ao menos por ora, chegar a uma resposta definitiva sobre o reconhecimento do direito ao esquecimento no caso Richthofen: primeiro, porque a sentenciada ainda cumpre pena e, por fim – mas não menos importante – porque, com base em todo o exposto, talvez a própria não tenha a intenção de ser esquecida.

---

147. <http://cinepop.com.br/deborah-secco-fala-sobre-viver-suzane-von-richthofen-no-cinema-83653>. Acesso em 08.01.2018.

RESPONSABILIDADE CIVIL DO JORNALISTA POR DIVULGAÇÃO DE MATERIAL SIGILOSO: OPERAÇÃO LAVA JATO E VAZAMENTOS SELETIVOS

Beatriz Capanema Young

Mestre em Direito Civil pela Universidade do Estado do Rio de Janeiro (UERJ). Graduada em Direito pela IBMEC-RJ. Advogada.

Marcella Campinho Vaz

Mestre em Direito Civil pela Universidade do Estado do Rio de Janeiro (UERJ). Graduada em Direito pela UERJ. Advogada.

Tayná Bastos de Souza

Mestre em Direito Civil pela Universidade do Estado do Rio de Janeiro (UERJ). Graduada em Direito pela IBMEC-RJ. Advogada.

1. INTRODUÇÃO

Reconhecida como a maior e mais profunda investigação de corrupção e lavagem de dinheiro já conduzida no Brasil, a Operação Lava Jato fez emergir diversos questionamentos envolvendo a divulgação de informações relacionadas a processos investigativos sob segredo de justiça.

Referida Operação teve início no Paraná, na Justiça Federal de Curitiba, a partir da unificação de quatro ações que apuravam redes operadas por doleiros que praticavam crimes financeiros com recursos públicos. O nome "Lava Jato" era uma dessas frentes iniciais e fazia referência a uma rede de postos de combustíveis e lava a jato de veículos de Brasília usada para movimentar dinheiro ilícito de uma das organizações investigadas inicialmente. Com o desenrolar das investigações, descobriu-se a existência de um vasto esquema de corrupção na Petrobrás, envolvendo políticos e algumas das maiores empresas públicas e privadas do país, principalmente empreiteiras. Os desdobramentos não ficaram restritos à estatal e às construtoras e a investigação pode ainda assumir dimensões variadas.

Ao longo da Operação, a imprensa teve acesso, por meio de vazamentos, a diversos dados relacionados à investigação, ainda que esta estivesse supostamente protegida pelo manto do segredo de justiça. De posse dessas informações, a imprensa e, em especial, os jornalistas, as tornaram públicas. De fato, o histórico da Lava Jato é composto por uma série de vazamentos de informações que acabaram revelando fatos sigilosos contidos, principalmente, em depoimentos e delações premiadas referentes à investigação. Além disso, observou-se uma certa seletividade nas informações difundidas, as quais foram aos poucos tornando-se públicas dando-se ênfase em determinados personagens ou dados específicos, de modo que uma narrativa foi sendo construída sem que todas as informações efetivamente existentes na investigação fossem conhecidas.

Sendo assim, a Operação Lava Jato incita importantes discussões no âmbito dos direitos e liberdades fundamentais, que serão objeto de análise no presente artigo, cujo principal objetivo será examinar a questão da responsabilidade civil dos jornalistas no âmbito dessas divulgações. Assim, buscar-se-á compreender e estabelecer até que ponto se pode afirmar ou não a existência de uma real responsabilidade desses profissionais pela divulgação de informações relacionadas a uma operação sigilosa, levando em considerações diferentes cenários: (i) quando o vazamento das informações para o jornalista se dá de forma completa e (ii) quando o vazamento apresenta-se fragmentado, sofrendo uma seletividade estratégica antes de ser tornado público.

Nestas situações, as liberdades de expressão, de informação e de imprensa entram em direta colisão com direitos e garantias fundamentais, tais como os direitos à honra, à imagem e à privacidade, além da presunção de inocência, do devido processo legal e do regular processamento das investigações.

Cuida-se, então, de determinar se quem sofre algum prejuízo em razão dessas divulgações conseguiria estabelecer a responsabilização do profissional que tenha tornado públicos os dados referentes ao processo investigativo, ou se a liberdade de expressão e o interesse público se sobrepõem aos eventuais interesses individuais e processuais envolvidos.

Para isso, o presente artigo desenvolverá inicialmente uma breve análise acerca da tutela das liberdades constitucionalmente conferidas e a devida ponderação de interesses que deve ser realizada. Após essas considerações iniciais, será possível refletir acerca da existência ou não de responsabilidade civil do jornalista que divulga informação sigilosa e como a seletividade das informações pode influenciar a análise da situação.

2. A TUTELA CONSTITUCIONAL DAS LIBERDADES DE EXPRESSÃO, DE INFORMAÇÃO E DE IMPRENSA E A PONDERAÇÃO DE INTERESSES

Apesar de serem figuras próximas, a doutrina brasileira distingue as liberdades de expressão e de informação,[1] sendo a primeira o direito fundamental[2] pelo qual se

---

1. Nesse sentido: "Por isso é importante sistematizar, de um lado, o direito de informação, e, de outro, a liberdade de expressão. No primeiro está apenas a divulgação de fatos, dados, qualidades, objetivamente apuradas. No segundo está a livre expressão do pensamento por qualquer meio, seja a criação artística ou literária, que inclui o cinema, o teatro, a novela, a ficção literária, as artes plásticas, a música, até mesmo a opinião publicada em jornal ou em qualquer outro veículo" (CARVALHO, Luís Gustavo Grandinetti Castanho de. *Direito de informação e liberdade de expressão*. Rio de Janeiro: Renovar, 1999, p. 25).
2. O ordenamento jurídico brasileiro expressamente dispõe sobre a liberdade de expressão, tendo sido consagrada como direito fundamental na Constituição Federal por meio dos incisos IV, VI e IX do art. 5º, e do art. 220, § 1º e 2º.

assegura ao indivíduo o direito a externar ideias, opiniões, juízos de valor, ou seja, qualquer manifestação do pensamento humano.[3] Pilar do Estado Democrático de Direito, é o "direito-mãe" de uma série de outras liberdades, como as de opinião, informação, criação, crítica, imprensa, radiodifusão, expressão artística, entre outros,[4] razão pela qual se reconhece seu caráter multifuncional.

Por outro lado, a liberdade de informação[5] diz respeito à autonomia individual de expressar livremente o conhecimento sobre fatos e, no mesmo sentido, de ser informado sobre fatos essencialmente verdadeiros. Atualmente, os atos de informar e de ser informado representam para o cidadão um direito,[6] devendo a informação de interesse público e de utilidade socialmente apreciável[7] circular de forma ampla, livre e independente de qualquer censura prévia, por ser digna de proteção jurídica. Sem dúvidas, esta liberdade se insere na liberdade de expressão em sentido amplo, mas estas se distinguem em razão dos diferentes requisitos e possíveis limitações, como se verá posteriormente.

Já a liberdade de imprensa,[8] que também se encontra intimamente vinculada às demais liberdades já mencionadas, é considerada como o meio pelo qual deve ser exercida a atividade de imprensa, ou seja, o exercício da liberdade de expressão por intermédio de "todos os meios mecânicos, químicos ou eletrônicos de impressão, reprodução e difusão de notícias e opiniões", em outras palavras, dos meios de comunicação de massa.[9]

Se, de um lado, as liberdades de informação e expressão manifestam um caráter individual, e nesse sentido funcionam como meios para o desenvolvimento da per-

---

3. BARROSO, Luís Roberto. Liberdade de Expressão versus direitos da personalidade. Colisão de direitos fundamentais e critérios de ponderação. In: *Temas de Direito Constitucional*, t. 3. Rio de Janeiro: Renovar, 2005, p. 109.
4. MACHADO, Jónatas E. M. *Liberdade de expressão*: Dimensões constitucionais da esfera pública no sistema social. Coimbra: Coimbra Editora, 2002, pp. 370-372.
5. A liberdade de informação é tratada na Constituição Federal nos incisos XIV e XXXIII do art. 5º e no art. 220, § 1º. Convém destacar também que, em 10 de dezembro de 1948, a Assembleia Geral das Nações Unidas proclamou a Declaração Universal dos Direitos do Homem, reconhecendo universalmente o direito de informar.
6. Para Daniel Sarmento, "o direito à informação desdobra-se em três diferentes dimensões: o direito de informar, que é uma faceta das liberdades de expressão e de imprensa; o direito de se informar, também conhecido como direito de acesso à informação, que envolve a faculdade de buscar informações por todos os meios lícitos; e o direito de ser informado, que é o direito da coletividade de receber informações do Estado e dos meios de comunicação sobre temas de interesse público" (SARMENTO, Daniel. Liberdades comunicativas e "direito ao esquecimento" na ordem constitucional brasileira. *Revista Brasileira de Direito Civil – RBDCivil*, vol. 7. Belo Horizonte, jan./mar. 2016, p. 195).
7. De acordo com Pietro Perlingieri, para que a informação seja considerada um bem jurídico, ela deverá ter uma utilidade socialmente apreciável e encontrar no ordenamento globalmente considerado uma avaliação em termos de merecimento de tutela (*meritevolezza*) (PERLINGIERI, Pietro. *Perfis do direito civil:* introdução ao direito civil constitucional. Rio de Janeiro: Renovar, 2002, p. 235).
8. A Constituição de 1988 reservou um capítulo específico para a comunicação social nos arts. 220 a 224.
9. MACHADO, Jónatas E. M. *Liberdade de expressão*: dimensões constitucionais da esfera pública no sistema social, cit., pp. 506-507.

sonalidade, a liberdade de imprensa atende ao interesse público da livre circulação de ideias, tendo uma dimensão eminentemente coletiva.[10]

A imprensa deve ser livre, sem atender a interesses individuais, nem responder a órgãos hierárquicos, tendo o jornalista o dever de informar a sociedade acerca de fatos cotidianos de interesse público.[11] Como assinalou Luís Roberto Barroso, "a comunicação de fatos nunca é uma atividade plenamente neutra",[12] pois sempre envolve um elemento valorativo da parte de quem a realiza. Entretanto, é regida pelo requisito da veracidade, que deve ser compreendido como exigência de que a narrativa do que se apresenta como verdade factual seja a conclusão de um atento processo de busca de reconstrução da realidade.[13] Traduz-se, pois, num dever de cautela imposto ao comunicador.[14] O jornalista não merecerá censura se buscou noticiar, diligentemente, os fatos por ele diretamente percebidos ou a ele narrados, com a aparência de verdadeiros, dadas as circunstâncias.

Na divulgação de um furo jornalístico ou mesmo de notícias relacionadas a investigações em curso, o caráter da veracidade da notícia deve levar em conta os fatos e condições conhecidos pelo interlocutor à época da divulgação da matéria, ainda que no futuro venha a se concluir pela mitigação dos fatos informados.

Nota-se que estas três liberdades constituem o pilar da liberdade de expressão *lato sensu*, que sempre foi reconhecida como um direito de primeira categoria, impondo ao Estado o dever de não reprimi-la ou censurá-la. Porém, nos últimos anos observou-se um deslocamento do papel do agente público, que deixou de agir apenas de forma negativa passando a promover efetivamente a liberdade de expressão, por meio do fornecimento de elementos para assegurar que esta seja plenamente exercida por todos. O Estado passou a ser o agente promocional da liberdade de expressão.

Não obstante, não se pode dizer que a liberdade de expressão é um direito absoluto, não podendo jamais sofrer restrições, trazendo a própria Constituição limites expressos e objetivos, como reconhece Luís Roberto Barroso:

> É evidente que tanto a liberdade de informação, como a de expressão, e bem assim a liberdade de imprensa, não são direitos absolutos, encontrando limites na própria Constituição. É possível lembrar dos próprios direitos da personalidade já referidos, como a honra, a intimidade, a vida

---

10. FARIAS, Edilsom Pereira de. *Colisão de direitos* – a honra, a intimidade, a vida privada e a imagem versus a liberdade de expressão e informação. Porto Alegre: Sérgio Antonio Fabris, 2000, pp. 166-167.
11. Código de Ética dos Jornalistas Brasileiros: art. 6º "é dever do jornalista: (...) II – divulgar os fatos e as informações de interesse público".
12. BARROSO, Luís Roberto. Liberdade de expressão versus direitos da personalidade. Colisão de direitos fundamentais e critérios de ponderação, cit., p. 103. No mesmo sentido, Jónatas E. M. Machado consignou que "do ponto de vista teórico-cognitivo, é há muito dada como assente a impossibilidade de conhecimento dos factos totalmente impermeável a valorações subjetivas" (MACHADO, Jonatas E. M. *Liberdade de expressão*: dimensões constitucionais da esfera pública no sistema social, cit., p. 425).
13. MENDES, Gilmar Ferreira. *Curso de direito constitucional*, 4. ed. rev. e atual. São Paulo: Saraiva, 2009, pp. 414-415.
14. FARIAS, Edilsom Pereira de. *Liberdade de expressão e comunicação*. São Paulo: Revista dos Tribunais, 2004, p. 91.

privada e a imagem (arts. 5°, X e 220, § 1°), a segurança da sociedade e do Estado (art. 5°, XIII), a proteção da infância e da adolescência (art. 21, XVI); no caso específico de rádio, televisão e outros meios eletrônicos de comunicação social, o art. 221 traz uma lista de princípios que devem orientar sua programação.[15]

No caso em apreciação neste artigo, adianta-se que o que se deverá observar é se a divulgação de informações sigilosas e seletivas estaria tutelada pela liberdade de expressão, ainda que, no caso concreto, venha de encontro com outros direitos e interesses igualmente fundamentais, como o de preservação da intimidade e o do interesse social na manutenção do regular processamento das investigações.

Neste cenário de "conflito" de direitos fundamentais, ganha força importante paradigma hermenêutico: a técnica da ponderação de valores, que consiste em um método de decisão jurídica aplicável a casos difíceis,[16] em relação aos quais a subsunção[17] se mostrou insuficiente, sobretudo quando uma situação concreta dá ensejo à aplicação de normas de mesma hierarquia que indicam soluções diferenciadas.

Na aplicação da técnica de ponderação, surgem três etapas essenciais: (i) identificação das normas relevantes e eventuais conflitos; (ii) exame dos fatos e das circunstâncias concretas do caso e sua interação com os elementos normativos; para, em seguida, (iii) decidir quão intensamente esse grupo de normas – e a solução por ele indicada – deve prevalecer em detrimento dos demais.[18] Sendo assim, o direito aplicado ao caso concreto é "construído" por meio de um processo intelectual que tem como fio condutor o princípio instrumental da proporcionalidade ou razoabilidade.[19]

Para os fins do presente artigo, não havendo em nosso ordenamento princípios que sejam absolutos, como já destacado, será necessário, no cotejo entre os interesses merecedores de tutela, efetuar a análise de qual situação jurídica irá merecer a proteção do ordenamento em cada hipótese concreta. Neste sentido, levando-se em consideração que as liberdades de expressão e de imprensa devem ser analisadas à luz dos demais princípios vigentes, seria possível, diante das circunstâncias do caso concreto, sustentar a existência de responsabilidade civil do jornalista decorrente da divulgação de informações sigilosas indevidamente vazadas? É o que se passará a analisar.

---

15. BARROSO, Luís Roberto. Liberdade de expressão versus direitos da personalidade. Colisão de direitos fundamentais e critérios de ponderação, cit., p. 109.
16. Do inglês *hard cases*, a expressão identifica situações para as quais não há uma formulação simples e objetiva a ser colhida no ordenamento, sendo necessária a atuação subjetiva do intérprete e a realização de escolhas, com eventual emprego de discricionariedade.
17. Premissa maior – a norma – incidindo sobre a premissa menor – os fatos – e produzindo como consequência a aplicação do conteúdo da norma ao caso concreto.
18. BARROSO, Luís Roberto; BARCELLOS, Ana Paula. Colisão entre liberdade de expressão e direitos da personalidade. Critérios de ponderação. Interpretação constitucionalmente adequada do Código Civil e da Lei de Imprensa. *Revista Trimestral de Direito Civil – RTDC*, vol. 16. Rio de Janeiro: Renovar, out./dez. 2003, p. 11.
19. Neste sentido, v. OLIVEIRA, Fábio Corrêa Souza de. *Por uma teoria dos princípios*. O princípio constitucional da razoabilidade. Rio de Janeiro: Editora Lumen Juris, 2003.

3. DIVULGAÇÃO DE MATERIAL SIGILOSO

Como visto, um dos aspectos que chama a atenção na Operação Lava Jato é o amplo vazamento de informações vinculadas às investigações desenvolvidas pela Polícia Federal do Brasil que correm sob o manto do segredo de justiça. Não é de hoje que esse cenário de divulgação de informações sigilosas nos meios de comunicação se verifica, permanecendo sem solução as diversas violações ao segredo de justiça que originaram tais divulgações pela mídia. Essa situação deve-se, principalmente, à grande dificuldade em se identificar o sujeito que vazou a informação, isto é, aquele que, possuindo a informação, viola o sigilo a que estava subordinado.

O jornalista, ao qual se assegura o sigilo da fonte,[20] ao receber informação sigilosa, normalmente não facilita a identificação do sujeito que o informou, caso tenha esse conhecimento. Por um lado, o sigilo da fonte funciona como essencial garantia do exercício democrático da manutenção da liberdade de expressão, sendo uma "exigência social, porque ele possibilita a informação mesmo contra o interesse dos poderosos do dia, pois que o informante não pode ficar à mercê da pressão ou da coação dos que se julgam atingidos pela notícia".[21] Por outro lado, essa garantia acaba por dificultar ou até mesmo impedir que se identifique e responsabilize aquele que violou diretamente o dever de sigilo que, em regra, deveria ser assegurado pelo segredo de justiça em que determinada investigação ou processo se encontra.

Essa ausência de responsabilização, além de apresentar indícios de falhas do sistema público, em que não se consegue nem controlar as informações que devem permanecer sob o manto do segredo de justiça nem identificar quem originou a quebra de tal segredo, acaba por gerar uma busca pela repressão daqueles que divulgam ao público as informações, após elas terem seu sigilo indevidamente violado ao serem vazadas ao jornalista. Ou seja, há uma tentativa de responsabilizar o jornalista que noticia as informações sigilosas, já que ele é facilmente identificável e, de alguma forma, contribuiu para que o material que não deveria ser de conhecimento público fosse amplamente divulgado. Ademais, o jornalista, ao se utilizar da garantia do sigilo de fonte, deixando de indicar quem originou o vazamento, passa a ser verdadeiro alvo de uma responsabilização quase subsidiária.[22]

Para um exame preciso da pertinência ou não de o jornalista responder pela divulgação de informações de investigações ou processos sob segredo de justiça, importa, primeiramente, realizar uma breve análise acerca do instituto do segredo

---

20. O sigilo de fonte do jornalista é garantido constitucionalmente estando expresso no inciso XIV do artigo 5º da Constituição da República: "XIV – é assegurado a todos o acesso à informação e resguardado o sigilo da fonte, quando necessário ao exercício profissional".
21. NOBRE, José Freitas. *Lei de informação*. São Paulo: Saraiva, 1968, pp. 251-252.
22. Na doutrina, inclusive, há quem sustente que, ainda que o sigilo de fonte deva ser garantido, pois quem divulga informação tem o direito de não esclarecer de onde ela lhe veio, "havendo dano material ou moral, ocorre a substituição do autor originário da informação por aquele que a utiliza e transmite" (CENEVIVA, Walter. Direito à privacidade nos sistemas de informação. *Revista de Direito Constitucional e Internacional*, vol. 59. São Paulo: Revista dos Tribunais, abr.-jun. 2007, pp. 292 – 307).

de justiça para delimitar seu âmbito de incidência e de quem está vinculado à sua manutenção, bem como dos termos gerais da responsabilidade civil do jornalista.

3.1 Segredo de Justiça

Com base na Constituição Federal brasileira é possível reconhecer que a publicidade dos processos e dos atos processuais em geral é a regra. De acordo com o art. 5º, inciso LX, "a lei só poderá restringir a publicidade dos atos processuais quando a defesa da intimidade ou o interesse social o exigirem". Tal preceito, previsto como direito e garantia fundamental do indivíduo e da coletividade, busca assegurar a transparência dos processos e a existência de imparcialidade do julgamento.[23]

Sendo a regra geral a publicidade dos atos processuais, a previsão legislativa acerca da tramitação sob segredo de justiça será a exceção e deverá incidir somente em casos específicos que irão requerer fundamentação precisa acerca da existência de interesses sociais ou de defesa da intimidade que exijam tal exceção.

Além do artigo 5º, inciso LX, também o artigo 93, inciso IX, da Constituição Federal de 1988 reforça o caráter público dos processos ao estabelecer que "todos os julgamentos dos órgãos do Poder Judiciário serão públicos, e fundamentadas todas as decisões, sob pena de nulidade, podendo a lei limitar a presença, em determinados atos, às próprias partes e a seus advogados, ou somente a estes, em casos nos quais a preservação do direito à intimidade do interessado no sigilo não prejudique o interesse público à informação".[24] De acordo com esse preceito, nota-se que o segredo funciona para preservar o direito à intimidade no limite do prejuízo ao interesse público à informação, o qual, existindo, parece constituir verdadeiro impedimento ao sigilo. Assim, a ponderação entre interesses acaba por privilegiar a ausência de prejuízo ao interesse público à informação, que deverá, portanto, ser preservado em nome do princípio democrático. Nesse sentido, Celso Ribeiro Bastos assevera que:

> A publicidade dos atos processuais insere-se em um campo mais amplo da transparência da atuação dos poderes públicos em geral. É uma decorrência do princípio democrático. Este não pode conviver em regra com o sigilo, o segredo, o confinamento a quatro portas, a falta de divulgação, porque por este caminho, da sonegação dos danos à coletividade, impede-se o exercício importante de um direito do cidadão em Estado governado pelo povo, qual seja: o de controle.[25]

---

23. De acordo com Celso Ribeiro Bastos, a publicidade "assegura o conhecimento e a presença em todos os atos do processo não só daqueles que tenham interesse direto no resultado da decisão, mas também dos demais membros da coletividade, é dizer, de qualquer um do povo" (BASTOS, Celso Ribeiro. In: BASTOS, Celso Ribeiro; MARTINS, Ives Gandra da Silva (Coord.). *Comentários à Constituição do Brasil*, vol. 4, t. 3. São Paulo: Saraiva, 1997, p. 47).
24. Há, ainda, outras previsões que ressaltam o sigilo de informações. O artigo 20 do Código de Processo Penal, por exemplo, assevera que "a autoridade assegurará no inquérito o sigilo necessário à elucidação do fato ou exigido pelo interesse da sociedade".
25. BASTOS, Celso Ribeiro. In: BASTOS, Celso Ribeiro; MARTINS, Ives Gandra da Silva (Coord.). *Comentários à Constituição do Brasil*, vol. 2. São Paulo: Saraiva, 1989, p. 285.

Ressalta-se que a Constituição faculta apenas à lei a tarefa de restringir a publicidade nos casos em que se faça necessário.[26] Nesse sentido, o Código de Processo Civil de 1973 já disciplinava nos incisos de seu artigo 155 os casos em que os atos processuais deveriam correr em segredo de justiça.[27] Com o Código de Processo Civil de 2015, a disciplina passa a constar no artigo 189 que, inserindo duas novas hipóteses de sigilo, prevê que "os atos processuais são públicos, todavia tramitam em segredo de justiça os processos: I – em que o exija o interesse público ou social; II – que versem sobre casamento, separação de corpos, divórcio, separação, união estável, filiação, alimentos e guarda de crianças e adolescentes; III – em que constem dados protegidos pelo direito constitucional à intimidade; IV – que versem sobre arbitragem, inclusive sobre cumprimento de carta arbitral, desde que a confidencialidade estipulada na arbitragem seja comprovada perante o juízo". Aqui também se nota a excepcionalidade do instituto do segredo de justiça.

Sendo assim, haverá atos processuais, seja nos processos cíveis, seja nos criminais, que, por determinadas especificidades, serão praticados em segredo de justiça e subtraídos do conhecimento público, não se aplicando a eles o princípio da publicidade dos atos judiciais.[28]

De acordo com a doutrina, o segredo de justiça poderá ser ordenado "sempre que se trate de matéria que humilhe, rebaixe, vexe ou ponha a parte em situação de embaraço, que dificulte o prosseguimento do ato, a consecução da finalidade do processo, ou possa envolver revelação prejudicial à sociedade, ao Estado, ou a terceiro".[29]

Diante disso, a princípio, a imposição do segredo de justiça, figurando como garantia assegurada pela Constituição, estabeleceria uma verdadeira restrição de acesso direto aos atos processuais com o fim de proteger a intimidade dos envolvidos no processo e o interesse social do regular processamento da investigação. Os interessados legítimos na manutenção dessa garantia seriam os particulares que têm suas informações inseridas nos atos processuais, bem como o Estado, que preza pelo regular processamento dos atos judiciais. Nesse sentido, a doutrina esclarece que:

---

26. BASTOS, Celso Ribeiro. In: BASTOS, Celso Ribeiro; MARTINS, Ives Gandra da Silva (Coord.). *Comentários à Constituição do Brasil*, vol. 4, t. 3, cit., p. 48.
27. "Art. 155. Os atos processuais são públicos. Correm, todavia, em segredo de justiça os processos: I – em que o exigir o interesse público; II – que dizem respeito a casamento, filiação, desquite, separação de corpos, alimentos e guarda de menores. II – que dizem respeito a casamento, filiação, separação dos cônjuges, conversão desta em divórcio, alimentos e guarda de menores. Parágrafo único. O direito de consultar os autos e de pedir certidões de seus atos é restrito às partes e a seus procuradores. O terceiro, que demonstrar interesse jurídico, pode requerer ao juiz certidão do dispositivo da sentença, bem como de inventário e partilha resultante do desquite".
28. Ressalta-se que o segredo de justiça se vincula aos atos do processo e não à sua existência em si, a qual sempre será pública. Isto é, poderá haver sigilo sobre o conteúdo do processo, mas não sobre a sua existência no mundo jurídico.
29. PONTES DE MIRANDA, Francisco Cavalcanti. *Comentários ao Código de Processo Civil*, t. 3, 3. ed. Rio de Janeiro: Forense, 1996, p. 52.

A restrição à publicidade dos atos processuais, fundada no interesse social, tem por titular único o Estado, ao passo que a mesma restrição, fundada agora na defesa da intimidade, tem como titular o particular e sua família. Desse modo, a regra jurídica, resumida na proposição "os atos processuais, no crime e no cível, devem ser públicos", do conhecimento de todos, apresenta duas exceções ou barreiras, resumidas na proposição "os atos processuais, que envolvem a intimidade ou o interesse social devem ser restritos aos diretamente interessados, não devendo ter publicidade sempre que a divulgação afete a esfera do particular — a intimidade, a vida privada —, ou influa, de qualquer modo, na sociedade, abalando-a, como um todo; prevalece, nesse caso, a restrição, o resguardo, a privacidade." O "juiz da restrição", quando se trata da defesa da intimidade, é o cidadão; o "juiz da restrição", quando se trata do interesse social, na segunda hipótese, é o Estado. A repercussão dos fatos discutidos em juízo, subjacentes aos atos processuais, pode, com efeito, por um lado, ter influência direta e negativa na esfera dos direitos personalíssimos do cidadão e de sua família, influindo sobre o nome, a pessoa física e psíquica, o prestígio, a honra, o crédito, e, por outro lado, pode incidir sobre toda a coletividade, abalando o modus vivendi, a segurança, o bem-estar, a economia, a tranquilidade, enfim, a vida normal do cidadão. O interesse privado, assim, determina a restrição à publicidade dos atos processuais, no primeiro caso, o interesse social determina igualmente o resguardo da publicação, no segundo caso.[30]

Sob o manto do segredo de justiça, nem as entidades oficiais teriam o dever de informar acerca dos atos, nem o jornalista – ou qualquer membro da sociedade não autorizado – poderia a eles ter acesso, visto que, a princípio, todo o corpo social encontrar-se-ia vinculado a essa proibição de violação direta ao sigilo constitucionalmente assegurado. Apesar disso, os jornalistas, de fato, recebem de fontes diversas informações sigilosas e, consequentemente, as divulgam, fazendo público aquilo que deveria permanecer restrito aos interessados.

Apesar disso, não há qualquer norma no ordenamento jurídico brasileiro que impeça e, consequentemente, responsabilize o jornalista – ou a imprensa de forma geral – pela divulgação de dados sob segredo de justiça. É aqui que se mostra a real dificuldade, destacada recentemente pelo cenário formado com os vazamentos ocorridos na Operação Lava Jato, em inviabilizar ou reprimir a liberação do conteúdo sigiloso pela mídia, uma vez vazado por quem o detinha. Do que se infere que, enquanto não houver um controle da origem destes vazamentos, a divulgação de conteúdo sigiloso ao público permanecerá ocorrendo.

3.2 Responsabilidade civil do jornalista: uma visão geral

O jornalista, por tratar-se de profissional liberal, responde subjetivamente pelos danos causados, exigindo-se, para a verificação de sua responsabilidade, além da comprovação do dano e do nexo de causalidade, a devida averiguação da culpa.[31]

---

30. CRETELLA JÚNIOR, José. *Comentários à Constituição brasileira de 1988*, vol. 1, 3. ed. Rio de Janeiro: Forense Universitária, 1992, p. 550.
31. Nesse sentido, o Tribunal de Justiça do Rio de Janeiro, analisando situação em que jornalista publicou informação sigilosa que lhe foi repassada, assim explicou: "Quando se trata de dano ao patrimônio moral de uma pessoa, em razão da veiculação de matéria jornalística na imprensa, importante ressaltar ser imprescindível a análise da culpa, porquanto a atividade jornalística, por sua natureza, não é capaz de gerar riscos, sendo manifestação legítima do pensamento crítico, amparada e prestigiada pela Constituição Federal" (TJ/RJ,

O Código Civil estabelece no art. 927[32] c/c o art. 186[33] a cláusula geral de responsabilidade civil baseada no ato ilícito. Observa-se que no conteúdo desses artigos o legislador optou por não positivar um conceito de culpa, deixando a difícil tarefa de definição para a doutrina e a jurisprudência.

Tradicionalmente, era adotada uma concepção chamada psicológica, subjetiva ou *in concreto* da culpa, a qual requeria uma avaliação de elementos subjetivos e pessoais do agente, de ordem moral ou psicológica. Objeto de críticas, tal concepção foi sendo superada e passou-se a se sustentar a necessidade de estabelecimento de padrões objetivos para a aferição da culpa.[34] Surge então a teoria objetiva ou normativa da culpa,[35] que previa que a aferição da culpa deveria se pautar na ideia de erro de conduta, tendo como parâmetro um padrão objetivo de comparação, que seria determinado pelo padrão de um bom pai de família, o *"bonus pater familias"*. Tal concepção também foi bastante criticada, principalmente pela condenação do arquétipo representado pelo bom pai de família, sendo a unicidade a maior deficiência desse conceito.[36] A questão era: como poderia o magistrado – diante da complexidade dos casos que amontoam o judiciário – averiguar o que um bom pai de família, o homem médio, faria em cada situação concreta?

Como solução a este impasse foi proposta a chamada fragmentação dos modelos de conduta, de modo que, a cada categoria de indivíduos, dadas as peculiaridades do caso concreto, seria adotado um específico *standard* abstrato. Dessa forma, o modelo de comparação não se consubstanciaria mais no bom pai de família, mas se buscaria averiguar a conduta esperada de cada profissional em sua perspectiva zona de atuação. Para auxílio do juiz, seria possível, inclusive, a adoção de diretrizes emitidas por associações profissionais, códigos de conduta especializados, além de pedidos de auxílio de representantes destas categorias especializadas.[37]

19ª CC, AP 0341040-61.2012.8.19.0001, Rel. Des. Guarici de Campos Vianna, j. 26.09.2017, v.u., DJe 28.09.2017).

32. "Art. 927. Aquele que, por ato ilícito (arts. 186 e 187), causar dano a outrem, fica obrigado a repará-lo.
Parágrafo único. Haverá obrigação de reparar o dano, independentemente de culpa, nos casos especificados em lei, ou quando a atividade normalmente desenvolvida pelo autor do dano implicar, por sua natureza, risco para os direitos de outrem".

33. "Art. 186. Aquele que, por ação ou omissão voluntária, negligência ou imprudência, violar direito e causar dano a outrem, ainda que exclusivamente moral, comete ato ilícito".

34. BODIN DE MORAES, Maria Celina; GUEDES, Gisela Sampaio da Cruz. À guisa de introdução: O multifacetado conceito de profissional liberal. In: BODIN DE MORAES, Maria Celina; GUEDES, Gisela Sampaio da Cruz (Org.). *Responsabilidade civil do profissional liberal*. Rio de Janeiro: Forense, 2016, p. 19.

35. Nesse sentido, explica-se que: "A partir dos anos 1930, passa a rivalizar uma concepção objetiva ou normativa da culpa, defendida pelos irmãos Mazeaud e por Chabas, Le Tourneau, Tunc, segundo a qual basta a constatação de um desvio de conduta ou da transgressão de um dever imposto por regras jurídicas para a sua caracterização sem indagações subjetivas, salientando o avanço incontestável da tendência objetiva" (SANSEVERINO, Paulo de Tarso Vieira. *Princípio da reparação integral*. São Paulo: Saraiva, 2010, p. 102).

36. SCHREIBER, Anderson. *Novos paradigmas da responsabilidade civil*: da erosão dos filtros da repartição a diluição dos danos. São Paulo: Atlas, 2007, p. 41.

37. A argumentação em defesa da fragmentação dos modelos de conduta é proposta por Anderson Schreiber. *Novos paradigmas da responsabilidade civil*: da erosão dos filtros da repartição a diluição dos danos, cit., p. 41.

É neste sentido, portanto, que deve ser analisada a conduta do jornalista aqui em estudo. Na qualidade de profissional liberal é importante que sejam examinadas as regras de responsabilização do respectivo conselho de classe que determinam os padrões de conduta desejáveis. No que toca aos jornalistas, documentos como o denominado "Código de Ética dos Jornalistas"[38] deveriam ser aptos a servirem de diretrizes à correta conduta profissional.

No entanto, o que se verifica, de forma geral, é uma escassez de diplomas que ofereçam os devidos limites à atuação jornalística, sendo comum, dentre os poucos existentes, a preocupação única em reiterar o direito fundamental de acesso à informação e à proibição da censura, em excessivo medo às intervenções ditatoriais, esquecendo-se de se estabelecer limites concretos à atuação profissional.

Nota-se que o direito fundamental ao acesso à informação e a proibição da censura não devem ser interpretados como um salvo-conduto para a manipulação midiática e a deturpação da realidade. Isto porque, é necessário, na análise de determinada conduta, que se considere o emaranhado de atos normativos vigentes que se relacionam entre si, pois o ordenamento trata-se de um sistema complexo e dinâmico, com uma série de normas que devem guardar coerência.[39] Neste sentido, conforme destacam Maria Celina Bodin de Moraes e Gisela Sampaio da Cruz Guedes:

> Nesse cenário de diversificação crescente das fontes normativas, é preciso atentar para uma interpretação que garanta a unidade desse sistema, de modo que cada lei especial, cada resolução emanada por um conselho de classe seja interpretada e aplicada em conformidade não com sua lógica própria, mas, sim, com a lógica do sistema, formado a partir dos princípios emanados da Constituição Federal. Afinal, o nosso ordenamento jurídico não se constitui por centros de gravidade autônomos. Sua dinâmica pressupõe a harmonização de suas diversas fontes e, se é assim, assim também o será com os profissionais liberais que, embora sujeitos às regras que regulamentam sua profissão, não estão isentos de observar outras normas mais gerais do sistema.[40]

Portanto, a análise da existência de ato ilícito, apto a ensejar a reparação civil, não deve atentar somente a conduta violadora de diretrizes profissionais, como também para a adequação ao ordenamento jurídico como um todo.

A problemática que envolve a situação do jornalista que divulga material indevidamente vazado, no fim, trata-se de averiguar qual é o interesse que deve prevalecer no caso concreto, por meio do confronto entre os bens jurídicos tutelados.

---

38. Disponível em: http://fenaj.org.br/wp-content/uploads/2014/06/04-codigo_de_etica_dos_jornalistas_brasileiros.pdf. Acesso em 06.04.2018.
39. BODIN DE MORAES, Maria Celina; GUEDES, Gisela Sampaio da Cruz. À guisa de introdução: O multifacetado conceito de profissional liberal, cit., p. 19.
40. BODIN DE MORAES, Maria Celina; GUEDES, Gisela Sampaio da Cruz. À guisa de introdução: O multifacetado conceito de profissional liberal, cit., p. 19.

3.3 Responsabilidade do jornalista pela divulgação de material sigiloso indevidamente vazado

A divulgação de conteúdo sigiloso já foi objeto de discussão no Tribunal de Justiça do Rio Grande do Sul, o qual já chegou a referir que, em tese, a publicação de ligações interceptadas em órgão de imprensa "acarretaria divulgação indevida de informação sigilosa, protegida por lei".[41] Sendo que, no caso concreto, conclui-se que essa divulgação não foi realizada e, com isso, não houve qualquer responsabilização.

No entanto, a maior parte dos precedentes tratando de pedidos de indenizações por matéria sigilosa divulgada que teria, por exemplo, prejudicado a honra de determinado sujeito, decide pela ausência de responsabilidade, defendendo-se que "o sigilo da gravação, a obrigação de preservá-lo, dizia respeito à autoridade policial ou judiciária por ele responsável. Vazando o material, entretanto, tinha a Imprensa o direito de se reportar ao conteúdo respectivo. Contra ela não cabendo ação, mas contra o responsável pelo vazamento".[42]

Nota-se que, no intuito de se afastar qualquer responsabilidade do jornalista pela divulgação de informação indiretamente recebida, preservando, assim, a liberdade de informar, costuma-se asseverar, principalmente, que o profissional não estaria incluído no núcleo de sujeitos vinculados à preservação do segredo de justiça existente. Isto porque eventual divulgação da informação pela mídia apenas ocorreria por ter havido, inicialmente, uma conduta delituosa de levantamento ilegal do segredo, sem que o jornalista tivesse qualquer ingerência sobre isso, posto não ter acesso direto aos autos da investigação ou do processo.

O Tribunal de Justiça do Rio de Janeiro, em precedente que analisou a responsabilidade civil de jornalista (apelante) por divulgação de informações relacionadas a um *habeas corpus*, as quais lhe foram repassadas pelos responsáveis da investigação, decidiu nos seguintes termos:

> [A]inda que a apelante queira conferir aos documentos a ilicitude na forma como foram obtidos (pelo fato da lide correr em segredo de justiça), isto não altera o seu conteúdo que foi divulgado sem qualquer alteração da verdade. Ademais, não poderia o apelado conseguir tais provas sem que tivessem sido obtidas através dos responsáveis pela investigação e, neste caso, a irresignação da apelante deveria se direcionar aos que quebraram o sigilo judicial, o que não é o caso dos autos.
>
> Quando se trata de dano ao patrimônio moral de uma pessoa, em razão da veiculação de matéria jornalística na imprensa, importante ressaltar ser imprescindível a análise da culpa, porquanto a atividade jornalística, por sua natureza, não é capaz de gerar riscos, sendo manifestação legítima do pensamento crítico, amparada e prestigiada pela Constituição Federal.
>
> (...)

---

41. TJ/RS, 6ª CC, AC 70031443591, Rel. Des. Liege Puricelli Pires, j. 04.11.2010.
42. TJ/SP, 8ª CDPriv., AC 9152067-79.2009.8.26.0000, Rel. Des. Luiz Ambra, j. 08.08.2012, DJ 14.08.2012. Também reforçando o vínculo dos servidores públicos ao sigilo e excluindo o vínculo da imprensa, sob pena de violar o seu direito constitucional de informar: TJ/SP, 8ª CDPúb. AC 0003799-43.2010.8.26.0053, Rel. Des. João Carlos Garcia, j. 07.08.2013.

O apelado não deu causa aos fatos que a apelante teve que suportar, mas, tão somente, os divulgou, não podendo, portanto, ser responsabilizado por possível equívoco na denúncia, equívoco este que foi reparado com o resultado do julgamento de absolvição da apelante de tudo que lhe foi imputado.[43]

Isto é, a violação ao sigilo teria ocorrido com o vazamento pela autoridade que detinha a informação, a qual, por estar vinculada ao dever de sigilo,[44] seria a única responsável por essa violação, o que afastaria a responsabilidade do jornalista pela atitude de noticiar o que lhe foi repassado. Mesmo porque, a natureza da responsabilidade desse profissional, como visto, requer a análise da culpa.

No campo penal tal posicionamento também é ressaltado. Um *habeas corpus* julgado pelo Tribunal Regional Federal da 3ª Região[45] analisou eventual responsabilidade criminal de determinado jornalista por suposta quebra do segredo de justiça em Operação da Polícia Federal, denominada "Operação Sangue Frio", com base no art. 10 da Lei 9.296/96.[46] O Tribunal, ao reformar a decisão de primeiro grau, que havia decidido pela responsabilidade do jornalista, sustentou que violar segredo de justiça seria crime próprio, somente podendo ser praticado por quem tenha legítimo acesso ao processo, na condição de autor da decisão ou como responsável legal para resguardar o direito ao sigilo, e o repórter, ciente ou não do sigilo, não incorreria na responsabilidade legal de resguardo. Sendo assim, de acordo com o Tribunal, a divulgação dos diálogos sigilosos seria mero exaurimento do ato ilícito praticado por terceira pessoa.

Para o Tribunal, ainda que se classificasse o ato de violar segredo de justiça como crime comum, seria necessário, para fins de responsabilização, que determinada pessoa viesse a praticar diretamente o ato caracterizado como quebra do segredo de

---

43. TJ/RJ, 19ª C.C, AP 0341040-61.2012.8.19.0001, Rel. Des. Guarici de Campos Vianna, j. 26.09.2017, v.u., DJe 28.09.2017.
44. No caso da Polícia Federal, por exemplo, de acordo com o Código de Ética do Policial Federal, o agente público do Departamento de Polícia Federal tem o dever de "manter sigilo quanto às informações sobre ato, fato ou decisão não divulgáveis ao público, ressalvados os casos cuja divulgação seja exigida em norma" (art. 6º, inciso VII), bem como lhe é vedado "usar ou repassar a terceiros, através de quaisquer meios de comunicação, informações, tecnologias ou conhecimento de domínio e propriedade do Departamento de Polícia Federal, ou por ele desenvolvidos ou obtidos de fornecedores de tecnologia, sem o conhecimento prévio e a autorização expressa da chefia" (art. 7º, inciso XIV).
45. Na doutrina também é possível encontrar quem assim defenda: "Na hipótese do artigo 10 da Lei 9.296/96, nos exatos termos ali tipificados, entendemos que o jornalista que publicar conteúdo de gravação que saber ser sigiloso, não responde pelo crime ali descrito, pois não se vincula ao procedimento de interceptação, ao contrário do Ministério Público, juiz, autoridade policial, funcionários de cartório, etc. A violação, a quebra do segredo de justiça, foi conduta perpetrada por quem tinha o dever jurídico de preservá-lo. A posterior divulgação da informação, pela mídia, ocorre exatamente porque houve, inicialmente, a conduta delituosa de levantamento ilegal do segredo, sem que o jornalista tivesse tido acesso direto aos autos da investigação criminal" (VIEIRA, Ana Lúcia Menezes. O sigilo da fonte de informação jornalística como limite da prova no processo penal. Tese apresentada à Faculdade de Direito da Universidade de São Paulo – USP, como requisito parcial para obtenção do título de Doutor em Direito sob a orientação do Prof. Dr. Antonio Magalhães Gomes Filho. São Paulo, 2012, pp. 110-111).
46. "Art. 10. Constitui crime realizar interceptação de comunicações telefônicas, de informática ou telemática, ou quebrar segredo da Justiça, sem autorização judicial ou com objetivos não autorizados em lei. Pena: reclusão, de dois a quatro anos, e multa".

justiça, o que ocorreria, por exemplo, se ela roubasse as informações diretamente de local protegido, ou tomasse qualquer outra atitude concreta que fosse abrangida pelo tipo descrito no art. 10 da Lei 9.296/96.

No mesmo sentido, o Supremo Tribunal Federal, ao analisar situação em que houve a publicação, por veículo de imprensa, do conteúdo sigiloso de conversações telefônicas interceptadas por ordem judicial, decidiu que a "quebra de segredo de justiça na modalidade revelação constitui crime próprio, que somente pode ser praticado por quem legitimamente tenha acesso ao procedimento de interceptação telefônica, o que não é o caso de jornalista". Ressaltou-se o fato de inexistir, na espécie, "indícios mínimos de que o jornalista, ao publicar o conteúdo do procedimento de interceptação telefônica, tenha concorrido para a intrusão ou para a violação do segredo de justiça por quem tinha o dever de resguardá-lo, razão por que é atípica a conduta a ele imputada".[47]

Esses posicionamentos aventados pela jurisprudência, tanto em matéria cível quanto em penal, parecem conduzir ao entendimento de que o ato de violar segredo de justiça apenas poderia ser materializado por quem obtém diretamente a informação sigilosa e a repassa. Aqui estariam incluídos todos aqueles que vazam a informação, seja pelo fato de obtê-la por efetivamente terem acesso direto e autorizado aos atos processuais (e, nesse caso, haveria um vínculo funcional com o dever de guarda e de não divulgar), seja pelo fato de que o acesso direto à informação tenha sido realizado por meios ilícitos (e, nesse caso, não haveria dever de guarda advindo do vínculo funcional, mas ato ilícito que gerou a obtenção indevida da informação).

Neste último caso, poder-se-ia vislumbrar, sem muitos questionamentos, a responsabilidade do jornalista, caso ele viesse a divulgar dados sigilosos que teve acesso de maneira indevida/ilícita ao invés de recebê-los de quem já portava originalmente a informação.[48]

No entanto, no que diz respeito à divulgação pelo jornalista de informações sigilosas recebidas de terceiros não parece, a princípio, possível afirmar sua responsabilização. Isto porque, não há, de fato, uma vinculação direta do jornalista ao dever de guarda da informação recebida, principalmente levando-se em consideração o dever de informar que conduz sua atuação e o interesse público que normalmente justifica o ato de tornar pública a informação sigilosa.[49] A ponderação de eventual responsabilização do profissional levaria diretamente em consideração a liberdade

---

47. STF, 2 T., Rcl 19464 AgR, Rel. Min. Dias Toffoli, j. 10.10.2020, DJ 14.12.2020.
48. Nesse caso, eventual responsabilização civil demanda, como visto, que a análise do ato do jornalista leve em consideração o exame da culpa.
49. Nesse sentido, como já mencionado, o Código de Ética dos Jornalistas estabelece no art. 6º, inciso II, o dever do jornalista de divulgar os fatos e as informações de interesse público. A doutrina, nesse sentido, ressalta que: "É de se compreender, portanto, que tudo aquilo que possa interessar ao povo e que seja por ele desconhecido, têm, os órgãos de comunicação, mais do que um poder de informar, um dever imposto pela Constituição de fazê-lo" (MARTINS, Ives Gandra da Silva; WALD, Arnoldo. Liberdade de imprensa – inteligência dos arts. 5.º, IV, IX, XIV e 220, §§ 1.º, 2.º E 6.º da CF/1988 – opinião legal. *Revista dos Tribunais*, vol. 897. São Paulo: Revista dos Tribunais, jul. 2010, pp. 101-116).

de informar baseada no interesse público e, na outra ponta, a manutenção do sigilo para fins de proteção dos interesses que ele originalmente buscou resguardar.

Contudo, ainda que o entendimento por afastar a responsabilização civil do jornalista pela divulgação de informações sigilosas prevaleça, algumas questões merecem uma análise mais ponderada, a qual nem sempre a jurisprudência se atenta, deixando de lado o exame da ética do profissional na divulgação do material, bem como do modo e do contexto em que a divulgação é realizada. Para isso, é necessário analisar como o excesso no exercício do dever de informar poderá influenciar na análise da conduta do jornalista.

3.3.1 Exercício abusivo do dever de informar

O exame do modo pelo qual o profissional se utiliza do seu direito e dever de informar faz-se necessário exatamente pelo fato de que a publicação de certas informações pode afetar diretamente as partes do processo ou, até mesmo, o devido processo legal e o regular processamento das investigações, caso o jornalista não a realize levando em consideração os eventuais danos que poderá produzir. Se a análise da divulgação e das próprias informações divulgadas for colocada em prática, dependendo do caso, algum grau de responsabilidade poderá recair sobre o jornalista que agir de forma abusiva.

Como já ressaltado pelo Superior Tribunal de Justiça:

> A ética jornalística deve pautar-se em 3 pilares: dever de cuidado, dever de pertinência e dever de veracidade. Assim, a reportagem que expresse informações verdadeiras e fidedignas, bem como sua respectiva crítica, pautada no interesse público e dever de informar, não caracteriza, per si, violação a direito. Todavia, opera-se o abuso diante da exacerbação desse direito de informar e criticar, caracterizando-se a ofensa pessoal, apta a deturpar a pessoa noticiada.[50]

Inicialmente, vale ressaltar que não é qualquer dado sigiloso que detém conteúdo de interesse público capaz de justificar a sua publicação. A divulgação de material que não for considerado como de interesse público pode estabelecer conduta passível de reparação, levando-se em consideração todos os requisitos da responsabilização do jornalista já analisados no item 3.2, *supra*. Sendo assim, é necessário que o nível do interesse público presente nos fatos divulgados seja detidamente analisado, de modo a não se estabelecer um privilégio à liberdade de informação sem ao menos haver um legítimo interesse que o justifique.

Além disso, o jornalista deve adotar parâmetros razoáveis de atuação, de forma a não prejudicar os atos processuais em curso nem as partes envolvidas, ainda mais quando se tratar de matéria sigilosa que poderá tanto violar direitos personalíssimos, quanto influenciar de maneira negativa o cenário nacional, comprometendo a estabilidade econômica e política do Brasil.

---

50. STJ, 4ª T., AgInt no REsp 1678786/SP, Rel. Min. Luis Felipe Salomão, j. 30.08.2018, v.u., DJe 04.09.2018.

Nesse sentido, um julgado do Tribunal de Justiça do Rio de Janeiro, ao examinar recurso de uma modelo contra uma Editora que havia publicado informação íntima existente em processo de separação que estava sob segredo de justiça, determinou a responsabilidade civil da Editora.[51] O precedente ressalta que, na medida em que houver conflito entre liberdade de imprensa e direito à privacidade, caberia ao magistrado sopesar esses direitos e o risco de eventual violação de cada um deles. Partindo do pressuposto que a liberdade de imprensa não é absoluta, o julgado reflete que o seu exercício não pode ser desvirtuado, de modo a gerar abuso e ofensa a outros direitos constitucionalmente tutelados, o que teria havido no caso:

> No caso concreto, as matérias veiculadas pelos réus transbordaram o direito de informação, na medida em que contêm conteúdo depreciativo e meramente especulativo acerca da seara privada da demandante, desprovidas de qualquer demonstração de veracidade em relação aos fatos então narrados, tornando público, inclusive, conteúdo de demanda judicial, na qual a autora era parte, cujo sigilo estava processualmente protegido. Nessa ordem de ideias, balizando o direito à imagem com a liberdade de expressão, no presente cenário, há de se entender pela preponderância do primeiro, mormente, diante do abuso perpetrado pelos demandados.[52]

Houve, então, responsabilização pela publicação de material sigiloso, mas a discussão principal não levou em consideração apenas o fato do sigilo, tendo-se realizado uma completa análise do contexto e do modo em que foi realizada a divulgação da informação sigilosa, bem como do seu conteúdo. A partir dessa análise mostrou-se possível a realização de uma efetiva ponderação dos diferentes princípios e direitos existentes para se determinar com maior segurança qual teria prevalência na situação e merecia ser tutelado. O excesso do direito de informação, no caso, ficou demonstrado, gerando repercussão jurídica suficiente para imputar a reparação do dano decorrente da divulgação.[53]

Trazendo essa mesma reflexão para a responsabilização do jornalista, a divulgação de informações sigilosas realizada de maneira abusiva e sem observância dos cuidados técnicos necessários, bem como da veracidade, pertinência, e amplitude das informações, poderá ensejar a responsabilidade civil do profissional por abuso do direito de informar,[54] devendo a existência de dano ser analisada

---

51. Ainda que o precedente trate de responsabilização de editora e não de jornalista, o exemplo colabora para o que o presente artigo busca enfatizar: a necessidade de se analisar com maior profundidade a divulgação de dados sigilosos, que, em determinadas situações, poderá ser passível de responsabilização do jornalista.
52. TJ/RJ, 13ª C.C, AP 0034390-66.2015.8.19.0001, Rel. Des. Mauro Pereira Martins, j. 26.07.2017, v.u., 28.07.2017, trecho do voto.
53. O Tribunal condenou o réu ao: (i) pagamento de danos extrapatrimoniais; (ii) dever de retratação pública; e (iii) dever de excluir o conteúdo veiculado na internet.
54. Gustavo Tepedino, comentando a questão da publicação de biografias não autorizadas, assim refere acerca do caráter abusivo do exercício da liberdade de expressão: "O abuso ou desvio do exercício da liberdade de informação, caracterizado pela ilicitude das fontes, falsidade evidente dos fatos apresentados ou desvirtuamento da finalidade do interesse tutelado é severamente punido pelo ordenamento, após juízo a posteriori (jamais a priori, mediante ponderação in abstracto que, in casu, constituiria censura privada, em constrangedora incompatibilidade com o texto constitucional), capaz de configurar numerosos tipos penais (calúnia, injúria, difamação, prática de racismo, falsidade ideológica etc.). Por evidente, conforme precedentes do

mediante a ponderação dos diferentes interesses em jogo,[55] conforme analisado no item 2, *supra*.

Por meio desses deveres de cuidado, pertinência e veracidade na divulgação das informações sigilosas que talvez seja possível buscar o melhor tratamento para o segundo, e, provavelmente, maior, problema dos vazamentos ocorridos na Operação Lava Jato: a seletividade das informações divulgadas.

3.3.2 Seletividade do material divulgado

Se o mero vazamento de informações sigilosas já causa controvérsia, quando este é realizado de maneira seletiva a discussão é ainda maior. A situação exposta pelos vazamentos relacionados à Operação Lava Jato e aos seus investigados demonstra o grande perigo por trás da publicidade de dados que deveriam permanecer sob segredo de justiça. Isto porque, a manipulação dos dados sigilosos, isto é, a escolha das informações que serão ou não vazadas por quem as domina, contribui diretamente para o estabelecimento de um cenário de manipulação da própria sociedade, que terá acesso a elas por meio da mídia. O jornalista, aqui, funciona como um meio ou instrumento de tornar públicas tais informações manipuladamente vazadas.

Nessas situações, o jornalista recebe informações sigilosas, muitas vezes de interesse público relevantíssimo, mas com conteúdo parcial, previamente selecionado por quem as repassa, sem que ele tenha qualquer controle sobre a obtenção da totalidade das informações. Diante desse quadro, a divulgação da informação parcial geraria, em alguma medida, responsabilidade civil do profissional?[56]

O vazamento de informações sigilosas, como visto, é extremamente perigoso e, quando feito de maneira seletiva, poderá prejudicar tanto a efetividade da Justiça e do devido processo legal, uma vez que pode interferir nos resultados dos processos em curso, quanto a sociedade em geral, que será diretamente influenciada por notícias vinculadas a informações muitas vezes descontextualizadas e com conteúdo prejudicado.

Supremo Tribunal Federal, coibida seria a obra que, sob aparente conteúdo informativo, revelasse intuito imoral, criminoso ou doloso contra a honra, intimidade ou imagem do biografado" (TEPEDINO, Gustavo. Liberdade de informação e de expressão: reflexão sobre as biografias não autorizadas. *Revista da Faculdade de Direito – UFPR*, vol. 61, n. 2. Curitiba, mai.-ago. 2016, pp. 38-39. Disponível em http://revistas.ufpr.br/direito/article/view/46157. Acesso em 08.04.2018).

55. A ponderação, nesses casos, poderá levar em consideração tanto o conflito entre liberdade de informação e preservação da intimidade/direitos da personalidade – e, aqui, o particular ofendido teria a legitimidade para arguir a responsabilidade -, quanto o entre a liberdade de informação e a preservação do interesse social no regular processamento dos atos sob sigilo. Nesse último caso, o Estado que figuraria como legítimo interessado.

56. Note-se que no presente artigo pretende-se analisar a situação em que o jornalista recebe a informação já selecionada e a divulga nos termos em que a recebeu e não a situação em que ele mesmo seleciona o quanto da informação recebida será tornada pública. Nesse último caso, isto é, quando o jornalista que seleciona as informações vazadas é mais fácil visualizar uma possível responsabilização, tendo em vista o comprometimento da veracidade da informação com tal seleção.

Além disso, como se observou na Operação Lava Jato, em alguns casos o vazamento compreende apenas alguns dos vários nomes que estão envolvidos na investigação, havendo uma influência direta nos interesses dos sujeitos que, seletivamente, foram noticiados.

Uma eventual apuração da responsabilidade do jornalista, nessas situações, caso leve em consideração tão somente a divulgação das informações vazadas seletivamente, pode implicar um automático afastamento da responsabilização sob o mesmo argumento anteriormente analisado, qual seja, o de que o profissional não estaria vinculado à manutenção do sigilo após ele ter sido violado por quem detinha a informação, mesmo esta não tendo sido repassada de maneira completa. Tal apuração não parece, no entanto, ser suficiente.

Conforme ressaltado no item 3.3.1, *supra*, para uma análise mais contundente da responsabilização requer-se uma apuração mais ampla, que leve em consideração o modo e o contexto em que a informação é divulgada.

Sendo assim, nos casos em que o jornalista receba informações sigilosas vazadas parcialmente (e tenha ciência dessa seletividade), ele terá um dever de, ao menos, minimizar a influência dessa seleção no âmbito social, por meio, por exemplo, de ressalvas acerca dos termos em que as informações lhes foram repassadas, ressaltando a seletividade e o prejuízo que isso pode gerar no correto discernimento dos fatos pela sociedade. Com essa atitude, uma eventual divulgação fragmentada de determinadas informações estará melhor informada e mais condizente com o contexto dos fatos.

4. CONCLUSÃO

O presente artigo buscou analisar a existência ou não de responsabilidade civil do jornalista em decorrência da divulgação de informações relacionadas a processos sob segredo de justiça, analisando-a também sob o ponto de vista dos vazamentos seletivos que, como se pôde perceber pela situação dos vazamentos ocorridos ao longo da Operação Lava Jato, são extremamente sensíveis.

Nesses casos, longe de haver uma resposta fácil, verifica-se a existência de um verdadeiro conflito entre os princípios tutelados pela Constituição Federal. De um lado, há a tutela da liberdade de expressão, exteriorizada por meio da veiculação jornalística, e, de outro, há a proteção tanto do devido processo legal e do regular processamento das investigações, consubstanciado no interesse da preservação de informações estratégicas para a correta marcha processual, quanto dos direitos personalíssimos dos indivíduos sujeitos à investigação.

De fato, as liberdades de expressão e informação não se tratam de direitos absolutos, os quais devem ser confrontados em face dos interesses merecedores de tutela em cada caso concreto e dos limites trazidos pelo ordenamento. Ademais, devem ser verificados certos parâmetros de conduta adequados à atividade jornalística.

Neste sentido, a partir da análise dos padrões de conduta que devem ser adotados pelo profissional em sua atividade, que não deve levar em consideração apenas regramentos específicos, como também confrontar a conduta jornalística com todos os princípios e normas vigentes no ordenamento, é possível sustentar a possibilidade de existência de ato ilícito, apta a ensejar o dever de indenizar, em sua atuação.

Assim, verifica-se que a comunicação de fatos, apesar de jamais se tratar de atividade plenamente neutra, deve ser regida pelo requisito da veracidade, consubstanciado na exigência de que a narrativa do que se apresenta como verdade factual seja a conclusão de um atento processo de busca de reconstrução da realidade.

No tocante ao segredo de justiça, observa-se que não há norma no ordenamento brasileiro que impeça e, consequentemente, responsabilize o jornalista pela divulgação de dados sob segredo de justiça. Portanto, é necessário que, no caso concreto, seja efetuada a correta ponderação dos valores relevantes, decidindo se eventual divulgação de informações, baseada na liberdade de expressão, deverá prevalecer em face dos demais interesses envolvidos.

Isto porque, a publicação de certas informações pode afetar diretamente as partes do processo ou, até mesmo, o regular processamento das investigações, caso o jornalista não a realize levando em consideração os eventuais danos que poderá produzir. Se uma análise de sua responsabilidade que leve em consideração o modo como a divulgação é realizada e o conteúdo das informações divulgadas for realizada, dependendo do caso, algum grau de responsabilidade poderá recair sobre o jornalista.

Sendo assim, a divulgação de informações sigilosas realizada de maneira abusiva e sem observância dos cuidados técnicos necessários, bem como da veracidade e amplitude das informações, poderá ensejar a responsabilidade civil do profissional por abuso do direito de informar.

No tocante à divulgação de informações seletivamente vazadas, da mesma forma, apenas por meio de uma apuração que leve em consideração o contexto e modo como as informações são divulgadas, será possível averiguar a existência de culpa na conduta do jornalista, a autorizar o dever de reparar os danos provocados pela divulgação fragmentada. Parece, então, razoável sustentar que nos casos em que o jornalista receba dados sigilosos vazados parcialmente, este terá o dever de mitigar os efeitos que tal parcialidade das informações possa causar, sob pena de ser responsabilizado.

Neste sentido, conclui-se que a liberdade de imprensa, garantida constitucionalmente e exteriorizada por meio da atividade jornalística, não deve ser vista como um salvo-conduto para o exercício de arbitrariedades pelos profissionais responsáveis pela divulgação de informações à imprensa. É de se dizer que, a partir da análise concreta, será possível averiguar a existência ou não de desvio ou abuso no padrão razoável de conduta profissional apto a ensejar a configuração da culpa e, consequentemente, a verificação do ato ilícito, em razão do cotejo da situação em face dos princípios vigentes no ordenamento jurídico brasileiro.

DEVERES DO COLUNISTA: HÁ LIMITES À LIBERDADE DE OPINAR?

Guilherme de Mello Franco Faoro
Advogado. Mestre em Direito Civil pela UERJ.

Felipe Zaltman Saldanha
Advogado. Mestre em Direito Civil pela UERJ. Mestre em *Law & Economics* pela European Masters in Law and Economics (Università di Bologna, Gent Universiteit and Erasmus University Rotterdam).

1. INTRODUÇÃO

Recentemente, Felipe Moura Brasil e a Revista Veja foram condenados a indenizar o ex-ministro Carlos Minc por terem escrito e publicado coluna na qual se afirmava que o político estaria *"sempre ao lado dos bandidos"*. A jornalista Monica Iozzi, por sua vez, foi processada pelo Ministro do Supremo Tribunal Federal, Gilmar Mendes, por postagens em sua conta do Instagram nas quais afirmava que *"Gilmar Mendes concedeu Habeas Corpus para Roger Abdelmassih, depois de sua condenação a 278 anos de prisão por 58 estupros"*, *"se um ministro do Supremo Tribunal Federal faz isso... Nem sei o que esperar..."*. Arthur Xexéo, ao comentar a eleição da ex-governadora do Rio de Janeiro, Rosinha Garotinho, disse: *"dormi domingo acreditando que teríamos um 2º turno e acordei com Rosinha na cabeça. Que ressaca! Rosinha ganhou, mas ganhou escondida. Foi tudo muito estranho"*. Já Reinaldo Azevedo afirmou que a cartunista Laerte seria *"um farsante. E nem me refiro ao fato de ele ter decidido parar de se vestir de homem para ser baranga na vida. Fosse uma sílfide, sua ética não seria melhor. Não é a mulher horrenda que há nele que o faz detestável, mas o que há de estúpido"*. Nada melhor do que fatos da vida real para demonstrar, desde já, a importância do tema alvo do presente artigo.[1]

Nos dias de hoje, parece lugar comum falar que a todos é assegurado o direito à liberdade de expressão, especialmente por ter sido este direito positivado na Constituição Federal de 1988. Ainda assim, nestes tempos que ainda não foram capazes de deixar de lado o recente histórico de mordaça à imprensa livre e de apagar da lembrança coletiva a figura do censor, a liberdade de expressão vem sendo constantemente reafirmada e citada até mesmo como um supraprincípio dentre o rol relacionado aos

---

1. A ação movida por Rosinha Garotinho contra o jornalista Arthur Xexéo, motivada pelo comentário acima transcrito, foi julgada improcedente no Tribunal de Justiça do Estado do Rio de Janeiro em 2005, conforme noticiado à época (Disponível em https://consultorjuridico.com.br/2005-ago-15/colunista_globo_nao_indenizar_rosinha. Acesso em 01.08.2019). Já a ação judicial movida por Laerte em decorrência dos comentários de Reinaldo Azevedo será devidamente analisada na parte final do artigo.

direitos fundamentais.[2] Há pouco tempo, a mídia buscava eternizar a frase célebre da Ministra Carmem Lúcia, do Supremo Tribunal Federal, no julgamento da ação direita de inconstitucionalidade n° 4.815: *"cala boca já morreu"*.

O presente artigo busca contribuir para um dos principais dilemas envolvendo a possibilidade de mitigação de tal princípio por meio da técnica da ponderação, tratando especificamente da liberdade de expressão do colunista. Isso porque existem casos em que a liberdade de expressão irrestrita do profissional afetará outros interesses que também merecem tutela constitucional, principalmente os direitos da personalidade que, ao fim, buscam garantir proteger ao máximo a pessoa humana.

Como se verá, a opinião expressa por um colunista guarda particularidades que deverão ser levadas em consideração quando da análise, seja de uma reprimenda prévia, impedindo que o colunista venha a publicar sua opinião, seja de posterior reparação por meio dos mecanismos disponibilizados pela responsabilidade civil.

O presente estudo se divide da seguinte forma. No título II, é feita uma breve introdução teórica dos princípios da liberdade de expressão e de imprensa. No título III, adentra-se no ofício do colunista, endereçando as particularidades dos interesses contrapostos no atuar daquele que em diversas ocasiões criticará terceiros, para então, no título IV, tratar dos limites ao direito de crítica. Tais limites, que se encontrarão na maioria dos casos delimitados pelos direitos da personalidade e pela tutela da dignidade da pessoa humana, são explorados no título V, sendo o título VI dedicado ao estudo da colisão entre os interesses envolvidos. Por fim, é feita uma análise dos remédios existentes para a efetiva tutela dos direitos da personalidade quando prevalecentes na técnica da ponderação (título VII), e do caso envolvendo a cartunista Laerte, buscando trazer a discussão teórica para o plano fático.

2. A LIBERDADE DE EXPRESSÃO E O PAPEL DA IMPRENSA

Não é nenhuma novidade o fato de ser a liberdade de expressão um valor vital a qualquer regime democrático. A estima que goza tal prerrogativa nas constituições dos mais variados países do globo advém, como há muito se sustenta, de dois polos legitimadores distintos, mas organicamente coexistentes:[3] o do interesse individual do emissor, já que a liberdade de se expressar é um pressuposto à sua dignidade;[4] e o do interesse social na obtenção da verdade, sendo esta, no final das contas, alcançada

---

2. "A liberdade de expressão desfruta de uma posição preferencial no Estado democrático brasileiro, por ser uma pré-condição para o exercício esclarecido dos demais direitos e liberdades", STF, Reclamação n. 18.638, Min. Rel. Roberto Barroso, julg. 02.05.2018.
3. Cf. BARBOSA, Fernanda Nunes. *Biografias e liberdade de expressão*. Porto Alegre: Arquipélago Editorial, 2016, pp. 97-98.
4. BODIN DE MORAES, Maria Celina. *Honra, liberdade de expressão e ponderação: comentários ao acórdão no REsp. n° 1.021.688/RJ (Rel. Min. Sidnei Beneti, DJe 16/7/2009)*. In: FRAZÃO, Ana; TEPEDINO, Gustavo (Coord.) O Superior Tribunal de Justiça e a reconstrução do direito privado. São Paulo: Revista dos Tribunais, p. 605-606.

através da promoção da livre participação do indivíduo na esfera pública, condição *"necessária para que os assuntos políticos sejam conduzidos de maneira racional"*.[5]

Reconhecendo a importância da temática, o constituinte de 1988 afirmou, dentre outros dispositivos, ser *"livre a manifestação do pensamento, sendo vedado o anonimato"*, *"livre a expressão da atividade intelectual, artística, científica e de comunicação, independentemente de censura ou licença"*, bem como ser *"assegurado a todos o acesso à informação"* (cf., respectivamente, art. 5°, incisos IV, IX e XIV, da Constituição Federal) situando, portanto, a liberdade de pensamento, de expressão e de informação na categoria dos direitos fundamentais. E tais direitos, na moderna concepção, são exercíveis não apenas verticalmente – ou seja, como uma defesa em relação ao Estado –, mas também perante os demais particulares, no que se denomina eficácia horizontal dos direitos fundamentais.[6]

A liberdade de expressão confere, portanto, um poder, uma pretensão aos seus titulares, que pode ser resumida como *"o poder de todos os homens exprimirem ou não exprimirem o seu pensamento por qualquer meio (em sentido positivo), e a proibição de todos os impedimentos ou discriminações a essa expressão (em sentido negativo) quer estes consistam em impor certas expressões não desejadas (confissões ou declarações forçadas, etc.), quer em obstar a determinadas expressões (impondo o silêncio), quer em diferenciar pessoas em situações iguais"*.[7] Contudo, tal poder não é absoluto, podendo sofrer limitações diante de outros direitos, como se verá detidamente adiante.

A atividade da imprensa – e da comunicação social como um todo –, dada a sua própria natureza, conecta-se umbilicalmente aos direitos acima tratados. É constantemente afirmado que não há democracia sem as garantias da liberdade de expressão e de informação, as quais são alcançadas, na maior parte das vezes, através da liberdade de imprensa.[8] Afinal, a imprensa é, historicamente, o meio pelo qual os indivíduos exercem publicamente suas pretensões, adquirindo voz ativa e, com isso, pressionando o Estado e seus semelhantes. É, por outro lado, eficaz mecanismo de

---

5. RAWLS, John. *Uma teoria da justiça*. São Paulo: Martins Fontes, 2016, p. 277. Segundo o filósofo liberal, "[p]odemos partir da convicção de que regime democrático é algo que pressupõe a liberdade de expressão e de reunião e liberdade de consciência e pensamento. Essas instituições não são apenas exigidas pelo primeiro princípio de justiça, mas, como Mill argumentou, são necessárias para que os assuntos políticos sejam conduzidos de maneira racional".
6. SARMENTO, Daniel. *Direitos Fundamentais e Relações Privadas*. 2. ed. Rio de Janeiro: Lúmen Júris, 2008, p. 256. Na jurisprudência do Supremo Tribunal Federal, a eficácia dos direitos fundamentais nas relações privadas foi reconhecida no âmbito do julgamento do RE n. 201.819-8/RJ. Rel. Min. Ellen Gracie, 2ª Turma, julg. 11.10.05.
7. BRITO CORREIA, Luis. *Direito da Comunicação Social*. Coimbra: Almedina, 2000, p. 478.
8. Em seu célebre estudo sobre o tema, o professor de Yale Owen Fiss destaca a importância da imprensa ao exercício da democracia, afirmando que "na sociedade moderna, a imprensa organizada, incluindo a televisão, talvez seja a instituição principal que exerce essa função, e, para cumprir essas responsabilidades democráticas, a imprensa necessita de um certo grau de autonomia em relação ao estado" (FISS, Owen. *A Ironia da liberdade de expressão*: estado, regulação e diversidade na esfera pública. Rio de Janeiro: Renovar, 2005, p. 99).

combate a tantas outras situações que confrontam interesses merecedores de tutela do ordenamento.

Na experiência brasileira, a censura à atividade jornalística configurava-se política pública em um passado não tão distante, motivo pelo qual a preocupação com a garantia da liberdade de expressão plena adquire contornos ainda mais dramáticos, especialmente diante de uma certa tendência autoritária remanescente em parcela de nossa sociedade.

Desse modo, a Constituição Federal consagra também em seu art. 220, *caput*, a liberdade de imprensa, dispondo que "*[a] manifestação do pensamento, a criação, a expressão e a informação, sob qualquer forma, processo ou veículo não sofrerão qualquer restrição, observado o disposto nesta Constituição*", e acrescendo, em seu § 1º, que "*[n]enhuma lei conterá dispositivo que possa constituir embaraço à plena liberdade de informação jornalística em qualquer veículo de comunicação social, observado o disposto no art. 5º, IV, V, X, XIII e XIV*".

A liberdade de imprensa é, portanto, premissa necessária à plena efetividade da liberdade de expressão e de informação previstas pelo já mencionado art. 5º da Constituição, motivo pelo qual pode-se afirmar que uma garantia não adquire plena efetividade sem o auxílio da outra.

3. O EXERCÍCIO DAS LIBERDADES DE INFORMAÇÃO E DE PENSAMENTO ATRAVÉS DA IMPRENSA: PARTICULARIDADES DO OFÍCIO DO COLUNISTA

Como visto, a liberdade de expressão se desenvolve e se fortalece através da imprensa, o que não significa serem conceitos sinônimos, mas complementares em sua funcionalidade. E tal funcionalidade varia de acordo com os distintos caracteres que a liberdade de expressão pode assumir diante de determinada situação concreta.

Liberdade de expressão é gênero, e a partir dela ramificam-se diferentes espécies de exercício, as quais, de acordo com suas especificidades e funcionalidades, receberão distintos tratamentos pelo ordenamento jurídico. Tratando-se da liberdade de expressão exercida através da atividade de imprensa, vê-se que há duas prerrogativas que podem ser exercidas, de modo concomitante ou excludente: (*i*) a livre expressão de ideias, opiniões e pensamentos, e/ou; (*ii*) a liberdade de informação sobre fatos ocorridos no plano da realidade. Nesse sentido, leciona Bruno Miragem:

> A expressão de produtos da razão humana ao público, através do exercício da atividade de imprensa, comporta tanto a prerrogativa de expressão de ideias e opiniões, quanto à liberdade de informação sobre fatos. O que não significa necessariamente que haja uma coincidência ou identidade sobre os critérios ou limites reconhecidos pelo direito a ambas as liberdades. Ao contrário, as características da liberdade de expressão de ideias e opiniões, que se vai genericamente identificar com a liberdade de pensamento, e a liberdade de informar fatos da realidade, são considerados juridicamente para determinação de distintos tratamentos pela doutrina e pela jurisprudência.[9]

---

9. MIRAGEM, Bruno. *Responsabilidade civil da imprensa por dano à honra*. Porto Alegre: Livraria do Advogado, 2005, p. 54.

A atividade jornalística tradicional, de cunho predominantemente informativo, na qual são produzidas reportagens e notícias lastreadas em fatos, vincula-se prioritariamente ao exercício da liberdade de informação. Nesse campo, ressalta-se uma índole predominantemente objetiva, eis que a notícia nada mais é que *"a relação de conhecimento entre um sujeito e uma realidade (a manifestação, o fato, um documento)"*.[10]

Disto decorre que, nestes casos, o exercício da liberdade de informação será temperado objetivamente pelo dever de veracidade que o ordenamento jurídico impõe ao emissor da notícia – dever este que, na lição tradicional, refere-se à relação de adequação fática entre o conteúdo da informação e a realidade.[11] Afinal, o acesso à informação é um direito de todos (art. 5º, inciso XIV, da Constituição) e, portanto, nesses casos, *"a liberdade de informação não é simplesmente a liberdade do dono da empresa jornalística ou do jornalista. A liberdade destes é reflexa no sentido de que ela só existe e se justifica na medida do direito dos indivíduos a uma informação correta e imparcial"*.[12]

A existência de critério dotado de maior objetividade traz consigo maior espaço de controle jurisdicional do conteúdo de matérias jornalísticas. Neste sentido, tem-se tornado cada vez mais frequente o pedido de remoção de conteúdo divulgado em mídias sociais, como matérias jornalísticas, mas que, na realidade, reportam dados jamais ocorridos, o que ora se denomina *fake news*. Porém, ainda nestes casos, prevalece a diretriz legal no sentido de tutelar ao máximo a liberdade de expressão, sendo o Marco Civil da Internet – Lei Federal nº 12.965/2014 – claro ao apenas fixar penalidades a provedores de aplicações de internet que veiculem conteúdo de terceiros quando deixarem de cumprir com ordem judicial de remoção de conteúdo, que indique de forma clara e inequívoca o material a ser removido.[13]

O ofício do colunista, por outro lado, relaciona-se mais intimamente à liberdade de pensamento, considerando-se esta como decorrência da liberdade de expressão.[14] Isso porque, ao contrário do jornalismo informativo, o colunista costuma exercer mister mais subjetivo, opinativo, usualmente dialogando com fatos sociais e expondo

---

10. DOTTI, René Ariel. *Proteção da vida privada e liberdade de informação*. São Paulo: Revista dos Tribunais, 1980, p. 169.
11. MIRAGEM, Bruno. *Op. Cit.*, p. 63. No mesmo sentido, exemplificativamente, na jurisprudência do Superior Tribunal de Justiça, v. REsp nº 896635/MT, Min. Rel. Nancy Andrighi, 3ª Turma, julg. 26.02.08. Afinal, como constata Anderson Schreiber, "[a] ofensa à honra é evidente quando se atribui a certa pessoa fato falso" (SCHREIBER, Anderson. *Direitos da personalidade*. 3. ed., São Paulo: Atlas, 2014, p. 84).
12. SILVA, José Afonso da. *Direito Constitucional Positivo*. São Paulo: Malheiros, 1998, p. 250.
13. Diz a Lei Federal nº 12.965/2014, o Marco Civil da Internet: "Art. 19. Com o intuito de assegurar a liberdade de expressão e impedir a censura, o provedor de aplicações de internet somente poderá ser responsabilizado civilmente por danos decorrentes de conteúdo gerado por terceiros se, após ordem judicial específica, não tomar as providências para, no âmbito e nos limites técnicos do seu serviço e dentro do prazo assinalado, tornar indisponível o conteúdo apontado como infringente, ressalvadas as disposições legais em contrário.
§ 1º A ordem judicial de que trata o caput deverá conter, sob pena de nulidade, identificação clara e específica do conteúdo apontado como infringente, que permita a localização inequívoca do material".
14. Como ensina Bruno Miragem, *"a liberdade de pensamento deriva da liberdade de expressão como espécie sua. Configura-se como espécie de liberdade autônoma, dizendo com o reconhecimento jurídico do uso da faculdade da razão pelo indivíduo"* (MIRAGEM, *Op. Cit.*, p. 64).

sua opinião acerca de determinados assuntos cotidianos, seja no campo da política, da economia, da cultura, dos esportes, dentre tantos outros.[15]

A relação do colunista com a liberdade de expressão – e mais especificamente, com a liberdade de opinião ou pensamento – é, por conseguinte, mais individualizada e sensível do que aquela tipicamente atribuída ao jornalismo em geral, já que se está a defender a liberdade daquele profissional de expressar-se subjetivamente, na qualidade de indivíduo digno, livre e autônomo, nos termos da Constituição Federal. Os valores aqui em jogo, não é exagerado dizer, são especialmente ínsitos à dignidade da pessoa do profissional, já que em última análise se está tangendo sua autonomia e liberdade existenciais.

As funções exercidas pela liberdade de informação e de pensamento através da imprensa são, portanto, intrinsecamente distintas, e daí merecerem um tratamento diverso pelo ordenamento jurídico. É sobre tal diferenciação que o presente trabalho visa, singelamente, contribuir.

4. O DIREITO DE CRÍTICA E SUAS LIMITAÇÕES

O maior expoente prático da liberdade de pensamento do colunista é, sem dúvidas, o denominado direito de crítica. Afinal, a liberdade de pensamento do colunista sói apresentar-se sob a forma de críticas a pessoas ou a grupos específicos, tais como os integrantes de determinada instituição ou agremiação política. São estas as situações que mais frequentemente suscitam os conflitos que chegam ao Poder Judiciário.

É até certo ponto natural que a atividade opinativa gere repercussões negativas na esfera pessoal de determinados agentes, que podem ver a eles atribuídos comentários negativos e críticas – o que, obviamente, nunca será de seu agrado.

Assim, por exemplo, o colunista político, quando ideologicamente situado à oposição, irá criticar frequentemente as medidas e ações tomadas pelos partidos ou governantes da situação. Já o colunista social poderá, muitas vezes, opinar negativamente a respeito de determinados membros da comunidade na qual se insere. O colunista de esportes, por sua vez, irá entoar o sentimento dos torcedores ao criticar certo atleta que não vem atuando a contento, ou um treinador que só leve sua equipe à derrota.

Até aí, contudo, não há ilegalidade: ao exercer seu direito de crítica, o colunista está simplesmente cumprindo seu mister, alicerçado pela sua garantia constitucional à liberdade de expressão e de opinião (art. 5º, incisos IV e IX, da Constituição), a qual, como visto, é alcançada através da liberdade de imprensa (art. 220, *caput*).

---

15. É claro que, na prática das redações, muitas vezes as atividades podem se sobrepor, não havendo que se falar numa divisão puramente estanque; mas, em linhas genéricas, existe a diferença apriorística vista acima, que pode ser resumida na distinta carga de subjetividade atribuível às atividades. Nos casos de sobreposição, a predominância de uma ou outra das práticas será determinada no caso concreto, e é a partir dela que se decidirá quais parâmetros aplicar.

Neste contexto, a crítica "*é entendida como o juízo valorativo proposto pelo homem, a partir da análise sobre o conteúdo e veracidade dos acontecimentos que lhe são transmitidos. E não há dúvida de que ela, de maneira geral, representa forma de manifestação do pensamento que, como visto, deve ser livre, mercê de garantia constitucional*".[16] A regra, como se vê, é a liberdade. Regra esta, porém, que deve ser temperada.

A chave para a definição dos limites, em que pese a maior carga de subjetividade inerente à liberdade de pensamento do colunista, continua sendo a existência de um "*conteúdo mínimo de significado que deve ser respeitado*",[17] ou seja, uma relação de adequação finalística entre a crítica e o fato da vida ao qual ela se refere – relação esta cuja legitimidade, majoritariamente, será detectada através da análise das peculiaridades de cada caso concreto. Tratando do tema, afirma, no mesmo sentido, Claudio Luiz Bueno de Godoy:

> "a despeito de sua qualidade ou veemência, a crítica precisa ser objetiva, vale dizer, fulcrada no exame opinativo sobre a obra ou feito criticado, sem extravasar para o campo do ataque à pessoa autora da obra ou feito, quando então já faltará o substrato institucional, de interesse público, que é inerente à liberdade de imprensa".[18]

É interessante ressaltar que a revogada Lei de Imprensa já estabelecia uma espécie de "salvaguarda" ao direito de crítica, excluindo a abusividade da "*opinião desfavorável da crítica, literária, artística, científica ou desportiva, salvo quando inequívoca a intenção de injuriar ou difamar (...)*" (cf. art. 27, inciso I, da revogada Lei Federal nº 5.250/67).

De acordo com o diploma revogado, portanto, seria a intenção injuriosa ou difamatória o elemento descaracterizador da necessária relação de adequação finalística entre a crítica e o fato social a ela concernente.

Inobstante a mencionada norma não estar mais vigente, a própria Constituição Federal impõe explicitamente restrições à liberdade de pensamento quando exercida através da imprensa (como é o caso do colunista), ao prever, em seu art. 220, § 1º, que o exercício da liberdade de informação, em qualquer de suas formas, deverá observar "*o disposto no art. 5º, IV, V, X, XIII e XIV*", disposições estas que dizem respeito a outros atributos da personalidade humana, como se verá a seguir.

5. O OUTRO LADO DA MOEDA: DIREITOS DA PERSONALIDADE E A DIGNIDADE DA PESSOA HUMANA

De tudo o que foi dito, temos que as liberdades de expressão e de pensamento do colunista, e também a de informação do veículo comunicativo por ele utilizado, são valores merecedores de tutela do ordenamento, pelas importantes funções que desempenham. Não são, porém, ilimitadas, já que, por vezes, seu exercício indis-

---

16. GODOY, Claudio Luiz Bueno de. *A liberdade de imprensa e os direitos da personalidade*. São Paulo: Atlas, 2001, p. 100.
17. MIRAGEM, Bruno. *Op. Cit.*, p. 69-70.
18. GODOY, *Op. Cit.*, p. 101.

criminado pode ferir outros direitos de igual hierarquia constitucional, ou mesmo a dignidade da pessoa humana, que goza do status de fundamento da República Federativa do Brasil.[19]

É o que acontece quando estão em jogo os chamados direitos da personalidade, especialmente a honra, a imagem e a vida privada. Como visto, em sequência imediata à já aludida previsão da liberdade de expressão como direito fundamental, a Constituição Federal afirma também serem *"invioláveis a intimidade, a vida privada, a honra e a imagem das pessoas, assegurado o direito a indenização pelo dano material ou moral decorrente de sua violação"* (art. 5º, inciso X, da Constituição Federal).

Ao tratar dos chamados direitos da personalidade, Pietro Perlingieri lembra da posição de destaque exercida pela pessoa humana no ordenamento italiano, sendo que tal conclusão é facilmente transportada para o regime jurídico brasileiro, que nele se inspirou.[20] Ao colocar a dignidade da pessoa humana como fundamento da Federação, o constituinte brasileiro de 1988 garantiu a eficácia direta da cláusula geral de proteção da pessoa humana nos casos concretos, ainda que na ausência de um determinado direito da personalidade positivado e especificamente incidente.

Evoluiu-se, assim, no sentido de que direitos da personalidade, para serem merecedores de tutela, não exigem previsão expressa em rol taxativo, como se poderia encarar o art. 5º da Constituição. Afinal, a personalidade não deve ser tida como um direito, mas sim como o valor fundamental do ordenamento, estando *"na base de uma série aberta de situações existenciais"*.[21]

A disciplina de tais direitos também se dá de forma mais específica no Código Civil, valendo ressaltar que a tutela da honra, quiçá a mais relevante para nosso estudo envolvendo os limites da liberdade de opinar do colunista, se dá de forma incidental em diversos artigos daquela lei, sem que haja especificamente um dispositivo para positivá-la. A honra é mencionada no âmbito da proteção do direito ao nome (art. 17 do Código Civil) e quando o diploma veda a divulgação de escritos ou imagem *"se lhe atingirem a honra, boa fama e à respeitabilidade da pessoa no meio social"*. Em ambos os casos, o legislador mistura aspectos da personalidade, como o nome e a representação visual, com a honra do indivíduo: *"o Código Civil deveria ter separado melhor as fronteiras entre o direito à honra e outros direitos da personalidade"*.[22]

Ao dispor, no já citado art. 220, § 1º, da Constituição Federal, que o exercício da liberdade de informação deve *"observar o disposto no art. 5º, inciso X"*, o legislador facilita, de certa forma, a atividade do intérprete. A Constituição torna explícito que o

---

19. Sobre o tema, é forte a doutrina, principalmente nos Estados Unidos, relacionada à possibilidade de tutela do chamado *hate speech*, por estar englobado na liberdade de expressão, v. REVENTLOW, Nani Jansen. *The right to 'offend, shock or disturb,' or the importance of protecting unpleasant speech*. Disponível em https://cyber.harvard.edu/publications/2017/08/harmfulspeech. Acesso em 18.03.2018.
20. PERLINGIERI, Pietro. *Perfis do direito civil: introdução ao direito civil constitucional*. Trad. Maria. Cristina De Cicco. 3. ed, Rio de Janeiro: Renovar, 1997, p. 155.
21. PERLINGIERI, *Op. Cit.* p. 155.
22. SCHREIBER, Anderson. *Op. Cit.* p. 74.

exercício da liberdade de expressão através da imprensa será sempre temperado pelo respeito aos direitos da personalidade. E a interpretação conjunta dos dispositivos permite ir além: quando exercidas abusivamente, as liberdades de expressão e de crítica violarão os direitos da personalidade de outrem, ensejando a responsabilização pelos danos morais e materiais disto decorrentes.

Vê-se então que o constituinte de 1988 pôs ambos os polos pretensamente antagônicos ora tratados – o da liberdade de expressão e de imprensa e o dos direitos da personalidade – lado a lado, não havendo como se presumir, aprioristicamente, qualquer supremacia de um frente ao outro. Na realidade, em princípio, não haveria sequer de se cogitar uma antinomia estanque entre ambos; em última análise, todas estas liberdades são determinantes à promoção dos valores constitucionais, em especial o da dignidade da pessoa humana.[23] Como bem notado pela Ministra Carmen Lúcia à época do julgamento da ADPF nº 130 pelo Supremo Tribunal Federal, "*a liberdade de pensamento para informar, se informar e ser informado, que é garantia de todo mundo, se compõe, exatamente, para a realização da dignidade da pessoa humana, ao contrário de uma equação que pretendem ver como se fossem dados adversos*".[24]

Fato é que por força do conturbado passado brasileiro, a posição de prevalência da liberdade de expressão – *preferred position* – vem sendo defendida com frequência,[25] por muitos que a colocam como fundamento para o exercício das outras garantias previstas na Constituição.[26] Tal posição de destaque também é mencionada em precedentes históricos do Supremo Tribunal Federal. Para fins ilustrativos, merece atenção o Recurso Extraordinário nº 685.483, em que o Ministro Marco Aurélio de Mello afirmou:

---

23. Ainda sobre o tema: "(...) a liberdade de expressão é uma emanação do princípio da dignidade da pessoa humana, que reconhece que a realização individual de cada um depende, em grande medida, do intercâmbio de impressões e experiências para o que a liberdade é fundamental. A perspectiva substantiva exige o reconhecimento de que não há vida digna sem liberdade de expressão, porque um dos valores mais marcantes da condição humana é a capacidade que os indivíduos têm de se verem e de se entenderem enquanto seres pensantes". KOATZ, Rafael Lorenzo-Fernandez. *As Liberdades de Expressão e de Imprensa na Jurisprudência do STF*, In: SARMENTO, Daniel e SARLET, Ingo Wolfgang (org.). Direitos Fundamentais no Supremo Tribunal Federal: Balanço e Crítica. Rio de Janeiro: Lumen Juris, 2011.
24. Cf. fls. 2 do aditamento ao voto da Ministra Carmen Lucia, apresentado ao Pleno do Supremo Tribunal Federal em 30 de abril de 2009, por ocasião do julgamento da ADPF nº 130/DF, que versava sobre a não receptação, pela Constituição Federal de 1988, da Lei de Imprensa.
25. BARROSO, Luís Roberto. *Colisão entre liberdade de expressão e direitos da personalidade. Critérios de ponderação. Interpretação constitucionalmente adequada do Código Civil e da Lei de Imprensa.* Revista de Direito Administrativo, p. 20.
26. "(...) a efetiva proteção do conteúdo, é diretamente proporcional ao tom crítico daquilo que é divulgado. Quanto mais contundente e forte for o comentário, a opinião, a crítica, podendo inclusive ser ofensivos (DIMOULIS e CHRISTOPOULOS, 2009), maior será a importância da garantia da liberdade de expressão. Entender de outra forma significaria reconhecer que a liberdade de expressão protege apenas o conteúdo que a ninguém interessaria censurar. Portanto, a liberdade de expressão, nas situações em que se revela importante, necessariamente ou provavelmente afeta a honra de alguém". LEITE, Fábio. *Liberdade de Expressão e direito à honra: novas diretrizes para um velho problema.* In: Cleve, Clemerson Merlin; Freire, Alexandre (coord.) Direitos fundamentais e jurisdição constitucional. São Paulo: Revista dos Tribunais, 2014, p. 401.

"[É] forçoso reconhecer a prevalência da liberdade de expressão quando em confronto com outros direitos fundamentais, raciocínio que encontra diversos e cumulativos fundamentos. (...) A liberdade de expressão é uma garantia preferencial em razão da estreita relação com outros princípios e valores fundantes, como a democracia, a dignidade da pessoa humana, a igualdade".[27]

Tal situação de pretensa prevalência pode também ser notada nas palavras da Ministra Carmen Lúcia, em voto proferido na ADPF nº 187/DF: "(...) *a liberdade maior que se tem é a da expressão. Rui Barbosa dizia, numa conferência, que quem não tem a garantia sequer da sua própria boca não tem liberdade alguma. E um juiz também da Suprema Corte americana afirmava que, se, em nome da segurança, abrirmos mão da liberdade, amanhã não teremos nem liberdade nem segurança*".[28]

Neste raciocínio, parece-nos claro que qualquer tentativa de limitação ao direito de liberdade de expressão deveria ser apreciada com extrema cautela. Contudo, ainda que em posição supostamente prevalente,[29] não parece tranquilo que a liberdade de expressão esteja, quando com ela em confronto, acima da dignidade da pessoa humana, valor maior da Constituição.[30] Afinal, "*a dignidade consiste no vetor segundo o qual se orientam e se devem orientar todos os interesses (sejam materiais, sejam existenciais), que somente serão considerados merecedores de tutela na medida em que instrumentalizados a favor deste fim*", motivo pelo qual "*um interesse tenderá a prevalecer sobre outro, na medida em que realize mais imediatamente ou em maior grau a dignidade humana*".[31]

---

27. STF, RE n. 685.493, Min. Rel. Marco Aurélio de Melo, julg. 02.09.2013.
28. STF, ADPF n. 187, Min. Rel. Celso de Mello, julg. 15.06.2011.
29. "É importante acentuar, bem por isso, que não caracterizará hipótese de responsabilidade civil a publicação de matéria jornalística cujo conteúdo divulgar observações em caráter mordaz ou irônico ou, então, veicular opiniões em tom de crítica severa, dura ou, até, impiedosa, ainda mais se a pessoa a quem tais observações forem dirigidas ostentar a condição de figura pública, investida, ou não, de autoridade governamental, pois, em tal contexto, a liberdade de crítica qualifica-se como verdadeira excludente anímica, apta a afastar o intuito doloso de ofender. Com efeito, a exposição de fatos e a veiculação de conceitos, utilizadas como elementos materializadores da prática concreta do direito de crítica, descaracterizam o 'animus injuriandi vel diffamandi',
    legitimando, assim, em plenitude, o exercício dessa particular expressão da liberdade de imprensa". STF, ARE n. 722.744/DF, Min. Rel. Celso de Mello, julg. 19.02.2014.
30. Ao tratar do "humor racial", Caitlin Mulholland e Thula Rafaela de Oliveira Pires trazem reflexões semelhantes: "No entanto, a afirmação de que haveria uma solução a priori, com a prevalência do direito à liberdade de expressão, não soluciona o impasse de modo a proteger os interesses não patrimoniais envolvidos. Ao contrário, esse caminho parece negligenciar que, no discurso do 'humor racial', pode haver um quadro de importantes violações aos direitos – igualmente fundamentais e, neste caso, coletivos – dos envolvidos naquela narrativa. Portanto, a frágil sensação de segurança jurídica trazida por este posicionamento deve ser afastada em nome de um real esforço para a concretização dos valores democráticos que envolvem os interesses pessoais, e não só os coletivos. Por isso, parece razoável sustentar que a saída verdadeiramente democrática é aquela que não radicaliza a defesa da liberdade de expressão quando esta entra em conflito com os valores da dignidade da pessoa humana – destacadamente a igualdade e a honra. Abre-se, então, caminho para que as questões sejam ponderadas concretamente, levando-se em conta fatores diversos que permitem a solução de fato mais democrática no caso real, por meio da tutela jurisdicional". MULHOLLAND, Caitlin; PIRES, Thula Rafaela de Oliveira. *É para rir? A atuação do Tribunal de Justiça do Estado do Rio de Janeiro nos casos envolvendo liberdade de expressão e racismo nos discursos humorísticos*. P. 347. Disponível em https://www.conpedi.org.br/publicacoes/c178h0tg/51f4alp5. Acesso em 06.01.2018.
31. SCHREIBER, Anderson. *Novos paradigmas da responsabilidade civil*. 6ª ed. São Paulo: Atlas, 2015, p. 180.

Temos, por conseguinte, que os direitos da personalidade, derivados da dignidade da pessoa humana, merecem, na estrutura valorativa e hierárquica de nosso ordenamento jurídico-constitucional, proteção ao menos igualável, quando não superior, à das liberdades de opinião e de imprensa, afirmativa esta que gera repercussões importantes sobre o tratamento jurídico a ser conferido ao colunista.

Como se vê nos casos que abrem o presente artigo, o problema se dá justamente quando o teor negativo da opinião do profissional é grave a ponto de atingir substancialmente os direitos da personalidade de outrem – cujo exemplo mais recorrente é a honra –, nos termos do já citado art. 5º, inciso X, da Constituição Federal. Nestas hipóteses, é forçoso reconhecer que deve haver uma limitação à liberdade opinativa do colunista, sendo a hercúlea tarefa que cabe ao intérprete identificar quando ocorrem tais situações, fornecendo parâmetros seguros para sua aferição.

6. COLISÃO ENTRE INTERESSES E A TÉCNICA DA PONDERAÇÃO

Embora não se pretenda alongar sobre tal aspecto tanto discutido e de extensa natureza teórica, a técnica da ponderação merece, por ser inerente à questão, breves considerações.

Desde há muito que o direito não é visto como uma mera tarefa de subsunção de determinado fato ou conduta à regra. Com o evoluir da doutrina, viu-se, inclusive, que a tarefa que se pretendia neutra do intérprete ao aplicar a subsunção – que nem sempre era possível –, na realidade, mascarava suas escolhas políticas e ideológicas, sob o pretenso manto da imparcialidade da norma.

Em outras palavras, a evolução do pensamento jurídico, com força na doutrina civil-constitucional alertou para o fato de que o direito não é mais tido como um *"preto no branco"* – aliás, nunca o foi –,[32] e que a lei não fornece respostas exatas, aprioristicas, a toda sorte de conflitos que surgem na sociedade contemporânea. Superado esse dogma positivista, há de se reconhecer que, muitas vezes, a solução justa para determinado conflito somente será encontrada a partir da análise do caso concreto e das situações jurídicas ali envolvidas, para que, a partir daí, seja determinado qual dos interesses em jogo merece prosperar.

É importante, portanto, estabelecer como premissa metodológica que, em situações como as ora versadas, nas quais há um conflito entre interesses que, em tese, são igualmente tutelados pelo ordenamento jurídico – no caso, entre os direitos da personalidade e o direito às liberdades de opinião e de imprensa, ambos garantidos

---

32. "Ao menos no âmbito das ciências sociais, mesmo as reflexões sobre questões metodológicas são contingentes ao contexto histórico-social no qual se originam. O procedimento de interpretação e aplicação do direito civil não é exceção. Não obstante os esforços no sentido de buscar uma técnica pura, uma forma neutra, um método correto e verdadeiro de realizar a interpretação, há que se reconhecer que as diferentes teorias interpretativas são produtos de anseios relativos a determinados locais e a certas épocas". KONDER, Carlos Nelson. Distinções Hermenêuticas da Constitucionalização do Direito Civil: o intérprete na doutrina de Pietro Perlingieri. in *Revista da Faculdade de Direito* – UFPR, Curitiba, vol. 60, n. 1, jan./abr. 2015, p. 193.

constitucionalmente –, seja aplicado o método da ponderação de princípios, *"frequentemente em tensão dialética"*,[33] a fim de identificar, em cada caso concreto, a situação jurídica merecedora de tutela.

A técnica da ponderação é normalmente descrita na doutrina como uma forma de aplicação de princípios,[34] buscando uma solução de conflitos normativos, por não prescrever a Constituição direitos absolutos. Na ausência de uma posição hierárquica pré-definida, até mesmo os direitos fundamentais, encontrando seus limites justamente nos outros direitos da mesma espécie, exigem a aplicação da ponderação. É através desta, como define Canotilho, principalmente nos *hard cases*, que se busca equilibrar e ordenar bens que sejam conflitantes ou estejam em relação de tensão na hipótese concreta.[35]

A técnica é melhor definida em etapas, como aponta a metodologia proposta por Luis Roberto Barroso. Na primeira fase, cabe ao intérprete verificar as normas que deverão ser consideradas para o caso concreto. No momento seguinte, são analisados os fatos, bem como a interação desses com os elementos resultantes da primeira etapa. Por fim, na terceira etapa, é realizada a ponderação em si, quando deverá o intérprete decidir o grau de intensidade com que as normas aplicáveis terão repercussão no caso concreto. Ainda, se analisará *"qual o grau apropriado em que a solução se deve aplicar"*, ou seja, a ponderação também terá efeitos diretos nos remédios adequados à situação, razão pela qual a razoabilidade se apresenta como princípio relevante.[36]

Justamente por não haver uma resposta pré-determinada ao cenário fático sobre o qual se debruça o intérprete, a técnica da ponderação, para que seja dotada de legitimidade, exige maior esforço de racionalidade e fundamentação da decisão, cabendo ao magistrado expor de forma minuciosa os pressupostos fáticos e valores jurídicos que o levaram àquela decisão.

As hipóteses envolvendo possíveis conflitos entre os direitos fundamentais tratados no presente estudo, devido à sua complexidade, comumente poderão ser classificadas como *hard cases*, e que exigirão o emprego da técnica da ponderação, como ressalta a doutrina.

> A ponderação entre a liberdade de imprensa e o direito à honra revela que a importante tarefa de informar não pode ser desvirtuada em sua função genuína, para albergar a publicação de manifestações pejorativas sobre qualquer pessoa, sem a existência de dados objetivos cuja transmissão possa assumir interesse informativo para o público daquele veículo de comunicação. Aqui, como em outros campos, o direito de informar não pode servir de carta branca para estampar declarações de qualquer tipo, sem uma responsável ponderação entre o interesse social na difusão daquela afirmação e o impacto negativo que pode produzir sobre a honra das pessoas.[37]

---

33. BARROSO, Luís Roberto. *Op. Cit.*, p. 4.
34. BARCELLOS, Ana Paula. *Ponderação, racionalidade e atividade jurisdicional*. Rio de Janeiro: Renovar, 2005, p. 24.
35. CANOTILHO, J. J. Gomes. *Direito constitucional e teoria da Constituição*, Coimbra: Almedina, 2011, p. 378.
36. BARROSO, Luís Roberto. *Op. Cit.*, p. 10-11.
37. SCHREIBER, Anderson. *Direitos da personalidade. cit.* p. 79.

Em casos envolvendo especificamente tais conflitos, e onde incide ampla margem de subjetividade do intérprete, parece-nos que cabe à doutrina ao menos traçar critérios que auxiliem na atividade valorativa do julgador, sob pena de deixar com que determinada decisão seja tomada somente com base na formação e convicções pessoais do intérprete, método este de sindicabilidade duvidosa. Neste sentido, entende-se que os seguintes critérios poderão servir de auxílio para uma maior objetividade da análise da legalidade de comentário feito por colunista: *existência de interesse público na informação, veracidade e forma em que o colunista expressa sua opinião*.[38]

Ao analisar o primeiro requisito, é comum a distinção pela doutrina entre o interesse público e o interesse do público para buscar traçar com maior nitidez a linha que separa a curiosidade de terceiros e a informação efetivamente válida.[39] Ao comentar tal ponto, porém, Barroso afirma que o interesse público pode ser visto como estando além do conteúdo em si, isto é, na própria liberdade, pois é ela que serve em muitos casos para solidificar instituições, a confiança pública e a própria democracia. Portanto, segundo o autor, tal interesse seria sempre presumido, devendo ser afastado apenas por meio de prova capaz de configurar uma situação limite.[40]

Embora seja lugar comum afirmar que indivíduos famosos, políticos e ocupantes de posições públicas, por exemplo, estão sujeitos à maior exposição e contam, portanto, com grau reduzido de expectativa de privacidade, existirão fatos que deverão resistir à curiosidade do público, sob pena de verdadeira devassa da intimidade alheia. O caso da divulgação de doenças de determinado músico, por exemplo, parece ilustrar bem que haverá muito mais um interesse do público, do que propriamente um interesse público, em tal informação.

Quanto ao segundo critério, embora o direito de crítica seja dotado de maior subjetividade, não há dúvida de que as informações utilizadas para a crítica devem ser objetivamente verídicas.[41] O código de ética dos jornalistas brasileiros chama a

---

38. "Assim é que a matéria noticiosa necessita ser verdadeira; o interesse público na veiculação dos fatos deve preponderar; e o jornalista ou órgão de imprensa deve usar o princípio da razoabilidade na forma como os fatos são noticiados." SALOMÃO, Luis Felipe. *Breves reflexões sobre responsabilidade civil no âmbito da comunicação social*. In: SLAIBI FILHO, Nagib; COUTO, Sergio (Coord.). Responsabilidade civil: estudos e depoimentos no centenário do nascimento de José de Aguiar Dias. Rio de Janeiro: Forense, 2006. p. 184-196.
39. "Nesse particular, parece existir uma esfera íntima inviolável do indivíduo, como pessoa humana, que não pode ser ultrapassada. É claro que, em se tratando de pessoas notórias, prevalece, em regra, a liberdade de noticiar. Alguns aspectos da vida particular de pessoas públicas podem ser noticiados. Os "famosos" devem estar acostumados à 'bisbilhotagem' da sociedade. No entanto, o limite para a informação é o da privacidade da pessoa, como, por exemplo, a restrição que se impõe à divulgação de doenças ou boatos a envolver tais personalidades". SALOMÃO, Luis Felipe. *Op Cit*.
40. BARROSO, Luís. *Op. Cit*. p. 25.
41. Ao tratar de tal requisito no âmbito de matéria jornalísticas, já afirmou o Superior Tribunal de Justiça que a avaliação do requisito da veracidade deve considerar a própria forma de atuação da atividade jornalística: "Embora se deva exigir da mídia um mínimo de diligência investigativa, isso não significa que sua cognição deva ser plena e exauriente à semelhança daquilo que ocorre em juízo. A elaboração de reportagens pode durar horas ou meses, dependendo de sua complexidade, mas não se pode exigir que a mídia só divulgue fatos após ter certeza plena de sua veracidade. Isso se dá, em primeiro lugar, porque a recorrente, como

atenção para tal requisito em diversos de seus dispositivos, citando, dentre eles, que "*[o] compromisso fundamental do jornalista é com a verdade dos fatos, e seu trabalho se pauta pela precisa apuração dos acontecimentos e sua correta divulgação*".[42] Não basta, portanto, que o colunista em questão tenha convicção subjetiva da realidade que comenta, devendo haver suporte fático objetivo que balize a informação.

Nos casos em que se comprovar, portanto, que o colunista fez uso de informações inverídicas, ou cujo conteúdo negligentemente deixou de investigar e comprovar, prevalecerá a tutela dos direitos da personalidade.[43] O segundo cenário, por certo, poderá trazer consigo dificuldades relacionadas ao direito probatório, sem que isso afaste, porém, o dever do ofendido de demonstrar a negligência do ofensor tendo como base o padrão de conduta esperado do homem médio no desempenho daquela função.

Ainda dentro deste critério, deverá o intérprete ter em conta o alto fluxo de informações e a agilidade com que as empresas de comunicação devem publicar suas matérias, o que poderá conflitar com uma investigação profunda sobre absolutamente todos os aspectos envolvidos na crítica realizada pelo colunista. Isso, porém, jamais poderá refletir em um salvo conduto para publicações inconsequentes de conteúdo de veracidade questionável. A bem da verdade, quanto mais impactante a crítica, parece-nos que maior será o dever de investigação prévia do colunista.

Em terceiro lugar – e sendo este o critério dotado de maior grau de subjetividade – mesmo quando houver interesse público e a informação apresentada for dotada de veracidade objetiva, a forma em que esta for apresentada interferirá na ponderação. Isso porque quando a crítica for veiculada de modo manifestamente ofensivo,[44] buscando diminuir o sujeito criticado, a tutela dos direitos da personalidade deverá também incidir com maior força.

---

qualquer outro particular, não detém poderes estatais para empreender tal cognição. Ademais, impor tal exigência à imprensa significaria engessá-la e condená-la a morte. O processo de divulgação de informações satisfaz verdadeiro interesse público, devendo ser célere e eficaz, razão pela qual não se coaduna com rigorismos próprios de um procedimento judicial". STJ, REsp n. 984.803-ES, Rel. Min. Nancy Andrighi, 3ª Turma, julg. 26.05.2009.

42. Código de Ética dos Jornalistas Brasileiros. Disponível em http://www.abi.org.br/institucional/legislacao/codigo-de-etica-dos-jornalistas-brasileiros/. Acesso em 14.01.2018.
43. "[A] regra da 'actual malice' significa que o ofendido, para lograr êxito na ação de indenização, deve provar a falsidade da declaração e que o jornalista sabia da falsidade da notícia (knowledge of the falsity) ou teria demonstrado um irresponsável descuido (reckless disregard) na sua conduta. Não basta a falsidade da notícia". GARCIA, Enéas Costa. *Responsabilidade Civil dos Meios de Comunicação*. São Paulo: Editora Juarez de Oliveira, 2002, p. 140.
44. "A crítica jornalística não se confunde com a ofensa; a primeira apresenta ânimo exclusivamente narrativo conclusivo dos acontecimentos em que se viu envolvida determinada pessoa, ao passo que a segunda descamba para o terreno do ataque pessoal. NÃO SE NEGA AO JORNALISTA, NO REGULAR EXERCÍCIO DA SUA PROFISSÃO, O DIREITO DE DIVULGAR FATOS E ATÉ DE EMITIR JUÍZO DE VALOR SOBRE A CONDUTA DE ALGUÉM, COM A FINALIDADE DE INFORMAR A COLETIVIDADE. Daí a descer ao ataque pessoal, todavia, em busca de sensacionalismo, vai uma barreira que não pode ser ultrapassada, sob pena de configurar o abuso de direito, e, consequentemente, o dano moral e até material". CAVALIERI FILHO, Sérgio. *Programa de Responsabilidade Civil*. Ed. Malheiros, 2005, p. 132-133.

Como ilustração do terceiro critério, vale relembrar o caso envolvendo o escritor e colunista Carlos Heitor Cony e a socialite Carmen Mayrink Veiga. Em entrevista dada à revista Playboy, o autor afirmou, dentre outras coisas, que "[e]la está doente, tem um problema na perna, sente dores, vive à base de cortisona, está enorme, monstruosa e feia. Mas, na hora da fotografia, bota aquele sorriso e ainda é perua. Arrivista social, alpinista social – tudo o que você quiser jogar em cima dela".[45]

Ao apreciar o caso, o Tribunal de Justiça do Rio de Janeiro, reformando a sentença de primeiro grau, condenou o autor ao pagamento de indenização, por entender que as palavras por ele utilizadas não tinham a intenção de informar, mas sim de ofender a socialite.

Daí porque a análise do julgador necessariamente perpassará por um juízo de razoabilidade da crítica feita, sendo este, ao que tudo indica, o subcritério dotado de maior carga subjetiva, e em que os elementos do caso concreto exercerão maior influência no julgamento.

7. REMÉDIOS PARA A EFETIVA TUTELA DOS DIREITOS DA PERSONALIDADE QUANDO PREVALENTES NA PONDERAÇÃO

Ao adotar o critério de ponderação à luz do caso concreto, parece-nos claro que existirão situações em que as liberdades de expressão e de opinião do colunista não poderão prevalecer sobre a dignidade da pessoa humana do indivíduo potencialmente ofendido.

Como explorado, a garantia constitucional do exercício da liberdade de opinião não significa um salvo conduto, amplo e irrestrito, para o colunista dizer o que bem entender. Frente à potencialidade da lesão, isto é, em momento anterior à publicação que venha a afetar direitos da personalidade tutelados, dois caminhos se abrem para a intervenção judicial: a censura prévia da publicação ou a permissão para que esta venha a ser divulgada, mas possibilitando que o ofendido possa, em um segundo momento, ser reparado civilmente.

O primeiro caminho, relacionado à tutela inibitória para que determinado colunista venha a ser proibido de publicar algo, esbarra em diversos desafios. Por um lado, é verdade que há casos em que uma vez publicada determinada matéria,

---

45. Na íntegra: "Gosto muito de me considerar alienado. Só não sou alienado quanto à condição humana. Aí, não. Há pouco tempo fiz um artigo elogiando (a socialite) Carmen Mayrink Veiga. É chato elogiar Carmen Mayrink Veiga, mas elogiei. Estive na casa dela. É uma tristeza, um luxo de um mal gosto desgraçado. Uma perua. Mostrou álbuns de fotografia, e todos os amigos estão na cadeia. 'Esse deu desfalque na Suíça...'. O Mundo de Carmen Mayrink Veiga é terrível! E todo mundo está chutando esse cachorro atropelado. Ela está doente, tem um problema na perna, sente dores, vive à base de cortisona, está enorme, monstruosa e feia. Mas, na hora da fotografia, bota aquele sorriso e ainda é perua. Arrivista social, alpinista social – tudo o que você quiser jogar em cima dela. Mas no momento em que Carmen Mayrink Veiga está na desgraça, virou saco de pancadas, e eu me recuso a linchar. Nunca linchei um Judas. Agora, ela conseguiu dar a volta por cima? Aí, eu vou em cima dela, entendeu? Talvez eu tenha herdado isso do meu pai: adoro causas perdidas (...)".

mesmo com a posterior reparação civil, seja de cunho patrimonial ou não, o retorno do ofendido ao *status quo ante* se torna improvável, senão impossível, na prática.

Com o fim de ilustrar situações análogas envolvendo suposto confronto com a liberdade de expressão, menção é feita ao caso judicial relacionado à escola de samba carioca Viradouro, que pretendia, no ano de 2008, desfilar com carro alegórico retratando pessoas mortas e nuas, contendo integrantes fantasiados com a figura do ditador Adolf Hitler. Naquela oportunidade, foi concedida medida liminar em regime de plantão pela Justiça Estadual do Rio de Janeiro:

> Apesar de, em sua essência, pretender passar alegria, descontração e alertar a população sobre fatos importantes que ocorreram e ocorrem através dos anos, um evento de tal magnitude não deve ser utilizado como ferramenta de culto ao ódio, de qualquer forma de racismo, além da clara banalização dos eventos bárbaros e injustificados praticados contra as minorias, especialmente cerca de seis milhões de judeus (diga-se, muitos ainda vivos) liderados por figura execrável chamada Adolf Hitler.[46]

Entendeu-se, portanto, que permitir o desfile, tutelando a liberdade de expressão, causaria danos que não poderiam ser efetivamente reparados no futuro.

Em outro caso notório, os donos da Escola Base foram acusados de abusar sexualmente de crianças com idades entre um e seis anos. Embora tenham sido posteriormente indenizados pelo Estado de São Paulo, e tenha havido ampla divulgação de que estes foram inocentados, notícias reportam que os réus tinham dificuldades de saírem às ruas até vinte anos depois do evento. Este é um claro exemplo de que a responsabilidade civil *a posteriori* nem sempre é capaz de produzir efeitos, havendo casos em que a proibição prévia de divulgação de determinada notícia pode ser vista como a única solução efetiva.[47]

Por outro lado, em país marcado por recente período ditatorial, a tomada de medida extrema, que traz à lembrança coletiva a figura do censor, causa indissociável desconforto, pelos mais diversos motivos. Dentre estes, situa-se o medo de que reaberta tal possibilidade, a utilização do mecanismo venha a ser banalizada, possibilitando que este seja aplicado a situações nem sempre legítimas, em prol daqueles que pretendem esconder determinada informação que lhes prejudicaria aos olhos do público em geral.

Além disso, delegar a um único intérprete – como costumeiramente ocorre na maioria das situações envolvendo pedidos de tutela de urgência – a tarefa preditiva de imaginar como será recebida determinada coluna pela sociedade, e as consequên-

---

46. TJRJ, Processo n. 0452485-26.2008.8.19.0001, Decisão liminar proferida pela Juíza Juliana Kalichszteim em 31.01.2008, em ação movida pela Federação Israelita do Rio de Janeiro.
47. O caso em questão é considerado paradigmático sob o ponto de vista de repercussões negativas de um erro da imprensa, tendo em vista que os acusados de abusos contra crianças foram posteriormente absolvidos, após todo o clamor popular tê-los condenado. Para maiores detalhes sobre o caso em questão, vide: https://veja.abril.com.br/brasil/morre-icushiro-shimada-erroneamente-acusado-no-caso-da-escola-base/

cias que disso advirão, tampouco parece razoável ou mesmo legítimo para a maioria dos casos.

Contudo, como ilustram os casos trazidos acima, afastar por completo tal mecanismo, que deve ser analisado de forma excepcionalíssima, e aplicado apenas em casos em que o dano será grave e de impossível reparação *a posteriori*, tampouco seria razoável.

Em um segundo caminho, e quando já publicada a coluna, abre-se a possibilidade de responsabilização civil, quando a opinião do colunista for perniciosa a ponto de lesar direitos da personalidade de outrem. A responsabilização do meio de divulgação, como do periódico ou do provedor de aplicação que publica determinada coluna, por envolver outros pontos de maior complexidade, não será tratada no presente estudo.

Assim como estabelecido para a responsabilidade civil do jornalista em geral, a responsabilidade civil do colunista também deverá ser considerada como subjetiva, exigindo, portanto, o elemento culpa para a sua caracterização[48], não havendo de se falar em uma responsabilidade pelo risco.

Por fim, deve-se pontuar que em casos de reparação à honra por conta de dano causado por colunista, a chamada reparação *in natura* poderá se revelar, a depender do caso, mais efetiva do que aquela pecuniária, sem prejuízo de sua cumulação.

Dentre os possíveis mecanismos não patrimoniais de compensação ao dano à honra estão a publicação de sentença condenatória, a retratação pública pela lesão, bem como o direito de resposta, valendo, sobre o último, citar o notório caso da leitura do direito de resposta de Leonel Brizola pelo jornalista Cid Moreira, no *Jornal Nacional*, da TV Globo, bem como a sua atual regulamentação pela Lei Federal nº 13.188/2015,[49] que estabelece que "*ao ofendido em matéria divulgada, publicada ou transmitida por veículo de comunicação social é assegurado o direito de resposta ou retificação, gratuito e proporcional ao agravo*".[50]

---

48. "Isso porque, se no passado foi possível atribuir, com facilidade, o dever de reparar a partir de uma compreensão social (bastante homogênea) sobre a valoração que deveriam receber as condutas individuais, o momento contemporâneo insere tantas novas variáveis na *fattispecie* concreta que se faz preciso fixar algum novo critério objetivo para que o regime da responsabilidade civil seja dotado de alguma segurança e previsibilidade". SOUZA, Eduardo Nunes de. *Do erro à culpa na responsabilidade civil do médico*. Civilistica.com. Rio de Janeiro, a. 2, n. 2, abr.-jun./2013. Disponível em: <http://civilistica.com/do-erro-a-culpa-na--responsabilidade-civil-do-medico/>.
49. Vídeo de tal direito de resposta pode ser encontrado em https://www.youtube.com/watch?v=ObW0kYAXh-8.
50. Ainda sobre tal mecanismo de reparação, merece destaque processo envolvendo Kim Patroca Kataguiri e a Rádio Bandeirantes, por conta de crítica feita pelo jornalista Ricardo Boechat. Em sentença, foi indeferido o pleito de direito de resposta do líder do Movimento Livre Brasil – MBL, nos seguintes termos: "No caso em tela, especificamente em relação ao autor, a matéria veiculada pela Ré chama, sim, o Autor de bobalhão e equipara a atuação do Movimento Brasil Livre em relação à exposição 'Queer Museu' semelhante à conduta de outros grupos que buscam eliminar às expressões de arte que são incompatíveis com seus valores e ideias e, por isso, a menção aos nazistas, a Hitler, a grupo islâmico extremista e ao líder norte coreano Kim Jong--Un. Não houve, portanto, a imputação de fato inverídico, mas crítica à conduta do autor, que, segundo o jornalista, equipara-se à conduta de outros líderes, cuja atuação é vista pela sociedade, em regra, como algo pernicioso. Não se discute a forte carga negativa da crítica realizada, mas não se consegue constatar abuso, erro ou inverdade no paralelo realizado pelo jornalista, sendo natural uma certa dose de sensacionalismo

A depender dos efeitos da opinião publicada, número de leitores, dentre outros fatores, não há dúvidas de que tais meios serão muito mais efetivos no que tange à tentativa de volta ao *status quo ante*, e que deveriam, inclusive, ser preferenciais à reparação pecuniária, tão arraigada em nossa cultura jurídica. O *"assumir que errei"*, por exemplo, por meio de manifestação pública, poderá surtir efeitos de maior relevância histórica em comparação ao mero pagamento de quantia a título compensatório.

8. A (NEM SEMPRE) SUTIL FRONTEIRA ENTRE DIVERGÊNCIA IDEOLÓGICA E OFENSA PESSOAL: O CASO LAERTE

De modo a ilustrar tudo o que até agora foi dito, cabe trazer à lume recente decisão proferida pelo Tribunal de Justiça de São Paulo,[51] nos autos da ação indenizatória movida pela cartunista Laerte em face do jornalista Reinaldo Azevedo,[52] por conta do teor ofensivo de comentários a ela direcionados pelo jornalista em sua coluna na revista Veja, e também em seu programa radiofônico na estação Jovem Pan.

Em brevíssimo resumo, o histórico do caso: em resposta a uma charge de cunho ideológico-político anteriormente publicada por Laerte – na qual esta criticava veementemente os defensores do *impeachment* da ex-presidente Dilma Rousseff –, Reinaldo Azevedo publicou, em agosto de 2015, coluna intitulada *"A campanha de ódio contra os que pedem 'Fora Dilma'. O caso do/da cartunista Laerte. Ou: A última da baranga moral!"*.

Na referida coluna, o colunista não se ateve ao aspecto ideológico da discussão; ao contrário, tachou Laerte (que, note-se, é transexual) de "baranga na vida", "baranga moral", portadora de "exibicionismo certamente doentio" e "insaciável compulsão", "falsa senhora", "homem-mulher", "fraude de gênero" e "fraude moral", "farsante".

Diante do que considerou ofensas pessoais à sua honra, Laerte então ingressou com a ação indenizatória, exigindo do jornalista uma compensação pecuniária pelos danos morais decorrentes da ofensa. Como era de se esperar, o réu sustentou em sua defesa que apenas tinha emitido sua opinião, estando resguardado, portanto, pela

---

na linguagem utilizada na manchete, o que é, em parte, aceitável no propósito de atrair o interesse dos ouvintes. É verdade que também houve adjetivação à pessoa do autor, que, por exemplo, foi chamado de 'bobalhão', situação que configura lesão apenas na esfera da subjetividade do ofendido, sem dar margem ao direito de resposta. Com efeito, o que gera o direito de resposta não é apenas o fato de se sentir ofendido, caso contrário, haveria indevida limitação à liberdade de expressão e de imprensa, pois seria impossível a divulgação de qualquer afirmação ou fato que causasse algum dissabor para quem quer que fosse". TJSP, Processo n. 1010957-20.2017.8.26.0011, Juiz Paulo Henrique Ribeiro Garcia, 1ª Vara Cível Foro Regional XI – Pinheiros, julg. 20.02.2018.

51. TJSP, Ap. Civ. n. 1125312-38.2015.8.26.0100, Rel. Des. Carlos Alberto Garbi, 10ª Câmara de Direito Privado, julg. 24.10.17.
52. A ação foi movida em face do mencionado jornalista e dos veículos de comunicação que divulgaram a coluna, quais sejam, a revista Veja (Grupo Abril S.A.) e a rádio Jovem Pan (Radio Panamericana S.A.).

garantia constitucional da liberdade de expressão. Ademais, levantou argumentos relacionados ao comportamento público da cartunista, cujo viés radical suscitaria as críticas que lhe foram direcionadas.

O Tribunal de Justiça de São Paulo, confirmando a sentença de primeira instância, negou provimento ao recurso dos réus, mantendo a condenação do jornalista – e dos mencionados veículos de comunicação – em danos morais, arbitrados no valor de R$ 100.000,00 (cem mil reais), diante da gravidade da ofensa e da alta repercussão da coluna do jornalista.

Em suas razões, o desembargador relator inicialmente expôs o problema da tensão entre direitos fundamentais, afirmando, na linha do que se defendeu acima, que as liberdades de expressão e de imprensa não seriam absolutas, já que limitadas pelo próprio art. 5º da Constituição Federal, que considera, em seu inciso X, serem "*invioláveis a intimidade, a vida privada, a honra e a imagem das pessoas, assegurado o direito a indenização pelo dano material ou moral decorrente de sua violação*".

No caso concreto, segundo o relator, a opinião do colunista haveria excedido a finalidade da crítica, ofendendo diretamente a pessoa do réu – ou seja, estaria ausente a já abordada adequação finalística entre a crítica realizada e o posicionamento político da cartunista, constante de sua charge crítica ao *impeachment*. Nos termos do voto, que se ateve com maior força ao terceiro critério desenvolvido neste artigo, isto é, a forma em que o colunista expressa sua opinião:

> Se a charge veiculada tinha conteúdo forte, que suscitava críticas, de acordo com o perfil rotineiramente sustentado pela autora, a crítica feita pelo réu deveria se voltar exclusivamente para a charge, e não para a pessoa da cartunista, como ocorreu. [...]. Os réus, valendo-se do direito à manifestação livre do pensamento e da informação, não poderiam violar a honra da autora. A crítica feita pelos réus se dirigiu à pessoa da autora, suscitando questionamentos, inclusive, ao seu gênero. Deixou, portanto, de ser objetiva. Criticar não é ofender.[53]

Criticar, portanto, não é ofender. A afirmativa do julgador, apesar de simplista à primeira vista, resume perfeitamente o que foi abordado neste artigo: o direito de crítica, como expoente da liberdade de expressão, encontra sua limitação quando utilizada de modo a ferir outros direitos fundamentais, notadamente aqueles ligados, na situação concreta, à dignidade da pessoa humana. No caso, a crítica direcionada a Laerte violou sua honra e, em última análise, sua dignidade: atacou-se sua beleza, seu caráter e, principalmente, sua orientação sexual. Mais que adequada, portanto, a tutela que lhe foi concedida pelo Tribunal de Justiça de São Paulo, através da reparação pecuniária pelos danos morais sofridos.

---

53. Cf. fls. 339-344 dos autos do processo, disponível em https://www.conjur.com.br/dl/apelacao-tj-sp-laerte--vejajovem-pan.pdf (acesso em 16.03.18).

9. CONCLUSÃO

Ao longo do presente artigo, buscou-se auxiliar na construção de critérios mais objetivos para a ponderação entre as liberdades de expressão e de imprensa, de um lado, e dos direitos da personalidade, em especial, a honra, de outro. Neste campo, como vimos, a tarefa do intérprete é marcada por elementos subjetivos que apesar de lhe garantirem maior "margem de manobra", por certo, também elevam o patamar necessário de fundamentação mínima da decisão judicial.

Por isso, depois de passar pela análise dos princípios em questão e de introduzir a técnica da ponderação em abstrato, buscamos apresentar alguns dos critérios que poderão ser utilizados pelo intérprete em sua atividade judicante – *existência de interesse público na informação, veracidade e forma em que o colunista expressa sua opinião* –, sendo certo, porém, que estes não se dão de forma exaustiva. Como exemplo, tecemos comentários sobre o caso do colunista Reinaldo Azevedo, demonstrando como a aplicação destes critérios levaria à mesma conclusão obtida pelo Tribunal de Justiça de São Paulo, no sentido do dever de reparar os danos causados à cartunista Laerte.

Aplicados os critérios e a técnica da ponderação, e pendente a balança à proteção dos direitos da personalidade daquele que poderá vir a ser ofendido pela crítica do colunista, estarão abertos, a depender também do marco temporal, dois caminhos: o da censura prévia do conteúdo, que deve ser tido por excepcionalíssimo, e aquele da reparação *a posteriori*. No segundo cenário, remédios patrimoniais poderão ser adotados, ou mesmo uma reparação *in natura*, que poderá se revelar muito mais efetiva a depender das circunstâncias fáticas, e deveria exercer posição de maior destaque na cultura jurídica brasileira.

RESPONSABILIDADE CIVIL SOLIDÁRIA ENTRE PROVEDORES E AUTORES DE CONTEÚDO OFENSIVO À LUZ DO MARCO CIVIL: CRITÉRIOS OBJETIVOS NA PERSPECTIVA CIVIL CONSTITUCIONAL[1]

João Quinelato de Queiroz

Professor de Direito Civil do IBMEC. Mestre e Doutorando em Direito Civil pela UERJ. Advogado. Presidente da Comissão de Direito Privado e Novas Tecnologias do Conselho Federal da OAB. Secretário-geral da Comissão de Direito Civil da OAB-RJ. Diretor Financeiro do Instituto Brasileiro de Direito Civil - IBDCivil.

"Uma mentira repetida mil vezes torna-se verdade".[2]

1. INTRODUÇÃO

Juliana, 26 anos, é vítima de boato que gravemente atinge sua honra, imagem e bom nome, que circulou por grupos de Whatsapp e Facebook. Narrava o boato que a jovem teria se envolvido em relações sexuais dentro de um veículo e, durante o ato, supostamente teriam ocorridos fatos íntimos desagradáveis à vítima. O material teria circulado por 332 contas de Facebook, com 251 curtidas, 72 comentários e inúmeros grupos de Whatsapp, todos listados nos autos.[3] Desde a data do ajuizamento da ação, transcorreram-se 2 (dois) anos e 8 (oito) meses de duração do processo sem que o judiciário tenha dado, ainda, a última palavra sobre o caso. Nesse tempo, Juliana era alvo de chacotas e gracejos em grupos de WhatsApp e Facebook.

Um segundo caso remonta ao famoso caso da escola Base de São Paulo,[4] mas desta vez, ocorrido nas redes sociais e não na mídia impressa e televisiva. Eis o caso:

---

1. O presente artigo é um ensaio realizado a partir da obra "Responsabilidade Civil na Rede: danos e liberdades à luz do Marco Civil da Internet, Editora Processo, 2019 também de minha autoria, onde o leitor poderá encontrar pormenorizados os argumentos aqui sintetizados.
2. Paul Joseph Goebbels, ministro da Propaganda de Adolf Hitler na Alemanha Nazista (MOORE, Mike. *A World Without Walls: Freedom, Development, Free Trade and Global Governance*. Reino Unido: Cambridge University Press, 2003, p. 63).
3. TJPR, 11ª Câmara Cível, processo número 0033794-69.2015.8.16.0000, rel. Des. Sigurd Roberto Bengtsson, julg em 22/02/2017.
4. A Escola Base era localizada na Cidade de São Paulo e em 1992 foi alvo de queixas de agressões e assédio sexual cometidos contra seus alunos, crianças, supostamente promovidas pelo casal dono do estabelecimento. As queixas foram publicadas em jornais de grande circulação e, inclusive, no Jornal Nacional da TV Globo. Posteriormente à divulgação dos fatos, apurou-se que eram falsos. Os donos da escola ajuizaram ação em face de veículos de mídia e receberam indenizações pelos danos sofridos. (STJ, REsp 351779 SP, 2001/0112777-9, 2ª Turma, Rel. Min. Eliana Calmon, julg. em 19/11/2002). Sobre o tema, vide: RIBEIRO, Alex. *Caso Escola Base: Os abusos da imprensa*. São Paulo: Editora Ática, 2003.

Jonatas Vaz, tio de Mariana Vaz, criança negra, publica em sua *timeline* que a escola onde sua sobrinha estudava, em Bauru-SP, teria feito "vista grossa" para os comentários racistas de outras crianças da escola em relação à sua sobrinha. Em um período de apenas quatro dias, a publicação em questão foi compartilhada mais de 825 vezes, além de receber 883 curtidas e 91 comentários por usuários do Facebook. A escola ajuíza ação com pedido de liminar requerendo a retirada do conteúdo ofensivo da página do tio da aluna, sustentando que as alegações, além de inverídicas, eram difamatórias e abalavam a credibilidade da escola perante a comunidade. Indeferida a liminar, foi julgada procedente a demanda em primeira instância, condenando o tio a indenizar o estabelecimento e a retirar o conteúdo."[5] Desde a data do ajuizamento da ação, transcorreram-se 2 (dois) anos e 10 (dez) meses para que a demanda transitasse em julgado. Enquanto isto, a escola viu-se de mãos atadas em face do comentário danoso do Autor, cuja veracidade não foi comprovada nos autos pelo autor da ofensa.

Sr. José Pedro Toniello, ex-prefeito do pacato município de Nova Independência, SP, é alvo de postagem no Facebook que questionava a honestidade do político o qual supostamente teria contratado funcionários fantasmas durante a sua gestão. Ajuíza ação em face dos autores das postagens requerendo a exclusão imediata do conteúdo e indenização por danos morais, julgada improcedente sob o argumento de que "pelo fato de ter exercido um cargo público, seus atos interessaram à coletividade e podem ser alvo de críticas e ataques".[6] Entre a data do ajuizamento da ação e a decisão transitada em julgado, transcorreram-se 2 (dois) anos e 8 (oito) para que o judiciário desse a última palavra sobre o caso.

De comum, entre esses casos, há mais que usuários da internet alegando violações graves à sua dignidade e reputação. Há o decurso de um longo prazo sem que a justiça tenha resolvido o problema que a ela foi apresentado, revelando a ineficácia de meios judiciais para resolver os dilemas do mundo digital. A lentidão judicial, portanto, contrapõe-se à rapidez da internet. Na lição de Stefano Rodotà, a nova angústia nasce da consciência da forte defasagem entre a rapidez do progresso técnico-científico e a lentidão com que amadurecem a capacidade de controle dos progressos sociais que acompanham tal progresso".[7]

Os diferentes casos comungam, também, o aparente confronto entre os direitos constitucionais à liberdade de expressão (art. 5º IX da Carta da República) e a intimi-

---

5. Apela o tio-réu alegando que havia feito um "mero desabafo em rede social" insuscetível de causar danos morais à escola. Apelação julgada improcedente e mantida a condenação pelo TJSP, assentando o arresto que não se tratou de um mero desabafo em página de rede social mas sim de ato ilícito que causou danos à imagem e à reputação da requerente, o que faz emergir a responsabilidade civil do réu. (TJSP, Apelação Cível nº 1006024-23.2014.8.26.0071, 1ª Câmara de Direito Privado, rel. Des. Christine Santini, julg em 30/08/2016).
6. O entendimento da primeira instância foi ratificado em segunda instância, onde destacou-se que não houve grande repercussão pelo baixo número de curtidas e compartilhamentos. (TJSP, 8ª Câmara de Direito Privado, apelação cível nº 0009576-57.2014.8.26.0024, rel. Des. Grava Brazil, julg em 17/10/2016).
7. RODOTÀ, Stefano. A vida na sociedade da vigilância (coord. Maria Celina Bodin de Moraes). Rio de Janeiro: Renovar, 2008.p. 42.

dade, a vida privada, a honra e a imagem dos envolvidos (art. 5º X da Constituição). Por derradeiro, todos os casos revelam como curtidas, compartilhamentos, *likes*, retweetes e ferramentas do gênero são meios relevantes para se aferir a repercussão da mensagem ofensiva.

Não é crível que em tempos de *big data*, armazenamento em nuvem e comunicação instantânea, um dilema da internet leve décadas para ser resolvido, ao passo que bastam alguns poucos minutos para um boato pornográfico ou uma grave ofensa se disseminarem por grupos de WhatsApp, timelines do Facebook ou Twitter.[8] Há um descompasso entre a rapidez com que avançam as inovações tecnológicas e a lentidão com que o Direito reage a esses desafios. Conforme magistério de Stefano Rodotà, "ao lado da percepção, sempre mais clara, dos riscos do progresso tecnológico, existe a consciência da impossibilidade de parar tal progresso, mesmo se este não se apresenta mais com estimativas apenas positivas".[9] Fica a indagação inicial: há, no Brasil, mecanismos de responsabilidade civil capazes de responder, em tempo e adequadamente, às violações da intimidade e vida privada dos usuários do WhatsApp, Twitter, Facebook e congêneres, sem comprometer os níveis de liberdade de expressão que se esperam da internet?[10]

Os (nem tão) novos meios de comunicação e informáticos são uma realidade da qual não se quer retroceder. O progresso civilizatório depende, essencialmente, de uma internet aprimorada. Stefano Rodotà resgata que as tecnologias da informação e da comunicação oferecem grandes oportunidades para promover uma cidadania ativa, destacando que através das novas ferramentas, resgata-se o cidadão da passividade de espectador, tornando-o um protagonista democrático, em um ambiente onde desaparecem as distinções entre produtores e consumidores de informação. Ao admitir a internet como uma peça fundamental para a democracia, o autor reforça a necessidade de políticas públicas adequadas que garantam a convivência harmônica desses progressos com os direitos fundamentais, com a liberdade de escolha e com o respeito da dignidade.[11]

---

8. Já comentamos, em outra oportunidade, o efeito nefasto de um boato: "O argumento do "tem um fundo de verdade", tão corriqueiro na sociedade brasileira, não se dissipa com facilidade e a supressão do conteúdo falso ou difamatório da internet revela-se apenas o primeiro passo de um longo caminho a ser percorrido pela vítima na restauração da sua reputação." (SCHREIBER, Anderson. Marco Civil da Internet: avanço ou retrocesso? A responsabilidade civil por dano derivado do conteúdo gerado por terceiro. In DE LUCCA, Newton; SIMÃO FILHO; Adalberto; LIMA, Cíntia Rosa Pereira de (coords). *Direito & Internet – Tomo II: Marco Civil da internet (Lei nº 12.965/2014)*. São Paulo: Quartier Latin, 2015).
9. RODOTÀ, Stefano. *A vida na sociedade de vigilância*. Rio de Janeiro: Renovar, 2006, p. 191.
10. A respeito dos novos danos trazidos pelas inovações tecnológicas e os desafios deles derivados aos sistemas de responsabilidade civil, destaca Maria Celina Bodin de Moraes: "Em nossa época – é voz corrente – há muitíssimas mais ocasiões de risco, de perigo, em decorrência, não só mas também, do acentuado desenvolvimento tecnológico; neste sentido, conclui-se ter havido um real incremento das possibilidades de causação de danos. (...). (BODIN DE MORAES, Maria Celina. *Danos à pessoa humana*. Rio de Janeiro: Renovar, 2003, p. 150).
11. RODOTÀ, Stefano. *A vida na sociedade da vigilância*, cit., p. 160-163.

Para encontrar a resposta a esses dilemas, o Estado precisa estar presente através de ações afirmativas. A intervenção Estatal, por vezes, é vista como uma ameaça à liberdade de expressão – concepção equivocada na visão de Owen M. Fiss.[12] Ao notar a dimensão defensiva (contra ingerências indevidas da autoridade estatal) e a dimensão protetiva (que demanda a intervenção estatal para a efetivação do seu conteúdo participativo) da liberdade, o autor demonstra a importância desse modelo intermediário de atuação do Estado, no qual esse é chamado a regular as liberdades para a garantia da própria liberdade.[13]

A recente experiência vem demonstrando que deixar com que os próprios agentes regulem o que é (e o que não é) justo e correto no mundo da internet não vem dando bons resultados. O caso Napalm ilustra bem esse caso. Uma foto histórica, registrada em 8 de junho de 1972, tornou-se símbolo da guerra do Vietnã e foi censurada pelo Facebook por ser considerada pornografia infantil pelo provedor. Tratava-se de uma imagem que retratava a pequena menina Kim Phúc, de 9 anos de idade, nua, descalça e correndo, ao lado de outras vítimas, durante o ataque de uma bomba de Napalm, na Guerra do Vietnã. Um registro histórico de tempos sombrios, um fato indelével da história, que não se cogitaria de ser confundido com pornografia simplesmente por, na imagem, conter o triste retrato de uma criança nua e descalça. O Facebook havia banido o compartilhamento desta imagem através de mecanismos automáticos, mas depois voltou atrás de sua decisão, reconhecendo o caráter icônico da imagem e permitindo seu compartilhamento. Kim Phúc, a retratada, que hoje mora no Canadá com seu esposo, relatou ao The Guardian que fica "entristecida por aqueles que se concentrariam na nudez no quadro histórico em vez da mensagem poderosa que transmite". Disse, ainda, que "apoia plenamente a imagem documental tirada por Nick Ut como um momento de verdade que captura o horror da guerra e seus efeitos sobre vítimas inocentes".[14]

---

12. A concepção do autor é a de que a tradicional presunção do Estado como inimigo da liberdade é enganosa, de modo que o Estado poderia se tornar o amigo ao invés do inimigo da liberdade: "Nós estamos sendo convidados, ou mesmo intimados, a reexaminar a natureza do Estado moderno e verificar se ele possui algum papel na preservação das nossas liberdades mais básicas. (...) Certamente, o Estado pode ser um opressor, mas ele pode ser também uma fonte de liberdade." (FISS, Owen M. *A ironia da liberdade de expressão: regulação e diversidade na esfera pública*. Tradução e prefácio: Gustavo Binembojm e Caio Mário da Silva Pereira Neto. Rio de Janeiro: Renovar, 2005, p. 28).
13. Owen M. Fiss, ao analisar as críticas de intervenção do Estado feitas nos Estados Unidos da América, considerando a existência da Primeira Emenda no país, defende, ao revés, que a intervenção é ferramenta de garantia do livre exercício do direito de liberdade de expressão. Diz o autor que a agência que ameaça o discurso não é o próprio Estado, já que o chamado à intervenção estatal é baseado não na teoria de que a atividade a ser regulada é intrinsecamente violadora da Primeira Emenda, mas apenas na teoria de que a promoção do debate aberto e integral, assegurando que o público ouça a todos que veria, é um fim permitido ao Estado. Mesmo se a dinâmica silenciadora é empreendida por mãos privadas, há ampla base para intervenção. O Estado estaria, portanto, segundo o Autor, exercendo seu poder de polícia para promover um fim público legítimo, como ele faz quando edita uma lei de controle de armas ou de controle de velocidade no trânsito. (FISS, Owen M. *A ironia da liberdade de expressão: regulação e diversidade na esfera pública*, cit., p. 48).
14. *Facebook backs down from 'napalm girl' censorship and reinstates photo*. The Guardian. Disponível em https://www.theguardian.com/technology/2016/sep/09/facebook-reinstates-napalm-girl-photo . Acesso em 28/03/2018.

Os novos tempos inauguram novos desafios não só na tecnologia, mas, também, no campo do Direito. A responsabilidade civil vem sofrendo radical mudança em sua perspectiva: do ofensor à vítima. A busca da reparação dos danos causados à vítima passa a ser o mote da responsabilidade civil.[15] A responsabilidade civil tradicional, calcada na comprovação estática e formal dos seus requisitos – culpa, nexo e dano, chamados filtros da responsabilidade civil – cede espaço a uma dogmática menos obcecada pela verificação desses filtros, no caso concreto, e mais dedicada à eliminação desses filtros quando esses servem meramente como óbices capazes de promover a seleção das demandas de ressarcimento que deveriam merecer acolhida jurisdicional. Segundo Anderson Schreiber, "o estágio atual da responsabilidade civil pode justamente ser descrito como um momento de erosão dos filtros tradicionais da responsabilidade civil, isto é, da relativa perda de importância da prova da culpa e da prova do nexo causal como obstáculos ao ressarcimento dos danos na dinâmica das ações de ressarcimento".[16]

É dizer que ao se deparar com os mecanismos de responsabilidade civil incidentes sobre danos ocorridos na internet, o intérprete deve estar atento aos novos contornos que este instituto vem assumindo na dogmática e orientar-se no sentido de não se apegar cegamente aos requisitos formais clássicos da responsabilidade civil e entender que, em se tratando de novos danos no contexto de uma responsabilidade civil reformulada à luz da funcionalização dos institutos, nexo de causalidade e culpa são menos relevantes que a finalidade principal de indenizar adequadamente as vítimas de ofensas sofridas na internet e, sobretudo, de se criar mecanismos que evitem a propagação de danos à personalidade nesses ambientes.

Ora, enquanto a erosão dos filtros[17] levou a que um maior número de pretensões passasse a ser gradativamente acolhido pelo Poder Judiciário, o Marco Civil da Internet caminhou em sentido justamente oposto. Ao se defender, neste trabalho,[18] um possível modelo de responsabilidade solidária entre usuário autor do material ofensivo e o provedor de aplicação da internet se pretende, na verdade, atentar-se

---

15. "A radical mudança de perspectiva aqui apenas reflete, e não poderia ser diferente, a metamorfose dos papéis do lesante e do lesado no sistema de responsabilidade civil em geral. Se antes a vítima era obrigada a suportar, corriqueiramente, o dano sofrido – dano cuja causa, na maior parte das vezes, se atribuía não a seu autor, mas ao destino, à fatalidade, ou à vontade de Deus –, já em meados de século XX passaria ela, a vítima, a desempenhar a função protagonista da relação jurídica instaurada a partir do evento danoso, conseguindo garantir de forma cada vez mais eficaz o seu crédito, isto é, a reparação". (BODIN DE MORAES, Maria Celina. *Danos à pessoa humana*, op. cit, p. 148).
16. SCHREIBER, Anderson. *Novos paradigmas da responsabilidade civil*: da erosão dos filtros da reparação à diluição dos danos – 6ª ed. São Paulo: Atlas, 2015, p. 11-12.
17. "Toda essa erosão sofrida pelos pressupostos da responsabilidade civil corresponde, por um lado a uma natural ampliação da titela dos interesses jurídicos diante de uma ordem jurídica pautada pela proteção à dignidade humana e à solidariedade social, por outro lado, impõe reflexão sobre as consequências da responsabilidade civil, em especial sobre seu principal efeito, que é o deve de reparar o dano sofrido". (SCHREIBER, Anderson. *Manual de Direito Civil Contemporâneo*. São Paulo: Saraiva Educação, 2018, p. 640).
18. Seja permitido remeter-se a QUINELATO DE QUEIROZ, João. *Responsabilidade Civil na Rede: Danos e Liberdades à luz do Marco Civil da Internet*. Rio de Janeiro: Editora Processo, 2019.

para a historicidade do conceito de dano, atualizando-o para tempos de internet e redes sociais e garantir o ressarcimento da vítima e a proteção integral da dignidade da pessoa humana, como alternativa ao modelo de (quase) irreparação vigente no Marco Civil.[19] Na lição de Maria Celina Bodin de Moraes, se, por um lado, a noção de risco serve a explicitar a historicidade do conceito de responsabilidade civil, "a historicidade se estende também a seu elemento ineliminável, o dano, fazendo com que se tenha que reconhecer que cada época tem seus danos indenizáveis e, portanto, cada época cria o instrumental, teórico e prático, além dos meios de prova necessários para repará-los. Mas, para tanto, como já se indicou, será preciso, também, fazer a escolha acerca de quem deverá indenizar."[20]

2. A RESPONSABILIDADE CIVIL DO USUÁRIO À LUZ DO MARCO CIVIL DA INTERNET: O ITINERÁRIO JURISPRUDENCIAL DO SUPERIOR TRIBUNAL DE JUSTIÇA

Em uma síntese entre o que a jurisprudência e doutrina defendem antes e depois da entrada em vigor do Marco Civil, pode-se dizer que a responsabilidade civil dos provedores de aplicação[21] na internet segue três entendimentos distintos: (i) a não responsabilização do provedor em razão da conduta praticada pelos seus usuários, por ser o servidor mero intermediário entre usuário e vítima; (ii) a responsabilidade civil objetiva do provedor, fundada no conceito de risco de atividade ou no defeito da prestação dos serviços e (iii) a responsabilidade civil subjetiva, subdividindo-se esta corrente entre aqueles que defendem a responsabilidade civil subjetiva decorrente da inércia após ciência do conteúdo ilegal e aqueles que defendem a responsabilização somente em caso de descumprimento de ordem judicial específica – sendo esta última a teoria adotada pelo Marco Civil.[22]

Os defensores da *primeira corrente* entendem que os provedores de aplicação da internet seriam meros intermediários entre o causador do dano (o usuário da aplicação de internet) e a vítima, de modo que, nesses casos, os provedores de aplicação deveriam ser excluídos do polo passivo por ilegitimidade passiva.[23] Esta teoria leva

---

19. Acerca da historicidade dos conceitos jurídicos, vide, por todos, Pietro Perlingieri. PERLINGIERI, Pietro. *Normas constitucionais nas relações privadas*. Revista da faculdade de direito da UERJ, n. 6 e 7, 1998/1999, *passim*.
20. BODIN DE MORAES, Maria Celina. *Danos à pessoa humana*, op. cit, p. 150.
21. Por provedor de aplicação de internet, nos termos do art. 5º VII do Marco Civil, entende-se: "VII - aplicações de internet: o conjunto de funcionalidades que podem ser acessadas por meio de um terminal conectado à internet". Por provedor de conteúdo, entende-se aqueles "que disponibilizam na rede os dados criados ou desenvolvidos pelos provedores de informação ou pelos próprios usuários da web", conforme definido no RESP 1316921, STJ, Rel. Min. Nancy Andrighi, j. em 26.06.2012.
22. O próprio Superior Tribunal de Justiça, em recente julgado, já se manifestou a respeito destas correntes doutrinárias. STJ, REsp n 1.642.997-RJ, 3ª Turma, rel. Min. Nancy Andrighi, julg. em 12/09/2017.
23. Neste sentido, vide o julgado do TJRS: "Apelações Cíveis. Responsabilidade Civil. Ação Indenizatória. *Ilegitimidade Passiva do Facebook*. Responsabilização civil do provedor de conteúdo na internet somente nas situações em que, devidamente notificado, deixa de remover a postagem ofensiva ou ilícita. *Os provedores de conteúdo na internet respondem civilmente por publicações em seus sítios eletrônicos apenas quando, devi-*

em consideração a característica de mero conduíte do provedor, prevista expressamente no sistema Norte-Americano, no Direito Comunitário e no sistema Português.

No direito Norte-Americano, a figura do mero conduíte tem previsão no art. §512 (a) do *Transitory digital network communications*.[24] Diz esse sistema, em linhas gerais, que não haverá responsabilidade do provedor caso (i) a transmissão de dados aconteça automaticamente, sem seleção do material pelo provedor de serviço; (ii) o provedor não selecione os destinatários do conteúdo; e (iii) o provedor não modifique o conteúdo do material transmitido.

Importante, no âmbito da aplicação desta primeira corrente, destacar a experiência dos Estados Unidos que, em decorrência do artigo 230 (c)(1) do Telecommunication Decency Act (CDA)[25] confere uma isenção de responsabilidade aos provedores de serviços pelas condutas de terceiros. Esta regra comporta exceções no sistema norte-americano, como é o caso da responsabilização civil do provedor em caso de inércia na retirada de materiais que infrinjam direitos autorais. O DMCA (Digital

---

damente notificados, deixam de remover as postagens ofensivas aos interessados. (...). O usuário da rede social deve indenizar os danos causados à esfera extrapatrimonial do titular do direito personalíssimo violado. (...) Apelo do réu desprovido. Recurso da autora provido em parte". (TJRS, Nona Câmara Cível, Apelação Cível nº 70061451191, rel. Des. Miguel Ângelo da Silva, julg. em 29/10/2014). Vide, ainda TJPR, Apelação Cível nº 130075-8, julg. em 19.11.2002; TJRS, Agravo de Instrumento nº 7003035078, rel. Des. Paulo Antonio Kretzmann, j. em 22.11.2001).

24. No original: "17 U.S. Code § 512 – Limitations on liability relating to material online. (a) Transitory Digital Network Communications. A service provider shall not be liable for monetary relief, or, except as provided in subsection (j), for injunctive or other equitable relief, for infringement of copyright by reason of the provider's transmitting, routing, or providing connections for, material through a system or network controlled or operated by or for the service provider, or by reason of the intermediate and transient storage of that material in the course of such transmitting, routing, or providing connections, if — (1) the transmission of the material was initiated by or at the direction of a person other than the service provider; (2) the transmission, routing, provision of connections, or storage is carried out through an automatic technical process without selection of the material by the service provider; (3) the service provider does not select the recipients of the material except as an automatic response to the request of another person; (...); and (5) the material is transmitted through the system or network without modification of its content." Em tradução livre: "Limitações de responsabilidade relacionadas ao material on-line. (a) Transitório de Comunicações de Rede Digital. Um fornecedor de serviços não será responsável, exceto nos casos previstos na alínea (j), por infração de direitos autorais por meio da transmissão, roteamento ou pelo fornecimento de conexões para, através de um sistema ou rede controlada ou operada por ou para o provedor de serviços, ou devido ao armazenamento intermediário e transitório desse material no decurso dessa transmissão, roteamento ou fornecimento de conexões, se (1) a transmissão do material foi iniciada por ou na direção de uma pessoa que não seja o provedor de serviços; (2) a transmissão, roteamento, fornecimento de conexões ou armazenamento é realizado através de um processo técnico automático, sem seleção do material pelo provedor de serviços; (3) o provedor de serviços não seleciona os destinatários do material exceto como uma resposta automática ao pedido de outra pessoa; (...); e (5) o material é transmitido através do sistema ou rede sem alteração do seu conteúdo". (ESTADOS UNIDOS, U.S. Code, título 17, capítulo 5, parágrafo 512.*Limitations on liability relating to material online. Transitory Digital Network Communications*. Inteiro teor disponível em <https://www.law.cornell.edu/uscode/text/17/512 >. Acesso em 02 jan. 2018).

25. "No provider or user of an interactive computer service shall be treated as the publisher or speaker of any information provided by another information content provider". Em tradução livre: "(1) Tratamento como Divulgador ou Autor de Expressão: Nenhum provedor ou usuário de serviço interativo de computador deverá ser tratado como se divulgador ou autor fosse de qualquer informação disponibilizada por provedor de informações".

Millenium Copyright Act), em seu artigo 512 (d)[26], faz uma ressalva ao referido artigo 230 do CDA, responsabilizando os provedores caso não retirem do ar o conteúdo apontado extrajudicialmente como infringente de direitos autorais.

Como asseverou Anderson Schreiber, esta primeira corrente encontra-se superada: o exame das decisões judiciais brasileiras revelava uma firme marcha rumo à superação da tese da irresponsabilidade das sociedades empresariais proprietárias de redes sociais e sites de relacionamentos, já que tais sociedades qualificavam-se como meras gestoras das redes sociais no afã de buscar sua irresponsabilidade jurídica por violações.[27]

Já a *segunda corrente* entende pela responsabilidade civil objetiva do provedor de serviços, com dois principais fundamentos: o risco inerente à atividade de provedor e a relação de consumo estabelecida entre o usuário e o provedor. A tese do risco inerente à atividade, o qual decorreria do art. 927 § único do Código Civil,[28] foi por longo período e, marcadamente antes da entrada em vigor do Marco Civil, utilizada pelos tribunais para determinar a responsabilidade do provedor.[29] Tal entendimento

---

26. "(d) INFORMATION LOCATION TOOLS.—A service provider shall not be liable for monetary relief, or, except as provided in subsection (j), for injunctive or other equitable relief, for infringement of copyright by reason of the provider referring or linking users to an online location containing infringing material or infringing activity, by using information location tools, including a directory, index, reference, pointer, or hypertext link, if the service provider— "(1)(A) does not have actual knowledge that the material or activity is infringing; "(B) in the absence of such actual knowledge, is not aware of facts or circumstances from which infringing activity is apparent; or "(C) upon obtaining such knowledge or awareness, acts expeditiously to remove, or disable access to, the material; "(2) does not receive a financial benefit directly attributable to the infringing activity, in a case in which the service provider has the right and ability to control such activity; and "(3) upon notification of claimed infringement as described in subsection (c)(3), responds expeditiously to remove, or disable access to, the material that is claimed to be infringing or to be the subject of infringing activity, except that, for purposes of this paragraph, the information described in subsection (c)(3)(A)(iii) shall be identification of the reference or link, to material or activity claimed to be infringing, that is to be removed or access to which is to be disabled, and information reasonably sufficient to permit the service provider to locate that reference or link". Estados Unidos da América, House of representatives, *Digital Millennium Copyright Act*, 08 de outubro de 1998.
27. SCHREIBER, Anderson. Marco Civil da Internet: avanço ou retrocesso?, op. cit, p. 284.
28. STJ, 3ª Turma, REsp nº 1.308.830/RS, j. em 8.05.2012, Rel. Min. Nancy Andrighi; TJRJ, Segunda Câmara, Apelação Cível nº 2009.001.14165, rel. Des. Alexandre Câmara, j. 8.4.2009. Vide a redação do art. 927 do CC/02: "Art. 927. Aquele que, por ato ilícito (arts. 186 e 187), causar dano a outrem, fica obrigado a repará-lo. Parágrafo único. Haverá obrigação de reparar o dano, independentemente de culpa, nos casos especificados em lei, ou quando a atividade normalmente desenvolvida pelo autor do dano implicar, por sua natureza, risco para os direitos de outrem."
29. Neste sentido, vide o trecho da sentença prolatada pelo TJSP "(...) à ré cumpria como estabelecimento origem da emissão da mensagem ofensiva, e, portanto, fornecedora de serviço de emissão de dados via internet, já que posto à disposição de seus clientes, produzir a prova de que o fato ocorreu pelo uso de sistema internet sem fio, e poderia ser constatado por perícia local. No entanto, entendeu por bem dispensar essa prova, deixando de considerar que na hipótese vigora a responsabilidade civil objetiva consoante prevista no art.927, § único, do Código Civil, em razão do desenvolvimento de atividade que por sua natureza implique em risco para o direito de outro, caso em que ao autorizar o reconhecimento do dever de indenizar não assume relevo a conduta doloso ou culposa do agente já que basta a existência do dano e do nexo etiológico entre o fato e o dano. Nesse sentido, quem disponibiliza terminais de computadores ou rede sem fio para uso de internet assume o risco do uso indevido desse sistema para lesar direito de outrem, exemplo do que sucede no caso dos autos". (TJSP, 39ª Vara Cível de São Paulo, processo nº 583.00.2006.243439-5, Juiz Ulysses de Oliveira Gonçalves Junior, j. em 6.3.2008).

era dominante na jurisprudência do STJ. Com o passar do tempo, a jurisprudência do tribunal pacificou o entendimento em sentido contrário, entendendo pela inaplicabilidade do art. 927 § único do Código Civil aos provedores de aplicação da internet.[30]

Por último, a *terceira corrente* defende a responsabilidade civil subjetiva dos provedores, partindo-se em duas vertentes: (i) a responsabilidade pelo não atendimento de notificação extrajudicial e (ii) pelo descumprimento de ordem judicial específica, nos exatos termos do art. 19 do Marco Civil.[31]

Antes da entrada em vigor do Marco Civil, portanto, a jurisprudência pacífica do STJ era no sentido de que "sob a ótica da diligência média que se espera do provedor, deve este adotar as providências que, conforme as circunstâncias específicas em cada caso, estiverem ao seu alcance para a individualização dos usuários do site, sob pena de responsabilização subjetiva por culpa in omittend".[32] Esta posição anterior do Superior Tribunal de Justiça foi objeto de relevante comentário do Ministro Luis Felipe Salomão nos autos do REsp 1.512.647-MG/STJ, destacando a disparidade entre a jurisprudência dominante anterior do STJ (pela responsabilidade civil subjetiva diante da inércia após notificação extrajudicial) e o novo regramento introduzido pelo Marco Civil. O relator assim pontuou:

> "segundo a nova lei de regência a responsabilidade civil do provedor de internet consubstancia responsabilidade por dano decorrente de descumprimento de ordem judicial, *previsão que se distancia, em grande medida, da jurisprudência atual do STJ, a qual, para extrair a conduta ilícita do provedor, se contenta com a inércia após notificação extrajudicial*".[33]

Os críticos desta corrente alegam que (i) deixar que o provedor julgue se o conteúdo é adequado ou não criaria um empoderamento dos provedores, conforme aventado pelo próprio Superior Tribunal de Justiça,[34] (ii) haveria um alto grau de subjetividade que o provedor de aplicações poderia conferir aos critérios de retirada

---

30. Destaque-se o trecho do julgado do STJ: "RESPONSABILIDADE CIVIL. SITE DE RELACIONAMENTO. MENSAGENS OFENSIVAS. A responsabilidade objetiva, prevista no art. 927, parágrafo único, do CC, não se aplica a empresa hospedeira de site de relacionamento no caso de mensagens com conteúdo ofensivo inseridas por usuários. O entendimento pacificado da Turma é que o dano decorrente dessas mensagens não constitui risco inerente à atividade dos provedores de conteúdo. A fiscalização prévia do teor das informações postadas pelo usuário não é atividade do administrador de rede social, portanto seu dever é retirar do ar, logo que for comunicado, o texto ou a imagem que possuem conteúdo ilícito, apenas podendo responder por sua omissão". (STJ, Informativo nº 0460. Precedentes citados: REsp 1.186.616-MG, DJe 31/8/2011, e REsp 1.175.675-RS, DJe 20/9/2011. REsp 1.306.066-MT, Rel. Min. Sidnei Beneti, julgado em 17/4/2012).
31. "Art. 19. Com o intuito de assegurar a liberdade de expressão e impedir a censura, o provedor de aplicações de internet somente poderá ser responsabilizado civilmente por danos decorrentes de conteúdo gerado por terceiros se, após ordem judicial específica, não tomar as providências para, no âmbito e nos limites técnicos do seu serviço e dentro do prazo assinalado, tornar indisponível o conteúdo apontado como infringente, ressalvadas as disposições legais em contrário.
 § 1º A ordem judicial de que trata o caput deverá conter, sob pena de nulidade, identificação clara e específica do conteúdo apontado como infringente, que permita a localização inequívoca do material."
32. STJ, 3ª Turma, REsp 1193764/SP, rel. Min. Nancy Andrighi, julg. em 14.12.2010; STJ, 3ª Turma, Agr. Reg. em REsp 1309891/MG, rel. Min. Sidnei Beneti, julg. em 26.6.2012.
33. STJ, 4ª Turma, REsp 1.512.647-MG, rel. Min. Luiz Felipe Salomão, julg. em 13/05/2015. Grifos nossos.
34. STJ, 3ª Turma, REsp 1.316.921-RJ, rel. Min. Nancy Andrighi, julg. em 26.6.2012.

dos conteúdos e (iii) retira da apreciação do poder judiciário a justeza ou não de determinada violação.

2.1 O regime de responsabilidade civil dos provedores de aplicações por danos decorrentes de conteúdos gerados por terceiros: o Art. 19 do Marco Civil da Internet

Distanciando-se da jurisprudência do Superior Tribunal de Justiça em vigor até então, o Marco Civil institui o regime de responsabilidade civil subjetiva pelo descumprimento de ordem judicial específica, rechaçando a legitimidade da notificação extrajudicial como instrumento hábil a deflagrar a responsabilidade civil subjetiva decorrente da omissão de retirada do material ofensivo de circulação, nos exatos termos da redação do artigo 19 do Marco Civil da Internet.[35]

Trata-se da adoção da responsabilidade civil subjetiva do provedor, que será responsabilizado pelos conteúdos ofensivos gerados por terceiros tão e somente após descumprimento de ordem judicial específica e, somente, se preenchidos os demais requisitos do art. 19. Para a configuração da responsabilidade subjetiva deve-se preencher o pressuposto da obrigação de indenizar: o comportamento culposo,[36] conforme dicção literal do art. 186 do Código Civil.[37] O ato ilícito cometido pelo provedor de aplicações consiste em um ato omissivo, qual seja, a omissão na remoção do conteúdo de sua plataforma após determinação judicial neste sentido.

Não obstante a existência de respeitáveis posicionamentos no sentido de privilegiar a necessidade de notificação judicial prévia,[38] abalizada doutrina já definiu esse instrumento como um retrocesso, ao estabelecer um mecanismo engessado, que cria uma proteção intensa para as sociedades empresárias que exploram redes

---

35. Art. 19. Com o intuito de assegurar a liberdade de expressão e impedir a censura, o provedor de aplicações de internet somente poderá ser responsabilizado civilmente por danos decorrentes de conteúdo gerado por terceiros se, após ordem judicial específica, não tomar as providências para, no âmbito e nos limites técnicos do seu serviço e dentro do prazo assinalado, tornar indisponível o conteúdo apontado como infringente, ressalvadas as disposições legais em contrário.

    § 1º A ordem judicial de que trata o caput deverá conter, sob pena de nulidade, identificação clara e específica do conteúdo apontado como infringente, que permita a localização inequívoca do material.
36. PEREIRA, Caio Mário da Silva. *Responsabilidade civil*. atual. Gustavo Tepedino, 11. ed. rev. atual. Rio de Janeiro: Forense, 2016, p. 42.
37. "Art. 186. Aquele que, por ação ou omissão voluntária, negligência ou imprudência, violar direito e causar dano a outrem, ainda que exclusivamente moral, comete ato ilícito."
38. "A necessidade da notificação judicial como requisito essencial para a responsabilização do provedor é uma medida, portanto, necessária e que traz segurança às partes envolvidas no caso concreto, pois permite uma avaliação judicial prévia sobre a potencial violação de direitos que necessitam de proteção jurídica. Ainda que de forma preliminar, a notificação judicial é procedimento judicializado e, portanto, requer a análise por um juiz por meio de um devido processo legal". (MULHOLLAND, Caitlin. Responsabilidade civil indireta dos provedores de serviço de Internet e sua regulação no Marco Civil da Internet, In CELLA, José Renato Gaziero; ROVER, Aires Jose; NASCIMENTO, Valéria Ribas Do. (Orgs.). *Direito e novas tecnologias*. 1 ed. v. 1. Florianópolis: CONPEDI, 2015, p. 495). Vide, ainda, SOUZA, Carlos Affonso Pereira de. Responsabilidade civil dos provedores de acesso e de aplicações de internet: evolução jurisprudencial e os impactos da lei nº 12.965/2014 (Marco Civil da Internet). In *Marco Civil da Internet*. LEMOS, Ronaldo; LEITE, George Salomão (orgs). São Paulo: Atlas, 2014, p. 812.

sociais e reduz o grau de proteção que já vinha sendo fixado pela jurisprudência brasileira para os usuários da internet. O dispositivo, equivocadamente, privilegia o direito fundamental à liberdade de expressão em detrimento de outras garantias constitucionais, como a proteção à dignidade da pessoa humana, e, como já afirmamos, olvidou-se do fato de que os direitos fundamentais da pessoa humana (honra, privacidade, imagem, entre outros) também são tutelados pela Constituição em patamar não inferior à liberdade de expressão, de modo que recordar apenas "um lado da moeda" já no início do art. 19 representa má técnica legislativa.[39]

A doutrina constitucionalista pátria se manifesta acerca da posição da liberdade no ordenamento. Luís Roberto Barroso entende que a liberdade, ainda que hierarquicamente igual a demais direitos fundamentais, goza de uma posição preferencial no sistema – *preferred position* – por ser ela pré-condição para exercício de outros direitos. A liberdade cria uma ligeira pressão sobre os demais direitos constitucionais, gozando, para Barroso, de posição preferencial no sistema.[40] Essa posição preferencial implica, por exemplo, em matéria de liberdade de expressão, na "absoluta excepcionalidade da proibição prévia de publicações, reservando-se essa medida aos raros casos em que não seja possível a composição posterior do dano que eventualmente seja causado aos direitos da personalidade".[41] Daniel Sarmento comunga, igualmente, do pensamento e especificamente sobre o Marco Civil da Internet, defende que é também essa a orientação que se infere da Lei 12.965/2014 (Marco Civil da Internet), que positivou, como princípio da regulação da rede, "a garantia da liberdade de expressão, comunicação e manifestação do pensamento" (art. 3º, inciso I).[42]

---

39. SCHREIBER, Anderson. Marco Civil da Internet: avanço ou retrocesso? A responsabilidade civil por dano derivado do conteúdo gerado por terceiro, op. cit, p. 284.
40. Neste sentido: "Entende-se que as liberdades de informação e de expressão servem de fundamento para o exercício de outras liberdades, o que justifica uma posição de preferência – *preferred position* – em relação aos direitos fundamentais individualmente considerados. Tal posição, consagrada originariamente Suprema Corte Americana, tem sido reconhecida pela jurisprudência do Tribunal Constitucional Espanhol e pela do Tribunal Constitucional Federal Alemão". (BARROSO, Luís Roberto. Colisão entre liberdade de expressão e direitos da personalidade: critérios de ponderação. Interpretação constitucionalmente adequada do código civil e da lei de imprensa. In *Revista de Direito Administrativo*, nº 235. Jan/Mar 2004. Rio de Janeiro, p. 19). No mesmo sentido: "Assim, a liberdade de expressão e informação, acrescida dessa perspectiva de instituição que participa de forma decisiva na orientação da opinião pública na sociedade democrática, passa a ser estimada como elemento condicionador da democracia pluralista e corno premissa para o exercício de outros direitos fundamentais." (FARIAS, Edilsom Pereira de. *Colisão de direitos – a honra, a intimidade, a vida privada e a imagem versus a liberdade de expressão e informação*. Porto Alegre: Sergio Fabris Editor, 1996, p. 167).
41. Idem, p. 20. A doutrina estrangeira faz eco à posição da liberdade como uma pré-condição para exercício de outros direitos: "La jurisprudencia constitucional otorga a la libertad de expresión o de información un carácter preferente sobre los demás derechos fundamentales, como son el derecho al honor, la intimidad y la propia imagen. De manera que si la libertad de expresión se practica legítimamente – porque no se utilizan expresiones formalmente injuriosas -, el derecho al honor cede ante ella. O si la libertad de información se ejerce con noticias que son de interés público por su contenido o por referirse a una persona de relevancia pública, ha de protegerse frente al derecho al honor". (SERRA, Luis de Carreras. Régimen jurídico de la información. *Periodistas y Medios de Comunicación*. Barcelona: Ariel, 1996, p. 48).
42. SARMENTO, Daniel. *Liberdades Comunicativas e Direito ao Esquecimento na ordem constitucional Brasileira*. Parecer proferido aos Recursos Especiais nº 1.334.097 ("caso Chacina da Candelária") e nº 1.335.153 ("caso

A posição de preferência de liberdade não parece compatível, seja com a unidade do ordenamento, seja com a dignidade da pessoa humana enquanto fundamento da República. É o que defende Ingo Sarlet, ao analisar a teoria da *preferred position*. Para o autor, a atribuição de uma função preferencial à liberdade de expressão não é compatível com as peculiaridades do direito constitucional positivo brasileiro, que, nesse particular, diverge em muito do norte-americano e mesmo inglês. [43]

Pode-se afirmar, com certa segurança, que em qualquer hipótese em que o princípio da liberdade seja confrontado com a dignidade da pessoa humana, não há dúvidas de que o pêndulo da balança deva prevalecer para a tutela da dignidade, em homenagem à unidade do ordenamento e à cláusula geral de tutela da pessoa humana consubstanciada no art. 1º III da Constituição da República.[44] Ou ainda que não penda em favor da dignidade, não poderá pender em favor da liberdade por expressa ausência de fundamento constitucional para tanto. É nesse contexto, que Gustavo Tepedino aborda a premente necessidade de promover a dignidade da pessoa humana no ambiente de desafios tecnológicos.[45]

Embora se possa cogitar de certa hierarquia moral ou axiológica – posição defendida por parcela da doutrina constitucionalista e parece, à primeira vista, distante da legalidade constitucional –, inexiste hierarquia entre direitos fundamentais ou

---

Aída Curi"), p. 20. Disponível em < http://www.migalhas.com.br/arquivos/2015/2/art20150213-09.pdf >, acesso em 02 jan. 2018.

43. SARLET, Ingo Wolfgang. Liberdade de expressão e biografias não autorizadas — notas sobre a ADI 4.815. *Revista Eletrônica CONJUR*. Disponível em < https://www.conjur.com.br/2015-jun-19/direitos-fundamentais-liberdade-expressao-biografias-nao-autorizadas >. Acesso em 02 jan. 2018.

44. "No Direito Brasileiro, a previsão do inciso III do art. 1º da Constituição, ao consagrar a dignidade humana o valor sobre o qual se funda a República, representa uma verdadeira cláusula geral de tutela de todos os direitos que da personalidade irradiam. Assim, em nosso ordenamento, o princípio da dignidade da pessoa humana atua como uma cláusula geral de tutela e promoção da dignidade em suas mais diversas manifestações". (BODIN DE MORAES, Maria Celina. Ampliando os direitos da personalidade. In *Na medida da pessoa humana*: estudos de direito civil constitucional. 1ª reimpressão. Rio de Janeiro: Editora Processo, 2016, p. 128). "Consagrada como valor basilar do ordenamento jurídico, a dignidade da pessoa humana, insculpida no art. 1º III da CF, remodela as estruturas e a dogmática do direito civil brasileiro, operando a funcionalização das situações jurídicas patrimoniais às existenciais, de modo a propiciar o pleno desenvolvimento da pessoa humana". (TEPEDINO, Gustavo. Normas Constitucionais e Direito Civil na Construção Unitária do Ordenamento. In *Temas de Direito Civil – Tomo III*. Rio de Janeiro: Renovar, 2009, p. 12).
"Art. 1º A República Federativa do Brasil, formada pela união indissolúvel dos Estados e Municípios e do Distrito Federal, constitui-se em Estado Democrático de Direito e tem como fundamentos: (...) I – a soberania; II – a cidadania; III – a dignidade da pessoa humana".

45. "O paradoxo de se viver em uma sociedade em que a revolução tecnológica produz, em sua esteira, a mais não poder recrudesce a necessidade de preservação e promoção da pessoa humana nas relações privadas, independentemente do tamanho ou do papel do Estado (assistencialista ou regulamentar). Anuncia-se, pois, uma árdua agenda para o Direito Civil com três preocupações centrais: (i) a compressão atual da metodologia direito civil-constitucional, que supere a mera percepção topográfica de uma mudança de técnica legislativa, (ii) a construção de uma nova dogmática do direito privado, com coerência axiológica em torno da unidade do ordenamento; e (iii) a fidelidade ao compromisso metodológico, a despeito das mudanças e políticas e econômicas que alteram o papel do Estado na sociedade e da crescente pluralidade de fontes normativas – tanto do ponto de vista nacional como supranacional". (TEPEDINO, Gustavo. O direito-civil constitucional e suas perspectivas atuais. In: *Temas de Direito Civil* – Tomo III. Rio de Janeiro: Renovar, 2009, p. 22).

princípios constitucionais de modo a privilegiar o princípio de liberdade de expressão em detrimento do princípio da dignidade da pessoa humana. Ao oposto disto: a metodologia da constitucionalização do direito civil, ao impor a incidência direta das normas constitucionais nas relações privadas – como é a relação entre usuário das redes sociais e o provedor – impõe a leitura do sistema da responsabilidade civil a favor da pessoa humana.[46] Pelo dever de unidade no ordenamento, devem todas as normas centrarem-se sobre os valores constitucionais, ainda que se diversifiquem suas fontes e se especializem os seus setores.[47] O Marco Civil da Internet não pode, portanto, distanciar-se dessa obrigação – como o fez ao privilegiar a proteção da liberdade de expressão em detrimento da tutela da pessoa.[48] Ao se propor um modelo alternativo de responsabilidade civil solidária entre o provedor e o usuário, portanto, busca-se recentralizar o Marco Civil da Internet à unidade do ordenamento.

Na busca da proteção dos direitos fundamentais, como privacidade e intimidade, diz-se que é preciso regular o segmento da internet de forma atenta à necessidade de preservação da inovação no ambiente digital, não demorando muito o ente a regular o segmento, considerando que "postergar a intervenção regulatória, ainda que por um prazo determinado, é postergar também seus efeitos benéficos e arriscar a perpetuação de situações de injustiça ou a produção de resultados indesejados ou menos eficiente". [49] O Direito, portanto, não deve ser enxergado como o inimigo da liberdade, o que seria um equívoco metodológico profundo na visão de Schreiber, na medida em que só em um ambiente normatizado o exercício da liberdade pode ocorrer sem o receio de abusos, que representam a sua própria negação.[50]

---

46. PERLINGIERI, Pietro. *Perfis do direito civil*. Rio de Janeiro: Renovar, 1999, p. 12.
47. SCHREIBER, Anderson. *Direito civil e Constituição*. São Paulo: Atlas, 2013, p. 14.
48. Trata-se, em verdade, da hipótese de conflito entre direitos fundamentais – o da liberdade o da dignidade da pessoa humana – cujo método de solução não está entre aqueles tradicionais da hermenêutica clássica, conforme defende Luis Roberto Barroso, ao tratar das novas técnicas de interpretação constitucional. "O Direito, como se sabe, é um sistema de normas harmonicamente articuladas. Uma situação não pode ser regida simultaneamente por duas disposições legais que se contraponham. Para solucionar essas hipóteses de conflito de leis, o ordenamento jurídico se serve de três critérios tradicionais: o da hierarquia – pelo qual a lei superior prevalece sobre a inferior –, o cronológico – onde a lei posterior prevalece sobre a anterior – e o da especialização – em que a lei específica prevalece sobre a lei geral. Estes critérios, todavia, não são adequados ou plenamente satisfatórios quando a colisão se dá entre normas constitucionais, especialmente entre princípios constitucionais, categoria na qual devem ser situados os conflitos entre direitos fundamentais." (BARROSO, Luís Roberto. *Temas de direito constitucional*, t. II. Rio de Janeiro: Renovar: 2001, p. 32).
49. "Já em relação à proteção de direitos fundamentais, o contexto atual de avanços das tecnologias digitais em rede deu nova dimensão à necessidade de proteção de algumas garantias e preceitos constitucionais, como o direito à liberdade de expressão (em suas dimensões coletiva e individual), os direitos à privacidade e intimidade e até a proteção de menores. Dada a característica de regulação privada que é inerente ao próprio funcionamento da internet, agentes de mercado hoje têm ingerência sobre a tradução desses direitos na vida cotidiana por meio de diferentes ferramentas, como os filtros de busca (no caso da liberdade de expressão), o bloqueio a conteúdos (no caso da proteção de menores) e a disponibilização de serviços que permitem o acesso e armazenamento de informações privadas dos usuários." (BAPTISTA, Patrícia; KELLER; Clara Iglesias. Por que, quando e como regular as novas tecnologias? Os desafios trazidos pelas inovações disruptivas. *RDA – Revista de Direito Administrativo*, v. 273. set./dez. 2016, p. 146).
50. SCHREIBER, Anderson. Marco Civil da Internet: avanço ou retrocesso? A responsabilidade civil por dano derivado do conteúdo gerado por terceiro, cit., p. 283.

A exigência de intervenção judicial contida no art. 19 do Marco Civil da Internet mascara, sob o manto proteção da liberdade de expressão – que, para alguns, ocupa a posição da *preferred position* no sistema constitucional – situações de flagrantes ofensas à dignidade, em hipóteses em que a tutela da honra e dignidade esbarra nos empecilhos do Marco Civil.[51]

O Marco Civil, ao proteger irrestritamente a liberdade de expressão, incorre em falha legislativa ao deixar descoberta uma hipótese de eventual violação à própria liberdade de expressão: trata-se da hipótese de o provedor de aplicações retirar, unilateralmente, quaisquer conteúdos que ele próprio julgue ofensivos, de acordo com seus termos de uso e condições.[52] Para esses casos, inexiste qualquer previsão no Marco Civil de responsabilização ao provedor. Eventuais excessos serão submetidos à apreciação judicial pelo sistema geral de responsabilidade civil e pelos conceitos de ato ilícito tradicional dos arts. 186 e 927 do CC, garantindo-se, portanto, um cheque em branco ao provedor de aplicações para que ele próprio retire unilateralmente qualquer conteúdo e não seja repreendido por nenhuma previsão específica do Marco Civil da Internet. A lei que supostamente privilegia a liberdade de expressão perdeu a oportunidade de evitar a verdadeira censura privada.[53] Neste sentido, critica-se na doutrina a opção de privilegiar o direito à liberdade de expressão sobre outros direitos de igual hierarquia, de modo que se aponta como uma alternativa para salvar o artigo a interpretação que preserve a unidade do ordenamento.[54]

---

51. "O Marco Civil da Internet trilhou rumo diferente dessa realidade que vem sendo construída pela doutrina ao retirar a eficácia de uma notificação extrajudicial, que pode ser considerado o caminho inicial, a primeira tentativa de eliminar um problema e desafogar o Poder Judiciário. O legislador afirma que o propósito da judicialização é proteger a liberdade de expressão e evitar a censura, mas a impõe apenas ao usuário da rede, deixando o provedor de aplicações com uma autonomia incrível: de fato, este não encontra restrições em retirar unilateralmente um material da web, e, ademais, se uma pessoa decidir enviar uma notificação extrajudicial, o mesmo poderá acatá-la e indisponibilizar o conteúdo, se assim quiser. (...) Em suma, ao que parece, os objetivos de proteger a liberdade de expressão e impedir a censura ficaram a critério dos provedores de conteúdo (sic), na medida em que se pode deliberar quando se respeitar ou não uma notificação extrajudicial, sempre com a certeza de que não serão responsabilizados". (ROSSETTO, Guilherme Ferreira; ANDRADE, Henrique dos Santos; BENATTO, Pedro Henrique Abreu. A responsabilidade dos provedores de aplicações no Marco Civil da internet: reflexões sobre a viabilidade da medida com foco nos problemas que assolam o Poder Judiciário. In *Revista de Direito Privado*, Revista dos Tribunais, n. 69, v. 17, 2016, p. 61).
52. Vide nota de rodapé nº 50 desse trabalho acerca da natureza jurídica dos termos de uso e condições dos provedores.
53. "A proteção da liberdade de expressão, nos moldes da Lei 12.965/2014, ficou à critério dos provedores de aplicações. Estes não encontram qualquer restrição na retirada unilateral de uma informação publicada. Vale dizer: o legislador impôs um ônus apenas ao usuário da internet, que deve acionar o Poder Judiciário para garantir que o conteúdo que fere sua honra será retirado ou, pelo menos, garantir que receberá uma indenização por parte da empresa que lucrou sobre os prejuízos que sofreu. Em linhas gerais, constata-se que é assim que o Marco Civil da Internet tutela a liberdade de expressão, impondo dificuldades técnicas ao usuário e protegendo a autonomia dos grandes provedores de conteúdo". (ROSSETTO, Guilherme Ferreira; ANDRADE, Henrique dos Santos; BENATTO, Pedro Henrique Abreu. A responsabilidade dos provedores de aplicações no Marco Civil da Internet: reflexões sobre a viabilidade da medida com foco nos problemas que assolam o Poder Judiciário, cit, p. 63).
54. A respeito do art. 19, assim manifesta-se a doutrina: "Somente pode ser recebido e compreendido à luz de uma interpretação sistemática, levando-se em conta a normatização subjetivamente especial e de particular realização do comando constitucional de tutela do vulnerável e de indenidade pessoal dos indivíduos".

Analisando a eventual posição privilegiada do princípio da liberdade no ordenamento, Fernanda Nunes Barbosa e Thamis Dalsenter Viveiros de Castro sustentam que não se pode afirmar *a priori* a prevalência de um direito fundamental sobre o outro, sobretudo quando se escolhe a prevalência de um direito postos em jogo como ponto de partida para o intérprete, de modo que, para as autoras, "parece mais acertado afirmar que, diante da ausência de uma norma expressa que determine qual dos direitos deve prevalecer em abstrato, a noção de prevalência não pode ser um dado *a priori*."[55]

Maria Celina Bodin de Moraes e Eduardo Nunes de Souza, ao tratarem da legalidade do ensino domiciliar no Brasil, analisam a eventual posição de preferência da liberdade no ordenamento brasileiro. Para os autores, a assunção da primazia do princípio da liberdade sobre outros direitos é um equívoco metodológico, sendo preciso ponderar a liberdade com outros princípios, tais como a solidariedade social e demais corolários da dignidade humana. Neste sentido:

> Na legalidade constitucional brasileira, e a despeito dos recentes desenvolvimentos da jurisprudência de nossas Cortes Superiores, não há fundamento efetivo para privilegiar a tutela de certas liberdades sobre todas as outras, nem se admite que o exercício de uma liberdade preponderre sobre a própria dignidade humana, fundamento da República.[56]

Conclui-se, portanto, que inexistem fundamentos que justifiquem a hierarquia de direitos fundamentais prevista no ordenamento jurídico brasileiro, de modo que privilegiar o princípio da liberdade de expressão em detrimento do princípio da dignidade da pessoa humana é um equívoco legislativo.

O Marco Civil traz, entretanto, duas exceções a este regime: os casos de pornografia de vingança, previstos no artigo 21, e os casos de veiculação de materiais

---

(GODOY, Claudio Luiz Bueno de. Uma análise crítica da responsabilidade civil dos provedores na Lei n. 12.965/14 (Marco Civil da Internet). In *Direito e Internet III* Tomo II: Marco Civil da Internet (Lei n. 12.965/14), coord. DE LUCCA, Newton e outros. São Paulo: Quartier Latin, 2015, p. 319). No mesmo sentido: "o final da redação do art. 19, caput, do Marco Civil, ao excluir a necessidade de ordem judicial quando houver "disposições legais em contrário", está claro, salvo melhor juízo, que o provedor de aplicações da Internet poderá responder civilmente no caso de sua inércia, a partir da ciência de qualquer conteúdo acusado como ilegal, assim previsto em Lei, como nos casos de ofensa aos direitos de personalidade, danos à imagem de empresas, crimes contra a honra, violação de propriedade intelectual, fraudes, ameaças, pornografia infantil, racismo etc.". (VAINZOF, Rony. Da responsabilidade por danos decorrentes de conteúdo gerado por terceiros. In *Marco Civil da Internet*: Lei 12.965/14, DEL MASSO, Fabiano (coord). RT, 2014, p. 203).

55. "Influência da dignidade da pessoa humana como novo paradigma jurídico, a orientar também as relações no âmbito privado, reformulou a disciplina das liberdades existenciais, reforçando a preferência dos interesses extrapatrimoniais frente aos patrimoniais18 – preferência essa que deve ser considerada tanto em abstrato quanto concretamente. Mas é preciso ressaltar que, longe de autorizar uma perspectiva individualista de proteção da pessoa, a dignidade que ganha assento constitucional é coexistencial e reflete o compromisso assumido pela maioria das constituições solidaristas do pós-guerra de resguardar a pessoa concreta considerada no ambiente social no qual se insere". (BARBOSA, Fernanda Nunes; CASTRO, Thamis Dalsenter Viveiros de. Dilemas da liberdade de expressão e da solidariedade. *Civilistica.com*. Rio de Janeiro, a. 6, n. 2, 2017, p. 3. Disponível em: http://civilistica.com/dilemas-da-liberdade-de-expressao/, Acesso em 06 jan. 2018).

56. BODIN DE MORAES, Maria Celina; SOUZA, Eduardo Nunes de. Educação e cultura no Brasil: a questão do ensino domiciliar. *Civilistica.com*. Rio de Janeiro, a. 6, n. 2, 2017. Disponível em: <http://civilistica.com/educacao-e-cultura-no-brasil/>. Acesso em 08 jan. 2018.

que potencialmente infrinjam Direitos Autorais – hipótese que não trataremos com profundidade neste trabalho.[57]

2.2 A existência de mecanismos técnicos que viabilizam a exclusão de conteúdos pelo provedor de aplicações sem a indicação precisa de URL

E por que o sistema em vigor de responsabilidade civil, introduzido pelo art. 19 do Marco Civil, é inadequado para a tutela da pessoa? Vejamos alguns principais equívocos legislativos, além daqueles já pontuados acima.

Em relação ao trecho *"no âmbito e nos limites técnicos do seu serviço"* do art. 19, a análise dos termos e condições dos provedores de aplicações mostra a plena capacidade técnica para a retirada de tais conteúdos do ar, senão vejamos. Em certas demandas judiciais onde se discute a responsabilidade civil pela (não) exclusão de conteúdos lesivos das redes, os provedores de aplicação, por praxe, aduzem não disporem de mecanismos tecnológicos necessários para a exclusão destes conteúdos. Tome-se por base, a título exemplificativo, as alegações da Google nos autos do Recurso Especial 1.512.647, STJ,[58] que a despeito do pedido de exclusão de anúncios de material protegido por direitos autorais do Orkut, aduziu que "não haveria como a Google fornecer dados de IP de usuários ou remover conteúdo violador de direitos autorais sem a indicação precisa da URL[59] na qual estaria hospedado tal conteúdo" e que "a ausência de URL impõe a necessidade de o provedor fazer varreduras em busca de algo que não foi especificamente determinado".[60] Tais alegações vêm sen-

---

57. Acerca da responsabilidade civil do provedor de paliações por veiculação de materiais que infrinjam Direito Autoral, deve-se tomar em conta o disposto do art. 19 §2° e art. 31 do Marco Civil da Internet. Nota-se, à luz dos arts. 19 §2° e art. 31, ambos do Marco Civil, que o legislador optou por remeter a matéria para à Lei de Direitos Autorais (Lei n° 9.610/98). A aplicabilidade do Marco Civil para a tutela dos Direitos Autorais depende, portanto, da edição de regulamentação superveniente. Em 11 de maio de 2016, foi editado o Decreto n° 8.771/16 para regulamentar o Marco Civil da Internet. Tal decreto abordou a discriminação de pacotes de dados na internet, proteção de dados pessoais e cadastrais, omitindo-se acerca da regulamentação de que trata o art. 19 §2° do Marco Civil.
58. "Direito civil e processual civil. Violação de direitos autorais. Rede social. Orkut. Responsabilidade civil do provedor (administrador). Inexistência, no caso concreto. Estrutura da rede e comportamento do provedor que não contribuíram para a violação de direitos autorais. Responsabilidades contributiva e vicária. Não aplicação. Inexistência de danos que possam ser extraídos da causa de pedir. Obrigação de fazer. Indicação de url's. Necessidade. Apontamento dos IP's. Obrigação do provedor. Astreintes. Valor. Ajuste." (STJ, Segunda Seção, REsp n° 1.512.647/MG, rel. Min. Luis Felipe Salomão, julg. em 13/05/2015).
59. URL é a abreviatura de *Uniform Resource Locator*, ou Localizador Padrão de Recursos, em português, designando o endereço de um recurso disponível em uma rede, ou seja, é o endereço virtual de um arquivo, uma impressora ou outro acessório disponível numa rede, seja esta corporativa (intranet) ou a internet.
60. A ausência da URL como suposto impedimento técnico para a retirada do material ofensivo também já foi arguida pelo Facebook, em diversas demandas judiciais. Vide, por exemplo, o AREsp 927782/STJ, cujo Relator é o Min Ricardo Villas Bôas Cueva, publ. 28/06/2016, onde asseverou-se que " A jurisprudência do STJ, em harmonia com o art. 19, § 1°, da Lei n° 12.965/2014 (Marco Civil da Internet), entende necessária a notificação judicial ao provedor de conteúdo ou de hospedagem para retirada de material apontado como infringente, *com a indicação clara e específica da URL – Universal Resource Locator*. No mesmo sentido, REsp 1.512.647/MG, Rel. Ministro Luis Felipe Salomão, segunda seção, julgado em 13/5/2015, DJe 5/8/2015, de onde extrai-se o trecho: "8. Quanto à obrigação de fazer – retirada de páginas da rede social indicada -, a parte autora também juntou à inicial outros documentos que contêm, de forma genérica, URLs de comunidades

do reiteradas por provedores de aplicações em demandas judiciais, o que em nosso entendimento não se coaduna com o *standard* de conduta dos provedores que pode ser extraído dos seus próprios termos de uso. A análise dos termos e condições de uso do Facebook[61] – documento disponível ao acesso público e que regulamenta o relacionamento entre usuário e provedor – revela que o provedor poderá a qualquer momento retirar do ar o material que, de acordo com a análise unilateral e discricionária do provedor, possa ser considerado ofensivo. Vejamos as disposições dos Termos e Usos que neste sentido dispõem:

"5. Proteção dos Direitos de Outras Pessoas

3. Nós podemos remover *qualquer* conteúdo ou informação publicada por você no Facebook se julgarmos que isso viola esta declaração ou nossas políticas.

4. Se removermos seu conteúdo por infringir os direitos autorais de alguém, e você acreditar que o removemos por engano, forneceremos a você a oportunidade de recorrer."[62]

Vejamos, ainda, os Termos de Serviço do Twitter, que também são reveladores do possível *standard* de conduta deste provedor de aplicação acerca das ferramentas

---

virtuais, sem a indicação precisa do endereço interno das páginas nas quais os atos ilícitos estariam sendo praticados. Nessas circunstâncias, a jurisprudência da Segunda Seção afasta a obrigação do provedor, nos termos do que ficou decidido na Rcl 5.072/AC, Rel. p/ acórdão Ministra Nancy Andrighi, DJe 4/6/2014".

61. Pode-se dizer que os termos e condições de uso – conjunto de regras estabelecidas unilateralmente pelo provedor de aplicações aos usuários para uso de suas plataformas – têm natureza jurídica de contrato de adesão. Para Caio Mário, "chamam-se de contratos de adesão aqueles que não resultam do livre debate entre as partes, mas provêm do fato de uma delas aceitar tacitamente cláusulas e condições previamente estabelecidas pela outra". (PEREIRA, Caio Mário da Silva. Instituições de direito civil: contratos. 11ª edição, v. III. Rio de Janeiro: Forense, 2004, p. 72). A utilidade prática de se investigar a natureza jurídica destes instrumentos é determinar a incidência da disciplina específica dos contratos de adesão a esses instrumentos, mormente o comando contido nos arts. 423 e 424 do Código Civil. A jurisprudência já se manifestou quanto à abusividade de quaisquer condições constantes dos termos e condições de uso do Facebook nas hipóteses em que se viole a dignidade e demais direitos da personalidade. Foi o que o Tribunal de Justiça do Estado do Parará decidiu ao analisar se para uso do aplicativo Lulu seria suficiente a autorização de acesso aos dados pessoais do usuário por meio da adesão aos termos de uso do Facebook: "Trata-se de ação indenização por danos morais. Reclamante alega que foi surpreendido com a publicação indevida da sua imagem, sem qualquer autorização prévia, no aplicativo denominado "Lulu". Referido aplicativo permite que a usuária, a partir da sincronização de danos do Facebook, avalie ou faça uma resenha de algum integrante do sexo masculino que seja seu amigo na rede social. Insurgência recursal da reclamada. (...). No mérito, que não houve prática de ato ilícito, havendo anuência do usuário aos termos e condições de uso do site Facebook. (...). No mérito, não assiste razão ao recorrente. É cediço que a empresa ré Facebook se presta a disponibilizar serviços na internet, para o fim de criação de uma página pessoal e, assim, para aderir aos serviços o consumidor deve anuir com os termos de privacidade, pois, caso contrário não usufruí dos mesmos. No entanto, no momento da adesão, não há nenhuma advertência ao usuário dos riscos de utilização, inclusive quanto a possibilidade de compartilhamento de seus dados pessoais. E, mesmo que haja tal advertência, não se pode olvidar dos direitos da personalidade do indivíduo, sua honra, sua intimidade, sua integridade psíquica, seu bem-estar íntimo, sua moral e dignidade da pessoa. Neste pesar, a cessão de informações pessoais públicas pelo site Facebook deve respeitar os direitos da personalidade do usuário. (TJPR, processo nº 0015216-72.2013.8.16.0018, 2º Juizado Especial Cível de Maringá, juiz Fernando Swain Ganem, julg. em 18/06/2015.)

62. Declaração de Direitos e Responsabilidades do Facebook. Última revisão em 30 de janeiro de 2015. Disponível em https://www.facebook.com/legal/terms. Acessado em 18 de setembro de 2016.

e do comportamento que tal entidade pode assumir ante um conteúdo considerado ilegítimo. Vejamos:

> "8. Restrições de Conteúdo e Utilização dos Serviços
>
> (...). *O Twitter reserva-se o direito* (não havendo a obrigação) *de a qualquer momento, excluir ou recusar a distribuir ou disponibilizar qualquer conteúdo nos serviços,* (...), não podendo ser responsabilizado a qualquer título perante você em consequência destes atos. *Reservamo-nos ainda os direitos de acesso, leitura, preservação e divulgação de qualquer informação* que, na nossa opinião, acreditamos ser necessária para (...) (iii) detectar, prevenir ou de qualquer forma lidar com situações de fraude, assim como com questões de segurança ou de natureza técnica (...). "[63]

A rápida leitura dos termos e condições destes provedores revela que os provedores dispõem, claramente, de ferramentas tecnológicas para que, *per si*, e sem que o usuário forneça informações adicionais, nem mesmo a URL, seja retirado qualquer conteúdo da rede que seja reputado como violador de direitos de terceiros, caindo por terra as limitações tecnológicas alegadas pelos servidores ao requererem a apresentação precisa das URL's, considerando a notória existência de ferramentas de identificação de conteúdo sem a necessidade de indicação específica de URL.[64] Tendo isto em mente, parece-nos infundada e distante da melhor tutela a ser oferecida aos direitos da personalidade a exigência legal contida no artigo 19 §1º do Marco Civil da Internet, que impõe como requisito para a ordem legal de retirada do conteúdo do ar, que a sentença *"deverá conter, sob pena de nulidade, identificação clara e específica do conteúdo apontado como infringente, que permita a localização inequívoca do material"*.

O Superior Tribunal de Justiça, em diversas demandas, assentou o entendimento de que é necessária a indicação de URL's específicas para a retirada de material ofensivo da rede, na forma estabelecida no art. 19 §1º do Marco Civil da Internet[65]

---

63. Declaração de Termos de Serviços do Twitter. Em vigor desde 27 de janeiro de 2016. Disponível em https://twitter.com/tos?lang=pt. Acessado em 19 de setembro de 2016.
64. A despeito das ferramentas tecnológicas existentes para identificar um conteúdo sem que se indique sua URL específica, a Microsoft desenvolveu o recurso chamado "Phto DNA", capaz de fazer um DNA de qualquer material, um produto usado pelo Facebook e pelo Twitter. 'O PhotoDNA, criado pela Microsoft especialmente para encontrar imagens de exploração sexual infantil, se baseia no conceito de hash, sequência de caracteres obtida a partir de um cálculo sobre o arquivo da imagem. Funciona assim: a imagem é convertida para preto e branco, depois redimensionada e então dividida em várias células. Cada uma dessas células tem suas cores e gradientes analisados individualmente, gerando o DNA da foto. Caso um arquivo gere um hash já registrado previamente em um banco de dados associado a imagens de teor pedófilo, um alerta é gerado". Disponível em < https://tecnoblog.net/162694/photodna-pornografia-infantil-microsoft/ > . Acessado em 08 de setembro de 2017. Vide, também, reportagem obtida no site da Microsoft, intitulada "Microsoft's PhotoDNA: Protecting children and businesses in the cloud". Disponível em < https://news.microsoft.com/features/microsofts-photodna-protecting-children-and-businesses-in-the-cloud/ >.Acessado em 08 de setembro de 2017.
65. Vide, neste sentido: "Recurso Especial. Obrigação de fazer e reparação civil. Danos morais e materiais. Provedor de serviços de internet. Rede social "ORKUT". Responsabilidade subjetiva. Controle editorial. Inexistência. Apreciação e notificação judicial. Necessidade. art. 19, § 1º, da lei nº 12.965/2014 (marco civil da internet). Indicação da URL. Monitoramento da rede. Censura prévia. Impossibilidade. Ressarcimento dos honorários contratuais. Não cabimento. (...) 4. *A jurisprudência do STJ, em harmonia com o art. 19, § 1º, da Lei nº 12.965/2014 (Marco Civil da Internet), entende necessária a notificação judicial ao provedor de conteúdo ou de hospedagem para retirada de material apontado como infringente, com a indicação clara e*

– interpretação esta que, ao nosso entender e com as devidas vênias à Corte, não se coadunam com a dignidade da pessoa humana no ápice do ordenamento jurídico e a axiologia que dela deve decorrer.[66]

A jurisprudência eleitoral vem abrandando esta exigência do Marco Civil da Internet e substituindo a exigência de apresentação da URL pela simples cópia da página onde conste a ofensa alegada pela vítima. Veja-se o disposto no art. 17, IV, alínea "b" da Resolução TSE nº 23.462/15:

> Art. 17. Serão observadas, ainda, as seguintes regras no caso de pedido de direito de resposta relativo à ofensa veiculada:
>
> IV – em propaganda eleitoral pela Internet:
>
> a) o pedido poderá ser feito enquanto a ofensa estiver sendo veiculada, ou no prazo de setenta e duas horas, contado da sua retirada;
>
> b) a inicial deverá ser *instruída com cópia impressa da página em que foi divulgada a ofensa* e com a perfeita identificação de seu endereço na Internet (URL);

A justiça eleitoral vem temperando a aplicação do art. 17, IV, 'b' da Resolução TSE nº 23.462/15, no sentido de que "o que se exige é, apenas, que o requerimento seja feito com elementos suficientes que permitam identificar, previamente, o autor e a extensão do conteúdo produzido, de modo a tornar a medida judicial exequível e evitar que o provedor de internet funcione como um verdadeiro censor prévio de conteúdos formulados por seus usuários".[67] Trata-se de uma interpretação criativa, louvada pela metodologia do direito civil-constitucional, que está a serviço da rea-

---

específica da URL – Universal Resource Locator." Grifos nossos. (STJ, Terceira Turma, REsp 1568935 / RJ, Rel. Min. Ricardo Villas Bôas Cueva, julg. 05/04/2016). Ainda, no mesmo sentido: Rcl 5.072/AC, Rel. p/ acórdão, Ministra Nancy Andrighi, DJe 4/6/2014; STJ, Segunda Seção, REsp 1512647 / MG, Rel. Min. Luis Felipe Salomão, julg. em 13/05/2015).

66. Gustavo Tepedino aborda a premente necessidade de promover a dignidade da pessoa humana no ambiente de desafios tecnológicos: "O paradoxo de se viver em uma sociedade em que a revolução tecnológica produz, em sua esteira, a mais não poder recrudesce a necessidade de preservação e promoção da pessoa humana nas relações privadas, independentemente do tamanho ou do papel do Estado (assistencialista ou regulamentar). Anuncia-se, pois, uma árdua agenda para o Direito Civil com três preocupações centrais: (i) a compressão atual da metodologia direito civil-constitucional, *que supere a mera percepção topográfica de uma mudança de técnica legislativa*, (ii) a construção de uma nova dogmática do direito privado, *com coerência axiológica em torno da unidade do ordenamento*; e (iii) a fidelidade ao compromisso metodológico, a despeito das mudanças e políticas e econômicas que alteram o papel do Estado na sociedade e da crescente pluralidade de fontes normativas – tanto do ponto de vista nacional como supranacional". (TEPEDINO, Gustavo. O direito-civil constitucional e suas perspectivas atuais. In *Temas de Direito Civil – Tomo III*. Rio de Janeiro: Renovar, 2009, p. 22).

67. TJES, Agravo nº 00014593220158080028, Rel. Des. Carlos Simões Fonseca, julg. em 06/10/2015, 2ª Câmara Cível. No mesmo sentido: "Eleições 2016. Recurso Eleitoral. Propaganda eleitoral irregular. Facebook. Conteúdo Ofensivo. (....). 4. A determinação ao Recorrente para a retirada imediata do ar de conteúdo ofensivo que extrapola a legítima manifestação do pensamento, identificável por URL específica constante de documento que acompanha a inicial deve ser cumprida imediatamente sob pena de imposição de multa. (...) Hipótese concreta em que, pelos elementos que instruem a inicial, é perfeitamente possível divisar a URL, não havendo aplicação do Art. 19 do Marco Civil da Internet, pois a regra eleitoral específica contida na Resolução TSE nº 23.462/15, em seu art. 17, IV, alínea "b", prevalece sobre aquela". (TRE-ES, Recurso Eleitoral nº 44-61.2016.6.08.0055, rel. Juiz Adriano Athayde Coutinho, julg. em 29/11/2016).

lização de um valor constitucional, qual seja, a garantia da indenização integral por meio da facilitação de indicação de danos injustos em procedimentos judiciais.[68]

Nos casos de danos à personalidade, é comum que os conteúdos ofensivos se multipliquem entre diversos links da internet, de modo que seria tecnicamente inviável ao usuário e desmedidamente gravoso exigir que se indique todos os links pelos quais o conteúdo tenha circulado. Atenta a essa inviabilidade prática e ônus desmesurado que atualmente se impõe ao usuário, e ao se requerer a indicação da URL específica, a posição do Superior Tribunal de Justiça antes da entrada em vigor do Marco Civil, era de que "o provedor de internet, ainda em sede liminar, deve retirar informações difamantes a terceiros manifestadas por seus usuários, independentemente da indicação precisa, pelo ofendido, das páginas em que foram veiculadas as ofensas (URLs)."[69]

A matéria também foi objeto de manifestação pelo Conselho de Justiça Federal, assentada no Enunciado 554 da VI Jornada de Direito Civil. Ao considerar os danos na internet é preciso, primeiramente, fazer cessar o dano, visto que a rapidez com que as informações são replicadas e disponibilizadas na internet pode tornar inútil a prestação jurisdicional. Além disso, a não exigência de todos os links específicos visa preservar a própria efetividade da jurisdição, principalmente quando envolve antecipações dos efeitos da tutela em que se determina o bloqueio da informação, e não apenas de um link específico. Observou o CJF, nas exposições de razões para aprovação do enunciado, que se deve privilegiar "a tutela da dignidade humana da vítima que procura o Judiciário para a satisfação da pretensão de bloqueio do conteúdo nocivo e que não pode ser incumbida do ônus de indicar em que local especificamente está disponibilizada a informação lesiva toda vez que o mesmo conteúdo é replicado e disponibilizado novamente por terceiros", assim firmando o entendimento:

> Enunciado 554 – Independe de indicação do local específico da informação a ordem judicial para que o provedor de hospedagem bloqueie determinado conteúdo ofensivo na internet.[70]

Vê-se, portanto, que o Marco Civil novamente andou na contramão da jurisprudência e da doutrina que o precederam, apresentando mais um retrocesso ao impor maiores dificuldades e entraves práticos para a tutela da dignidade em hipóteses de divulgação de materiais ofensivos na internet.

As informações correm em velocidades colossais, se multiplicando por páginas, comunidades, *links*, *likes* e *posts* novos em velocidades inimagináveis, fugindo ao

---

68. "O direito civil-constitucional não aprisiona o intérprete na literalidade da lei, nem o deixa livre para criar o direito a partir dos seus próprios instintos e opiniões: reconhece-lhe um papel criativo, mas sempre vinculado à realização dos valores constitucionais. Por meio dos princípios, valores sociais e culturais invadem claramente o mundo do direito, mas mediados pelos significantes que os expressam e por um cuidadoso mecanismo científico – posto argumentativo – de aplicação." (SCHREIBER, Anderson; KONDER, Carlos Nelson. Uma agenda para o direito civil-constitucional. *Revista Brasileira de Direito Civil*, volume 10, Out /Dez 2016, p. 14).
69. STJ, REsp n. 1.175.675/RS, rel. Min. Luis Felipe Salomão, Quarta Turma, julg. em 09/08/2011.
70. Enunciado 554 da VI Jornada de Direito Civil do Conselho de Justiça Federal.

lesado a aptidão técnica para indicar a localização precisa destes conteúdos. Não se pode limitar a tutela dos direitos da personalidade sob a alegação de impossibilidades técnicas, que não existem e funcionam como um argumento acessório ao cheque em branco dado aos provedores para operarem no Brasil.

Caso o provedor mantenha-se inerte quanto à notificação, utilizando-se do benefício legal da necessidade de sentença judicial contida no art. 19 do Marco Civil, ou caso o provedor lhe responda alegando ser impossível a retirada do conteúdo sem a indicação precisa e detalhada de todos os possíveis locais (URL's) onde estejam localizados os *post*, *reposts* e compartilhamentos, ou, ainda, caso tenha de se buscar o judiciário para ajuizar uma demanda judicial requerendo a tutela de urgência para a retirada do conteúdo e esta seja negada em razão do descumprimento da exigência de indicação de URL contida no §1º do art. 19, será tarde demais. Os inúmeros passos burocráticos que o Marco Civil lhe impôs ceifaram as possibilidades concretas de retirar da rede o material que lhe ofendia. Com efeito, conclui-se que a exigência judicial de indicação precisa de URL não se coaduna com a tutela da dignidade da pessoa humana, privilegiando a técnica da subsunção legal e a interpretação gramatical do art. 19 § 1º do Marco Civil em detrimento da interpretação axiológica e sistemática da cláusula geral de tutela da dignidade da pessoa humana disposta no art. 1º III da Carta da República para a tutela de situações existenciais no meio digital.[71]

Recente caso julgado pelo STJ dá conta da gravidade, no caso concreto, destes mecanismos. Fernando Candido da Costa, 38, negro, tem sua foto exibida no perfil do Facebook denominado "Bandido Bom é Bandido Morto". Ajuíza ação no Tribunal de Estado do Rio de Janeiro, requerendo a exclusão do perfil falso, já que nunca foi "bandido" e sua imagem, portanto, estaria sendo associada a um suposto criminoso. Apresenta nos autos certidão de antecedentes criminais sem qualquer anotação. O autor fez diversas solicitações extrajudiciais ao Facebook, que não retirou o material imediatamente e somente o fez após um mês, aproximadamente. Em contestação, aduziu o Facebook que o julgamento sobre o uso da imagem como legítimo ou não caberia ao poder judiciário, nos termos do art. 19 do Marco Civil. A sentença condenou o provedor ao pagamento de indenização por danos morais ao Autor, sentença esta confirmada pelo Tribunal Fluminense. Em sede de Recurso Especial, o STJ acolheu recurso do Facebook, julgando a demanda improcedente, asseverando que "conclui-se pela impossibilidade de condenação do Facebook pelas ofensas geradas

---

71. Seja permitido fazer-se referência às críticas ao art. 19 que já se formulo, especialmente em relação ao §1º do artigo 19: " A verdade é que, muito ao contrário de proteger a vítima com um sistema mais eficiente de tutela dos seus direitos fundamentais, o art. 19 tutela as empresas que exploram a rede, pois ainda exige que a ordem seja 'específica' – abrindo espaço para alegações de falta de especificidade que autorizariam o seu descumprimento – e restringe a necessidade de do seu cumprimento a providências que devam ser adotadas 'no âmbito e nos limites técnicos do seu serviço' – abrindo mais uma porta à entrada de argumentos que afastariam a necessidade de cumprimento da ordem judicial (...)." (SCHREIBER, Anderson. *Marco Civil da Internet: avanço ou retrocesso?*, op. cit, p. 277-305).

pelos conteúdos postados por terceiros em razão da ausência de prévia notificação judicial de retirada do material.[72]

Nossas conclusões parciais, portanto, são as seguintes: a jurisprudência do Superior Tribunal de Justiça, antes da entrada em vigor do Marco Civil da Internet, responsabilizava o provedor pela inércia caso este não retirasse o conteúdo ofensivo do ar após ser notificado pela vítima; o Marco Civil adota teoria diversa da jurisprudência até então vigente e impõe a necessidade de ordem judicial específica para a retirada de conteúdo; o Marco Civil privilegia a liberdade de expressão em detrimento de outros direitos constitucionais, tal qual a dignidade da pessoa humana, não obstante inexistir tratamento superior para a liberdade no texto Constitucional e não obstante a dignidade da pessoa humana ser um dos cinco fundamentos do modelo de Estado eleito pelo constituinte (art. 1º da CR/88); o art. 19 do Marco Civil é inconstitucional por afronta ao art. 5º X da CR/88[73]; é imperioso construir novos modelos de responsabilidade civil do provedor para efetivar a proteção da pessoa na internet.

3. A NECESSIDADE DE REPENSAR O MODELO DE RESPONSABILIDADE CIVIL VIGENTE DOS PROVEDORES: A COAUTORIA DO ATO ILÍCITO

O regime de responsabilidade subjetiva do provedor de aplicações instituído pelo Marco Civil, como se viu, não tutela de forma adequada os danos sofridos pelos usuários no ambiente digital. Seja pela exigência da intervenção judicial para a retirada de conteúdos ofensivos, seja pela equivocada prevalência da tutela da liberdade de expressão em detrimento de demais princípios constitucionais ou, ainda, seja pela exigência de URL específica para indicação da localização do material ofensivo, trata-se de um regime de responsabilidade civil que, além de inconstitucional, está à desserviço da tarefa árdua mas ineliminável de oferecer a máxima garantia à pessoa humana e a proteção adequada aos direitos da personalidade.[74]

Cuida-se verdadeiramente de um sistema que não se atenta à injustiça do dano sofrido pela vítima na internet mas, sim, de um sistema voltado ao ofensor, sistemática com a qual a legalidade constitucional não pode comungar. Na lição de Maria Celina Bodin de Moraes, estando a pessoa humana posta na cimeira do ordenamento, não

---
72. STJ, 3ª Turma, REsp nº 1.642.997-RJ, rel. Min. Nancy Andrighi, julg. em 12/09/2017.
73. Seja permitida a remissão ao raciocínio já antes desenvolvido sobre a inconstitucionalidade do art. 19: "A criação, por lei ordinária, de condicionantes ou limites à responsabilidade civil por violação a esses direitos afigura-se inconstitucional, na medida em que restringiram uma tutela que o Constituinte quis plena e integral, a ponto de enuncia-la sem qualquer menção à atuação ulterior do legislador. Assim, ao condicionar a reparação do dano decorrente de violações que podem atingir a honra, a privacidade e a imagem da pessoa humana ao prévio ajuizamento de demanda judicial, o art. 19 da Lei 12.965 afronta o art. 5º X da Constituição da República". (SCHREIBER, Anderson. Marco Civil da Internet: avanço ou retrocesso?, op. cit, p. 293).
74. "Em sede de responsabilidade civil, e, mais especificamente, de dano moral, o objetivo a ser perseguido é oferecer a máxima garantia à pessoa humana, com prioridade, em toda e qualquer situação da vida social em que algum aspecto de sua personalidade esteja sob ameaça ou tenha sido lesado". (BODIN DE MORAES, Maria Celina. *Danos à pessoa humana*, cit., p. 182).

será razoável que a vítima suporte agressões injustas, as quais, em razão da consciência coletiva que a vítima sofreu injustamente tais danos, merece ser reparada.[75]

Se por um lado pode-se afirmar que os provedores dispõem de ferramentas para a retirada de conteúdo e que o regime de responsabilidade vigente mostra-se inconstitucional, por outro deve-se reconhecer que não é só deles, provedores, a responsabilidade pela postagem de conteúdo ofensivo. Aquele que voluntariamente posta conteúdo que viola direito de terceiros, maculando sua honra ou explorando direitos de forma indevida, também deve ser responsabilizado. Ambos – usuário e provedor – devem responder em caso de postagem indevida.

Ao mesmo tempo em que o regime atual se mostra inadequado à luz da proteção da pessoa, não é preciso inventar a roda para alcançar a solução adequada, conforme a lição de Manuel da Frada. Ao analisar o sistema português de responsabilidade civil do provedor de aplicações – raciocínio que pode ser transposto ao nosso ordenamento sem prejuízos –, defende o autor que estar-se-ia diante de vinhos novos em odres velhos.[76] Para ele, pode o civilista descansar, já que encontrará à sua guarda, no tesouro da dogmática comum da imputação de danos, as soluções mais adequadas para a responsabilidade civil dos provedores. Os novos problemas podem ser solucionados por velhos e sólidos instrumentos da dogmática. Nas palavras de Gustavo Tepedino, para solucionar os novos danos derivados da sociedade tecnológica, as tentativas de abrir mão dos fundamentos do direito privado para fazer justiça no caso concreto têm se mostrado infrutíferas.[77]

É nesse contexto que se deve pensar em um possível modelo de responsabilidade civil solidária entre o autor do conteúdo ofensivo e o provedor de aplicações que, instado a retirar o conteúdo extrajudicialmente, não o faz, respondendo pela inércia e consequente coautoria do ato ilícito. Solidária pois os novos contornos da responsabilidade civil são influenciados, também, pelos princípios da solidariedade social e da justiça contributiva, insculpidos no art. 3º incisos I e III da Carta da República.[78]

Acerca dos influxos causados pelo princípio da solidariedade social na responsabilidade civil, vive-se contemporaneamente a difusão do ônus da reparação dos danos,

---

75. BODIN DE MORAES, Maria Celina. *Danos à pessoa humana*, cit., p. 179-180.
76. FRADA, Carneiro Manuel A. Vinho novo em odres velhos? A responsabilidade civil das "operadoras de internet" e a doutrina comum da imputação de danos, cit., p. 7-32.
77. "Na sociedade tecnológica, em constante evolução, em que se potencializam os empreendimentos, a atividade econômica, os riscos e os danos, infrutíferas têm se mostrado as tentativas de abrir mão dos fundamentos do direito privado, em busca de atalhos para se fazer justiça no caso concreto. Muito ao contrário, cada vez mais se torna necessário o aprofundamento dos elementos basilares da responsabilidade civil para a solução dos novos problemas. Por isso mesmo, mostra-se falacioso imaginar que, diante da fugacidade com que surgem e se diversificam os danos, se poderia abrir mão da dogmática em favor de soluções casuísticas desprovidas da densidade teórica." (TEPEDINO, Gustavo. Notas à 11ª Edição da obra Responsabilidade Civil. In PEREIRA, Caio Mário da Silva. *Responsabilidade civil*. atual. Gustavo Tepedino, 11. ed. rev. atual. Rio de Janeiro: Forense, 2016, p. XI).
78. "Art. 3º Constituem objetivos fundamentais da República Federativa do Brasil: I – construir uma sociedade livre, justa e solidária; (...); II – garantir o desenvolvimento nacional; III – erradicar a pobreza e a marginalização e reduzir as desigualdades sociais e regionais".

o que é manifestação da transcendência das "amarras individualistas da dogmática tradicional da responsabilidade civil", que ao lado de outros instrumentos recentes de responsabilização dos causadores de danos, caminham rumo às novas formas de administração dos danos injustos.[79]

Solidariedade e liberdade harmonizam-se, entre si, para dar concretude ao princípio da dignidade da pessoa humana, na visão de Fernanda Nunes Barbosa e Thamis Dalsenter Viveiros de Castro. Defendem as autoras que a solidariedade não é necessariamente o valor que se contrapõe à liberdade – valor amplamente tutelado pelo Marco Civil da Internet –, sendo a solidariedade a "chave para a composição de interesses que eventualmente se mostrem contrapostos, de modo que a dignidade da pessoa humana assegure que todos possam gozar de espaços recíprocos de liberdade como um ambiente salutar para o desenvolvimento das identidades individuais e grupais."[80]

3.1 A coautoria do ato ilícito como fundamento para a responsabilidade solidária entre autor do dano e o provedor de aplicações

É sabido que para a configuração da responsabilidade civil, não basta que a vítima tenha sofrido um dano para que surja o dever de indenizar. É preciso que o dano tenha sido causado pela conduta ilícita do agente e que surja, entre dano e conduta, uma relação de causa e feito, surgindo o nexo de causalidade. Cuida-se, na visão de Cavalieri, de saber quando um determinado resultado é imputável ao agente; que relação deve existir entre o dano e o fato para que este, sob a ótica do Direito, possa ser considerado causa daquele.[81]

Diversas teorias do ordenamento dedicam-se a estudar o nexo de causalidade, destacando-se entre elas a teoria da equivalência dos antecedentes e a teoria da causalidade adequada. Para a teoria da equivalência dos antecedentes (ou equivalência das condições), em apertada síntese, se várias condições concorrem para o mesmo resultado, não se indaga se uma delas foi mais ou menos eficaz, mais ou menos adequada, de modo que todas elas se equivalem para alcançar-se o resultado final.[82] Gisela Sampaio da Cruz bem observa que não obstante essa superada teoria gozar de

---

79. "Parece bastante evidente que, ao difundir o ônus da reparação – e, em última análise, do próprio dano – sobre mais de uma pessoa, a responsabilidade solidária transcende as amarras individualistas da dogmática tradicional de responsabilidade civil e se soma a outros instrumentos mais recentes que, em paralelo às técnicas de responsabilização, vão ganhando espaço, na cultura jurídica contemporânea, como forma de administração dos danos injustos". (SCHREIBER, Anderson. *Novos paradigmas da responsabilidade civil*: da erosão dos filtros da reparação à diluição dos danos – 6ª ed. São Paulo: Atlas, 2015, p. 207).
80. BARBOSA, Fernanda Nunes; CASTRO, Thamis Dalsenter Viveiros de. Dilemas da liberdade de expressão e da solidariedade. *Civilistica.com*, cit. p. 12.
81. CAVALIERI FILHO, Sergio. *Programa de Responsabilidade Civil*. 10ª Ed. São Paulo: Atlas, 2012, p. 49.
82. "Os tribunais belgas, em tal caso, engendraram a teoria denominada da "equivalência das condições"; elaborada originariamente pelo jurista alemão Von Buri para o direito penal, e desenvolvida pela doutrina civilista. Em sua essência, sustenta que, em havendo culpa, todas as "condições" de um dano são "equivalentes", isto é, todos os elementos que, "de uma certa maneira concorreram para a sua realização, consideram-se como causas", sem a necessidade de determinar, no encadeamento dos fatos que antecederam o evento danoso,

determinadas vantagens – como a simplicidade de aplicação, expansão das probabilidades de reparação das vítimas e intenso efeito preventivo na obstação de danos – a teoria "conduz a exageros inaceitáveis e a soluções injustas".[83]

Já para a teoria da causalidade adequada (ou causalidade direta ou imediata), que se origina na França no final do século XIX, inspirada na doutrina do filósofo alemão Von Kries, o antecedente fático relevante é aquele não só necessário, mas também adequado à produção do resultado, de modo que se várias condições concorreram para determinado resultado, nem todas serão causas, mas somente aquela que for a mais adequada à produção do evento. Observa Gisela Sampaio da Cruz que a referida teoria "examina a adequação da causa em função da possibilidade e probabilidade de determinado vir a ocorrer, à luz da experiência comum".[84] Para Caio Mário da Silva Pereira, dentre os antecedentes do dano, há que destacar aquele que está em condições de necessariamente tê-lo produzido.[85] Com pequenas divergências na doutrina, pode-se afirmar que se trata da teoria adotada pelo art. 403 Código Civil,[86] concluindo-se que o nexo de causalidade surgirá com a verificação de existência de uma causa direta e imediata que revele o efeito necessário de determinado acontecimento.[87]Dúvida ocorre quando mais de uma causa é necessariamente direta e adequada para a produção de um dano – o que Caio Mário da Silva Pereira denomina de nexo causal plúrimo. Para o caso em estudo, seriam causas diretas e imediatas para os danos gerados a terceiros por conteúdo ofensivo a ação de publicar o conteúdo, praticado pelo autor do material ofensivo, e a ação do provedor de aplicações de não retirar o material de circulação após tomar ciência da manifesta ofensividade do conteúdo. Trata-se, evidentemente, da hipótese de ocorrência de concurso de agentes, em que ambos concorrem efetivamente para a ocorrência do evento danoso.

---

qual deles pode ser apontado como sendo o que de modo imediato provocou a efetivação do prejuízo". (PEREIRA, Caio Mário da Silva. *Responsabilidade civil*, cit., p. 108).

83. CRUZ, Gisela Sampaio da. *O problema do nexo causal na responsabilidade civil*. Rio de Janeiro: Renovar, 2005., p. 46-47.
84. CRUZ, Gisela Sampaio da. *O problema do nexo causal na responsabilidade civil*, cit., p. 64.
85. PEREIRA, Caio Mário da Silva. *Responsabilidade civil*, cit., p. 110. Ainda neste sentido: "Em conclusão, por causa direta, imediata, necessária ou adequada deve-se entender como sendo aquela que revela um liame de necessariedade entre a causa e o efeito e não de simples proximidade temporal ou espacial. Próxima ou remota, imediata ou mediata, a causa será adequada quando o evento danoso for efeito necessário de determinado acontecimento. O exame do nexo causal limita-se a verificar se a atividade desenvolvida pelo agente vincula-se de algum modo – próximo, direto, necessário, adequado ou eficiente – ao dano." (CAVALIERI FILHO, Sergio. *Programa de Responsabilidade Civil*, cit., p. 55).
86. "Pode-se considerar como prevalentes, no direito brasileiro, as posições doutrinárias que, com base no art. 403 do Código Civil brasileiro (correspondente ao at. 1.060 do Código Civil de 1916), autodenominando-se ora de teoria da interrupção do nexo causal (Supremo Tribunal Federal), ora de teoria da causalidade adequada (STJ e TJRJ), exigem a causalidade necessária entre a causa e o efeito danoso para o estabelecimento da responsabilidade civil". (TEPEDINO, Gustavo. Notas sobre o nexo de causalidade, cit., p. 76).
87. "Nesta mesma vertente, o art. 403 do Código Civil, na esteira do regime anterior (art. 1.060 do Código Civil de 1916), vincula-se à teoria da causalidade necessária, por considerar ressarcíveis 'os prejuízos efetivos e os lucros cessantes por efeito dela [inexecução] direto e imediato'. À conta da locução 'direto e imediato' afasta-se o ressarcimento sempre que causa autônoma mais próxima interrompa o nexo de causalidade, rompendo assim a necessariedade entre causa e efeito danoso." (PEREIRA, Caio Mário da Silva. *Responsabilidade civil*, cit., p. 111).

Trata-se da causalidade comum, hipótese na qual todos os agentes contribuem para a ocorrência do resultado danoso final, hipótese em que incidirá o art. 942 *in fine* do Código Civil: se a ofensa tiver mais de um autor, todos responderão solidariamente pela reparação.[88]

O direito positivo brasileiro reconhece, por força do art. 942, a existência do nexo causal plúrimo, de modo que em havendo mais de um agente causador do dano, não se perquire qual deles deve ser chamado como responsável direto ou principal.[89] Quando mais de uma causa tem relevância decisiva para a produção do resultado, reparte-se o dever de indenizar por meio da chamada culpa concorrente. Nesta hipótese, a cadeia causal será composta de causas concomitantes, todas diretamente responsáveis pelo evento danoso, repartindo-se, assim, entre aqueles que deram causa, o dever de indenizar.[90]

Nossa premissa, portanto, é a de que o ordenamento prevê a hipótese de multiplicidade de agentes, dando causa direta e imediatamente a um novo dano, ensejando a aplicação do art. 942 *in fine* do Código Civil. Para este estudo, provedor de aplicações e autor da mensagem ofensiva atuam de maneira direta e imediata para a causação de um dano, ambos atuando de forma conjunta para causar o dano ao agente vitimado pela veiculação de material ofensivo na rede.

O usuário do provedor de aplicações ingressa na cadeia de causalidade através de uma ação comissiva: postar material ilícito ou ofensivo. A relevância jurídica dos atos comissivos não se reveste de divergências doutrinárias relevantes, prevalecendo o entendimento que "consiste, pois, a ação em um movimento corpóreo comissivo, um comportamento positivo, como a destruição de uma coisa alheia, a morte ou lesão corporal causada em alguém, e assim por diante".[91] Cuida-se de conduta que se amolda perfeitamente à literalidade do conceito de ato ilícito constante do art. 186 do Código Civil: aquele que por ação violar direito e causar dano a outrem, comete ato ilícito. O autor do conteúdo ilícito, portanto, sempre poderá ser demandado diretamente pela vítima da ofensa por responder ele por ato próprio e em nome próprio.

Já o provedor de aplicações passa a ser responsabilizado a partir de sua conduta omissiva: a inércia em não retirar de suas plataformas os materiais ofensivos. Trata-se, aqui, de responsabilizar o provedor de aplicações pela sua omissão que adquire relevância jurídica para efeitos de configuração da responsabilidade civil. Cavalieri

---

88. "Cada um dos agentes que concorrem adequadamente para o evento é considerado pessoalmente causador do dano e, consequentemente, obrigado a indenizar. Em face do lesado, quer haja causas cumulativas, quer haja subsequência de causas ou mera coincidência de causas, qualquer dos responsáveis é obrigado a reparar todo o dano, cabendo a este, se for o caso, agir contra os coobrigados para ressarcir-se do que por eles pagou, segundo as regras das relações internas da solidariedade." (CAVALIERI FILHO, Sergio. *Programa de Responsabilidade Civil*, cit., p. 66).
89. ""Beneficiando, mais uma vez, a vítima, permite-lhe eleger, dentre os corresponsáveis, aquele de maior resistência econômica, para suportar o encargo ressarcitório". (PEREIRA, Caio Mário da Silva. *Responsabilidade civil*, cit., p. 114).
90. TEPEDINO, Gustavo. Notas sobre o nexo de causalidade, cit., p. 77-78.
91. CAVALIERI FILHO, Sergio. *Programa de Responsabilidade Civil*, cit., p. 25.

destaca que o elemento "dever jurídico de agir" é essencial para que a omissão adquira relevância jurídica. [92] O ponto nodal está em determinar o termo inicial para que a omissão do provedor adquira relevância jurídica ou, na visão de Cavalieri, passe a ser revestida de dever jurídico de agir: seria a partir da inércia após a notificação extrajudicial feita pela vítima do material ofensivo ou somente após a provocação judicial feita ao provedor?

Diante da inconstitucionalidade que padece o art. 19 do Marco Civil,[93] portanto, a notificação extrajudicial parece ser uma alternativa que merece ser investigada para a construção de um modelo alternativo de responsabilidade civil.

Diga-se, por derradeiro, que ainda resta ser julgado o Recurso Extraordinário 1037396, pelo Supremo Tribunal Federal, sob a relatoria do Min. Dias Toffoli, afetado ao tema 987, que se põe a debater "a constitucionalidade do art. 19 da Lei n. 12.965/2014 (Marco Civil da Internet) que determina a necessidade de prévia e específica ordem judicial de exclusão de conteúdo para a responsabilização civil de provedor de internet, websites e gestores de aplicativos de redes sociais por danos decorrentes de atos ilícitos praticados por terceiros." Até o julgamento definitivo pela Corte, parecem ser essas as conclusões parciais que se pode alcançar.

3.2 Critérios objetivos que criam o dever jurídico de agir do provedor de aplicações para a retirada extrajudicial de material ofensivo.

Considerando a necessidade de construção de um novo modelo de responsabilidade civil do provedor de aplicações, apresentam-se 5 (cinco) requisitos cumulativos que devem ser preenchidos para configurar-se, no caso concreto, a responsabilidade civil solidária entre o provedor de aplicações e o usuário autor da postagem do conteúdo ofensivo, a saber:

(i) Ocorrência de notificação extrajudicial prévia do ofendido ao provedor de aplicações de internet, entendendo-se por notificação o envio de documento formal por escrito ou de mensagem eletrônica ao provedor de aplicações;

(ii) Tiver sido fixado na notificação um prazo razoável para a retirada de conteúdo pelo provedor, entre 24 (vinte e quatro) a 48 (quarenta e oito) horas a contar do recebimento da notificação pelo provedor;

---

92. "Tem-se entendido que a omissão adquire relevância jurídica, e torna o omitente responsável, quando este tem dever jurídico de agir, de praticar um ato para impedir o resultado, dever, esse, que pode advir da lei, do negócio jurídico ou de uma conduta anterior do próprio omitente, criando o risco da ocorrência do resultado, devendo, por isso, agir para impedi-lo. Em casos tais, não impedir o resultado significa permitir que a causa opere. Em suma, só pode ser responsabilizado por omissão quem tiver o dever jurídico de agir, vale dizer, estiver numa situação jurídica que o obrigue a impedir a ocorrência do resultado. Se assim não fosse, toda e qualquer omissão seria relevante e, consequentemente, todos teriam contas a prestar à Justiça." (CAVALIERI FILHO, Sergio. *Programa de Responsabilidade Civil*, cit., p. 26).
93. Acerca dos fundamentos da inconstitucionalidade do Art. 19 do Marco Civil, seja permitida a remissão ao Capítulo 3, item 3.5: QUINELATO DE QUEIROZ, João. *Responsabilidade Civil na Rede: Danos e Liberdades à luz do Marco Civil da Internet*. Rio de Janeiro: Editora Processo, 2019

(iii) Tiver sido apontado na notificação a postagem ofensiva de forma clara, sendo facultada a indicação específica de URL e obrigatória a indicação clara do conteúdo ofensivo;

(iv) O conteúdo notificado for manifestamente ofensivo, tais como xingamentos, manifestações de racismo, misoginia, xenofobia, antissemitismo e/ou intolerância religiosa, excluindo-se os casos de pornografia infantil;

(v) O requerente da exclusão não for parlamentar diplomado nem partido político e o conteúdo apontado como ofensivo não disser respeito à atuação política do requerente.

Quanto ao primeiro requisito – ocorrência de notificação extrajudicial do ofendido ao provedor de aplicações de internet – o *leading case* da matéria no Superior Tribunal de Justiça é o REsp 1.193.764/SP, de relatoria da Min. Nancy Andrighi.[94] Por meio desse julgado, inaugurou-se na corte especial o posicionamento jurisprudencial que vigorou até a entrada em vigor do Marco Civil da Internet: a notificação extrajudicial ao provedor de aplicações passa a ser requisito para responsabilizar-se o provedor pela inércia na retirada dos materiais. A partir desse julgado, passou o STJ a entender que "ao ser comunicado de que determinado texto ou imagem possui conteúdo ilícito, deve o provedor agir de forma enérgica, retirando o material do ar imediatamente, sob pena de responder solidariamente com o autor direto do dano, em virtude da omissão praticada".[95]

Alguns requisitos fáticos da notificação, que implicam na prática probatória futura pelo lesado de que foi realizada a efetiva notificação, devem ser aqui adicionados requisitos de forma. Em primeiro lugar, quanto à forma, a notificação poderá ser por escrito, através de carta com aviso de recebimento comprovado, facilitando o ônus da prova em processo judicial futuro em favor do notificante. Ressalte-se que o aviso de recebimento é instrumento relevante para fins de comprovação da intimação de acordo com o Novo Código de Processo Civil, que dá poderes para advogados, por conta própria, promoverem a intimação de acordo com o art. 269 §1º do Novo Código de Processo Civil.[96]

---

94. "Direito Civil e do Consumidor. Internet. Relação de consumo. Incidência do CDC. Gratuidade do serviço. Indiferença. Provedor de conteúdo. Fiscalização prévia do teor das informações postadas no site pelos usuários. Desnecessidade. Mensagem de conteúdo ofensivo. Dano moral. Risco inerente ao negócio. Inexistência. Ciência da existência de conteúdo ilícito. Retirada imediata do ar. Dever. Disponibilização de meios para identificação de cada usuário. Dever. Registro do número de IP. Suficiência. (...) 6. Ao oferecer um serviço por meio do qual se possibilita que os usuários externem livremente sua opinião, deve o provedor de conteúdo ter o cuidado de propiciar meios para que se possa identificar cada um desses usuários, coibindo o anonimato e atribuindo a cada manifestação uma autoria certa e determinada. Sob a ótica da diligência média que se espera do provedor, deve este adotar as providências que, conforme as circunstâncias específicas de cada caso, estiverem ao seu alcance para a individualização dos usuários do site, sob pena de responsabilização subjetiva por culpa *in omittendo*." (STJ, Terceira Turma, REsp nº 1193764/SP, rel. Min. Nancy Andrighi, julg. em 08/08/2011).
95. Idem.
96. "Art. 269. Intimação é o ato pelo qual se dá ciência a alguém dos atos e dos termos do processo. § 1º É facultado aos advogados promover a intimação do advogado da outra parte por meio do correio, juntando

Deve-se admitir, também, como notificação extrajudicial, as formas eletrônicas de comunicação: notificações através de sistemas dos provedores, tais quais as ferramentas hoje já existentes, como links específicos para denúncias eletrônicas de perfis falsos, materiais pornográficos e itens que as políticas de uso dos provedores reputam como ilegais. Estes meios eletrônicos de notificações devem ser reputados como aptos a caracterizarem a notificação extrajudicial, em consonância com o art. 270 do Novo Código de Processo Civil, que prioriza as intimações eletrônicas.[97]

Pretende-se, portanto, assegurar que não se engesse demasiadamente os requisitos de forma da notificação, admitindo-se além da tradicional notificação extrajudicial por escrito, cuja comprovação dá-se através de aviso de recebimento, os modernos mecanismos eletrônicos de comunicações: e-mail's, comunicações nos sites dos provedores e outras formas que puderem ser inventadas, tudo em compasso com o Novo Código de Processo Civil.

Quanto ao segundo requisito – razoabilidade na fixação do prazo para a retirada do conteúdo pelo provedor de aplicações – adotar-se-á como razoável o prazo de 24 (vinte e quatro) horas, partindo-se do prazo fixado pelo Superior Tribunal de Justiça para a remoção de conteúdo antes da entrada em vigor do Marco Civil da Internet. Fixou o STJ que o prazo razoável para que o provedor retirasse o conteúdo de circulação seria de 24 (vinte e quatro) horas, a partir do caso-paradigma RE nº 1.323.754 – RJ relatado pela Min. Nancy Andrighi.[98]

Em substancioso voto acerca do prazo que se deve considerar razoável para a remoção de conteúdos após ser notificado extrajudicialmente, a eminente relatora ressalta que a velocidade com que os dados circulam no meio virtual torna indispensável que medidas tendentes a coibir informações depreciativas e aviltantes sejam adotadas célere e enfaticamente.[99] A jurisprudência do Superior Tribunal de Justiça, portanto, oferece parâmetros para que se fixe, como critério objetivo e orientativo do julgador, o prazo de 24 (vinte e quatro) a 48 (quarenta e oito) horas para que o conteúdo seja removido. Em caso de o ofendido requerer a retirada em prazo inferior a este, reputar-se-á como não preenchido esse requisito e não responderá o provedor pela inércia nessa hipótese.

O terceiro requisito – desnecessidade de indicação de URL específica do material, bastando a identificação do próprio conteúdo – tem por objetivo a facilitação técnica ao usuário ao formular uma notificação extrajudicial de remoção de conteúdo e a distribuição razoável do ônus operacional da remoção entre usuário e provedor de aplicações. O requisito de indicação de URL específica, como já se advogou acima, é um entrave técnico ao usuário e dispensável atualmente à luz dos mecanismos tecnológicos que viabilizam o rastreamento do conteúdo, por meio de ferramentas

---

aos autos, a seguir, cópia do ofício de intimação e do aviso de recebimento."
97. "Art. 270. As intimações realizam-se, sempre que possível, por meio eletrônico, na forma da lei."
98. STJ, REsp nº 1323754/RJ, rel. Min. Nancy Andrighi, julg. em 28/08/2012.
99. STJ, 4ª Turma, REsp nº 1175675 / RS, Rel. Min. Luis Felipe Salomão, julg. em 09/08/2011.

como *hash* ou PhotoDna. A doutrina aponta que este requisito torna-se ainda mais problemático nos casos de conteúdos ofensivos virais: a disseminação por inúmeras páginas diferentes inviabiliza ao usuário que indique, um a um, a URL ao provedor de aplicações para que faça a remoção do conteúdo.[100] Ao impor ao usuário a tarefa de transcrever a localização exata, por URL, de cada material ofensivo, o provedor de aplicações refugia-se em um procedimento que na prática é inviável ao usuário. Beneficia-se da sua própria torpeza o provedor que, assistindo a viralização de conteúdos ofensivos por diferentes timelines e contas pessoais, através de compartilhamentos ou ferramentas semelhantes, cruza os braços a espera de uma lista detalhada e minuciosa a ser enviada pelo usuário.[101]

Bastará, portanto, que ao formular a notificação extrajudicial, o usuário indique através de imagens ou demais meios de prova, qual é o conteúdo ofensivo e qual sua forma de disseminação pela plataforma, dispensando-se a exigência de indicação de URL específica.

Já o quarto requisito – demonstração da manifesta ofensividade do material – tem o propósito de fixar critérios objetivos para que *a priori* se possa identificar se determinado conteúdo é ou não ofensivo e, portanto, se a sua veiculação gera dano indenizável. Verificando a ocorrência do dano, será razoável a limitação temporária ao direito de livre manifestação do usuário por meio da circulação do material ofensivo.

Para se aferir se a veiculação de determinado material ofensivo causou ou não um dano efetivo à vítima, será preciso centrar-se neste quarto requisito: a verificação de manifesta ofensividade ou não do material divulgado, o que, em outras palavras, é a determinação da injustiça ou não do dano.[102]

Partindo-se da necessidade de se fixar critérios objetivos para que se possa determinar *a priori* a ofensividade do conteúdo, sugere-se, portanto, que conteúdos notificados como ofensivos e enquadrem-se como xingamentos, atos de racismo, misoginia, xenofobia, antissemitismo e/ou de intolerância religiosa possam ser clas-

---

100. ROCHA, Francisco Ilídio Ferreira. Da responsabilidade por danos decorrentes de conteúdos gerados por terceiros. In LEMOS, Ronaldo; LEITE, George Salomão. *Marco Civil da Internet*, cit, p. 836-837.
101. Relembre-se que esta tem sido a orientação da justiça eleitoral. Para identificação de conteúdo ofensivo online, as cortes eleitorais vêm dispensando a apresentação de URL específica e reputando como suficientes "apenas que o requerimento seja feito com elementos suficientes que permitam identificar, previamente, o autor e a extensão do conteúdo produzido, de modo a tornar a medida judicial exequível e evitar que o provedor de internet funcione como um verdadeiro censor prévio de conteúdos formulados por seus usuários" (TJES, Agravo nº 00014593220158080028, Rel. Des. Carlos Simões Fonseca, julg. em 06/10/2015; TRE-ES, Recurso Eleitoral nº 44-61.2016.6.08.0055, rel. Juiz Adriano Athayde Coutinho, julg. em 29/11/2016).
102. Seja permitida uma breve digressão ao conceito de dano injusto. Sabe-se que o dano é pressuposto inafastável da responsabilidade civil, de modo que se não há dano, não há ninguém a ser responsabilizado. Maria Celina Bodin de Moraes, ao conceituar a injustiça do dano, advoga que o desenvolvimento de determinadas atividades cotidianas pode causar, com frequência, danos a terceiros – o que é natural à conduta humana. Ocorre que determinadas dessas condutas são autorizadas pelo ordenamento, ainda que causadoras de danos, dando causa aos danos lícitos, "não importando em responsabilização daquele que, apesar de ter dado causa aos prejuízos não se afastou dos limites impostos pelo ordenamento jurídico ao pautar sua atuação". (BODIN DE MORAES, Maria Celina. *Danos à pessoa humana,* cit., p. 150).

sificados de antemão como manifestamente ofensivos e, nesses casos, justifique-se a remoção temporária do conteúdo mediante notificação extrajudicial do ofendido ao provedor de aplicações. Reconhece-se que dentro dos conceitos de racismo, misoginia, antissemitismo e/ou dentro das demais categorias aqui propostas ainda residirá certo grau de subjetividade. Por outro lado, estas categorias podem ser o ponto de partida da doutrina para aprimorar a forma pela qual se pode determinar, em velocidade compatível com a internet e de forma não judicial, a ofensividade clara ou não de um conteúdo.[103]

O que se pretende, ao criar-se esta categoria de conteúdo que devem e podem ser classificados como ofensivos, é limitar ao mínimo essencial as hipóteses em que a liberdade de expressão poderá ser temporariamente limitada, e na estrita medida em que for preciso para tutelar a honra, vida privada e, em última análise, a dignidade dos usuários.

Já o quinto e derradeiro requisito – vedação para que o requerente da exclusão não seja parlamentar diplomado nem partido político e o conteúdo apontado como ofensivo não disser respeito à atuação política do requerente – liga-se, diretamente, à experiência prática judicial relacionada com a classe política e os pedidos de indenização. A prática vem revelando que a vasta maioria dos pedidos de exclusão de conteúdos na internet são formuladas por partidos políticos ou políticos individualmente.[104]

Dados da ABRAJI – Associação Brasileira de Jornalismo Investigativo apontam que em anos eleitorais os pedidos de remoção de conteúdo de usuários a provedores são de 200% a 300% maiores que em anos eleitorais. O projeto CtrlX, organizado pela ABRAJI com apoio da Google, monitora todos os processos judiciais existentes e que abordem a supressão de informações na internet. O projeto apurou que, do total de

---

103. Ressalte-se que não se incluem, neste requisito, os casos de veiculação de materiais pornográficos. Isto porque o Marco Civil da Internet disciplinou no art. 21 a responsabilidade civil dos provedores para esta categoria de materiais ilícitos. Nestes casos, excepciona-se a aplicação do regime de responsabilidade civil subjetiva mediante provocação judicial para adotar-se o regime de *notice and takedown* "Apelações Cíveis. Responsabilidade Civil. Ação de obrigação de fazer e indenizatória. Danos morais. Divulgação ofensiva. Parcial procedência na origem. Recurso da autora. Provedor. Internet. Marco civil. Nudez. Notificação. Inércia. Responsabilidade subsidiária. Art. 21 da lei n. 12.965/2014. – O marco civil da internet alterou paradigmas no diz com a responsabilização civil dos provedores por conteúdos ofensivos publicados, mantendo-se a orientação conhecida como "*notice and takedown*" para apenas duas situações extremas: [a] cenas de nudez; e [b] atos sexuais. – Provocada a empresa responsável acerca de fotos com nudez, e mantendo-se ela inerte, caracterizada resta a sua responsabilidade civil. (2) abalo. Configuração *in re ipsa*. Ofensa à honra. Dever de indenizar. Acolhimento. As postagens em perfil pessoal de rede social com forte teor ofensivo geram presumíveis danos morais (*in re ipsa*), por decorrente de prejuízo à honra objetiva, ensejando o dever de indenizar." (TJSC, Quinta Câmara de Direito Civil, apelação cível nº 03021330920168240075, rel. Des. Henry Petry Junior, julg. em 28/11/2017).
104. "Outro princípio defendido pelo Marco Civil é a questão da liberdade de expressão na internet, que se relaciona intrinsecamente com a questão da responsabilidade dos intermediários da informação. (...) No Brasil, essa questão materializa-se sobremaneira durante o período eleitoral. É comum, nesse sentido, a imposição de medidas coercitivas pelos tribunais eleitorais brasileiros, tais como a retirada de conteúdos supostamente lesivos". (LEMOS, Ronaldo In *Marco Civil da Internet*. Orgs. LEMOS, Ronaldo; LEITE, George Salomão (coord). São Paulo: Atlas, 2014, p. 8-9).

ações monitoradas, o número total de pedido de remoção de conteúdo formulado por políticos e partidos políticos, nos anos eleitorais, representa cerca de 60% a 70% do total de pedidos recebidos pelos agentes do mercado durante o ano eleitoral, contra cerca de 15% a 10% nos anos não eleitorais.[105]

A pesquisa aponta, ainda, que os 50 (cinquenta) maiores demandantes nesta matéria são partidos políticos, coligações eleitorais ou políticos. Tal pesquisa mostra, assim, que a vasta maioria dos pedidos de remoção não é formulada por pessoas físicas verdadeiramente ofendidas na internet, mas, sim, de partidos políticos, coligações ou parlamentares que se sentem aviltados por determinadas menções relativas ao exercício de seu mandato político. Nesses casos, nota-se que grande parte dos pedidos de retirada de conteúdo não tratam de conteúdos cuja ofensividade seja manifesta, mas, sim, do mero desejo do parlamentar ou partido político que nenhum fato desabonador de sua vida seja relembrado pelo público.

Ressalte-se que se deve rejeitar, de plano a qualificação de qualquer pessoa humana como "pública", de modo que a proteção ao direito de imagem de pessoas conhecidas pelo público só reforça a importância de que a representação física assume para aquelas pessoas.[106] Não se pode ignorar, de outro giro, que não se trata de posição unânime na doutrina. Maria Celina Bodin de Moraes admite que o espectro de proteção dos direitos da personalidade desses personagens é reduzido se comparado à tutela tradicional das demais pessoas não-públicas.[107] Luis Roberto Barroso entende da mesma forma, destacando que o grau de exposição pública da pessoa importa em admitir menor espectro de proteção do direito de privacidade destas figuras.[108]

---

105. Informações disponíveis em http://www.ctrlx.org.br/ranking . Acesso em 12 jan. 2018.
106. SCHREIBER, Anderson. Direitos da personalidade, 3ª ed. São Paulo: Atlas, 2014, p. 114.
107. "Outro aspecto essencial a considerar decorre do fato noticiado dizer respeito a pessoas notórias ou, ainda, a agentes públicos em geral. A propósito, diz-se nesses casos que, ao menos 'em tese, o âmbito de proteção dos direitos da personalidade se vê diminuído'. Diante do conflito de interesses entre a tutela aos direitos da personalidade (honra, decoro e dignidade) e a tutela ao direito de liberdade de manifestação do pensamento tende-se a sacrificar mais facilmente primeiro, justamente porque se está a tratar de pessoa pública. Na realidade, o indivíduo que se dispõe a realizar uma atividade pública não pode subtrair-se ao exame crítico acerca de seu modo de agir. Sua dimensão pública torna pertinente o amplo direito de crítica que nada mais é do que a livre manifestação do pensamento sobre a conduta, a obra e as ideias da dimensão exposicional do sujeito passivo." (BODIN DE MORAES, Maria Celina. Honra, liberdade de expressão e ponderação. *Civilistica.com*. Rio de Janeiro, a. 2, n. 2, abr.-jun./2013, p. 5-6. Disponível em: <http://civilistica.com/honraliberdade-de-expressao-e-ponderacao/>. Acesso em 01 de nov. de 2017).
108. "Ainda no campo do direito de privacidade, a doutrina e a jurisprudência costumam identificar um elemento decisivo na determinação da intensidade de sua proteção: o grau de exposição pública da pessoa, em razão de seu cargo ou atividade, ou até mesmo de alguma circunstância eventual. A privacidade de indivíduos de vida pública – políticos, atletas, artistas – sujeita-se a parâmetro de aferição menos rígido do que os de vida estritamente privada. Isso decorre, naturalmente, da necessidade de autoexposição, de promoção pessoal ou do interesse público na transparência de determinadas condutas. Por vezes, a notoriedade advém de uma fatalidade ou de uma circunstância negativa, como estar envolvido em um acidente ou ter cometido um crime. Remarque-se bem: o direito de privacidade existe em relação a todas as pessoas e deve ser protegido. Mas o âmbito do que se deve interditar à curiosidade do público é menor no caso das pessoas públicas". (BARROSO, Luís Roberto. *Colisão entre Liberdade de Expressão e Direitos da Personalidade*, cit).

O quinto requisito, assim, não pressupõe menor grau de proteção à pessoa humana dos políticos, mas somente reconhece a existência de um problema prático e quantitativamente comprovado, qual seja, o volume considerável de denúncias realizadas por partidos políticos e políticos, que por vezes desejam incluir no jogo político queixas imotivadas de conteúdos não claramente ofensivos.

Deve-se admitir, ainda, que em prol do dever de prestação de contas de suas atividades profissionais e, por vezes, da sua conduta pessoal no dia a dia, é dever inerente ao cargo de político ser questionado, diuturnamente, sobre suas ações na gestão da coisa pública. A conduta ilibada e a moralidade são requisitos indispensáveis para o exercício de mandatos eletivos, e por vezes o parlamentar deve prestar contas para a sociedade do que faz dentro e fora das casas parlamentares. A exigência de vida pregressa moralmente idônea relativa aos candidatos a cargos eletivos (dos poderes Executivo e Legislativo) decorre do § 9º do artigo 14 da Constituição Federal, de modo que a própria Constituição permite – e exige – que parcela da vida pessoal pregressa do parlamentar seja exposta ao público, em nome da moralidade administrativa.[109]

São esses, portanto, os requisitos para a configuração da responsabilidade civil solidária entre o criador de materiais ofensivos e o provedor de aplicações de internet que se omite em retirar de circulação os materiais ofensivos.

4. CONCLUSÃO

O que se pretendeu, portanto, foi construir um modelo alternativo de responsabilidade civil dos provedores de aplicações, partindo-se de alguns pressupostos fáticos e normativos. A criação de critérios objetivos para que se possa, no caso concreto, aferir a plausibilidade de solidariedade na responsabilidade civil, partiu da tendência da metodologia de direito civil constitucional apontada por Anderson Schreiber e Carlos Nelson Konder: a criação de parâmetros pela doutrina e jurisprudência para que a metodologia civil constitucional escape, em sua prática de aplicação, do subjetivismo e da pluralidade semântica de determinados conceitos jurídicos indeterminados, por vezes traiçoeira. Segundo os autores, assistir-se-á, nas próximas décadas, ao paulatino desenvolvimento de critérios, parâmetros e *standards* para reduzir o subjetivismo e a arbitrariedade do intérprete.[110] Foi este o objetivo que se

---

109. "Art. 14. A soberania popular será exercida pelo sufrágio universal e pelo voto direto e secreto, com valor igual para todos, e, nos termos da lei, mediante: § 9º Lei complementar estabelecerá outros casos de inelegibilidade e os prazos de sua cessação, a fim de proteger a probidade administrativa, a moralidade para exercício de mandato considerada vida pregressa do candidato, e a normalidade e legitimidade das eleições contra a influência do poder econômico ou o abuso do exercício de função, cargo ou emprego na administração direta ou indireta."
110. "O paulatino desenvolvimento, pela doutrina, de critérios, parâmetros e *standards* para a aplicação de princípios e cláusulas gerais pela jurisprudência, de maneira a, respeitando a lógica informal e flexível própria da argumentação jurídica, reduzir o subjetivismo e a arbitrariedade na atividade interpretativa, sem, contudo, engessar a capacidade da adaptação, pelo magistrado, da norma às circunstâncias relevantes do caso concreto." (KONDER, Carlos Nelson; SCHREIBER, Anderson. O futuro do direito civil constitucional. SCHREIBER, Anderson; KONDER, Carlos Nelson (orgs). *Direito Civil Constitucional*, cit. p. 223).

procurou perquirir na definição dos critérios objetivos na determinação da possível solidariedade entre autor do dano e provedor de aplicações.

Na lição de Caio Mário, danos permearão constantemente a vida dos que assistem e protagonizam o acelerado desenvolvimento tecnológico, o que justifica o deslocamento da ênfase dos mecanismos de responsabilidade civil da conduta do agente para o dano ressarcível, "assistindo-se ao surgimento de formidável tipologia de novos danos, na esteira do incremento de riscos e do potencial danoso trazido pelas novas invenções. Não parece exagerada, nesse cenário, a alusão à era dos danos".[111]

É o que se espera diante do modelo de responsabilidade civil vigente para os provedores de aplicações. Considerando as graves iniquidades que esse sistema vem gerando em casos concretos, espera-se que a reflexão da doutrina e da jurisprudência leve à conclusão clara: de que é preciso desjudicializar a matéria, que é preciso atribuir-se competência ao menos parcial e limitada a um órgão extrajudicial para dirimir esses conflitos e, caso permaneçam os impasses, que sejam aplicados os critérios aqui definidos para a caracterização da responsabilidade civil solidária entre autor do material ilícito e provedor de aplicações inerte. Neste caminho estará o ordenamento a favor da realização do valor mais caro ao constituinte: a dignidade – fundamento da República.

---

111. PEREIRA, Caio Mário da Silva. Responsabilidade civil, cit., p. 53.

RESPONSABILIDADE CIVIL DE EMPRESAS JORNALÍSTICAS POR COMENTÁRIOS DE TERCEIROS NA INTERNET: ANÁLISE DA DISTINÇÃO ENTRE PROVEDORES DE CONTEÚDO FEITA PELO STJ NO JULGAMENTO DO RESP 1.352.053

Felipe Schvartzman

Mestre em Direito Civil pela Faculdade de Direito da Universidade do Estado do Rio de Janeiro. Advogado.

1. INTRODUÇÃO

O jornalismo passou por profundas transformações nos últimos tempos: a mídia impressa teve que se adaptar aos formatos digitais e, atualmente, há veículos que foram criados na própria internet para circulação exclusiva na rede, sem que jamais tenham sido divulgados em meio físico. A mudança vai além do suporte em que a informação é veiculada e altera também a atividade jornalística em si, sendo comum, por exemplo, a existência de veículos que conjugam notícias e entretenimento em um único portal. A mídia tradicional percebeu a necessidade de buscar novos modelos de negócio para gerar receita com conteúdo online, em complemento dos – ou mesmo em substituição aos – veículos impressos, televisivos ou radiofônicos. Nos dias de hoje, os provedores de serviços na Internet são cada vez mais responsáveis pela veiculação de notícias e conteúdo jornalístico, especialmente em redes sociais.

O contexto já é conhecido: com a virada do milênio e o advento da Web 2.0, o público do jornalismo, assim como o de outros serviços oferecidos online, passou a ser interativo. No anglicismo, fala-se da passagem do *consumer* ao *prosumer* – um neologismo para traduzir o usuário que não apenas consome conteúdo passivamente, mas também colabora com a sua produção. Nesse cenário, a revista norte-americana Time surpreendeu ao eleger "você" como "Pessoa do Ano"[1] em 2006, como forma de homenagear difusamente todos aqueles que contribuem para a criação de conteúdo na Internet.

Hoje, a comunicação na internet é interativa e é cada vez mais comum os portais oferecerem seções dedicadas à manifestação e às críticas dos leitores. O jornalismo, enfim, pode ser desafiado por sua audiência online. Estudos mostram que quase

---

1. Desde 1927, os editores da revista Time elegem a pessoa, a ideia ou grupo que mais influenciou o jornalismo em determinado ano, seja para o bem ou para o mal. Disponível em <http://time.com/4586842/person-of-the-year-2006-2016/?iid=sr-link4>. Acesso em: 15.08.2019.

metade dos norte-americanos usam o *feed* de notícias do Facebook como principal fonte de notícias[2], o que só revela a relação, cada vez mais imbricada e complexa, entre empresas de tecnologia e de mídia.

Se, por um lado, tornou-se lugar comum a reprodução da fala de Umberto Eco, para quem "as redes sociais deram voz aos imbecis"[3], portais como *The Financial Times* e *Times of London*, de outra parte, já reconhecem que os usuários que comentam nas plataformas são os mais engajados e os que mais acessam os portais de notícias[4]. Já *The Washington Post* e *The Guardian* contam com verdadeiras comunidades de leitores que interagem com os jornalistas e até fornecem dicas que auxiliam no trabalho investigativo[5].   Soma-se a essa interatividade dos usuários a instantaneidade tão própria da rede. Como a informação passou a ser imediata, não é mais necessário aguardar o telejornal da noite para manter-se informado. O fluxo informacional, antes vertical, agora é horizontal, tornando-se uma via de mão dupla. Com efeito, a instantaneidade da informação e a interação dos usuários – não apenas dos jornais com o seu leitor, mas também entre os próprios seguidores de determinado veículo, uns com os outros – passaram a ser marcas do jornalismo digital.

Se a forma como as pessoas se informam e consomem notícias mudou, a relação dos usuários com os agentes de notícias também não é mais a mesma e, como consequência, é de se esperar que as relações jurídicas travadas nesse ambiente também sofram alterações. Este artigo se propõe a tratar de uma dessas novas situações para responder três indagações: (i) qual classificação de provedor de serviço é aplicável às empresas jornalísticas que atuam na Internet; (ii) qual o regime de responsabilidade civil cabível às empresas jornalísticas diante de comentários ofensivos publicados por leitores em suas plataformas online; e, por fim, (iii) podem as empresas jornalísticas ser responsabilizadas por esses comentários ofensivos?

Para tanto, a análise recairá sobre o julgamento do Recurso Especial 1.352.053 à luz do Marco Civil da Internet ("Lei nº 12.965/2014" ou "MCI"), com vistas a avaliar o (des)acerto do Superior Tribunal de Justiça em distinguir, para fins de responsabilização, *empresas de informática* de *empresas jornalísticas*, quando ambas atuam como provedoras de conteúdo na rede, disponibilizando postagens de terceiros em seus portais.

---

2. Disponível em: <http://www.journalism.org/2017/09/07/news-use-across-social-media-platforms-2017/>. Acesso em 15.08.2019.
3. Disponível em: <http://www.huffpostbrasil.com/2016/02/20/as-redes-sociais-deram-voz-aos-imbecis-veja-as-17-frases-mais_a_21683863/>. Acesso em 15.08.2019.
4. "*Earlier this year, The Financial Times found that its commenters are seven times more engaged than the rest of its readers. The Times of London revealed recently that the 4 percent of its readers who comment are by far its most valuable*". Disponível em: <https://www.wired.com/story/actually-do-read-the-commentsthey-can-be-the-best-part/>. Acesso em: 15.08.2019.
5. "*There are many examples of sites that recognize the value of these communities. The Washington Post's Capital Weather Gang has a thriving and supportive community that provides tips and information to its journalists. The Guardian's live blogs thrive on their interaction with the comments, and its Crossword community is second to none*". Disponível em: <https://www.wired.com/story/actually-do-read-the-commentsthey-can-be-the-best-part/>. Acesso em: 15.08.2019.

2. IDENTIFICAÇÃO E CONTEXTUALIZAÇÃO DO PROBLEMA

Em 2009, no julgamento da arguição de descumprimento de preceito fundamental (ADPF) 130, o Supremo Tribunal Federal entendeu que a Lei nº 5.250/67 (Lei de Imprensa), em sua integralidade, não fora recepcionada pela Constituição de 1988, por violar as liberdades comunicativas garantidas constitucionalmente – liberdades de imprensa, de manifestação do pensamento, de informação e de expressão artística, científica, intelectual[6].

Como o potencial conflito entre as liberdades de comunicação e os direitos de personalidade não deixou de existir com a simples ausência da Lei de Imprensa no ordenamento jurídico, despontaram, desde então, novas possibilidades de interpretação da legislação para a apuração da responsabilidade civil das empresas jornalísticas.

Ainda na vigência da Lei de Imprensa, o STJ consolidou o entendimento, inclusive em sua jurisprudência sumulada, de que "são civilmente responsáveis pelo ressarcimento de dano decorrente de publicação pela imprensa, tanto o autor do escrito quanto o proprietário do veículo de divulgação" (Enunciado nº 221 da Súmula do STJ). Ao longo do tempo, a aplicação dessa orientação deixou de ser limitada à imprensa escrita, estendendo-se a outros veículos midiáticos, como rádio e televisão[7], além de provedores de informação na Internet, a ponto de responsabilizar titulares de blogs[8].

Em regra, a doutrina e a jurisprudência se dividiam entre três possíveis teorias da responsabilidade civil aplicáveis às empresas jornalísticas[9]: **(i)** responsabilidade

---

6. STF, Tribunal Pleno, ADPF 130, Rel. Min. Carlos Britto, julgado em 30/04/2009, DJe 05.11.2009.
7. STJ, Terceira Turma, REsp 1.138.138/SP, Rel. Min. Nancy Andrighi, julgado em 25.09.2012, DJe 05.10.2012): "DIREITO CIVIL E PROCESSUAL CIVIL. RESPONSABILIDADE CIVIL. DANO MORAL. EXPLORAÇÃO INDEVIDA DA IMAGEM. LEGITIMIDADE PASSIVA. INDENIZAÇÃO. REVISÃO PELO STJ. LIMITES. 1. Nos termos do enunciado nº 221 da Súmula/STJ, são civilmente responsáveis pela reparação de dano derivado de publicação pela imprensa, tanto o autor da matéria quanto o proprietário do respectivo veículo de divulgação. 2. O enunciado nº 221 da Súmula/STJ não se aplica exclusivamente à imprensa escrita, abrangendo também outros veículos de imprensa, como rádio e televisão. 3. A revisão, pelo STJ, do valor arbitrado a título de danos morais somente é possível se o montante se mostrar irrisório ou exorbitante, fora dos padrões da razoabilidade. Precedentes. 4. Recurso especial a que se nega provimento" (destaque acrescentado).
8. STJ, Terceira Turma, REsp 1381610/RS, Rel. Min. Nancy Andrighi, julgado em 03.09.2013, DJe 12.09.2013: "DIREITO CIVIL. INTERNET. BLOGS. NATUREZA DA ATIVIDADE. INSERÇÃO DE MATÉRIA OFENSIVA. RESPONSABILIDADE DE QUEM MANTÉM E EDITA O BLOG. EXISTÊNCIA. ENUNCIADO Nº 221 DA SÚMULA/STJ. APLICABILIDADE. 1. A atividade desenvolvida em um blog pode assumir duas naturezas distintas: (i) provedoria de informação, no que tange às matérias e artigos disponibilizados no blog por aquele que o mantém e o edita; e (ii) provedoria de conteúdo, em relação aos posts dos seguidores do blog. 2. Nos termos do enunciado nº 221 da Súmula/STJ, são civilmente responsáveis pela reparação de dano derivado de publicação pela imprensa, tanto o autor da matéria quanto o proprietário do respectivo veículo de divulgação. 3. O enunciado nº 221 da Súmula/STJ incide sobre todas as formas de imprensa, alcançado, assim, também os serviços de provedoria de informação, cabendo àquele que mantém blog exercer o seu controle editorial, de modo a evitar a inserção no site de matérias ou artigos potencialmente danosos. 4. Recurso especial parcialmente conhecido e, nessa parte, desprovido" (destaque acrescentado).
9. Para uma análise abrangente sobre o tema, cf. ANDRIOTTI, Caroline Dias. A responsabilidade civil das empresas jornalísticas. In: SCHREIBER, Anderson (coord.). *Direito e Mídia*. São Paulo: Atlas, 2013, p. 335: "A

subjetiva, fundada na previsão genérica do art. 186 do Código Civil, exigindo-se a comprovação de culpa do veículo jornalístico; (ii) responsabilidade objetiva baseada na cláusula geral da atividade de risco, prevista no parágrafo único do art. 927 do Código Civil; e (iii) responsabilidade objetiva com fundamento na responsabilidade indireta do empregador ou comitente, consoante o art. 932, III c/c art. 933 do Código Civil.

Em maio de 2009, a Terceira Turma do STJ julgou o primeiro caso sobre a responsabilidade de veículo de comunicação após a retirada da Lei de Imprensa do ordenamento jurídico (REsp 984803). O acórdão, relatado pela ministra Nancy Andrighi, revelou-se importante precedente pela aplicação do regime de responsabilidade civil subjetiva aos veículos de comunicação, exigindo-se, para a imputação de responsabilidade civil, a comprovação de que eles saibam – ou possam saber – da inveracidade dos fatos divulgados[10].

Já para a responsabilização de agentes que atuam na Internet, de forma específica, um ponto relevante é a identificação da atividade prestada pelo provedor do serviço em questão na rede mundial de dispositivos conectados. Em 2012, no julgamento do REsp 1.192.208 – que se tornou notório por aplicar o regime do Código de Defesa do Consumidor aos serviços online que, mesmo quando oferecidos gratuitamente para o consumidor, geram ganhos indiretos a seus prestadores –, a ministra Nancy Andrighi reconheceu os provedores de serviço na Internet como um gênero, do qual derivam cinco espécies:

---

natureza da responsabilidade civil das pessoas jurídicas que exploram os meios de comunicação é objeto de controvérsia longe ainda de uma estabilização. Dividem-se a doutrina e os tribunais entre a configuração de uma responsabilidade subjetiva e que, portanto, depende da comprovação da culpa da empresa jornalística e, de outro lado, na defesa de uma responsabilidade objetiva, em cuja sede é necessária a comprovação apenas do dano e do nexo de causalidade. Neste último caso, os autores divergem ainda quanto ao fundamento da responsabilidade objetiva — alguns acreditam que a responsabilidade se baseia na teoria do risco, prevista no ordenamento jurídico brasileiro na cláusula geral do parágrafo único do artigo 927 do Código Civil, outros na responsabilidade por fato de terceiro, prevista nos artigos 932, III, c/c 933 do Código Civil".

10. O caso envolvia uma alegação de abuso do direito de informar, pelo fato de um programa dominical ter procurado denunciar a existência de organização criminosa com base no depoimento de fonte jornalística, cuja identidade foi mantida em sigilo, e que revelou ter chegado a participar da empreitada ilícita, financiando-a, mas que, a partir de certo momento, passou a ser ameaçado – momento a partir de quando a fonte teria decidido delatar a organização criminosa. Em síntese, o veículo notificou a suposta prática de crime a partir de dois elementos – a prova testemunhal da fonte que fora à autoridade policial formalizar notícia-crime e a opinião de um Procurador da República apresentada na reportagem. No julgamento do caso, o STJ entendeu que a circunstância de uma investigação ou ação penal não se confirmar procedente, por si só, não resulta no dever de indenizar do veículo que noticiou a suspeita. Assim, o Tribunal reconheceu que "[a] suspeita que recaía sobre o recorrido, por mais dolorosa que lhe seja, de fato, existia e era, à época, fidedigna. Se hoje já não pesam sobre o recorrido essas suspeitas, isso não faz com que o passado se altere. Pensar de modo contrário seria impor indenização a todo veículo de imprensa que divulgue investigação ou ação penal que, ao final, se mostre improcedente" (STJ, Terceira Turma, REsp 984.803/ES, Rel. Min. Nancy Andrighi, julgado em 26.05.2009, DJe 19.08.2009). A relatora do caso ressaltou que, embora seja importante a diligência investigativa no processo de produção de notícias, não se pode exigir o rigor aplicável aos processos judiciais. Além disso, como a imprensa não detém poderes equiparáveis aos estatais para a cognição exauriente dos fatos investigados, não é possível lhe exigir a veiculação de fatos apenas após a certeza de sua veracidade, sob pena de engessar a mídia e condená-la à morte.

"(i) **provedores de *backbone*** (espinha dorsal), que detêm estrutura de rede capaz de processar grandes volumes de informação. São os responsáveis pela conectividade da Internet, oferecendo sua infraestrutura a terceiros, que repassam aos usuários finais acesso à rede; (ii) **provedores de acesso**, que adquirem a infraestrutura dos provedores *backbone* e revendem aos usuários finais, possibilitando a estes conexão com a Internet; (iii) **provedores de hospedagem**, que armazenam dados de terceiros, conferindo-lhes acesso remoto; (iv) **provedores de informação**, que produzem as informações divulgadas na Internet; e (v) **provedores de conteúdo**, que disponibilizam na rede as informações criadas ou desenvolvidas pelos provedores de informação"[11].

(destaque acrescentado)

Posteriormente, em 2014, o Marco Civil da Internet (Lei nº 12.965/2014) passou a prever, ao menos no seu texto expresso, somente duas modalidades de provedor[12-13]: os de *conexão*, que são aqueles que oferecem conectividade no mercado de consumo, e os de *aplicação*, compreendidos como qualquer funcionalidade acessada por meio de um terminal conectado à Internet.

O MCI também dedicou posição de destaque à liberdade de expressão, que conta com cinco aparições textuais na lei: a liberdade de expressão, em suma, é *fundamento e princípio* para a disciplina do uso da internet no Brasil (arts. 2º e 3º); *condição para o pleno exercício* do direito de acesso à internet (art. 8º); e, por fim, orienta o regime de *responsabilidade civil* tratado na Lei (art. 19, *caput* e §2º)[14].

Naturalmente, o relevo dedicado à liberdade de expressão não impede a responsabilização dos atores que atuam na internet ou a remoção de conteúdo ilícito da rede. Contudo, conforme prevê o próprio art. 3º, VI do MCI, deve-se perseguir a "responsabilização dos agentes de acordo com a sua atividade".

Daí a relevância de se compreender como os provedores atuam quando prestam determinado serviço na Internet, pois essa identificação impacta o regime de respon-

---

11. STJ, Terceira Turma, REsp 1192208/MG, Rel. Min. Nancy Andrighi, julgado em 12.06.2012, DJe 02.08.2012.
12. TEFFÉ, Chiara Antonia Spadaccini de. Responsabilidade civil e liberdade de expressão no Marco Civil da Internet: a responsabilidade civil dos provedores por danos decorrentes de conteúdo gerado por terceiros. *Revista de Direito Privado*. vol. 63. ano 16. p. 59-83. São Paulo: Ed. RT, jul-set 2015. "O Marco Civil da Internet menciona, ao longo de seu texto, apenas duas espécies de provedores: o provedor de conexão à internet e o provedor de aplicações de internet. Ainda que o legislador tenha incluído um glossário no art. 5º, neste rol não foi colocada uma definição para os provedores, tampouco uma classificação, mas apenas a definição das atividades desempenhadas por eles"
13. TEFFÉ, Chiara Spadaccini de; SOUZA, Carlos Affonso; NUNES, Beatriz Laus Marinho. Responsabilidade Civil de Provedores. In: SOUZA, Carlos Affonso; LEMOS, Ronaldo; BOTTINO, Celina (coord.) *Marco Civil da Internet*: jurisprudência comentada. São Paulo: Editora Revista dos Tribunais, 2017, p. 96: "A Lei 12.965/2014 trata em especial de dois tipos de provedores: aqueles dedicados a prover *acesso à Internet* e aqueles que disponibilizam as mais diversas *aplicações* na rede. Entretanto, a Lei não traz uma definição para esses provedores, mas apenas a definição das atividades desempenhadas por eles. Dispõe o artigo 5º, incisos V e VII, que para os efeitos do MCI considera-se: 'conexão à internet: a habilitação de um terminal para envio e recebimento de pacotes de dados pela internet, mediante a atribuição ou autenticação de um endereço IP' e 'aplicações da internet: o conjunto de funcionalidades que podem ser acessadas por meio de um terminal conectado à internet'".
14. SOUZA, Carlos Affonso Pereira de. "As cinco faces da proteção à liberdade de expressão no marco civil da internet". In: DE LUCCA, Newton, et al. (org.). *Direito & Internet III*: Marco Civil da Internet, Lei 12.965/2014. São Paulo: Quartier Latin, 2015, p. 377-408.

sabilização no ambiente online. Na sequência, passa-se a qualificar juridicamente a atuação online das empresas jornalísticas, de modo a auxiliar na identificação do regime de responsabilidade civil que lhes é aplicável.

3. QUALIFICAÇÃO DAS EMPRESAS JORNALÍSTICAS NA INTERNET E RESPONSABILIDADE CIVIL DOS PROVEDORES DE CONTEÚDO, DE INFORMAÇÃO E DE APLICAÇÃO

Na linha da jurisprudência do STJ, *provedores de informação* são aqueles que produzem as informações divulgadas na internet, ou seja, são os autores do material publicado na rede, enquanto os *provedores de conteúdo* são aqueles que disponibilizam na internet as informações criadas ou desenvolvidas pelos provedores de informação.

Acertadamente, o STJ já reconheceu a possibilidade, inclusive frequente, de que "provedores ofereçam mais de uma modalidade de serviço de Internet; daí a confusão entre essas diversas modalidades. Entretanto, a diferença conceitual subsiste e é indispensável à correta imputação da responsabilidade inerente a cada serviço prestado"[15]. Essa é exatamente a hipótese de que aqui se cuida.

Quando os jornais assinam uma matéria na internet, por meio de editorial ou de seus colaboradores individualmente, atuam como *provedores de informação*, já que são os próprios autores dos escritos postados. Como a mídia hoje é interativa, também é comum que os portais eletrônicos dos jornais, com o intuito de estabelecer conexão com os seus leitores, dediquem um espaço online à publicação dos comentários de seus seguidores, de modo a promover engajamento com a comunidade de usuários que acessam determinado jornal. Nesse caso, por disponibilizarem as informações criadas por terceiros, sem controle prévio de seu teor, atuam como *provedores de conteúdo*.

É por essa razão que, para as indagações perquiridas neste artigo, interessa especialmente a responsabilidade civil do *provedor de conteúdo*, uma vez que é nessa qualidade que atuam as empresas jornalísticas quando, sem controle prévio, permitem que terceiros publiquem em suas páginas[16].

---

15. STJ, Terceira Turma, REsp 1192208/MG, Rel. Min. Nancy Andrighi, julgado em 12.06.2012, DJe 02.08.2012.
16. Não se desconhece que, atualmente, há páginas que realizam um controle prévio do conteúdo postado por seus leitores. No entanto, a análise aqui proposta se restringirá à disciplina aplicável àquelas que não realizam qualquer moderação prévia, considerando que o STJ, ao decidir pelo regime de responsabilidade subjetiva dos provedores de aplicação, reconhece os provedores na internet como importante fonte de expressão, que não estão obrigados a gerenciar previamente o conteúdo das informações postadas por usuários em suas páginas. Cf. STJ, Terceira Turma, REsp 1641133/MG, Rel. Min. Nancy Andrighi, julgado em 20.06.2017, DJe 01.08.2017: "CIVIL E PROCESSUAL CIVIL. RECURSO ESPECIAL. GOOGLE. YOUTUBE. AÇÃO DE REPARAÇÃO POR DANOS MORAIS. CONTEÚDO REPUTADO OFENSIVO. DANO MORAL. RESPONSABILIDADE SUBJETIVA DO PROVEDOR. NOTIFICAÇÃO JUDICIAL. DESCUMPRIMENTO. RESPONSABILIDADE SOLIDÁRIA COM OFENSOR. REDUÇÃO DO VALOR DA MULTA PELO DESCUMPRIMENTO DE ORDEM JUDICIAL. (...) 3. Esta Corte fixou entendimento de que '(i) não respondem os provedores objetivamente pela inserção no site, por terceiros, de informações ilegais; (ii) não podem ser obrigados a exercer um controle prévio do conteúdo das informações postadas no site por seus usuários; (iii) devem, assim que tiverem conhecimento inequívoco da existência de dados ilegais no site, removê-los imediatamente, sob pena de responderem pelos danos respectivos; (iv) devem manter um

A cronologia da jurisprudência sobre o tema revela diferentes fases com entendimentos distintos[17]: em um primeiro momento, no começo do milênio, alguns julgados extinguiam, sem julgamento de mérito, ações indenizatórias ajuizadas em face dos provedores por entender que não possuíam legitimidade passiva, na medida em que os réus seriam meros intermediários entre o agente do dano e a vítima.

Em seguida, o pêndulo da responsabilização inverteu-se para a outra extremidade, reconhecendo-se a responsabilidade objetiva dos provedores, quer por risco da atividade (Código Civil, art. 927, parágrafo único), quer por prestação de serviço defeituoso, na forma do Código de Defesa do Consumidor. Por último, entre a *ilegitimidade passiva* e a *responsabilidade objetiva*, desponta a *responsabilidade subjetiva*, que também encontrou variações, discutindo-se se seria deflagrada por mera notificação extrajudicial ou apenas pelo descumprimento de ordem judicial específica.

Aos poucos, o STJ passou a entender que não haveria como se impor ao provedor a avaliação subjetiva da inveracidade das informações veiculadas em suas plataformas por terceiros. No julgamento do REsp 1406448/RJ, o Tribunal reconheceu que, "[n]o que tange à verificação de ofício do conteúdo das informações postadas por cada usuário, não se trata de atividade intrínseca ao serviço prestado, de modo que não se pode reputar defeituoso, nos termos do art. 14 do CDC, o site que não examina e filtra o material nele inserido."[18]

Dessa forma, o STJ confirmou o entendimento de que a responsabilidade objetiva de um agente só se justifica nos casos em que há risco maior do que o normal. Na mesma linha, o Enunciado 38 da I Jornada de Direito Civil, promovida pelo Centro de Estudos Judiciários do Conselho da Justiça Federal, prevê que apenas será aplicável o regime de responsabilidade civil objetiva "quando a atividade normalmente desenvolvida pelo autor do dano causar a pessoa determinada um ônus maior do que aos demais membros da coletividade".

Até 2014, o STJ adotava o entendimento de que seria cabível a responsabilização do provedor de aplicação por conteúdo gerado por terceiros apenas a partir

---

sistema minimamente eficaz de identificação de seus usuários, cuja efetividade será avaliada caso a caso'. Precedentes" (destaque acrescentado).

17. Para uma análise detida da evolução jurisprudencial da responsabilidade civil dos provedores de acesso e de aplicações da internet, cf. SOUZA, Carlos Affonso Pereira de. Responsabilidade civil dos provedores de acesso e de aplicações e Internet: evolução jurisprudencial e os impactos da Lei 12.695/2014 (Marco Civil da Internet). In: LEITE, George Salomão LEMOS, Ronaldo (coord). *Marco Civil da Internet*. São Paulo: Atlas, 2014. p. 791-¬816: "De modo geral pode-se apontar três entendimentos que têm sido prevalentes na jurisprudência nacional sobre a responsabilidade civil dos provedores de aplicações de internet: (i) a sua não responsabilização pelas condutas de seus usuários; (ii) a aplicação da responsabilidade civil objetiva, ora fundada no conceito de risco da atividade desenvolvida, ora no defeito da prestação do serviço; e (iii) a responsabilidade de natureza subjetiva, aqui também encontrando-se distinções entre aqueles que consideram a responsabilização decorrente da não retirada de conteúdo reputado como lesivo após o provedor tomar ciência do mesmo (usualmente através de notificação da vítima) e os que entendem ser o provedor responsável apenas em caso de não cumprimento de decisão judicial ordenando a retirada do material ofensivo".

18. STJ, Terceira Turma, REsp 1406448/RJ, Rel. Min. Nancy Andrighi, julgado em 15.10.2013, DJe 21.10.2013.

do momento em que, notificado extrajudicialmente pela vítima, este permanecesse inerte, deixando de retirar o conteúdo ofensivo de suas plataformas dentro de um prazo comumente fixado em 24 horas[19]. Essa sistemática ficou conhecido como *notice and takedown*.

Com o advento do Marco Civil da Internet, passou-se a condicionar a responsabilização do provedor ao descumprimento de ordem judicial específica para a remoção de conteúdo publicado por terceiro em sua plataforma, na forma de seu polêmico art. 19. Em síntese, o dispositivo oferece uma salvaguarda para as atividades dos provedores semelhante à verificada nos Estados Unidos, prevista na Seção 230 (c)(1) do *Telecommunications Act*, conforme alteração promovida em 1994 pelo denominado *Communications Decency Act* (CDA)[20]. A previsão do MCI, contudo, é objeto de relevantes discussões e duras críticas.

A corrente crítica ao art. 19 do MCI sustenta que o dispositivo seria um verdadeiro retrocesso em relação ao mecanismo de *notice and takedown*, que vinha se consolidando na jurisprudência até 2014. De acordo com Anderson Schreiber, a previsão do MCI "estabeleceu um mecanismo extremamente engessado, que cria uma proteção intensa para as sociedades empresárias que exploram redes sociais e reduz o grau de proteção que já vinha sendo fixado pela jurisprudência brasileira para os usuários da internet"[21].

Nessa linha, o autor afirma que o art. 19 do MCI seria inconstitucional por violar a garantia constitucional de reparação plena e integral dos danos à honra, à privacidade e à imagem, uma vez que o artigo impõe condicionantes e limites à tutela desses direitos fundamentais[22]. Viola-se também o princípio do acesso à justiça, no seu entendimento, na medida em que, em vez de ser tratado como um direito funda-

---

19. STJ, Terceira Turma, REsp 1403749/GO, Rel. Min. Nancy Andrighi, julgado em 22/10/2013, DJe 25.03.2014 "CIVIL E CONSUMIDOR. INTERNET. RELAÇÃO DE CONSUMO. INCIDÊNCIA DO CDC. PROVEDOR DE COMPARTILHAMENTO DE VÍDEOS. VERIFICAÇÃO PRÉVIA E DE OFÍCIO DO CONTEÚDO POSTADO POR USUÁRIOS. DESNECESSIDADE. IMAGEM DE CONTEÚDO OFENSIVO. DANO MORAL. RISCO NÃO INERENTE AO NEGÓCIO. CIÊNCIA DA EXISTÊNCIA DE CONTEÚDO ILÍCITO OU OFENSIVO. RETIRADA DO AR EM 24 HORAS. DEVER. DISPONIBILIZAÇÃO DE MEIOS PARA IDENTIFICAÇÃO DE CADA USUÁRIO. DEVER, DESDE QUE INFORMADO O URL. DISPOSITIVOS LEGAIS ANALISADOS: ARTS. 5º, IV E IX, 220 DA CF/88; 6º, III, 14 E 84, § 4º, DO CDC; 461, § 1º, DO CPC; E 248 E 927, PARÁGRAFO ÚNICO, DO CC/02".
20. Vale destacar que essa regra possui exceções, a exemplo do que ocorre com o regime de responsabilização por violações a direitos autorais, conforme dispõe o Digital Millenium Copyright Act (DMCA). Para aprofundamento, cf. SOUZA, Carlos Affonso; LEMOS, Ronaldo. *Marco civil da internet*: construção e aplicação. Juiz de Fora: Editar Editora Associada Ltda., 2016, p. 72-73.
21. SCHREIBER, Anderson. Marco Civil da Internet: avanço ou retrocesso? A responsabilidade civil por dano derivado do conteúdo gerado por terceiro. In: LUCCA, Newton de; SIMÃO FILHO; Adalberto; LIMA, Cíntia Rosa Pereira de (coord). *Direito & Internet*. Tomo II: Marco Civil da Internet (Lei nº 12.965/2014). São Paulo: Quartier Latin, 2015, p. 289.
22. Em sentido contrário, manifestando-se pela constitucionalidade do art. 19 do MCI, cf. NORTHFLEET, Ellen Gracie. O Marco Civil da Internet sob o prisma da constitucionalidade: parte II. *Consultor Jurídico*, 20 fev. 2020. Disponível em: <https://www.conjur.com.br/2020-fev-20/ellen-gracie-constitucionalidade-marco--civil-internet-ii>. Acesso em: 15.05.2021: "32. Adequada a solução legislativa, não se vislumbra no artigo 19 da Lei 12.965/2014 (Marco Civil da Internet) qualquer vício de inconstitucionalidade".

mental, o ajuizamento de ação se torna obrigação da vítima e condição *sine qua non* para que esta possa se ver indenizada pelo provedor – e apenas caso descumprida uma ordem judicial proferida pelo juízo competente[23]. Por fim, ao impor a judicialização do conflito, o dispositivo caminharia em sentido contrário à forte tendência de tentativa de desabarrotamento do Judiciário no Brasil.

Em sentido contrário, a defesa do art. 19 do MCI sustenta que, além de a sistemática nele prevista não ser um mecanismo novo no ordenamento jurídico brasileiro – já havia previsão semelhante, por exemplo, no direito eleitoral[24] –, a medida não configura a concessão de uma salvaguarda arbitrária a esses agentes, mas uma proteção à liberdade de expressão verificada na internet, garantindo-se, assim, o imediatismo e a interatividade que caracterizam hoje a comunicação na rede.

Esse regime de responsabilização subjetiva também busca evitar incentivos à criação de um dever contínuo de monitoramento privado e de exclusão de conteúdos potencialmente controvertidos. Solução diferente poderia viabilizar alguma forma de censura privada por parte dos provedores, acarretando riscos de restrição indevida à liberdade de expressão, além de aumentar a imprevisibilidade quanto à responsabilidade dos provedores. Esse conjunto de considerações, que tende a aumentar o custo de serviços, também é lembrado como possível barreira para a inovação tecnológica, científica, cultural e social[25].

---

23. SCHREIBER, Anderson. Marco Civil da Internet: avanço ou retrocesso? A responsabilidade civil por dano derivado do conteúdo gerado por terceiro. In: LUCCA, Newton de; SIMÃO FILHO; Adalberto; LIMA, Cíntia Rosa Pereira de (coord). *Direito & Internet*. Tomo II: Marco Civil da Internet (Lei nº 12.965/2014). São Paulo: Quartier Latin, 2015, p. 293-294.
24. Nesse sentido, a Lei nº 12.034/2009, a que se convencionou chamar de minirreforma eleitoral, acresceu o artigo 57-F à Lei nº 9.504/1997 (Lei das Eleições). Cf. LEONARDI, Marcel. Internet e regulação: o bom exemplo do Marco Civil da Internet. *Revista do Advogado*. vol. 115, ano 32, p. 99-113. São Paulo: AASP, abril 2012, p. 111: "Ressalte-se que esse modelo não é novo, pois a remoção judicial de conteúdo on-line já faz parte do sistema brasileiro. A Lei nº 12.034/2009, que tratou da reforma eleitoral, estabeleceu que provedores somente serão responsabilizados pela divulgação de propaganda eleitoral irregular caso sejam notificados da existência de decisão da Justiça Eleitoral e não tomem providências para cessar essa divulgação, dentro do prazo assinalado pela decisão judicial".
25. TEFFÉ, Chiara Spadaccini de; SOUZA, Carlos Affonso. Responsabilidade civil de provedores na rede: análise da aplicação do Marco Civil da Internet pelo Superior Tribunal de Justiça. *Revista IBERC*, Minas Gerais, v. 1, n. 1, p. 01-28, nov.-fev./2019, p. 14-15: "Diante disso, a doutrina destaca importantes argumentos para embasar a opção do legislador em adotar a responsabilidade subjetiva por omissão do provedor que não retira o conteúdo ofensivo após ordem judicial. Em primeiro lugar, afirma-se que seria equivocado permitir que os provedores pudessem decidir, como regra, se o conteúdo questionado deveria ou não ser exibido ou se ele causaria ou não dano, por serem eles empresas privadas. Alega-se também que os critérios para a retirada de conteúdo seriam muito subjetivos, o que prejudicaria a diversidade e o grau de inovação na Internet, e que a retirada de conteúdos da rede, de forma subjetiva e mediante mera notificação, poderia implicar sério entrave para o desenvolvimento de novas alternativas de exploração e comunicação, as quais poderiam não ser desenvolvidas em razão do receio de futuras ações indenizatórias. Nesse sistema, se uma suposta vítima identificasse um conteúdo lesivo (ao seu entender) e desejasse sua remoção, bastaria que ela notificasse o provedor de aplicações de internet. E, caso tal provedor ficasse inerte ou entendesse pela não necessariedade da remoção, ele poderia ter que responder uma ação judicial e, em alguns casos, pagar uma indenização para a vítima. Esse sistema traria, sem dúvidas, uma insegurança maior para as relações e poderia justificar remoções de conteúdo sem o devido contraditório".

Além disso, a ponderação entre a liberdade de expressão e os direitos da personalidade – atividade tipicamente praticada no exercício da função jurisdicional – deveria ser realizada pelo Estado-juiz[26]. Deslocar essa competência aos provedores de internet pode ainda provocar um *efeito silenciador/inibidor* do discurso, tolhendo o debate público e o livre mercado de ideias[27]. Isso porque, na falta de parâmetros seguros e pré-definidos de qual princípio deva prevalecer no caso concreto, passa a ser conveniente aos provedores, por cautela, removerem qualquer conteúdo discutido por uma pretensa vítima, ainda que potencialmente legítimo e protegido pela liberdade de expressão, em razão do receio do provedor de responder solidariamente com o autor do conteúdo, caso algum excesso venha a ser apurado pelo Judiciário na sequência.

Além disso, sustenta-se que a regra do art. 19 não constitui condescendência legal com situações jurídicas ilícitas, abusivas ou não merecedoras de tutela pelo ordenamento. Significa apenas dizer que, apesar da incidência do CDC no serviço prestado pelos motores de busca na Internet – ou *provedores de aplicações*, se enquadrados na nomenclatura do MCI –, a sua responsabilidade deve ficar restrita à natureza da atividade por eles desenvolvida.

Esse é, aliás, um dos princípios do decálogo do Comitê Gestor da Internet – CGI. br, proposto em 2009, do qual o Marco Civil da Internet é originário[28]. Segundo a Resolução do CGI.br que orienta os dez princípios para a governança e uso da Internet no Brasil, a *inimputabilidade da rede* significa dizer que "o combate a ilícitos na rede deve ser dirigido aos responsáveis finais e não aos meios de acesso e transporte, sempre preservando os princípios maiores de defesa da liberdade, da privacidade e do respeito aos direitos humanos"[29].

Por fim, o art. 19 do MCI não prevê exatamente uma regra de *remoção de conteúdo*, mas antes de *responsabilidade civil* – embora haja entendimentos que parecem

---

26. Sobre a ponderação entre esses princípios, cf. BODIN DE MORAES, Maria Celina. Honra, liberdade de expressão e ponderação. Civilistica.com. Rio de Janeiro, a. 2, n. 2, abr.-jun./2013. Disponível em: <http://civilistica.com/honraliberdade-de-expressao-e-ponderacao/>. Acesso em: 15.08.2019.
27. A contribuição de Owen Fiss a respeito da liberdade de expressão e da ameaça do *chilling effect* é pautada pela reflexão do autor sobre a intervenção estatal no domínio discursivo. Cf. FISS, Owen M. *A ironia da liberdade de expressão*: Estado, regulação e diversidade na esfera pública. Tradução e prefácio de BINENBOJM, Gustavo; PEREIRA NETO, Caio Mário da Silva. Rio de Janeiro: Renovar, 2005, 57: "Aqueles encarregados de desenhar as instituições devem atribuir o poder de regular o conteúdo – de agir como um mediador – as agências removidas da arena política. Nunca é uma boa ideia escolher para presidir um encontro alguém demasiadamente interessado em um resultado. Ademais, um pesado ônus de controlar a ação estatal deve recair sobre o Judiciário, especialmente porque este se situa fora da arena política. Ao se desincumbir de tal tarefa, o Judiciário não deve focar o motivo – declarado ou não – da ação, mas deve cuidadosamente identificar o efeito global da regulação estatal sobre o debate público. A Corte deve se perguntar: a regulação realmente melhorará a qualidade do debate, ou terá ela efeito oposto?".
28. Disponível em: <http://www.cgi.br/noticia/lei-do-marco-civil-da-internet-e-uma-grande-vitoria-para-os--brasileiros-considera-cgi-br/408>. Acesso em: 15.08.2019.
29. Resolução CGI.br/RES/2009/003/P disponível em: <https://www.cgi.br/resolucoes/documento/2009/003>. Acesso em: 15.08.2019.

apontar a existência de uma ordem judicial como única hipótese para a eliminação de determinado conteúdo na Internet[30].

É por isso que, em regra, o art. 19 do MCI não impede um provedor de aplicações de, por iniciativa própria, entender por bem remover determinado conteúdo, caso o repute como uma ofensa a seus termos de uso, independentemente de ordem judicial[31-32]. Fazer valer os termos de uso de uma plataforma, porém, também não deve significar a remoção sumária, arbitrária e infundada do conteúdo publicado por terceiros, sem que lhes seja assegurada ampla defesa, de modo que a retirada da postagem em questão também possa ser contraditada, evitando que provedores abusem de sua posição.

Entre os defensores da sistemática adotada no art. 19 do MCI, afirma-se que a melhor solução legislativa para a hipótese seria que o ordenamento jurídico contasse com uma cláusula semelhante à do "bloqueio do bom samaritano" ("*good samaritan blocking*"). Isso porque, mais do que isentar o provedor da responsabilidade de forma solidária com o autor da ofensa, a Seção 230 do *Communications Decency Act*,

---

30. ROSSETTO, Guilherme Ferreira; ANDRADE, Henrique dos Santos; BENATTO, Pedro Henrique Abreu. A responsabilidade dos provedores de aplicação no Marco Civil da Internet: reflexões sobre a viabilidade da medida com foco nos problemas que assolam o Poder Judiciário. *Revista de Direito Privado*. vol. 69. ano 17. p- 47-67. São Paulo: Ed. RT, set. 2016, p. 53: Antes do Marco Regulatório da Internet, a 3ª e 4ª Turmas do STJ vinham pacificando – principalmente nos casos envolvendo direitos autorais – o já criticável mecanismo de notificação e retirada de conteúdo denominado *notice and take down* (notifique e derrube), o qual, sinteticamente, preceitua que o provedor deve retirá-lo assim que notificado pelo usuário, até mesmo extrajudicialmente, sob pena de responder solidariamente com o autor imediato do dano. No entanto, a Lei 12.695/2014 matizou o *notice and take down* ao introduzir nova exigência: a notificação judicial. Agora, para que eventual conteúdo seja eliminado da internet é preciso que o interessado provoque o Poder Judiciário, o qual, após analisar a demanda e com base numa decisão fundamentada, emitirá ordem negativa ou positiva".
31. Ainda em referência ao dispositivo do Projeto de Lei do Marco Civil da Internet, quando a regra sobre a responsabilidade civil dos provedores de aplicação por atos de terceiros correspondia a outro artigo, confira-se a observação de Marcel Leonardi, que pode ser aproveitada integralmente para a versão atual e aprovada da lei, cf. LEONARDI, Marcel. Internet e regulação: o bom exemplo do Marco Civil da Internet. *Revista do Advogado*. vol. 115, ano 32, p. 99-113. São Paulo: AASP, abril 2012, p. 108-109: "Um ponto fundamental: o art. 15 do Marco Civil da Internet não diz que remoção de conteúdo somente pode ocorrer por força de ordem judicial. O artigo trata de responsabilidade civil, e não de remoção forçada de conteúdo. Ou seja: o artigo esclarece que o provedor pode ser responsabilizado em caso de descumprimento de ordem judicial de remoção forçada de conteúdo, mas não diz – nem poderia dizer – que qualquer remoção de conteúdo somente por ordem judicial. Isso significa que cada provedor continua livre para implementar as políticas que entender pertinentes para remoção voluntária de conteúdo. Não se deve pensar, portanto, que o provedor está de mãos atadas, aguardando por uma ordem judicial: ele pode perfeitamente remover o conteúdo de acordo com seus termos de uso, suas políticas e outras práticas";
32. NORTHFLEET, Ellen Gracie. O Marco Civil da Internet sob o prisma da constitucionalidade: parte II. *Consultor Jurídico*, 20 fev. 2020. Disponível em: <https://www.conjur.com.br/2020-fev-20/ellen-gracie--constitucionalidade-marco-civil-internet-ii>. Acesso em: 15.05.2021: "18. É importante mencionar que o Marco Civil da Internet não impede a atuação espontânea dos provedores de aplicação em remover conteúdo gerado por terceiros, nos casos em que verificarem, de acordo com os parâmetros estabelecidos em suas políticas de uso, que o conteúdo gerado violou as regras estabelecidas entre provedores e usuários para uso do serviço".

nos Estados Unidos, também incentiva a remoção espontânea de materiais que o provedor repute ilícitos[33-34].

A regra do art. 19 do MCI, é certo, também (i) não afasta o dever de indenizar que possa ser imputado ao responsável principal que, diretamente como autor de uma ofensa, houver disponibilizado conteúdo, informação e comentários lesivos na Internet; (ii) tampouco altera o regime de responsabilidade civil de provedores de aplicação por *atos próprios*. Em síntese, essa previsão do MCI diz respeito somente à responsabilização aplicável aos provedores de aplicação por *atos de terceiro*.

A definição do regime de responsabilidade civil para essa situação específica, como lembra Carlos Affonso Souza, pressupõe duas perguntas essenciais, sendo a resposta afirmativa à primeira delas condicionante da segunda: (i) teria o provedor o dever de fiscalizar, monitorar e consequentemente filtrar os conteúdos que são submetidos por seus usuários?; e (ii) deve o provedor responder se, uma vez ciente do conteúdo reputadamente danoso, falha em removê-lo, usualmente quando notificado extrajudicialmente pela vítima?

---

33. SOUZA, Carlos Affonso; LEMOS, Ronaldo. *Marco civil da internet*: construção e aplicação. Juiz de Fora: Editar Editora Associada Ltda., 2016, p. 73: "Cumpre lembrar que o mencionado artigo 230, além de isentar o provedor da responsabilidade como se autor do conteúdo lesivo fosse, também incentiva a remoção espontânea de materiais que o provedor por acaso repute ilícitos. Nessas circunstâncias, entra em prática o chamado 'Bloqueio do Bom Samaritano' ('good samaritan blocking'), que impede a parte prejudicada por essa remoção de eventualmente responsabilizar o provedor. Assim dispõe o artigo 230 (c)(2): '(c) Proteção do Bloqueio do Bom Samaritano e Remoção de Material Ofensivo (...) (2) Responsabilidade Civil – Nenhum provedor ou usuário de serviço interativo de computador será responsabilizado por: (A) qualquer ação voluntária, tomada em boa-fé para restringir acesso ou disponibilidade de material que o provedor ou o usuário considere obsceno, indecente, lascivo, sórdido, excessivamente violento, ameaçador, ou de qualquer forma questionável, independentemente da proteção constitucional desse material; ou (B) qualquer ação tomada criar ou disponibilizar para provedores de informação ou outros os meios técnicos para restringir acesso ao material descrito no item (1)'".
34. Nos últimos anos, porém, uma possível reforma da Seção 230 vem sendo debatida por diferentes poderes e autoridades nos Estados Unidos. Algumas iniciativas nesse sentido podem ser sumariadas nos seguimentos movimentos em ordem cronológica: (i) em maio de 2020, Donald Trump, presidente dos EUA à época, publicou a "*Executive Order on Preventing Online Censorship*", propondo a relativização da imunidade garantia pela Seção 230(c) da CDA às plataformas de internet pelo conteúdo produzido por seus usuários. A medida foi publicada após o Twitter adicionar etiquetas de checagem de fatos em publicações do então presidente estadunidense naquela rede social; (ii) em setembro de 2020, o Departamento de Justiça dos EUA enviou ao Congresso uma proposta legislativa que também pretendia reformar a imunidade conferida às plataformas de internet, sob o fundamento de promover transparência e discurso aberto, bem como incentivar que as plataformas tomassem medidas contra conteúdos e atividades ilícitos online. Para isso, a imunidade garantida pela Seção 230 do CDA seria retirada, entre outras medidas, no caso de remoção de "conteúdo questionável"; (iii) em outubro de 2020, os presidentes-executivos do Twitter, Alphabet/Google e Facebook participaram de audiência no Senado dos EUA para debater a Seção 230 do CDA e a responsabilidade das plataformas por conteúdo de terceiros; e (iv) em março de 2021, os presidentes-executivos do Facebook, Twitter e Alphabet/Google participaram de audiência com o Comitê de Energia e Comércio da Câmara dos Deputados dos EUA para debater desinformação nas plataformas, depois que o Capitólio, em janeiro daquele ano, foi invadido por partidários do então presidente Donald Trump para protestar contra o resultado da eleição presidencial de 2020.

Ao fim e ao cabo, é a resposta a essas duas perguntas que vai definir se a modalidade de responsabilidade civil deve ser (i) *objetiva*; (ii) *subjetiva* e deflagrada por descumprimento de *notificação extrajudicial*; ou (iii) *subjetiva* e deflagrada por descumprimento de *ordem judicial*.

Como se demonstrou, a opção do legislador, no art. 19 do MCI, foi no sentido de que o provedor, como regra, não responde por conteúdo de terceiros quando descumprir ordem judicial específica, ressalvadas duas exceções pontuais previstas no texto da lei – divulgação de cenas de nudez ou atos sexuais de caráter privado e uso indevido de conteúdo protegido por direito autoral.

Primeiro, nos casos de divulgação, sem autorização de seus participantes, de imagens, vídeos ou outros materiais contendo cenas de nudez ou atos sexuais de caráter privado – o que engloba, por exemplo, a chamada pornografia de vingança –, o provedor será responsabilizado subsidiariamente "quando, após o recebimento de notificação pelo participante ou seu representante legal, deixar de promover, de forma diligente, no âmbito e nos limites técnicos do seu serviço, a indisponibilização desse conteúdo" (MCI, art. 21).

Em segundo lugar, a aplicação da regra geral – de que a responsabilidade civil só é deflagrada em caso de descumprimento de ordem judicial – para infrações a direitos autorais e conexos depende de previsão legal específica, mas a técnica legislativa adotada nessa exceção, já dirigida ao futuro legislador, aponta que a legislação "deverá respeitar a liberdade de expressão e demais garantias previstas no art. 5º da Constituição Federal" (MCI, art. 19, §2º).

Fora essas duas exceções, o MCI não prevê outra situação em que um provedor de aplicação possa responder por ato de terceiro se descumprir uma notificação extrajudicial privada.

4. A (IM)POSSIBILIDADE DE RESPONSABILIZAÇÃO PRÉVIA DAS EMPRESAS JORNALÍSTICAS POR COMENTÁRIOS PUBLICADOS POR USUÁRIOS EM SEUS SITES: ANÁLISE DO JULGAMENTO DO RECURSO ESPECIAL 1.352.053/AL

O STJ analisou especificamente a discussão referente à responsabilização civil das empresas jornalísticas por comentários publicados por usuários nos autos do recurso especial 1.352.053/AL, julgado no início de 2015. Trata-se de caso em que um desembargador do Tribunal de Justiça de Alagoas ajuizou ação em face de empresa jornalística pleiteando o pagamento de indenização por danos morais. O pedido foi feito em razão de ofensas postadas por usuários na seção de comentários do portal de notícias, em relação a uma matéria jornalística que dava conta de um julgamento em que o referido desembargador havia atuado como relator.

Em síntese, o STJ decidiu pela responsabilização da empresa gestora do portal de notícias, por entender que a ausência de controle sobre os comentários postados por terceiros configuraria defeito do serviço. Confira-se a ementa do acórdão:

> "RECURSO ESPECIAL. DIREITO CIVIL E DO CONSUMIDOR. RESPONSABILIDADE CIVIL. INTERNET. PORTAL DE NOTÍCIAS. RELAÇÃO DE CONSUMO. OFENSAS POSTADAS POR USUÁRIOS. AUSÊNCIA DE CONTROLE POR PARTE DA EMPRESA JORNALÍSTICA. DEFEITO NA PRESTAÇÃO DO SERVIÇO. RESPONSABILIDADE SOLIDÁRIA PERANTE A VÍTIMA. VALOR DA INDENIZAÇÃO.
> 1. Controvérsia acerca da responsabilidade civil da empresa detentora de um portal eletrônico por ofensas à honra praticadas por seus usuários mediante mensagens e comentários a uma notícia veiculada.
> 2. Irresponsabilidade dos provedores de conteúdo, salvo se não providenciarem a exclusão do conteúdo ofensivo, após notificação. Precedentes.
> 3. Hipótese em que o provedor de conteúdo é empresa jornalística, profissional da área de comunicação, ensejando a aplicação do Código de Defesa do Consumidor.
> 4. Necessidade de controle efetivo, prévio ou posterior, das postagens divulgadas pelos usuários junto à página em que publicada a notícia.
> 5. A ausência de controle configura defeito do serviço.
> 6. Responsabilidade solidária da empresa gestora do portal eletrônica perante a vítima das ofensas.
> 7. Manutenção do 'quantum' indenizatório a título de danos morais por não se mostrar exagerado (Súmula 07/STJ).
> 8. RECURSO ESPECIAL DESPROVIDO"[35].

No julgamento, o relator reconheceu, acertadamente, que as empresas jornalísticas atuam como *provedores de informação* em relação às notícias por elas publicadas, ao passo que atuam como *provedores de conteúdo* quanto aos comentários publicados por seus usuários, sem controle prévio da plataforma.

Apesar disso, o Tribunal não aplicou a consequência esperada a partir dessa classificação, que seria a ausência de responsabilidade prévia do portal de notícias pelos comentários postados por terceiros.

Pelo contrário, o jornal foi considerado solidariamente responsável com o autor da ofensa, mesmo tendo excluído as mensagens ofensivas tão logo os fatos lhe foram comunicados por meio da citação para responder a ação judicial, em razão do que o STJ entendeu ser uma particularidade relevante: o provedor de conteúdo era também um portal de notícias, de modo que a sua atividade seria precisamente o fornecimento de informações ao público consumidor, ainda que não inserisse diretamente o material na seção de comentários de seus usuários.

Essa circunstância particular, segundo o julgado, diferenciaria as *empresas jornalísticas* das *empresas de informática* (e.g., Google e Microsoft, citadas no acórdão), mesmo quando ambas atuam como provedoras de conteúdo[36]. A Terceira Turma do

---

35. STJ, REsp 1352053/AL, Rel. Min. Paulo de Tarso Sanseverino, julgado em 24.03.2015, DJe 30.03.2015.
36. No mesmo sentido, também pelo desacerto do entendimento firmado no REsp 1.352.053/AL, cf. QUEIROZ, João Quinelato de. Aplicabilidade do Marco Civil da Internet na responsabilidade civil por uso

STJ entendeu que, em se tratando de um portal de notícias, a ausência de qualquer controle pelo veículo, prévio ou posterior, configura defeito do serviço, por existirem uma relação de consumo e uma atividade desempenhada por jornalistas, cujo controle do potencial ofensivo seria não apenas viável, mas necessário em razão da atividade inerente ao objeto da empresa.

Além disso, vale registrar que o Marco Civil da Internet não foi aplicado ao caso porque os fatos examinados eram anteriores à edição da Lei nº 12.965/14, mas também porque o MCI, ao menos pelo que o final da fundamentação do acórdão sinaliza, seria inaplicável em todo caso, por não tratar da responsabilidade civil dos provedores de conteúdo[37]. De forma específica, essa ressalva indicada no julgado é o ponto do acórdão que mais interessa para a análise aqui proposta.

Isso porque, com essa ressalva final, o julgado parece sugerir que a conclusão pela responsabilidade do portal de notícias teria sido a mesma caso os fatos analisados também fossem posteriores à edição do MCI. Nesse caso, desconsidera-se que o *provedor de conteúdo*, por se enquadrar no amplo conceito de "funcionalidade que pode ser acessada por meio de um terminal conectado à internet" (MCI, art. 5º, VI), também pode ser considerado um *provedor de aplicações*[38]. Esse foi o entendimento firmado pelo próprio STJ quando do julgamento do REsp 1.568.935/RJ, em que se reconheceu que os provedores de *e-mail*, de *conteúdo* e de *hospedagem*, quando oferecem ferramentas e funcionalidades acessíveis por meio de um terminal conectado à internet, podem ser denominados de *provedores de aplicações ou de serviços*:

---

indevido de conteúdo protegido por direitos autorais na internet. Civilistica.com. Rio de Janeiro, a. 5, n. 2, 2016. Disponível em: <http://civilistica.com/aplicabilidade-do-marco-civil-da-internet/>. Acesso em: 15.08.2019: "Em nosso entendimento, parece equivocada tal interpretação aplicada especialmente aos sites de notícias. Impor a estes sites a obrigação de controle prévio dos comentários é restringir a liberdade da rede e a liberdade de livre manifestação do pensamento (art. 5º IV da CR/88), de modo que se deve privilegiar pelos espaços abertos de debate na rede e eventual responsabilidade civil recair sobre cada usuário".

37. STJ, REsp 1352053/AL, Rel. Min. Paulo de Tarso Sanseverino, julgado em 24.03.2015, DJe 30.03.2015: "Cabe esclarecer que o marco civil da internet (Lei 12.965/14) não se aplica à hipótese dos autos, porque os fatos ocorreram antes da entrada em vigor dessa lei, além de não se tratar da responsabilidade dos provedores de conteúdo".

38. TEFFÉ, Chiara Spadaccini de; SOUZA, Carlos Affonso; NUNES, Beatriz Laus Marinho. Responsabilidade Civil de Provedores. In: SOUZA, Carlos Affonso; LEMOS, Ronaldo; BOTTINO, Celina (coord.) *Marco Civil da Internet*: jurisprudência comentada. São Paulo: Editora Revista dos Tribunais, 2017, p. 96: "Os provedores de aplicações de Internet podem ser compreendidos como a pessoa que fornece um conjunto de funcionalidades que são acessadas por meio de um terminal conectado à internet. O provedor de aplicações de Internet aparenta englobar os tradicionalmente chamados provedores de conteúdo (que disponibilizam na rede os dados criados ou desenvolvidos pelos provedores de informação ou pelos próprios usuários da Internet, como as redes sociais, os aplicativos de mensagens e as plataformas para compartilhamento de vídeos) e de hospedagem (que armazenam dados de terceiros, conferindo-lhes acesso remoto), tendo em vista que, no artigo 19 do MCI, foi determinado que a responsabilidade civil desse provedor, por conteúdo gerado por terceiro, será omissiva e a partir da notificação judicial".

"Da lição do Professor Frederico Meinberg Ceroy ('Marco Civil da Internet: conceitos de provedores'), publicada em diversos sites jurídicos, é possível elencar os principais tipos de provedores:

(i) Provedores de backbone – ligados à infraestrutura da rede mundial de computadores, são os responsáveis por viabilizar o grande tráfego de informações. Comparando-se à uma malha rodoviária, seriam as highways por onde circulam as informações em massa. São exemplos de provedores de backbone no Brasil: Embratel, Telefônica, Tim Intelig, CTBC, dentre outros.

(ii) Provedores de acesso – também estão relacionados à infraestrutura da rede, fornecem o acesso dos consumidores à internet, como se fossem as vias secundárias para se chegar às highways. São exemplos: Net Virtua, GVT, Tim, Claro, Vivo etc.

(iii) Provedores de correio eletrônico (e-mail) – responsáveis por uma das principais finalidades da internet, que é o envio de mensagens particulares a um destinatário ou grupo de destinatários específicos. O envio e o recebimento dependem da identificação dos respectivos usuários através de nickname (apelido na rede) e senha. Exemplos: Hotmail (da Microsoft), Yahoo, Gmail (do Google), entre tantos outros.

(iv) Provedores de conteúdo – são aqueles que disponibilizam na internet informações para consulta pública, mantidas em local de armazenamento (servidor) próprio ou em terceiros especializados (provedores de hospedagem). Exemplos: portais de veículos de imprensa, sítios institucionais e de informação de órgãos públicos, redes sociais etc.

(v) Provedores de hospedagem – guardam dados de terceiros em seus próprios servidores, cujo acesso a essas informações pode ser pública ou restrita, dependendo da opção do contratante do serviço. No Brasil, temos o Hostgator, a Locaweb, o Uol Host e vários outros.

Os três últimos tipos de provedores acima, quando oferecem ferramentas e funcionalidades acessíveis por meio de um terminal conectado à internet, podem ser denominados de Provedores de Aplicações ou de Serviços"[39] (destaque acrescentado).

E parece natural que um portal de notícias possa assumir a faceta de um provedor de aplicação, considerando que a própria seção de comentários dos jornais na Internet, não raro, é integrada a contas de redes sociais – estas, sim, consideradas provedoras de aplicação sem maiores dúvidas –, a exemplo do Facebook, o que permite aos usuários publicar mensagens a partir dos perfis já criados nessas plataformas.

Daí se extrai que as empresas jornalísticas, se não forem consideradas *provedoras de conteúdo* – atraindo, assim, o regime de responsabilização correspondente, que é aplicável às empresas de informática quando atuam nessa mesma qualidade de provedoras –, podem ser compreendidas como *provedoras de aplicação* quando disponibilizam espaços em seus sites para comentários de usuários e leitores. Como consequência desse reconhecimento, aplica-se a regra prevista no art. 19 do Marco Civil da Internet, de modo que os portais de notícia apenas serão responsabilizados por comentários ofensivos postados por terceiros, caso descumpram ordem judicial para a retirada do material.

---

39. STJ, Terceira Turma, REsp 1568935/RJ, Rel. Min. Ricardo Villas Bôas Cueva, julgado em 05.04.2016, DJe 13.04.2016.

5. CONCLUSÃO

Como se viu, a forma como os jornais informam e os leitores consomem informações mudou. A interatividade dos usuários e a instantaneidade das informações online são tônicas do jornalismo digital. Nesse cenário, é comum que os jornais ofereçam espaço dedicado em suas plataformas para promover engajamento com a sua comunidade de seguidores – seja com o próprio veículo, seja entre os usuários, uns com os outros.

Após evolução jurisprudencial sobre o tema, o STJ (i) refutou a tese de que a produção de conteúdo ofensivo integra risco da atividade, bem como rejeitou a ideia de que a ausência de um mecanismo de controle desse conteúdo configuraria prestação de serviço defeituoso; e (ii) firmou o entendimento de que, a respeito dos provedores de conteúdo em geral, a sua responsabilidade depende da existência ou não do controle editorial do material disponibilizado na rede. Não havendo esse gerenciamento, a responsabilização somente seria devida se, após notificação para a retirada, não o fizesse; se houver a moderação prévia, o provedor de conteúdo se tornaria responsável por eventual publicação ofensiva de terceiro independentemente de notificação.

Embora o STJ reconheça que um único agente pode desempenhar funções de diferentes provedores na internet, admitindo que empresas jornalísticas atuem como *provedores de informação* (em relação às notícias por elas postadas) e *provedores de conteúdo* (quanto à seção de comentários de seus leitores), o Tribunal, para fins de responsabilização civil, não aplicou as consequências que se extraem dessa distinção no julgamento do REsp 1.352.053/AL.

Naquela oportunidade, o STJ entendeu ser necessário diferenciar *empresas jornalísticas* de *empresas de informática*, sob o fundamento de que o controle editorial de conteúdo faria parte da atividade inerente ao objeto do portal de notícias em questão, mas não seria exigido das empresas que o Tribunal classificou como sendo as da "área da informática".

Ao julgar eventos anteriores ao Marco Civil da Internet, o STJ reconheceu a responsabilidade civil objetiva de um portal jornalístico por ofensa publicada por terceiro na seção de comentários (REsp 1.352.053), ao passo que, quando a postagem é inserida em uma rede social, por exemplo, o próprio acórdão daquele julgado confirma que o Tribunal não exige esse dever de monitoramento prévio e contínuo do conteúdo disponibilizado por usuários na Internet – exigência que é característica de um controle editorial esperado de agentes que podem responder de forma objetiva por danos causados por terceiros.

Nesse cenário, a circunstância de o jornalismo, hoje, ser produzido e consumido de forma mais interativa, inclusive com a intervenção de terceiros (e.g., seção de comentários dos usuários na Internet, às vezes até mesmo conectados por meio de perfil cadastrado em rede social), faz com que essa distinção entre empresas de tecnologia e de mídia seja menos óbvia.

Embora o Marco Civil da Internet não tenha servido de fundamento ao julgamento do REsp 1.352.053, em razão de os fatos terem ocorrido antes de sua vigência, o acórdão parece sinalizar que a Lei nº 12.965/14, ainda que estivesse em vigor, também não teria abordado a responsabilidade civil dos *provedores de conteúdo*[40].

Essa conclusão parece ser incompatível com a própria jurisprudência do STJ, que admite a possibilidade de *provedores de conteúdo* serem tratados como *provedores de aplicação* (REsp 1568935/RJ), o que atrai a incidência do art. 19 do MCI e, por consequência, a configuração de responsabilidade civil apenas após descumprimento de ordem judicial específica.

Não bastasse, o ponto se torna mais evidente com a constatação de que a seção de comentários dos portais jornalísticos na Internet, não raro, é integrada com redes sociais, que são provedores de aplicação, o que apenas poderia reforçar o art. 19 da Lei nº 12.965/14 como regime de responsabilidade civil aplicável às empresas jornalísticas por comentários de terceiros na Internet.

Dessa forma, em relação à seção de comentários das empresas jornalísticas sem moderação prévia, (i) ou bem o portal de notícias atua como *provedor de conteúdo* – e, pela jurisprudência do STJ anterior à edição da Lei nº 12.965/14, esses provedores não respondem por mensagens publicadas diretamente por seus usuários, salvo se não providenciarem a exclusão do conteúdo ofensivo após notificação particular;

---

40. A preocupação com a ressalva feita no acórdão de que o Marco Civil da Internet não seria aplicável para a responsabilização de provedor de conteúdo, mesmo que os fatos fossem posteriores à edição da lei, se apoia também em um levantamento realizado pelo grupo de pesquisa PLEB (Pesquisa sobre Liberdade de Expressão no Brasil), do Núcleo de Estudos Constitucionais da Pontifícia Universidade Católica do Rio de Janeiro (PUC-Rio). Em 2018, o grupo analisou apelações cíveis julgadas pelo Tribunal de Justiça do Estado do Rio de Janeiro (TJRJ), entre 2011 e 2017, com resultados que ainda serão publicados. No entanto, com base em apresentação inicial feita pelo grupo, a PLEB sinaliza que, mesmo quando os julgados enfrentam fatos posteriores à edição do MCI, há o risco de o magistrado simplesmente deixar de aplicar a Lei nº 12.965/14, sem apresentar razão para tanto. O estudo destaca que o recurso extraordinário 1.037.396, que teve repercussão geral reconhecida pelo Supremo Tribunal Federal, deve analisar a constitucionalidade do art. 19 do MCI, depois que a Turma Recursal do Colégio Recursal originário naquele processo declarou o dispositivo inconstitucional, aplicando a responsabilidade objetiva prevista no Código de Defesa do Consumidor a uma rede social (provedora de aplicação). Além desse caso, há um segundo recurso extraordinário que trata da constitucionalidade do art. 19 do MCI (RE 1.057.258), relatado pelo Min. Luiz Fux. Ambos chegaram a ser pautados para julgamento no dia 4 de dezembro de 2019, mas o Presidente do Supremo à época e relator de um dos recursos, Min. Dias Toffoli, retirou os recursos de pauta para convocar audiência pública, em conjunto com o Min. Luiz Fux. As audiências chegaram a ser designadas para os dias 23 e 24 de março de 2020, mas a ocorrência da pandemia de Covid-19 suspendeu a convocação e novas datas seguem pendentes de definição. Embora a constitucionalidade do art. 19, do MCI, ainda vá ser enfrentada pelo STF por ocasião do julgamento desses recursos extraordinários, o levantamento feito pelo grupo de pesquisa PLEB da PUC-Rio manifesta uma preocupação válida: "se os magistrados não estão declarando a sua inconstitucionalidade, que diferença isso faria?". Cf. LEITE, Fábio Carvalho. *Por que juízes não aplicam o art. 19 do Marco Civil da Internet?*. Disponível em: <https://www.plebpuc.science/post/por-que-ju%C3%ADzes-n%C3%A3o-aplicam-o-art-19-do-marco-civil-da-internet?fbclid=IwAR1R7Pntb20DLcUxpWL8X-GhuEs-K0Ums_Zn_DdDdG55M48tu4NXPvODffAM>. Acesso em: 15.10.2019.

ou (ii) o jornal se enquadra na definição ampla de *provedor de aplicação*, o que atrai o regime de responsabilidade civil previsto no art. 19 do Marco Civil da Internet, derivada do descumprimento de ordem judicial.

Seja como for, parece não caber o regime de responsabilidade objetiva dos portais de notícia, de forma solidária com os autores de conteúdo ofensivo, a partir de uma distinção apontada entre empresas de jornalismo e informática, quando ambas atuam como a mesma modalidade de provedor e sem que a legislação faça alguma distinção nesse sentido.

A PROIBIÇÃO JUDICIAL DE VEICULAÇÃO DE NOTÍCIAS E O PROBLEMA DA CENSURA SOB A ÓTICA DO CASO DA CHANTAGEM À EX-PRIMEIRA DAMA

Thiago Ferreira Cardoso Neves

Doutorando e mestre em Direito Civil na UERJ. Professor da EMERJ, Vice-presidente administrativo da Academia Brasileira de Direito Civil – ABDC. Membro do Instituto Brasileiro de Direito Civil. Advogado.

1. INTRODUÇÃO

Vivemos no tempo da informação. Dia e noite somos encharcados por uma inundação causada por tsunamis de notícias, das mais variadas espécies e sobre os mais diversos assuntos e personagens. Por certo, ao dividirmos a História em períodos, o atual é, inequivocamente, o da informação ilimitada, irrestrita e na velocidade da luz.

No caso particular brasileiro, é uma evolução ocorrida em progressão geométrica: há pouco mais de 30 anos, vivíamos sob uma ditadura que trazia consigo a censura, em que ninguém tinha acesso às notícias de que precisava e gostaria de ver e ouvir.

E, exatamente pela opressão em que vivíamos, acabamos por caminhar para o extremo oposto, onde não há limites para a informação. Tudo é noticiado, até aquilo que, para muitos, não tem a menor relevância. São novos tempos.

A conclusão a que podemos chegar é a de que ainda estamos em uma sociedade em formação, em que as fundações ainda estão sendo construídas, muito embora já tenhamos mais de 500 anos de existência.

Apesar de essas primeiras palavras soarem como uma crítica, em verdade elas são a constatação de um fato que não deixa de ser louvável. E isso porque não há uma sociedade verdadeiramente livre e desenvolvida sem que haja o pleno exercício da liberdade de informação.

Sem prejuízo, o livre exercício do direito de informação também tem seu preço. A liberdade dos indivíduos e da mídia de manifestar suas opiniões e apresentar fatos, e de serem informados destes, leva, em muitos casos, a uma exposição pública não desejada, havendo inegável risco de danos a terceiros.

É nesse ambiente que se questiona a existência, ou não, de limites à liberdade da informação, especialmente quando se trata da veiculação de fatos que dizem respeito à esfera íntima e privada do sujeito.

Sob esse aspecto, levantam-se dúvidas acerca da possibilidade de se impedir a veiculação pública de determinada informação, diante da possibilidade de se caracterizar, eventualmente, como uma censura. A questão se torna dramática particularmente por conta do contexto histórico já vivido em nosso país.[1]

O temor do retrocesso faz com que muitos rechacem veementemente a possibilidade de se vedar qualquer tipo de transmissão da informação, ainda que isso possa causar efeitos drásticos e, até mesmo, irreversíveis para as pessoas envolvidas.[2]

Trata-se, como é possível perceber, de questão tormentosa e de difícil solução, que merece uma adequada ponderação entre os valores, os direitos e as garantias envolvidas, pois só assim será possível chegar a um resultado minimamente satisfatório em que os interesses de todos sejam preservados.

E sobre essa questão, um interessante caso desperta a curiosidade e suscita o debate: a proibição imposta judicialmente, em fevereiro de 2017, por um magistrado do Estado de São Paulo, de veiculação pelos meios de comunicação de notícias que envolviam um fato íntimo da Ex-Primeira-Dama Marcela Temer.

Essa decisão traz à tona um debate concreto envolvendo a liberdade de informação e a privacidade, e o problemático caso da censura. É preciso examinar, à luz dos direitos e garantias assegurados pelo nosso ordenamento, se tal decisão é legítima ou não, e se há algum risco de se caracterizá-la como censura.

Mas, para que possamos enfrentar, com as delimitações necessárias, esse conflito, faz-se necessário apresentar e entender os fatos, de modo a melhor compreender os seus meandros e aspectos.

2. O CASO MARCELA TEMER

Em 11 de maio de 2016, o telhadista Silvonei José de Jesus Souza foi preso sob a acusação de, desde abril daquele ano, após clonar o celular de Marcela Temer, mulher do então Vice-Presidente da República, Michel Temer, chantageá-la com a ameaça de divulgar fotos íntimas dela, além de mensagens comprometedoras de seu marido, supostamente envolvido no plano de deposição da Presidente da República à época dos fatos, Dilma Roussef.

---

1. A prática odiosa da censura remete ao período ditatorial vivido no Brasil e, portanto, é sempre repudiada e temida. Os horrores da ditadura militar acarretaram traumas e feridas indeléveis. Sobre o tema, imprescindível é a leitura da obra Marcas da memória: história oral da anistia no Brasil, com impressionantes relatos das experiências vividas naquele período tenebroso da história brasileira. Ver, pois, MONTENEGRO, Antonio T.; RODEGHERO, Carla S.; ARAÚJO, Maria Paula. Marcas da memória: história oral da anistia no Brasil. Recife: Editora Universitária da UFPE, 2012.
2. Sobre o tema, não custa lembrar o dramático caso da Escola Base em São Paulo, em que os donos da instituição de ensino foram execrados publicamente diante da informação veiculada na mídia de que eles praticavam abusos sexuais contra alunos menores e incapazes. Posteriormente, comprovou-se que os fatos não haviam ocorrido, e que as notícias foram veiculadas sem qualquer fundamento ou prova. No entanto, o reconhecimento do abuso do direito à liberdade de informação quase 20 anos após o fato revelou-se tardio. E isso porque a vida do casal, dono do estabelecimento de ensino, já estava destruída, tanto emocional, quanto financeiramente, uma vez que a escola foi depredada e fechada, o marido e a mulher faliram, e psicologicamente estavam destruídos pelo julgamento público e da imprensa.

Curiosamente, no dia seguinte à prisão de Silvonei, a Presidente foi afastada do cargo, em decorrência do processo de *impeachment* aberto contra ela, momento em que Michel Temer o assumiu, de modo que a vítima da chantagem passou a ostentar a condição de Primeira-Dama da República.

O processo criminal contra o autor do fato tramitou em tempo recorde, tendo sido ele condenado em 1ª instância à pena de 05 anos de reclusão, em regime fechado, apenas 06 meses após a abertura do inquérito.

Incomodada com a divulgação pública dos fatos, Marcela Temer ajuizou uma ação visando proibir os veículos de comunicação, e em particular a Folha de São Paulo, de publicarem qualquer notícia sobre a chantagem, inclusive no que dizia respeito ao conteúdo supostamente obtido pelo chantageador.

Liminarmente, o juiz da 21ª Vara Cível do Distrito Federal proibiu a publicação das notícias sob o argumento de que a inviolabilidade da intimidade da Primeira-Dama tem resguardo na lei.

Como é possível perceber, trata-se de um caso sensível, em que se discute a validade, ou não, da medida judicial, particularmente por estar em jogo um verdadeiro conflito entre a liberdade de informação e a proteção da privacidade, e também pelo fato de que a situação envolveu a figura da mulher do então Presidente da República, sendo que este, por conta do cargo que ocupava, teve a sua vida privada naturalmente exposta. Nesse caso, questiona-se se essa *invasão* de privacidade também se estende à sua mulher, bem como se algum fato que a envolva, e que venha a repercutir na vida e na função do Presidente da República, justificaria uma "diminuição" da sua privacidade ou, dito de outro modo, da redução de sua esfera íntima.

Mas, antes do enfrentamento de todas essas questões, alguns marcos teóricos precisam ser firmados, de modo a melhor compreender tais controvérsias.

3. A LIBERDADE DE INFORMAÇÃO

A liberdade de informação é espécie da qual é gênero a liberdade de expressão.[3] Ambas têm assento na Constituição Federal, sendo que a liberdade de expressão, de

---

3. No mesmo sentido, KOATZ, Rafael Lorenzo-Fernandez. As liberdades de expressão e de imprensa na jurisprudência do STF. In: SARMENTO, Daniel; SARLET, Ingo Wolfgang. (Coord.). *Direitos fundamentais no supremo tribunal federal*: balanço e crítica. Rio de Janeiro: Lumen Juris, 2011. p. 398. Em sentido distinto, sustenta Edilsom Farias que a liberdade de expressão é gênero, sendo espécie a liberdade de comunicação, a qual abrange a liberdade de informação e a liberdade de imprensa: "A opção pelos termos *liberdade de expressão e comunicação* justifica-se, em primeiro lugar, pelo fato de o termo liberdade de expressão (gênero) substituir os conceitos liberdade de manifestação de pensamento, liberdade de manifestação da opinião, liberdade de manifestação da consciência (espécies), podendo-se, pois, empregar a frase *liberdade de expressão* para abranger as expressões de pensamento, de opinião, de consciência, de ideia, de crença e de juízo de valor. A utilização da forma *liberdade de expressão e comunicação* justifica-se, em segundo lugar, em razão de os termos *liberdade de comunicação* representarem melhor do que as expressões *liberdade de imprensa* e *liberdade de informação* o atual e complexo processo de comunicação de fatos ou notícias existentes na

modo amplo, é prevista nos incisos IV e IX do art. 5º da Lei Fundamental,[4] enquanto que a liberdade de informação é consagrada no inciso XIV do mesmo dispositivo constitucional.[5]

Disso se infere que as duas se caracterizam como direitos fundamentais inderrogáveis, consistindo em verdadeiras cláusulas pétreas que, consoante o disposto no art. 60, § 4º da Constituição Federal, não podem sequer ser sujeitar à deliberação em proposta de emenda constitucional que intencione aboli-las.

Quanto à liberdade de expressão, tem ela um caráter mais amplo, abrangendo a liberdade de manifestação do pensamento e de criação[6], a exigir do Estado prestações positivas e negativas, de modo a não apenas limitar a atuação do Poder Público através de medidas que impeçam a adoção de condutas proibitivas à manifestação de ideias e opiniões, como também de impor ao Estado a prática de ações que assegurem a todos a real possibilidade de exercer essa liberdade, a fim de enriquecer o debate público.[7]

A liberdade de expressão tem relevante repercussão na sociedade e na vida das pessoas, na medida em que promove outros valores tidos por essenciais, particularmente na esfera de promoção e desenvolvimento da esfera íntima e da personalidade do sujeito, pois umbilicalmente ligada à liberdade de pensamento e o desenvolvimento e a manifestação de ideias.[8]

Através dela, o sujeito desenvolve suas habilidades intelectuais, posicionando-se na sociedade acerca das suas ideias, enquanto um indivíduo pensante e ativo, assim lhe permitindo a participação no debate público.

Trata-se, tais aspectos, das visões substantivas e instrumentais da liberdade de expressão. Na primeira, reconhece-se que não há vida digna sem liberdade de expressão, uma vez que é essencial a todas as pessoas o direito de se verem e se en-

---

vida social". FARIAS, Edilsom. *Liberdade de expressão e comunicação*: teoria e proteção constitucional. São Paulo: RT, 2004. p. 53.

4. Dispõem, respectivamente, os incisos IV e IX do art. 5º da Constituição Federal que "é livre a manifestação do pensamento, sendo vedado o anonimato" e "é livre a expressão da atividade intelectual, artística, científica e de comunicação, independentemente de censura ou licença".

5. Prevê o art. 5º, XIV, da Constituição Federal que "é assegurado a todos o acesso à informação e resguardado o sigilo da fonte, quando necessário ao exercício profissional".

6. Cf. BARROSO, Luís Roberto. Liberdade de expressão, direito à informação e banimento da publicidade de cigarro. In: BARROSO, Luís Roberto. *Temas de direito constitucional*. t. 1. 2. ed. Rio de Janeiro: Renovar, 2006. p. 250.

7. Daniel Sarmento formula severas críticas à visão tradicional de que a liberdade de expressão se limita a seu caráter negativo, a impedir que o Estado atue para restringir ou proibir o exercício desse direito. Por essa razão, apresenta, com não rara precisão, novos critérios a demonstrar a dimensão positiva da liberdade de expressão, em que se exigem prestações positivas do Poder Público com o objetivo de viabilizar e fomentar o debate público através da manifestação de ideias e pensamentos. Sobre o tema ver SARMENTO, Daniel. Liberdade de expressão, pluralismo e o papel promocional do Estado. In: SARMENTO, Daniel. *Livres e iguais*: estudos de direito constitucional. Rio de Janeiro: Lumen Juris, 2006. p. 263-299.

8. Na expressão de Gilberto Haddad Jabur, o pensamento "consiste na atividade intelectual através da qual o homem exerce uma faculdade de espírito, que lhe permite conceber, raciocinar ou interferir com o objeto eventual, exteriorizando suas conclusões mediante uma ação". JABUR, Gilberto Haddad. *Liberdade de pensamento e direito à vida privada*. São Paulo: RT, 2000. p. 148.

tenderem enquanto seres pensantes. Já sob o prisma instrumental, a liberdade de expressão é uma ferramenta para o exercício de outros direitos e garantias, como a democracia, e isso porque é por meio dessa liberdade que o indivíduo participa do debate público de ideias.[9]

Portanto, a existência do indivíduo, enquanto sujeito de direitos e membro de uma sociedade democrática, depende do livre exercício da expressão, como foi sintetizado, há quase 400 anos, por René Descartes: *penso, logo existo*.[10]

Já no tocante à liberdade de informação, por ser espécie da liberdade de expressão, tem ela um alcance mais restrito do que esta. Enquanto a liberdade de expressão diz respeito à ampla possibilidade de manifestação pública de pensamentos, ideias, opiniões, juízos de valor, críticas e crenças, a liberdade informação diz respeito à divulgação e acesso público de fatos e notícias ocorridas no seio da sociedade.[11]

Portanto, a liberdade de informação tem um caráter objetivo, que diz respeito a acontecimentos sociais e pessoais, acerca dos quais os indivíduos têm a liberdade de divulgar e também ter conhecimento acerca deles.

Sob essa ótica, é imperioso destacar que a liberdade de informação engloba e, assim, substitui, a expressão *liberdade de imprensa*, a qual, desde a Declaração Universal dos Direitos Humanos, aprovada pela ONU em 1948, foi abandonada. E isso porque a liberdade de informação é termo mais amplo, uma vez que a circulação da informação não é exclusiva da imprensa escrita, falada ou digital, mas caracteriza-se como um direito de todos.[12]

---

9. Nesse sentido, ver KOATZ. Op. cit. p. 394-395.
10. René Descartes, filósofo e matemático francês, cunhou essa expressão em sua obra *Discurso do método*, datada de 1637. Nela, afirmou que *je pense, donc je suis*, expressão essa traduzida para o latim como *cogito ergo sum*, que numa tradução literal significa *penso, logo sou*. No entanto, tal expressão acabou por ser difundida como *penso, logo existo*. Descartes a expressou no âmbito de um discurso em que questiona e duvida da verdade de todas as coisas. No entanto, uma única verdade não poderia ser negada, a da sua inequívoca existência como um ser pensante. DESCARTES, René. *Discurso do método*. Tradução Paulo Neves. São Paulo: L&PM Pocket, 2005.
11. Sobre essa diferenciação, embora o autor utilize a expressão *liberdade de comunicação*, ao invés de *liberdade de informação*, ver FARIAS. Op. cit. p. 80-83.
12. Nelson Hungria, ex-ministro do Supremo Tribunal Federal, em palestra proferida na Faculdade de Direito de São Paulo em 1954, ao tratar da então nova Lei de Imprensa, hoje tida por não recepcionada pela Constituição pelo STF, na ADPF nº 130, assim se manifestou acerca da expressão *liberdade de imprensa*: "Depois que a Renovada Declaração dos Direitos do Homem, no ano da graça de 1948, proclamou que, ao invés de 'liberdade de imprensa', se deve falar em 'liberdade de informação' de muito maior amplitude, é um anacronismo o limitar-se o regime especial do direito à publicidade como se esta se exaurisse no setor da imprensa jornalística". HUNGRIA, Nelson. A nova lei de imprensa. *Revista forense*. v. 52, n. 162, Rio de Janeiro, p. 9. nov./dez., 1955. Em sentido contrário, entendendo que ainda é possível falar em liberdade de imprensa, diferenciando-a da liberdade de informação, explicita Rafael Koatz que "A *liberdade de informação*, por sua vez, engloba, a um só tempo, o direito individual de comunicar fatos de forma objetiva (direito de informar), quanto o direito subjetivo de receber informações verdadeiras. [...] Por fim, a *liberdade de imprensa* abrange o direito-dever dos meios de comunicação de divulgar fatos e opiniões. Nesse sentido, a liberdade de imprensa está umbilicalmente ligada às liberdades de informação e de expressão em sentido estrito, na medida em que serve de veículo para a divulgação de pensamentos, ideias e opiniões". KOATZ. Op. cit. p. 398.

A liberdade de informação pode ser vista sob dois prismas: o ativo e o passivo. Sob a ótica ativa, a liberdade de informação consiste na liberdade de informar. Já sob o aspecto passivo, a liberdade de informação diz respeito ao direito de ser informado.

Na perspectiva da liberdade de informar, há quem identifique a liberdade de informação com a liberdade de comunicação e de manifestação de pensamento,[13] garantias essas previstas no art. 5º, IV e IX, assim se confundindo, em alguns aspectos, com a própria liberdade de expressão.

Por esse viés, a liberdade de informação consiste na garantia de poder se manifestar mediante a transmissão de uma informação, ou seja, o indivíduo tem a possibilidade de, mediante o exercício de uma liberdade, fazer circular a informação.

Sob a ótica passiva, a liberdade de informação é o direito da pessoa de receber a informação, consubstanciado naquilo que se convencionou chamar de direito de acesso à informação.

Nesse sentido, é assegurado a todas as pessoas o direito de procurar, levantar, consultar, pesquisar, coletar e receber informações. Trata-se, pois, de um conjunto de ações que visam possibilitar à pessoa a livre busca de uma informação para a formação das suas opiniões, ideias e pensamentos.

Disso se percebe que tanto o aspecto ativo, quanto o passivo, da liberdade de informação são indissociáveis, pelo o que um não pode existir sem o outro. E isso porque, o exercício do direito de acesso à informação será impossível se não for assegurado, no outro polo, o direito de fazer circular a informação. E isso pode ser resumido numa simples expressão: não se acessa aquilo que não está acessível.

Portanto, cremos ser impossível atribuir à liberdade de informação, sob o viés ativo, a sua qualificação como sinônima da ampla liberdade de expressão, uma vez que os aspectos ativo e passivo da liberdade de informação são, na verdade, apenas faces da mesma moeda.

A partir de tudo o que foi dito é possível perceber o quão importante é a liberdade de informação para a formação do indivíduo e da sociedade. Toda e qualquer pessoa só é capaz de formular pensamentos e ideias e, assim, constituir-se intelectual e socialmente, se tiver acesso ao conhecimento, a dados e a informações.

Vendar os olhos dos indivíduos mediante a imposição de limites à liberdade de informação, seja sob que aspecto for, revela-se perigoso e nocivo para o desenvolvimento individual e social.

No entanto, crê-se, também, que o exercício irrestrito e até mesmo irresponsável dessa liberdade pode, sob outra ótica, ser lesivo a um sujeito ou à coletividade. Por certo, não há interesse público e privado, e, portanto, merecedor de tutela, em

---

13. Nesse sentido, STEINMETZ, Wilson. In: CANOTILHO, J. J. Gomes; MENDES, Gilmar Ferreira; SARLET, Ingo Wolfang; STRECK, Lenio Luiz. (Coord.). *Comentários à constituição do Brasil*. São Paulo: Saraiva/Almedina, 2013. p. 301.

se permitir lesão ou ameaça de lesão a outros direitos e, muito particularmente, aos direitos da personalidade e à dignidade da pessoa humana.

Isso porque os direitos da personalidade, os quais consistem nos atributos inatos ao sujeito – como, por exemplo, o nome, a integridade física e o direito ao corpo, a integridade psíquica e a honra, a imagem e a privacidade – e a dignidade da pessoa humana, caracterizam-se como direitos e valores essenciais a toda e qualquer pessoa.

Por essa razão, há que se questionar, e debater, sobre a possibilidade, ou não, de se veicular informações que possam causar danos irreversíveis à honra, imagem e privacidade da pessoa, tudo em nome de uma – quase – irrestrita liberdade de informação. Trata-se, por certo, de questão tormentosa e sensível, e que será aprofundada no próximo item.

Mas, antes de pôr um fim a este tópico informativo, com o perdão do trocadilho, um último aspecto importante a ser abordado diz respeito ao significado de *informação*, para fins de definição do objeto dessa liberdade.

Nas últimas linhas, discorreu-se longamente sobre a liberdade de informação, seu fundamento, sua definição, seu conteúdo e seus aspectos. Não obstante, de nada adianta ter o conhecimento de todas essas questões se não se souber o propósito para qual elas são voltadas.

Não há na lei, ou na Constituição, qualquer definição acerca do que é informação para fins de identificação do objeto da liberdade de informação. Sem prejuízo, por se tratar da implementação de um direito fundamental, por certo a sua leitura não pode ser restritiva, de modo que deve ser interpretada a expressão *informação* do modo mais amplo possível.

Desse modo, informação é todo e qualquer fato que diga respeito à pessoa ou à sociedade em geral. Em seu conteúdo, para fins de exercício da liberdade de informação, não há juízos valorativos ou subjetivos, os quais dizem respeito à liberdade de expressão, mas apenas a objetiva publicização de fatos pessoais ou sociais.[14]

4. LIBERDADE DE INFORMAÇÃO VS PRIVACIDADE: PROIBIÇÃO JUDICIAL DE DIVULGAÇÃO DE FATOS E A CENSURA

Viu-se no tópico anterior que a liberdade de informação é um direito constitucionalmente previsto e que assegura a todos a possibilidade de expor publicamente fatos ou acontecimentos sociais e da vida das pessoas, assim como garante o direito de ter acesso a estes.

---

14. No mesmo sentido, explicita Edilsom Farias que o conteúdo da liberdade de informação – a qual ele chama de liberdade de comunicação – "compreende a divulgação pública de fatos ou notícias ocorridos na sociedade". FARIAS. Op. cit. p. 83. Noutro sentido, afirma Wilson Steinmetz que informação é "qualquer juízo de fato ou de valor sobre pessoas, coisas, fatos, relações, ideias, conceitos, representações, opiniões, crenças etc.". STEINMETZ. Op. cit. p. 301.

É, pois, a liberdade de informação, um direito fundamental evidentemente relevante para a formação da personalidade do indivíduo e, como tal, essencial à tutela da dignidade da pessoa humana.

Então, no exercício do seu direito, o sujeito tem a liberdade de informar e ser informado, não havendo, em princípio, limitações para tal, na medida em que esse direito é um dos elementos da personalidade que compõe a dignidade da pessoa humana.

No entanto, como a informação que é objeto dessa liberdade pode dizer respeito a fatos não apenas da sociedade, mas também da vida das pessoas, é possível que, no exercício desse direito de informar, a pessoa acabe por divulgar questões que digam respeito à esfera íntima de outrem, assim atingindo a privacidade alheia.

A privacidade está associada ao privado, isto é, à esfera particular e pessoal de um indivíduo. Trata-se de um direito constitucionalmente assegurado, como se infere do disposto no art. 5º, X, da Lei Fundamental,[15] em que o constituinte previu ser inviolável a vida privada das pessoas.

Nessa esteira, tem a privacidade também um caráter formador da personalidade humana,[16] caracterizando-se inequivocamente como um direito da personalidade a tutelar a integridade psíquica do sujeito. Por essa razão, prevê o Código Civil, em seu art. 21, e dentro do capítulo dos direitos da personalidade, que *a vida privada da pessoa natural é inviolável*.

Vê-se, pois, que o constituinte e, em seguida, o legislador civil, cuidaram da absoluta inviolabilidade da privacidade, o que se reforça pela disposição do art. 11 do Código Civil, o qual prevê que "os direitos da personalidade são intransmissíveis e irrenunciáveis, não podendo o seu exercício sofrer limitação voluntária".

Essa concepção, contudo, não se revela adequada nos tempos atuais, caminhando na contramão da evolução dos meios e veículos de comunicação, em que informações e dados pessoais circulam indiscriminadamente, muitas vezes como decorrência da própria conduta das pessoas, que divulgam abertamente esses fatos. Não obstante, antes de adentrar nessa discussão é importante definir o que é a privacidade.

Primeiramente, é preciso observar que o conceito de privacidade vem se desenvolvendo ao longo do tempo. As constantes mudanças pelas quais a sociedade passa, e o desenvolvimento das relações e do modo como elas se dão, impõem uma releitura do que é a privacidade.

Historicamente, a privacidade era tida apenas como o direito de estar só, isto é, o direito de não ser acessado pelas demais pessoas da sociedade, aí incluído o acesso

---

15. Segundo o disposto no art. 5º, X, da Constituição Federal, "são invioláveis a intimidade, a vida privada, a honra e a imagem das pessoas, assegurado o direito a indenização pelo dano material ou moral decorrente de sua violação".
16. Como afirma Danilo Doneda, de modo sucinto, mas sem descurar da precisão, "a privacidade é um aspecto fundamental da realização da pessoa e do desenvolvimento da sua personalidade". DONEDA, Danilo. *Da privacidade à proteção de dados pessoais*. Rio de Janeiro: Renovar, 2006. p. 9.

a questões inerentes à vida privada.[17] Essa concepção tem como origem o emblemático texto *The right to privacy*, escrito pelos advogados americanos Samuel Warren e Louis Brandeis, e publicado na *Havard Law Review* no já muito distante ano de 1890.

O mencionado texto, escrito por motivações pessoais de Samuel Warren, tem um caráter notadamente negativo, em que se impõe aos demais sujeitos um dever geral de abstenção, de não violar a privacidade e a intimidade alheia.[18] Seu objetivo era criar barreiras ao acesso e à divulgação de fatos que dissessem respeito à vida íntima, pessoal e familiar das pessoas, e em particular do próprio autor e de sua mulher.

Mas, de 1890 até os tempos atuais, inúmeras foram as mudanças ocorridas na sociedade, e os problemas envoltos à privacidade não se resumem mais à indiscrição acerca da vida social e particular das pessoas. Problemas como a circulação de dados pessoais na *internet*, de acesso a cadastros de crédito e até mesmo informações sobre fatos que dizem respeito à saúde dos indivíduos têm suscitado calorosos debates, como revela, por exemplo, a recente edição da Lei nº 13.709/2018, a Lei Geral de Proteção de Dados Pessoais.

Ainda assim, e sem prejuízo dessas profundas mudanças, alguns aspectos são essenciais e inerentes à privacidade, e permanecem mesmo com o passar do tempo. Por isso, e para iniciar o exame deste importante direito, é preciso desde logo observar que pela tutela da privacidade tem a pessoa o direito de afastar de todo e qualquer sujeito o conhecimento acerca de fatos da sua vida privada, reservando-os para si ou para as pessoas que lhe convierem.[19]

Isso significa dizer que, numa primeira noção de privacidade, ela significa o direito do indivíduo de não ter informações e fatos da sua vida expostos e publicizados. Por essa ótica, embora um pouco mais elástica em relação àquela histórica, é possível perceber que a privacidade tem, de fato, um viés negativo e protetivo, servindo como escudo contra ingerências indevidas alheias.

Essa é, como dito, a ideia básica de privacidade, que não pode ser esquecida. Não obstante, mesmo que mais ampla do que as primeiras concepções, essa ainda é uma visão limitada. E isso porque, os tempos atuais, por certo, não permitem mais esse ideal de privacidade em que é praticamente impossível alguém viver só ou impedir que toda e qualquer pessoa tenha acesso a informações privadas.

---

17. Sobre a evolução histórica do conceito de privacidade, ver DONEDA. Op. cit. p. 7 e ss.
18. Como observa Anderson Schreiber, numa ótica tradicional, o direito à privacidade, assim como o direito de propriedade, caracterizava-se pela existência de um dever correspondente de abstenção, que impunha aos demais sujeitos da sociedade o dever de não a violar ou criar óbices ao seu exercício. SCHREIBER, Anderson. *Direitos da personalidade*. 3. ed. São Paulo: Atlas, 2014. p. 137.
19. Nesse sentido, afirma Celso Lafer, ao tratar da intimidade, com nítida identidade com a privacidade, que ela é "o direito do indivíduo de estar só e a possibilidade que deve ter toda pessoa de excluir do conhecimento de terceiros aquilo que a ela só refere, e que diz respeito ao seu modo de ser no âmbito da vida privada". LAFER, Celso. *A reconstrução dos direitos humanos*: um diálogo com o pensamento de Hannah Arendt. São Paulo: Companhia das Letras, 1991. p. 239.

Por essa razão, a privacidade é, atualmente, vista de modo mais amplo, não apenas como o direito de impedir que terceiros interfiram, ou violem, a sua esfera privada, mas também o direito da pessoa de controlar o fluxo das informações sobre a sua vida, especialmente no âmbito da sociedade moderna, a chamada *sociedade da informação*, consequência direta da globalização e dos avanços dos meios de comunicação.[20]

Passa-se, assim, de um viés meramente negativo para outro positivo, em que a pessoa não tem apenas a possibilidade de bloquear o acesso à sua vida privada, como também tem o poder de controlar o uso dos seus dados pessoais, particularmente aqueles por ela própria fornecidos quando, por exemplo, faz uma compra pela internet.[21]

O que se percebe é que, por essa moderna concepção, a privacidade se caracteriza como um direito assegurado à pessoa de escolher e de controlar os dados e fatos da sua vida que possam circular e serem acessados pelas demais pessoas.

Tal visão se revela consentânea com a inequívoca e irreversível realidade da possibilidade de renúncia parcial ou limitação voluntária da privacidade e demais direitos da personalidade. A outrora alardeada inviolabilidade ou irrenunciabilidade absoluta dos direitos da personalidade, e dentre eles a privacidade, não se revela adequada com a realidade da vida atual.[22] Para corroborar o que aqui se afirma, um rápido acesso às redes sociais é capaz de comprovar a diuturna disposição da vida privada.

Com efeito, a tradicional concepção da privacidade não se ajusta aos padrões atuais da vida em sociedade, pelo que há que se fazer uma releitura do instituto sob a ótica constitucional, particularmente quando se verifica a sua colisão com a liberdade de informação, também constitucionalmente assegurada. E é aqui que se verifica a dramática questão da preservação da privacidade na contemporaneidade.

Como se sabe, nenhum direito é absoluto. Nem a vida o é.[23] Em sendo essa uma verdade inexorável, é possível concluir que nem a liberdade de informação, e nem a privacidade, embora importantes, não configuram direitos absolutos.

---

20. Na lição de Stefano Rodotà, "parece cada vez mais frágil a definição de 'privacidade' como o 'direito de ser deixado só', que decai em prol de definições cujo centro de gravidade é representado pela possibilidade de cada um controlar o uso das informações que lhe dizem respeito". RODOTÁ, Stefano. *A vida na sociedade de vigilância*: a privacidade hoje. Organização, seleção e apresentação de Maria Celina Bodin de Moraes. Tradução de Danilo Doneda e Luciana Cabral Doneda. Rio de Janeiro: Renovar, 2008. p. 24.
21. No mesmo sentido, SCHREIBER. Op. cit. p. 137-138.
22. Sobre o tema, assim se manifestam Gustavo Tepedino, Maria Celina Bodin de Moraes e Heloisa Helena Barboza em obra coletiva sob sua coordenação: "Não há dúvidas de que a privacidade representa um direito importantíssimo da pessoa humana. Entretanto, mostra-se evidente no mundo contemporâneo a permanente colisão entre a privacidade e todos os demais interesses tutelados na sociedade globalizada. Cabe ao intérprete, pois, mais do que simplesmente alardear a inviolabilidade teórica dos direitos fundamentais, delimitá-los em sua concreta atuação". TEPEDINO, Gustavo; BARBOZA, Heloisa Helena; MORAES, Maria Celina Bodin de. (Org.) *Código civil interpretado conforme a constituição*: parte geral e obrigações (arts. 1º ao 420). v. I. 2. ed. rev. e atual. Rio de Janeiro: Renovar, 2011. p. 61.
23. Sobre essa questão, basta uma singela leitura do art. 5º, XLVII, *a*, da Constituição Federal, o qual prevê que *não haverá pena de morte, salvo em caso de guerra declarada, nos termos do art. 84, XIX*, o que evidencia é possível, embora em casos excepcionais, a aplicação de pena de morte.

Apesar disso, qualificam-se como direitos fundamentais, que ostentam a natureza de verdadeiros princípios constitucionais, de igual estatura, os quais, uma vez entrando em colisão, solucionam-se pela regra da ponderação.[24]

Na doutrina é possível encontrar diversas fórmulas para essa ponderação entre a liberdade de expressão e a privacidade. No entanto, pensamos que a solução proposta por Luís Roberto Barroso, que identifica seis elementos nesse processo de resolução do conflito entre tais princípios, traz resultados práticos mais seguros, minimizando o risco de soluções injustas.[25]

O primeiro a ser examinado é a veracidade do fato. A regra é a de que, sendo inverídico o fato narrado, ele não gozará de amparo, não sendo merecedor de tutela e, consequentemente, não poderá ser divulgado. De modo diverso, sendo verdadeira a informação, em princípio não deve o Judiciário impedir a sua veiculação.

O segundo elemento diz respeito à licitude do meio empregado para a obtenção da informação. Aqui, aplica-se a mesma lógica anterior: se o instrumento utilizado para conseguir a informação for ilícito, como uma interceptação telefônica clandestina ou mediante fraude ou tortura, não se deve admitir a sua veiculação. Ao contrário, se o fato for obtido por meios lícitos, em princípio não se pode impedir a sua divulgação.

O terceiro elemento é a verificação da qualidade da pessoa. Tratando-se de uma personalidade pública, isto é, uma pessoa famosa ou uma celebridade, por conta da própria atividade que exerce, os fatos da sua vida despertam o interesse e a curiosidade do público, que justificam a circulação da informação. Some-se a isso o fato de que a divulgação da sua vida e imagem favorece a própria valorização do seu trabalho, pelo o que acaba por ser vantajosa à própria pessoa essa veiculação.

Igualmente os políticos, que exercem uma função pública, submetem os seus atos, públicos e privados, ao controle e fiscalização da sociedade através da divulgação

---

24. Em parecer intitulado *Liberdades comunicativas e "direito ao esquecimento" na ordem constitucional brasileira*, Daniel Sarmento defendeu o entendimento de que as liberdades comunicativas – liberdade de expressão e liberdade de imprensa – são direitos preferenciais, isto é, ostentam uma posição preferencial, e isso por algumas razões. Primeiro, histórica, haja vista que num passado não tão distante a sociedade brasileira vivia sobre intenso medo e censura impostos pela ditadura. Segundo porque são uma importante ferramenta para a democracia, dando voz a todas as pessoas e, especialmente, às minorias, preservando-se, assim, a possibilidade de todos emitirem suas opiniões e pensamentos. Terceiro, a promoção da dignidade humana, na medida em que a possibilidade de comunicação, uns com os outros, é uma das mais importantes atividades do homem. Quarto que, apenas com a plena liberdade de expressão é possível fazer uma busca pela verdade nas questões controvertidas. Por fim, é a através das liberdades comunicativas que as pessoas podem reivindicar direitos na esfera pública. Texto disponível em http://www.migalhas.com.br/arquivos/2015/2/art20150213-09.pdf. Acessado em 10 de outubro de 2017. De modo contrário, em alguns precedentes do Superior Tribunal de Justiça é possível perceber o reconhecimento de uma precedência dos direitos da personalidade, como a honra, a privacidade, a intimidade e a imagem, por força da dignidade da pessoa humana, uma vez que tais direitos protegem a essência e a formação da personalidade do sujeito e, consequentemente, da própria pessoa. Ver, exemplificativamente, REsp 1334097, Rel. Ministro Luis Felipe Salomão, Quarta Turma, DJe 10/09/2013 e REsp 1335153, Relator Ministro Luis Felipe Salomão, Quarta Turma, DJe 10/09/2013.
25. BARROSO, Luís Roberto. Imprensa, privacidade, princesas e topless. In: BARROSO, Luís Roberto. *Temas de direito constitucional*. t. 4. Rio de Janeiro: Renovar, 2009. p. 507-509.

de fatos e informações da sua vida pública e privada, uma vez que se exige deles não apenas um atuar probo, mas também uma reputação ilibada.

Por essa razão, sendo *pública* a pessoa, a tendência é a prevalência do direito de informação em detrimento da privacidade. Dizemos que é a tendência porque o fato de ser uma personalidade pública não significa que não tenha direito à privacidade. Em verdade, essa é reduzida, na medida em que mais situações da vida do sujeito se tornam públicas. Entretanto, tratando-se de questões notadamente íntimas – como a sua vida sexual e sentimental –, devem elas ser preservadas.[26]

O quarto elemento nesse conflito entre a privacidade e a informação é o local do fato. Sendo um local público, como, por exemplo, uma praia, uma praça ou uma boate, presume-se que os atos praticados nesse ambiente são de conhecimento e domínio público, de modo que prevalecerá, como regra, a liberdade de informação. Desse modo, uma briga de casal ocorrida em algum desses ambientes, tem repercussão diversa daquela que venha a ocorrer dentro do quarto e que venha a ser captada pelo olhar e pela câmera curiosa e indiscreta de um vizinho ou repórter, caso este em que prevalecerá a proteção da privacidade.

O quinto elemento é a natureza do fato. Em se tratando de um fato público, como um crime ou um grave acidente, por exemplo, a liberdade de informação deve prevalecer. Contrariamente, sendo um fato eminentemente privado, como um jantar de um casal, a proteção da privacidade tende a ser mais intensa.

Por fim, o último elemento é o interesse público, conceito esse indeterminado e fluído, e que deve ser definido e preenchido pelo magistrado no caso concreto. Sendo um fato de inequívoco interesse público – como um crime cometido por uma autoridade ou um político eleito pelo povo, por exemplo –, a liberdade de informação assume um caráter preferencial. Isso significa que se inverte o ônus argumentativo, de modo que caberá à pessoa envolvida provar que aquele fato não é de interesse público e não deve ser divulgado. Por essa razão, havendo dúvidas deve prevalecer a liberdade de informação, pois nesse caso cabe à sociedade decidir pela relevância, ou não, do fato que se pretende divulgar.

Acerca desses elementos, a observação a ser feita é que todos eles devem ser levados em consideração e serem sopesados no momento de decidir pela prevalência da liberdade de informação ou do direito de privacidade.

Não se trata, como é possível perceber, de uma fórmula matemática, de modo que deve ser resolvida casuisticamente, e tendo como balança a razoabilidade e a proporcionalidade que, como regra, servem de instrumento para a solução desses casos difíceis.

---

26. Veja-se, nesse sentido, Gustavo Tepedino. TEPEDINO, Gustavo. Informação e privacidade. In: TEPEDINO, Gustavo. *Temas de direito civil.* 4. ed. rev. e atual. Rio de Janeiro: Renovar, 2008. p. 559.

Sem prejuízo, eles servem, como alertado anteriormente, para estabelecer algumas balizas no momento de se decidir, evitando-se soluções teratológicas e absurdas, que violem inequivocamente um ou outro direito fundamental.

Ainda sobre o embate entre a liberdade de informação e o direito à privacidade, um ponto que merece ser discutido é o das medidas a serem adotadas no caso de se reconhecer a prevalência do direito de privacidade. Entendendo-se que a liberdade de informação deve prevalecer, não há dúvidas: o fato será divulgado. Mas, em se reconhecendo que a privacidade deve ser preservada, que medidas são passíveis de serem adotadas? Aqui surge um ponto extremamente polêmico: é possível proibir a sua veiculação, impedindo a publicação ou, depois de publicada, retirando-a de circulação? Eventual proibição da divulgação se caracterizaria como uma censura?

Mas, antes de adentrar na discussão deste que é o ponto mais sensível, há que se apresentar as soluções sobre as quais não há controvérsia.

Primeiro, violado o direito à privacidade, por certo terá a vítima o direito a ser indenizada por dano moral. A indenização por dano moral caracteriza-se, objetivamente, pela violação a um interesse extrapatrimonial, independente de eventual repercussão na esfera íntima do indivíduo, ou seja, ainda que não lhe cause dor, sofrimento ou vergonha.[27] Assim, a invasão da privacidade ou intimidade do sujeito, sem que prevaleça a liberdade de informação, por si só lhe autoriza a pleitear uma indenização por danos extrapatrimoniais.

Quanto aos responsáveis pelo pagamento da indenização, já se sedimentou na jurisprudência do Superior Tribunal de Justiça que estes são tanto o autor do escrito, quanto o dono do veículo de comunicação.[28]

Outra situação é aquela em que, invadida a privacidade do sujeito, isso também repercuta na sua imagem, no seu nome ou na sua honra. Nesse caso, assegura-se, constitucionalmente, o direito de resposta e o direito à retratação.[29]

Consoante o disposto no art. 5º, V, da Constituição Federal, *é assegurado o direito de resposta, proporcional ao agravo, além da indenização por dano material, moral ou à imagem*. Em sentido semelhante, a Lei nº 13.188/2015, que dispõe sobre o direito de resposta ou retificação do ofendido em matéria divulgada, publicada ou transmitida por veículo de comunicação social, prevê em seu art. 2º que *ao ofendido, em matéria divulgada, publicada ou transmitida por veículo de comunicação social é assegurado o direito de resposta ou retificação, gratuito e proporcional ao agravo*.

---

27. Sobre o tema, fundamental é a leitura da obra *Danos à pessoa humana*, tese do concurso de titularidade da cadeira de Direito Civil da UERJ da Prof.a. Maria Celina Bodin de Morais: MORAES, Maria Celina Bodin. *Danos à pessoa humana*: uma leitura civil-constitucional dos danos morais. Rio de Janeiro: Renovar, 2003.
28. Assim dispõe o enunciado nº 221 da súmula de jurisprudência dominante do Superior Tribunal de Justiça: "São civilmente responsáveis pelo ressarcimento de dano, decorrente de publicação pela imprensa, tanto o autor do escrito quanto o proprietário do veículo de divulgação".
29. Como observa Anderson Schreiber, o direito de resposta e de retratação são formas não patrimoniais de compensação do dano à honra. SCHREIBER, Anderson. Op. cit. p. 82-83.

O direito de resposta consiste na própria ponderação feita pelo constituinte no caso de conflito entre a liberdade de informação e a tutela dos direitos da personalidade, particularmente quando aquela os viola, servindo, portanto, de importante ferramenta para a proteção dos direitos inatos ao homem.[30]

Por essa razão, a sua abrangência deve ser a mais ampla possível, a fim de restabelecer, verdadeira e concretamente, a reputação e a honra da pessoa.[31] Nesse sentido, o direito de resposta é mais eficaz que a indenização por danos morais, pois esta última apenas compensa a vítima pelos danos causados, não a restabelecendo ao seu *status quo ante*.

No que toca aos limites, prevê a Constituição que a resposta deve ser proporcional ao agravo, de modo que deve ter o mesmo destaque, duração e intensidade que a ofensa, não podendo, ainda, ser utilizada para ofender, ou seja, a vítima não pode, a pretexto do exercício do direito de resposta, tornar-se um agente causador de dano, passando de ofendido a ofensor.

Outro instrumento de proteção da privacidade, também quando violadas a honra, a imagem e o nome, é a retratação. Enquanto o direito de resposta assegura ao próprio ofendido o direito de vir a público se manifestar contra a ofensa, respondendo à agressão, a retratação consiste em uma conduta a ser praticada pelo próprio agressor que publicamente volta atrás no que disse, assumindo o erro cometido.

Da mesma forma que ocorre com o direito de resposta, a retratação deve se dar de tal forma que efetivamente importe em restabelecimento da honra, da imagem ou do bom nome da pessoa ofendida, devendo se dar com igual destaque e, de preferência, pelos mesmos meios empregados para a ofensa.

Note-se que, em quaisquer dessas hipóteses alternativas de reparação dos danos, não está afastado o direito de, cumulativamente, pleitear-se indenização pelos danos morais sofridos.

Por fim, o último aspecto, e mais polêmico, diz respeito à possibilidade, ou não, de proibição de veiculação da informação ou, caso esta já tenha sido divulgada, a sua retirada de circulação.

Como visto anteriormente, a hipótese em comento trata da colisão de dois direitos fundamentais, em que ambos traduzem, numa última análise, em um meio de promoção e proteção da dignidade da pessoa humana e de desenvolvimento da personalidade.

---

30. Como observa Antônio Pedro Medeiros Dias, "Pela própria natureza das atividades desenvolvidas, as liberdades de imprensa e expressão convivem em constante tensão com os direitos da personalidade. É exatamente nesse contexto que se insere o direito de resposta previsto no art. 5°, inciso V da Constituição da República. Resultado da ponderação entre a liberdade de expressão e os direitos da personalidade assegurados constitucionalmente, o direito de resposta configura importante instrumento de tutela específica dos direitos à honra e à imagem dos indivíduos em face dos abusos cometidos no exercício da imprensa". DIAS, Antônio Pedro Medeiros. Direito de resposta: perspectivas atuais. In: SCHREIBER, Anderson. *Direito e mídia*. São Paulo: Atlas, 2013. p. 135.
31. Cf. MORAES, Alexandre. *Direitos humanos fundamentais*: teoria geral. Comentários aos arts. 1° a 5° da Constituição da República Federativa do Brasil. Doutrina e jurisprudência. 6. ed. São Paulo: Atlas, 2005. p. 112.

No entanto, ao entrarem em choque, há que se fazer uma ponderação, em que um deles irá prevalecer sobre o outro. Tal hipótese, por certo, não leva ao reconhecimento da invalidade de um dos direitos, mas apenas que, naquele determinado caso concreto, um deles deverá se sobrepor.

Na doutrina, comumente se sustenta a existência de uma prevalência *prima facie* do direito à informação,[32] enquanto espécie da liberdade de expressão, com o que se discorda.

Fundamenta-se essa primazia por algumas razões, que vão desde a histórica, em que se leva em consideração o fato de o Brasil ter vivido um longo período de ditadura e censura, até a sua função promocional da dignidade da pessoa humana.[33]

Não obstante, a tutela dos direitos da personalidade, dentre eles a privacidade, também ostenta igual relevância, particularmente no que toca à mesma dignidade da pessoa humana, na medida em que os direitos inatos são essenciais à formação psicofísica do indivíduo, como ocorre com a proteção do corpo, do nome, da honra, da imagem e da honra.

Tendo-se em mente que pela dignidade humana toda pessoa tem um valor intrínseco, pelo que deve ser considerada como um fim em si mesmo, não podendo ser reconhecida, num argumento utilitarista, como um meio para a promoção de outros direitos,[34] há que se entender que a privacidade de uma pessoa não pode ser um instrumento para a realização do direito de alguém informar ou ser informado.

Por essa razão, a única conclusão possível, em se entendendo que há, de fato, a prevalência de algum desses direitos, é a de que a tutela dos direitos da personalidade deve prevalecer sobre a liberdade de informação, como já reconheceu o Superior Tribunal de Justiça em alguns precedentes.[35]

---

32. É essa opinião professada, por exemplo, por Daniel Sarmento, em seu já citado parecer, por Rafael Koatz (KOATZ. Op. cit. p. 402), assim como por Luís Roberto Barroso, o qual afirma que, por servir a liberdade de informação como fundamento para o exercício de outras liberdades, tem ela uma posição de preferência em relação aos direitos fundamentais individualmente considerados (BARROSO. Luís Roberto. Liberdade de expressão versus direitos da personalidade. Colisão de direitos fundamentais e critérios de ponderação. In: BARROSO, Luís Roberto. *Temas de direito constitucional*. t. 3. Rio de Janeiro: Renovar, 2005. p. 105-106).
33. Orlando Zanon Junior apresenta outras justificativas, de índole política, social e até mesmo econômica, ao afirmar que "Tal posição privilegiada justifica-se pela enorme importância que a disseminação de informações verdadeiras projetada na tomada de decisões quanto aos destinos político, econômico e social do país, com reflexos no desenvolvimento da democracia e na criação de riquezas. ZANON JUNIOR, Orlando Luiz. A posição privilegiada da liberdade de imprensa e o direito à informação verdadeira. *Revista da ESMEC*. v. 17, n. 23, Florianópolis, p. 145. 2010.
34. Nesse sentido, BARROSO, Luís Roberto. Aqui, lá e em todo o lugar: a dignidade humana no direito contemporâneo e no discurso transnacional. *Revista dos tribunais*. a. 101, v. 909, São Paulo, p. 160. mai./2012; SARMENTO, Daniel. *Dignidade da pessoa humana*: conteúdo, trajetórias e metodologia. 2. ed. Belo Horizonte: Fórum, 2016. p. 109; e SARLET, Ingo Wolfgang. *Dignidade da pessoa humana e direitos fundamentais na constituição federal de 1988*. 8. ed. rev., atual., e ampl. Porto Alegre: Livraria do Advogado, 2010. p. 37-38.
35. A título de exemplo, no julgamento do REsp 1334097, entendeu o relator, o Ministro Luís Felipe Salomão, que "a explícita contenção constitucional à liberdade de informação, fundada na inviolabilidade da vida privada, intimidade, honra, imagem e, de resto, nos valores da pessoa e da família, prevista no art. 220, § 1º, art. 221 e no § 3º do art. 222 da Carta de 1988, parece sinalizar que, no conflito aparente entre esses

Note-se, contudo, que a consequência do reconhecimento da prevalência de um ou outro direito não é a inexistência de tutela daquele que não goza dessa primazia. Este inequivocamente continuará a ser tutelado. Mas o que se terá, nestes casos, é a inversão do ônus argumentativo, de modo que aquele que sustentar que o direito ou interesse que não goza da prevalência em abstrato deve prevalecer no caso concreto, terá o encargo de comprovar, de modo cabal, que naquela hipótese este é que deverá se sobrepor ao preferente em abstrato. Torna-se, então, muito mais difícil a demonstração da sobreposição de um direito sobre aquele que, abstratamente, prevalece.

Mas, embora possa ser reconhecida a prevalência de um ou outro direito, certo é que, no caso concreto, havendo a colisão ter-se-á que se decidir pela concreta proteção da liberdade de informação ou pela tutela dos direitos da personalidade que, no caso em comento, é a privacidade.

Prevalecendo esta, questiona-se se é possível afastar a divulgação mediante a proibição da publicação ou se, uma vez publicada, é admissível retirá-la de circulação. Aqui se entra no terreno pantanoso da existência, ou não, de censura.

Segundo os léxicos, censura é a análise feita por censor de materiais informativos, jornalísticos, artísticos ou culturais, com base em critérios morais, religiosos ou políticos, para julgar a conveniência da publicação ou divulgação.

Assim, a censura consiste na análise e posterior proibição de divulgação – ou retirada de circulação – de alguma informação ou opinião com base em critérios subjetivos de um censor, que pode ser uma pessoa ou até mesmo um órgão público.

---

bens jurídicos de especialíssima grandeza, há, de regra, uma inclinação ou predileção constitucional para soluções protetivas da pessoa humana, embora o melhor equacionamento deva sempre observar as particularidades do caso concreto. Essa constatação se mostra consentânea com o fato de que, a despeito de a informação livre de censura ter sido inserida no seleto grupo dos direitos fundamentais (art. 5º, inciso IX), a Constituição Federal mostrou sua vocação antropocêntrica no momento em que gravou, já na porta de entrada (art. 1º, inciso III), a dignidade da pessoa humana como – mais que um direito – um fundamento da República, uma lente pela qual devem ser interpretados os demais direitos posteriormente reconhecidos. Exegese dos arts. 11, 20 e 21 do Código Civil de 2002. Aplicação da filosofia kantiana, base da teoria da dignidade da pessoa humana, segundo a qual o ser humano tem um valor em si que supera o das 'coisas humanas'". REsp 1334097 / RJ. Rel. Ministro Luis Felipe Salomão. Quarta Turma. DJe 10/09/2013. Em outro precedente, também se entendeu pela limitação da liberdade de informação quando em confronto com os direitos da personalidade, como se infere do seguinte trecho da ementa do AgInt no REsp 1238093, de relatoria do Ministro Ricardo Villas Bôas Cueva: "[...] 1. Consoante a jurisprudência sedimentada nesta Corte Superior, os direitos à informação e à livre manifestação do pensamento, apesar de merecedores de relevante proteção constitucional, não possuem caráter absoluto, encontrando limites em outros direitos e garantias constitucionais não menos essenciais à concretização da dignidade da pessoa humana, tais como o direito à honra, à intimidade, à privacidade e à imagem. 2. No desempenho da nobre função jornalística, o veículo de comunicação não pode descuidar de seu compromisso ético com a veracidade dos fatos narrados e, menos ainda, assumir postura injuriosa ou difamatória com o simples propósito de macular a honra de terceiros. 3. A desconstituição das conclusões a que chegaram as instâncias ordinárias – no tocante ao conteúdo ofensivo e antecipatório de injusto juízo de valor contra a honra e a imagem do autor da demanda e à responsabilidade dos réus pelo dever de indenizar os danos morais – ensejaria incursão no acervo fático-probatório da causa, o que, como consabido, não se coaduna com a via do recurso especial, a teor do que dispõe a Súmula nº 7/STJ". AgInt no REsp 1238093 / RS. Rel. Ministro Villas Bôas Cueva. Terceira Turma. DJe 06/09/2017.

Tem-se na censura, então, um verdadeiro julgamento fundado em critérios pessoais, em convicções íntimas daquele que faz a análise da informação, visando atender a determinados interesses, muitas vezes um suspeitíssimo interesse público alicerçado na tutela da moral, dos bons costumes e, até mesmo, da ordem pública.[36]

Sobre esse aspecto, questiona-se se, diante de um fato inequivocamente violador da esfera privada do indivíduo, inclusive que traga lesão à sua honra, imagem ou nome, a proibição da divulgação do fato se caracteriza, efetivamente, como censura.

Desde logo é preciso destacar que o tema da censura ainda é um tabu. Os tristes episódios ocorridos não apenas no Brasil, mas em outros países também submetidos à ditadura, em que havia limitação à liberdade de informação e de imprensa, ainda ecoam na memória daqueles que viveram aquele odioso período. Portanto, tratar do tema é sempre delicado, pois sua análise transborda os limites do direito para também ingressar no campo das emoções.

Ainda assim, se buscará, nas próximas linhas, tratar a questão objetivamente, sob um viés puramente jurídico, a fim de verificar se uma decisão judicial que, ponderando interesses em jogo, conclua pela necessidade de proibição da veiculação pública de um fato, caracteriza-se efetivamente como uma prática de censura. Sob esse aspecto é preciso analisar, então, se a atuação do Poder Judiciário, no controle de legalidade da democracia, função essa que lhe é inerente, comete ato de censura.

Primeiramente, e de modo muito particular, é imperioso destacar que a liberdade de informação e, especialmente, a liberdade de imprensa é fundamental em qualquer democracia. Tanto isso é verdade que o art. 220 da Constituição Federal, em seus §§ 1º e 2º, expressamente prevê que nenhuma lei poderá constituir embaraço à plena liberdade de informação jornalística, sendo vedada qualquer censura de natureza política, ideológica e artística. A ordem constitucional brasileira, portanto, repudia a censura, que se revela como uma verdadeira violação à democracia.

Não obstante, e isso se revela do próprio texto constitucional, a censura decorre, fundamentalmente, de atos praticados unilateral e arbitrariamente por órgãos administrativos ou de modo abstrato e geral pelo legislador, com propósito políticos e ideológicos,[37] de modo a impedir a livre circulação de ideias, ainda que estas sejam contrárias às da maioria.

---

36. Sobre a censura, assim explicita Daniel Sarmento: "Pode-se adotar uma definição estrita de censura, ou preferir conceitos mais amplos. Em sentido estrito, censura é a restrição prévia à liberdade de expressão realizada por autoridades administrativas, que resulta na vedação à veiculação de um determinado conteúdo. Este é o significado mais tradicional do termo. Neste sentido, a censura envolve um controle preventivo das mensagens cuja comunicação se pretende realizar. [...] Em sentido um pouco mais amplo, a censura abrange também as restrições administrativas posteriores à manifestação ou à obra, que impliquem vedação à continuidade da sua circulação. A censura posterior pode envolver, por exemplo, a apreensão de livros após o seu lançamento, ou a proibição de exibição de filmes ou de encenação de peças teatrais depois da sua estreia". SARMENTO, Daniel. Comentários ao art. 5º, IX, da Constituição Federal. In: CANOTILHO; MENDES; SARLET; STRECK. (Coord.). Op. cit. p. 275.
37. No mesmo sentido, TORRES, José Henrique Rodrigues. A censura à imprensa e o controle jurisdicional da legalidade. *Revista dos tribunais*. a. 83, v. 705, São Paulo, p. 25. Jul./1994.

Entretanto, quando se fala em atuação judicial, o texto constitucional não traz, ao menos de modo expresso, uma vedação à prolação de decisões que impeçam, de modo prévio, a publicação de fatos ou informações.

O Poder Judiciário, como cediço, exerce uma importante função de tutela dos direitos individuais e coletivos. Tão relevante é a sua função que o art. 5º, XXXV, da Constituição Federal consagrou o princípio da inafastabilidade do controle do poder judicial, que assegura a todos o direito de buscar o Estado para a tutela de seus interesses, sendo vedada qualquer forma de proibição ou limitação dessa garantia, a qual não se limita à adoção de medidas repressivas, mas alcança também aquelas preventivas e inibitórias, a fim de impedir que o dano ocorra.[38]

Com efeito, não é incomum que indivíduos que se sintam lesados, ou ameaçados de o serem, com a divulgação de determinada notícia, se socorram do Judiciário para retirar de circulação determinada publicação, ou mesmo recorram ao Estado judicial para impedir previamente que ela venha a público. Trata-se, pois, do legítimo exercício de um direito constitucionalmente assegurado.

Tal constatação, contudo, não é imune a críticas. Para comprovar, basta uma visita ao *Newseum*, o Museu da Notícia, em Washington. Em seu terceiro andar encontra-se um grande mapa-múndi com a classificação dos países por grau de liberdade de imprensa, feita pela organização não governamental *Freedom House*, que coloca o Brasil entre aqueles com imprensa parcialmente livre. Um dos argumentos para essa classificação é o fato de que a liberdade de imprensa brasileira, segundo aquela entidade, é tolhida por ações civis e criminais usadas por políticos, autoridades e empresários contra jornalistas e veículos de comunicação para intimidar tais pessoas e instituições a exercerem livremente suas atividades.[39]

Vê-se, pois, que a questão é verdadeiramente polêmica e merece, assim, algumas reflexões.

A liberdade de expressão, informação e, ao fim e ao cabo, a liberdade de imprensa, são essenciais para a garantia da democracia e da dignidade da pessoa humana. Por essa razão, como visto anteriormente, muitos afirmam que há uma posição privilegiada destas, em detrimento de outras garantias e direitos fundamentais, como a honra, a privacidade e a intimidade.

---

38. Pelo princípio da inafastabilidade de controle do Poder Judiciário atribui-se ao Poder Judiciário o chamado *monopólio da jurisdição*, em que se atribui a ele a função de decidir os conflitos de interesses, tanto quando ocorre a efetiva lesão a direitos, quanto nos casos em que há um mera ameaça de violação a eles. Assim, na expressão de José Afonso da Silva, assegura-se o "direito de invocar a atividade jurisdicional sempre que se tenha como lesado ou simplesmente ameaçado um direito, individual ou não". SILVA. Op. cit. p. 431. No mesmo sentido, observa André Ramos Tavares que o "princípio em questão significa que toda controvérsia sobre direito, incluindo ameaça de lesão, não pode ser subtraída da apreciação do Poder Judiciário". TAVARES, André Ramos. *Curso de direito constitucional*. 6. ed. São Paulo: Saraiva, 2008. p. 667.
39. Cf. SILVA, Carlos Eduardo Lins da. Censura judicial à imprensa no Brasil: autorregulação e maturidade democrática. *Revista de direito administrativo*. v. 253, Rio de Janeiro, p. 49-51. jan.-abr./2010.

Assim, e por expressa previsão constitucional, medidas administrativas ou mesmo legais que tragam qualquer restrição a essas liberdades são inválidas e atentatórias ao Estado Democrático de Direito. Essa conclusão, inclusive, se extrai do julgamento, pelo Supremo Tribunal Federal, da ADPF nº 130, que reconheceu a inconstitucionalidade da Lei de Imprensa, deixando, na opinião de alguns, um vácuo legislativo em matéria regulatória das atividades jornalísticas.[40]

Há que se observar, contudo, que no referido julgamento adotou-se um posicionamento extremado, no sentido de que o controle sobre a imprensa só pode ser *a posteriori*, ou seja, apenas após a divulgação da notícia, e nunca de modo prévio, antes da veiculação dos fatos.[41]

No entanto, e em que pese o entendimento firmado pelo STF nesse importante julgado, crê-se que uma posição polarizada é sempre perigosa, particularmente quando diz respeito a um conflito de interesses tão relevantes. Isso se comprova no âmbito do próprio Supremo Tribunal Federal, em que os julgados sobre a matéria ganham contornos interessantes, a demonstrar a complexidade do tema. Vejamos alguns exemplos.

---

40. Nesse sentido, SILVA. Op. cit. p. 51-53.
41. Nesse sentido, vale colacionar trecho da ementa do acórdão que corrobora a afirmação: ARGUIÇÃO DE DESCUMPRIMENTO DE PRECEITO FUNDAMENTAL (ADPF). LEI DE IMPRENSA. ADEQUAÇÃO DA AÇÃO. REGIME CONSTITUCIONAL DA "LIBERDADE DE INFORMAÇÃO JORNALÍSTICA", EXPRESSÃO SINÔNIMA DE LIBERDADE DE IMPRENSA. A "PLENA" LIBERDADE DE IMPRENSA COMO CATEGORIA JURÍDICA PROIBITIVA DE QUALQUER TIPO DE CENSURA PRÉVIA. A PLENITUDE DA LIBERDADE DE IMPRENSA COMO REFORÇO OU SOBRETUTELA DAS LIBERDADES DE MANIFESTAÇÃO DO PENSAMENTO, DE INFORMAÇÃO E DE EXPRESSÃO ARTÍSTICA, CIENTÍFICA, INTELECTUAL E COMUNICACIONAL. LIBERDADES QUE DÃO CONTEÚDO ÀS RELAÇÕES DE IMPRENSA E QUE SE PÕEM COMO SUPERIORES BENS DE PERSONALIDADE E MAIS DIRETA EMANAÇÃO DO PRINCÍPIO DA DIGNIDADE DA PESSOA HUMANA. O CAPÍTULO CONSTITUCIONAL DA COMUNICAÇÃO SOCIAL COMO SEGMENTO PROLONGADOR DAS LIBERDADES DE MANIFESTAÇÃO DO PENSAMENTO, DE INFORMAÇÃO E DE EXPRESSÃO ARTÍSTICA, CIENTÍFICA, INTELECTUAL E COMUNICACIONAL. TRANSPASSE DA FUNDAMENTALIDADE DOS DIREITOS PROLONGADOS AO CAPÍTULO PROLONGADOR. PONDERAÇÃO DIRETAMENTE CONSTITUCIONAL ENTRE BLOCOS DE BENS DE PERSONALIDADE: O BLOCO DOS DIREITOS QUE DÃO CONTEÚDO À LIBERDADE DE IMPRENSA E O BLOCO DOS DIREITOS À IMAGEM, HONRA, INTIMIDADE E VIDA PRIVADA. PRECEDÊNCIA DO PRIMEIRO BLOCO. INCIDÊNCIA A POSTERIORI DO SEGUNDO BLOCO DE DIREITOS, PARA O EFEITO DE ASSEGURAR O DIREITO DE RESPOSTA E ASSENTAR RESPONSABILIDADES PENAL, CIVIL E ADMINISTRATIVA, ENTRE OUTRAS CONSEQUÊNCIAS DO PLENO GOZO DA LIBERDADE DE IMPRENSA. PECULIAR FÓRMULA CONSTITUCIONAL DE PROTEÇÃO A INTERESSES PRIVADOS QUE, MESMO INCIDINDO A POSTERIORI, ATUA SOBRE AS CAUSAS PARA INIBIR ABUSOS POR PARTE DA IMPRENSA. PROPORCIONALIDADE ENTRE LIBERDADE DE IMPRENSA E RESPONSABILIDADE CIVIL POR DANOS MORAIS E MATERIAIS A TERCEIROS. RELAÇÃO DE MÚTUA CAUSALIDADE ENTRE LIBERDADE DE IMPRENSA E DEMOCRACIA. RELAÇÃO DE INERÊNCIA ENTRE PENSAMENTO CRÍTICO E IMPRENSA LIVRE. A IMPRENSA COMO INSTÂNCIA NATURAL DE FORMAÇÃO DA OPINIÃO PÚBLICA E COMO ALTERNATIVA À VERSÃO OFICIAL DOS FATOS. PROIBIÇÃO DE MONOPOLIZAR OU OLIGOPOLIZAR ÓRGÃOS DE IMPRENSA COMO NOVO E AUTÔNOMO FATOR DE INIBIÇÃO DE ABUSOS. NÚCLEO DA LIBERDADE DE IMPRENSA E MATÉRIAS APENAS PERIFERICAMENTE DE IMPRENSA. AUTORREGULAÇÃO E REGULAÇÃO SOCIAL DA ATIVIDADE DE IMPRENSA. NÃO RECEPÇÃO EM BLOCO DA LEI Nº 5.250/1967 PELA NOVA ORDEM CONSTITUCIONAL. EFEITOS JURÍDICOS DA DECISÃO. PROCEDÊNCIA DA AÇÃO. ADPF 130 /DF. Rel. Ministro Carlos Ayres Britto. Tribunal Pleno. Julgamento: 30/04/2009.

No dia 14 de março de 2019, por meio da Portaria GP nº 69, a Corte instaurou o sobejamente conhecido e famigerado "Inquérito das *Fake News*", o INQ 4781, chamado jocosamente pelo Ministro Marco Aurélio Melo de "inquérito do fim do mundo". Dentre os diversos temas nele inseridos, o seu foco principal é o de investigar a veiculação de notícias falsas, e aquelas que venham a se caracterizar como caluniosas ou ameaçadoras a Ministros do Tribunal e a seus familiares.

Ressalvados os questionamentos acerca da legitimidade e validade do procedimento instaurado de ofício pelo Ministro Dias Toffoli, à época Presidente do Supremo Tribunal Federal, o referido inquérito é uma boa fonte de pesquisa sobre o tema envolvendo a proibição judicial de veiculação de notícias. Sob o argumento de impedir a propagação de notícias falsas, o Ministro relator Alexandre de Moraes proibiu a divulgação e circulação de diversas matérias e notícias, inclusive de veículos bem conceituados no meio jornalístico, como no caso daquelas que revelavam o conteúdo da delação premiada do ex-Presidente do Grupo Odebrecht, Marcelo Odebrecht, na qual o Ministro Dias Toffoli era citado.[42]

Em sentido diametralmente oposto, o mesmo Ministro Alexandre de Moraes, já nos autos da Reclamação nº 41850, autuada em 25 de junho de 2020, cassou decisão judicial que proibia o Grupo RBS de divulgar notícias sobre pessoas que receberam indevidamente o auxílio emergencial dado pelo Governo Federal durante o período da pandemia do *Novo Coronavírus*, sob o argumento de que tal proibição judicial se caracterizaria como censura prévia.[43]

Veja-se, portanto, que o tema suscita inúmeras controvérsias, não apenas no âmbito de um mesmo Tribunal, mas também por parte de um mesmo julgador, como

---

42. Conforme trecho da decisão do Ministro Alexandre de Moraes, proferida em 15/04/2019, "Determino que o site O Antagonista e a revista 'Crusoé' retirem, imediatamente, dos respectivos ambientes virtuais a matéria intitulada 'O amigo do amigo de meu pai' e todas as postagens subsequentes que tratem sobre o assunto, sob pena de multa diária de R$ 100 mil, cujo prazo será contado a partir da intimação dos responsáveis. A Polícia Federal deverá intimar os responsáveis pelo site O Antagonista e pela revista 'Crusoé' para que prestem depoimentos no prazo de 72 horas". INQ 4.781. Relator Ministro Alexandre de Moraes. Decisão em segredo de Justiça.

43. Conforme trecho conclusivo da decisão liminar: "Na presente hipótese, infere-se, ao teor do ato impugnado, que o comando judicial desrespeitou a proteção da liberdade de manifestação em seu aspecto negativo (censura prévia), ao deferir a tutela antecipada, nos termos a seguir reproduzidos, na parte de interesse: [...] Em uma análise perfunctória, a decisão judicial impôs censura prévia, cujo traço marcante é o caráter preventivo e abstrato de restrição à livre manifestação de pensamento, que é repelida frontalmente pelo texto constitucional, em virtude de sua finalidade antidemocrática. A propósito do tema, o Ministro CELSO DE MELLO, bem afirmou que *o exercício de jurisdição cautelar por magistrados e Tribunais não pode converter-se em prática judicial inibitória, muito menos censória, da liberdade constitucional de expressão e de comunicação, sob pena de o poder geral de cautela atribuído ao Judiciário qualificar-se, perigosamente, como um novo nome de uma inaceitável censura estatal em nosso País* (Rcl 18.566 MC, DJe de 17/9/2014). Dessa maneira, são relevantes os argumentos trazidos pelas reclamantes na parte em que é imposta a abstenção de efetuar novas publicações, a revelar, neste juízo prévio, restrição a manifestação livre do pensamento, afrontando, aparentemente, o decidido na ADPF 130 (Rel. Min. AYRES BRITTO, Pleno, DJe de 6/11/2009)". Medida Cautelar na Rcl nº 41.850. Relator Ministro Alexandre de Moraes. DJE nº 165, divulgado em 30/06/2020. Decisão disponível em http://www.stf.jus.br/arquivo/cms/noticiaNoticiaStf/anexo/RCL41850.pdf

evidenciam, exemplificativamente, esses dois casos que tramitam perante o Supremo Tribunal Federal.

Por essas razões, entendemos que a solução para essa questão não deve ser firmada de modo absoluto, razão pela qual se deve admitir, em determinadas situações, o controle judicial prévio, particularmente quando houver grave risco de dano à personalidade, o que, por certo, não caracterizará censura, na medida em que se terá apenas o exercício pleno de uma função constitucionalmente atribuída ao Poder Judiciário.

É cediço que a imprensa livre é essencial à democracia. Entretanto, não pode haver democracia com a legitimação à violação de direitos igualmente fundamentais. E, para a tutela destes, o Judiciário exerce importante função, a qual é inafastável por conta do art. 5º, XXXV, da Constituição Federal. A toda evidência a liberdade de informação não consiste em um direito absoluto e ilimitado, de modo que deve sempre ser ponderado com outros interesses postos em jogo, ponderação essa que pode levar à relativização da liberdade informativa.

Cumpre observar que não se está afirmando aqui, e isso é preciso destacar, que a liberdade de expressão e de informação deve sempre sucumbir diante de uma colisão com a honra, a privacidade e a intimidade, e a imagem. Na verdade, o que se entende é que é possível exercer um controle prévio sobre a informação, mas desde que constitucionalmente embasado, isto é, desde que se encontre justificativa na Constituição[44] e mediante decisão judicial fundamentada.

Obviamente que tal conclusão não está imune a críticas. É comum encontrar manifestações receosas com eventual grau de subjetividade da interpretação judicial no exame dessas questões, possibilidade essa que decorre do próprio vácuo legislativo causado pelo reconhecimento da inconstitucionalidade da Lei de Imprensa.[45]

Em contrapartida, também é preciso reconhecer casos de abuso do direito por parte da mídia, o que merecerá, inequivocamente, o controle judicial, plenamente admitido pela ordem constitucional, que não caracterizará, logicamente, censura.

De tudo o que se disse, podem-se extrair as seguintes conclusões acerca da possibilidade de controle judicial prévio sobre a publicação de fatos e informações, especialmente pela imprensa.

Primeiramente, cumpre observar que há entendimentos, como na jurisprudência do Supremo Tribunal Federal,[46] que rechaçam, em absoluto, a possibilidade de

---
44. No mesmo sentido, TORRES. Op. cit. p. 26.
45. Segundo Carlos Eduardo Lins da Silva, enquanto não for editada em lei que regulamente a atividade jornalística, "a imprensa nacional continuará à mercê de interesses e humores de juízes que nem sempre primam pela fidelidade aos princípios expressos pelo art. 220 da Constituição [...]. SILVA. Op. cit. p. 53.
46. Célebre é a menção, pela Ministra Cármen Lúcia, da expressão comumente utilizada em brincadeiras de criança, *cala a boca já morreu, quem manda em mim sou eu*, para afirmar a impossibilidade de proibição da veiculação pública de uma informação, no julgamento da ADPF nº 130, que julgou inconstitucional a Lei nº 5.250/67, a chamada Lei de Imprensa. Igualmente, afirmou o relator Ministro Carlos Ayres Britto que a

se proibir a divulgação de determinado fato ou informação. Segundo esse entendimento, a liberdade de informação deve sempre prevalecer, de modo que, se houver lesão a alguém, esta deverá ser reparada por outros mecanismos existentes em nosso ordenamento, como, por exemplo, a indenização por danos morais e até mesmo materiais, a retratação e o direito de resposta.

Não obstante, muito embora seja odiável a censura e, havendo qualquer risco de ela vir a ocorrer, deve-se procurar rechaça-la, há casos em que esta não se verifica, ainda que se imponha *judicialmente* a proibição da publicação de determinado fato ou notícia, ou até mesmo a sua posterior retirada de circulação. Nessas hipóteses, poderá ser impedida a publicação da informação, ou mesmo retirá-la caso já tenha sido veiculada.

Isso porque, como já dito, a liberdade de informação, assim como qualquer outro direito, não é absoluta. Diante da realidade histórica brasileira, é certo que ela deve ser prestigiada, mas isso não a torna inafastável. Com efeito, em determinadas hipóteses ela não poderá ser exercida, ainda que isso caracterize, inequivocamente, como uma proibição à divulgação de um fato.

Contudo, é preciso destacar que, devido a todos os fatores já expostos, deve-se evitar ao máximo tal proibição, pelo que ela deverá ser, em certa medida, excepcional.[47] Isso significa que a regra é a possibilidade de circulação da informação, mas, excepcionalmente, é admissível afastar essa liberdade.

Há que se observar que essa excepcionalidade estará justificada quando se demonstrar, de modo inequívoco, que a divulgação do fato poderá acarretar graves e irreversíveis danos à pessoa e à sua dignidade. Aqui se tem a primazia dos direitos da personalidade, que por serem direitos inatos à pessoa e essenciais à formação da sua personalidade, devem ter prevalência no exame do conflito.

Desse modo, verificado esse risco, é recomendável a cautela, determinando-se a não publicação da informação ou, caso já tenha ocorrido, a sua retirada de circulação. E isso porque há situações que uma indenização por dano moral ou até mesmo o exercício do direito de resposta ou a retratação não serão suficientes para afastar a lesão e retornar a vítima ao seu *status quo ante*.

Por fim, essa proibição, como já observado, só poderá se dar por meio de uma decisão judicial. Consoante o disposto no art. 5º, XXXV, da Constituição Federal, não se pode excluir do Poder Judiciário o poder de apreciar lesão ou ameaça de lesão a direito. Destaque-se, ainda, sobre esse ponto, que a mera ameaça de lesão a direito

---

liberdade de expressão é um direito absoluto, assim como o é, por exemplo, o direito de não ser torturado e de o brasileiro nato não ser extraditado. Sobre o julgamento, ver o inteiro teor dos votos em http://redir.stf.jus.br/paginadorpub/paginador.jsp?docTP=AC&docID=605411.

47. No mesmo sentido, entendendo que deve ser excepcional o impedimento à circulação de notícias, Luís Roberto Barroso. BARROSO. Op. cit. p. 2009. p. 509. Também entendendo que em situações extremas é possível proibir manifestações que atentem contra outros direitos constitucionalmente protegidos, Daniel Sarmento. SARMENTO. In: CANOTILHO; MENDES; SARLET; STRECK. (Coord.). Op. cit. p. 275.

pode ser examinada pelo Judiciário e, consequentemente, afastada. Com efeito, é inegável que, verificada a possibilidade de lesão grave e irreversível, ou a efetiva lesão, a um direito da personalidade, o Judiciário não só *poderá* como *deverá* intervir. É, sem sombra de dúvidas, um poder-dever. Por essa razão, afirmar, de modo simples e sem qualquer reflexão ou análise crítica da decisão, que a proibição de circulação de notícias pelo Poder Judiciário caracteriza uma censura é, a nosso sentir, temerário.

Mas o exercício desse poder-dever também tem limites e condicionantes. Exige-se das decisões judiciais que elas sejam fundamentadas. Esse é um requisito não só de validade, mas de legitimidade das decisões judiciais, como prevê o art. 93, IX, da Constituição Federal.[48] Além disso, a fundamentação deve estar adstrita aos limites do Direito. Se assim age o magistrado, não deve ele ser tido como um censor.

Sem prejuízo, não se pode negar que a ponderação de interesses, como ocorre na hipótese, é uma atividade que, por envolver princípios jurídicos, que se caracterizam como normas de elevado grau de abstração, traz consigo uma maior carga de subjetividade.

Isso não significa, contudo, que essa subjetividade se revista de uma discricionariedade e, muito menos, de uma arbitrariedade. Ainda assim, a subjetividade existe, na medida em que o magistrado, no preenchimento do conteúdo dos princípios envolvidos, e na ponderação em si, será influenciado por inúmeros aspectos, intrínsecos e extrínsecos, como suas convicções, crenças e o ambiente em que vive. A sonhada plena neutralidade de um julgador é difícil, senão impossível, de se alcançar.[49]

Ainda assim, não se pode admitir o arbítrio e o abuso, com a prolação de decisões pautadas fundamentalmente em convicções e crenças pessoais do magistrado. Como dito anteriormente, a decisão deve ser fundamentada no Direito posto e vigente, sendo certo que eventual equívoco interpretativo do julgador não deve ser considerado, pura e simplesmente, como má-fé ou censura, devendo-se observar que ela sempre estará sujeita a controle por meio dos recursos.

Por fim, é preciso destacar que apenas ao Judiciário é assegurado esse poder de restringir a circulação de notícias, de modo que não pode uma autoridade administrativa adotar tal medida extrema, ou mesmo o legislador, sob pena de, assim, caracterizar uma censura.[50] No entanto, é preciso observar que a atuação do Judiciário deve se dar mediante a verificação concreta e objetiva de lesão ou risco de lesão

---

48. Art. 93. [...]: IX – todos os julgamentos dos órgãos do Poder Judiciário serão públicos, e fundamentadas todas as decisões, sob pena de nulidade, podendo a lei limitar a presença, em determinados atos, às próprias partes e advogados, ou somente a estes, em casos nos quais a preservação do direito à intimidade do interessado no sigilo não prejudique o interesse público à informação.
49. Sobre o tema ver Constituição, democracia e supremacia judicial: direito e política no Brasil contemporâneo. In: BARROSO, Luis Roberto. *O novo direito constitucional brasileiro*: contribuições para a construção teórica e prática da jurisdição constitucional no Brasil. Belo Horizonte: Fórum, 2012. p. 237-283.
50. Excepcionalmente admite-se que o legislativo também estabeleça proibições, como é o caso do Estatuto da Criança e do Adolescente que veda a divulgação de imagens, fotos e vídeos com crianças em cenas com conteúdo pornográfico. No mesmo sentido, Daniel Sarmento. SARMENTO. In: CANOTILHO; MENDES; SARLET; STRECK. (Coord.). Op. cit. p. 275.

aos direitos da personalidade, sob pena de praticar um ato abusivo e caracterizável como censura, caso utilize argumentos morais, religiosos, políticos ou ideológicos para impedir a divulgação da informação.

Portanto, para que ocorra a submissão da liberdade de informação à privacidade, é preciso que seja inequívoco o dano, ou o risco de ele vir a ocorrer. Assim constatado, estará legitimado o Judiciário a agir e a impedir a publicação ou retirá-la de circulação.

5. CONCLUSÃO À LUZ DO CASO MARCELA TEMER

A presidência da república é o órgão político de maior estatura no Estado brasileiro. Nele repousa o Chefe de Estado e de Governo do país. Isso confere ao seu titular inúmeras prerrogativas, direitos e garantias peculiares, que não se aplicam às demais pessoas. Isso se justifica pela necessidade de proteção do cargo e da função que dele decorre, e por ser o seu titular um representante político eleito pelo voto popular.

Em contrapartida, ao exercer a função de autoridade máxima do país, o Presidente da República renuncia à parcela de sua privacidade e intimidade. E isso porque, o cargo que ocupa exige uma constante fiscalização, especialmente pelo povo, que precisa saber se aquele que o representa exerce regularmente as suas atividades, bem como se preserva uma reputação ilibada e condizente com o mandato que lhe foi outorgado.

Mas, a questão que exsurge, aqui, é se essas exigências também se aplicam à mulher do Presidente da República. À Primeira-Dama também se permite essa invasão à sua privacidade e intimidade? E aqui se levanta uma importante questão: às equivocadamente denominadas *pessoas públicas* não se atribui proteção à intimidade e privacidade?

Antes de responder a essa questão, é preciso observar que a figura da Primeira-Dama não se confunde com a do Presidente da República. Portanto, não há o mesmo interesse público nas atividades pessoais da mulher do Presidente, que subsiste no caso deste. Isso quer dizer que sobre a vida pessoal da Primeira-Dama não há a necessidade de fiscalização que se impõe no caso do Chefe do Poder Executivo Federal. Com efeito, tem ela uma maior reserva à sua privacidade e intimidade do que o seu marido.

Em contrapartida, é inequívoco que a Primeira-Dama se qualifica como uma *personalidade pública*, isto é, uma pessoa famosa, que atrai o interesse do público. E essa caracterização traz consigo uma perversa consequência: ela goza de um menor grau de privacidade, ou seja, sua intimidade e privacidade ficam mitigadas, não sendo plenas como a das demais pessoas.[51]

---

51. Nesse sentido, BARROSO. Op. cit. 2009. Criticando a expressão, Anderson Schreiber afirma que, ao contrário do que se deduz, o direito à privacidade das pessoas famosas é tão intenso quanto de qualquer outra pessoa. Em verdade, afirma o autor que por serem pessoas que sempre estão expostas publicamente, a sua imagem e a sua privacidade têm um valor ainda maior. Ocorre que, por ser uma pessoa célebre ou notória, há um

Ao contrário do que comumente se imagina, o fato de ser uma celebridade não exclui a necessidade de proteção da sua esfera íntima. No entanto, essa proteção é reduzida devido ao interesse público que decorre das atividades exercidas por tais pessoas. Como consequência, no caso da Primeira-Dama, tem ela o direito à preservação e à proteção da sua privacidade e intimidade, mas, em razão do laço conjugal que mantém, estas se reduzem.

No caso específico apresentado neste texto, a discussão diz respeito à possibilidade de veiculação de notícias que retratam a prática de um crime, em que um indivíduo invadiu o celular da Primeira-Dama e de lá extraiu fotos íntimas suas, além de conversas que supostamente comprometeriam o Presidente. Em verdade, a proibição tinha como objetivo impedir que o conteúdo das fotos e informações fosse trazido a público, violando, desse modo, a privacidade e intimidade da Primeira-Dama.

Como visto, embora a mulher do Presidente seja uma pessoa cujo acesso público à sua vida seja maior, devido à sua relação íntima com o Chefe do Executivo, tem ela, inequivocamente, o direito à preservação da sua privacidade. Contudo, isso não pode justificar que fatos relevantes venham a público, especialmente a prática de um crime que é cada vez mais comum em nossa sociedade tecnológica.

Portanto, fazia-se imperiosa a ponderação dos interesses envolvidos, de modo a preservar a intimidade da vítima – mediante a proibição, por exemplo, de que as fotografias fossem trazidas a público, e até mesmo o contexto em que foram tiradas –, mas sem impedir que o fato, em si, fosse divulgado.

Há que se ressaltar, ainda, que se o conteúdo das notícias que se pretendiam publicar tinha relevante interesse para ao país, como práticas ilícitas eventualmente cometidas pelo Presidente da República – que na data do crime cibernético ocupava o cargo de Vice-Presidente –, a publicação se fazia verdadeiramente necessária, haja vista que seria um fato de inequívoco interesse público, envolvendo uma alta autoridade do país.

A generalização da decisão, que vedou, de modo amplo, toda e qualquer publicação sobre o fato, não se coaduna com os valores e direitos envolvidos, assim como com a técnica jurídica de solução desses conflitos.

Disso se conclui que a proibição imposta no caso concreto se revelou excessiva e desproporcional, em evidente violação à liberdade de informação. Isso não significa, contudo, que se trate de uma censura, em sua acepção pura, uma vez que decorreu de uma decisão judicial fundamentada em um direito amparado pela Constituição, embora sem a adequada ponderação com outro direito também constitucionalmente assegurado.

---

interesse público maior em ter acesso à sua imagem e privacidade, de modo que só se justifica a interferência em sua esfera íntima se, sopesados com outros direitos constitucionais, como à informação e de liberdade de expressão, estes prevalecerem no caso no concreto, como na hipótese de existir um interesse público na informação. SCHREIBER. Op. cit. p. 113-114.

Por fim, esse é o retrato de um país cuja democracia ainda está em construção. A linha que separa esses diversos interesses, nitidamente conflitantes, é tênue, e vem sendo desenhada, em passos muitas vezes vacilantes, pelos operadores do direito. São os ossos de um duro ofício. Mas, isso não é motivo para lamentos e decepções, muito pelo contrário. A construção de toda e qualquer sociedade é feita de erros e acertos, e não deve ser diferente, pois assim são as ciências, como a jurídica o é. E, olhando-se de um modo geral sobre essas questões, é possível perceber que se tem acertado mais do que errado, o que já é um bom conforto.

RETIFICAÇÃO DE INFORMAÇÃO ATRAVÉS DO DIREITO DE RESPOSTA: PROPOSTAS PARA O SEU RECONHECIMENTO

Danielle Fernandes Bouças

Mestre em Direito Civil pela UERJ. Pós-Graduada em Direito Civil pela UERJ. Pós-Graduada em Direito Processual pela Universidade Cândido Mendes. Advogada.

Marina Duque Moura Leite

Mestre em Direito Civil pela UERJ. Advogada.

1. INTRODUÇÃO

Clarice Lispector em um de seus aforismos clássicos menciona que o erro das pessoas inteligentes é o mais grave: elas têm argumentos que o provam. Essa é a particularidade que marca a informação deficiente emitida pelos mais diversos meios de comunicação. Seja pela reputação no mercado, pela qualificação do emissor da informação, pelos demais embasamentos presentes na notícia que supostamente provariam o que lá restou informado; a mídia costuma respaldar sua atuação em inúmeros argumentos, o que dificulta tanto a prova contrária da suposta vítima da informação defeituosa ou distorcida, quanto a cessação da veiculação das informações alegadamente danosas, provenientes de um emissor que, em regra, inspira confiança no público.

O conflito entre os veículos de informação que divulgam informações danosas nem sempre ancoradas em fatos e provas e as pessoas, físicas ou jurídicas, atingidas por elas foi uma das forças motrizes do presente trabalho.

Na linha do pensamento de Lispector, muitas vezes, os veículos de comunicação social empregam a suposta posição preferencial da liberdade de expressão como argumento insuperável e escudo contra a retificação da informação danosa inverídica. Pela pressa ao propagar o "furo" antes da concorrência ou até gerar mais cliques, muitas vezes se informa com negligência, valendo-se de exageros aos fatos e de afirmações categóricas quando os elementos reunidos pelo emissor permitiriam apenas especulações e suposições.

Um dos remédios historicamente encontrados para situações como essa é o direito de resposta, o qual permite que a parte prejudicada, no mesmo veículo em que foi atingida, realize sua resposta, proporcional ao agravo.

Em estudo específico do tema, Fábio Carvalho Leite ressalta que é mais comum requerer-se apenas indenização quando caberia o pedido de direito de resposta e que os magistrados tendem a conceder direito de resposta, quando requerido, em conjunto também com a condenação pecuniária ao pagamento de danos morais.[1] Outra conclusão que o autor obteve em sua pesquisa é que haveria uma zona cinzenta em casos de simples resolução, seja pela procedência ou improcedência do pedido e, o que se tem na prática, é uma incoerência "pela variação de entendimento pelas diversas instâncias que julgam um mesmo processo".[2]

Assim, a mídia ou bem assume os riscos de sua atuação ao publicar a notícia, ou tem, de certo modo, a sua liberdade de expressão ferida ao deixar de publicar algo que pode ser considerado lesivo por entender que há risco de condenação em divulgar determinada notícia.

Em processo que tramitou perante o Tribunal de Justiça do Estado Rio de Janeiro,[3] um político apresentou agravo interno em face de decisão emitida pela terceira Vice-Presidência do Tribunal que, por sua vez negou seguimento a recurso extraordinário no qual se defendia a condenação de jornalistas em danos morais ante conteúdo supostamente inverídico. Tratava-se de matéria divulgada tanto em jornal físico quanto em via digital em que lhe foi atribuída propriedade de um imóvel decorrente de suposto benefício oriundo de relação com doleiro. O político ressaltou que o fato não fora comprovado e que, ao divulgá-lo, a imprensa agiu sem cautela e sem ressalvas.

Em interessante ponderação, o Tribunal fluminense entendeu que o acórdão vergastado pontuou que os jornalistas adotaram todas as precauções necessárias à publicação e não incorreram em excesso de qualquer natureza, motivo pelo qual o agravo foi conhecido e não provido.[4]

Tal exemplo demonstra a complexidade das questões que envolvem a aplicação do direito de resposta, que em regra abrange questionamentos sobre a veracidade de informações controvertidas, a diligência vinculada à atividade jornalística ao apurar a informação, bem como a relatividade do direito de liberdade de comunicação, pontos que serão abordados a seguir.

O que se pretende com o presente artigo é a análise, à luz da jurisprudência, do manejo da retificação como uma forma de exercício do direito de resposta. A partir do estudo do tratamento atual do tema, propõe-se o correto reconhecimento do direito de retificação mediante balizas sugeridas para melhor configuração da responsabili-

---

1. "Os dados apresentados no artigo sugerem que: (i) os autores das ações judiciais tendem a não requerer direito de resposta, apenas indenização; (ii) os magistrados tendem a conceder direito de resposta, quando requerido, mas (praticamente em todos os casos, com uma única exceção) condenando os réus também em indenização por danos morais. Desconheço a causa desta resistência dos magistrados em condenar os réus apenas a concederem direito de resposta, mas é possível especular sobre as consequências". (LEITE, Fábio Carvalho. Por uma posição preferencial do direito de resposta nos conflitos entre liberdade de imprensa e direito à honra. *Civilistica.com*. Rio de Janeiro, a. 7, n. 2, 2018. Disponível em: <http://civilistica.com/por-uma-posicao-preferencial/>. Data de acesso 11.08.2019.)
2. LEITE, Fábio Carvalho. ibidem. Data de acesso 11.08.2019.
3. TJRJ, Processo nº 0353381.17.2015.8.19.0001.
4. TJRJ, Agravo Interno no Recurso Extraordinário nº 0353381-17.2015.8.19.0001, Órgão Especial, Relatora Desembargadora Maria Augusta Vaz Monteiro de Figueiredo, j. 20.08.2018.

dade civil subjetiva, quais sejam: dano à pessoa ofendida, culpa por parte do ofensor e nexo causal entre a conduta e o dano.

Também será objeto de análise a particularidade da lesão que permite o manejo do direito de resposta. Enquanto a ignorância, a não informação, é uma página em branco, a informação errada assemelha-se a uma página já escrita, que demanda que primeiro o erro seja apagado para após ser corrigido. O erro impõe que primeiro se ande para trás com o já caminhado de forma equivocada para que então ainda se ande mais para que se chegue finalmente até a verdade.[5] Assim, é através da correção da informação que se tutela tanto a pessoa lesada pela notícia como também se permite que quem a tenha absorvido possa reaproximar-se da verdade.[6]

Como se verá a seguir, em que pese a relevância da liberdade de imprensa e da livre expressão do pensamento, não é razoável que a informação errada ou distorcida seja merecedora de tutela irrestrita, quando então será cabível o direito de resposta.

2. O DIREITO DE RESPOSTA E SUA DISCIPLINA NORMATIVA

O direito de resposta consiste em um poder atribuído à pessoa física ou jurídica de fazer inserir no veículo de comunicação que a ofendeu uma nova versão dos fatos, na qual defenderá sua interpretação a respeito deles ou retificará fatos inverídicos.[7] Seu exercício possibilita ao ofendido exigir a publicação de esclarecimento, a elucidação ou o exercício do contraditório ao conteúdo divulgado pelo ofensor, nas mesmas condições em que houve a exposição inicial.[8]

---

5. Adaptado da frase do escritor inglês, Charles Caleb Colton, "*It is almost as difficult to make a man unlearn his errors as his knowledge. Mal-information is more hopeless than non-information; for error is always more busy than ignorance. Ignorance is a blank sheet, on which we may write; but error is a scribbled one, on which we must first erase. Ignorance is contented to stand still with her back to the truth; but error is more presumptuous, and proceeds in the same direction. Ignorance has no light, but error follows a false one. The consequence is, that error, when she retraces her footsteps, has further to go, before she can arrive at the truth, than ignorance*".
6. Fábio Carvalho Leite, inclusive, defende que haveria uma posição preferencial do direito de resposta sobre a indenização pecuniária: "(...) apontar vantagens do direito de resposta nesse mesmo contexto, proponho que o direito de resposta seja considerado uma espécie de sanção preferencial, em comparação com a indenização por danos morais." (LEITE, Fábio Carvalho. ibidem. Data de acesso 11.08.2019)
7. CRETELLA NETO, José *et al*. *Comentários à lei de imprensa*: Lei n. 5.250. de 09.02.1967, e alterações interpretadas à luz da Constituição Federal de 1988 e da Emenda Constitucional n. 36, de 28.05.2002. Rio de Janeiro: Forense, 2008, pp. 150-151.
8. Noemi Mendes Siqueira Ferrogolo afirma que: "O direito de resposta e de retificação constitui-se em um específico direito de expressão, uma contramensagem, cujo conteúdo é definido pela primeira mensagem, uma vez que seu objeto é sempre uma informação transmitida por órgão de comunicação social que tenha, de qualquer modo ou forma, atingido alguém que demonstre interesse em se defender" (FERRIGOLO, Noemi Mendes Siqueira. *Liberdade de expressão*: direito na sociedade da informação: mídia, globalização e regulação. São Paulo: Editora Pilares, 2005, p. 155). Célia Zisman trata do direito de resposta como reação ao abuso da liberdade de expressão: "O abuso do direito de liberdade de expressão ocorre sempre que se ferir a honra, a imagem, a vida privada ou a intimidade de alguém, ou mesmo de certo grupo, ou ainda de pessoa jurídica, o que resulta em obrigatoriedade de reparação dos danos, morais e patrimoniais, por aquele que cometeu o abuso, bem como em responsabilidade penal, em casos determinados. Por outro lado, há o direito de resposta, daquele que se sentiu ofendido, e que pode manifestar-se pelo mesmo veículo em que

O Decreto n. 4.743/1923 foi o primeiro a tratar expressamente do direito de resposta no Brasil, ao dispor que os gerentes de jornal ou periódicos tinham a obrigação de inserir, dentro de três dias, a resposta de toda pessoa atingida por ofensas diretas ou referências a fatos inverídicos ou errôneos que pudessem afetar a sua reputação e boa fama.[9] As Constituições Federais que vieram em seguida, nos anos de 1934,[10] 1937,[11] 1946[12] e 1967[13], previram o direito de resposta como contraponto à livre manifestação do pensamento.

Posteriormente, a Lei de Imprensa (Lei n. 5.250/1967) regulou de forma mais detalhada a legitimidade ativa e passiva, o procedimento e a forma de exercício do direito de resposta.[14] Contudo, em 2009, no julgamento da Arguição de Descumprimento de Preceito Fundamental (ADPF) 130, o Plenário do Supremo Tribunal Federal declarou tal lei como não recepcionada pela Constituição de 1988.[15] No acórdão, destacou-se que o direito de resposta é exercitável com fundamento direto no artigo 5º, inciso V, da atual Constituição,[16] do qual se extrai norma dotada de eficácia plena e de aplicabilidade imediata.[17]

---

foi propagada a ofensa" (ZISMAN, Célia Rosenthal. *A liberdade de expressão na Constituição Federal e suas limitações*: os limites dos limites. São Paulo: Livraria Paulista, 2003, p. 124).

9. Também chamado de Lei Adolfo Gordo, o Decreto n. 4.743/1923 tratou do direito de resposta em seu artigo 16, *verbis*: "Os gerentes de um jornal ou de qualquer publicação periódica são obrigados a inserir, dentro de três dias, contados do recebimento a resposta de toda a pessoa natural ou jurídica que for atingida em publicação do mesmo jornal ou periódico por ofensas diretas ou referências de fato inverídico ou errôneo, que possa afetar a sua reputação e boa fama".
10. Constituição da República dos Estados Unidos do Brasil, de 16 de julho de 1934, art. 113, n. 9.
11. Constituição da República dos Estados Unidos do Brasil, de 10 de novembro de 1937, art. 122, n. 15.
12. Constituição da República dos Estados Unidos do Brasil, de 15 de setembro de 1946, art. 141, §5.
13. Constituição da República Federativa do Brasil de 1967, art. 150, §8.
14. A Lei de Imprensa tratou especificamente do direito de resposta nos artigos 29 a 36.
15. Destaca-se o seguinte trecho da ementa do acórdão da ADPF 130: "NÃO RECEPÇÃO EM BLOCO DA LEI 5.250 PELA NOVA ORDEM CONSTITUCIONAL. 10.1. Óbice lógico à confecção de uma lei de imprensa que se orne de compleição estatutária ou orgânica. A própria Constituição, quando o quis, convocou o legislador de segundo escalão para o aporte regratório da parte restante de seus dispositivos (art. 29, art. 93 e § 5º do art. 128). São irregulamentáveis os bens de personalidade que se põem como o próprio conteúdo ou substrato da liberdade de informação jornalística, por se tratar de bens jurídicos que têm na própria interdição da prévia interferência do Estado o seu modo natural, cabal e ininterrupto de incidir. Vontade normativa que, em tema elementarmente de imprensa, surge e se exaure no próprio texto da Lei Suprema. 10.2. Incompatibilidade material insuperável entre a Lei nº 5.250/67 e a Constituição de 1988. Impossibilidade de conciliação que, sobre ser do tipo material ou de substância (vertical), contamina toda a Lei de Imprensa: a) quanto ao seu entrelace de comandos, a serviço da prestidigitadora lógica de que para cada regra geral afirmativa da liberdade é aberto um leque de exceções que praticamente tudo desfaz; b) quanto ao seu inescondível efeito prático de ir além de um simples projeto de governo para alcançar a realização de um projeto de poder, este a se eternizar no tempo e a sufocar todo pensamento crítico no País. 10.3 São de todo imprestáveis as tentativas de conciliação hermenêutica da Lei 5.250/67 com a Constituição, seja mediante expurgo puro e simples de destacados dispositivos da lei, seja mediante o emprego dessa refinada técnica de controle de constitucionalidade que atende pelo nome de 'interpretação conforme a Constituição'" (STF, Tribunal Pleno, ADPF 130, Rel. Min. Carlos Britto, j. 30.04.2009, publ. 6.11.2009).
16. CFRB/88, *verbis*, art. 5º, V: "é assegurado o direito de resposta, proporcional ao agravo, além da indenização por dano material, moral ou à imagem".
17. Na ementa do acórdão da ADPF 130, o STF esclareceu que: "O direito de resposta, que se manifesta como ação de replicar ou de retificar matéria publicada é exercitável por parte daquele que se vê ofendido em sua honra objetiva, ou então subjetiva, conforme estampado no inciso V do art. 5º da Constituição Federal.

Atualmente, além de ser assegurado constitucionalmente, o direito de resposta é previsto pelo Pacto de San José da Costa Rica, no seu artigo 14,[18] e pela Lei nº 13.188/2015,[19] que dispõe sobre o direito de resposta ou retificação do ofendido em matéria divulgada, publicada ou transmitida por veículo de comunicação social.[20]

Em 11/03/2021, o Supremo Tribunal Federal julgou conjuntamente três Ações Diretas de Inconstitucionalidade de nº 5.415, 5.418 e 5.436 nas quais foram questionados dispositivos da Lei 13.188/2015 que regulam o direito de resposta.[21]

O Tribunal, por maioria, conheceu os pedidos formulados nas Ações Diretas e os julgou parcialmente procedente para declarar a constitucionalidade dos artigos 2º, § 3º; 5º, §§ 1º e 2º; 6º e 7º da Lei nº 13.188/2015; declarar a inconstitucionalidade da expressão "em juízo colegiado prévio", anteriormente presente no texto do art. 10 da Lei nº 13.188/2015; e conferir interpretação conforme ao dispositivo, no sentido de permitir ao magistrado integrante do tribunal respectivo decidir monocraticamente sobre a concessão de efeito suspensivo a recurso interposto em face de decisão proferida segundo o rito especial do direito de resposta.[22]

Ao longo do tempo, inúmeros casos de embate entre a liberdade de comunicação exercida pelos meios de comunicação social e a tutela dos chamados direitos da personalidade foram submetidos à apreciação jurisdicional com vistas ao reco-

---

Norma, essa, 'de eficácia plena e de aplicabilidade imediata', conforme classificação de José Afonso da Silva. 'Norma de pronta aplicação', na linguagem de Celso Ribeiro Bastos e Carlos Ayres Britto, em obra doutrinária conjunta (STF, Tribunal Pleno, ADPF 130, Rel. Min. Carlos Britto, j. 30.04.2009, publ. 6.11.2009).

18. Convenção Americana sobre Direitos Humanos (Pacto de San José da Costa Rica), *verbis*: "Art. 14: Direito de retificação ou resposta 1. Toda pessoa atingida por informações inexatas ou ofensivas emitidas em seu prejuízo por meios de difusão legalmente regulamentados e que se dirijam ao público em geral, tem direito a fazer, pelo mesmo órgão de difusão, sua retificação ou resposta, nas condições que estabeleça a lei. 2. Em nenhum caso a retificação ou a resposta eximirão das outras responsabilidades legais em que se houver incorrido. 3. Para a efetiva proteção da honra e da reputação, toda publicação ou empresa jornalística, cinematográfica, de rádio ou televisão, deve ter uma pessoa responsável que não seja protegida por imunidades nem goze de foro especial".
19. A Lei n. 13.188/2015 foi objeto de três ações diretas de inconstitucionalidade: (i) ADI 5415, ajuizada pelo Conselho Federal da OAB, com pedido principal de declaração da inconstitucionalidade do seu art. 10, a fim de afastar a exigência de manifestação de "juízo colegiado prévio" para suspender, em recurso, o direito de resposta; (ii) ADI 5418, ajuizada pela Associação Brasileira de Imprensa, com o pedido principal de declaração da inconstitucionalidade da lei em sua totalidade ou dos artigos 2ª, § 3º; 5º, §1º; 6º, I e II; e 10; e (iii) ADI 5436, ajuizada pela Associação Nacional de Jornais, com pedido principal de fixação de interpretação conforme à Constituição do artigo 2º, §3º, da Lei n. 13.188/2015, bem como a declaração de inconstitucionalidade dos artigos 2º, §3º; 5º, §§1º e 2º; 6º; 7º e 10.
20. Lei n. 13.188/2015, *verbis*: "Art. 2º Ao ofendido em matéria divulgada, publicada ou transmitida por veículo de comunicação social é assegurado o direito de resposta ou retificação, gratuito e proporcional ao agravo, § 1º Para os efeitos desta Lei, considera-se matéria qualquer reportagem, nota ou notícia divulgada por veículo de comunicação social, independentemente do meio ou da plataforma de distribuição, publicação ou transmissão que utilize, cujo conteúdo atente, ainda que por equívoco de informação, contra a honra, a intimidade, a reputação, o conceito, o nome, a marca ou a imagem de pessoa física ou jurídica identificada ou passível de identificação".
21. As ações discutiam, entre outros pontos, se as retratações eximem o veículo de comunicação de assegurar o direito de resposta e afastam o dever de indenização por dano moral.
22. No momento do fechamento desse artigo, não havia ainda a íntegra do acórdão disponível, apenas o resultado de julgamento.

nhecimento do direito de resposta.[23] Fato é que o permanente conflito instaurado demanda a ponderação entre os interesses contrapostos no caso concreto, sem que se possa admitir solução apriorística desconectada das nuances de cada situação específica.[24] A dificuldade decorrente da incerteza daí resultante não afasta, porém, a importância de se buscar balizas para a análise das inúmeras hipóteses de atrito.

3. A LIBERDADE DE COMUNICAÇÃO E O DIREITO DE RESPOSTA

A veiculação de notícias pelos meios de comunicação social insere-se no espectro da liberdade de imprensa ou de comunicação,[25-26] resguardada pelos artigos 5°, incisos IX e XIV, e 220 da CRFB/88.[27]

---

23. Não será tratada no presente trabalho a disciplina específica do direito de resposta na seara eleitoral, mas vale registrar que o art. 243, §3° do Código Eleitoral assegura "o direito de resposta a quem for, injuriado difamado ou caluniado através da imprensa rádio, televisão, ou alto-falante".
24. No julgamento da ADPF 130, o Min. Celso de Mello destacou em seu voto que a Lei de Imprensa não poderia fixar uma ponderação apriorística entre os interesses postos, já que a manutenção da proporcionalidade entre a resposta e o agravo precisa ser realizada caso a caso pelo Poder Judiciário: "É que a Constituição, no art. 5°, V, assegura o 'direito de resposta, proporcional ao agravo', vale dizer, trata-se de um direito que não pode ser exercido arbitrariamente, devendo o seu exercício observar uma estrita correlação entre meios e fins. E disso cuidará e tem cuidado o Judiciário. Ademais, o princípio da proporcionalidade, tal como explicitado no referido dispositivo constitucional, somente pode materializar-se em face de um caso concreto. Quer dizer, não enseja uma disciplina legal apriorística, que leve em conta modelos abstratos de conduta, visto que o universo da comunicação social constitui uma realidade dinâmica e multifacetada, em constante evolução. Em outras palavras, penso que não se mostra possível ao legislador ordinário graduar de antemão, de forma minudente, os limites materiais do direito de retorção, diante da miríade de expressões que podem apresentar, no dia a dia, os agravos veiculados pela mídia em seus vários aspectos" (STF, Tribunal Pleno, ADPF 130, Rel. Min. Carlos Britto, j. 30.04.2009, publ. 6.11.2009, voto do Min. Celso de Mello).
25. A Declaração dos Direitos do Homem e do Cidadão, de 1789, já assegurava a liberdade de comunicação, verbis: "Art. 11.° A livre comunicação das ideias e das opiniões é um dos mais preciosos direitos do homem; todo cidadão pode, portanto, falar, escrever, imprimir livremente, respondendo, todavia, pelos abusos desta liberdade nos termos previstos na lei."
26. Emprega-se no presente trabalho a liberdade de comunicação como sinônimo da tradicional liberdade de imprensa, que assegura o direito à informação. Daniel Sarmento ensina que: "O direito à informação desdobra-se em três diferentes dimensões: o *direito de informar*, que é uma faceta das liberdades de expressão e de imprensa; o *direito de se informar*, também conhecido como *direito de acesso à informação*, que envolve a faculdade de buscar informações por todos os meios lícitos; e o *direito de ser informado*, que é o direito da coletividade de receber informações do Estado e dos meios de comunicação sobre temas de interesse público. A doutrina distingue o direito de informar da liberdade de expressão *stricto sensu*. O primeiro diz respeito à comunicação de fatos, enquanto a segunda está relacionada à manifestação do pensamento, de ideias, juízos de valor, sentimentos e obras artísticas e literárias" (SARMENTO, Daniel. Liberdades comunicativas e "direito ao esquecimento" na ordem constitucional brasileira. *Revista Brasileira de Direito Civil*. Rio de Janeiro, v. 7, jan./mar. 2016, p. 195).
27. CRFB/88, *verbis*: "Art. 5°, IX – é livre a expressão da atividade intelectual, artística, científica e de comunicação, independentemente de censura ou licença; [...] XIV – é assegurado a todos o acesso à informação e resguardado o sigilo da fonte, quando necessário ao exercício profissional. Art. 220: A manifestação do pensamento, a criação, a expressão e a informação, sob qualquer forma, processo ou veículo não sofrerão qualquer restrição, observado o disposto nesta Constituição. § 1° Nenhuma lei conterá dispositivo que possa constituir embaraço à plena liberdade de informação jornalística em qualquer veículo de comunicação social, observado o disposto no art. 5°, IV, V, X, XIII e XIV. § 2° É vedada toda e qualquer censura de natureza política, ideológica e artística. § 3° Compete à lei federal: I – regular as diversões e espetáculos públicos, cabendo ao Poder Público informar sobre a natureza deles, as faixas etárias a que não se recomendem, locais e horários em que sua apresentação se mostre inadequada; II – estabelecer os meios legais que garantam à

A doutrina costuma distinguir o direito de informar da liberdade de expressão *stricto sensu*, por entender que o primeiro diz respeito à comunicação de fatos, enquanto a segunda compreende a manifestação de pensamento, ideias, juízos de valor, sentimentos, obras artísticas e literárias.[28] Enquanto a liberdade de expressão é mais ampla e abrange também a manifestação de ideias e opiniões, a liberdade de informação se exerce através da difusão de fatos noticiáveis.[29] Isso significa que, diferentemente da liberdade de expressão em sentido estrito, a liberdade de informação conecta-se de forma mais íntima aos fatos objetivos e à imparcialidade.[30]

Uma vez que o exercício da liberdade de comunicação se destina a dar ciência da realidade a seus receptores, a veracidade dos fatos ganha especial relevância. Por essa razão, há quem defenda que apenas a notícia verdadeira é objeto da liberdade de imprensa e, por conseguinte, não abarca no seu âmbito de proteção as notícias deliberadamente falsas, injuriosas, caluniosas, difamatórias ou danosas à pessoa de forma geral.[31] A veracidade funciona, assim, como um limite interno à liberdade de informação.[32]

Em sentido diverso, defende-se aqui o entendimento de que a veracidade não restringe internamente a esfera de proteção da liberdade de comunicação, mas age como limite externo nas situações de embate com interesses contrapostos.[33]

---

pessoa e à família a possibilidade de se defenderem de programas ou programações de rádio e televisão que contrariem o disposto no art. 221, bem como da propaganda de produtos, práticas e serviços que possam ser nocivos à saúde e ao meio ambiente. § 4º A propaganda comercial de tabaco, bebidas alcoólicas, agrotóxicos, medicamentos e terapias estará sujeita a restrições legais, nos termos do inciso II do parágrafo anterior, e conterá, sempre que necessário, advertência sobre os malefícios decorrentes de seu uso. § 5º Os meios de comunicação social não podem, direta ou indiretamente, ser objeto de monopólio ou oligopólio. § 6º A publicação de veículo impresso de comunicação independe de licença de autoridade".

28. SARMENTO, Daniel. *Liberdades comunicativas e "direito ao esquecimento" na ordem constitucional brasileira*, cit., p. 195
29. ASENJO, Porfirio Barroso; TALAVERA, María del Mar López. *La libertad de expresión y sus limitaciones constitucionales*. Madri: Fragua, 1998, p. 49
30. Luís Gustavo Grandinetti esclarece a distinção entre a liberdade de informação e a liberdade de expressão: "Enquanto que a expressão de uma ideia, uma opinião, um pensamento, não encontra, necessariamente, qualquer apego aos fatos, à veracidade, à imparcialidade, atributos que não lhe cumpre preencher, a informação, como bem jurídico que é, não pode ser confundida como simples manifestação do pensamento." (CARVALHO, Luís Gustavo Grandinetti Castanho de. *Direito de informação e liberdade de expressão*. Rio de Janeiro: Forense, 1999. p. 24-25.)
31. ASENJO, Porfirio Barroso; TALAVERA, María del Mar López. *La libertad de expresión y sus limitaciones constitucionales*, cit., p. 51.
32. Nesse sentido, v. BARROSO, Luís Roberto. "Liberdade de Expressão *versus* direitos da personalidade. Colisão de direitos fundamentais e critérios de ponderação". In: *Temas de Direito Constitucional*, t. III. Rio de Janeiro: Renovar, 2005, pp. 109-110. Em sentido semelhante, Edilsom Pereira de Farias defende que "a liberdade de expressão teria âmbito de proteção mais amplo que o direito à informação, vez que aquela não estaria sujeita, no seu exercício, ao limite interno da veracidade, aplicável e este último. O limite interno da veracidade, aplicado ao direito à informação, refere-se à verdade subjetiva e não à objetiva" (FARIAS, Edilsom Pereira de. *Colisão de direitos*: a honra, a intimidade, a vida privada e a imagem versus a liberdade de expressão e informação. Porto Alegre: Sergio Antonio Fabris Editor, 2000, pp. 163-164) V. também: CALDAS, Pedro Frederico. *Vida privada, liberdade de imprensa e dano moral*. São Paulo: Saraiva, 1997, p. 108).
33. Gustavo Binenbojm ensina que as liberdades de expressão e de imprensa são asseguradas pelo constituinte brasileiro como regra em seu aspecto defensivo, mas estão sujeitas a outros princípios e regras constitucionais

De todo modo, as liberdades comunicativas sujeitam-se a limites quando se chocam com a proteção à honra, à intimidade, à imagem ou, de forma abrangente, aos chamados direitos da personalidade.[34] Nesse contexto, como forma de assegurar a limitação às ofensas perpetradas pelos meios de comunicação social no exercício de tal liberdade,[35] o art. 5º, inciso V, CRFB/88 assegura à pessoa ofendida resposta proporcional ao agravo.[36]

Gustavo Tepedino ressalta que a retificação solicitada há de ser objetiva, em relação a fatos errôneos ou inverídicos.[37] Por se preocupar com os excessos presentes no direito de resposta exercido de forma indiscriminada, pondera que: (i) o instrumento empregado pelo ofendido deve ser adequado aos fins perseguidos; (ii) o exercício do direito de resposta deve ser medida necessária para reparação do dano; e (iii) os bens jurídicos sacrificados pela medida devem ser menos relevantes que o benefício alcançado por ela.[38]

De modo a assegurar que o exercício do direito de resposta não esvazie a proteção à liberdade de comunicação, é fundamental que os conflitos submetidos ao crivo do Poder Judiciário sejam respaldados pela apresentação de provas e pelo contraditório. Além disso, o conteúdo a ser veiculado no meio de comunicação como direito de resposta também passará pelo exame do magistrado sempre que a questão for judicializada.[39] Verificando-se que houve distorção dos fatos, injusta lesão ao ofendido e presentes os elementos de culpa, nexo causal e dano, em ponderação à liberdade de

---

atinentes à matéria. Por conseguinte, deve o agente concretizador da Constituição – seja ele o legislador, o juiz, o administrador ou mesmo o particular – buscar uma concordância prática entre os valores condensados nos princípios em tela. Nas palavras do autor: "Além das normas constitucionais mencionadas logo no introito deste capítulo, alguns direitos individuais relacionados no art. 5º também mitigam a dimensão puramente negativa da liberdade de imprensa (art. 220, § 1º). Dentre eles, o direito de resposta (art. 5º inciso V) e o direito de acesso à informação (art. 5º XIV) guardam pertinência mais direta com o ponto que se deseja demonstrar" (BINENBOJM, Gustavo. Meios de comunicação de massa, pluralismo e democracia deliberativa: as liberdades de expressão e de imprensa nos Estados Unidos e no Brasil. *Revista da EMERJ*. Rio de Janeiro, v. 6, n. 23, 2003, p. 375).

34. Luís Gustavo Grandinetti Castanho de Carvalho esclarece que: "Tanto a liberdade de expressão quanto a de informação encontram limites constitucionais. A diferença básica é que, enquanto na primeira há maior licença para a criação e a opinião, a segunda deve prestar obediência à verdade objetiva. Mas nenhuma delas é totalmente imune de controle, do mesmo modo que nenhum direito é absoluto" (CARVALHO, Luís Gustavo Grandinetti Castanho de. *Direito de informação e liberdade de expressão*, cit., p. 49).
35. O art. 2º, §1º da Lei n. 13.188/2015 trata como ofensiva a matéria cujo" conteúdo atente, ainda que por equívoco de informação, contra a honra, a intimidade, a reputação, o conceito, o nome, a marca ou a imagem de pessoa física ou jurídica identificada ou passível de identificação".
36. Daniel Sarmento esclarece que: "O direito de resposta assegurado pela Constituição protege a honra, a imagem e a reputação de pessoas físicas ou jurídicas, que tenham sido acusadas ou ofendidas mediante os meios de comunicação social, ao conferir a elas a faculdade de fazerem publicar ou transmitir, no mesmo veículo de comunicação, uma resposta proporcional à acusação ou ofensa sofrida" (SARMENTO, Daniel. In: CANOTILHO, J.J. Gomes; Mendes, Gilmar Ferreira; SARLET, Ingo Wolfgang; STRECK, Lenio Luiz. (coords.). *Comentários à Constituição do Brasil*. São Paulo: Saraiva/Almedina, 2013, p. 261).
37. TEPEDINO, Gustavo. O direito à liberdade de expressão à luz do texto constitucional. In: *Soluções práticas de direito*: pareceres, v.1. São Paulo: RT, 2012, p. 119
38. TEPEDINO, Gustavo. *O direito à liberdade de expressão à luz do texto constitucional*, cit., p. 123
39. A ressalva aqui é feita em razão da possibilidade de solução extrajudicial da controvérsia, com a publicação espontânea da resposta, por exemplo.

expressão, finalmente haverá o direito de retificação da informação originalmente veiculada.

Liberdade de informação e direito de resposta são dois lados da mesma moeda, tanto que se defende a íntima conexão entre eles.[40] Por um lado, interferir na atividade informativa dos meios de comunicação social para inserir uma retificação compulsória da informação originalmente publicada pode ser taxado de censura.[41] De outra ponta, a informação não é privativa do informador, mas de todos que a recebem, bem como de todos que são mencionados na matéria jornalística.

Assim, tanto a informação quanto o direito da pessoa que se sentiu ofendida são, *a priori*, merecedores de tutela e devem ser ponderados para que, finalmente, verifique-se no caso concreto qual dos dois deverá prevalecer. Se for verificado que o uso da liberdade de comunicação se deu de forma disfuncional, prevalecendo, desse modo, o interesse do ofendido, a retificação se faz necessária, atendendo-se, de uma vez, não apenas aos interesses do lesado injustamente, mas também ao de todos os receptores da mensagem que terão a oportunidade de, no mesmo meio, formar a sua própria concepção da informação agora retificada.[42]

4. A RETIFICAÇÃO DE INFORMAÇÕES COMO EXERCÍCIO DO DIREITO DE RESPOSTA

Dentro do sentido mais amplo do direito de resposta, inclui-se o direito de retificação, que assegura a correção de fatos ou esclarecimentos sobre informações

---

40. "O direito de resposta já foi considerado tão necessário à liberdade de imprensa que seria intolerável se não existisse, uma vez que a responsabilidade nasce da liberdade e, assim, defender o direito de resposta é defender também a liberdade de imprensa. Ambas se acham em relação de estreita conexidade. Cessando a liberdade de imprensa, cessa o direito de resposta. Este dever deve ser considerado um verdadeiro estado de legítima defesa, pois o ofendido para restabelecer a verdade e lutar contra o poder coletivo do jornal" (ARRUDA MIRANDA, Darcy de. *Comentários à lei de imprensa*. São Paulo: RT, 1995, p. 559)
41. Rejeita-se no presente trabalho a tese de que "a simples veiculação de uma resposta não traz qualquer prejuízo ao órgão de imprensa" (GOMES JUNIOR, Luiz Manoel. Do direito de resposta. In: *Comentários à lei de imprensa*: Lei 5.250, de 09.02.1967. São Paulo: Revista dos Tribunais, 2007, p. 345). Em verdade, a imposição da veiculação da resposta ou retificação representa limite à plena liberdade de comunicação, mas será devida sempre que se reconheça dano a ser reparado. A respeito da censura, Luís Roberto Barroso afirma que: "em todos os tempos e em todos os lugares, a censura jamais se apresenta como instrumento da intolerância, da prepotência ou de outras perversões ocultas. Ao contrário, como regra, ela destrói em nome da segurança, da moral, da família, dos bons costumes. Na prática, todavia, oscila entre o arbítrio, o capricho, o preconceito e o ridículo" (BARROSO, Luís Roberto. Liberdade de expressão, censura e controle da programação de televisão na Constituição de 1988. In: *Temas de Direito Constitucional*. Rio de Janeiro: Renovar, 2001, pp. 345-346).
42. Gustavo Binenbojm defende a compreensão do direito de resposta como instrumento de mídia colaborativa, a fim de que não seja "compreendido no Brasil como direito puramente individual, nem tampouco como exceção à autonomia editorial dos órgãos de imprensa. De fato, além de um conteúdo tipicamente *defensivo* da honra e da imagem das pessoas, o direito de resposta cumpre também uma missão informativa e democrática, na medida em que permite o esclarecimento do público sobre os fatos e questões do interesse de toda a sociedade" (BINENBOJM, Gustavo. Meios de comunicação de massa, pluralismo e democracia deliberativa, cit., p. 375).

inverídicas ou errôneas.[43] Enquanto a resposta é uma réplica em que se refutam alegações e se expõe reação a imputações efetuadas, na tentativa de reparar o dano sofrido, a retificação propriamente dita consiste em correção ou emendas à inexatidão da informação previamente veiculada,.

Na França, desde o século XIX, adotou-se distinção bastante demarcada entre o direito de resposta e o de retificação, revelada legislativamente pelo tratamento separado em dois dispositivos da Lei francesa de 29 de julho de 1881.[44] Até os dias atuais, sustenta-se que os dois direitos obedecem a condições e modalidades de exercício distintas e, portanto, devem ser tratados de forma separada, atenta às peculiaridades dos seus regimes.[45]

Contudo, defende-se no presente trabalho que o direito de retificação é espécie dentro do gênero abrangente do direito de resposta,[46] e que a disciplina aplicada a ambos deve ser a mesma. Aliás, a Lei n. 13.188/2015 trata de forma conjunta dos direitos de resposta e de retificação de informações inverídicas.[47]

O exercício do direito de retificação pode ser exemplificado por acórdão da 7ª Câmara Cível do Tribunal de Justiça do Estado de Minas Gerais. Tratava-se de matéria jornalística veiculada pelo *Diário do Barão* de acordo com a qual projeto de lei enviado pelo prefeito à Câmara teria criado mais sete cargos de confiança na Prefeitura de Barão de Cocais. Apurou-se, contudo, que projeto de lei de número distinto daquele apontado pela matéria propunha a criação de apenas dois cargos comissionados, e não sete. Nesse contexto, julgou-se procedente o pedido de retificação das informações e destacou-se que a "imprensa tem o dever de informar objetivamente a coletividade sobre fatos relevantes, veiculando a notícia de forma fidedigna, sem alterar a verdade ou desnaturar o sentido".[48]

Também se reconheceu a procedência do pedido de retificação em ação de direito de resposta apreciada pela 6ª Câmara Cível do Tribunal de Justiça do Estado do Paraná, sob o rito da Lei n. 13.188/2015.[49] Membro do Conselho do Clube Atlética Paranaense alegou, em síntese, que sua honra fora ofendida em virtude de imputa-

---

43. Vital Moreira diferencia o direito de resposta do de retificação, ao estabelecer que o primeiro pode ter por objeto também juízos de valor, além das referências de fato, ao passo que a simples retificação alcança tão somente as circunstâncias fáticas a serem corrigidas. (MOREIRA, Vital. *O direito de resposta na comunicação social*. Coimbra: Coimbra Editora, 1994, p. 76). Luiz Paulo Rosek Germano defende que a retificação "diz respeito a informações e matérias incorretas, as quais, de maneira como veiculadas, podem causar danos àqueles que foram citados ou nominados em seu contexto" (GERMANO, Luiz Paulo Rosek. *Direito de resposta*. Porto Alegre: Livraria do Advogado, 2011, p. 137)
44. CRETELLA NETO, José *et al*. *Comentários à lei de imprensa*, cit., p. 134.
45. DERIEUX, Emmanuel. *Droit des médias*: droit français, européen et international. 7. ed. Paris: Lextenso éditions, 2015, p. 467.
46. Nesse sentido, v. FERRIGOLO, Noemi Mendes Siqueira. *Liberdade de expressão*, cit., p. 160.
47. Na exposição de motivos da lei, lê-se: "Dispõe sobre o direito de resposta ou retificação do ofendido em matéria divulgada, publicada ou transmitida por veículo de comunicação social", e em todos os dispositivos da lei fala-se em "direito de resposta ou retificação".
48. TJMG, 7ª C.C., Ap. Cível 1.0054.14.002962-7/002, Rel. Des. Alice Birchal, j. 3.10.2017, publ. 10.10.2017.
49. TJPR, 6ª C.C., AI 1593224-0, Rel. Des. Lilian Romero, j. 2.05.17, publ.16.05.2017.

ções caluniosas e difamatórias publicadas no site da editora *O Estado do Paraná*, as quais alegavam que o conselheiro teria vencido o pleito eleitoral do clube mediante a utilização de recursos da própria agremiação esportiva e de seus sócios.

Tanto na primeira quanto na segunda instância se entendeu pela ausência de verossimilhança das informações veiculadas em matéria publicada pela editora, pois se respaldavam em indícios documentais frágeis. Portanto, com base no art. 7º da Lei n. 13.188/2015, determinou-se a publicação da resposta pleiteada. [50]

Há que se ter em mente, porém, que a exigência da veracidade da informação deve ser vista com cautela.[51] Não se pode exigir uma verdade oficial inquestionável sobre acontecimentos controvertidos, impedindo-se o desenvolvimento de debates sobre a ocorrência, contornos e circunstâncias de fatos relevantes, em prejuízo à livre formação da opinião pública.[52] Com efeito, a verdade objetiva em si mesma não existe ou pelo menos é desconhecida pelo ser humano, uma vez que a realidade é apreendida por meio de dados subjetivamente apurados por alguém.[53]

Por essa razão, deve o requisito da verdade ser compreendido do ponto de vista subjetivo, de modo a demandar a diligência do informador na apuração séria dos fatos a serem publicados.[54] Cabe a ele desincumbir-se do dever de diligência ou apreço pela verdade, no sentido de contatar a fonte dos fatos noticiáveis e verificar a seriedade ou idoneidade da notícia antes da sua divulgação.[55]

---

50. O acórdão foi assim ementado: "AGRAVO DE INSTRUMENTO. AÇÃO DE DIREITO DE RESPOSTA. COLUNA DE OPINIÃO NA QUAL FORAM DIRIGIDAS CRÍTICAS AO AUTOR DA AÇÃO. CONTEXTO FÁTICO QUE ENVOLVIA A SUSPEITA DE IRREGULARIDADES NA CAMPANHA ELEITORAL DO CLUBE ATLÉTICO PARANAENSE. CONCESSÃO DE TUTELA DE URGÊNCIA. REQUISITOS ESPECÍFICOS E NÃO CONCOMITANTES PREVISTOS NO ART. 7º DA LEI 13.188/2015. JUSTIFICADO RECEIO DE INEFICÁCIA DO PROVIMENTO FINAL. AUSÊNCIA. MATÉRIA VEICULADA HÁ MAIS DE UM ANO E PUBLICADA APÓS O RESULTADO DO PLEITO ELEITORAL. VEROSSIMILHANÇA DAS ALEGAÇÕES DO AUTOR AGRAVADO. REQUISITO PRESENTE. CRÍTICA JORNALÍSTICA BASEADA EM FATO NÃO VEROSSÍMIL. ACUSAÇÃO DE QUE O AUTOR TERIA VENCIDO O PLEITO ELEITORAL DO CLUBE ATLÉTICO PARANAENSE MEDIANTE A UTILIZAÇÃO DE RECURSOS DA PRÓPRIA AGREMIAÇÃO ESPORTIVA E DE SEUS SÓCIOS. AFIRMAÇÃO SUSTENTADA EM FRÁGEIS INDÍCIOS DE VERACIDADE. DECISÃO SINGULAR MANTIDA. RECURSO NÃO PROVIDO (TJPR, 6ª C.C., AI 1593224-0, Rel. Des. Lilian Romero, j. 2.05.17, publ.16.05.2017).
51. Claudio Godoy esclarece que "o jornalista, no desempenho da atividade de informar, tem inegável dever de verdade, de noticiar sem criar, distorcer ou deturpar fatos. É certo que esse dever de verdade não pode ser levado a extremos, dadas as limitações que ao órgão de imprensa se impõem no mister de apuração fática" (GODOY, Claudio Luiz de Bueno de. *A liberdade de imprensa e os direitos da personalidade*. São Paulo: Atlas, 2008, p. 65).
52. SARMENTO, Daniel. *Liberdades comunicativas e "direito ao esquecimento" na ordem constitucional brasileira.*, cit., p. 196.
53. FARIAS, Edilsom Pereira de. *Colisão de direitos*: a honra, a intimidade, a vida privada e a imagem versus a liberdade de expressão e informação, cit., p. 132.
54. BARROSO, Luís Roberto. Liberdade de Expressão *versus* direitos da personalidade. Colisão de direitos fundamentais e critérios de ponderação, cit., pp. 110-111. Na jurisprudência, ver: STJ, 3ª T., REsp 1297567/RJ, Rel. Min. Nancy Andrighi, j. 23.04.2013, publ. 2.05.2013; STJ, 3ª T., REsp 1414004/DF, Rel. Min. Nancy Andrighi, j. 18.02.2014, publ. 6.03.2014).
55. FARIAS, Edilsom Pereira de. *Colisão de direitos*: a honra, a intimidade, a vida privada e a imagem versus a liberdade de expressão e informação, cit., 132.

Nessa linha, posicionou-se acertadamente a 9ª Câmara Cível do Tribunal de Justiça do Estado Paraná ao apreciar ação em que se pleiteava tutela provisória, com a retirada de editorial ofensivo e, em sequência, a publicação de resposta à ofensa. O pano de fundo da controvérsia era matéria jornalística a respeito da possível adulteração de combustíveis vendidos por posto localizado no Município de Cornélio Procópio. Sob a alegação de divergência entre os laudos dos laboratórios que analisaram as amostras de combustíveis coletadas e a contraprova, a autora sustentava as imprecisões das informações veiculadas como causa de pedir para a retirada do editorial e a publicação da retificação elaborada pela autora.[56]

Em seu voto, o Rel. Des. Coimbra de Moura destacou que a probabilidade do direito do autor era remota, pois não havia indícios suficientes do caráter ofensivo da matéria, nem da ausência de veracidade das informações, cujas fontes foram indicadas na reportagem e corroboradas pelo próprio autor no âmbito da ação judicial. A reportagem jornalística estava pautada em entrevista concedida pelo Chefe do Procon de Cornélio Procópio e lastreada em auto de infração administrativo instruído com laudo do Laboratório de Análise de Combustível da Universidade Estadual de Maringá. Por essas razões, o órgão julgador manteve a decisão de indeferimento da tutela provisória de urgência.[57]

Também apreciou o dever de diligência exigido na veiculação de matéria jornalística a 3ª Câmara Cível do Tribunal de Justiça do Estado do Espírito Santo. No julgamento de apelação interposta pelo Jornal *A Tribuna*, o órgão julgador entendeu pelo caráter danoso de reportagem veiculada em jornal de grande circulação que, com o alegado intuito de informar o leitor sobre gastos da Câmara Municipal com viagem oficial, associou de maneira negligente o fato noticiado com as festas de final de ano e o recesso parlamentar, sem ouvir previamente as pessoas citadas na reportagem. Manteve, então, a decisão de procedência do pedido de retificação.[58]

---

56. TJPR, 9ª C.C, AI 1.636.078-4, Rel. Des. Coimbra de Moura, j. 27/07/17, publ. 4.08.2017.
57. Em sentido semelhante decidiu a 1ª Câmara Cível do Tribunal de Justiça do Estado do Mato Grosso do Sul no acórdão assim ementado: "AGRAVO – AÇÃO ORDINÁRIA – VEICULAÇÃO DE MATÉRIA JORNALÍSTICA SUPOSTAMENTE OFENSIVA À IMAGEM DAS AGRAVANTES – NOTÍCIA EMBASADA EM AÇÕES CIVIS PÚBLICAS AJUIZADAS PARA APURAR PRÁTICA DE CRIMES AMBIENTAIS – INEXISTÊNCIA DE ABUSO OU OFENSA A DIREITOS FUNDAMENTAIS – ANTECIPAÇÃO DA TUTELA – CPC, ART. 273 – REQUISITOS NÃO ATENDIDOS – MANUTENÇÃO DA SENTENÇA – IMPROVIDO. A matéria jornalística hostilizada embasou-se em informações constantes de ações civis públicas movidas pelo Ministério Público do Trabalho e pelo Ministério Público Estadual para apurar reiteradas violações a normas de direito ambiental perpetradas pelas agravantes. Consoante provas acostadas aos autos, as irregularidades nas instalações das agravantes culminaram na imposição de multa administrativa e, inclusive, interdição de suas atividades por decisão da Justiça trabalhista, o que contraria a tese de que não estão causando danos ambientais e, nessa mesma medida, de afronta ao direito de imagem. Desse modo, se em juízo precário e provisório, próprio das tutelas de urgência, não é possível constatar a divulgação de *informações* incorretas, incompletas ou falsas ou mesmo violação a direito fundamental, não assiste às agravantes *direito de resposta*, sobretudo em razão da relevância democrática dos direitos de expressão e manifestação, que encontram guarida na Constituição da República (artigo 5º, inciso IV e IX), e do interesse público na matéria veiculada" (TJMS, 1ª C.C., AI 1414858-22.2015.8.12.0000, Rel. Des. Divoncir Schreiner Maran, j. 1.03.2016, publ. 4.03.2016).
58. TJES, 3ª C.C, Ap. Cível 42100002239, Rel. Eliana Junqueira Munhos Ferreira, Rel. Substituto Victor Queiroz Schneider, j. 14.02.2017, publ. 24.02.2017.

Como se vê, o dever de diligência na apuração séria dos valores e informações a serem publicados é um dos elementos relevantes que envolvem o direito de retificação. Para além disso, defende-se no presente artigo que tanto o direito de resposta quanto o direito à retificação são formas de reparação não pecuniária que contêm outros relevantes elementos que auxiliariam o juízo a afastar a tão criticada incoerência entre julgados com objetos muito semelhantes, mas com pedidos ora procedentes e ora improcedentes.

5. A RESPONSABILIDADE CIVIL SUBJETIVA E O DIREITO DE RETIFICAÇÃO

Além de se defender a aplicação da mesma disciplina do direito de resposta ao direito de retificação, ambos são considerados formas de reparação não pecuniária à lesão existencial sofrida pela pessoa alvo da informação inverídica ou errônea.[59] Trata-se de reação a dano injusto, que lhe serve de pressuposto.[60]

Nesse sentido, propõe-se a aferição dos elementos da responsabilidade civil subjetiva no caso concretamente observado, de modo a balizar o exame da procedência do pleito de exercício do direito de resposta ou de retificação. Ou seja, a verificação do dano à pessoa ofendida, da culpa por parte do ofensor e do nexo causal entre a conduta culposa e o dano podem funcionar como valiosos parâmetros quando se coloca em questão o direito de resposta ou de retificação.

Rejeita-se aqui, portanto, a posição de que o deferimento do pedido de resposta é desvinculado da existência de ofensa ou veiculação de notícia inverídica,[61] bem como se afasta o entendimento de que a retificação é devida independentemente de culpa ou dolo por parte do autor da matéria jornalística.[62]

Ocorre que, na jurisprudência, predomina o tratamento atécnico do tema, sem a adoção de balizas que fundamentem de modo adequado o reconhecimento do direito de retificação. A seguir, cada um dos parâmetros propostos será examinado especificamente no contexto do direito de retificação.

a) o dano à pessoa

---

59. A respeito da reparação não pecuniária de danos, Anderson Schreiber afirma que se percebe atualmente "um inegável ocaso da antiga convicção segundo a qual a responsabilidade civil resulta sempre, ou principalmente, em uma indenização em dinheiro. Na agenda de tutela de interesses existenciais, vai ocupando espaço cada vez mais significativo a discussão acerca dos remédios aptos à sua efetiva proteção. A gradual abertura das cortes a outros remédios que se somem à indenização pecuniária do dano não patrimonial, como a retratação pública, vai reforçando o interesse da responsabilidade civil por meios despatrimonializados de reparação" (SCHREIBER, Anderson. *Novos paradigmas da responsabilidade civil*: da erosão dos filtros da reparação à diluição dos danos, São Paulo: Atlas, 2013, p. 195).
60. TEPEDINO, Gustavo. *O direito à liberdade de expressão à luz do texto constitucional*, cit., p. 118.
61. Segundo Luiz Manoel Gomes Junior, "um equívoco muito comum é vincular o deferimento do pedido de resposta à existência de ofensas ou notícias inverídicas, o que, a nosso ver, não se afigura correto. Não se deve discutir se houve abuso, ou mesmo se ocorreu algum dano, mas sim se deve ser possibilitado o direito de responder à determinada crítica" (GOMES JUNIOR, Luiz Manoel. *Do direito de resposta*, cit., p. 344).
62. EKMEKDJIAN, Miguel Ángel. *Derecho a la información*: reforma constitucional y libertad de expresión; nuevos aspectos. Buenos Aires: Ediciones Depalma, 1996, p. 95.

Sugere-se aqui que o dano apto a ensejar o direito de retificação seja a lesão injusta à honra, à imagem ou, de forma ampla, à dignidade da pessoa sobre a qual se veicula informação inverídica ou errônea. Em razão da necessidade de existência de efetiva ofensa a direitos da personalidade do titular, os tribunais tendem a negar o pedido de exercício do direito de resposta quando a matéria jornalística veicula informação de maneira expositiva ou narrativa, sem tecer juízo de valor negativo acerca das pessoas mencionadas.[63]

A título ilustrativo, cabe menção à ação de responsabilidade civil proposta contra o Jornal *O São Gonçalo* em razão da publicação de matéria jornalística que supostamente imputava à autora o sequestro de sua neta. Em sua decisão, a 15ª Câmara Cível do Tribunal de Justiça do Estado do Rio de Janeiro manteve a improcedência do pedido de direito de resposta por considerar o conteúdo da notícia compatível com os fatos amplamente divulgados na localidade, sem extrapolar os limites do dever de informar.[64]

Na mesma linha, orientou-se a 17ª Câmara Cível do Tribunal de Justiça do Estado do Paraná no julgamento de apelação interposta pelo Prefeito do Município de Carambeí contra sentença que julgara improcedente seu pedido de resposta. Segundo o Chefe do Poder Executivo municipal, o Jornal *O Correio* atingira sua idoneidade ao afirmar que a gestão teria abandonado o projeto social "Casa Lar Talita", levantando dúvidas quanto à situação dos abrigados, entrega de alimentos licitados e treinamento especializado de funcionários. O acórdão, porém, concluiu pela inexistência de razão para qualificar a matéria como ofensiva, ou seja, apta a ensejar o controle do Poder Judiciário, pois "a matéria jornalística veicula[va] informação de natureza essencialmente narrativa, sem qualquer juízo de valor negativo apto a denegrir a imagem, honra ou reputação do agente público".[65]

---

63. A 3ª Turma Cível do Tribunal de Justiça do Distrito Federal e Territórios, por exemplo, decidiu que: "A livre manifestação do pensamento e o direito de resposta constituem garantia constitucional e no confronto entre ambos impõe-se observar o teor da notícia, que deve assumir a forma de verdade e autenticidade, sob pena do órgão que a veiculou ser compelido a publicar a informação correta. Se a matéria publicada não apresenta distorções ou erros, mas se limita a narrar os fatos ocorridos, descabe o direito de resposta" (TJDFT, 3ª T.C., Ap. Cível 20070111045370, Rel. Des. Getúlio de Moraes Oliveira, Rev. Des. Otávio Augusto, j. 12.12.2012, publ. 9.01.2013).
64. TJRJ, 15ª C.C., Ap. Cível 0105068-68.2013.8.19.0004, Rel. Des. Maria Regina Nova, j. 26.07.2017. Em sentido semelhante, a 7ª Câmara de Direito Privado do TJSP decidiu que determinada matéria jornalística acerca de um acidente de trânsito tinha natureza informativa no tocante à reprodução da narrativa policial e do boletim de ocorrência, sem caráter sensacionalista ou com juízo de valor sobre os fatos pretéritos (TJSP, 7ª C. Dir. Priv., Ap. Cível 1010266-06.2018.8.26.0032, Rel. Rômolo Russo, j. 3.7.2020, p. 3.7.2020).
65. O acórdão foi assim ementado: "EMENTA: APELAÇÃO CÍVEL – AÇÃO DE RESPOSTA – PEDIDO JULGADO IMPROCEDENTE – CONFORMAÇÃO ENTRE DIREITOS FUNDAMENTAIS DE LIBERDADE DE INFORMAÇÃO JORNALÍSTICA E DE PROTEÇÃO À HONRA, IMAGEM E REPUTAÇÃO DE ADMINISTRADOR PÚBLICO – MATÉRIA JORNALÍSTICA DE CUNHO NARRATIVO, SEM NENHUM JUÍZO OFENSIVO OU PEJORATIVO – AUSÊNCIA DE PROVA DE QUE AS INFORMAÇÕES SÃO INVERÍDICAS – PEDIDO DE RESPOSTA QUE NÃO SE JUSTIFICA NO CASO – ARTIGO 5°, V, DA CONSTITUIÇÃO FEDERAL E ARTIGO 2°, § 1° DA LEI N° 13.188/2015 – PRECEDENTES – PEDIDO DE REDUÇÃO DOS HONORÁRIOS ADVOCATÍCIOS – NÃO ACOLHIMENTO – FIXAÇÃO EQUITATIVA NOS TERMOS DO ART. 85, § 8°, CPC – HONORÁRIOS RECURSAIS FIXADOS – SENTENÇA MANTIDA. 1. "O Supremo Tribunal Federal

Por outro lado, há que se ponderar que o cunho estritamente expositivo ou narrativo das matérias jornalísticas não deve ser adotado como critério determinante na aferição do cabimento do direito de retificação. A mera narrativa de fatos não pode ser imposta à atividade jornalística como uma amarra ao pleno exercício das liberdades comunicativas.

Isso porque a crítica é inerente ao exercício da prática da atividade jornalística, que não se restringe à narrativa descompromissada de fatos com caráter puramente analítico e imparcial.[66] A divulgação de informações envolve intrinsecamente um ato de seleção dos pontos relevantes e de elaboração da matéria sob a perspectiva do jornalista, aliada à emissão de opiniões e críticas acerca de assuntos e pessoas atrelados ao objeto da notícia. Um juízo valorativo do autor da reportagem, ainda que mínimo, faz parte do processo de abordagem do assunto a ser tratado.

Dessa maneira, frequentemente, informação e opinião estão intimamente atreladas, sendo inevitável reconhecer que a comunicação de fatos nunca é uma atividade plenamente neutra.[67] Ademais, o posicionamento crítico da imprensa é tutelado no arcabouço das liberdades de manifestação do pensamento, comunicação e informação. Nesse sentido, o Supremo Tribunal Federal ressaltou, no julgamento da ADPF 130, que o "exercício concreto da liberdade de imprensa assegura ao jornalista o direito de expender críticas a qualquer pessoa, ainda que em tom áspero ou contundente".[68]

---

tem destacado, de modo singular, em seu magistério jurisprudencial, a necessidade de preservar-se a prática da liberdade de informação, resguardando-se, inclusive, o exercício do direito de crítica que dela emana, verdadeira "garantia institucional da opinião pública" (Vidal Serrano Nunes Júnior), por tratar-se de prerrogativa essencial que se qualifica como um dos suportes axiológicos que conferem legitimação material ao próprio regime democrático." (STF, 2ª T., AgR no AI 690841, Relator(a): Min. CELSO DE MELLO, j. 21/06/2011) 2. A Carta de 1988 conferiu proteção constitucional aos direitos de personalidade de pessoas físicas ou jurídicas que sejam acusadas em meios de comunicação, garantindo-lhes o direito de resposta (artigo 5º, V, da Constituição Federal e artigo 2º, § 1º da Lei nº 13.188/2015). Contudo, o pedido de resposta deve ser rejeitado quando a matéria jornalística veicula informação de natureza essencialmente narrativa, sem qualquer juízo de valor negativo apto a denegrir a imagem, honra ou reputação do agente público, e quando o ofendido não comprova que os fatos narrados são inverídicos. 3. Os honorários advocatícios sucumbenciais fixados atendem aos parâmetros do art. 85, § 8º do Código de Processo Civil, sendo justa sua manutenção. 4. Considerando a sucumbência recursal e o trabalho adicional realizado em segunda instância, é devida a majoração dos honorários advocatícios, com fundamento no art. 85, § 11 do Código de Processo Civil. RECURSO CONHECIDO E NÃO PROVIDO" (TJPR, 17ª C.C., Ap. Cível 1605332-0, Rel. Des. Rosana Amara Girardi Fachin, j. 22.2.17, publ. 9.3.17).
66. Em sentido diverso, Luís Gustavo Grandinetti Castanho de Carvalho defende que: "Quem veicula uma informação, ou seja, quem divulga a existência, a ocorrência, o acontecimento de um fato, de uma qualidade, ou de um dado, deve ficar responsável pela demonstração de uma existência objetiva, despida de qualquer apreciação pessoal" (CARVALHO, Luís Gustavo Grandinetti Castanho de. *Direito de informação e liberdade de expressão*, cit., pp. 24-25).
67. Luís Roberto Barroso ensina que "é de reconhecimento geral que a comunicação de fatos nunca é atividade completamente neutra: até mesmo na seleção dos fatos a serem divulgados há uma interferência do componente pessoal. Da mesma forma, a expressão artística muitas vezes tem por base acontecimentos reais" (BARROSO, Luís Roberto. *Liberdade de Expressão versus direitos da personalidade*. Colisão de direitos fundamentais e critérios de ponderação, cit., p. 103).
68. STF, Tribunal Pleno, ADPF 130, Rel. Min. Carlos Britto, j. 30.4.2009, publ. 6.11.2009.

Na mesma linha, posicionou-se o Plenário do STF ao declarar a inconstitucionalidade dos incisos II e III (na parte impugnada) do artigo 45 da Lei 9.504/1997, bem como, por arrastamento, dos parágrafos 4º e 5º do referido artigo. Tais dispositivos vedavam às emissoras de rádio e televisão "usar trucagem, montagem ou outro recurso de áudio ou vídeo que, de qualquer forma, degradem ou ridicularizem candidato, partido ou coligação, ou produzir ou veicular programa com esse efeito" (cf. artigo 45, II, Lei 9.504/1997) e "veicular propaganda política ou difundir opinião favorável ou contrária a candidato, partido, coligação, a seus órgãos ou representantes" (cf. artigo 45, II, Lei 9.504/1997). O Plenário do Supremo Tribunal Federal entendeu que a liberdade de expressão tem por objeto "não somente a proteção de pensamentos e ideias, mas também opiniões, crenças, realização de juízo de valor e críticas a agentes públicos, no sentido de garantir a real participação dos cidadãos na vida coletiva".[69]

Por conseguinte, o juízo crítico realizado pelos meios de comunicação social não enseja, necessariamente, ofensa a ser reparada mediante exercício do direito de retificação. Torna-se imprescindível, assim, a análise do conteúdo da crítica tecida para que se possa aferir a existência ou não do concreto dano à dignidade da pessoa mencionada.[70]

Ressalta-se, por outro lado, que não se defende aqui uma definição prévia do objeto da liberdade de comunicação por meio da delimitação de seus contornos – ou mesmo do conteúdo veiculado – a fim de que não conflite com outros direitos ou

---

69. O acórdão foi assim ementado: "LIBERDADE DE EXPRESSÃO E PLURALISMO DE IDEIAS. VALORES ESTRUTURANTES DO SISTEMA DEMOCRÁTICO. INCONSTITUCIONALIDADE DE DISPOSITIVOS NORMATIVOS QUE ESTABELECEM PREVIA INGERÊNCIA ESTATAL NO DIREITO DE CRITICAR DURANTE O PROCESSO ELEITORAL. PROTEÇÃO CONSTITUCIONAL AS MANIFESTAÇÕES DE OPINIÕES DOS MEIOS DE COMUNICAÇÃO E A LIBERDADE DE CRIAÇÃO HUMORÍSTICA. 1. A Democracia não existirá e a livre participação política não florescerá onde a liberdade de expressão for ceifada, pois esta constitui condição essencial ao pluralismo de ideias, que por sua vez é um valor estruturante para o salutar funcionamento do sistema democrático. 2. A livre discussão, a ampla participação política e o princípio democrático estão interligados com a liberdade de expressão, tendo por objeto não somente a proteção de pensamentos e ideias, mas também opiniões, crenças, realização de juízo de valor e críticas a agentes públicos, no sentido de garantir a real participação dos cidadãos na vida coletiva. 3. São inconstitucionais os dispositivos legais que tenham a nítida finalidade de controlar ou mesmo aniquilar a força do pensamento crítico, indispensável ao regime democrático. Impossibilidade de restrição, subordinação ou forçosa adequação programática da liberdade de expressão a mandamentos normativos cerceadores durante o período eleitoral. 4. Tanto a liberdade de expressão quanto a participação política em uma Democracia representativa somente se fortalecem em um ambiente de total visibilidade e possibilidade de exposição crítica das mais variadas opiniões sobre os governantes. 5. O direito fundamental à liberdade de expressão não se direciona somente a proteger as opiniões supostamente verdadeiras, admiráveis ou convencionais, mas também aquelas que são duvidosas, exageradas, condenáveis, satíricas, humorísticas, bem como as não compartilhadas pelas maiorias. Ressalte-se que, mesmo as declarações errôneas, estão sob a guarda dessa garantia constitucional. 6. Ação procedente para declarar a inconstitucionalidade dos incisos II e III (na parte impugnada) do artigo 45 da Lei 9.504/1997, bem como, por arrastamento, dos parágrafos 4º e 5º do referido artigo (STF, Tribunal Pleno, ADI 4451, Rel. Min. Alexandre de Moraes, j. 21.6.2018, publ. 6.03.2019).
70. Adota-se aqui o conceito de dano moral como lesão a algum dos aspectos ou substratos que compõem a dignidade humana, isto é, a violação à liberdade, à igualdade, à solidariedade ou à integridade psicofísica de uma pessoa humana, conforme ensina Maria Celina Bodin de Moraes em *Danos à pessoa humana*. Uma leitura civil-constitucional dos danos morais. Rio de Janeiro: Renovar, 2003, pp. 129-140.

princípios constitucionais.[71] Faz-se necessária a ponderação *in concreto* na busca pela melhor forma de acomodação dos interesses constitucionais específicos em jogo.[72]

No caso específico da imputação de fato falso a uma pessoa, ainda que possa se mostrar mais evidente a ofensa à sua honra,[73] o exame cuidadoso da situação concreta é fundamental. Não se pode admitir a concepção de que o "simples erro" não configura "agressão injusta",[74] pois a ausência de veracidade e a incorreção de uma informação podem ou não acarretar dano à pessoa a quem ela se refere, e tal lesão deverá ser analisada diante das circunstâncias fáticas existentes para que se reconheça o direito à retificação.

O exame dos interesses conflitantes permitirá a conclusão acerca da eventual reparabilidade do dano sofrido. Isso significa que nem toda ofensa à dignidade humana deverá ser reparada mediante o exercício do direito de resposta, uma vez que a situação subjetiva contraposta pode vir a prevalecer no caso concreto em razão de circunstâncias que a tornem juridicamente mais tutelável.

b) *culpa por parte do ofensor*

Além da verificação do dano causado pela veiculação da informação, a apreciação da culpa por parte do emissor representa parâmetro importante na averiguação do direito de retificação.

A doutrina bem pontua uma progressiva aproximação da responsabilidade subjetiva à responsabilidade objetiva. A exemplo, Anderson Schreiber mencio-

---

71. Em sentido diverso, João Bosco Araújo Fontes Junior define como notícia a informação verdadeira, o que parece indicar uma delimitação prévia do objeto da liberdade de comunicação: "a liberdade de expressão [...] constitui o direito de manifestar livremente as próprias convicções, ideias e pensamentos, por qualquer forma e meio, não sendo exigível que estas sejam necessariamente verdadeiras. Já o direito à informação, para além de constituir um plexo de direitos, composto pelo direito de obter a informação, de informar e de ser informado, tem por objeto a obtenção, transmissão e recepção de notícias e não opiniões, devendo-se entender por notícia a informação verdadeira difundida. De fato, a separação entre liberdade de expressão e o direito à informação repousa sobre a distinção opinião-notícia e tem sido utilizada pela maior parte da doutrina como seu principal elemento diferenciador" (FONTES JUNIOR, João Bosco Araujo. *Liberdades e limites na atividade de rádio e televisão*: teoria geral da comunicação social na ordem jurídica brasileira e no direito comparado. Belo Horizonte: Del Rey, 2001, p. 47).
72. Segundo Maria Celina Bodin de Moraes, toda e qualquer ponderação "a correção da ponderação dependerá da adequação seja dos acontecimentos escolhidos no âmbito da situação fática (sempre) complexa, seja do juízo de justificação da escolha desses fatos em relação ao ordenamento jurídico como um todo e, em especial, em relação à sua normativa fundante, qual seja o princípio da dignidade da pessoa humana" (BODIN DE MORAES, Maria Celina. Honra, liberdade de expressão e ponderação. *Civilistica.com*. Rio de Janeiro, a. 2, n. 2, abr.-jun./2013, p. 12. Disponível em: <http://civilistica.com/honra-liberdade-de-expressao-e-ponderacao/>. Data de acesso. 07.01.2017)
73. SCHREIBER, Anderson. *Direitos da personalidade*. 3. ed. São Paulo: Atlas, 2014, p. 84. O autor pondera, ainda, que não se deve imaginar "que a honra somente pode ser atingida pela divulgação de fatos que não se afigurem verdadeiros". Segundo ele, no campo civil, "a difusão da verdade pode gerar responsabilidade, dependendo do contexto e do modo como vem apresentada".
74. Para afastar a aplicação dos requisitos da legítima defesa ao direito de resposta, Antonio Costella afirma que "na resposta retificativa não se ajustam esses requisitos. 'Agressão injusta' pode não ocorrer, onde houver, por exemplo, simples erro. E ainda assim se admitirá a inserção da resposta" (COSTELLA, Antonio. *Direito de comunicação*. São Paulo: Revista dos Tribunais, 1976, p. 216).

na que a noção teórica de culpa deixa de ser vista de forma tão rigorosa pelas cortes, que recorrem cada vez mais às suas presunções, "e a avaliação negativa do comportamento subjetivo vai, gradativamente, passando de fundamento da responsabilização para um elemento ou aspecto do complexo juízo de responsabilidade".[75]

Contudo, a noção de responsabilidade objetiva, por expressa previsão legal, no parágrafo único do artigo 927 do Código Civil, está restrita aos casos especificados em lei e nas atividades que envolverem risco para os direitos de outrem. Não parece ser o caso da atividade jornalística, via de regra lícita, a qual não cria um especial risco ou considerável probabilidade de dano.[76]

A análise de julgados demonstrou[77] que é recorrente analisar-se a intenção de ofender ou de injuriar, o que poderia configurar uma prova diabólica a quem sofreu o dano, dada a subjetividade requerida para se verificar a intenção do ofensor.

É relevante, desse modo, a noção de culpa objetiva, trazida por Paula Greco Bandeira,[78] que por sua vez se vale dos ensinamentos clássicos dos irmãos Mazeaud, segundo os quais a culpa objetiva consiste em erro de conduta que não seria cometido por uma pessoa avisada, colocada nas mesmas circunstâncias externas do autor do dano.

Assim, a culpa e o dolo que ensejariam o direito de resposta e a consequente retificação da informação seriam, em suma, decorrentes da conduta do agente que não se desincumbiu do dever de diligência de apuração dos fatos. A esse respeito, a 3ª Turma do Superior Tribunal de Justiça destacou que o veículo de comunicação se exime de culpa "quando busca fontes fidedignas, quando exerce atividade investi-

---

75. SCHREIBER, Anderson. *Novos paradigmas da responsabilidade civil*: da erosão dos filtros da reparação à diluição dos danos, cit., p. 51.
76. Em sentido contrário, Luis Gustavo Grandinetti Castanho de Carvalho sustenta que "a atividade jornalística representa sempre um risco, aferível pela existência ou não de regras específicas de segurança, que, no caso da imprensa, correspondem ao preenchimento de uma pauta ética que, em princípio, torna lícita a atividade, se observada: verdade, imparcialidade, transparência e interesse público" (CARVALHO, Luis Gustavo Grandinetti Castanho. O Supremo Tribunal Federal Brasileiro e o direito de imprensa: análise da decisão do STF na ADPF 130-DF. In: CARVALHO, Luis Gustavo Grandinetti Castanho; GALVÃO, Mônica Cristina Mendes. *O STF e o direito de imprensa*: análise e consequências do julgamento da ADPF 130/2008. Rio de Janeiro: Lumen Juris, 2011, p. 170).
77. A exemplo: (i) "In casu", verifica-se que em nenhuma das matérias jornalísticas reproduzidas nos autos se viu intenção de macular a imagem ou ofender o autor, assim como inexiste prova nos autos de que as requeridas tivessem ciência de eventual falsidade de suas afirmações." (trecho do voto de TJSP, 7ª C. Dir. Priv., Ap. Cível 0017066-95.2013.8.26.0047, Rel. Des. José Rubens Queiroz Gomes; j. 1.06.2016, publ. 6.06.2016) (ii) Responsabilidade Civil. Indenização por danos morais. Ação julgada improcedente. Notícia veiculada por rádio. Narrativa de fato já publicado no jornal local, referente à tentativa de suicídio de pessoa portadora do vírus HrV positivo. Identificação pelas iniciais. Inexistência de injúria ou qualquer ofensa. Ausência de má-fé. Sentença mantida. Provimento negado (TJSP, 3ª C. Dir. Priv., Ap. Cível com revisão 0091865-13.2000.8.26.0000; Rel. Des. Caetano Lagrasta, publ. 5.11.2005).
78. BANDEIRA, Paula Greco. A evolução do conceito de culpa e o artigo 944 do Código Civil. *Revista da EMERJ*, v. 11, nº 42, 2008, p. 230. Disponível em http://www.emerj.tjrj.jus.br/revistaemerj_online/edicoes/revista42/Revista42_227.pdf. Data de acesso. 07.04.2018.

gativa, ouve as diversas partes interessadas e afasta quaisquer dúvidas sérias quanto à veracidade do que divulgará".[79]

A respeito do dever de busca pela veracidade da informação veiculada, interessante julgado do TJSP entendeu que cabia à entidade que se propôs a fazer os testes laboratoriais de um azeite e publicar os resultados demonstrar sem margem de dúvida que o produto não atendia às exigências de qualidade, o que não ficou comprovado, uma vez que o produto obteve notas positivas em 21 dos 22 critérios considerados. Diante disso, a publicação que concluía pela não recomendação do produto gerava evidente prejuízo à reputação da fornecedora, cabendo-lhe o direito de resposta nos mesmos veículos em que foi publicada a matéria desabonadora.[80]

Em linhas gerais, a culpa sem culpabilidade, como define em outras palavras Marcelo Junqueira Calixto,[81] consiste em apurar não a contribuição dolosa para o dano, mas sim até que ponto era razoável investigar e apurar a relação entre os fatos e a versão relatada.

c) nexo causal entre a conduta culposa e o dano

Ademais, o dever de reparar um dano depende da existência de nexo causal entre uma conduta e o resultado danoso.[82] O nexo causal, ou relação de causalidade, é usualmente definido como o vínculo que se estabelece entre dois eventos, de modo que um represente consequência do outro.[83]

Gustavo Tepedino ressalta que o dever de reparar surge quando o efeito danoso é efeito necessário de certa causa. Podem-se identificar, assim, na mesma série causal, danos indiretos passíveis de ressarcimento, desde que sejam consequência direta, porque necessária, de um ato ilícito ou atividade objetivamente considerada.[84]

O nexo causal tem evidente importância na medida em que sua configuração permite identificar, em última análise, a relação entre o autor do ilícito e o dano de-

---

79. No mesmo julgado, a 3ª Turma do STJ pontuou que: "O jornalista tem um dever de investigar os fatos que deseja publicar. Isso não significa que sua cognição deva ser plena e exauriente à semelhança daquilo que ocorre em juízo. [...] A suspeita que recaía sobre o recorrido, por mais dolorosa que lhe seja, de fato, existia e era, à época, fidedigna. Se hoje já não pesam sobre o recorrido essas suspeitas, isso não faz com que o passado se altere. Pensar de modo contrário seria impor indenização a todo veículo de imprensa que divulgue investigação ou ação penal que, ao final, se mostre improcedente" (STJ, 3ª T., REsp 984.803/ES, Rel. Min. Nancy Andrighi, j. 26.05.2009, publ. 19.08.2009).
80. TJSP, 34ª C. Dir. Priv., Ap. Cível 1111789-51.2018.8.26.0100, Rel. Gomes Varjão, j. 7.4.2021.
81. Para maiores detalhes, v. CALIXTO, Marcelo Junqueira. *A culpa na responsabilidade civil*: estrutura e função. Rio de Janeiro: Renovar, 2008.
82. Gisela Sampaio da Cruz Guedes destaca que "no Direito brasileiro, a Teoria do Dano Direto e Imediato, explicada pela escola da necessariedade, tem prevalecido na jurisprudência. Os tribunais exigem, no mais das vezes, a causalidade necessária para o estabelecimento da responsabilidade, não obstante invoquem nominalmente outras teorias. O vínculo de necessariedade entre a conduta do agente e o evento danoso é, na prática jurisprudencial, atributo indispensável do dever de reparar" (CRUZ, Gisela Sampaio da. *O problema do nexo causal na responsabilidade civil*. Rio de Janeiro: Renovar, 2005, p. 150).
83. SCHREIBER, Anderson. *Novos paradigmas da responsabilidade civil*: da erosão dos filtros da reparação à diluição dos danos, cit., p. 55.
84. TEPEDINO, Gustavo. Notas sobre o nexo de causalidade. *Revista Trimestral de Direito Civil*. Rio de Janeiro, a. 2, v. 6, abr./jun. 2001, p. 8.

corrente. Contudo, na maioria dos julgados encontrados, o nexo causal é mencionado timidamente como um dos requisitos para configuração da responsabilidade civil, em conjunto com a culpa e a ocorrência de dano. Em regra, a jurisprudência tende a não apreciar o elemento da causalidade de forma específica a fim de detalhar a concreta relação entre o dano e o direito de resposta ou mesmo como ele se configuraria no caso concreto.[85]

Contudo, há exceções. A 7ª Câmara de Direito Privado do Tribunal de Justiça de São Paulo entendeu que o autor da ação, que alegava ter sido ofendido por reportagens inverídicas sobre sua participação em atividades criminosas, na verdade não teria sofrido aborrecimento apto a embasar um direito de resposta, uma vez que "não se logra apurar, objetivamente, conduta da ré que tenha ocasionado vulneração aos seus direitos da personalidade, antes encerrando exercício de manifestação jornalística informativa e crítica".[86]

Em sentido contrário, em outro acórdão, o Tribunal de São Paulo reconheceu o direito de resposta, pois o resultado prático da divulgação da matéria que continha fatos inverídicos foi gerar o descrédito da autora no seu meio social, destacando que se tornou "absolutamente certo, induvidoso" que "a conduta do réu e o prejuízo e ofensa alegados pelo autor" se relacionavam.[87]

---

85. A título exemplificativo, destaca-se o seguinte trecho de acórdão: "Não há que se falar em vontade ou ânimo de difamar ou macular a honra da instituição de ensino, mormente quando apenas se limitou a veicular notícia sobre dados colhidos de Secretaria de Estado. Ficando evidente que o apelado somente omitiu o nome do autor/apelante da lista das entidades em situação regular com a Secretaria de Educação, em face da informação prestada pelo órgão oficial do governo do Distrito Federal, não havendo com este gesto qualquer animus de ofender ou difamar o apelante. 3. Deste modo, não houve, por parte do apelado, abuso no direito de informar, a ensejar a indenização por danos morais, limitando-se, tão-somente, a informar que o governo do Distrito Federal estava na iminência de comunicar ao Parquet local a lista de instituições que, mesmo sem ter autorização, ofereciam a jovens e adultos supletivo do ensino básico. 4. Em havendo posterior retificação da notícia, não subsiste qualquer mácula à reputação da Autora, quando foi expressado o nome da instituição de ensino dentre as regulares, sendo incabível o pedido de publicação de errata ou do exercício do direito de resposta, seja a título de antecipação dos efeitos da tutela, seja a título do provimento final. Recurso conhecido e improvido. Sentença mantida" (TJDFT, 3ª T.C., Ap. Cível 547145, Rel. Des. Alfeu Machado, Rev. Des. Nídia Corrêa Lima, j. 9.11.2011, publ. 14.11.2011).
86. "DIREITO DE RESPOSTA. O autor alega que a ré veiculou em edição de seu conhecido semanário de circulação nacional certa reportagem que agride a sua honra, atacando-o de forma infundada e externando ofensas injustificadas contra si. Pleiteia a concessão de direito de resposta. Sentença de improcedência. Insurgência do autor. Não acolhimento. Exercício regular de direito de informação pelo veículo de comunicação. O direito do autor à publicação do direito de resposta exige a demonstração de que os fatos veiculados pela ré sejam efetivamente mentirosos. Conjunto fático e probatório que se limita a negar a conduta a ele atribuída. Autor que não comprovou de qualquer modo sua versão dos fatos. Reportagem informa repetidamente que a conduta narrada está sob investigação pelos órgãos competentes. Não há ofensa direta ou juízo de valor por parte do veículo réu. Não se vislumbra falsidade ou distorção evidentes a respeito dos fatos tratados a ensejar a ocorrência de agravo juridicamente tutelável e o consequente direito de resposta pretendida. Sentença mantida. Recurso desprovido." (TJSP, 7ª C. Dir. Priv., Ap. Cível 1067012-49.2016.8.26.0100, Rel. Des. Mary Grün, j. 24.03.2017, publ. 24.03.2017).
87. "Responsabilidade civil. Indenização. Dano moral. Desagravo Público. Ação procedente. Rejeitada preliminar de carência da ação. Presente o interesse processual. Mérito. Nota pública de desagravo emitida por associação de classe. Código de Ética Médica que confere essa prerrogativa apenas aos Conselhos Regionais de Medicina. Incidência do Art. 26 do CEM e do Parecer do CFM n° 3.185/89. Associação de classe que não representava o facultativo, tampouco legitimidade ao ato de desagravo. Excesso no exercício do ani-

Diante da inconstância da jurisprudência na análise dos pedidos de direito de resposta, a verificação do liame entre o resultado danoso e a conduta praticada para que, se presente o nexo causal, haja o dever de retificar a informação equivocada, é mais uma baliza capaz de permitir o maior respaldo das fundamentações das decisões.

6. CONSIDERAÇÕES FINAIS

Mesmo com a revogação da lei de imprensa e após o julgamento de ações de inconstitucionalidade em face da Lei 13.188/2015, o direito de resposta foi mantido como forma de tutela diante de excessos cometidos pela atividade jornalística, sendo dignos de retratação ou indenização os eventuais ilícitos e abusos cometidos pela mídia no exercício de sua atividade.

De todo modo, o direito de resposta deve ser exercido de forma proporcional, adequada e necessária ao agravo sofrido. O direito de retificação, mais precisamente, como espécie de direito de resposta, consiste na correção do fato, desmentindo-o ou oferecendo uma versão comprovada da versão anteriormente apresentada pelo emissor original.

No presente trabalho, sugeriram-se balizas para o reconhecimento da procedência do pedido de exercício do direito de retificação: dano à pessoa ofendida, culpa por parte do ofensor e nexo causal entre a conduta culposa e o dano. Em suma, os critérios sugeridos são que o dano apto a ensejar o direito de retificação seria em regra a lesão injusta à dignidade da pessoa sobre a qual se veicula informação inverídica ou errônea. Idealmente, a culpabilidade que ensejaria o direito à retificação da informação seria decorrente da culpa objetiva, verificada quando o agente não se desincumbe do dever de diligência de apuração dos fatos, atuando em negligência. Por fim, se possível, para verificar-se o nexo causal, sugere-se a análise do liame entre o resultado danoso e a conduta praticada para que, se presente o nexo causal, haja o dever de retificar a informação equivocada.

---

mus criticandi. Imputação ao autor de conduta contrária à função de policial civil, sem qualquer ressalva ou apuração acurada dos fatos. Excesso no direito de resposta punível pelo ordenamento jurídico. Não impugnação do quantum indenizatório. Recurso desprovido" (TJSP; 2ª C. Dir. Priv, Ap. Cível com revisão 9072584-39.2005.8.26.0000, Rel. Des. A Santini Teodoro, j. 04.11.2008, publ. 12.11.2008).

DIREITO DE SÁTIRA X LIBERDADE RELIGIOSA: DEZ MANDAMENTOS PARA EVITAR UM NOVO CASO PORTA DOS FUNDOS[1]

Anderson Schreiber

Professor Titular de Direito Civil da UERJ. Professor da Fundação Getúlio Vargas – FGV. Coordenador do Grupo de Pesquisa em Direito e Mídia. Procurador do Estado do Rio de Janeiro. Advogado.

Todos devem se recordar da polêmica causada pela decisão judicial que ordenou a retirada do ar do Especial de Natal do *Porta dos Fundos* – revertida, em pouco mais de 24 horas, pelo STF. Houve uma quantidade imensa de comentários e postagens nas redes sociais, ora atacando a decisão, por violar frontalmente a liberdade de expressão, ora a defendendo com base na alegada violação à liberdade religiosa da "maioria cristã" (o termo foi, sintomaticamente, empregado tanto na decisão do Tribunal de Justiça do Rio de Janeiro quanto na decisão do Supremo Tribunal Federal). O embate de opiniões é extremamente produtivo em uma sociedade democrática, mas, mais que a discussão de fundo, o episódio revelou falta de atenção a algumas orientações que nossos tribunais já poderiam ter apreendido de outros casos judiciais que envolveram, na experiência recente, a colisão entre liberdade de expressão e outros direitos fundamentais e que poderiam trazer um pouco mais de segurança ao julgamento dessa espécie de conflitos. As referidas orientações podem ser sintetizadas em dez pontos para evitarmos um novo caso Porta dos Fundos:

1. **Direitos x sentimentos.** O deferimento de uma medida liminar (anterior, portanto, ao pleno desenvolvimento do contraditório) para suspender a veiculação de um programa televisivo é medida que deve assumir caráter excepcional na nossa ordem jurídica, não podendo ser concedida com base em meras impressões ou sentimentos, como a impressão de que a liminar é necessária para abrandar um suposto clamor público ou outras afirmações de caráter mais emotivo do que técnico. Isso não significa que a liberdade de expressão seja um direito absoluto ou que goze necessariamente de alguma preferência em caso de colisão com outros direitos fundamentais (como tem defendido parte do STF). Isso quer dizer apenas que medidas liminares devem ser concedidas de modo técnico e cuidadoso, em atenção aos requisitos legais para tanto, e que eventual decisão proferida nesse sentido precisa

---

1. Publicado originariamente no JOTA, em 15.1.2020, sob o título "De Moisés para Jesus: dez mandamentos para evitar um novo caso Porta dos Fundos".

estar amparada em razões *jurídicas* que identifiquem o sacrifício concreto que está sendo imposto no caso específico que se analisa.

2. **Concreto x abstrato.** Com efeito, para conceder uma medida liminar desta natureza, tanto mais se monocrática, não basta que se esteja diante de uma alegação genérica e abstrata de violação a um direito fundamental. Impedir, liminarmente, o exercício *concreto* da liberdade de expressão exigiria a identificação de uma violação igualmente *concreta* a um outro direito fundamental. Não se pode, em outras palavras, suspender liminarmente a exibição de um programa televisivo com base na alegação genérica de que sua veiculação "*é contra*" a liberdade religiosa de todos os adeptos de uma certa religião. É preciso identificar concretamente o sacrifício que está sendo imposto ao exercício do direito fundamental lesado.

3. **Individual x coletivo.** A concretude a que se aludiu será tanto maior quanto mais individual for o sacrifício. Vale dizer: uma coisa é pleitear medida liminar para suspender a exibição de um programa televisivo que expõe a intimidade sexual de uma determinada pessoa (Fulano de tal) ou a entrevista coletiva em que o terapeuta contará publicamente o que um de seus clientes lhe confidenciou durante as sessões; outra coisa, bem diversa, é pleitear medida liminar para suspender a exibição de um programa sob a alegação de que o seu conteúdo ofende, genericamente, um direito fundamental de toda a sociedade ou da "maioria" dos brasileiros.

4. **Minoria x maioria.** A alegação de uma violação a um direito fundamental da maioria – no caso, a liberdade religiosa da "maioria cristã", conforme mencionado, já se registrou, tanto pelo Tribunal de Justiça do Rio de Janeiro quanto pelo STF como razão de decidir – não é hierarquicamente inferior àquela que diga respeito a uma minoria vulnerável, mas o grau de urgência necessário a amparar uma medida liminar dessa espécie estará mais raramente presente no caso da maioria, pela simples razão de que a maioria dispõe de meios materiais de defesa mais intensos que aqueles de que dispõem as minorias vulneráveis. Enquanto a maioria tem condições de reagir no próprio espaço público – como se viu, no caso do Porta dos Fundos, pela imensidão de comentários críticos que o episódio despertou (não se inclui, aqui, a ilícita agressão dirigida à sede do programa) –, as minorias vulneráveis usualmente não dispõem de igual capacidade de se expressar além dos limites de seu próprio círculo de adeptos. O argumento da maioria aqui pesa, portanto, em desfavor da concessão de medida liminar, e não a favor dela.

5. **Ficção x realidade.** Uma medida liminar que paralise o exercício da liberdade de expressão já será, pelas razões expostas até aqui, excepcional na prática, mas deve ser ainda menos frequente em se tratando de obras de ficção. Uma reportagem que contenha informações objetivamente falsas sobre uma pessoa, ou que a retrate de modo gravemente ofensivo, tem maior aptidão de

lesar seus direitos fundamentais que uma obra declaradamente ficcional. A ficção exprime, por definição, o distanciamento da realidade, distanciamento que é antevisto e até pressuposto por quem assiste à obra ficcional. Qualquer pessoa que viva em sociedade sabe que a ficção é "mais livre", nesse sentido, do que a retratação da realidade que ocorre por meio de reportagens ou notícias jornalísticas. Por isso mesmo, o potencial lesivo da ficção é menor e menores são as chances de uma obra ficcional veicular lesão a direitos fundamentais suficientemente grave para justificar uma medida liminar. Foi este, aliás, o critério utilizado pelo juízo da 1ª Vara Cível do Tribunal de Justiça do Rio de Janeiro para negar o pedido de suspensão do lançamento do filme Tropa de Elite: "recorde-se que se trata de peça de ficção, por mais que no início apareça referência de que a mesma estaria baseada em relatos verídicos. No entanto, os fatos, ao se traduzirem em palavras, recebem sempre uma versão. Será fidedigna? Será falaciosa? Será hiperbólica? Cada espectador que julgue por si. Certamente a prática profissional dos autores, se incongruente com o que o filme retrata, demonstrará que ele não passa de peça de (má) ficção. Caso contrário, estar-se-á presente a uma dramatização contundente da realidade." (Processo 2007.001.146746-3).

6. **Sátira x outras formas de ficção.** Dentro do universo da ficção, é menor ainda o potencial lesivo das obras satíricas. A sátira e o humor em geral são práticas que se fundam justamente no exagero, no escárnio, na conversão do objeto em algo grotesco ou ridículo. Qualquer pessoa que viva em sociedade também sabe disso, o que reduz consideravelmente o grau efetivamente lesivo a direitos fundamentais do retratado. Esta ridicularização é, em larga medida, o próprio papel do humor nas sociedades democráticas, na medida em que promove, através do exagero frequentemente negativo, uma relevante crítica aos costumes sociais (*castigat ridendo mores*), incluindo – e por que não? – os costumes religiosos. A liberdade religiosa é o direito de cada um de exercer sua religião, e não o direito de que tal religião não seja criticada pelos demais. A história das religiões, e sua própria gênese, está frequentemente vinculada à crítica dirigida pelos seus adeptos a uma religião diversa, dominante em determinado tempo e espaço.

7. **Sátira de personagens históricos x pessoas atuais.** Ainda nessa mesma direção, parece evidente que a sátira que tem por objeto personagens históricos de origem milenar – fictícios ou reais – apresenta menor potencial lesivo a direitos fundamentais de quem quer que seja do que a sátira que se dirige contra pessoas atuais. Por maior importância que esses personagens possam assumir na crença de cada grupo religioso, não podem ser confundidos com pessoas atuais, que são, em última análise, os sujeitos protegidos pela ordem jurídica.

8. **Veículo satírico x outros veículos.** O potencial lesivo da sátira reduz-se ainda mais se o próprio veículo tem caráter satírico ou humorístico ou, ainda,

se sua própria forma revela a intenção satírica (como acontece no caso das caricaturas e *charges* em jornais). Ao apreciar pedido de danos morais formulado pelos herdeiros do barão Smith de Vasconcellos, proprietário original do Castelo de Itaipava, em razão de "matéria" publicada pela revista humorística *Bundas*, que elegeu o Castelo de Itaipava como "Castelo de *Bundas*" – em nítida galhofa com a revista Caras, que se utilizava de um castelo para divulgação do estilo de vida dos famosos –, decidiu o Superior Tribunal de Justiça, acertadamente, que "é preciso analisar não só a expressão apontada como injuriosa, e sim esta em conjunto com a integralidade do texto e com o estilo do periódico que o veiculou. Nesse aspecto, nota-se que o meio de comunicação é explicitamente satírico, o que se evidencia – se não por menos – pela proposta editorial calcada na possibilidade de fazer rir a partir da comparação com outra revista de grande circulação, cujo mote é publicizar a vida íntima daquilo que se convencionou chamar de celebridades" (REsp 736.015/RJ).

9. **Sátira boa x sátira ruim.** No mesmo caso do Castelo de Itaipava, o STJ decidiu expressamente, em boa passagem, que o "*nível* do humor praticado pelo periódico – apontado como 'chulo' – não é tema a ser debatido pelo Judiciário, uma vez que não cabe a este órgão estender-se em análises críticas sobre o talento dos humoristas envolvidos; a prestação jurisdicional deve se limitar a dizer se houve ou não ofensa a direitos morais das pessoas envolvidas pela publicação". Vale dizer: pode-se gostar do humor veiculado ou não gostar (eu, por exemplo, não vi nenhuma graça no Especial de Natal em questão), pode-se, inclusive, criticá-lo, mas ninguém pode se arvorar – nem mesmo as mais elevadas cortes do país – no direito de eleger esta ou aquela forma de humor como a forma adequada à sociedade brasileira. Não se pode cercear – muito menos em sede de medida liminar – determinado exercício da liberdade de expressão, sob a alegação de que o humor veiculado foi "chulo" ou "grosseiro". Cada um é livre para gostar do tipo de humor que preferir.

10. **Estado laico x Estado religioso.** O Estado brasileiro, como se sabe, é laico. Nesse contexto, a avaliação sobre se houve ou não ofensa à liberdade religiosa a partir da sátira televisa que tem por objeto personagens históricos de determinada religião não pode ser governada pelos valores próprios de cada grupo religioso, ou de qualquer de suas múltiplas vertentes, mas deve ter como único norte os valores constitucionais, que exprimem o compromisso unitário de toda sociedade brasileira sedimentado na Constituição da República. Daí porque atribuir satiricamente a Jesus a condição de homossexual – e outras galhofas semelhantes – não pode representar, nem mesmo em tese, uma violação à liberdade de religião, pois a liberdade sexual é plenamente acolhida pela ordem jurídica brasileira (STF, ADI 4.277/DF), tal como, de resto, toda espécie de diversidade, incluindo a própria diversidade religiosa.

Em suma, não é preciso peregrinar no deserto: todas as dez orientações acima indicadas já podem ser extraídas de precedentes judiciais brasileiros, sem falar na doutrina que vem se debruçando, já há alguns anos sobre o tema. Fariam bem os nossos tribunais se, ao analisar pedidos dessa espécie, seguissem esses mandamentos – com o perdão da brincadeira –, a fim de evitar a concessão de medidas liminares que despertam intensa polêmica e suscitam reviravoltas jurisprudenciais que contribuem para um clima de incerteza e insegurança quanto ao exercício dos direitos fundamentais no cenário brasileiro.